Kriesten Perspektiven der Anleiherestrukturierung im Lichte eines präventiven Restrukturierungsrahmens

KTS Schriften zum Insolvenzrecht

Herausgegeben von
Reinhard Bork · Rolf Stürner

Band 76

Carl Heymanns Verlag 2026

Perspektiven der Anleihe-restrukturierung im Lichte eines präventiven Restrukturierungsrahmens

Zu den gegenseitigen Implikationen von SchVG und StaRUG

Von Philipp Maximilian Kriesten

Carl Heymanns Verlag 2026

Zitiervorschlag: *Kriesten,* Perspektiven der Anleiherestrukturierung (KTS Bd. 76), S. 1

Bibliografische Information der Deutschen Nationalbibliothek
Die Deutsche Nationalbibliothek verzeichnet diese Publikation in der Deutschen Nationalbibliografie; detaillierte bibliografische Daten sind im Internet über http://dnb.d-nb.de abrufbar.

ISBN 978-3-452-30647-0

www.wolterskluwer.com

Umschlagkonzeption: Martina Busch, Grafikdesign, Homburg Kirrberg
Satz: R. John + W. John GbR, Köln
Druck und Weiterverarbeitung: SDK Systemdruck Köln GmbH & Co. KG

Gedruckt auf säurefreiem, alterungsbeständigem und chlorfreiem Papier.

Meinen Eltern

Vorwort

Die vorliegende Arbeit wurde im Sommersemester 2025 von der Rechtswissenschaftlichen Fakultät der Christian-Albrechts-Universität zu Kiel als Dissertation angenommen. Literatur und Rechtsprechung wurden bis zum Monat Oktober 2025 berücksichtigt.

Die in dem Werk vorgenommene Untersuchung der Schnittfläche von SchVG und StaRUG ist deshalb bedeutsam, weil die dabei aufkommenden Fragen der Wechselwirkungen der beiden Rechtsregime in jeder Restrukturierung mit Anleihebezug auftreten. Die Analyse des Zusammenspiels von SchVG und StaRUG unter Herausarbeitung von Optimierungspotential unter der Restrukturierungsrichtlinie liefert damit nicht nur Erkenntnisse für die rechtliche Beratungspraxis, sondern auch Impulse für die Fortentwicklung des Restrukturierungsrechts in Deutschland.

Mein Dank gilt zunächst meinem Doktorvater, Herrn Professor Dr. *Timo Fest*, für die Anregung zu diesem Thema, die anschließende Betreuung dieser Arbeit und sein allzeit offenes Ohr für meine Fragen und Sorgen. Seine Veranstaltungen im Schwerpunktstudium und seine Art zu lehren waren es, die meine erste wissenschaftliche Begeisterung geweckt haben. Herrn Professor Dr. *Smid* danke ich für die zügige Erstellung des Zweitgutachtens.

Bei den Herausgebern der Schriftenreihe „KTS-Schriften zum Insolvenzrecht", Prof. Dr. *Reinhard Bork* und Prof. Dr. Dres. h.c. *Rolf Stürner*, bedanke ich mich für die Aufnahme in diese Schriftenreihe.

Weiter danke ich meiner Familie und meinen Freunden, von denen ich während der Erstellung dieser Arbeit den notwendigen Zuspruch und Unterstützung erfahren habe.

Den mit Abstand größten Dank möchte ich meinen Eltern, *Anja* und *Peter Kriesten*, aussprechen. Nicht nur das Gelingen dieser Arbeit, sondern auch das bisherige Gelingen meiner Ausbildung verdanke ich ihnen. Ohne ihren Rückhalt wäre diese Arbeit undenkbar und mein Studium in Philadelphia nicht möglich gewesen. Ihnen ist diese Arbeit in tiefer Dankbarkeit gewidmet.

Hamburg, im November 2025 *Philipp Maximilian Kriesten*

Inhaltsübersicht

Inhalt

Einleitung

§ 1 Thematische Einführung

Ab einer bestimmten Unternehmensgröße und einem entsprechenden Kapitalbedarf ist für Unternehmen eine Finanzierung durch die Emission von Anleihen über den Kapitalmarkt zweckmäßig.[1] Anleihen sind auf Geld lautende, an dem Kapital- oder Geldmarkt handelbare, der Investition dienende, in Wertpapieren verbriefte Forderungsrechte gegen den Emittenten, bei denen gemeinsames strukturbildendes Merkmal die Unterteilung in umlauffähige Schuldverschreibungen und entsprechende Gläubigerrechte ist.[2] In der einfachsten Form (sog. *plain vanilla bond*)[3] verpflichtet der Emittent sich, den Teilschuldverschreibungsgläubigern während der Laufzeit der Anleihe einen periodischen Zins (sog. Kupon) und mit Ende der Laufzeit der Anleihe einen vereinbarten Betrag zu zahlen, regelmäßig den Nennbetrag des bei der Emission der Anleihe von den Teilschuldverschreibungsgläubigern erhaltenen Kapitals.[4] Die Modalitäten der Forderung der Teilschuldverschreibungsgläubiger ergeben sich aus den Anleihebedingungen. Sollte während der Laufzeit der Anleihe die Erfüllung der Ansprüche der Teilschuldverschreibungsgläubiger für den Emittenten nicht möglich sein oder ist absehbar, dass der Emittent in den Anleihebedingungen vereinbarte *financial covenants* verletzen wird,[5] ist notwendig, dass die Anleihebedingungen unter Berücksichtigung der jeweiligen Situation angepasst werden. Ließe der Emittent die Situation fortlaufen, ohne entsprechende Maßnahmen zu ergreifen, wäre vor dem Hintergrund des hohen Nennwerts einer Anleihe das Insolvenzverfahren nahezu unvermeidbar.[6] Ein solches

1 Die Aufnahme von Fremdkapital mittels Anleiheemission erst ab einem Kreditbedarf in Höhe eines zweistelligen Millionenbetrags für zu berücksichtigend erachtend *Baums*, Unternehmensfinanzierung, 2017, § 36 Rn. 11; hingegen einen Anstieg der Bedeutung der Anleihefinanzierung nicht nur bei Großunternehmen erwähnend *Baums*, ZHR 177 (2013), 807.

2 *Wilken/Schaumann/Zenker*, Anleihen, S. 5 Rn. 22 m. w. N.; *de Boer* in Schüppen/Schaub, MAHdB AktR, § 49 Rn. 2.

3 Statt vieler *Artzinger-Bolten/Wöckener* in Hopt/Seibt, SchvR, § 1 Rn. 33 ff.

4 *Cagalj*, Restrukturierung von Anleihen, S. 23 m. w. N.; mit weiteren Ausführungen *Fest*, Anleihebedingungen, S. 3; *Hartwig-Jacob* in FK-SchVG, § 1 Rn. 11; *Kaulamo* in HMS, Unternehmensfinanzierung, § 16 Rn. 16.2; *Münstermann* in KMFS, BankR, 15. Teil Rn. 15.151. Ausführlich zu verschiedenen Ausgestaltungen von Anleihen wie *Zero-Bonds*, *High-Yield-Bonds* etc. *Artzinger-Bolten/Wöckener* in Hopt/Seibt, SchvR, § 1 Rn. 32 ff.; *Baums*, Unternehmensfinanzierung, 2017, § 36 Rn. 12 ff. m. w. N.; *Bliesener/Schneider* in LBS, BankR-Komm., 17. Kap., § 1 Rn. 61 ff.; *Kaulamo* in HMS, Unternehmensfinanzierung, § 16 Rn. 16.5 ff.; *Simon*, Das neue SchVG, S. 34 ff.

5 Siehe zu *covenants* im Allgemeinen *Servatius*, Gläubigereinfluss, S. 32 ff.

6 Siehe dazu *Vogel*, ZBB 2016, 179 (181), der auf die Kündigung zahlreicher Teilschuldverschreibungen eingeht.

ist sowohl aus Sicht des Emittenten als auch unter Berücksichtigung volkswirtschaftlicher Auswirkungen, z. B. der Erhalt von Arbeitsplätzen, zu vermeiden.[7]

A. Nomenklatur

Vor dem Hintergrund, dass der Begriff der Anleihe nicht legaldefiniert ist, werden in der juristischen Literatur und dem allgemeinen Sprachgebrauch verschiedene Begrifflichkeiten oftmals synonym verwendet,[8] die kurz zu erläutern sind.

In dem Rahmen einer Anleiheemission ist zwischen dem Begriff der Anleihe als solcher und dem Begriff der Schuldverschreibung zu differenzieren. Während der Begriff der (Teil-) Schuldverschreibung das einzelne Wertpapier bezeichnet,[9] aus dem der Anspruch des Schuldverschreibungsgläubigers sich ergibt, wird mit dem Begriff der Anleihe die Gesamtemission der Schuldverschreibungen bezeichnet, die einzeln Teilschuldverschreibungen genannt werden.[10] Dabei unterliegen die verbrieften Rechte der Teilschuldverschreibungsgläubiger gemäß § 4 Satz 1 SchVG einer kollektiven Bindung, weshalb die verbrieften Ansprüche jeder Teilschuldverschreibung einer Anleihe stets den gleichen Konditionen unterliegen. Dadurch werden die Teilschuldverschreibungen fungibel,[11] sodass unter Berücksichtigung von § 3 Abs. 1 BörsZulV ein Handel an dem Kapitalmarkt möglich ist.[12] Folgend ist daher mit »Teilschuldverschreibungsgläubiger« der Inhaber der einzelnen Teilschuldverschreibung gemeint. »Anleihe« meint die Zusammenfassung aller inhaltsgleichen Teilschuldverschreibungen, die gemäß § 4 SchVG Gegenstand der kollektiven Bindung sind. Die »Restrukturierung der Anleihe« meint die Änderung, Gestaltung oder Modifizierung von Anleihebedingungen, wobei diese Begrifflichkeiten synonym verwendet werden.

B. Anleihen in der Unternehmensfinanzierung

I. Motive für eine Anleiheemission

Entschließt ein Unternehmen sich dazu, Liquidität zu beschaffen, stellt sich stets die (Vor-) Frage, ob Eigen- oder Fremdkapital aufgenommen werden soll. Können die

7 Siehe dazu ErwG 16 Restrukturierungs-RL.

8 So zirkulieren die Begrifflichkeiten »Schuldverschreibung«, »Teilschuldverschreibung« und »Anleihe«, dazu auch *Artzinger-Bolten/Wöckener* in Hopt/Seibt, SchvR, § 1 Rn. 4 ff.; *Grüning/Hirschberg* in HMS, Unternehmensfinanzierung, § 15 Rn. 15.3.

9 Auf die Möglichkeit der Verbriefung in einer einzelnen Globalurkunde kommt es für die Bezeichnung nicht an, weshalb hierauf nicht weiter eingegangen wird.

10 Ähnlich *Artzinger-Bolten/Wöckener* in Hopt/Seibt, SchvR, § 1 Rn. 6; *Cagalj*, Restrukturierung von Anleihen, S. 24.

11 *Friedl/Schmidtbleicher* in FK-SchVG, § 4 Rn. 6; *Röh* in Preuße/Vogel, SchVG, § 4 Rn. 4; *Thole* in Hopt/Seibt, SchvR, § 4 Rn. 1.

12 *Grüning/Hirschberg* in HMS, Unternehmensfinanzierung, § 15 Rn. 15.3.

bisherigen Gesellschafter das zusätzlich benötigte Kapital nicht aufbringen und haben ebenjene darüber hinaus kein Interesse an einer Veränderung der bestehenden Gesellschafterstruktur,[13] bleibt einzig die Aufnahme von Fremdkapital, wofür klassischerweise ein Darlehen bei einem oder mehreren Kreditinstituten aufgenommen wurde und wird.[14] Stellt die angestrebte Darlehensaufnahme sich indes als unwirtschaftlich dar[15] oder ist den Kreditinstituten die Befriedigung des konkreten Kapitalbedarfs nicht oder nur zu unattraktiven Konditionen möglich,[16] rücken andere Formen der Fremdfinanzierung – wie eine Anleiheemission oder auch die Verbriefung von Vermögensgegenständen – in den Fokus des Unternehmens. Eine Finanzierung mittels Emission einer oder mehrerer Anleihen ist daher immer zu erwägen, wenn ein Unternehmen den notwendigen Kapitalbedarf nicht durch die bisherigen Eigenkapitalgeber decken kann oder will und eine Aufnahme von Fremdkapital bei Kreditinstituten sich aufgrund hoher Kosten als unwirtschaftlich entpuppt[17] oder aus tatsächlichen Gründen nicht möglich ist.

Auch die Antwort auf die Frage der Notwendigkeit der Bestellung von Sicherheiten für die Forderungen aus dem Anleiheschuldverhältnis stimuliert die Popularität einer Anleiheemission aus Sicht des Emittenten. Diese müssen nämlich keine Sicherheiten – ohne die eine traditionelle Kreditaufnahme undenkbar wäre – bereitstellen. Vielmehr ist eine Anleihe– zumindest bei Emittenten mit einer validen Bonität[18] – regelmäßig unbesicherter Natur.[19] Bei Emission einer Anleihe mit einem attraktiven Kupon kann die benötigte Liquidität somit durchaus ohne das Bereitstellen von Sicherheiten generiert werden.[20] Darüber hinaus begeben Unternehmen Anleihen auch vermehrt als zusätzliche Kapitalquelle zu traditionellen Krediten,[21] um eine Abhängigkeit von der Hausbank zu verhindern.[22]

II. Historische Entwicklung und Ausblick

Die Emission von Anleihen war bereits in der Vergangenheit ein wesentliches Finanzierungsmittel von Unternehmen in dem anglo-amerikanischen Rechtsraum[23] und hat auch in Deutschland in den letzten Jahrzehnten erheblich an Bedeutung als Mittel der

13 *Liebenow*, Anleiheorganisationsrecht, S. 8 f.; *Vogel*, ZBB 2011, 235.
14 *Liebenow*, Anleiheorganisationsrecht, S. 9 m. w. N.
15 Auf die Kosten bei einer Darlehensaufnahme und einer Anleiheemission eingehend *Kinateder*, CF biz 2013, 190 (191).
16 *Fest*, Anleihebedingungen, S. 2.
17 *Zahn/Lemke*, BKR 2002, 527 (528).
18 *Baums*, Unternehmensfinanzierung, 2017, § 37 Rn. 43.
19 *Baums*, Unternehmensfinanzierung, 2017, § 37 Rn. 43; *Münstermann* in KMFS, BankR, 15. Teil, Rn. 15.291; *Oulds* in Hopt/Seibt, SchvR, Kap. 1 Rn. 1.27; *Vogel*, ZBB 2011, 235 (235).
20 Wie der Kapitalmarkt eine unbesicherte Anleihe annimmt, ist eine andere Frage.
21 *Grüning/Hirschberg* in HMS, Unternehmensfinanzierung, § 15 Rn. 15.2.
22 *Grüning/Hirschberg* in HMS, Unternehmensfinanzierung, § 15 Rn. 15.37; *Liebenow*, Anleiheorganisationsrecht, S. 9; ähnlich *Oulds* in Hopt/Seibt, SchvR, Kap. 1 Rn. 1.31.
23 *Hopt/Seibt* in Hopt/Seibt, SchvR, Einführung S. 2.

Unternehmensfinanzierung gewonnen.[24] Waren deutsche Unternehmen früher in erster Linie durch Eigenkapital, Innenfinanzierung und Bankdarlehen finanziert, hat dieses Bild sich in dem vergangenen Jahrzehnt erheblich verändert.[25] Seitdem Kreditinstituten in Folge der Wirtschaftskrise des Jahres 2008[26] strengere Anforderungen betreffend die Eigenmittel und Liquidität auferlegt wurden, verliert das traditionelle Kreditgeschäft sukzessive an Attraktivität.[27] Die strengen Anforderungen an die Kreditinstitute spiegelten sich in den Konditionen der Darlehensverträge wider, was vor allem Unternehmen mit geringerer Bonität betraf.[28] In der Folge konnten letztere Darlehen regelmäßig nur unter hohem Zinsaufwand aufnehmen.[29] In Anbetracht dieser Tatsache mussten entsprechende Unternehmen zunehmend andere Möglichkeiten der Aufnahme von Fremdkapital in den Fokus nehmen. In diesem Zuge ließ trat mit Beginn der 2010er Jahre in dem deutschen Raum ein Trend zu Anleiheemissionen ein,[30] der darin gipfelte, dass eigene Börsensegmente für Mittelstandsanleihen an deutschen Handelsplätzen eingeführt wurden.[31] Diese Mittelstandsanleihen bestachen durch höhere Renditen als andere Anlagevarianten.[32] Allerdings wiesen insbesondere die Mittelstandsanleihen eine nicht zu vernachlässigende Ausfallquote auf.[33] Angesichts der attraktiven Renditen solcher Anleihen, ist dieser Umstand von vielen Privatanlegern jedoch nicht hinreichend berücksichtigt worden.[34] Nachdem eine Vielzahl von Mittelstandsanleihen notleidend und nicht zurückgezahlt wurde,[35] nahmen viele Investoren in der Folge Abstand von dem Mittelstandsanleihesegment und die Nachfrage ebbte sukzessive ab.[36] Dennoch verblieb die Emission von Anleihen weiterhin als

24 Ausführlich zu der Entwicklung, siehe *Fest*, Anleihebedingungen, S. 16 ff.; *Oulds* in Hopt/Seibt, SchvR, Kap. 1 Rn. 1.8; *Oulds* in Veranneman, SchVG, § 1 Rn. 4; ausführlich zu der Historie der Finanzierung durch Anleihen *Siebel*, Internationale Anleihe, S. 89 ff.

25 *Liebenow*, Anleiheorganisationsrecht, S. 9; *Oulds* in Hopt/Seibt, SchvR, Kap. 1 Rn. 1.31.

26 Den 15. September 2008 – der Tag, an dem die *Lehman Brothers Holding* Insolvenzantrag stellte – als »Stunde null« für die Mittelstandsanleihe bezeichnend *Wilken/Schaumann/Zenker*, Anleihen, S. 1 Rn. 3.

27 *Ampferl* in FS Kübler, 2015, 11; ähnlich *Oulds* in Hopt/Seibt, SchvR, Kap. 1 Rn. 1.3; ähnlich *Vogel*, ZBB 2011, 235 (235).

28 Ausführlich dazu *Becker/Böttger/Ergün/Müller*, DStR 2011, 375 (375 f.); *Kampshoff* in AGR InsO, Anh. VII Rn. 241; *Kinateder*, CF biz 2013, 190 (190); *Liebenow*, Anleiheorganisationsrecht, S. 9 m. w. N.

29 Ähnlich *Becker/Böttger/Müller*, DStR 2014, 1247 (1250); *Cagalj*, Restrukturierung von Anleihen, S. 35.

30 Für Mittelstandsanleihen *Kinateder*, CF biz 2013, 190; im Allgemeinen einen erheblichen Bedeutungszuwachs seit der Finanz- und Wirtschaftskrise 2008 benennend *Seibt*, ZIP 2016, 997.

31 *Grüning/Hirschberg* in HMS, Unternehmensfinanzierung, § 15 Rn. 15.38; eine ausführliche Tabelle der Mittelstandsegmente bei *Kinateder*, CF biz 2013, 190 (192); *Rüberg*, Anleihe in der Insolvenz, S. 17 f.; *Vogel*, ZBB 2011, 235.

32 *Kinateder*, CF biz 2013, 190 (192).

33 *Kampfshoff* in AGR InsO, Anh. VII Rn. 240; *Rüberg*, Anleihe in der Insolvenz, S. 19 f.

34 *Ampferl* in FS Kübler, 2015, 11; *Rüberg*, Anleihe in der Insolvenz, S. 18 m. w. N.

35 Exemplarisch dafür *Habdank*, Finance-Magazin v. 19. April 2018, abrufbar unter: https://www.finance-magazin.de/finanzierungen/kredite-anleihen/die-desastroese-bilanz-von-bondm-2012621/ (zuletzt abgerufen am 31. Oktober 2025).

36 *Wilken/Schaumann/Zenker*, Anleihen, S. 2 Rn. 9 ff.

populäres Finanzierungsvehikel.[37] Dies gilt vor allem für Anleihen, die von großen und etablierten Unternehmen emittiert werden, welche regelmäßig mehrere Anleihen verschiedener Fälligkeiten ausgegeben haben. Insbesondere vor dem Hintergrund der in den Jahren 2022 und 2023 durch die Zentralbanken initiierten Anhebung des Leitzinses ist kein Rückgang der Popularität der Anleiheemission zu erwarten.[38] Die Anhebung des Leitzinses verteuert die Darlehensaufnahme bei den Zentralbanken, wobei diese Verteuerung realiter das Unternehmen als Darlehensnehmer belastet. Ferner führt die Erhöhung des Leitzinses dazu, dass die Kupons neu emittierter Unternehmensanleihen ebenfalls steigen,[39] wodurch diese Neuemissionen für Anleger eine attraktive Renditemöglichkeit darstellt. Eine hohe Nachfrage einer Anleiheemission dürfte zu attraktiveren Konditionen für den Emittenten führen. Zuletzt dürften auch bankenaufsichtsrechtliche Entscheidungen zu der Popularität von Anleihen beitragen. Mit der zum 1. Januar 2025 in Kraft tretenden Verschärfung der Anforderungen an die Eigenkapitalquote der Kreditinstitute in dem Zuge von Basel IV wird aller Wahrscheinlichkeit nach eine restriktivere Vergabe von Darlehen einhergehen, wobei anzunehmen ist, dass diese – insbesondere für Unternehmen mit geringerer Bonität – teurer und somit unattraktiver werden.[40]

III. Erfordernis der Restrukturierung einer Anleihe

Nach erfolgreicher Emission der Anleihe muss der Emittent stets darauf achten, die in den Anleihebedingungen fixierten *financial covenants* und Zahlungsziele einzuhalten. Mit dem Bedeutungsgewinn der Anleiheemission in den vergangenen Jahren und aktuellen volkswirtschaftlichen Herausforderungen geht auch ein Praxisbedürfnis der Anleiherestrukturierung einher.[41] Vor dem Hintergrund der auf der gestiegenen Inflation

37 Ähnlich *Cranshaw* in EBS, SIR, S. 128.

38 Aus internationaler Sicht einen Anstieg der Kapitalmarkfinanzierung durch Verbriefung prophezeiend *Hopt/Seibt* in Hopt/Seibt, SchvR, Einführung S. 2. Zu der allgemein ungebrochenen Popularität *Kampfshoff* in AGR InsO, Anh. VII Rn. 242; ähnlich *Liebenow*, Anleiheorganisationsrecht, S. 10 m. w. N.; *Seibt*, ZIP 2016, 997; ähnlich *de Boer* in Schüppen/Schaub, MAHdB AktR, § 49 Rn. 1.

39 Siehe dazu *Frohn/Littmann*, WiWo v. 2. Februar 2023, abrufbar unter: https://www.wiwo.de/my/finanzen/geldanlage/anleihen-tages-und-festgeld-nach-ezb-zinsentscheid-willkommen-in-der-schoenen-neuen-zinswelt/28957496.html (zuletzt abgerufen am 31. Oktober 2025); allgemein zu den Auswirkungen steigender Zinsen *Mannweiler*, FAZ v. 20. April 2022, abrufbar unter: https://www.faz.net/aktuell/finanzen/meine-finanzen/sparen-und-geld-anlegen/neue-anleihen-wenn-die-notenbanken-die-zinsen-anheben-17970277.html (zuletzt abgerufen am 31. Oktober 2025).

40 *Grüning/Hirschberg* in HMS, Unternehmensfinanzierung, § 15 Rn. 15.37. Ausführlich zu Basel IV *Schulte-Mattler* in Fischer/Schulte-Mattler, KWG, vor Art. 1 CCR Rn. 35 ff. Zu der allgemeinen Schwierigkeit für KMU bei der Darlehensaufnahme *BondGuide* v. 2. Juli 2021, abrufbar unter: https://www.bondguide.de/topnews/kmu-fuerchten-schwierigere-kreditaufnahme (zuletzt abgerufen am 31. Oktober 2025).

41 Allerding darauf hinweisend, dass in den meisten Krisenfällen von Unternehmen Anleihen keine Rolle spielen *Cranshaw* in PRS, StaRUG, Teil 3 Rn. 8; *Seibt*, ZIP 2016, 997; ähnlich *Wegener*, NZI 2017, 54.

fußenden initiierten Zinswende der Zentralbanken[42] und der damit verbundenen – insbesondere in dem Vergleich mit der in den Jahren davor verfügbaren billigen Liquidität – höheren Refinanzierungskosten[43] sowie hinzutretender hoher Energie- und Personalkosten[44] gepaart mit einem schwachen wirtschaftlichen Wachstum haben bereits und werden zukünftig weiterhin eine Vielzahl von Unternehmen erkennen, dass deren Finanzierungsmodell der Anleiheemission unmittelbar vor dem Scheitern steht oder bereits gescheitert ist.[45] Dies gilt insbesondere im Real Estate Sektor, in dem ein schlechtes Marktumfeld für den Wohnimmobiliensektor mit hohen Zinsen, steigenden Baukosten und einer negativ geprägten Stimmung unter Immobilienkäufern herrscht.[46]

Deutet aus Sicht des Emittenten der bevorstehende Bruch von *financial covenants* oder sogar ein *default* hinsichtlich der zukünftig fälligen Zahlungsverpflichtungen aus dem Anleiheschuldverhältnis sich an, muss der Emittent Maßnahmen ergreifen, um eine Änderung der Anleihebedingungen unter Beteiligung der Teilschuldverschreibungsgläubiger zu erwirken, damit ein Insolvenzverfahren verhindert werden kann.

42 Dazu *dpa*, FAZ v. 29. Juni 2023, abrufbar unter: https://www.faz.net/aktuell/wirtschaft/creditreform-mehr-unternehmensinsolvenzen-aber-keine-insolvenzwelle-18998312.html (zuletzt abgerufen am 31. Oktober 2025), wo Patrick-Ludwig Hantzsch, Leiter der Creditreform Wirtschaftsforschung, wie folgt zitiert wird: »Die wirtschaftlichen Rahmenbedingungen für die Unternehmen bleiben durch die Inflation und auch durch die Zinswende sehr angespannt.«

43 Die Prolongation von Krediten während der Niedrigzinsphase erwähnend *Hock*, FAZ v. 2 November 2023, abrufbar unter: https://www.faz.net/aktuell/finanzen/neue-anleihen-finanzierungskrise-fuer-unternehmen-zu-erwarten-19283790.html?xtor=EREC-7-%5BFinanzen-Analysen%5D-20231102&campID=MAIL_REDNL_AUDI_OWN_na_na_na_na_na_na_Finanzen-Analysen_PEM21589 (zuletzt abgerufen am 31. Oktober 2025).

44 Siehe dazu die Pressemitteilung der Creditreform Wirtschaftsforschung v. 16. Dezember 2024, in der Patrick-Ludwig Hantzsch, Leiter der Creditreform Wirtschaftsforschung, diese Faktoren besonders hervorhebt, wenn er die Zahl der Insolvenzverfahren in Deutschland kommentiert, abrufbar unter: https://www.creditreform.de/aktuelles-wissen/pressemeldungen-fachbeitraege/news-details/show/insolvenzen-in-deutschland-jahr-2024 (zuletzt abgerufen am 31. Oktober 2025), Allgemein zu den hohen Insolvenzzahlen in Deutschland exemplarisch *Reuters* v. 9. Januar 2025, abrufbar unter: https://www.reuters.com/markets/europe/germany-records-highest-company-insolvencies-since-financial-crisis-2025-01-09/ (zuletzt abgerufen am 31. Oktober 2025).

45 In diese Richtung, »Finanzierungskrise für Unternehmen zu erwarten«, *Hock*, FAZ v. 2 November 2023, abrufbar unter: https://www.faz.net/aktuell/finanzen/neue-anleihen-finanzierungskrise-fuer-unternehmen-zu-erwarten-19283790.html?xtor=EREC-7-%5BFinanzen-Analysen%5D-20231102&campID=MAIL_REDNL_AUDI_OWN_na_na_na_na_na_na_Finanzen-Analysen_PEM21589 (zuletzt abgerufen am 31. Oktober 2025). Dies im Allgemeinen und ohne Berücksichtigung der wirtschaftlichen Lage in dem Jahr 2023 erwähnend *Thole*, ZIP 2014, 2365.

46 Siehe dazu *Sax/Berkner/Saed*, NZI 2024, 872 f.; ähnlich auch die Ad-hoc Mitteilung der ACCENTRO Real Estate AG vom 29. März 2025 mit der Ankündigung eines Restrukturierungsvorhabens gemäß dem StaRUG, abrufbar unter: https://investors.accentro.de/news/ad-hoc/anleiheglaeubiger-minderheitsaktionaer-und-vorstand-der-accentro-erzielen (zuletzt abgerufen am 31. Oktober 2025); siehe auch S. 4 der Zusammenfassung des Restrukturierungsplans i. S. BRANICKS Group AG, abrufbar unter: https://branicks.com/download/ir/starug/zusammenfassung_des_plans.pdf (zuletzt abgerufen am 31. Oktober 2025).

Dabei ist zu beachten, dass der Emittent Änderungen der Anleihebedingungen nicht einseitig erwirken kann; er benötigt ausweislich § 4 Satz 1 SchVG die Zustimmung der Teilschuldverschreibungsgläubiger. Bei der Restrukturierung von Anleihen ist – abweichend von der klassischen Darlehensaufnahme bei einem Kreditinstitut – zu berücksichtigen, dass dem Emittenten eine Vielzahl von Teilschuldverschreibungsgläubigern gegenübersteht. Dadurch ergibt eine diversifizierte Gläubigerstruktur sich, wobei die Gläubiger unterschiedliche und unter Umständen diametral entgegenstehende Interessen verfolgen können.[47]

IV. Maßgebliche Stakeholder einer Anleiherestrukturierung

Um die in dem Laufe dieser Arbeit zu berücksichtigenden Motive und Interessen einzelner Stakeholder entsprechend berücksichtigen zu können, ist in gebotener Kürze auf die rechtlichen Verhältnisse in dem Rahmen der Anleiheemission einzugehen und die dortigen Akteure sind aufzuzeigen. Wesentlich dafür ist die Beziehung des Emittenten der Anleihe zu dem einzelnen Teilschuldverschreibungsgläubiger sowie das Verhältnis der Teilschuldverschreibungsgläubiger untereinander.

1. Die Rechtsbeziehung zwischen dem Emittenten und einem Teilschuldverschreibungsgläubiger

Der Inhaber einer Teilschuldverschreibung als Anleger steht mit dem Emittenten regelmäßig in keiner vertraglichen Beziehung,[48] da die Anleiheemission häufig als Fremdemission über zwischengeschaltete Kreditinstitute ausgestaltet ist[49] oder die Teilschuldverschreibungen nach der Emission auf dem Sekundärmarkt erworben werden.[50] Vertragliche Ansprüche der Teilschuldverschreibungsgläubiger gegen den Emittenten bestehen daher in aller Regel nicht. Für das Verhältnis zwischen dem Emittenten und dem Teilschuldverschreibungsgläubiger gelten – zumindest dann, wenn es sich, wie in Deutschland üblich, um Inhaberschuldverschreibungen handelt[51] – vielmehr die §§ 793 ff. BGB in Verbindung mit den Anleihebedingungen.[52] Ausgehend von § 793 Abs. 1 Satz 1 BGB kann der Teilschuldverschreibungsgläubiger als Inhaber der Schuldverschreibung von dem Emittenten der Anleihe die Leistung verlangen, die

47 *Kampshoff* in AGR InsO, Anh. VII Rn. 243; *Lürken/Ruf* in Theiselmann, PHdB RestrR, Kap. 4 Rn. 15.
48 *Kaulamo* in HMS, Unternehmensfinanzierung, § 16 Rn. 16.39; *Münstermann* in KMFS, BankR, 15. Teil Rn. 15.231; *Rüberg,* Anleihe in der Insolvenz, S. 29 m. w. N.
49 Ausführlich dazu *Baums*, Unternehmensfinanzierung, 2017, § 36 Rn. 1; *Grüning/Hirschberg* in HMS, Unternehmensfinanzierung, § 15 Rn. 15.4 ff.; siehe ausführlich zu den Rechtsverhältnissen bei Einschaltung emissionsbegleitender Banken oder eines Bankenkonsortiums *Münstermann* in KMFS, BankR, 15. Teil Rn. 15.171 ff.
50 Siehe dazu *Baums* in Bayer/Habersack, AktR im Wandel, Bd. II, 21. Kap. Rn. 29.
51 So *Kaulamo* in HMS, Unternehmensfinanzierung, § 16 Rn. 16.2 m. w. N.; ausführlich zu der Rechtslage bei Namensschuldverschreibungen *Artzinger-Bolten/Wöckener* in Hopt/Seibt, SchvR, § 1 Rn. 30 f.; *Bliesener/Schneider* in LBS, BankR-Komm., 17. Kap., § 1 Rn. 18 ff.
52 Ausführlich dazu *Bialluch*, Anleiheschuldverhältnis, S. 22 ff.

in der Schuldverschreibung versprochen wurde. Maßgebend für die gegenseitigen Rechte und Pflichten zwischen dem Emittenten und dem Teilschuldverschreibungsgläubiger sind daher die Anleihebedingungen.[53] Der Begriff der Anleihebedingung wird für den Anwendungsbereich des SchVG in § 2 SchVG definiert, ohne dass der Inhalt der Anleihebedingungen näher bestimmt wird.[54] Der Inhalt der Leistung ist daher nicht festgelegt und steht vollumfänglich zur Disposition der Parteien,[55] wobei grundsätzlich der Emittent die Anleihebedingungen bei der Emission vorgibt.[56] Für den Erfolg einer Anleiheemission ist jedoch eine marktgerechte Ausgestaltung der Anleihebedingungen elementar.[57] Bei den Anleihebedingungen ist mit Blick auf § 5 Abs. 3 Satz 1 Nr. 10 SchVG zwischen Leistung im engeren Sinne – die vereinbarte Rückzahlung sowie der Kupon – und etwaigen Nebenbedingungen zu differenzieren.[58] Diese Differenzierung entfaltet ihre Bedeutung insbesondere in einem Insolvenzverfahren, da die Zulässigkeit der Gestaltung von Nebenbestimmungen in einem Insolvenzplan umstritten ist.[59]

2. Das Verhältnis der Anleihegläubiger untereinander

Ob zwischen den einzelnen Teilschuldverschreibungsgläubigern, die sich in der Regel nicht kennen, Rechtsbeziehungen bestehen und wenn ja, welcher Rechtsnatur diese wären, ist nicht abschließend geklärt.[60] Insbesondere vor dem Hintergrund etwaiger Treuepflichten unter den Teilschuldverschreibungsgläubigern mangelt es der nachstehenden Verortung nicht an Relevanz.[61] Entscheidend für die Frage von bestehenden Treuepflichten oder der Rechtsfähigkeit der Gläubigergemeinschaft ist das Innenverhältnis der Teilschuldverschreibungsgläubiger einer Anleihe, nicht jedoch das Außenverhältnis jener in ihrer Gesamtheit zu dem Emittenten.[62] Nach einer Ansicht bilden die Teilschuldverschreibungsgläubiger in dem Innenverhältnis eine Gesellschaft bürgerlichen Rechts gemäß §§ 705 ff. BGB.[63] Hierbei wird indes verkannt, dass die Schuldverschreibungsgläubiger vorrangig daran interessiert sein dürften, die jewei-

53 *Artzinger-Bolten/Wöckener* in Hopt/Seibt, SchvR, § 1 Rn. 7; *Fest*, Anleihebedingungen, S. 167; *Münstermann* in KMFS, BankR, 15. Teil Rn. 15.231.
54 *Artzinger-Bolten/Wöckener* in Hopt/Seibt, SchvR, § 2 Rn. 9 m. w. N.
55 *Fest*, Anleihebedingungen, S. 167; *Münstermann* in KMFS, BankR, 15. Teil Rn. 15.231.
56 *Fest*, Anleihebedingungen, S. 167.
57 *Münstermann* in KMFS, BankR, 15. Teil Rn. 15.232.
58 *Artzinger-Bolten/Wöckener* in Hopt/Seibt, SchvR, § 2 Rn. 9 m. w. N.
59 Siehe dazu *Hölzle* in Seibt/Westpfahl, StaRUG, § 7 Rn. 67; dazu auch *Westpfahl/Dittmar* in Flöther, StaRUG, § 7 Rn. 37 m. w. N.
60 *Bialluch*, Anleiheschuldverhältnis, S. 94; *Friedl/Schmidtbleicher* in FK-SchVG, § 4 Rn. 15 m. w. N.
61 Weiterführend dazu *Thole* in Hopt/Seibt, SchvR, § 4 Rn. 5.
62 Ausführlich zu letzterem *Bialluch*, Anleiheschuldverhältnis, S. 86 ff.; *Thole* in Hopt/Seibt, SchvR, § 4 Rn. 12 f.
63 So wohl *Hopt*, WM 2009, 1873 (1875); *Horn*, ZHR 173 (2009), 12 (48 f.); *Horn*, BKR 2009, 446 (450); a. A. *Bialluch*, Anleiheschuldverhältnis, S. 112; *Fest*, Anleihebedingungen, S. 86; *Friedl/Schmidtbleicher* in FK-SchVG, § 4 Rn. 21; *Oulds* in Veranneman, SchVG, § 4 Rn. 15; *Thole* in Hopt/Seibt, Schuldverschreibungsrecht, § 4 Rn. 6; unentschlossen *Liebenow*, Anleiheorganisationsrecht, S. 266.

ligen individuellen Zinszahlungen und die Rückzahlung des überlassenen Kapitals zu realisieren.[64] Inwieweit die übrigen Teilschuldverschreibungsgläubiger befriedigt werden, dürfte diesen hingegen gleichgültig sein. Es kann daher nicht ohne Zweifel behauptet werden, dass die Teilschuldverschreibungsgläubiger einer Anleihe einen gemeinsamen Zweck verfolgen würden.[65] Denkbar ist ferner die Einordnung der Teilschuldverschreibungsgläubiger als Bruchteilsgemeinschaft gemäß §§ 741 ff. BGB.[66] Dies wäre dann der Fall, wenn die sich aus den jeweiligen Teilschuldverschreibungen ergebenden Zahlungsansprüche mehreren, nämlich den Teilschuldverschreibungsgläubigern gemeinschaftlich zustünden. Gemäß § 793 Abs. 1 Satz 1 BGB steht jedoch dem einzelnen Teilschuldverschreibungsgläubiger das Recht zu, die versprochene Leistung zu verlangen. Dabei gewährt jede einzelne Teilschuldverschreibung einer Anleihe einen Anspruch auf Tilgungs- und Zinszahlung in dem Umfang, den die Anleihebedingungen bestimmen. Es kann daher nicht davon gesprochen werden, dass das in Rede stehende Recht auf Tilgungs- und Zinszahlungen mehreren zusammen zusteht. Vielmehr mangelt es an einer gemeinsamen Inhaberschaft einer Forderung der Teilschuldverschreibungsgläubiger.[67] Die Teilschuldverschreibungsgläubiger bilden daher auch keine Gemeinschaft nach Bruchteilen, sodass die §§ 741 ff. BGB auf das Verhältnis der Gläubiger nicht anwendbar sind.[68] Festzuhalten und in den späteren Untersuchungen als gegeben anzusehen ist, dass zwischen den einzelnen Teilschuldverschreibungsgläubigern keine, über die Vorschriften des SchVG hinausgehende Pflichten bestehen, die bei der Restrukturierung einer Anleihe zu einer bestimmten Handlungs- oder Abstimmungspflicht führten.[69] Im Ergebnis ist auch das Bestehen einer Treuepflicht analog der gesellschaftsrechtlichen Treuepflicht zwischen den Teilschuldverschreibungsgläubigern abzulehnen.[70]

C. Gegenstand und Zielsetzung der Untersuchung

In Anbetracht der Tatsache, dass der Emittent – insbesondere bei publikumsplatzierten Anleihen – einer Vielzahl von mitunter breit verstreuten Teilschuldverschreibungsgläubigern gegenübersteht, die verschiedene Interessen aufweisen und untereinander

64 *Friedl/Schmidtbleicher* in FK-SchVG, § 4 Rn. 21; *Podewils*, DStR 2009, 1914 (1915); *Schall/Simon* in Reinhard/Schall, SchVG, § 4 Rn. 16; *Thole* in Hopt/Seibt, SchvR, § 4 Rn. 6.
65 Siehe auch *Thole*, ZIP 2014, 2365 (2367).
66 So für die Rechtslage *de lege lata* konstatierend *Horn*, ZHR 173 (2009), 12 (48).
67 *Ruf*, Gemeinsamer Vertreter, S. 27; *Schall/Simon* in Reinhard/Schall, SchVG, § 4 Rn. 17; *Thole* in Hopt/Seibt, SchvR, § 4 Rn. 7.
68 So auch *Ruf*, Gemeinsamer Vertreter, S. 27; *Thole* in Hopt/Seibt, SchvR, § 4 Rn. 7; zu der Bruchteilsgemeinschaft der Teilschuldverschreibungsgläubiger, die letztere hinsichtlich einer gestellten Sicherheit darstellen können BGHZ 221, 100 = NJW 2019, 1289.
69 So auch LG Bonn, ZIP 2014, 1073 (1075); krit. *Paulus*, WM 2012, 1109 (1111). A. A. *Berger*, Stimmrechtsmacht, S. 170 f., der bei Anwendbarkeit der §§ 5 ff. SchVG eine Sonderverbindung in der Form eines Schutzpflichtverhältnisses sieht. Zu dessen Inhalt siehe *Berger*, Stimmrechtsmacht, S. 172 ff.; *Liebenow*, Anleiheorganisationsrecht, S. 321 ff.
70 Siehe auch OLG München, ZIP 2018, 1497 (1500); a. A. *Schall/Simon* in Reinhard/Schall, SchVG, § 4 Rn. 26; *Seibt/Schwarz*, ZIP 2015, 401 (410 f.).

keiner Treuepflicht unterliegen, ist eine konsensuale Lösung für die Änderung der Anleihebedingungen nicht realistisch. Eine Änderung der Anleihebedingungen ist aber notwendig, um den Eintritt der gemäß § 15a Abs. 1 InsO obligatorischen Insolvenzantragsgründe gemäß den §§ 17 Abs. 1, 19 Abs. 1 InsO abzuwenden. Um die tatsächlichen Kollektivhandlungsprobleme der Teilschuldverschreibungsgläubiger zu beherrschen und eine Änderung der Anleihebedingungen zu erreichen, diente Schuldnern für die Restrukturierung einer nach deutschem Recht emittierten Anleihe[71] bis zu dem 31. Dezember 2020 lediglich das SchVG. Dieses ermöglicht dem Grunde nach, fußend auf der Zustimmung einer qualifizierten Mehrheit der Teilschuldverschreibungsgläubiger, Änderungen der Anleihebedingungen mit Wirkung für und gegen alle Teilschuldverschreibungsgläubiger durchzusetzen. Mit dem am 1. Januar 2021 in Kraft getretenen Gesetz über den Stabilisierungs- und Restrukturierungsrahmen für Unternehmen (Unternehmensstabilisierungs- und -restrukturierungsgesetz) (im Folgenden: StaRUG)[72] tritt eine weitere Möglichkeit für die Änderung von Anleihebedingungen basierend auf einer Mehrheitsentscheidung neben das SchVG. Anders als das SchVG ist das StaRUG jedoch nicht zuvorderst für die Restrukturierung von Anleihen angedacht, sondern vielmehr für die Restrukturierung eines gesamten Unternehmens, was zu Unterschieden bei der Restrukturierung einer Anleihe führt.

Vor dem Hintergrund der seit der Einführung des StaRUG bestehenden Existenz verschiedener Möglichkeiten für eine Änderung der Anleihebedingungen stellt bei erkannter Notwendigkeit der Änderung der Anleihebedingungen einer emittierten Anleihe für die Emittenten die Frage sich, unter Anwendung welchen Rechtsregimes die Änderung der Anleihebedingungen durchgeführt werden sollte. Determinanten für diese Entscheidung sind die Antworten auf folgende Erwägungen: Welche sind die rechtlichen und tatsächlichen Gegebenheiten, die eine Änderung der Anleihebedingungen erforderlich machen? Welche konkreten Maßnahmen sind notwendig, um den Eintritt von obligatorischen Insolvenzantragsgründen zu verhindern? Können diese konkret notwendigen Maßnahmen sowohl nach dem SchVG als auch nach dem StaRUG umgesetzt werden? Bestehen Unterschiede bei der Umsetzung der Maßnahmen? In welchen Fällen ist ein Rückgriff auf das SchVG respektive das StaRUG zweckmäßig? Und wie beeinflusst das eine das jeweils andere? Insbesondere die Fragen der Verzahnung und Abgrenzung der beiden Regime sind bisweilen ungeklärt und bedürfen einer Aufarbeitung. Durch die Beantwortung dieser Fragen lässt sich nicht nur für den Mikrokosmos des einzelnen Emittenten das passende Restrukturierungswerkzeug finden, sondern darüber hinaus auch eine Antwort auf die abstrahierte Frage einer möglichen Exklusivität des StaRUG gegenüber dem SchVG oder *vice versa* geben. Die vorliegende Arbeit zielt darauf, mit der Beantwortung der vielen bestehenden Unklarheiten einen Beitrag zu der rechtssicheren Restrukturierung von Anleihen zu leisten und zeigt dabei die zukünftigen Perspektiven für die Anleiherestrukturierung auf.

71 Ausführlich zu der Restrukturierung internationaler Anleihen *Lürken/Ruf* in Theiselmann, PHdB RestrR, Kap. 4 Rn. 27 ff.; ausführlich zu der Restrukturierung von Anleihen mittels *Scheme of Arrangement* ausführlich *Westpfahl/Knapp*, ZIP 2011, 2033 ff.

72 Gesetz über den Stabilisierungs- und Restrukturierungsrahmen für Unternehmen, BGBl. I 2020, S. 3256 ff.

D. Gang der Untersuchung

Um die Ziele dieser Arbeit zu erreichen, wird in Kapitel I das SchVG und damit der bis zu dem 31. Dezember 2020 bestehende *status quo* der Restrukturierung nach deutschem Recht emittierter Anleihen dargestellt. In Anbetracht der Tatsache, dass das SchVG sowohl für Emittenten als auch deren Berater ein etabliertes Verfahren ist, stellt dieses die *benchmark* für jede neue Restrukturierungsmöglichkeit dar. In diesem Kapitel werden die maßgebenden Parameter einer Anleiherestrukturierung nach dem SchVG beleuchtet und insbesondere die Schwächen ebenjenes herausgearbeitet und konkrete Gesetzesänderung für die Sublimierung des SchVG vorgeschlagen.

In Kapitel II werden die Auswirkungen des per 1. Januar 2021 in Kraft getretenen StaRUG auf die Restrukturierung von Anleihen examiniert. In chronologischer Abfolge wird die Restrukturierung einer Anleihe unter Zuhilfenahme des StaRUG dargestellt, die dabei auftretenden praxisrelevanten Probleme erarbeitet und einer Lösung *de lege lata* zugeführt.

Basierend auf den in Kapitel I und Kapitel II heraus gearbeiteten Ergebnissen folgt in Kapitel III ein Vergleich der Restrukturierung einer Anleihe gemäß dem SchVG und dem StaRUG *de lege lata*. Dieser Vergleich ermöglicht es, Vor- und Nachteile des SchVG oder des StaRUG in konkreten Situationen zu erkennen, und fußend darauf das passende Restrukturierungsregime auszuwählen. In dem Lichte der dabei konstatierten Nachteile des StaRUG ist dann zu untersuchen, ob und inwieweit der Gesetzgeber diese Kalamitäten adressieren kann. Vor dem Hintergrund, dass das StaRUG auf der Restrukturierungs-RL[73] fußt, wird der sich aus dieser ergebene Umsetzungsspielraum beleuchtet, um so Lösungsvorschläge *de lege ferenda* zu präsentieren. Eine kohärente und praxistaugliche Ausgestaltung der Restrukturierung einer Anleihe gemäß dem StaRUG stellt nicht nur für Emittenten ein *essential* dar, auch der Gesetzgeber sollte ein großes Interesse an einem so konzipierten präventiven Restrukturierungsregime haben, um in dem »Wettbewerb der Rechtsordnungen«[74] für die Restrukturierung von emittierten Anleihen zu reüssieren. Diesbezüglich ist insbesondere auf das UK mit dem *scheme of arrangement* und dem *restructuring plan* hinzuweisen, welche als liberale Restrukturierungsregime ihren Teil dazu beitragen, dass viele Finanzierungsverträge englischem Recht unterliegen oder nachträglich versucht wird, die Restrukturierungsmöglichkeiten des englischen Rechts zu nutzen.[75]

Zuletzt wird in Kapitel IV die Schnittfläche von SchVG und StaRUG examiniert, welche *de lege lata* durch § 19 Abs. 6 SchVG determiniert wird. In diesem Rahmen

73 Richtlinie (EU) 2019/1023 des EU-Parlaments und des Rates v. 20.7.2019 über präventive Restrukturierungsrahmen, über Entschuldung und über Tätigkeitsverbote sowie über Maßnahmen zur Steigerung der Effizienz von Restrukturierungs-, Insolvenz- und Entschuldungsverfahren und zur Änderung der Richtlinie (EU) 2017/1132 (Richtlinie über Restrukturierung und Insolvenz) – Restrukturierungsrichtlinie, Abl. (EU) L 172/18 v. 26.6.2019.

74 *Baums*, ZHR 177 (2013), 807, der ohne Bezug zu dem StaRUG oder der Restrukturierungs-RL feststellt, dass vor dem Hintergrund der internationalen Bezüge von Anleihen ein solcher Wettbewerb zwischen den einzelnen Jurisdiktionen herrscht.

75 Siehe exemplarisch zu den Vorteilen des *scheme of arrangement* ausführlich *Sax* in Flöther, StaRUG, Anhang F Rn. 25.

wird zunächst das Bestehen eines gesetzlichen oder gewillkürten Konkurrenzverhältnisses zwischen beiden Restrukturierungsregimen erörtert. Dem folgt eine Untersuchung der Synthese von SchVG und des StaRUG, welche sich primär in der Person des gemeinsamen Vertreters der Teilschuldverschreibungsgläubiger manifestiert. In diesem Rahmen werden die Auswirkungen des § 19 Abs. 6 SchVG *de lege lata* auf einen gemeinsamen Vertreter der Teilschuldverschreibungsgläubiger in einem präventiven Restrukturierungsrahmen gemäß dem StaRUG examiniert. Basierend auf den in diesem Kapitel erarbeiteten Ergebnissen wird ein Reformvorschlag der Verzahnung von SchVG und StaRUG unterbreitet, der die praktischen Gegebenheiten des Schnittbereichs berücksichtigt.

Kapitel I Die außergerichtliche Restrukturierung einer emittierten Anleihe

Die Teilschuldverschreibungsgläubiger verfolgen mitunter verschiedene Interessen. Dennoch ist für die Wahrung der Fungibilität der Teilschuldverschreibungen einer Anleihe erforderlich, dass diese denselben Anleihebedingungen unterliegen, sog. kollektive Bindung, § 4 Satz 1 SchVG. Soweit die Anleihebedingungen der Emission nachfolgend einer Änderung unterzogen werden sollen, sind die vielen Gläubigerinteressen entsprechend zu berücksichtigen. Eine Einstimmigkeit kann vor diesem Hintergrund nicht erwartet werden, auch weil die Teilschuldverschreibungsgläubiger untereinander keine Treuepflichten in einer Sanierungssituation treffen. Die sich in Anbetracht dieser Tatsachen ergebenden Kollektivhandlungsprobleme[76] hat der Gesetzgeber erkannt und durch das SchVG bestmöglich zu verhindern versucht. In dem folgenden Abschnitt wird die außergerichtliche Restrukturierung von Anleihen nach den Vorschriften des SchVG dargestellt.[77] Das SchVG stellte bis zu der Umsetzung der Restrukturierungs-RL das einzige außerinsolvenzliche Werkzeug dar, welches einen gesetzlichen Rahmen für die Restrukturierung von Anleihen durch Mehrheitsbeschluss beinhaltet, sodass der folgende Abschnitt den bis zu dem 31. Dezember 2020 geltenden *status quo* der Anleiherestrukturierung aufzeigt. Anhand des Erarbeiteten wird das Fundament für die Beantwortung der eingangs aufgeworfenen Frage der möglichen Verdrängung des SchVG durch einen präventiven Restrukturierungsrahmen gelegt. Dafür wird der Gang einer Anleiherestrukturierung nach dem SchVG mit den sich ergebenden Problemen und Unsicherheiten aufgezeigt.

76 Dazu ausführlich *Liebenow*, Anleiheorganisationsrecht, S. 15 ff.; *Lürken/Ruf* in Theiselmann, PHdB RestrR, Kap. 4 Rn. 16 ff.; *Hopt/Seibt* in Hopt/Seibt, SchvR, Einführung S. 1.

77 Zu Einzelheiten der Anleiherestrukturierung gemäß dem StaRUG nachstehend Kap. II § 5; ausführlich zu der Anleiherestrukturierung außerhalb des SchVG *Lürken/Plank* in Hopt/Seibt, SchvR, Kap. 12.

§ 2 Anleiherestrukturierung unter Nutzung des SchVG

Gemäß § 5 Abs. 1 Satz 1 SchVG können die Anleihebedingungen vorsehen, dass Gläubiger derselben Anleihe nach dem SchVG Mehrheitsbeschlüsse fassen können. Somit steht die Anwendbarkeit des SchVG in dem Ermessen des Emittenten.[78] Mangelt es den Anleihebedingungen an einer solchen Ermächtigung,[79] so kann gemäß § 4 Satz 1 Var. 1 SchVG eine Änderung der Anleihebedingungen nur mit einem individuellen Änderungsvertrag zwischen dem Emittenten und jedem einzelnen Anleihegläubiger erzielt werden.[80] Vor dem Hintergrund, dass die Anleihebedingungen des überwiegenden Teils der nach deutschem Recht emittierten Anleihen eine Ermächtigung gemäß § 5 Abs. 1 Satz 1 Var. 1 SchVG beinhalten und eine Beschlussfassung gemäß dem SchVG den praktisch relevanten Fall darstellt,[81] wird auf die Restrukturierung einer Anleihe außerhalb der Möglichkeit eines Mehrheitsbeschlusses nach dem SchVG – zumindest an dieser Stelle – nicht weiter eingegangen.

Eröffnen die Anleihebedingungen die Anwendung der §§ 5 ff. SchVG, können die Anleihebedingungen in verschiedener Weise durch einen Mehrheitsbeschluss geändert werden. Nachstehend wird ein rudimentärer Überblick über das SchVG, dessen Aufbau, die Restrukturierungsmöglichkeiten und die Verfahrensordnung erarbeitet.[82] Vertieft wird auf die bedeutenden gesetzgeberischen Fehlkonzeptionen eingegangen, die insbesondere in dem Rahmen der Beschlussfassung sowie dem Rechtsschutz der Teilschuldverschreibungsgläubiger aufzufinden sind.

A. Historie und Aufbau des SchVG

Der inhaltliche Rechtsvorgänger des heutigen SchVG, das SchVG 1899, wies aufgrund der rigiden Anwendungsvoraussetzungen und der wenigen zulässigen Restrukturierungsmaßnahmen nur eine sehr geringe, nahezu symbolische praktische Bedeutung auf.[83] Nachdem auch der Gesetzgeber dem SchVG 1899 eine »kaum nennenswerte praktische Bedeutung«[84] attestierte, reformierte dieser das Schuldverschreibungsrecht und passte es durch das SchVG in seiner heutigen Ausgestaltung an internationale

78 Ähnlich *Thole* in Hopt/Seibt, SchvR, § 5 Rn. 6; *Veranneman* in Veranneman, SchVG, § 5 Rn. 3.

79 So bezeichnet von *Thole* in Hopt/Seibt, SchvR, § 5 Rn. 6; *Veranneman* in Veranneman, SchVG, § 5 Rn. 4.

80 *Thole* in Hopt/Seibt, SchvR, § 5 Rn. 15.

81 *Thole* in Hopt/Seibt, SchvR, § 4 Rn. 26; *Vogel* in BeckOGK SchVG, § 4 Rn. 46.

82 Ausführlich zu den Grundprinzipien des SchVG, *Cagalj*, Restrukturierung von Anleihen, S. 95 ff.

83 Ausführlich dazu *Liebenow*, Anleiheorganisationsrecht, S. 44 ff.; *Hopt/Seibt* in Hopt/Seibt, SchvR, Einführung S. 1; *Simon*, Das neue SchVG, S. 51 ff.; *Veranneman* in Veranneman, SchVG, Einführung Rn. 8 ff.

84 Begr. RegE SchVG, BT-Drs. 16/12814, S. 13.

Standards an.[85] Das SchVG ist in insgesamt drei Teile gegliedert. Kernstück des Gesetzes sind die §§ 5–21 SchVG,[86] welche die Vorschriften über die Beschlussfassung der Teilschuldverschreibungsgläubiger beinhalten. Dabei statuiert § 5 SchVG den Inhalt, die Mehrheiten und die Wirkung von Mehrheitsbeschlüssen der Gläubiger. Aus dem in § 1 Abs. 1 SchVG normierten Erfordernis der Inhaltsgleichheit der Teilschuldverschreibungen folgt, dass die Mehrheitsbeschlüsse allerdings nur von Teilschuldverschreibungsgläubigern derselben Anleihe gefasst werden, sodass eine Aggregation mehrerer Anleihen nicht möglich ist.[87] Die schuldverschreibungsrechtliche Gläubigerversammlung sowie die Beschlussfassung durch diese sind ausdrücklich durch eine eigenständige Verfahrensordnung in den §§ 9–18 SchVG geregelt.

B. Maßnahmen für die Restrukturierung einer Anleihe

Für die Änderung der Anleihebedingungen führt § 5 Abs. 3 Satz 1 SchVG einen Katalog mit Restrukturierungsmaßnahmen an, die Gegenstand eines Mehrheitsbeschlusses der Teilschuldverschreibungsgläubiger sein können. Dieser Katalog ist in seinen Maßnahmen nicht abschließend,[88] weshalb auch andere Änderungen der Anleihebedingungen möglich sind, soweit die Grenzen des § 5 Abs. 1 Satz 2, 3 SchVG eingehalten werden.[89] Vornehmlich dürfte der Emittent jedoch auf eine der in § 5 Abs. 3 Satz 1 Nr. 1–10 SchVG angeführten Maßnahmen für die Restrukturierung der Anleihe zurückgreifen.[90]

C. Gemeinsamer Vertreter der Teilschuldverschreibungsgläubiger gemäß den §§ 7, 8 SchVG

Um die der Struktur der Teilschuldverschreibungsgläubiger inhärenten Kollektivhandlungsprobleme einzudämmen, ist zur Optimierung der Koordination unter den Teilschuldverschreibungsgläubigern die Bestellung eines gemeinsamen Vertreters möglich und zweckdienlich.[91]

85 Begr. RegE SchVG, BT-Drs. 16/12814, S. 1; siehe ausführlich zu der Gesetzeshistorie *Veranneman* in Veranneman, SchVG, Einführung Rn. 14 ff.
86 So auch *Wilken/Schaumann/Zenker*, Anleihen, S. 32 Rn. 140.
87 In schuldverschreibungsrechtlichen Sachverhalten meint Aggregation, dass ein Mehrheitsbeschluss die Änderung von Anleihebedingungen mehrerer emittierter Anleihen als Folge hätte. Ähnlich *Artzinger-Bolten/Wöckener* in Hopt/Seibt, SchvR, § 1 Rn. 26.
88 Siehe Begr. RegE SchVG, BT-Drs. 16/12814, S. 18.
89 Ausführlich dazu *Cagalj*, Restrukturierung von Anleihen, S. 184 ff.
90 Siehe *Vogel* in Preuße/Vogel, SchVG, § 5 Rn. 39.
91 *Bliesener/Schneider* in LBS, BankR-Komm., 17. Kap., § 7 Rn. 1.

I. Bestellung

Der gemeinsame Vertreter kann auf zwei Wegen bestellt werden. Möglich ist gemäß §§ 5 Abs. 1 Satz 1, Abs. 4 Satz 1, 7 SchVG zunächst die Bestellung durch einen mit einfacher Mehrheit gefassten Mehrheitsbeschluss der Teilschuldverschreibungsgläubiger.[92] Ferner ist gemäß § 8 Abs. 1 Satz 1 SchVG die Bestellung eines gemeinsamen Vertreters bereits in den Anleihebedingungen zulässig.

II. Befugnisse

Der außerhalb eines Insolvenzverfahrens oder einer Restrukturierungssache bestellte gemeinsame Vertreter[93] hat gemäß § 7 Abs. 2 Satz 1 SchVG die Aufgaben und Befugnisse, welche ihm durch Gesetz oder von den Teilschuldverschreibungsgläubigern eingeräumt wurde. In diesen Fällen sind die gesetzlichen Befugnisse von minderer Bedeutung.[94] Für die materielle Restrukturierung relevant sind vielmehr die von den Teilschuldverschreibungsgläubigern durch einen Mehrheitsbeschluss eingeräumten Befugnisse. Verzichten die Teilschuldverschreibungsgläubiger jedoch auf das Einräumen solcher Befugnisse, kann der gemeinsame Vertreter nur insoweit handeln, wie ihm das SchVG Befugnisse, wie den in § 7 Abs. 5 SchVG normierten Auskunftsanspruch, einräumt.[95] Insbesondere eine Zustimmung zu den in § 5 Abs. 3 Satz 1 SchVG genannten Maßnahmen des gemeinsamen Vertreters wäre mangels Vertretungsmacht gemäß § 177 Abs. 1 BGB schwebend unwirksam.[96]

III. Praktische Bedeutung

Die Bestellung eines gemeinsamen Vertreters bereits in den Anleihebedingungen (§ 8 SchVG) ist bisweilen nicht in der Praxis etabliert, was mit der gemäß § 7 Abs. 6 SchVG existierenden Kostentragungspflicht des Emittenten erklärt werden kann.[97] Aus diesem Grunde wird auch ein Wahlvertreter regelmäßig nur in einer Restrukturierungssituation durch den Emittenten gewünscht sein.[98]

92 Statt vieler *Thole* in Hopt/Seibt, SchvR, § 7 Rn. 19.

93 Zu Einzelheiten der Befugnisse eines in dem Rahmen eines Insolvenzverfahrens oder einer Restrukturierungssache bestellten gemeinsamen Vertreters nachstehend Kap. IV § 11 B. I.

94 Diese Aufgaben auflistend *Veranneman* in Veranneman, SchVG, §§ 7, 8 Rn. 46 ff.

95 Dies als schwachen gemeinsamen Vertreter bezeichnend *Lürken*, ZIP 2021, 1305 (1309 f.).

96 *Matjuschkin*, Bondholder Governance, S. 211; wohl auch *Thole* in Hopt/Seibt, SchvR, § 7 Rn. 2; *Veranneman* in Veranneman, SchVG, §§ 7, 8 Rn. 67; *Vogel* in BeckOGK SchVG, § 7 Rn. 9. Anders als § 19 Abs. 3 SchVG postuliert § 7 SchVG keine unbeschränkte Vertretungsmacht des gemeinsamen Vertreters für das Außenverhältnis, siehe dazu BGHZ 218, 183 Rn. 25 = NZI 2018, 482.

97 *Gloeckner/Bankel*, ZIP 2015, 2393 (2394).

98 Ähnlich *Gloeckner/Bankel*, ZIP 2015, 2393 (2394).

D. Abstimmung über die Änderung der Anleihebedingungen

Das SchVG ermöglicht es nicht, die Anleihebedingungen einseitig durch den Emittenten und nach dessen Belieben zu ändern. Vielmehr können die Anleihebedingungen gemäß § 4 SchVG entweder durch einen gleichlautenden Vertrag mit allen Teilschuldverschreibungsgläubigern oder einen Mehrheitsbeschluss der Teilschuldverschreibungsgläubiger nach den §§ 5 ff. SchVG geändert werden. Andererseits bedeutet dies ebenfalls nicht, dass die Teilschuldverschreibungsgläubiger ohne die Mitwirkung des Emittenten die Anleihebedingungen ändern können. Es bedarf immer auch der Zustimmung des Emittenten.[99] Vor dem Hintergrund der praktischen Irrelevanz eines gleichlautenden Vertrages mit allen Anleihegläubigern[100] wird ausschließlich die Änderung der Anleihebedingungen durch einen Mehrheitsbeschluss der Teilschuldverschreibungsgläubiger beleuchtet.

I. Modalitäten der Gläubigerversammlung gemäß den §§ 9 ff., 18 SchVG

Für die Fassung eines Mehrheitsbeschlusses für die Änderung der Anleihebedingungen ermöglicht das SchVG zwei alternativ zueinanderstehende Verfahrensmodalitäten, § 5 Abs. 6 Satz 1 SchVG.[101] Zunächst kann ein Mehrheitsbeschluss gemäß den §§ 9 ff. SchVG in einer – ähnlich der aktienrechtlichen Hauptversammlung – physischen Gläubigerversammlung gefasst werden. Vor dem Hintergrund der Anlehnung des SchVG an das AktG wird diese Gläubigerversammlung in der Regel wie eine Hauptversammlung nach dem AktG vorbereitet und durchgeführt.[102] Alternativ ist gemäß § 18 SchVG zulässig, eine Beschlussfassung mittels einer Abstimmung ohne Versammlung zu erreichen.[103] Bei einer solchen hat der Teilschuldverschreibungsgläubiger seine Stimme in Textform abzugeben, soweit keine andere Form vorgeschrieben ist, § 18 Abs. 3 Satz 3, 4 SchVG. Eine solche Abstimmung ohne Versammlung ist kein Parallelverfahren zu einer physischen Gläubigerversammlung, wie es in dem Rahmen des § 118 Abs. 1 Satz 2 AktG für die Hauptversammlung der Fall ist.[104] Letztere hat immer physisch durchgeführt zu werden, wobei den Aktionären darüber hinaus die Möglichkeit der Teilhabe an dieser ermöglicht werden kann, obgleich die Aktionäre nicht vor Ort sein können.[105] Die Abstimmung ohne Versammlung gemäß § 18 SchVG hingegen soll die physische Gläubigerversammlung als Äquivalent ersetzen, sodass die

99 *Thole* in Hopt/Seibt, SchvR, § 5 Rn. 40.
100 Dazu *Thole* in Hopt/Seibt, SchvR, § 4 Rn. 24; *Wilken/Schaumann/Zenker*, Anleihen, S. 32 Rn. 140.
101 Statt vieler *Diehn/Beil* in Hopt/Seibt, SchvR, § 18 Rn. 29.
102 *Wilken/Schaumann/Zenker*, Anleihen, S. 50 Rn. 220.
103 Ausführlich dazu *Cagalj*, Restrukturierung von Anleihen, S. 280 ff.
104 So *Bliesener/Schneider* in LBS, BankR-Komm., 17. Kap., § 18 Rn. 1; *von Wissel/Diehn* in Hopt/Seibt, SchvR, 2017, § 18 Rn. 31.
105 *Kubis* in MüKoAktG, § 118 Rn. 82.

Beschlussfassung ohne eine solche durchgeführt werden kann.[106] Ferner stellt die Abstimmung ohne Versammlung gemäß § 18 SchVG auch keine virtuelle Versammlung i. S. d. § 118a AktG dar. Im Unterschied zu den Voraussetzungen einer virtuellen Hauptversammlung gemäß § 118a Abs. 1 Satz 2 AktG setzt eine schriftliche Abstimmung gemäß § 18 SchVG kein Forum für die Kommunikation der Teilnehmer voraus.[107] Gemäß § 18 Abs. 1 SchVG sind die Vorschriften über die Einberufung und Durchführung der Gläubigerversammlung entsprechend für eine Abstimmung ohne Versammlung anzuwenden. Vor diesem Hintergrund wird in den folgenden Ausführungen hinsichtlich der Einberufung, Durchführung und Abstimmung zunächst von der Gläubigerversammlung gesprochen.

II. Einberufung zu der Abstimmung gemäß den §§ 10 Abs. 1, 12 SchVG

Die Gläubigerversammlung ist gemäß § 10 Abs. 1 SchVG mit einer Frist von 14 Tagen einzuberufen. In Anbetracht der Tatsache, dass dem Emittenten die Teilschuldverschreibungsgläubiger regelmäßig nicht persönlich bekannt und unter Umständen global verstreut sind,[108] kann die Einberufung der Gläubigerversammlung § 12 Abs. 2 SchVG in dem Wege der öffentlichen Bekanntmachung durchgeführt werden.

III. Beschlussfähigkeit der Gläubigerversammlung gemäß § 15 Abs. 3 SchVG

Damit eine Gläubigerversammlung beschlussfähig ist, müssen die anwesenden Teilschuldverschreibungsgläubiger[109] gemäß § 15 Abs. 3 Satz 1 SchVG wertmäßig mindestens die Hälfte der ausstehenden Schuldverschreibungen vertreten.[110] Wird dieses

106 *Bliesener/Schneider* in LBS, BankR-Komm., 17. Kap., § 18 Rn. 1; *Dreher/Kamke* in Preuße/Vogel, SchVG, § 18 Rn. 1.

107 Darauf hinweisend *Diehn/Beil* in Hopt/Seibt, SchvR, § 18 Rn. 31.

108 Begr. RegE SchVG, BT-Drs. 16/12814, S. 22.

109 Die »Anwesenden« i. S. d. § 15 Abs. 3 SchVG werden gemäß § 15 Abs. 2 Satz 1 SchVG in einem Teilnehmerverzeichnis zu Beginn der Gläubigerversammlung aufgenommen. Insofern wird das Erreichen des Quorums ohne jedwede Beteiligung an einer zeitlich nachfolgenden Abstimmung determiniert.

110 Dieses Quorum gilt auch für die Abstimmung ohne Versammlung, siehe § 18 Abs. 4 Satz 2 SchVG. Allerdings ergibt der Unterschied sich, dass bei einer Abstimmung ohne Versammlung keine »Anwesenden« für die Berechnung des Quorums heranzuziehen sind. In Anbetracht der Tatsache, dass es bei der Determinierung des Quorums einer Gläubigerversammlung nicht auf ein wirksames Abstimmungsverhalten der Abstimmungsberechtigten ankommt, muss dieser Umstand auch in dem Rahmen einer Abstimmung ohne Versammlung berücksichtigt werden. Für die Berechnung des Quorums kann es bei der Abstimmung ohne Versammlung daher nur auf die eingegangenen Äußerungen der Abstimmungsberechtigten ankommen. Davon umfasst sind nicht nur wirksame Stimmabgaben, sondern auch Enthaltungen oder ungültige Stimmabgaben, so auch *Bliesener/Schneider* in LBS, BankR-Komm., 17. Kap., § 18 Rn. 14.

Quorum in der ersten Gläubigerversammlung verfehlt, kann gemäß § 15 Abs. 3 Satz 2 Hs. 2 SchVG eine zweite Gläubigerversammlung einberufen werden.[111] Diese ist gemäß § 15 Abs. 3 Satz 3 Hs. 1 SchVG grundsätzlich *ex lege* beschlussfähig. Bei Beschlüssen, die nach § 5 Abs. 4 Satz 2 SchVG einer qualifizierten Mehrheit bedürfen, ist die zweite Gläubigerversammlung jedoch erst dann beschlussfähig, wenn ein Quorum von 25 % der ausstehenden Schuldverschreibungen anwesend ist. Bei publikumsplatzierten Anleihen wird das für die Beschlussfähigkeit der ersten Gläubigerversammlung erforderliche Mindestquorum von 50 % nur selten erreicht, sodass in aller Regel eine zweite Gläubigerversammlung nach § 15 Abs. 3 Satz 3 Hs. 1, 2 SchVG abzuhalten ist,[112] wobei auch letztere unter Umständen an dem notwendigen Quorum bei Beschlüssen, die eine qualifizierte Mehrheit benötigen, scheitert.[113] Daher ist die erste Gläubigerversammlung in aller Regel nicht zielführend und verursacht in den überwiegenden Fällen nur einen – zumindest *de lege ferenda* – vermeidbaren Zeit- und Kostenaufwand. Vor dem Hintergrund, dass die effektive Restrukturierung eines Unternehmens und deren emittierter Anleihen jedoch schnellstmöglich abzuschließen ist, stellt dieser Umstand ein überaus unerwünschtes Faktum aus Sicht des Emittenten dar.

Ferner resultiert aus den Anforderungen an die Beschlussfähigkeit der Gläubigerversammlung die Möglichkeit eines aufschiebenden *holdout*. Bei einem solchen bleiben einzelne Teilschuldverschreibungsgläubiger der Gläubigerversammlung fern, um das Erreichen des Mindestquorums zu verhindern und die Beschlussunfähigkeit herbeizuführen. Es müsste daraufhin eine weitere Gläubigerversammlung einberufen werden, die sowohl Zeit als auch Geld kosten würde. Mit Blick auf den Zeitdruck, der bei einer Anleiherestrukturierung stets zu berücksichtigen ist, versuchen die obstruierenden Teilschuldverschreibungsgläubiger sich durch diese Vorgehensweise Sondervorteile zu verschaffen oder Änderungen der Anleihebedingungen zu ihren Gunsten zu erwirken.[114] Der Gesetzgeber sollte vor dem Hintergrund der praktischen Gegebenheiten aktiv werden und entweder auf ein Quorum für die erste Gläubigerversammlung verzichten, zumindest aber das *de lege lata* für eine zweite Gläubigerversammlung gemäß § 15 Abs. 3 Satz 3 SchVG notwendige Quorum als für die erste Gläubigerversammlung maßgebend normieren. Praktisch stellt das in der zweiten Gläubigerversammlung geforderte Quorum ohnehin das *de lege lata* entscheidende Quorum dar, weshalb Einwänden gegen die hier geforderte Ausgestaltung *de lege ferenda* nur ein geringeres Gewicht zu attestieren ist. Im Ergebnis basierte der konstitutive Mehrheitsbeschluss der Teilschuldverschreibungsgläubiger dann auf den gleichen Zustimmungsvorausset-

111 Dies gilt auch für eine Abstimmung ohne Versammlung. Wird in einer solchen das Quorum nicht erreicht, kann der Abstimmungsleiter gemäß § 18 Abs. 4 Satz 2 Hs. 1 SchVG eine Gläubigerversammlung einberufen. Diese einberufene Gläubigerversammlung gilt dann gemäß § 18 Abs. 4 Satz 2 Hs. 2 SchVG als »zweite« Gläubigerversammlung i. S. d. § 15 Abs. 3 Satz 3 SchVG. Siehe zu den Einberufungsvorschriften für diese zweite Gläubigerversammlung ausführlich Hopt/Seibt, SchvR, § 15 Rn. 26 f.

112 Darauf bei publikumsplatzierten Anleihen hinweisend *Naujoks/Schönen*, ZRI 2021, 437 (441); *Wilken/Schaumann/Zenker*, Anleihen, S. 73 Rn. 321.

113 Siehe dazu exemplarisch https://www.bondguide.de/topnews/eterna-mode-scheitert-auch-im-zweiten-agv-anlauf/.

114 *Cagalj*, Restrukturierung von Anleihen, S. 147 m. w. N.

zungen. Dieser würde nur schneller und kostengünstiger erreicht. Ein Vorschlag, der dies umsetzt, könnte lauten:[115]

§ 15 SchVG-E: Vorsitz, Beschlussfähigkeit

(3) [1]Die Gläubigerversammlung ist beschlussfähig, wenn die Anwesenden wertmäßig mindestens 25 Prozent der ausstehenden Schuldverschreibungen vertreten. [2]Wird in der Gläubigerversammlung die mangelnde Beschlussfähigkeit festgestellt, kann der Vorsitzende eine zweite Versammlung zum Zweck der erneuten Beschlussfassung einberufen. [3]Die zweite Versammlung ist beschlussfähig; für Beschlüsse, zu deren Wirksamkeit eine qualifizierte Mehrheit erforderlich ist, müssen die Anwesenden mindestens 25 Prozent der ausstehenden Schuldverschreibungen vertreten. [4]Schuldverschreibungen, deren Stimmrechte ruhen, zählen nicht zu den ausstehenden Schuldverschreibungen. [5]Die Anleihebedingungen können jeweils höhere Anforderungen an die Beschlussfähigkeit stellen.

E. Mehrheitserfordernisse gemäß § 5 Abs. 4 SchVG

Nach der Feststellung der Beschlussfähigkeit der Gläubigerversammlung bedarf es für die Wirksamkeit eines Beschlusses der Teilschuldverschreibungsgläubiger der Zustimmung der erforderlichen Mehrheit ebendieser. Grundsätzlich bedarf es dafür gemäß § 5 Abs. 4 Satz 1 SchVG der einfachen Mehrheit der abgegebenen Stimmen.[116] Aus dem Umkehrschluss zu § 5 Abs. 4 Satz 2 SchVG, wonach für die Änderung von wesentlichen Inhalten der Anleihebedingungen eine qualifizierte Mehrheit von 75 % der abgegebenen Stimmen notwendig ist,[117] reicht eine einfache Mehrheit nur in den Fällen des § 5 Abs. 3 Satz 1 Nr. 10 SchVG aus, also der Änderung von Nebenbestimmungen. Bei der Änderung von Nebenbestimmungen wird nämlich – dem Begriff der Nebenbestimmung inhärent – grundsätzlich nicht der wesentliche Inhalt der Anleihebedingungen geändert.[118] Um hierbei das Anfechtungsrisiko zu minimieren, ist einzelfallbezogen durch Auslegung und unter Berücksichtigung der in § 5 Abs. 3 SchVG konkretisierten Restrukturierungsmaßnahmen zu bestimmen, ob eine wesentliche Änderung der Anleihebedingungen beschlossen werden soll.[119] Ob einem Beschlussgegenstand eine den Maßnahmen aus § 5 Abs. 3 Satz 1 Nr. 1–9 SchVG vergleichbar intensive Wirkung zuzuschreiben ist, ist regelmäßig nicht mit Sicherheit zu konstatieren, weshalb in Zweifelsfällen auf eine qualifizierte Mehrheit von 75 % der abgegebenen Stimmen hinzuwirken ist.[120] Darüber hinaus können die Anleihebedingungen gemäß

115 Die für notwendig erachteten Änderungen sind durch Hervorhebungen kenntlich gemacht.

116 »Teilnehmende Stimmrechte« i. S. d. § 5 Abs. 4 SchVG sind allein die abgegebenen Stimmen. Siehe dazu *Thole* in Hopt/Seibt, SchvR, § 5 Rn. 93.

117 Diese Zustimmungsquote als zu hoch ansehend *Cagalj*, Restrukturierung von Anleihen, S. 268 m. w. N.

118 So auch *Cagalj*, Restrukturierung von Anleihen, S. 269 m. w. N.; zu der Frage, unter welchen Voraussetzungen auch durch Änderungen von Nebenbestimmungen der wesentliche Inhalt der Anleihebedingungen geändert wird *Bliesener/Schneider* in LBS, BankR-Komm., 17. Kap., § 5 Rn. 76; *Thole* in Hopt/Seibt, SchvR, § 5 Rn. 95 m. w. N.

119 Begr. RegE SchVG, BT-Drs. 16/12814, S. 19.

120 So *Bliesener/Schneider* in LBS, BankR-Komm., 17. Kap., § 5 Rn. 76.

§ 5 Abs. 4 Satz 3 SchVG für bestimmte Maßnahmen ein größeres Mindestquorum als 50 % respektive 75 % der Stimmen vorsehen. Von dieser Möglichkeit wird allerdings regelmäßig abgesehen.[121]

Maßstab für die Bestimmung der Mehrheit sind die nach § 6 Abs. 1 SchVG zu ermittelnden Stimmrechte.[122] In den überwiegenden Fällen bestimmt das Stimmrecht des jeweiligen Teilschuldverschreibungsgläubigers sich daher nach dem Anteil des Nennwerts der von diesem gehaltenen Teilschuldverschreibungen an dem Nennwert der noch ausstehenden Teilschuldverschreibungen.[123]

F. Rechtsschutz gemäß § 20 SchVG

Vor dem Hintergrund der kollektiven Bindung aller Teilschuldverschreibungsgläubiger an Mehrheitsentscheidungen der Gläubigerversammlung und der damit einhergehenden Beschränkung der individuellen Rechte des Einzelnen sieht das Schuldverschreibungsrecht die Möglichkeit einer gerichtliche Kontrolle der Mehrheitsbeschlüsse der Gläubiger vor.[124] Gesetzlich normiert ist der Rechtsschutz der Teilschuldverschreibungsgläubiger[125] in § 20 SchVG und nach dem Vorbild des Rechtsschutzes gegen Beschlüsse der Hauptversammlung der AG aus den §§ 243 ff. AktG ausgestaltet.[126] Wollen Teilschuldverschreibungsgläubiger einen gefassten Mehrheitsbeschluss gerichtlich angreifen, müssen sie daher mit einer Anfechtungsklage gemäß § 20 Abs. 1 Satz 1 SchVG gegen diesen vorgehen.[127] Die Anfechtung eines schuldverschreibungsrechtlichen Gläubigerbeschlusses kann gemäß § 20 Abs. 1 Satz 1 SchVG sowohl auf die Verletzung des Gesetzes als auch auf die Verletzung der Anleihebedingungen gestützt werden.[128] Die konkrete Ausgestaltung des schuldverschreibungsrechtlichen Rechtsschutzes ist eine Aneinanderreihung von gesetzgeberischen Verfehlungen. Dies manifestiert sich insbesondere in den Auswirkungen der Anfechtungsklage und weniger in den Voraussetzungen einer erfolgreichen Anfechtungsklage.

121 Vielmehr wird teilweise bereits die *de lege lata* geforderte Mehrheit von 75 % als zu hoch angesehen, so *Cagalj*, Restrukturierung von Anleihen, S. 268 m. w. N.

122 Statt vieler *Thole* in Hopt/Seibt, SchvR, § 5 Rn. 88.

123 *Bliesener/Schneider* in LBS, BankR-Komm., 17. Kap., § 6 Rn. 4a.

124 *Cagalj*, Restrukturierung von Anleihen, S. 322; *Kiem* in Hopt/Seibt, SchvR, § 20 Rn. 1; *Vogel* in Preuße/Vogel, SchVG, § 20 Rn. 1.

125 Ein nachträglicher Rechtsschutz für den Emittenten besteht nicht. Dieser ist vielmehr dadurch geschützt, dass er dem Gläubigerbeschluss zustimmen muss, damit dieser wirksam wird *Cagalj*, Restrukturierung von Anleihen, S. 322; *Thole* in Hopt/Seibt, SchvR, § 5 Rn. 40; eine Anfechtungsbefugnis des Schuldners verneinend *Wasmann/Steber* in Veranneman, SchVG, § 20 Rn. 18.

126 *Baums*, ZHR 177 (2013), 807 (815); *Kiem* in Hopt/Seibt, SchvR, § 20 Rn. 2 ff.

127 *Cagalj*, Restrukturierung von Anleihen, S. 323.

128 *Kiem* in Hopt/Seibt, SchvR, § 20 Rn. 48; ausführlich zu den Maßstäben der Beschlusskontrolle *Thole*, ZIP 2014, 2365 (2366 f.).

I. Anfechtungsgegenstand gemäß § 20 Abs. 1 Satz 1 SchVG

Jeder Beschluss der Gläubiger kann Gegenstand einer Anfechtungsklage nach § 20 Abs. 1 SchVG sein. Auf die Art und Weise der Beschlussfassung kommt es nicht an.[129] Entscheidend ist lediglich, dass der Beschluss durch den Vorsitzenden der Gläubigerversammlung respektive den Abstimmungsleiter festgestellt wurde.[130] Deshalb ist Klagegenstand der Beschluss mit dem vom Versammlungs- bzw. Abstimmungsleiter festgestellten Inhalt.[131]

II. Anfechtungsbefugnis gemäß § 20 Abs. 2 SchVG

Wer zu der Erhebung einer Anfechtungsklage gegen einen Beschluss der Gläubigerversammlung befugt ist, wird durch § 20 Abs. 2 SchVG bestimmt,[132] wonach dem Grunde nach alle Teilschuldverschreibungsgläubiger zu der Anfechtung eines Gläubigerbeschlusses befugt sind. Hinsichtlich der Anfechtungsbefugnis eines einzelnen Teilschuldverschreibungsgläubigers ist in einem zweiten Schritt dahin gehend zu differenzieren, ob dieser an der Abstimmung über den anzugreifenden Gläubigerbeschluss teilgenommen oder nicht teilgenommen hat.[133]

1. Teilschuldverschreibungsgläubiger, der an der Abstimmung teilgenommen hat gemäß § 20 Abs. 2 Nr. 1 SchVG

Gemäß § 20 Abs. 2 Nr. 2 SchVG ist ein Teilschuldverschreibungsgläubiger, der an der Abstimmung teilgenommen hat, anfechtungsbefugt, wenn er gegen den Beschluss fristgerecht Widerspruch erklärt hat und er die Schuldverschreibung, die ihn zu der Stimmabgabe berechtigt, vor der Bekanntmachung der Einberufung der Gläubigerversammlung oder vor der Aufforderung zur Stimmabgabe in einer Abstimmung ohne Versammlung erworben hat. In den Fällen einer Abstimmung ohne Versammlung sieht § 18 Abs. 5 Satz 1 SchVG eine Frist von zwei Wochen nach Bekanntmachung der Beschlüsse vor, um einen schriftlichen Widerspruch einzulegen. In den Fällen einer Beschlussfassung in einer Gläubigerversammlung nach den §§ 9 ff. SchVG ist hingegen keine entsprechende Frist für das Einlegen eines Widerspruchs angeordnet. Vor dem Hintergrund der Anlehnung der schuldverschreibungsrechtlichen Gläubigerversammlung an die aktienrechtliche Hauptversammlung, drängt für die Lösung dieser Unklarheit ein Rückgriff auf die vergleichbare Regelung des aktienrechtlichen Rechtsschutzes sich an. Das AktG spricht in § 245 Satz 1 Nr. 1 AktG die Anfechtungsbefugnis dann zu, wenn ein Aktionär gegen den Beschluss Widerspruch zu der Niederschrift

129 *Birke* in Reinhard/Schall, SchVG, § 20 Rn. 7; *Cagalj*, Restrukturierung von Anleihen, S. 325; *Kiem* in Hopt/Seibt, SchvR, § 20 Rn. 23.
130 *Birke* in Reinhard/Schall, SchVG, § 20 Rn. 7; *Cagalj*, Restrukturierung von Anleihen, S. 326; *Kiem* in Hopt/Seibt, SchvR, § 20 Rn. 23.
131 *Cagalj*, Restrukturierung von Anleihen, S. 325 m. w. N.
132 *Cagalj*, Restrukturierung von Anleihen, S. 332.
133 *Gärtner* in Veranneman, SchVG, 2010, § 20 Rn. 8.

erklärt hat. Übertragen auf die schuldverschreibungsrechtliche Gläubigerversammlung folgt daraus, dass der Widerspruch gegen den Gläubigerbeschluss dann fristgerecht erhoben worden ist, wenn er auf der Gläubigerversammlung bis zu der Schließung der Versammlung zu Protokoll erklärt wird.[134]

2. Teilschuldverschreibungsgläubiger, der nicht an der Abstimmung teilgenommen hat gemäß § 20 Abs. 2 Nr. 2 SchVG

Ein Teilschuldverschreibungsgläubiger, der nicht an der Abstimmung teilgenommen hat, ist gemäß § 20 Abs. 2 Nr. 2 SchVG anfechtungsbefugt, wenn er zu der Abstimmung zu Unrecht nicht zugelassen, wenn die Versammlung nicht ordnungsgemäß einberufen beziehungsweise zu der Stimmabgabe nicht ordnungsgemäß aufgefordert oder wenn ein Gegenstand der Beschlussfassung nicht ordnungsgemäß bekannt gemacht worden ist. Das Einlegen eines Widerspruchs ist bei fehlender Teilnahme nicht möglich und daher in diesen Fällen nicht erforderlich.[135] Der nicht an der Abstimmung teilnehmende Teilschuldverschreibungsgläubiger kann daher nur gegen Beschlüsse vorgehen, wenn ihm das Teilnahmerecht als ein der Teilschuldverschreibung inhärentes Gläubigerrecht zu Unrecht entzogen wurde. Mit dieser Einschränkung wird das Obstruieren der Anleiherestrukturierung durch in der Gläubigerversammlung passive Teilschuldverschreibungsgläubiger unterbunden. Wer zunächst kein Interesse daran zeigt, die Restrukturierung aktiv voranzubringen, soll das Beschlossene nachträglich nicht wegen dessen Inhalts angreifen dürfen. Es reicht daher nicht aus, dass – wie bei der Parallelnorm des Aktienrechts in § 245 Abs. 1 Satz 1 Nr. 1 AktG – der Teilschuldverschreibungsgläubiger bei der Gläubigerversammlung zwar anwesend war, jedoch nicht abstimmte.[136]

III. Anfechtungsfrist gemäß § 20 Abs. 3 Satz 1 SchVG

Um die notwendige Rechts- und Planungssicherheit bei der Restrukturierung der Anleihe zu gewährleisten, kann die Anfechtungsklage gemäß § 20 Abs. 3 Satz 1 SchVG nur binnen eines Monats seit der Bekanntgabe des anzugreifenden Beschlusses der Gläubigerversammlung erhoben werden.

134 *Kiem* in Hopt/Seibt, SchvR, § 20 Rn. 102 m. w. N.; *Reinhard* in Reinhard/Schall, SchVG, § 16 Rn. 65; *Vogel* in Preuße/Vogel, SchVG, § 20 Rn. 47.

135 *Birke* in Reinhard/Schall, SchVG, § 20 Rn. 35 m. w. N.; *Kiem* in Hopt/Seibt, SchvR, § 20 Rn. 113 m. w. N.

136 So auch *Bliesener/Schneider* in LBS, BankR-Komm., 17. Kap., § 20 Rn. 49; *Cagalj*, Restrukturierung von Anleihen, S. 334 m. w. N.; *Kiem* in Hopt/Seibt, SchvR, § 20 Rn. 99 m. w. N; a. A. *Birke* in Reinhard/Schall, SchVG, § 20 Rn. 32; *Vogel* in Preuße/Vogel, SchVG, § 20 Rn. 45.

IV. Auswirkungen der Anfechtungsklage

1. Erhebung der Anfechtungsklage und Freigabeverfahren

Die Konzeption der Auswirkungen der Anfechtungsklage stellt wohl die größte Kalamität des SchVG dar. Dieser Umstand lässt sich anhand des typischen Ablaufs der Restrukturierung einer Anleihe aufzeigen.

a) Vollzugssperre

Damit eine beschlossene Änderung oder Ergänzung der Anleihebedingungen Wirksamkeit erlangt, muss diese gemäß § 2 Abs. 1 Satz 3 SchVG vollzogen werden.[137] Die Vollziehung von Beschlüssen setzt gemäß § 21 Abs. 1 Satz 1 SchVG wiederum voraus, dass die maßgebliche Sammelurkunde um das Beschlossene ergänzt oder geändert wird. In dem in der Praxis häufigsten Fall der Verwahrung der Sammelurkunde durch eine Wertpapiersammelbank hat der Versammlungs- oder Abstimmungsleiter hierzu gemäß § 21 Abs. 1 Satz 2, 3 SchVG die entsprechenden Dokumente bei dem Verwahrer einzureichen und zu erklären, dass der Beschluss vollzogen werden darf. Gemäß § 20 Abs. 3 Satz 4 Hs. 1 SchVG darf ein Beschluss indes nicht vollzogen werden, wenn eine Anfechtungsklage gegen den zu vollziehenden Beschluss erhoben wurde. Dadurch wird die sog. Vollzugssperre angeordnet.[138] Zwar bestehen verschiedene Meinungen hinsichtlich der konkreten zeitlichen Grenzen der Vollzugssperre,[139] unzweifelhaft hat der Versammlungs- bzw. Abstimmungsleiter aber mindestens die Anfechtungsfrist von einem Monat abzuwarten, bevor der Beschluss vollzogen werden kann.[140] Wenn bis zu dem Ablauf dieser Frist keine Anfechtungsklage erhoben wurde, endet die Vollzugssperre und der Versammlungs- bzw. Abstimmungsleiter hat die Versicherung gegenüber der Wertpapiersammelbank abzugeben.[141] Mit Blick auf die Insolvenzantragspflicht des § 15a Abs. 1 Satz 1, 2 InsO stellt jedoch bereits dieser Zeitraum von mindestens einem Monat, bis der Beschluss und damit die Maßnahmen umgesetzt werden können, durchaus ein Hindernis bei eiligen Sanierungsbeschlüssen dar.[142] Wenn darüber hinaus tatsächlich eine Anfechtungsklage erhoben worden ist, wird jede Restrukturierung einer Anleihe bis zu einer rechtskräftigen Entscheidung über die Anfechtungsklage verhindert. Bis eine solche feststeht, vergehen jedoch regelmäßig mehrere Monate, sodass eine Restrukturierung der Anleihe zu dem Zwecke des Erhalts des Emittenten regelmäßig verhindert würde und die sich aus § 15a Abs. 1

137 Für elektronisch begebene Teilschuldverschreibungen gilt dies gemäß § 2 Abs. 2 Satz 2 SchVG ebenfalls.

138 *Kiem* in Hopt/Seibt, SchvR, § 20 Rn. 144.

139 Ausführlich dazu *Cagalj*, Restrukturierung von Anleihen, S. 354 ff.; *Kiem* in Hopt/Seibt, SchvR, § 20 Rn. 146 f.

140 So *Bliesener/Schneider* in LBS, BankR-Komm., 17. Kap., § 21 Rn. 3; *Kiem* in Hopt/Seibt, SchvR, § 21 Rn. 8; *Mann/Wansleben*, BB 2017, 963 (963 f.); a. A. *Matjuschkin*, Bondholder Governance, S. 265.

141 Eine einklagbare Pflicht des Versammlungs- bzw. Abstimmungsleiters annehmend *Kiem* in Hopt/Seibt, SchvR, § 21 Rn. 13.

142 Ähnlich *Vogel* in Baums, 2013, 39 (58).

Satz 1, 2 InsO ergebende Insolvenzantragspflicht sich nicht selten zu der Stellung des Insolvenzantrages verdichten würden.[143]

b) Freigabeverfahren

Damit der schuldverschreibungsrechtliche Rechtsschutz nicht regelmäßig in einen Insolvenzantrag mündet, findet das aktienrechtliche Freigabeverfahren aus § 246a AktG über § 20 Abs. 3 Satz 4 Hs. 2 SchVG Anwendung in dem Schuldverschreibungsrecht. Danach kann das zuständige Gericht auf Antrag des Schuldners feststellen, dass die Anfechtungsklage dem Vollzug des Beschlusses nicht entgegensteht. Dabei hat das Gericht in den meisten Fällen gemäß § 20 Abs. 3 Satz 4 SchVG i. V. m. § 246a Abs. 2 Nr. 3 AktG abzuwägen, ob die von dem Antragsteller dargelegten wesentlichen Nachteile für den Emittenten die Nachteile für die Teilschuldverschreibungsgläubiger überwiegen, es sei denn, es liegt eine besondere Schwere des Rechtsverstoßes vor.[144] Solange dem angefochtenen Beschluss kein besonders schwerer Rechtsverstoß anhaftet, impliziert § 20 Abs. 3 Satz 4 SchVG i. V. m. § 246 Abs. 4 Satz 1 AktG, dass ein Freigabebeschluss auch dann ergehen kann, wenn offensichtlich ist, dass die Anfechtungsklage begründet wäre.[145] Dem Antragsgegner, sprich dem anfechtenden Teilschuldverschreibungsgläubiger,[146] steht bei begründeter Anfechtungsklage gemäß § 20 Abs. 3 Satz 4 SchVG i. V. m. § 246 Abs. 4 Satz 1 AktG ein Schadensersatzanspruch gegen den Schuldner zu. Auch der Gesetzgeber hat die geschilderten Probleme hinsichtlich der Dringlichkeit der Restrukturierung erkannt und das Freigabeverfahren daher als Eilverfahren ausgestaltet.[147] Gemäß § 20 Abs. 3 Satz 4 SchVG i. V. m. § 246 Abs. 3 Satz 6 AktG soll die Entscheidung des Freigabeverfahrens spätestens drei Monate nach Antragstellung ergehen. Dennoch stellen bereits diese drei Monate – wobei eine Verzögerung nicht unüblich ist[148] – eine nicht zu unterschätzende Sanierungshürde dar.[149] In dem Anschluss an die stattgebende Entscheidung kann der Beschluss vollzogen werden. Bereits das lediglich kursorische Eingehen auf die Auswirkungen des schuldverschreibungsrechtlichen Freigabeverfahrens genügt,[150] um diesem anhand der dem Freigabeverfahren inhärenten Verzögerung der Sanierung anzulasten, dass es

143 Mit einem Beispiel *Baums*, ZHR 177 (2013), 807 (816); *Bliesener/Schneider* in LBS, BankR-Komm., 17. Kap., § 20 Rn. 108; *Cagalj*, Restrukturierung von Anleihen, S. 372; *Kiem* in Hopt/Seibt, SchvR, § 20 Rn. 154; *Thole*, ZIP 2014, 2365 (2366).

144 Freilich sind auch die beiden anderen Varianten der Freigabe, § 20 Abs. 3 Satz 4 SchVG i. V. m. § 246 Abs. 2 Nr. 1, 2 AktG, denkbar, jedoch in schuldverschreibungsrechtlichen Sachverhalten von geringerer Relevanz, siehe *Kiem* in Hopt/Seibt, SchvR, § 20 Rn. 174.

145 Siehe *Drescher* in Henssler/Strohn, GesR, § 246a AktG Rn. 8.

146 Zu Einzelheiten der Kollektivierung eines Schadensersatzanspruchs nachstehend Kap. II § 5 F. II. 4. b) (3) (cc).

147 Siehe *Schäfer* in MüKoAktG, § 246a Rn. 4.

148 *Cagalj*, Restrukturierung von Anleihen, S. 372 m. w. N.; ähnlich auch *Liebenow*, Anleiheorganisationsrecht, S. 235.

149 So auch *Liebenow*, Anleiheorganisationsrecht, S. 236; ähnlich *Horn*, BKR 2009, 446 (452), der die Möglichkeit des Freigabeverfahrens nicht als ausreichend ansieht; *Paulus*, BB 2012, 1556 (1557); diese Sorge hingegen nicht teilend *Leuering*, NZI 2009, 638 (640).

150 Ausführlich dazu *Birke* in Reinhard/Schall, SchVG, § 20 Rn. 49 ff; *Cagalj*, Restrukturierung von Anleihen, S. 359 ff.; *Kiem* in Hopt/Seibt, SchvR, § 20 Rn. 154 ff.

die ihm zugedachte Funktion in dem Schuldverschreibungsrecht *bis dato* nicht erfüllen kann.[151]

2. Urteilswirkung der Anfechtungsklage

In dem Rahmen des schuldverschreibungsrechtlichen Rechtsschutzes ist nicht nur die Konzeption eines Suspensiveffekts zulasten der Umsetzung der Restrukturierungsmaßnahmen zu kritisieren. Sollte ein Urteil in der Sache ergehen, sind auch die Wirkungen dieses Urteils sowohl in materieller als auch prozessualer Hinsicht vor dem Hintergrund der Restrukturierungssituation und des dadurch bestehenden Beschleunigungsinteresses unzureichend ausgestaltet.

a) Materielle Folgen des Anfechtungsurteils

Gibt das über die Anfechtungsklage entscheidende Gericht der Anfechtungsklage statt, wird der erfolgreich angefochtene Gläubigerbeschluss *ex tunc* unwirksam.[152] Diese dem Anfechtungsurteil zukommende Kassationswirkung manifestiert eine zu kritisierende Rechtslage,[153] welche die Interessen der beteiligten Parteien nur unzureichend berücksichtigt.[154] Mit dem Interesse der Teilschuldverschreibungsgläubiger, welches lediglich vermögensrechtlicher Natur ist, korrespondiert nicht, dass Teilschuldverschreibungsgläubiger die gesamte Restrukturierung und Gesundung des Emittenten vereiteln können.[155] Für die Wahrung der vermögensrechtlichen Interessen der Teilschuldverschreibungsgläubiger ist es ausreichend – aber auch notwendig – die durch den Vollzug eines zurecht angefochtenen Beschlusses entstandenen Vermögenseinbußen – wie es auch nach erfolgtem Freigabebeschluss gehandhabt wird – auszugleichen.[156] Bei der Freigabe eines Beschlusses der Teilschuldverschreibungsgläubiger werden die Interessen der Teilschuldverschreibungsgläubiger und des Emittenten abgewogen. Gemäß § 20 Abs. 3 Satz 4 Hs. 2 SchVG i. V. m. § 246a Abs. 2 Nr. 3 AktG ist der Beschluss freizugeben, wenn das Interesse des Emittenten an dem alsbaldigen

151 So auch *Cagalj*, Restrukturierung von Anleihen, S. 372 f.; *Kiem* in Hopt/Seibt, SchvR, § 20 Rn. 159.

152 Statt vieler *Kiem* in Hopt/Seibt, SchvR, § 20 Rn. 137.

153 Auf die Kritik aus Schrifttum und Praxis hinweisend *Bialluch*, Anleiheschuldverhältnis, S. 212 m. w. N.

154 Statt vieler *Vogel* in Baums, 2013, 39 (43).

155 So auch *Arbeitskreis Reform des Schuldverschreibungsrechts*, ZIP 2014, 845 (849); *Baums*, ZHR 177 (2013), 807 (816); *Baums*, ZBB 2009, 1 (3); *Bialluch*, Anleiheschuldverhältnis, S. 220; *Bliesener/Schneider* in LBS, BankR-Komm., 17. Kap., § 20 Rn. 108 ff.; *Cagalj*, Restrukturierung von Anleihen, S. 367; *Matjuschkin*, Bondholder Governance, S. 278 f.; *Schneider* in Baums, 2013, 1 (18 f.); *Vogel* in Baums, 2013, 39 (43); a. A. *Liebenow*, Anleiheorganisationsrecht, S. 193.

156 So im Ergebnis auch *Arbeitskreis Reform des Schuldverschreibungsrechts*, ZIP 2014, 845 (849); *Baums*, ZHR 177 (2013), 807 (816); *Baums*, ZBB 2009, 1 (3 f.); *Bialluch*, Anleiheschuldverhältnis, S. 220; *Bliesener/Schneider* in LBS, BankR-Komm., 17. Kap., § 20 Rn. 108; *Schneider* in Baums, 2013, 1 (20 ff.); dies als Alternative für das SchVG bezeichnend *Vogel* in Baums, 2013, 39 (43 f.). Hingegen den *status quo* wiederherstellen wollend *Matjuschkin*, Bondholder Governance, S. 282 ff.

Wirksamwerden des Beschlusses den von dem Antragsteller dargelegten wesentlichen Nachteilen der Teilschuldverschreibungsgläubiger überwiegt. Der Teilschuldverschreibungsgläubiger ist dann gemäß § 20 Abs. 3 Satz 4 Hs. 2 SchVG i. V. m. § 246a Abs. 4 AktG auf einen Schadensersatzanspruch zu verweisen. Es wäre praktikabler, wenn der schuldverschreibungsrechtliche Rechtsschutz eine Umkehr dergestalt erführe, dass die Wirkungen des Freigabebeschlusses – keine Kassation und lediglich Wertersatz – den Grundsatz manifestieren[157] und eine Suspendierung des angegriffenen Beschlusses der Teilschuldverschreibungsgläubiger in dem Eilrechtsschutz zu erwirken wäre.

b) Reichweite der Urteilswirkungen

Anders als in den Anwendungsfällen des AktG sind weder die Gestaltungswirkung und die Rechtskraft des Anfechtungsurteils in dem SchVG normiert noch sind die entsprechenden Bestimmungen aus dem AktG für in dem SchVG anwendbar erklärt worden,[158] weshalb insofern Unklarheiten bestehen. Vor allem die persönliche Reichweite des Urteils ist daher Gegenstand rechtswissenschaftlicher Auseinandersetzung.[159] Teilweise lässt diese Diskussion die erforderliche Differenzierung zwischen Gestaltungswirkung und Rechtskrafterstreckung des Urteils vermissen.[160] Das modellstehende AktG deutet darauf hin, dass eine solche Differenzierung indes nicht obsolet ist. Zunächst beinhaltet das AktG in §§ 241 Nr. 5, 248 Abs. 1 Satz 1 AktG nämlich Ausführungen zu der Gestaltungswirkung eines Anfechtungsurteils.[161] Ferner – und dies unzweifelhaft – erstreckt § 248 Abs. 1 Satz 1 AktG die materielle Rechtskraft des Anfechtungsurteils auf einen über den des allgemein geltenden § 325 Abs. 1 ZPO hinausgehenden Personenkreis.[162] Daher überzeugt es nicht, wenn bezüglich der schuldverschreibungsrechtlichen Anfechtungsklage vermehrt undifferenziert behauptet wird, das Anfechtungsurteil erstrecke seine Wirkung *erga omnes* oder eben nur *inter partes*, ohne den Unterschied von Gestaltungswirkung und Rechtskrafterstreckung in dem Rahmen des schuldverschreibungsrechtlichen Rechtschutzes zu berücksichtigen.[163]

157 So auch *Arbeitskreis Reform des Schuldverschreibungsrechts*, ZIP 2014, 845 (849); *Baums*, ZHR 177 (2013), 807 (816); *Baums*, ZBB 2009, 1 (3 f.); *Bialluch*, Anleiheschuldverhältnis, S. 220; *Bliesener/Schneider* in LBS, BankR-Komm., 17. Kap., § 20 Rn. 108 ff.; *Kiem* in Hopt/Seibt, SchvR, § 20 Rn. 22; *Schneider* in Baums, 2013, 1 (18 f.); *Vogel* in Baums, 2013, 39 (43). Siehe einen Gesetzentwurf, der dies berücksichtigt, nachstehend Kap. I § 3 F. VII. 2.

158 *Bliesener/Schneider* in LBS, BankR-Komm., 17. Kap., § 20 Rn. 92.

159 Dass das stattgebende Urteil in zeitlicher Hinsicht *ex tunc*-Wirkung entfaltet und der angefochtene Beschluss daher rückwirkend unwirksam ist, ist rechtswissenschaftlicher Konsens und wird hier nicht weiter beleuchtet, siehe dazu *Kiem* in Hopt/Seibt, SchvR, § 20 Rn. 136 f. m. w. N.

160 Hingegen auf diese Differenzierung insistierend *Kiem* in Hopt/Seibt, SchvR, § 20 Rn. 142.

161 Auf welcher Norm die Nichtigkeit des Beschlusses beruht, ist umstritten, aber im Ergebnis irrelevant ist, siehe *Koch*, AktG, § 241 Rn. 22.

162 *Schäfer* in MüKoAktG, § 248 Rn. 8.

163 So z. B. *Birke* in Reinhard/Schall, SchVG, § 20 Rn. 47 f., der zwischen Rechtskrafterstreckung und Gestaltungswirkung hin- und herspringt; *Cagalj*, Restrukturierung von Anleihen, S. 357 f.; *Maier-Reimer*, NJW 2010, 1317 (1321).

(1) Gestaltungswirkung des Anfechtungsurteils

Mangels ausdrücklicher Anordnung der Gestaltungswirkung der schuldverschreibungsrechtlichen Anfechtungsklage ist auf die allgemeingültigen zivilprozessualen Grundsätze zu rekurrieren. Bestimmt die materielle Rechtskraft eine vorprozessuale Rechtslage als bindend, führen Gestaltungsurteile – wie das Urteil einer Anfechtungsklage – hingegen mit Eintritt der formellen Rechtskraft eine Rechtsänderung herbei.[164] Die Wirkung eines Gestaltungsurteils richtet sich dabei immer für und gegen jedermann, indem es den angefochtenen Beschluss aufhebt (sog. Kassationswirkung).[165] Es bedarf daher keiner Wirkung gegenüber einem bestimmten Personenkreis, da der Streitgegenstand als solcher – hier *in concreto* der Gläubigerbeschluss – durch das Urteil beseitigt wird. Mangels Beschlusses kann in der Folge keine weitere Person sich auf diesen berufen. Diese allgemeingeltenden Grundsätze werden auch nicht durch das Schuldverschreibungsrecht tangiert. Der kassierte Gläubigerbeschluss kann nicht umgesetzt werden, sodass die Gestaltungswirkung – das Ausbleiben der Umsetzung des Beschlusses – gegenüber jedermann Geltung entfaltet.

(2) Materielle Rechtskraft des Anfechtungsurteils

Über die Gestaltungswirkung hinaus kommt Gestaltungsurteilen auch eine materielle Rechtskraftwirkung zu.[166] Grundsätzlich wirkt jedes rechtskräftige Urteil gemäß § 325 Abs. 1 ZPO nur für und gegen die Parteien des Prozesses, weist also lediglich eine relative Rechtskraft auf.[167] Soll ein Urteil gegenüber einem über diese Adressaten hinausgehenden Personenkreis materielle Rechtskraft entfalten, bedarf es einer gesetzlichen Rechtskrafterstreckung,[168] wie z. B. § 248 Abs. 1 Satz 1 AktG.[169] Genau an einer solchen Rechtskrafterstreckung mangelt es jedoch dem SchVG.[170] Daher gelten auch in dem Rahmen der schuldverschreibungsrechtlichen Anfechtungsklage die allgemeinen Grundsätze des Zivilrechts, insbesondere § 325 Abs. 1 ZPO.[171]

(a) Keine Bindungswirkung für nicht beteiligte, dennoch klagende Teilschuldverschreibungsgläubiger

Die prozessualen Folgen der *inter partes* Urteilswirkung könnten lediglich in Anfechtungsprozessen von nicht an dem bereits entschiedenen Anfechtungsprozess beteilig-

164 Statt vieler *Gottwald* in MüKoZPO, § 322 Rn. 19 m. w. N.

165 Siehe RGZ 80, 317 (323 f.); *Gottwald* in MüKoZPO, § 322 Rn. 19; *Kiem* in Hopt/Seibt, SchvR, § 20 Rn. 142; *Koch*, AktG, § 248 Rn. 5.

166 *Gottwald* in MüKoZPO, § 322 Rn. 19.

167 *Kiem* in Hopt/Seibt, SchvR, § 20 Rn. 143; siehe zu dem Aktienrecht *Schäfer* in MüKo-AktG, § 248 Rn. 6; *Vogel*, ZBB 2010, 211 (217); a. A. *Bliesener/Schneider* in LBS, BankR-Komm., 17. Kap., § 20 Rn. 100 m. w. N.

168 Siehe *Schäfer* in MüKoAktG, § 248 Rn. 6.

169 *Kiem* in Hopt/Seibt, SchvR, § 20 Rn. 143.

170 § 248 AktG ist nicht von den Verweisungen des SchVG, insbesondere § 20 Abs. 3 SchVG, umfasst.

171 So im Ergebnis auch *Kiem* in Hopt/Seibt, SchvR, § 20 Rn. 143; *Vogel* in Baums, 2013, 39 (55).

ten Teilschuldverschreibungsgläubigern Bedeutung erlangen. Mangels materieller Rechtskraft gegenüber diesen würde eine Anfechtungsklage mit identischem Streitgegenstand nicht als unzulässig abgewiesen werden.[172] Ein daraus scheinbar resultierendes Problem vermag indes nicht zu beunruhigen.[173] Sobald mehrere Anfechtungsklagen gegen den Gläubigerbeschluss erhoben werden, wären diese gemäß § 20 Abs. 3 Satz 3 Hs. 2 SchVG i. V. m. § 246 Abs. 3 Satz 6 AktG in einem Prozess zu verbinden, woraufhin über die Anfechtungsklagen einheitlich entschieden würde. Verschiedene Urteilssprüche wären nicht zu befürchten.[174]

(b) Keine Zerstörung der Fungibilität durch hybride Urteilswirkung

Vereinzelt wird ferner vorgetragen, durch eine materielle Rechtskrafterstreckung nur *inter partes* würden in der Folge Teilschuldverschreibungen der gleichen Emission verschiedene Rechte verbriefen.[175] Es wird angemahnt, dass nach Stattgabe einer Klage gegen den Gläubigerbeschluss dieser nur zwischen den Parteien des Anfechtungsprozesses als unwirksam gelte, gegenüber allen anderen Teilschuldverschreibungsgläubigern aber hingegen nach Ablauf der Anfechtungsfrist wirksam wäre.[176] Wie eingangs erwähnt, sind die Teilschuldverschreibungen an dem Kapitalmarkt nur handelbar, weil sie alle den gleichen Anleihebedingungen unterliegen und somit die notwendige Fungibilität aufweisen. Das Ergebnis kann daher nicht sein, dass innerhalb einer Anleiheemission Teilschuldverschreibungen mit divergierenden Anleihebedingungen in dem Umlauf sind. Ein Handel mit den Teilschuldverschreibungen würde dadurch unmöglich.[177] Um diese Folge zu verhindern, wird die Fungibilität der Teilschuldverschreibungen teilweise über das schuldverschreibungsrechtliche Gleichbehandlungsgebot aufrechtzuerhalten versucht.[178] Eines solchen Kunstgriffs bedarf es indes nicht, da hierbei die eben dargestellte Gestaltungswirkung des Anfechtungsurteils vollends unberücksichtigt gelassen wird. Bei profunder Betrachtung bedarf es keiner Anwendung des Gleichbehandlungsgebots. Vielmehr werden die Änderungen der Anleihebedingungen gemäß § 2 Satz 3 SchVG erst wirksam, wenn diese in der Urkunde oder in den Anleihebedingungen vollzogen werden. Ein Beschluss der Gläubigerversammlung, der die Anleihebedingungen ändern soll, bedarf zu seiner Vollziehung gemäß § 21 Abs. 1 Satz 1 SchVG der Ergänzung oder der Änderung der maßgeblichen Sammelurkunde. Damit die Wertpapiersammelbank diese Änderung oder Ergänzung der Sammelurkunde vornimmt, hat der Versammlungs- oder Abstimmungsleiter auch die Erklärung abzugeben, dass der Beschluss vollzogen werden darf. Wenn eine Anfechtungsklage erhoben wurde, kann der Versammlungs- oder Abstimmungsleiter die Änderung nicht mit der erforderlichen Versicherung der Wertpapier-

172 So *Kiem* in Hopt/Seibt, SchvR, § 20 Rn. 143 m. w. N; dem folgend auch *Bliesener/Schneider* in LBS, BankR-Komm., 17. Kap., § 20 Rn. 99.
173 Ähnlich wohl *Baums*, ZBB 2009, 1 (3); a. A. *Bliesener/Schneider* in LBS, BankR-Komm., 17. Kap., § 20 Rn. 99.
174 Siehe statt vieler *Schäfer* in MüKoAktG, § 246 Rn. 76.
175 So *Vogel* in Baums, 2013, 39 (55).
176 So *Vogel* in Baums, 2013, 39 (55).
177 Siehe dazu auch *Fest*, Anleihebedingungen, S. 247 ff.
178 So *Matjuschkin*, Bondholder Governance, S. 271; *Vogel* in Baums, 2013, 39 (55 f.).

sammelbank gegenüber abgeben, wie von § 21 Abs. 1 Satz 3 SchVG vorgesehen. Wenn dieser Anfechtungsklage stattgegeben wurde, darf diese Erklärung daher erst recht nicht gegenüber der Wertpapiersammelbank abgegeben werden. Die Änderung der Anleihebedingungen wird daher schon mangels Vorliegens der tatsächlichen Voraussetzung des § 2 Satz 3 SchVG – nämlich der Vollzug des Gläubigerbeschlusses – nicht wirksam.[179] Das Vorhandensein von Teilschuldverschreibungen derselben Emission mit verschiedenen Anleihebedingungen ist aufgrund der Konzeption der Urteilswirkungen des SchVG nicht zu befürchten.[180] Aus Gründen der Klarstellung ist dennoch zweckmäßig, die Gestaltungswirkung und materielle Rechtskraft entsprechend dem AktG in dem SchVG zu normieren oder auf die Normen des AktG zu verweisen.[181]

V. Nichtigkeit eines Gläubigerbeschlusses

Anders als für das Aktienrecht in den §§ 241, 242, 249 AktG normiert, mangelt es dem SchVG an ausdrücklichen Regelungen betreffend die Nichtigkeit von Gläubigerbeschlüssen. Das Fehlen solcher ausdrücklichen Regelungen führt zu der Frage, ob und inwieweit das Schuldverschreibungsrecht nichtige Beschlüsse anerkennt und wie diese geltend gemacht werden können.[182] Dabei fällt auf, dass die bisweilen diskutierten Lösungsansätze in der Literatur unter verschiedenen Überschriften diskutiert worden sind.[183]

Zuletzt erlangte eine ähnlich gelagerte Frage bei der Restrukturierung der Anleihen der *Adler Group S. A.* Relevanz. *Adler Group S. A.* restrukturierte sechs Anleihen deutschen Rechts mithilfe eines *UK Restructuring Plan*, welcher durch den *High Court* im April 2023 bestätigt[184] und in der Folge umgesetzt wurde, insbesondere die Anleihebedingungen der deutschen Anleihen geändert. Anders als in dem deutschen Recht gewährt der *UK Restructuring Plan* dem Schuldner eine Vollmacht, mit der dieser dann im Namen der Gläubiger Änderungsverträge betreffend die in dem *Restructuring Plan* betroffenen Schuldverhältnisse unterzeichnen kann.[185] Danach wurden die Teilschuldverschreibungen zu den neuen Konditionen gehandelt.[186] Ein Teil der Anleihegläubiger legte Rechtsmittel gegen die Bestätigung des *Restructuring Plan* zum *Court of Appeal* ein. Mit Entscheidung vom 23. Januar 2024 gab der *Court of Appeal* dem Rechtsmittel der entsprechenden Anleihegläubiger statt. Dadurch verloren die Rege-

179 So auch BGHZ 202, 7 Rn. 18 = ZIP 2014, 1876; diesen Umstand als »dauerhaftes Vollzugsverbot« bezeichnend *Birke* in Reinhard/Schall, SchVG 2020, § 20 Rn. 48 m. w. N.

180 M. a. W. auch *Baums*, ZBB 2009, 1 (3).

181 So wohl auch *Vogel* in Baums, 2013, 39 (55).

182 Ähnlich *Kiem* in Hopt/Seibt, SchvR, § 20 Rn. 26.

183 Siehe dazu exemplarisch *Bliesener/Schneider* in LBS, BankR-Komm., 17. Kap., § 20 Rn. 27; *Kiem* in Hopt/Seibt, SchvR, § 20 Rn. 26 ff.; *Wilken/Schaumann/Zenker*, Anleihen, S. 103 f. Rn. 453 ff.

184 *EWHC (High Court of Justice)* 21.4.2023 – [2023] *EWHC* 916 (Ch) – *Re AGPS BondCo Plc*.

185 Siehe *Sax/Berkner/Saed*, NZI 2024, 357 (361).

186 Siehe dazu ausführlich *Sax/Berkner/Saed*, NZI 2024, 357.

lungen des zugrundeliegenden *Restructuring Plan* ihre Wirkung, insbesondere wurde die ausgegebene Vollmacht für den Schuldner *ex tunc* unwirksam. Das sich danach ergebende rechtliche Bild entspricht einer nachträglich festgestellten Nichtigkeit eines Gläubigerbeschlusses, weil der Rechtsgrund für die Änderung der Anleihebedingungen nachträglich unwirksam wird und die Teilschuldverschreibungen in der Zwischenzeit mit den neuen Anleihebedingungen gehandelt wurden. *Adler Group S. A.* kommentierte diesen Umstand seinerzeit mit dem kurzen Hinweis darauf, dass die Änderung der Anleihebedingungen von der Entscheidung des *Court of Appeal* nicht tangiert würden.[187]

1. Existenz nichtiger Beschlüsse

a) Normierte Nichtigkeitsgründe

Den diesen Abschnitt einleitenden Satz relativierend ist zu konstatieren, dass das SchVG – wenn auch durchaus versteckt und nicht in der Deutlichkeit des § 241 AktG – einen normierten Nichtigkeitsgrund beinhaltet. Ausweislich § 5 Abs. 2 Satz 2 SchVG ist ein Beschluss, der nicht die gleichen Bedingungen für alle Gläubiger vorsieht, unwirksam und damit nichtig.[188] Ausweislich der Materialien zu § 5 Abs. 2 Satz 2 SchVG ist die Inhaltsgleichheit aller Teilschuldverschreibungen aus einer Anleihe die notwendige Voraussetzung für deren Fungibilität, wobei dieses Grundprinzip nicht durch eine Mehrheitsentscheidung aufgehoben werden könne.[189] Um die Fungibilität der Teilschuldverschreibungen zu perpetuieren, ist nach Ansicht des Gesetzgebers die Unwirksamkeit *ipso iure* eines gemäß § 5 Abs. 2 Satz 2 SchVG nichtigen Beschlusses notwendig. Um dieses Ziel zu erreichen, kann es nicht auf die Mitwirkung der Teilschuldverschreibungsgläubiger in Form der Erhebung einer Anfechtungsklage ankommen. Ferner ist ein Beschluss nichtig, der entgegen § 5 Abs. 1 Satz 3 SchVG den Teilschuldverschreibungsgläubiger eine Leistungspflicht auferlegt.[190]

b) Existenz weiterer Nichtigkeitsgründe

Nach überwiegender Ansicht ist die Existenz nichtiger Beschlüsse, die auf einem anderen Nichtigkeitsgrund als dem des § 5 Abs. 2 Satz 2 SchVG beruhen, auch in dem Schuldverschreibungsrecht grundsätzlich zu konzedieren.[191] Allgemeiner Begründungsansatz für die Nichtigkeit von Willenserklärungen ist, dass diese an so schwerwiegenden Fehlern leiden, dass es die Rechtsordnung nicht aushielte, wenn ihre Wirk-

187 Siehe dazu auch Ad-hoc-Mitteilung der *Adler Group S. A.*, abrufbar unter: https://www.wallstreet-online.de/nachricht/17724760-eqs-news-adler-group-s-a-laufende-restrukturierung-planmaessig (zuletzt abgerufen am 31. Oktober 2025).

188 Begr. RegE SchVG, BT-Drs. 16/12814, S. 18.

189 Begr. RegE SchVG, BT-Drs. 16/12814, S. 18.

190 *Bliesener/Schneider* in LBS, BankR-Komm., 17. Kap., § 20 Rn. 13; *Vogel* in Preuße/Vogel, SchVG, § 20 Rn. 20.

191 So BGHZ 202, 7 Rn. 20 = ZIP 2014, 1876; *Birke* in Reinhard/Schall, SchVG, § 20 Rn. 9 m. w. N.; *Cagalj*, Restrukturierung von Anleihen, S. 327; *Kiem* in Hopt/Seibt, SchvR, § 20 Rn. 29.

samkeit von dem Willen der Beteiligten abhinge.[192] Beschlüsse der Gläubigerversammlung können ebenso an einem solch schweren Fehler leiden, weshalb die Anerkennung der Existenz von nichtigen Beschlüssen auch ohne gesetzliche Anordnung geboten ist.[193] Zwar fehlen – abgesehen von § 5 Abs. 2 Satz 2 SchVG – normierte Gründe für die Nichtigkeit von Beschlüssen im Schuldverschreibungsrecht. Allein das Fehlen normierter Nichtigkeitsgründe unterbindet die Existenz von weiteren Nichtigkeitsgründen aber nicht. Mit Blick auf das modellstehende Aktienrecht dient die Statuierung von Nichtigkeitsgründen in § 241 AktG nämlich nicht der Konstitution ihrer selbst, sondern vielmehr ihrer Beschränkung und Präzisierung gegenüber dem allgemeinen Zivilrecht.[194] Die Nichtigkeitsgründe des § 241 AktG können in schuldverschreibungsrechtlichen Sachverhalten indes nicht analog angewandt werden,[195] weil es dem SchVG in dieser Hinsicht bereits an einer Regelungslücke mangelt.[196] Vielmehr ist es geboten, eine Nichtigkeit unter maßgeblicher Berücksichtigung der Schwere und der Sichtbarkeit des Verstoßes im Einzelfall zu determinieren.[197] Dabei ist stets die gravierende Auswirkung der Nichtigkeit vor dem Hintergrund der Privatautonomie zu würdigen und zu berücksichtigen, sodass die Nichtigkeit nur *ultima ratio* sein kann.[198]

In dem Lichte des für die Begründung einer Nichtigkeit gemäß § 5 Abs. 2 Satz 2 SchVG Ausgeführten[199] ist *de lege lata* eine Nichtigkeit eines Gläubigerbeschlusses nur anzunehmen, wenn der Gläubigerbeschluss die Fungibilität der Anleihe beeinträchtigt und damit das Telos des einzigen normierten Nichtigkeitsgrundes in dem SchVG berücksichtigt. In Fällen, in denen ein Gläubigerbeschluss lediglich die Rechte der Teilschuldverschreibungsgläubiger – wenn auch in gravierendem Maße – beeinträchtigt, ist eine Nichtigkeit dieses Beschlusses hingegen nicht angezeigt. Die Nichtigkeit eines Gläubigerbeschlusses solchen Ausmaßes brächte den betroffenen Teilschuldverschreibungsgläubigern keinen Mehrwert. Um den Beteiligten der Restrukturierung der Anleihe ein höheres Maß an Rechtssicherheit zu ermöglichen, sollte der Gesetzgeber *de lege ferenda* Nichtigkeitsgründe in dem SchVG festlegen.[200]

192 *Birke* in Reinhard/Schall, SchVG, § 20 Rn. 9; *Cagalj*, Restrukturierung von Anleihen, S. 327; *Kiem* in Hopt/Seibt, SchvR, § 20 Rn. 28.

193 Dies klarstellend BGHZ 202, 7 Rn. 18 = ZIP 2014, 1876.

194 *Grell/Splittgerber/Schneider*, DB 2015, 111 (114); *Koch*, AktG, § 241 Rn. 1; *Vogel* in Preuße/Vogel, SchVG, § 20 Rn. 12; *Vogel*, ZBB 2010, 211 (217).

195 Offengelassen von BGHZ 202, 7 Rn. 20 = ZIP 2014, 1876; *Kiem* in Hopt/Seibt, SchvR, § 20 Rn. 30; *Maier-Reimer*, NJW 2010, 1317 (1319); *Vogel* in Baums, 2013, 39 (46).

196 Zu Einzelheiten nachstehend Kap. I § 2 F. V. 3. a) (1).

197 So *Birke* in Reinhard/Schall, SchVG, § 20 Rn. 10; *Cagalj*, Restrukturierung von Anleihen, S. 328; *Vogel* in Baums, 2013, 39 (46). Ausführlich zu möglichen Nichtigkeitsgründen *Arbeitskreis Reform des Schuldverschreibungsrechts*, ZIP 2014, 845 (848); *Maier-Reimer*, NJW 2010, 1317 (1319).

198 Ähnlich *Cagalj*, Restrukturierung von Anleihen, S. 328.

199 Zu Einzelheiten vorstehend Kap. I § 2 F. V. 1. a).

200 A. A. *Baums*, ZBB 2009, 1 (7); siehe nachstehend einen Gesetzentwurf, der dies berücksichtigt, Kap. I § 3 F. VII. 2.

2. Heilung der Nichtigkeit

Die Existenz von nichtigen Gläubigerbeschlüssen führt unweigerlich zu der Frage nach dem Ob der Heilung der Nichtigkeit,[201] obschon das SchVG keine normierten Heilungstatbestände beinhaltet.

a) Heilung eines gemäß § 5 Abs. 2 Satz 2 SchVG nichtigen Beschlusses

(1) Genese des § 5 Abs. 2 Satz 2 SchVG

Gemäß § 5 Abs. 2 Satz 1 SchVG sind die Mehrheitsbeschlüsse für alle Gläubiger bindend. In den dazugehörigen Materialien führt der Gesetzgeber aus, dass Beschlüsse der Gläubiger wiederum dann verbindlich seien, soweit diese nicht nichtig oder erfolgreich mit der Anfechtungsklage gemäß § 20 SchVG angefochten worden sind.[202] Ferner lässt den Materialien zu § 5 SchVG sich entnehmen, dass die Teilschuldverschreibungen im Regelfall nicht individualisierbar sind, weshalb jeder Gläubiger die gleichen Ansprüche gegen den Schuldner haben muss, was Voraussetzung für die Verkehrsfähigkeit der Teilschuldverschreibungen sei.[203] Dieses Grundprinzip der Verkehrsfähigkeit der Teilschuldverschreibungen kann nicht durch Mehrheitsentscheidung aufgehoben werden. Anzeichen für die Existenz einer Heilungsmöglichkeit lassen sich daraus nicht ableiten. Zwar könnte gegen eine solche Interpretation vorgebracht werden, dass der Gesetzgeber seinerseits in § 5 Abs. 2 Satz 2 Hs. 2 SchVG eine Ausnahme von dem Grundsatz der Einheitlichkeit der Anleihebedingungen ermöglicht. Ausweislich § 5 Abs. 2 Satz 2 Hs. 2 SchVG goutiert der Gesetzgeber zumindest partiell die Möglichkeit verschiedener Anleihebedingungen für Teilschuldverschreibungen, die ursprünglich einer Anleihe angehörten. Aber anders als in den Fällen eines Mehrheitsbeschlusses, der die Aufhebung der Fungibilität als Folge hat, setzt § 5 Abs. 2 Satz 2 Hs. 2 SchVG voraus, dass alle benachteiligten Teilschuldverschreibungsgläubiger ihrer Benachteiligung ausdrücklich zustimmen. Aus diesem Grunde ist es nicht der Mehrheitsbeschluss, der zu verschiedenen Anleihebedingungen führt, sondern die Zustimmung eines jeden benachteiligten Gläubigers. In diesem Lichte sind auch die Materialien zu § 5 SchVG zu verstehen, wenn in diesen ausgeführt wird, dass die Verkehrsfähigkeit der Anleihe nicht durch Mehrheitsbeschluss aufgehoben werden kann;[204] eine privatautonome Vereinbarung ist davon nicht umfasst. Stimmen die benachteiligten Gläubiger somit ihrer Benachteiligung zu, ist dies als dem Erhalt der Fungibilität vorrangig zu werten. Realiter schaden die Teilschuldverschreibungsgläubiger sich durch ein solches Vorgehen nur selbst, indem sie *freiwillig* die Verkehrsfähigkeit ihrer eigenen Teilschuldverschreibungen beschneiden. Es ist daher auch nicht davon auszugehen, dass Teilschuldverschreibungsgläubiger sich freiwillig in eine schlechtere Rechtsposition bringen würden. In solchen Fällen gibt es in der Folge zwei

201 Siehe zu dem Einhergehen von Heilungsmöglichkeiten mit Nichtigkeitsgründen exemplarisch §§ 311b Abs. 1 S. 2, 518 Abs. 2 BGB. Ähnlich *Wilken/Schaumann/Zenker*, Anleihen, S. 104 Rn. 461.

202 Begr. RegE SchVG, BT-Drs. 16/12814, S. 18.

203 Begr. RegE SchVG, BT-Drs. 16/12814, S. 18.

204 Begr. RegE SchVG, BT-Drs. 16/12814, S. 18.

Anleihen, deren Teilschuldverschreibungen ihrerseits wieder fungibel sind.[205] Zu Problemen kann dies erst dann führen, wenn durch das Aufsplitten so kleine Tranchen entstehen, dass ein Handel mit den Teilschuldverschreibungen faktisch nicht mehr möglich wäre.[206]

Schließlich folgt aus § 5 Abs. 2 Satz 2 SchVG, dass keine Heilungsmöglichkeit eines entgegen dieser Vorschrift gefassten und somit nichtigen Mehrheitsbeschlusses existiert. Wollen die Parteien verschiedene Bedingungen für die Teilschuldverschreibungsgläubiger vereinbaren, kann dies nur über eine konsensuale Zustimmung der dabei benachteiligten Gläubiger gemäß § 5 Abs. 2 Satz 2 Hs. 2 SchVG geschehen. Die Heilung eines gemäß § 5 Abs. 2 Satz 2 SchVG nichtigen Mehrheitsbeschlusses tritt dadurch jedoch nicht ein, vielmehr liegt bereits kein Verstoß gegen § 5 Abs. 2 Satz 2 SchVG vor.

(2) BGHZ 202, 7

Über die Frage einer Heilungsmöglichkeit für Gläubigerbeschlüsse, die gemäß § 5 Abs. 2 Satz 2 SchVG nichtig sind, hat der BGH bereits entschieden.[207] In der maßgebenden Entscheidung verstieß ein Gläubigerbeschluss gegen den Nichtigkeitsgrund des § 5 Abs. 2 Satz 2 SchVG, weil dieser nicht die gleichen Bedingungen für alle Teilschuldverschreibungsgläubiger vorsah. Die Vollziehung des Beschlusses gemäß § 21 Abs. 1 SchVG heilte diese Verstoß nicht.[208]

b) Heilung nichtiger Gläubigerbeschlüsse wegen weiterer Nichtigkeitsgründe

Trotz Ablehnung einer Heilungsmöglichkeit für gemäß § 5 Abs. 2 Satz 2 SchVG nichtige Gläubigerbeschlüsse bleibt offen, ob eine solche für aus anderen Gründen nichtige Gläubigerbeschlüsse ebenfalls abzulehnen ist. Die Determinante für die Antwort der aufgeworfenen Frage ist, welche Umstände *de lege lata* eine Nichtigkeit des Mehrheitsbeschlusses begründen.

(1) Genese des § 5 Abs. 2 Satz 2 SchVG

Unter Berücksichtigung der Differenzierung von geschriebenen und ungeschriebenen Nichtigkeitsgründen[209] bleibt offen, welche nichtigen Beschlüsse der Gesetzgeber in den Materialien zu § 5 SchVG[210] adressiert. Die Antwort darauf entspringt der Syste-

205 *Bliesener/Schneider* in LBS, BankR-Komm., 17. Kap., § 5 Rn. 43; dazu auch *Fest*, Anleihebedingungen, S. 217; ähnlich *Thole* in Hopt/Seibt, SchvR, § 5 Rn. 34.

206 Insofern griffe aber auch dann das Argument, dass die Teilschuldverschreibungsgläubiger sich selbst in diese grundsätzlich nachteilige Lage gebracht haben. In diesem Sinne eine Gefährdung der Teilschuldverschreibungsgläubiger verneinend, da weiterhin ein Sekundärmarkt für die Teilschuldverschreibungen existiere, *Freudenberger*, Kollektive Bindung, S. 173.

207 BGHZ 202, 7 = ZIP 2014, 1876.

208 BGHZ 202, 7 Rn. 21 = ZIP 2014, 1876.

209 Zu Einzelheiten vorstehend Kap. 1 § 2 D. V. 1.

210 Begr. RegE SchVG, BT-Drs. 16/12814, S. 18.

matik der Materialien zu § 5 SchVG. An mehreren Stellen verknüpft der Gesetzgeber seine Ansicht von der Nichtigkeit eines Beschlusses und dem Mangel einer diesen Umstand heilenden Wirkung mit dem normierten Nichtigkeitsgrund des § 5 Abs. 2 Satz 2 SchVG. Zwar könnte vor diesem Hintergrund darauf zu schließen sein, dass der Gesetzgeber grundsätzlich allen nichtigen Beschlüssen – und nicht nur solche, die gemäß § 5 Abs. 2 Satz 2 SchVG nichtig sind – eine Heilungsmöglichkeit versagen will. Eine solche Interpretation unterstellt jedoch, dass der Gesetzgeber überhaupt weitere Nichtigkeitsgründe annimmt. Vielmehr ist es jedoch so, dass dieser auf weitere Nichtigkeitsgründe bewusst verzichtet hat. Die von ihm angesprochene Wirkung kann daher nur für einen Beschluss gelten, der entgegen § 5 Abs. 2 Satz 2 SchVG nicht gleiche Bedingungen für alle Gläubiger vorsieht, denn dies ist der einzig normierte Nichtigkeitsgrund. Aus diesem Grunde kann nicht ohne Weiteres davon ausgegangen werden, dass auch ungeschriebene Nichtigkeitsgründe keiner Heilung zugänglich sind. Die undifferenzierte Gleichbehandlung verschiedener Nichtigkeitsgründe betreffend deren Heilung ist nämlich keine axiomatische Größe. Diesbezüglich ist auch auf das für das SchVG modellstehende AktG zu verweisen, welches ausweislich § 242 Abs. 1, 2 AktG hinsichtlich der Heilung eines nichtigen Hauptversammlungsbeschlüsse nach dem Nichtigkeitsgrund differenziert.

(2) BGHZ 202, 7

Auch für die aufgeworfene Frage, ob die Nichtigkeit eines Gläubigerbeschlusses, der aus einem anderen Grunde als § 5 Abs. 2 Satz 2 SchVG nichtig ist, geheilt werden kann, bietet BGHZ 202, 7 einige Anhaltspunkte. Zunächst ist zu konstatieren, dass das herangezogene Urteil des BGH nur den Nichtigkeitsgrund des § 5 Abs. 2 Satz 2 SchVG adressiert. Auf darüber hinausgehende, ungeschriebene Nichtigkeitsgründe geht der BGH nur rudimentär ein,[211] was zunächst darauf schließen lässt, dass die Ausführungen nur für den § 5 Abs. 2 Satz 2 SchVG gälten.[212] Es bedarf daher eines erhöhten Begründungsaufwandes, die Aussagen aus BGHZ 202, 7 auf einen aus einem anderen als in § 5 Abs. 2 Satz 2 SchVG normierten Nichtigkeitsgrund zu übertragen.

Der BGH legt den Wortlaut des § 5 Abs. 2 Satz 2 SchVG dahin gehend aus, »dass auch die beschlossene Änderung der Anleihebedingungen von vorneherein unwirksam ist und nicht, auch nicht bei formell ordnungsgemäßer Vollziehung, wirksam werden kann.«[213] In dem diesen direkt nachfolgenden Satz behauptet der BGH dann das Gegenteil, in dem er ausführt: »Ein Beschluss, der nicht angefochten ist, kann dagegen vollzogen werden, ist also nicht unwirksam und die beschlossenen Änderungen der Anleihebedingungen können durch die Vollziehung wirksam werden.«[214] Vordergründig scheint es so, als postuliere der BGH mit diesem Satz eine Heilungsmöglichkeit. Auf welche Beschlüsse der BGH sich mit diesem Satz bezieht und welche Beschlüsse somit nach seiner Ansicht – anders als gemäß § 5 Abs. 2 Satz 2 SchVG nichtige –

211 So z. B., ob die Nichtigkeitsgründe des § 241 AktG Anwendung fänden, siehe BGHZ 202, 7 Rn. 20 = ZIP 2014, 1876.

212 So im Ergebnis *Bliesener/Schneider* in LBS, BankR-Komm., 17. Kap., § 20 Rn. 28 ff.

213 BGHZ 202, 7 Rn. 21 = ZIP 2014, 1876.

214 BGHZ 202, 7 Rn. 21 = ZIP 2014, 1876. Diesen Satz wohl als Nukleus ihrer Interpretation des Urteils anführend *Bliesener/Schneider* in LBS, BankR-Komm., 17. Kap., § 20 Rn. 28.

durch den formellen Vollzug wirksam werden, ist nicht eindeutig. Da der BGH in dem hier examinierten Satz das Adverb »dagegen« verwendet, muss es sich dabei um einen anderen Beschluss als einen nach § 5 Abs. 2 Satz 2 SchVG nichtigen handeln, welcher in dem vorherigen Satz behandelt werden. Vor diesem Hintergrund kann der BGH sich nur auf entweder einen lediglich anfechtbaren Beschluss oder einen aus einem anderen Grund als § 5 Abs. 2 Satz 2 SchVG nichtigen Beschluss beziehen. Wenig überzeugend ist, dass der BGH an dieser Stelle anfechtbare Beschlüsse meint. Solche sind nämlich zu keinem Zeitpunkt unwirksam und bedürften daher auch keiner etwaigen Heilung durch ihren formellen Vollzug.[215] Eine Erwähnung, dass diese vollzogen werden können, wäre somit obsolet. Ferner hätte es dieses Satzes nicht bedurft, wenn sonstige – nicht gemäß § 5 Abs. 2 Satz 2 SchVG – nichtigen Beschlüssen ebenfalls keiner Heilungsmöglichkeit unterlägen. In Anbetracht dieser Tatsache kann der BGH mit dieser Aussage nur solche Beschlüsse adressiert haben, die aufgrund eines anderen als auf § 5 Abs. 2 Satz 2 SchVG fußenden Umstandes nichtig sind. Für eine solche Lesart spricht ferner, dass der BGH dem Gesetzgeber seinen Willen – die Unwirksamkeit eines Beschlusses unabhängig von seiner Anfechtung – ausdrücklich nur in Bezug auf § 5 Abs. 2 Satz 2 SchVG attestiert.[216] Damit ist nicht in Einklang zu bringen, dass der BGH in der Folge die Materialien zu § 5 SchVG heranzieht und ausführt, dass nach der Begründung des Regierungsentwurfs die Beschlüsse der Gläubiger verbindlich sind, soweit sie nicht nichtig oder erfolgreich mit der Anfechtungsklage angefochten worden sind.[217] Der hierbei herangezogene Passus der Materialien bezieht sich in diesem Punkt jedoch nicht auf gemäß § 5 Abs. 2 Satz 2 SchVG nichtige Beschlüsse, sondern vielmehr auf die Wirksamkeit von Beschlüssen in ihrer Allgemeinheit. Dafür spricht vor allem, dass die Materialien zunächst von der gemäß § 5 Abs. 2 Satz 1 SchVG bestehenden Verbindlichkeit eines Beschlusses für alle Gläubiger derselben Anleihe sprechen.[218] Diese Beschlüsse sind verbindlich, soweit sie nicht nichtig oder erfolgreich mit der Klage angefochten worden sind.[219] Erst nachdem dies in den Materialien expliziert worden ist, widmen diese sich einer Nichtigkeit gemäß § 5 Abs. 2 Satz 2 Hs. 1 SchVG.[220] Insofern spricht die Systematik der Gesetzesbegründung dafür, dass die dort adressierte Nichtigkeit eine solche gemäß § 5 Abs. 2 Satz 2 SchVG ist. Es ist zu konstatieren, dass diese Entscheidung des BGH für die Beantwortung der Frage der Heilungsmöglichkeit eines aus einem anderen Grund als § 5 Abs. 2 Satz 2 SchVG nichtigen Gläubigerbeschlusses Irritationen hervorruft. Die besseren Argumente sprechen jedoch dafür, dass bei einem aus einem anderen Grund als § 5 Abs. 2 Satz 2 SchVG nichtigen Gläubigerbeschluss eine Heilungsmöglichkeit durch

215 *Bliesener/Schneider* in LBS, BankR-Komm., 17. Kap., § 20 Rn. 26; *Kiem* in Hopt/Seibt, SchvR, § 20 Rn. 28.

216 »Es entspricht dem Willen des Gesetzgebers, dass ein nach § 5 Abs. 2 Satz 2 SchVG unwirksamer Beschluss nichtig ist [...]« BGHZ 202, 7 Rn. 21 = ZIP 2014, 1876.

217 BGHZ 202, 7 Rn. 21 = ZIP 2014, 1876.

218 Begr. RegE SchVG, BT-Drs. 16/12814, S. 18.

219 Begr. RegE SchVG, BT-Drs. 16/12814, S. 18.

220 Begr. RegE SchVG, BT-Drs. 16/12814, S. 18.

den Vollzug des Gläubigerbeschlusses besteht.[221] Unter Berücksichtigung der Materialien zu § 5 SchVG ist dies indes nur insoweit anzunehmen, als dem nichtigen Beschluss keine dem § 5 Abs. 2 Satz 2 SchVG vergleichbare Wirkung auf die Fungibilität der Teilschuldverschreibung zukommt.

(3) Praktische Erwägungen

Um das unter Berücksichtigung der Materialien zu § 5 SchVG und der Rechtsprechung gefundene Ergebnis zu untermauern, ist jenes auch in dem Lichte der praktischen Auswirkungen zu betrachten. In einem Fall, in dem der Gläubigerbeschluss an einem seine Nichtigkeit begründenden Fehler leidet und unangefochten vollzogen wird, würde bei nachfolgender Geltendmachung der Nichtigkeit der bis dahin getätigte Handel mit den Teilschuldverschreibungen mehr als nur unerheblich befleckt werden. Diese wären dann nämlich unter Berücksichtigung der scheinbar neuen Anleihebedingungen – in der Regel dann angepassten Nennwerten, Kupons oder Laufzeiten – gehandelt worden, obwohl die Teilschuldverschreibungen tatsächlich andere Rechte verbrieften und somit nicht den wahren Wert wiedergaben.[222] Streitigkeiten betreffend die Rückabwicklung getätigter Verkäufe wären prädeterminiert. Es ist daher mangels gesetzlicher Regelung mit dem unbefriedigenden Ergebnis zu leben, dass zulasten eines effektiven Rechtsschutzes und zugunsten der Funktionsfähigkeit des Kapitalmarktes eine eigentlich nichtige Änderung der Anleihebedingungen Bestandsschutz genießt, soweit der entsprechende Beschluss beanstandungslos vollzogen wurde.[223] Damit das gefundene Ergebnis kohärent bleibt, kann dies nur soweit gelten, wie dem beanstandete Mehrheitsbeschluss eine dem § 5 Abs. 2 Satz 2 SchVG vergleichbare Wirkung auf die Fungibilität der Teilschuldverschreibung zukommt.

3. Geltendmachung der Nichtigkeit

Dem SchVG mangelt es nicht nur an einem Nichtigkeitskatalog, sondern auch an einer gesetzlich normierten Nichtigkeitsklage. Um diesem Umstand in der Praxis zu begegnen, haben in der Literatur verschiedene Ansatzpunkte sich etabliert. Vertreten wird, die Nichtigkeit in dem Rahmen einer Nichtigkeitsklage analog § 249 AktG, als Gegenstand einer Anfechtungsklage nach § 20 Abs. 1 Satz 1 SchVG oder als Gegenstand einer allgemeinen Feststellungsklage gemäß § 256 Abs. 1 ZPO geltend zu machen.

221 So im Ergebnis auch *Bliesener/Schneider* in LBS, BankR-Komm., 17. Kap., § 20 Rn. 28; in diese Richtung auch *Mann/Wansleben*, BB 2017, 963 (966); ähnlich *Wagner*, DB 2016, 2953 (2954); a. A. *Maier-Reimer*, NJW 2010, 1317 (1317); wohl *Wilken/Schaumann/Zenker*, Anleihen, S. 104 Rn. 462.

222 So auch *Bliesener/Schneider* in LBS, BankR-Komm., 17. Kap., § 20 Rn. 34.

223 So im Ergebnis auch *Bliesener/Schneider* in LBS, BankR-Komm., 17. Kap., § 20 Rn. 34; a. A. *Birke* in Reinhard/Schall, SchVG, § 20 Rn. 19; wohl *Vogel* in Preuße/Vogel, SchVG, § 20 Rn. 16.

a) Analoge Anwendung des § 249 AktG

Teilweise wird die Auffassung vertreten, die Nichtigkeit eines schuldverschreibungsrechtlichen Gläubigerbeschlusses könne analog § 249 AktG mittels einer Nichtigkeitsklage geltend gemacht werden.[224] Voraussetzung für eine analoge Anwendung des § 249 AktG ist eine Regelungslücke im SchVG sowie eine vergleichbare Interessenlage hinsichtlich der Geltendmachung nichtiger Gläubigerbeschlüsse gemäß dem SchVG sowie nichtiger Hauptversammlungsbeschlüssen gemäß dem AktG.[225] Diese Voraussetzungen liegen indes nicht vor.[226]

(1) Regelungslücke

Für die Begründung einer analogen Anwendung des § 249 AktG bedürfte es zunächst einer Regelungslücke im SchVG.[227] Eine solche ist immer dann anzunehmen, wenn das Gesetz eine planwidrige Unvollständigkeit aufweist.[228] Das Fehlen einer spezialgesetzlichen Nichtigkeitsklage in dem Rechtsschutzsystem des SchVG vermag zwar eine Unvollständigkeit zu begründen. Es ist aber zu bezweifeln, dass diese in planwidriger Weise existiert. Die Planwidrigkeit setzt ihrerseits nämlich voraus, dass das unvollständige Gesetz einen Sachverhalt nicht regelt, den es gemessen an seiner eigenen Regelungsabsicht hätte regeln müssen.[229] Dabei sind insbesondere die bewusst getroffenen Entscheidungen des Gesetzgebers zu berücksichtigen.[230] Aus den Materialien zu dem SchVG lässt sich vielerorts entnehmen, dass die maßgebenden Normen des Schuldverschreibungsrechts generell und auch der schuldverschreibungsrechtliche Rechtsschutz *in concreto* an das Aktienrecht angelehnt sind,[231] was sich insbesondere durch die in § 20 Abs. 3 SchVG in Bezug genommenen aktienrechtlichen Vorschriften nachweisen lässt. Auch dem Gesetzgeber war es seinerzeit offenkundig, dass in dem Aktienrecht die Möglichkeit der Erhebung einer spezialgesetzlichen Nichtigkeitsklage explizit gegeben ist. Der Gesetzgeber des SchVG hat sich – davon zeugt insbesondere § 20 Abs. 3 Satz 4 Hs. 2 SchVG – sorgfältig mit der Anwendbarkeit des AktG auseinandergesetzt und dabei keine Notwendigkeit gesehen, die Anwendbarkeit sowohl der Nichtigkeitsgründe als auch der Nichtigkeitsklage des AktG in dem SchVG zu implementieren. Vor dem Hintergrund der differenzierten Integration von Vorschriften des AktG in das SchVG kann nicht davon ausgegangen werden, dass dabei die Normen betreffend die Nichtigkeit eines Gläubigerbeschlusses und deren Geltendmachung ver-

224 So *Maier-Reimer*, NJW 2010, 1317 (1319); wohl *Vogel* in Preuße/Vogel, SchVG, § 20 Rn. 21; *Vogel* in Baums, 2013, 39 (47).
225 Statt vieler *Möllers*, Methodenlehre, § 6 Rn. 94.
226 So im Ergebnis auch *Bliesener/Schneider* in LBS, BankR-Komm., 17. Kap., § 20 Rn. 21; *Borowski*, SchVG, § 20 Rn. 5; *Kiem* in Hopt/Seibt, SchvR, § 20 Rn. 44; unentschlossen *Birke* in Reinhard/Schall, SchVG, § 20 Rn. 16 ff.
227 *Möllers*, Methodenlehre, § 6 Rn. 94.
228 *Larenz*, Methodenlehre, S. 373 m. w. N.
229 *Larenz*, Methodenlehre, S. 374.
230 *Larenz*, Methodenlehre, S. 374.
231 Begr. RegE SchVG, BT-Drs. 16/12814, S. 25.

sehentlich unberücksichtigt geblieben sind.[232] Das Fehlen solcher Regelungen lässt einzig den Schluss zu, dass der Gesetzgeber bewusst von ihnen absah.[233] Ansonsten wäre auch § 20 SchVG obsolet, wenn bei Fehlen eines normierten Rechtsschutzes die Vorschriften der aktienrechtlichen Anfechtungsklage ohne Weiteres anwendbar wären. Die Unvollständigkeit des SchVG betreffend eine Nichtigkeitsklage ist daher schon nicht als planwidrig zu bewerten, sondern vielmehr als plangemäß.

(2) Keine vergleichbare Interessenlage

Selbst wenn das Konstruieren einer planwidrigen Regelungslücke gelänge, dürfte es wohl an einer vergleichbaren Interessenlage der beiden Sachverhalte mangeln. Die Feststellung einer vergleichbaren Interessenlage setzt voraus, dass die Geltendmachung der Nichtigkeit eines Gläubigerbeschlusses gemäß dem SchVG und eines nichtigen Hauptversammlungsbeschluss gemäß dem AktG gleich zu bewerten und deshalb gleich zu behandeln sind.[234] Das Schuldverschreibungsrecht ist lediglich Schuldrecht, wohingegen das Aktienrecht Verbandsrecht ist, bei dem Mitgliedschaftsrechte betroffen sind.[235] Zwar werden die aktienrechtlichen Regelungen betreffend die Nichtigkeit und ihre Geltendmachung auch auf den Rechtschutz im Genossenschaftsrecht und GmbH-Recht analog angewandt.[236] Diese sind ihrerseits aber ebenfalls Verbandsrecht, sodass diese anerkannte analoge Anwendung nicht als Begründung einer vergleichbaren Interessenlage in hiesigem Verhältnis herangezogen werden kann.

b) Anfechtungsklage gemäß § 20 Abs. 1 Satz 1 SchVG

Die Anfechtungsklage ist der einzige Rechtsbehelf, den das SchVG vorsieht. Gemäß § 20 Abs. 1 Satz 1 SchVG kann ein Beschluss der Gläubiger wegen Verletzung des Gesetzes oder der Anleihebedingungen durch Klage angefochten werden. Ein nichtiger Beschluss verstößt gleichzeitig auch immer gegen das Gesetz oder die Anleihebedingungen.[237] Die Geltendmachung der Nichtigkeit eines Beschlusses ist daher mittels einer Anfechtungsklage nach § 20 Abs. 1 Satz 1 SchVG möglich.[238]

232 So auch *Bliesener/Schneider* in LBS, BankR-Komm., 17. Kap., § 20 Rn. 21; *Kiem* in Hopt/Seibt, SchvR, § 20 Rn. 44.

233 So auch *Kiem* in Hopt/Seibt, SchvR, § 20 Rn. 44.

234 *Larenz*, Methodenlehre, S. 381; *Möllers*, Methodenlehre, § 6 Rn. 96 f.

235 Ähnlich auch *Kiem* in Hopt/Seibt, SchvR, § 20 Rn. 44; ausführlich *Schneider* in Baums, 2013, 1 (18 f.).

236 Siehe auch *Baums*, ZBB 2009, 1 (4); vor diesem Hintergrund die »analogieweise Entwicklung von Regeln in Anlehnung an die Nichtigkeitsklage nach § 249 AktG« für wünschenswert erachtend *Vogel* in Baums, 2013, 39 (47).

237 Siehe dazu BGHZ 152, 1 (4 ff.) = NJW 2002, 3465; *Birke* in Reinhard/Schall, SchVG, § 20 Rn. 14; siehe *Bliesener/Schneider* in LBS, BankR-Komm., 17. Kap., § 20 Rn. 16 f.; *Müller* in Heidel, AktR, § 20 SchVG Rn. 2.

238 So auch *Baums*, ZBB 2009, 1 (7); *Bliesener/Schneider* in LBS, BankR-Komm., 17. Kap., § 20 Rn. 15; *Kiem* in Hopt/Seibt, SchvR, § 20 Rn. 47; *Vogel* in Preuße/Vogel, SchVG, § 20 Rn. 22; wohl auch *Vogel* in Baums, 2013, 39 (47 f.); *Wilken/Schaumann/Zenker*, Anleihen, S. 104 Rn. 460; a. A. *Cagalj*, Restrukturierung von Anleihen, S. 332; *Maier-Reimer*, NJW 2010, 1317 (1319); offenlassend *Borowski*, SchVG, § 20 Rn. 5.

c) Allgemeine Feststellungsklage gemäß § 256 Abs. 1 ZPO

Zuletzt wird vermehrt vertreten, die Nichtigkeit eines Gläubigerbeschlusses könne in dem Rahmen einer allgemeinen Feststellungsklage gemäß § 256 Abs. 1 ZPO geltend gemacht werden.[239] Dies ist aus verschiedenen Gesichtspunkten abzulehnen.[240]

(1) Mangelndes Feststellungsinteresse

Zumindest diejenigen Befürworter der Anwendung der Feststellungsklage, die auch eine Geltendmachung der Beschlussnichtigkeit in dem Rahmen einer Anfechtungsklage nach § 20 Abs. 1 Satz 1 SchVG für möglich halten, lassen regelmäßig in ihren Überlegungen aus, dass der Kläger für die Zulässigkeit der allgemeinen Feststellungsklage ein rechtliches Interesse an der Feststellung des Nichtbestehens des Rechtsverhältnisses aufweisen muss, das sog. Feststellungsinteresse.[241] Das Vorliegen eines solchen Feststellungsinteresses ist immer dann zu bemängeln, wenn sonstige Rechtsbehelfe dem Kläger einen einfacheren und billigeren Weg eröffnen, um sein Ziel verfahrensrechtlich im Wesentlichen gleichwertig zu erreichen.[242] Die Möglichkeit der Geltendmachung der Nichtigkeit durch Erhebung einer Anfechtungsklage gemäß § 20 Abs. 1 Satz 1 SchVG gibt dem Kläger jedoch genau diesen einfacheren Weg, sein Ziel zu erreichen.

Darüber hinaus würde eine Feststellungsklage dem Kläger kein Mehr an Rechten gegenüber der schuldverschreibungsrechtlichen Anfechtungsklage verschaffen, sondern ein Weniger. Zunächst würde die erhobene Feststellungsklage keine Vollzugssperre auslösen. Mangels gesetzlicher Anordnung müsste ein Suspensiveffekt per einstweiligen Rechtsschutzes ersucht werden. Ferner würde die materielle Rechtskraft der stattgegebenen Feststellungsklage sich mit Blick auf § 325 Abs. 1 ZPO nur *inter partes* erstrecken.[243] Da das Feststellungsurteil auch keine Gestaltungswirkung *erga omnes* aufweist,[244] müsste jeder Teilschuldverschreibungsgläubiger auf Feststellung der Nichtigkeit klagen, was vor allem vor dem Hintergrund des allgemeingeltenden Grundsat-

239 So *Birke* in Reinhard/Schall, SchVG, § 20 Rn. 17; *Cagalj*, Restrukturierung von Anleihen, S. 332; *Friedl* in FK-SchVG, § 20 Rn. 101; *Kiem* in Hopt/Seibt, SchvR, § 20 Rn. 45; *Maier-Reimer*, NJW 2010, 1317 (1319); *Vogel* in Baums, 2013, 39 (47); wohl *Vogel* in Preuße/Vogel, SchVG, § 20 Rn. 21.

240 So auch *Bliesener/Schneider* in LBS, BankR-Komm., 17. Kap., § 20 Rn. 24; wohl *Kessler*, BB 2014, 2576 (2576); wohl auch *Matjuschkin*, Bondholder Governance, S. 247; *Müller* in Heidel, AktR, § 20 SchVG Rn. 2; mit Verweisung auf ein unveröffentlichtes Urteil des LG Frankfurt *Schneider* in Baums, 2013, S. 3 f.; *Wilken/Schaumann/Zenker*, Anleihen, S. 104 Rn. 459; a. A. *Friedl*, BKR 2014, 514 (515); *Friedl* in FK-SchVG, § 20 Rn. 101; *Kiem* in Hopt/Seibt, SchvR, § 20 Rn. 45; *Vogel* in Baums, 2013, 39 (47); *Vogel* in Preuße/Vogel, SchVG, § 20 Rn. 21; offenlassend *Borowski*, SchVG, § 20 Rn. 5.

241 Statt vieler *Foerste* in Musielak/Voit, ZPO, § 256 Rn. 7.

242 Siehe BGHZ 109, 275 (280) = NJW 1990, 834; *Becker-Eberhard* in MüKoZPO, § 256 Rn. 62; *Saenger* in Saenger, ZPO, § 256 ZPO Rn. 16.

243 *Bliesener/Schneider* in LBS, BankR-Komm., 17. Kap., § 20 Rn. 24; diesen Umstand hier als »[...] misslich, aber angesichts der geltenden Gesetzeslage hinzunehmen[...]« bezeichnend *Friedl*, BKR 2014, 514 (515).

244 Siehe OLG Hamm, BeckRS 2008, 12848.

zes der Prozessökonomie nicht gewollt sein kann. Eine erhobene allgemeine Feststellungsklage ist daher regelmäßig schon aus diesem Grunde als unzulässig abzuweisen.

(2) Unvereinbarkeit mit Integrität des Kapitalmarktes

Zumindest dann, wenn eine Heilung der Nichtigkeit eines Gläubigerbeschlusses *de lege lata* nicht möglich sein sollte, darf eine allgemeine Feststellungsklage auch aus kapitalmarktrechtlichen Gründen nicht statthaft sein.[245] Zunächst ging mit der Statthaftigkeit der allgemeinen Feststellungsklage nach § 256 Abs. 1 ZPO eine Imponderabilität bei der Restrukturierung der Anleihe einher, deren Abhilfe unmöglich wäre. Eine Klagefrist ist – anders als der Anfechtungsklage gemäß § 20 Abs. 3 Satz 1 SchVG – der allgemeinen Feststellungsklage nämlich fremd. Die einzige Grenze der Zulässigkeit der allgemeinen Feststellungsklage ist daher die Verwirkung,[246] deren Nachweis dem Beklagten obliegt. Das Risiko einer Feststellungsklage schwebte dann wie ein Damoklesschwert über der Restrukturierung der Anleihe. Diese Konsequenz ist nicht nur »überaus misslich«[247], sondern tunlichst zu vermeiden. Zwar erwirkt der Kläger mit der Erhebung der Feststellungsklage keine Vollzugssperre gegen den Beschluss, eine Rechtsunsicherheit betreffend den Beschluss verbleibt aber. Bei Rechtsunsicherheiten hinsichtlich des Beschlusses, auf dessen Grundlage die Anleihebedingungen geändert werden sollen, kann die Erhebung der Feststellungsklage in dem äußersten Falle dazu führen, dass wegen einer Rückabwicklung der Änderung der Anleihebedingungen eine Zahlungsunfähigkeit oder Überschuldung i. S. d. §§ 17, 19 InsO eintritt und der Emittent zu der Stellung eines Insolvenzantrags verpflichtet ist.[248] Ferner dürfte für den Versammlungs- oder Abstimmungsleiters unklar sein, ob dieser überhaupt jemals i. S. d. § 21 Abs. 1 Satz 3 SchVG versichern kann, dass der Beschluss vollzogen werden darf, wenn eine Feststellungsklage perpetuell zulässig wäre. Zwar ist zu konzedieren, dass auch die aktienrechtliche Nichtigkeitsklage nach § 249 Abs. 1 AktG keine Klagefrist vorsieht. Verglichen mit der Bedeutung der schleunigen Umsetzung von für die Restrukturierung des Emittenten essenziellen Gläubigerbeschlüssen in schuldverschreibungsrechtlichen Sachverhalten kommt der Umsetzung aktienrechtlicher Hauptversammlungsbeschlüsse aber nicht immer dieselbe Bedeutung zu.[249]

Ferner würde die Integrität des Kapitalmarktes, welcher auf die Irreversibilität von den Preis beeinflussenden Maßnahmen angewiesen ist, sehenden Auges torpediert. Der erfolgreichen Geltendmachung der Nichtigkeit eines Gläubigerbeschlusses im Wege einer Feststellungsklage nach Vollziehung der Änderung der Anleihebedingun-

245 Vor diesem Hintergrund wird deutlich, dass der Problemkreis der Nichtigkeit eines Gläubigerbeschlusses gemäß dem SchVG *de lege lata* primär auf der Ebene der Nichtigkeitsgründe zu adressieren ist.

246 Siehe BGH, NJW 1999, 3113 (3114).

247 *Kiem* in Hopt/Seibt, SchvR, § 20 Rn. 43.

248 *Baums*, ZHR 177 (2013), 807 (816); ähnlich *Bliesener/Schneider* LBS, BankR-Komm., 17. Kap., § 20 Rn. 108.

249 Die unterschiedlichen Auswirkungen für Schuldner und Gläubiger benennend *Bliesener/Schneider* in LBS, BankR-Komm., 17. Kap., § 20 Rn. 84. Ferner tritt in aktienrechtlichen Sachverhalten die Möglichkeit der Heilung der Nichtigkeit hinzu, was in schuldverschreibungsrechtlichen Sachverhalten hingegen partiell verneint wird.

gen folgten viele Unklarheiten rund um die Ansprüche der Parteien des Wertpapier-Kaufvertrags. Die Voraussetzungen des § 119 Abs. 2 BGB lägen zwar vor,[250] eine Anfechtung liefe wegen der Anonymität auf dem Kapitalmarkt mangels Kenntnis des richtigen Adressaten der Anfechtungserklärung aber ins Leere. Zur Umgehung dieser denkbaren Folge müsste der Emittent vielmehr regelmäßig vor der Vollziehung des Beschlusses eine negative Feststellungsklage erheben, in der er die Feststellung begehrt, dass der zu vollziehende Beschluss nicht nichtig ist. Ein solches Vorgehen verursacht allerdings eine nicht mit der Ratio des SchVG in Einklang zu bringende Verzögerung der Vollziehung des Beschlusses und kann deshalb nicht gewollt sein. Um einen funktionierenden Kapitalmarkt zu garantieren, kann die Nichtigkeit eines Gläubigerbeschlusses nicht mehr geltend gemacht werden, sobald ein solcher durch die Vollziehung geheilt worden ist und die Teilschuldverschreibungen zu den geänderten Anleihebedingungen gehandelt werden.

d) Außerprozessuale Geltendmachung der Nichtigkeit

In das Aktienrecht blickend fällt auf, dass die Nichtigkeit eines Beschlusses gemäß § 249 Abs. 1 Satz 2 AktG auch auf andere Weise als durch Erhebung einer Klage geltend gemacht werden kann. Die Wirkungen der Nichtigkeit treten in aktienrechtlichen Sachverhalten *ipso iure* ein. Gleichwohl bleibt die Möglichkeit der Erhebung der spezialgesetzlichen Nichtigkeitsklage nach § 249 AktG eröffnet.[251] In Anbetracht dieser Tatsache stellt die Frage der Geltendmachung der Nichtigkeit auf andere Weise als durch eine Klage sich auch für die Nichtigkeit von Gläubigerbeschlüssen nach dem SchVG. Diese Frage ist vor allem mit Blick auf solche Konstellationen von immenser Bedeutung, in denen sich ohne vorherige Geltendmachung der Nichtigkeit eines Gläubigerbeschlusses auf ebendiese berufen werden soll, nachdem die Anfechtungsfrist aus § 20 Abs. 3 Satz 1 SchVG abgelaufen ist und der Gläubigerbeschluss nicht (erfolgreich) angefochten worden ist. Folgender Sachverhalt verdeutlicht das Problem: Die Teilschuldverschreibungsgläubiger stimmen mit der notwendigen Mehrheit für eine Prolongation der Hauptforderung. Eine Anfechtungsklage mit dem Ziel der Feststellung der Nichtigkeit des Beschlusses wird nicht erhoben. Die Änderung der Anleihebedingungen wird vollzogen. In der Folge fordert ein Teilschuldverschreibungsgläubiger die Rückzahlung des Nennwerts zu dem ursprünglichen Fälligkeitstermin. Dieser Forderung hält der Emittent dann den Beschluss betreffend die Prolongation entgegen. Nunmehr erwidert der fordernde Teilschuldverschreibungsgläubiger, dass der der Änderung der Anleihebedingungen zugrunde liegende Beschluss nichtig ist[252] und die ursprünglich niedergeschriebenen Anleihebedingungen gölten. Die Antwort ist vergleichbar einfach. Wenn der in Rede stehende Gläubigerbeschluss nichtig ist und nicht geheilt wurde,[253] ist dieser Gläubigerbeschluss *ipso iure* nichtig und auch auf jede andere Weise dem Emittenten entgegenzuhalten. Sollte hingegen durch den Vollzug des Beschlusses eine Heilung eingetreten sein, kann eine Nichtigkeit auch

250 Siehe *Ekkenga* in MüKoHGB, Teil 2 P Rn. 222; zu der Differenzierung von Mistrade-Klauseln und Anfechtung siehe *Armbrüster* in MüKoBGB, § 119 Rn. 22.

251 Statt vieler *Schäfer* in MüKoAktG, § 241 Rn. 17.

252 Die einredeweise Geltendmachung erwähnend *Kiem* in Hopt/Seibt, SchvR, § 20 Rn. 41.

253 Zu Einzelheiten vorstehend Kap. I § 2 F. V. 2.

außerprozessual nicht entgegengehalten werden, was der Auswirkung des § 242 Abs. 1 AktG entspricht.[254] Entscheidend für die außerprozessuale Geltendmachung ist daher – dies gilt allerdings auch für eine erhobene Anfechtungsklage in dem ein nichtiger Beschluss angegriffen werden soll –, ob die Nichtigkeit geheilt worden ist.

VI. Rechtsmissbrauch

Das aus dem Aktienrecht bekannte Phänomen der »räuberischen Aktionäre«[255] hat sich gemäß den Warnungen der geplanten Einführung des aktienrechtlichen Rechtsschutzes in schuldverschreibungsrechtlichen Sachverhalten auch in letzteren realisiert, nunmehr als räuberische Anleihegläubiger.[256] Die Auswirkungen einer schuldverschreibungsrechtlichen Anfechtungsklage dürften den Emittenten jedoch um ein Vielfaches mehr belasten als dies für die betroffene AG bei der Anfechtung eines Hauptversammlungsbeschlusses gilt.[257] Sanierungsbeschlüsse müssen schleunigst vollzogen werden, um das Gelingen der Gesundung des Emittenten zu gewährleisten. Dieser in Sanierungssituationen bestehende Druck bereitet für räuberische Anleihegläubiger einen noch nährbareren Boden.[258] Soweit ersichtlich ist, besteht in der Literatur obergerichtlich bestätigter Konsens,[259] dass es einem Teilschuldverschreibungsgläubiger an der Anfechtungsbefugnis mangelt, wenn seine Anfechtungsklage allein darauf gerichtet ist, »die verklagte Gesellschaft in grob eigennütziger Weise zu einer Leistung zu veranlassen, auf die er keinen Anspruch hat und billigerweise auch nicht erheben kann, wobei er sich im Allgemeinen von der Vorstellung leiten lassen wird, die verklagte Gesellschaft werde die Leistung erbringen, weil sie hoffe, dass der Eintritt anfechtungsbedingter Nachteile und Schäden dadurch vermieden oder zumindest gering gehalten wird«[260]. Zunächst wird dem räuberischen Teilschuldverschreibungsgläubiger dadurch also die Missbrauchsmöglichkeit entzogen. Wie der Fall Ekotechnika[261] zeigt, liegt das Missbrauchspotential jedoch nicht in der Anfechtungsbefugnis als solcher, sondern vielmehr in der durch Erhebung der Anfechtungsklage eintretenden Vollzugssperre zulasten des Emittenten. In dem Fall Ekotechnika entschied das OLG Karlsruhe, dass es dem klagenden Teilschuldverschreibungsgläubiger »unzweifelhaft«[262] an der Anfechtungsbefugnis mangelte. Dennoch musste dies in einem Freigabeverfahren festgestellt werden, wobei diese Entscheidung erst rund fünf Monate nach der beanstandeten Beschlussfassung ergehen konnte. Mit jedem vergangenen Tag, in dem der Sanie-

254 »Die Nichtigkeit [...] nicht mehr geltend gemacht werden [...].«
255 Prägend für diesen Begriff *Lutter*, JZ 2000, 837.
256 So *Bliesener/Schneider* in LBS, BankR-Komm., 17. Kap., § 20 Rn. 108; *Kiem* in Hopt/Seibt, SchvR, § 20 Rn. 15; zu »Berufsklägern« *Paulus*, BB 2012, 1556 (1557 f.); *Schneider* in Baums, 2013, 1 (19).
257 So auch *Moser*, Opponierende Anleihegläubiger, S. 263.
258 *Paulus*, BB 2012, 1556 (1557); *Schneider* in Baums, 2013, 1 (19).
259 *Birke* in Reinhard/Schall, SchVG, § 20 Rn. 37; *Kiem* in Hopt/Seibt, SchvR, § 20 Rn. 125; *Vogel* in Preuße/Vogel, SchVG, § 20 Rn. 59.
260 OLG Karlsruhe, ZIP 2015, 2116 (2122) m. w. N.
261 OLG Karlsruhe, ZIP 2015, 2116.
262 OLG Karlsruhe, 2116 (2122).

rungsbeschluss nicht vollzogen werden kann, wird die Existenz des Emittenten weiter gefährdet und die Schlinge der Insolvenzantragspflichten enger gezogen.[263] Das Konstrukt, den Klägern die Anfechtungsbefugnis abzusprechen, führt nicht zu dem gewünschten Erfolg.

VII. Ausblick de lege ferenda

Eine Restrukturierung mit dem Ziel, den Emittenten nachhaltig zu gesunden, kann unter Berücksichtigung der Insolvenzantragspflicht des Emittenten nur gelingen, wenn dieser sich zunächst rechtzeitig mit dem Thema der Restrukturierung der Anleihe befasst hat und die auserkorenen Restrukturierungsmaßnahmen zügig umgesetzt werden können. Sollten für die Restrukturierung der Anleihe essenzielle Gläubigerbeschlüsse nicht vollzogen werden können, würde dadurch unmittelbar die Existenz des Emittenten gefährdet. Schon bei nüchterner Betrachtung der vielen Unklarheiten in dem Dunstkreis des schuldverschreibungsrechtlichen Rechtsschutzes fällt – unabhängig davon, wie diese im Ergebnis zu beantworten sein mögen – auf, dass dieser Quelle für potentielle Verzögerungen der Restrukturierung ist. Auch der Umstand, dass die aktienrechtlichen Regelungen großflächig auf das Schuldverschreibungsrecht übertragen wurden, ohne die divergierenden Interessen und Rechte von Aktionären beziehungsweise Teilschuldverschreibungsgläubigern auf der einen und die von Aktiengesellschaften beziehungsweise Emittenten auf der anderen Seite ausreichend zu berücksichtigen und in die Gestaltung mit einzubeziehen, verschärft diese Probleme. Dies ist insbesondere an dem der Erhebung der schuldverschreibungsrechtlichen Anfechtungsklage zukommendem Suspensiveffekt sowie der Kassationswirkung eines stattgebenden Urteils über die Anfechtungsklage ersichtlich. Insofern ist eine Reform des schuldverschreibungsrechtlichen Rechtsschutzes zweckmäßig, welcher sowohl die Nichtigkeit eines Gläubigerbeschlusses und dessen Geltendmachung adressiert als auch einen monetären Ersatzanspruch statt einer Anfechtungsklage mit Kassationswirkung statuiert.

1. Reformvorschlag *Arbeitskreis Reform des Schuldverschreibungsrechts*

Einen auf einen monetären Ersatzanspruch der Teilschuldverschreibungsgläubiger fokussierten Reformvorschlag hat bereits der *Arbeitskreis Reform des Schuldverschreibungsrechts* in dem Jahr 2014 veröffentlicht.[264] Dieser Entwurf sublimiert bereits das Kernproblem des Rechtsschutzes des SchVG *de lege lata*, indem er zunächst den Problemkreis der Nichtigkeit normiert, die Kassationswirkung der Anfechtungsklage aufhebt und stattdessen einen Wertersatzanspruch statuiert. Deshalb soll der Entwurf des *Arbeitskreis Reform des Schuldverschreibungsrechts* als Grundlage für

263 Für den angeführten Fall Ekotechnika ist hingegen zu konzedieren, dass die Eröffnung des Insolvenzverfahrens bereits beantragt war. Ähnlich *Baums*, ZHR 177 (2013), 807 (816); in diese Richtung gehend ebenfalls *Moser*, Opponierende Anleihegläubiger, S. 267.

264 *Arbeitskreis Reform des Schuldverschreibungsrechts*, ZIP 2014, 845 (848).

die vorgeschlagene Reform des Rechtsschutzes des SchVG dienen. Der Entwurf des *Arbeitskreis Reform des Schuldverschreibungsrechts* lautet:

§ 20 SchVG-AKE: Beschlussmängel

(1) Ein Beschluss der Gläubiger ist nur nichtig, wenn er

1. in einer Gläubigerversammlung gefasst worden ist, zu der nicht unter Nennung von Ort und Zeit durch Bekanntmachung im Bundesanzeiger einberufen war,
2. nicht nach § 16 Absatz 3 Satz 1 oder Satz 2, § 18 Absatz 6 Satz 3 beurkundet ist,
3. nicht einstimmig gefasst worden ist und die Anleihebedingungen nicht vorsehen, dass die Gläubiger einen Mehrheitsbeschluss fassen können,
4. außer in Fällen des § 5 Absatz 3 Nr. 5 für die Gläubiger eine Verpflichtung zur Leistung begründet,
5. nicht gleiche Bedingungen für alle Gläubiger vorsieht, es sei denn, die benachteiligten Gläubiger haben ihrer Benachteiligung ausdrücklich zugestimmt,
6. durch seinen Inhalt gegen die guten Sitten verstößt.

(2) [1]Zur Erhebung der Klage auf Feststellung der Nichtigkeit eines Beschlusses der Gläubiger ist jeder Gläubiger befugt. [2]Es ist ausgeschlossen, die Nichtigkeit auf andere Weise als durch Erhebung der Klage geltend zu machen.

(3) [1]Die Klage ist binnen eines Monats nach der Bekanntmachung des Beschlusses zu erheben. [2]Sie ist gegen den Schuldner zu richten. [3]Zuständig für die Klage ist ausschließlich das Landgericht, das in den Anleihebedingungen als ausschließlicher Gerichtsstand bestimmt ist. [4]Ist eine solche Bestimmung nicht erfolgt, ist bei einem Schuldner mit Sitz im Inland ausschließlich das Landgericht zuständig, in dessen Bezirk der Schuldner seinen Sitz hat, oder mangels eines Sitzes im Inland das Landgericht Frankfurt am Main. [5]§ 246 Absatz 3 Satz 2 bis 6 des Aktiengesetzes gilt entsprechend; § 247 AktG gilt mit der Maßgabe entsprechend, dass in § 247 Absatz 1 Satz 2 AktG der Verweis auf das Grundkapital entfällt. [6]Soweit der Beschluss durch rechtskräftiges Urteil für nichtig erklärt ist, wirkt das Urteil für und gegen alle Gläubiger sowie den Schuldner; eine Klage nach Absatz 4 ist insoweit nicht zulässig. [7]Der Schuldner hat das Urteil öffentlich bekannt zu machen; § 17 gilt entsprechend. [8]Eine einstweilige Verfügung, die darauf gerichtet ist, die Vollziehung des Beschlusses vor einer rechtskräftigen Entscheidung zu untersagen, ist nur zulässig, wenn der Antragsteller in seinem Antrag glaubhaft macht, dass er seit Bekanntmachung der Einberufung Schuldverschreibungen im Nennwert von mindestens 1.000 Euro hält.

(4) [1]Sofern ein Beschluss der Gläubiger das Gesetz oder die Anleihebedingungen verletzt, ist der Schuldner

1. jedem Gläubiger, der an der Abstimmung teilgenommen und gegen den Beschluss fristgerecht Widerspruch erklärt hat, sofern er die Schuldverschreibung vor Bekanntmachung der Einberufung der Gläubigerversammlung oder vor der Aufforderung zur Stimmabgabe in einer Abstimmung ohne Versammlung erworben hatte,
2. jedem Gläubiger, der an der Abstimmung nicht teilgenommen hat, wenn er zur Abstimmung zu Unrecht nicht zugelassen worden ist oder wenn die Versammlung nicht ordnungsgemäß einberufen oder zur Stimmabgabe nicht ordnungsgemäß aufgefordert worden ist oder wenn ein Gegenstand der Beschlussfassung nicht ordnungsgemäß bekannt gemacht worden ist,

zum Ersatz der durch die Vollziehung des Beschlusses eingetretenen Wertminderung der Schuldverschreibung verpflichtet. [2]Wegen unrichtiger, unvollständiger oder verweigerter Erteilung von Informationen besteht ein Ersatzanspruch nur, wenn ein objektiv urteilender Gläubiger die Erteilung der Information als wesentliche Voraussetzung für sein Abstimmungsverhalten angesehen hätte. [3]Ein Ersatzanspruch kann nicht auf die durch eine technische Störung verursachte Verletzung von Rechten, die nach § 18 auf elektronischem Wege wahrgenommen worden sind, gestützt werden, es sei denn, dem Schuldner ist grobe Fahrlässigkeit oder Vorsatz vorzuwerfen. [4]Der Ersatzanspruch ist durch Klage geltend zu machen; die Anfechtung des Beschlusses sowie Ansprüche auf Wiederherstellung des ursprünglichen Zustands sind ausgeschlossen. [5]Absatz 3 Satz 1 bis 4 gilt entsprechend. [6]Ersatz- und Nichtigkeitsprozesse können verbunden werden.

(5) [1]Der Schuldner hat die Erhebung der zuerst zugestellten Klage nach Absatz 4 und den Termin zur mündlichen Verhandlung unverzüglich im Bundesanzeiger öffentlich bekannt zu machen. [2]Ein Gläubiger, der gemäß Absatz 1 zur Klage befugt ist, kann sich als Nebenintervenient nur innerhalb eines Monats nach der Bekanntmachung an der zuerst zugestellten Klage beteiligen.

(6) [1]Gibt das Gericht erstmals einer Klage nach Absatz 4 statt, stellt es die Ersatzpflicht des Schuldners und den Betrag fest, der als Ersatz bezogen auf den Nennbetrag der kleinsten Stückelung oder des kleinsten rechnerischen Anteils der Schuldverschreibung zu zahlen ist. [2]Die Entscheidung wirkt für und gegen alle Gläubiger; sie lässt den Bestand des Beschlusses unberührt. [3]Der Schuldner, dessen Ersatzpflicht festgestellt ist, schuldet den ausgleichsberechtigten Gläubigern Ersatz, der auf der Grundlage des vom Gericht festgestellten Betrages zu berechnen ist. [4]Ausgleichsberechtigt ist nur, wer gemäß Absatz 4 zur Klage befugt ist.

§ 21 SchVG-AKE: Vollziehung von Beschlüssen[265]

(1) [1]Beschlüsse der Gläubigerversammlung, durch welche der Inhalt der Anleihebedingungen abgeändert oder ergänzt wird, sind in der Weise zu vollziehen, dass die maßgebliche Sammelurkunde ergänzt oder geändert wird. [2]Im Fall der Verwahrung der Sammelkurkunde durch eine Wertpapiersammelbank hat der Versammlungs- oder Abstimmungsleiter dazu den in der Niederschrift dokumentierten Beschlussinhalt an die Wertpapiersammelbank zu übermitteln mit dem Ersuchen, die eingereichten Dokumente den vorhandenen Dokumenten in geeigneter Form beizufügen. [3]Er hat gegenüber der Wertpapiersammelbank zu versichern, dass der Beschluss vollzogen werden darf. [4]Mit der Beifügung wird die Änderung der Anleihebedingungen nach Maßgabe der beigefügten Beschlüsse wirksam. [5]Der Schuldner hat die Beifügung sowie das Datum der Beifügung unter Hinweis auf Ort und Datum der Veröffentlichung des entsprechenden Beschlussinhalts unverzüglich entsprechend § 17 den Gläubigern bekannt zu machen.

(2) [1]Bei einer elektronisch begebenen Schuldverschreibung sind Beschlüsse der Gläubigerversammlung, durch die der Inhalt der Anleihebedingungen abgeändert oder ergänzt wird, in der Weise zu vollziehen, dass die bei der registerführenden Stelle zugänglichen Anleihebedingungen, auf die die Eintragung im Wertpapierregister Bezug nimmt, ergänzt oder geändert werden. [2]Tag und Uhrzeit der Änderung oder Ergänzung sind anzugeben. [3]Der Versammlungs- oder Abstimmungsleiter hat dazu den in der Niederschrift dokumentierten Beschlussinhalt an die registerführende Stelle zu übermitteln mit dem Ersuchen, die eingereichten Dokumente den vorhandenen Dokumenten in geeigneter Form beizufügen. [4]Er hat gegenüber der registerführenden Stelle zu versichern, dass der Beschluss vollzogen werden darf.

(3) Ist durch eine rechtskräftige oder vollstreckbare Entscheidung des Gerichts die Vollziehung des Beschlusses für unzulässig erklärt, darf die Vollziehung nicht gegen den Widerspruch desjenigen erfolgen, welcher die Entscheidung erwirkt hat.

(4) Der gemeinsame Vertreter darf von der ihm durch Beschluss erteilten Vollmacht oder Ermächtigung keinen Gebrauch machen, solange der zugrunde liegende Beschluss noch nicht vollzogen werden darf.

265 § 21 Abs. 3 SchVG war bei Veröffentlichung des Entwurfs noch nicht in Kraft getreten. Insoweit wird der Entwurf unter Berücksichtigung der zwischenzeitlichen Änderungen dargestellt.

2. Evaluation der §§ 20, 21 SchVG-AKE

Zunächst ist zu konstatieren, dass der Entwurf von § 20 SchVG-AKE unübersichtlich ist, da er die Nichtigkeit und den Wertersatz in einer gemeinsamen Norm mit sechs, überaus langen Absätzen adressiert. Die durch den *Arbeitskreis Reform des Schuldverschreibungsrechts* normierten Nichtigkeitsgründe überzeugen.[266] Ferner ist plausibel, dass die Geltendmachung der Nichtigkeitsgründe zeitlich beschränkt ist. Allerdings darf nicht verkannt werden, dass auch in dem Rahmen der Nichtigkeitsklage gemäß § 20 Abs. 2 Satz 6 SchVG-AKE der Beschluss unwirksam wird. Zwar entspringt diese Rechtsfolge bereits dem Wesen der Nichtigkeit. Unter Berücksichtigung der in dem Anleiheschuldverhältnis bestehenden Interessen sind Fälle, in denen eine Kassation nicht dem Interesse der Parteien entspricht, aber nicht von vornherein auszuschließen. Betreffend die nicht nichtigen, sondern lediglich rechtswidrigen Beschlüsse der Gläubiger, ist der vorgeschlagenen Reform zu einem rein finanziellen Ausgleich in Höhe der eingetretenen Wertminderung dem Grunde nach beizupflichten. Allerdings ist zu konstatieren, dass der Entwurf eine Kollektivierung des Ersatzanspruchs vorsieht, durch den auch Gläubiger entschädigt werden, die ihrerseits nicht gegen den Beschluss vorgehen und trotz Widerspruchs gegen den Beschluss ihr Einverständnis mit den kommerziellen Rahmenbedingungen des Beschlusses bekunden, wenn sie diesen nicht gerichtlich angreifen. Entsprechend steht der *de lege lata* existierende Ersatzanspruch gemäß § 20 Abs. 3 Satz 4 SchVG i. V. m. § 246 Abs. 4 Satz 1 AktG nur dem klagenden Teilschuldverschreibungsgläubiger zu und wird nicht kollektiviert.[267] Schließlich unterlässt der *Arbeitskreis Reform des Schuldverschreibungsrechts*, den § 21 SchVG-AKE an die veränderten Gegebenheiten anzupassen. Die in § 21 Abs. 1 Satz 3 SchVG-AKE normierte Versicherung durch den Versammlungs- oder Abstimmungsleiter ist ein Relikt der Vollzugssperre und deshalb ersatzlos zu streichen. Ein isoliertes Telos kann diesem nicht mehr beigemessen werden. Vielmehr dürfte § 21 Abs. 1 Satz 3 SchVG-AKE dazu führen, dass eine Vollzugssperre für den Zeitraum der Klagefrist aus § 20 Abs. 3 Satz 1 SchVG-AKE angenommen wird. Dies kann nicht gewollt sein. Vor dem Hintergrund der Abkehr von der Vollzugssperre ist auch § 21 Abs. 4 SchVG-AKE zu streichen. Schließlich scheint die Umsiedlung der Regelung betreffend eine einstweilige Verfügung gemäß § 20 Abs. 3 Satz 8 SchVG-E in die Regelungen betreffend den Vollzug von Beschlüssen kohärent, da eine einstweilige Verfügung nicht exklusiv auf Sachverhalte begrenzt ist, die nichtige Beschlüsse beinhalten. Vielmehr soll durch eine einstweilige Verfügung die Möglichkeit der Erwirkung eines Suspensiveffekts gegeben sein.[268] Vor diesem Hintergrund ergeben sich verschiedene Ansatzpunkte für eine Optimierung des schuldverschreibungsrechtlichen Rechtsschutzes *de lege ferenda.*

266 In dem Zuge der Normierung der Nichtigkeitsgründe ist ebenfalls eine Streichung des § 5 Abs. 1 Satz 3, Abs. 2 Satz 2 SchVG angezeigt, um eine Dopplung zu vermeiden.

267 Siehe vorstehend Kap. I § 2 F. IV. 1.

268 Siehe dazu auch § 66 Abs. 4 StaRUG.

3. Vorschlag zur Modifikation des Entwurfs des *Arbeitskreis Reform des Schuldverschreibungsrechts*

a) Nichtigkeit eines Gläubigerbeschlusses

Der Übersichtlichkeit halber ist zunächst eine gesetzliche Differenzierung von Nichtigkeit und Ersatzanspruch zweckmäßig. Darüber hinaus ist eine auf § 66 Abs. 5 StaRUG beruhende Möglichkeit der sofortigen Abweisung der Nichtigkeitsklage zweckmäßig.[269] Dem Gericht wird dadurch die Möglichkeit gegeben, eine Nichtigkeitsklage sofort abzuweisen, wenn trotz eines Nichtigkeitsgrunds ein Ausgleich in Geld angemessen, aber auch ausreichend erscheint.[270] Vor dem Hintergrund der Wirkung der Nichtigkeit gegenüber allen Teilschuldverschreibungsgläubigern ist dieser zu gewährende Ersatzanspruch gegenüber allen Gläubigern zu leisten. Schließlich ist darauf hinzuweisen, dass eine zu leistende Ausgleichszahlung bei sofortiger Fälligkeit die nahezu identischen Liquiditätsschwierigkeiten bei dem Emittenten hervorrufen würde, die bereits vor der Restrukturierung bestanden. Vor diesem Hintergrund sollte eine Stundungsregelung entsprechend § 225a Abs. 5 Satz 2, 3 InsO implementiert werden.[271] Anders als in § 225a Abs. 5 Satz 2, 3 InsO sollte jedoch eine Stundung für die Laufzeit und mit Verzinsung entsprechend den ursprünglichen Anleihebedingungen normiert werden. Dies entspricht der Rechtsposition, die dem Kläger rechtswidrig entzogen wurde. Zwar resultiert daraus bei begründeter Nichtigkeitsklage eine nahezu kongruente Rechtslage wie vor der Restrukturierung, sodass zunächst kein Mehrwert geschaffen wird. Aber auf diesem Wege kann insbesondere bei missbräuchlichen Klagen schnell Rechtssicherheit geschaffen werden. Ferner sind Emittenten nicht dazu verpflichtet, einen solchen Antrag zu stellen. Vielmehr berücksichtigt ein so ausgestalteter Rechtsschutz die Interessen der Beteiligten in angemessener Weise. Ein Vorschlag, der all dies umsetzt, könnte lauten:[272]

§ 20 SchVG-E: Nichtigkeitsgründe, Nichtigkeitsklage

(1) Ein Beschluss der Gläubiger ist nur nichtig, wenn er

1. in einer Gläubigerversammlung gefasst worden ist, zu der nicht unter Nennung von Ort und Zeit durch Bekanntmachung im Bundesanzeiger einberufen war,
2. nicht nach § 16 Absatz 3 Satz 1 oder Satz 2, § 18 Absatz 6 Satz 3 beurkundet ist,
3. nicht einstimmig gefasst worden ist und die Anleihebedingungen nicht vorsehen, dass die Gläubiger einen Mehrheitsbeschluss fassen können,

269 Zu Einzelheiten nachstehend Kap. II § 5 F. II 4. b). Insoweit ist zu konstatieren, dass das SchVG in wirtschaftlicher Hinsicht durch die Insolvenznähe geprägt ist und in Anbetracht dieser Tatsache der Rechtsschutz eher an das StaRUG, denn an das AktG angelehnt sein sollte.

270 Im Ergebnis folgt daraus, dass, sobald eine quantifizierbare Wertminderung der Teilschuldverschreibung eintritt, eine Ausgleichszahlung geleistet werden kann.

271 Dies für einen Rechtsschutz fordernd, der nicht die Nichtigkeit eines Gläubigerbeschlusses betrifft *Matjuschkin*, Bondholder Governance, S. 284. Siehe dazu auch § 225a Abs. 5 Satz 2, 3 InsO.

272 Die von dem *Verfasser* für notwendig erachteten Änderungen gegenüber dem Entwurf des *Arbeitskreis Reform des Schuldverschreibungsrechts* sind hervorgehoben.

4. außer in Fällen des § 5 Absatz 3 Nr. 5 für die Gläubiger eine Verpflichtung zur Leistung begründet,
5. nicht gleiche Bedingungen für alle Gläubiger vorsieht, es sei denn, die benachteiligten Gläubiger haben ihrer Benachteiligung ausdrücklich zugestimmt,
6. durch seinen Inhalt gegen die guten Sitten verstößt.

(2) [1]Zur Erhebung der Klage auf Feststellung der Nichtigkeit eines Beschlusses der Gläubiger ist jeder Gläubiger befugt. [2]Es ist ausgeschlossen, die Nichtigkeit auf andere Weise als durch Erhebung der Klage geltend zu machen.

(3) [1]Die Klage ist binnen eines Monats nach der Bekanntmachung des Beschlusses zu erheben. [2]Sie ist gegen den Schuldner zu richten. [3]Zuständig für die Klage ist ausschließlich das Landgericht, das in den Anleihebedingungen als ausschließlicher Gerichtsstand bestimmt ist. [4]Ist eine solche Bestimmung nicht erfolgt, ist bei einem Schuldner mit Sitz im Inland ausschließlich das Landgericht zuständig, in dessen Bezirk der Schuldner seinen Sitz hat, oder mangels eines Sitzes im Inland das Landgericht Frankfurt am Main. [5]§ 246 Absatz 3 Satz 2 bis 6 des Aktiengesetzes gilt entsprechend; § 247 AktG gilt mit der Maßgabe entsprechend, dass in § 247 Absatz 1 Satz 2 AktG der Verweis auf das Grundkapital entfällt. [6]Soweit der Beschluss durch rechtskräftiges Urteil für nichtig erklärt ist, wirkt das Urteil für und gegen alle Gläubiger sowie den Schuldner; eine Klage nach § 20a Absatz 1 ist insoweit nicht zulässig. [7]Der Schuldner hat das Urteil öffentlich bekannt zu machen; § 17 gilt entsprechend. ~~[8]Eine einstweilige Verfügung, die darauf gerichtet ist, die Vollziehung des Beschlusses vor einer rechtskräftigen Entscheidung zu untersagen, ist nur zulässig, wenn der Antragsteller in seinem Antrag glaubhaft macht, dass er seit Bekanntmachung der Einberufung Schuldverschreibungen im Nennwert von mindestens 1.000 Euro hält.~~

(4) [1]Wird gegen einen Beschluss Nichtigkeitsklage erhoben, kann das Gericht auf Antrag des Schuldners durch Beschluss feststellen, dass die Erhebung der Klage dem Vollzug des Beschlusses nicht entgegensteht, wenn die Nachteile einer Aufhebung des Beschlusses für den Schuldner die Nachteile der Gläubiger überwiegen; ein Abhilfeverfahren findet nicht statt. [2]Satz 1 gilt nicht, wenn der Beschluss mit schwerwiegenden, insbesondere nicht rückgängig zu machenden Nachteilen für den Beschwerdeführer oder die Verkehrsfähigkeit der Schuldverschreibung einhergeht, die außer Verhältnis zu den Vorteilen der Vollziehung stehen. [3]Erweist die Klage sich als begründet, ist der Schuldner allen Gläubigern zum Ersatz der durch die Vollziehung des Beschlusses eingetretenen Wertminderung der Schuldverschreibung verpflichtet. [4]Durch die Feststellung gemäß Satz 1 wird eine Nichtigkeit geheilt; die Anfechtung des Beschlusses sowie Ansprüche auf Wiederherstellung des ursprünglichen Zustands sind ausgeschlossen. [5]Die Auszahlung des Ersatzanspruchs gemäß Satz 3 kann zur Vermeidung einer unangemessenen Belastung des Schuldners bis zu der vor dem Beschluss im Sinne des Absatz 1 Satz 1 bestehenden Fälligkeit der Schuldverschreibung gestundet werden; gestundete Ersatzzahlungen sind entsprechend den vor dem Beschluss im Sinne des Absatz 1 Satz 1 geltenden Anleihebedingungen zu verzinsen.

b) Ersatzanspruch der Teilschuldverschreibungsgläubiger

Die Reform hin zu einem reinen finanziellen Ausgleich in Höhe der eingetretenen Wertminderung ist dem Grunde nach zu befürworten. Zunächst sollte § 20 Abs. 2 Nr. 1 SchVG unter Berücksichtigung des § 66 Abs. 2 Nr. 1, 2 StaRUG dahin gehend konkretisiert werden, dass nicht nur ein Widerspruch, sondern auch eine ablehnende Stimmabgabe gegen den beanstandeten Beschluss für die Klagebefugnis notwendig ist. Ferner sollte dem Umstand Rechnung getragen werden, dass mehrerer Klagen unabhängig voneinander anhängig gemacht werden können. Damit die Kläger zeitlich später anhängig gewordener Klagen nicht als Nebenintervenient beitreten müssen, widersprechende Entscheidungen dennoch zu vermeiden sind,[273] sollten die jeweiligen Klagen in Anlehnung an § 246 Abs. 3 Satz 6 AktG zur gleichzeitigen Verhandlung verbunden und entschieden werden. Weiter sollte ein Wertersatzanspruch *de lege ferenda* nur solchen Gläubigern zustehen, die eine entsprechende Klage gegen den Schuldner erhoben haben oder als Nebenintervenient beteiligt sind. Desinteressierten Gläubigern, die trotz Klagebefugnis augenscheinlich mit der Änderung der Anleihebedingungen einverstanden sind, sollten nicht zum Trittbrettfahren animiert werden, zumal die Anforderungen an eine Nebenintervention nicht hoch sind. Schließlich ist auch in dem Zusammenhang mit diesem Ersatzanspruch darauf hinzuweisen, dass nicht auszuschließen ist, dass eine demgemäß zu leistende Ausgleichszahlung den Erfolg der Restrukturierung bei sofortiger Fälligkeit des Anspruchs gefährden kann, insbesondere, wenn viele Ausgleichsberechtigte existieren.[274] Vor diesem Hintergrund sollte auch dieser Ersatzanspruch einer Stundungsregelung zugänglich sein. Für diese gilt das Ausgeführte entsprechend.[275] Ein Vorschlag, der all dies berücksichtigt, könnte lauten:[276]

§ 20a SchVG-E: Ersatzanspruch

(1) [1]Sofern ein Beschluss der Gläubiger das Gesetz oder die Anleihebedingungen verletzt, ist der Schuldner

1. jedem Gläubiger, der an der Abstimmung teilgenommen, gegen den Beschluss gestimmt und gegen den Beschluss fristgerecht Widerspruch erklärt hat, sofern er die Schuldverschreibung vor Bekanntmachung der Einberufung der Gläubigerversammlung oder vor der Aufforderung zur Stimmabgabe in einer Abstimmung ohne Versammlung erworben hatte,
2. jedem Gläubiger, der an der Abstimmung nicht teilgenommen hat, wenn er zur Abstimmung zu Unrecht nicht zugelassen worden ist oder wenn die Versammlung nicht ordnungsgemäß einberufen oder zur Stimmabgabe nicht ordnungsgemäß aufgefordert worden ist oder wenn ein Gegenstand der Beschlussfassung nicht ordnungsgemäß bekannt gemacht worden ist,

zum Ersatz der durch die Vollziehung des Beschlusses eingetretenen Wertminderung der Schuldverschreibung verpflichtet. [2]Wegen unrichtiger, unvollständiger oder verweigerter Erteilung von Informationen besteht ein Ersatzanspruch nur, wenn ein objektiv urteilender Gläubiger die Erteilung der Information als wesentliche Voraussetzung für sein Abstimmungsverhalten angesehen hätte. [3]Ein Ersatzanspruch kann nicht auf die durch eine technische Störung verursachte Verletzung von Rechten, die nach § 18 auf elektronischem Wege wahrgenommen worden sind, gestützt werden, es sei denn, dem Schuldner ist grobe Fahrlässigkeit oder Vorsatz vorzuwerfen. [4]Der Ersatzanspruch ist durch Klage geltend zu machen; die Anfechtung des Beschlusses sowie Ansprüche auf Wiederherstellung des ursprünglichen Zustands sind ausgeschlossen. [5]§ 20 Absatz 3 Satz 1 bis 4 gilt entsprechend. [6]Ersatz- und Nichtigkeitsprozesse können verbunden werden.

273 Siehe statt vieler *Koch*, AktG, § 246 Rn. 39.
274 So *Matjuschkin*, Bondholder Governance, S. 284. Siehe dazu auch § 225a Abs. 5 Satz 2, 3 InsO.
275 Zu Einzelheiten Kap. I § 2 F. VII. 3. a).
276 Die für notwendig erachteten Änderungen gegenüber dem Entwurf des *Arbeitskreis Reform des Schuldverschreibungsrechts* sind durch Hervorhebungen kenntlich gemacht.

(2) [1]Der Schuldner hat die Erhebung der zuerst zugestellten Klage nach Absatz 4 und den Termin zur mündlichen Verhandlung unverzüglich im Bundesanzeiger öffentlich bekannt zu machen. [2]Ein Gläubiger, der gemäß Absatz 1 zur Klage befugt ist, kann sich als Nebenintervenient nur innerhalb eines Monats nach der Bekanntmachung an der zuerst zugestellten Klage beteiligen; die Bekanntmachung gemäß Satz 1 hat den Hinweis auf die Möglichkeit der Beteiligung als Nebenintervenient zu beinhalten. [3]Mehrere Ersatzanspruchsprozesse, insbesondere solche, hinsichtlich Klagen weiterer Ausgleichsberechtigter, die der Klage gemäß Satz 1 zeitlich nachgehen, sind zur gleichzeitigen Verhandlung und Entscheidung zu verbinden.

(3) [1]Gibt das Gericht erstmals einer Klage nach Absatz 1 statt, stellt es die Ersatzpflicht des Schuldners und den Betrag fest, der als Ersatz bezogen auf den Nennbetrag der kleinsten Stückelung oder des kleinsten rechnerischen Anteils der Schuldverschreibung zu zahlen ist. [2]Die Entscheidung wirkt nur für die Parteien und Nebenintervenienten; sie lässt den Bestand des Beschlusses unberührt. [3]Der Schuldner, dessen Ersatzpflicht festgestellt ist, schuldet den ausgleichsberechtigten Gläubigern Ersatz, der auf der Grundlage des vom Gericht festgestellten Betrages zu berechnen ist; § 20 Absatz 4 Satz 5 gilt entsprechend. [4]Ausgleichsberechtigt ist nur, wer gemäß Absatz 1 zur Klage befugt ist und eine Ersatzklage erhoben hat oder sich als Nebenintervenient an der Klage beteiligt hat.

c) Vollziehung von Beschlüssen

In dem Rahmen des § 21 SchVG-E sollten die die Vollzugssperre betreffenden Bestimmungen eliminiert werden. Ferner sollte die sofortigen Vollziehbarkeit von Gläubigerbeschlüssen und die Möglichkeit eines einstweiligen Rechtsschutzes gegen diese sofortige Vollziehbarkeit normiert werden. Ein Vorschlag, der dies umsetzt, könnte lauten:[277]

§ 21 SchVG-E: Vollziehung von Beschlüssen

(1) [1]Beschlüsse der Gläubigerversammlung, durch welche der Inhalt der Anleihebedingungen abgeändert oder ergänzt wird, sind in der Weise zu vollziehen, dass die maßgebliche Sammelurkunde ergänzt oder geändert wird. [2]Im Fall der Verwahrung der Sammelkurkunde durch eine Wertpapiersammelbank hat der Versammlungs- oder Abstimmungsleiter dazu den in der Niederschrift dokumentierten Beschlussinhalt an die Wertpapiersammelbank zu übermitteln mit dem Ersuchen, die eingereichten Dokumente den vorhandenen Dokumenten in geeigneter Form beizufügen. ~~[3]Er hat gegenüber der Wertpapiersammelbank zu versichern, dass der Beschluss vollzogen werden darf.~~ [3]Mit der Beifügung wird die Änderung der Anleihebedingungen nach Maßgabe der beigefügten Beschlüsse wirksam. [4]Der Schuldner hat die Beifügung sowie das Datum der Beifügung unter Hinweis auf Ort und Datum der Veröffentlichung des entsprechenden Beschlussinhalts unverzüglich entsprechend § 17 den Gläubigern bekannt zu machen.

(2) [1]Bei einer elektronisch begebenen Schuldverschreibung sind Beschlüsse der Gläubigerversammlung, durch die der Inhalt der Anleihebedingungen abgeändert oder ergänzt wird, in der Weise zu vollziehen, dass die bei der registerführenden Stelle zugänglichen Anleihebedingungen, auf die die Eintragung im Wertpapierregister Bezug nimmt, ergänzt oder geändert werden. [2]Tag und Uhrzeit der Änderung oder Ergänzung sind anzugeben. [3]Der Versammlungs- oder Abstimmungsleiter hat dazu den in der Niederschrift dokumentierten Beschlussinhalt an die registerführende Stelle zu übermitteln mit dem Ersuchen, die eingereichten Dokumente den vorhan-

277 Die für notwendig erachteten Änderungen gegenüber dem Entwurf des *Arbeitskreis Reform des Schuldverschreibungsrechts* sind durch Hervorhebungen kenntlich gemacht.

denen Dokumenten in geeigneter Form beizufügen. [4]~~Er hat gegenüber der registerführenden Stelle zu versichern, dass der Beschluss vollzogen werden darf.~~

(3) [1]Eine einstweilige Verfügung, die darauf gerichtet ist, die Vollziehung des Beschlusses vor einer rechtskräftigen Entscheidung zu untersagen, ist nur zulässig, wenn der Antragsteller in seinem Antrag glaubhaft macht, dass er seit Bekanntmachung der Einberufung Schuldverschreibungen im Nennwert von mindestens 1.000 Euro hält. [2]Ist durch eine rechtskräftige oder vollstreckbare Entscheidung des Gerichts die Vollziehung des Beschlusses für unzulässig erklärt, darf die Vollziehung nicht gegen den Widerspruch desjenigen erfolgen, welcher die Entscheidung erwirkt hat.

(4) Der gemeinsame Vertreter darf von der ihm durch Beschluss erteilten Vollmacht oder Ermächtigung keinen Gebrauch machen, ~~solange~~ wenn der zugrunde liegende Beschluss ~~noch~~ gemäß Absatz 3 nicht vollzogen werden darf.

§ 3 Ergebnisse

1. Das SchVG weist mehrere Schwächen auf. Insbesondere das notwendige Quorum gemäß § 15 Abs. 3 Satz 1 SchVG sowie der impraktikable Rechtsschutz gemäß § 20 SchVG weisen das Potential auf, eine effektive Restrukturierung zu hemmen. Dieser Umstand ist umso misslicher, da das Insolvenzverfahren zu diesem Zeitpunkt noch vermieden werden kann. Verzögerungen müssen daher auf das Mindeste beschränkt werden.

2. *De lege lata* behindert das in § 15 Abs. 3 Satz 1 SchVG vorausgesetzte Quorum i. H. v. 50 % der ausstehenden Schuldverschreibungen für die erste Gläubigerversammlung eine effektive Restrukturierung in nicht gerechtfertigter Weise. Praktisch kommen die Gläubigerbeschlüsse nahezu ausschließlich in der zweiten Gläubigerversammlung gemäß § 15 Abs. 3 Satz 3 SchVG zustande. In Anbetracht dieser Tatsache reicht es *de lege ferenda aus*, das Quorum der zweiten Gläubigerversammlung i. H. v. 25 % gemäß § 15 Abs. 3 Satz 3 Hs. 2 SchVG für die erste Gläubigerversammlung als maßgeblich zu normieren.

3. *De lege lata* berücksichtigt der schuldverschreibungsrechtliche Rechtsschutz die vorherrschenden Interessen der Stakeholder nicht angemessen. Hinsichtlich eines Fremdkapitalinstruments ist ein Rechtsschutz, der einen Suspensiveffekt aufweist und primär auf Kassation ausgerichtet ist, der Restrukturierungssituation nicht angemessen.

4. Betreffend Gläubigerbeschlüsse sind in § 5 Abs. 1 Satz 3 SchVG sowie in § 5 Abs. 2 Satz 2 Hs. 2 SchVG ausdrückliche Nichtigkeitsgründe normiert. *De lege lata* kann die Nichtigkeit eines Beschlusses der Teilschuldverschreibungsgläubiger nur dann wegen eines anderen, ungeschriebenen Nichtigkeitsgrundes angenommen werden, wenn der entsprechende Beschluss den geschriebenen Nichtigkeitsgründen vergleichbare Auswirkungen aufweist. Dies ist dann zu bejahen, wenn die Fungibilität der Anleihe beeinträchtigt oder den Teilschuldverschreibungsgläubigern eine Leistungspflicht auferlegt wird.

5. *De lege lata* ist ein nichtiger Gläubigerbeschluss *ipso iure* nichtig und bedarf zu seiner Geltendmachung keiner Anfechtungsklage. Die Nichtigkeit gemäß § 5 Abs. 2 Satz 2 SchVG kann nicht geheilt werden. Wird ein aus einem anderen Grund als § 5 Abs. 2 Satz 2 SchVG nichtiger Beschluss vollzogen, werden die Mängel geheilt und eine Geltendmachung der Nichtigkeit kommt nicht mehr in Betracht.

6. *De lege lata* kann die Nichtigkeit eines Gläubigerbeschlusses mittels der Anfechtungsklage gemäß § 20 SchVG geltend gemacht werden. Eine allgemeine Feststellungsklage gemäß § 256 Abs. 1 ZPO ist unzulässig. Darüber hinaus kann die Nichtigkeit, soweit diese nicht geheilt ist, auch auf andere Weise geltend gemacht werden.

7. *De lege ferenda* sollte der schuldverschreibungsrechtliche Rechtsschutz weniger an das AktG und mehr an das StaRUG angelehnt sein. Es bedarf weder eines Suspensiveffekts noch einer Kassationswirkung. Ausreichend – aber auch erforderlich – ist ein monetärer Ersatzanspruch für einen eingetretenen Wertverlust der Teilschuldver-

schreibung. Dieser Anspruch sollte nicht kollektiviert werden, sondern nur Teilschuldverschreibungsgläubigern zustehen, die gerichtlich gegen den Beschluss vorgehen.

8. *De lege ferenda* sollte das SchVG normierte Nichtigkeitsgründe sowie eine Nichtigkeitsklage vorsehen. Auf Antrag des Schuldners sollte in bestimmten Fällen die Möglichkeit gegeben sein, die Nichtigkeitsklage unverzüglich zu verwerfen und trotz Begründetheit der Nichtigkeitsklage einen monetären Ausgleichsanspruch ausreichen zu lassen.

Kapitel II Die Restrukturierung von Anleihen in einem präventiven Restrukturierungsrahmen

Neben das SchVG trat mit Wirkung vom 1. Januar 2021[278] ein weiteres Instrument für die außerinsolvenzliche Restrukturierung von Anleihen. Mit der Umsetzung der Restrukturierungs-RL durch das StaRUG implementierte der nationale Gesetzgeber die Möglichkeit einer präventiven und vorinsolvenzlichen Sanierung in das nationale Recht. Vor diesem Hintergrund wird zunächst auf die Restrukturierungs-RL eingegangen. Sodann wird die Anleiherestrukturierung unter Nutzung des StaRUG *de lege lata* in chronologischer Folge examiniert. Dabei treten viele Fragen auf, die zunächst die abstrakte Nutzung des StaRUG als Restrukturierungswerkzeug betreffen. Darüber hinaus bestehen auch Unklarheiten, die aus der konkreten Einbeziehung einer emittierten Anleihe in ein Restrukturierungskonzept gemäß dem StaRUG resultieren.

§ 4 Einführung in die Restrukturierungs-RL

Mit der Restrukturierungs-RL wurde den Mitgliedstaaten aufgetragen, eine zusätzliche, europaweit harmonisierte Möglichkeit für die Sanierung von Unternehmen zu schaffen. Solche Bestrebungen hin zu einer Harmonisierung des europäischen Sanierungs- und Insolvenzrechts und vorinsolvenzlicher Sanierung ließen sich in dem Vorfeld der Richtlinie seit geraumer Zeit bemerken.[279] Die Restrukturierungs-RL aus dem Jahr 2019 beruht auf einer Mitteilung der Kommission aus dem Jahr 2012,[280] einer entsprechenden Empfehlung aus dem Jahr 2014,[281] woraus im Jahr 2016 der erste Richtlinienentwurf der Kommission[282] entstand.[283]

278 Siehe Art. 25 Abs. 1 SanInsFoG, BGBl. I 2020, S. 3256 (3298).

279 *Flöther* in FS Kayser, 2019, 214 (217); *Flöther/Eckelt* in Flöther, SanR, Kap. E Rn. 2; *Seibt/von Treuenfeld*, DB 2019, 1190.

280 Mitteilung der Kommission an das EU-Parlament, den Rat und den Europäischen Wirtschafts- und Sozialausschuss vom 12.12.2012, COM (2012) 742 final.

281 Empfehlung der Kommission vom 12.3.2014 für einen neuen Ansatz im Umgang mit unternehmerischem Scheitern und Unternehmensinsolvenzen, Abl. (EU) L 74/65 v. 14.3.2014.

282 Vorschlag für eine Richtlinie des EU-Parlaments und des Rates über präventive Restrukturierungsmaßnahmen, die zweite Chance und Maßnahmen zur Steigerung der Effizienz von Restrukturierungs-, Insolvenz- und Entschuldungsverfahren und zur Änderung der der RL 2012/30/EU v. 22.11.2016, COM (2016) 723 final.

283 Ausführlich dazu *Flöther* in FS Kayser, 2019, 215 (217); *Graf-Schlicker* in Flöther, SanR, Kap. A Rn. 3 f.; *Seibt/von Treuenfeld*, DB 2019, 1190.

A. Beweggründe für die Restrukturierungs-RL

Grund für die Einführung einer europaweit harmonisierten vorinsolvenzlichen Restrukturierungsmöglichkeit war der Umstand, dass das Insolvenzrecht und die damit verknüpften Rechtsgebiete der Mitgliedstaaten bisweilen divergierende Regelungen aufgewiesen haben.[284] Daraus resultierten Hindernisse für den grenzüberschreitenden Kapitalfluss innerhalb der Union.[285] Mit Blick auf die in einigen Mitgliedstaaten bestehenden Sanierungs- und Insolvenzrechtsregime wurde das Investieren in diesen Staaten als zu unattraktiv empfunden, sodass letztlich von einer entsprechenden Investition oder Eingehung einer Geschäftsbeziehung abgesehen wurde.[286] Als weiteres Motiv für das Initiieren einer präventiven Restrukturierungsmöglichkeit führt die Restrukturierungs-RL an, den Verlust von Arbeitsplätzen bei bestandsfähigen Unternehmen minimieren zu wollen.[287] Darüber hinaus fehlt es in vielen Mitgliedstaaten an der Möglichkeit einer zielorientierten und frühzeitigen, dem Insolvenzverfahren vorgelagerten Sanierungsmöglichkeit. Ferner soll die einem Insolvenzverfahren inhärente Stigmatisierung des betroffenen Unternehmens weitestgehend vermieden werden.[288]

B. Aufbau und Inhalt

Die Restrukturierungs-RL besteht aus drei Teilen. Titel I erschöpft sich dabei in allgemeinen Bestimmungen betreffend die Restrukturierungs-RL. Titel II beinhaltet das Kernstück der umzusetzenden Richtlinie,[289] nämlich den präventiven Restrukturierungsrahmen. Titel III trifft Regelungen zu der Entschuldung und Tätigkeitsverboten im Nachgang des Insolvenzverfahrens.

I. Allgemeine Bestimmungen gemäß Art. 1 ff. Restrukturierungs-RL

Die allgemeinen Bestimmungen aus Titel I legen den Anwendungsbereich der Restrukturierungs-RL fest, statuieren Legaldefinitionen und schreiben ein – unabhängig von einem präventiven Restrukturierungsrahmen – Frühwarnsystem für Unternehmen vor. Von besonderer Bedeutung ist dabei die Legaldefinition der Restrukturierung in Art. 2 Abs. 1 Nr. 1 Restrukturierungs-RL, die determiniert, welche konkreten Maßnahmen in dem präventiven Restrukturierungsrahmen durchgeführt werden können.

284 ErwG 4 Restrukturierungs-RL; *Graf-Schlicker* in Flöther, SanR, Kap. A Rn. 2.
285 *Flöther/Eckelt* in Flöther, SanR, Kap. E Rn. 6; *Kayser* in FS Pannen, 2017, 273 (275).
286 ErwG 6, 7 Restrukturierungs-RL.
287 ErwG 16 Restrukturierungs-RL.
288 Siehe ErwG 72 Restrukturierungs-RL; darauf ebenfalls hinweisend *Flöther/Eckelt* in Flöther, SanR, Kap. E Rn. 5.
289 *Dahl/Linnenbrink*, NJW-Spezial 2020, 21; *Seibt/von Treuenfeld*, DB 2019, 1190; *Thole* in Brünkmans/Thole, HB InsPl, § 30 Rn. 1.

II. Präventive Restrukturierungsrahmen gemäß Art. 4 ff. Restrukturierungs-RL

Die Regelungen zu dem präventiven Restrukturierungsrahmen sind in Titel II der Restrukturierungs-RL niedergeschrieben. Der Zugang zu einem präventiven Restrukturierungsrahmen soll den Unternehmen gemäß Art. 4 Abs. 1 Restrukturierungs-RL bei »Wahrscheinlichkeit der Insolvenz« offenstehen, damit sie sich schon frühzeitig sanieren können, ein Insolvenzverfahren verhindert und das Unternehmen fortgeführt werden kann.[290] Dabei soll dem Schuldner gemäß Art. 5 Abs. 1 Restrukturierungs-RL grundsätzlich eigenverantwortlich und ohne beaufsichtigenden Sachwalter die Restrukturierung möglich sein.[291] Unter bestimmten Umständen ist gemäß Art. 5 Abs. 2, 3 Restrukturierungs-RL jedoch die Bestellung eines obligatorischen und fakultativen Restrukturierungsbeauftragten vorgesehen. Die konkreten Aufgaben des Restrukturierungsbeauftragten ergeben sich dabei aus Art. 2 Abs. 1 Nr. 12 lit. a–g Restrukturierungs-RL.[292] Gemäß Art. 5 Abs. 1, Art. 2 Abs. 1 Nr. 12 lit. c Restrukturierungs-RL ist eine vollständige Übernahme der Kontrolle des Unternehmens durch den Restrukturierungsbeauftragten während der Restrukturierung allerdings ausgeschlossen.[293]

Bei der Terminologie in den Art. 4 ff. Restrukturierungs-RL ist zwischen dem präventiven Restrukturierungsrahmen als solchem und einem Sanierungsinstrument, insbesondere dem Restrukturierungsplan, zu unterscheiden. Über letzteren hinaus enthält der präventive Restrukturierungsrahmen weitere Sanierungsinstrumente; der Restrukturierungsplan, der in den Art. 8–16 Restrukturierungs-RL geregelt ist, verkörpert jedoch das primäre Sanierungsinstrument.[294] Für den Restrukturierungsplan bestimmt Art. 8 Abs. 1 Restrukturierungs-RL, welche Mindestangaben ein solcher aufzuweisen hat. Für die materielle Restrukturierung von besonderer Bedeutung sind die in Art. 8 Abs. 1 lit. g Restrukturierungs-RL erwähnten Bedingungen des Restrukturierungsplans, wobei insbesondere die Restrukturierungsmaßnahmen i. S. d. Art. 2 Abs. 1 Nr. 1 Restrukturierungs-RL hervorzuheben sind.[295] Darüber hinaus schreibt die Restrukturierungs-RL vor, unter welchen Voraussetzungen der Restrukturierungsplan angenommen ist und wie die Gläubiger sich gegen einen Restrukturierungsplan wehren können. Der Restrukturierungsplan stellt ein »hartes Sanierungsinstrument«[296] dar, welches auch die ablehnenden Gläubiger an die Mehrheitsentscheidung bindet. Vor diesem Hintergrund ist eine Nähe des Restrukturierungsplans zu dem Insolvenzplan aus §§ 217 ff. InsO deutlich erkennbar.[297]

290 *Flöther/Eckelt* in Flöther, SanR, Kap. E Rn. 3.
291 *Madaus* in Flöther, SanR, Kap. E Rn. 13.
292 *Madaus* in Flöther, SanR, Kap. E Rn. 13.
293 *Madaus* in Flöther, SanR, Kap. E Rn. 13; *Thole*, ZIP 2017, 101 (104).
294 *Deppenkemper*, ZIP 2020, 595 (599); *Graf-Schlicker* in Flöther, SanR, Kap. A Rn. 9; *Madaus* in Flöther, SanR, Kap. F Rn. 162; *Müller*, ZIP 2020, 2253 (2255); *Thole* in Brünkmans/Thole, HB InsPl, § 30 Rn. 1.
295 *Thole* in Brünkmans/Thole, HB InsPl, § 30 Rn. 3.
296 *Thole* in Brünkmans/Thole, HB InsPl, § 30 Rn. 2.
297 So auch *Deppenkemper*, ZIP 2020, 595 (599); *Graf-Schlicker* in Flöther, SanR, Kap. A Rn. 9; *Müller*, ZIP 2020, 2253 (2255); *Thole* in Brünkmans/Thole, HB InsPl, § 30 Rn. 2.

III. Entschuldung und Tätigkeitsverbote gemäß Art. 20 ff. Restrukturierungs-RL

Titel III der Restrukturierungs-RL beinhaltet in den Art. 20 ff. Restrukturierungs-RL Vorgaben für die Entschuldung und Tätigkeitsverbote von Insolvenzschuldnern. Diese Regelungen betreffen hauptsächlich den Zeitraum nach der Eröffnung des Insolvenzverfahrens, weshalb diese keine besondere Relevanz für diese Arbeit aufweisen.

§ 5 Anleiherestrukturierung unter dem StaRUG

Durch die Implementierung eines präventiven Restrukturierungsrahmens in das nationale Recht tritt dieser präventive Restrukturierungsrahmen mit Blick auf die Restrukturierung von Anleihen in Konkurrenz mit dem SchVG. Nachdem bereits die Restrukturierung einer Anleihe gemäß dem SchVG und die dabei existierenden Kalamitäten erörtert wurden, ist nunmehr das StaRUG dahin gehend zu examinieren, ob dieses *de lege lata* dazu geeignet ist, die nach dem SchVG bestehenden Kalamitäten zu umgehen und das SchVG *in praxi* sogar zu verdrängen.

A. Einbeziehungsmöglichkeit der Forderungen aus dem Anleiheschuldverhältnis

Das StaRUG ist nicht als anleihespezifisches Restrukturierungsinstrument konzipiert. Vor diesem Hintergrund ist zunächst kurz darzustellen, inwieweit eine emittierte Anleihe in den präventiven Restrukturierungsrahmen einbezogen werden kann.

I. Einbeziehung von Schuldverschreibungen in einen Restrukturierungsplan nach dem StaRUG

In einem Restrukturierungsplan können Schuldverschreibungen vollumfänglich modifiziert werden. Gemäß § 2 Abs. 1 Nr. 1 StaRUG können zunächst – unter Berücksichtigung des § 4 StaRUG – alle Forderungen, die gegen eine restrukturierungsfähige Person[298] begründet sind, gestaltet werden. Mangels Subsumierbarkeit des Anleiheschuldverhältnisses unter die Tatbestände des § 4 StaRUG unterliegen die Forderungen aus dem Anleiheschuldverhältnis der Gestaltung durch einen Restrukturierungsplan.[299] Allerdings umfasst § 2 Abs. 1 Nr. 1 StaRUG nur die Forderungen aus dem Anleiheschuldverhältnis, also den Anspruch der Teilschuldverschreibungsgläubiger auf Zahlung des vereinbarten Betrages sowie den Anspruch auf Zahlung etwaiger vereinbarter Zinsen. Darüber hinaus können gemäß § 2 Abs. 2 Satz 1 StaRUG auch Einzelbestimmungen aus einem mehrseitigen Rechtsverhältnis in den Restrukturierungsplan einbezogen werden, wobei § 2 Abs. 2 Satz 2 StaRUG den Geltungsbereich von § 2 Abs. 2 Satz 1 StaRUG auch auf Schuldtitel gemäß § 2 Abs. 1 Nr. 3 WpHG erstreckt und damit insbesondere auf Finanzmärkten handelbare Inhaberschuldverschrei-

298 Von der Restrukturierungsfähigkeit gemäß § 30 StaRUG ist für die folgenden Ausführungen auszugehen.

299 So im Ergebnis *Esser* in Braun, StaRUG, § 2 Rn. 2; so auch *Riedemann* in PRS, StaRUG, § 2 Rn. 7.

bungen umfasst.[300] Dadurch ist es nicht nur möglich, Einzelbestimmungen, die sich auf die Forderung als solche beziehen, zu gestalten, sondern vielmehr auch *financial covenants*.[301] Daher können die Anleihebedingungen in Gänze durch einen Restrukturierungsplan modifiziert werden.

II. Aggregation mehrerer Anleihen

Grundsätzlich können alle emittieren Anleihen eines Schuldners in einem Restrukturierungsplan gestaltet werden.[302] Die Modalitäten der Abstimmung über den Restrukturierungsplan und die Wirkung einer Planbestätigung gemäß § 67 Abs. 1 Satz 2 StaRUG, führen sodann zu einer Aggregation der emittierten Anleihen. Die Planbetroffenen stimmen gemeinsam über die Annahme des Restrukturierungsplans ab.[303] Insbesondere in den Fällen, in denen die Teilschuldverschreibungsgläubiger einer Anleihe restrukturierungsunwillig sind, können diesen die ihnen allokierten Restrukturierungsbeiträge durch die Zustimmung von ebenfalls in den Restrukturierungsplan einbezogenen Teilschuldverschreibungsgläubigern einer anderen Anleihe oktroyiert werden.[304]

III. Einbeziehung internationaler Anleihen

Weiterhin gängige Praxis auch deutscher Emittenten ist es, dass Anleihen nicht nach deutschem Recht, sondern nach einer fremden Rechtsordnung – beispielsweise dem Recht von New York – emittiert werden.[305] Ausweislich § 2 Abs. 1 Nr. 1 StaRUG können inländische Emittenten auch Verbindlichkeiten ausländischen Ursprungs in einen Restrukturierungsplan einbeziehen. Danach können alle Forderungen, die gegen eine restrukturierungsfähige Person begründet sind, auf der Grundlage eines Restrukturierungsplans gestaltet werden. Eine Einschränkung hinsichtlich der Rechtsordnung, der die einbezogene Forderung unterliegt, ist nicht erkennbar. Ausreichend für die Einbeziehung in den präventiven Restrukturierungsrahmen ist vielmehr, dass die Forderung sich gegen den Schuldner richtet.[306] Es verbleibt die Frage, inwieweit die Gestaltungen

300 Statt vieler *Herding/Krafczyk* in Seibt/Westpfahl, StaRUG, § 2 Rn. 157. Siehe zu der Differenzierung von § 2 Abs. 2 Satz 1 StaRUG und § 2 Abs. 2 Satz 2 StaRUG *Westpfahl/Dittmar* in Flöther, StaRUG, § 2 Rn. 45.

301 Nebenbestimmungen ebenfalls explizit erwähnend *Lürken*, ZIP 2021, 1305 (1306).

302 Zu Einzelheiten bei der Auswahl der Planbetroffenen nachstehend Kap. II § 5 D. I.

303 Zu Einzelheiten nachstehend Kap. II § 5 E.

304 Zu Einzelheiten der Möglichkeit und den Voraussetzungen des *cross-class cram-down* nachstehend Kap. II § 5 E. III.

305 *Martini* in Bork/Hölzle, HB InsR, Kap. 25 Rn. 28; *Westpfahl/Seibt* in Schmidt, SanR, Anh. zu § 39 InsO Rn. 3.

306 Siehe dazu AG Berlin-Charlottenburg, NZI 2024, 225 ff., welches die Restrukturierung US-amerikanischer Verbindlichkeiten in einem Restrukturierungsplan bestätigte; dazu auch *Madaus*, NZI 2024, 193. Für ausländische Steuerforderungen AG Karlsruhe, ZIP 2023, 651 (652); so für ausländische Anleihen *Girotto* in BDA, Sanierung, § 1 Rn. 107; darauf ebenfalls hinweisend *Schlöder/Parzinger/Knebel*, ZIP 2021, 1041; so im Ergebnis auch *Skauradszun* in BeckOK StaRUG, § 2 Rn. 11, 13; die Gestaltung ausländischer Anleihen beja-

des Restrukturierungsplans Wirkung entfalten und ob ausländische Jurisdiktionen die Wirkungen des Restrukturierungsplans nach einer Planbestätigung konzedieren. Relevant dürfte dies vor allem bei Leistungsklagen auf die Zahlung des vereinbarten Betrags oder der vereinbarten Zinsen werden, soweit eine nach dem Recht eines Drittstaates begebene Anleihe mithilfe des Restrukturierungsplans restrukturiert wurde und ein Teilschuldverschreibungsgläubiger nunmehr den ursprünglichen geschuldeten Betrag oder die ursprünglich vereinbarten Zinsen verlangt. In diesem Rahmen ist jedoch festzuhalten, dass ein Teilschuldverschreibungsgläubiger seine Forderung klageweise geltend machen müsste. In den hier behandelten Fällen eines Schuldners mit Sitz in Deutschland dürfte die Klage gegen den Schuldner – ungeachtet einer Prorogation – vor einem deutschen Gericht erhoben werden.[307] Das entscheidende deutsche Gericht wäre gemäß § 38 Satz 1 StaRUG i. V. m. § 322 ZPO an einen den Restrukturierungsplan bestätigenden Beschluss gebunden.[308] Deshalb wären rechtskräftig gestaltete Forderungen aus dem Anleiheschuldverhältnis bei der Bestimmung etwaiger – deutscher – Insolvenzantragspflichten nur in dem durch den Restrukturierungsplan modifiziertem Ausmaß zu berücksichtigen. Die Durchsetzbarkeit der Regelungen des Restrukturierungsplan in anderen Ländern[309] oder die Berücksichtigung eines bestätigten Restrukturierungsplans bei Prozessen in anderen Jurisdiktionen kann indes nicht durch das StaRUG determiniert werden und richtet sich nach den jeweiligen kollisionsrechtlichen Normen der entsprechenden Rechtsordnungen.[310]

hend *Thole*, ZHR 186 (2022), 213 (237); *Thole*, ZIP 2021, 2153 (2157); auch *Westpfahl/Dittmer* in Flöther, StaRUG, § 2 Rn. 49. Siehe zu dem Insolvenzplanverfahren *Thole*, ZIP 2014, 293 (301). A. A. wohl *Eidenmüller*, 92 Am. Bankr. L.J., 53 (70), der grundsätzlich – also ohne Bezug zum StaRUG – verneint, dass Forderungen eines gewählten Rechtsstatuts nach dem Recht eines anderen Status modifiziert werden dürften: »*Nobody has to accept that his or her claim shall be reduced in a forum different from that which was contractually agreed or would be available under the non-insolvency rules of the applicable international civil procedure regime. Further, nobody has to accept a claim modification based on laws and regulations different from the law governing his or her claim. To the contrary, the legitimate expectations of the creditors with respect to the dispute resolution forum and applicable law must be respected.*«.

307 Siehe dazu *Hoffmann/Giancristofano*, ZIP 2016, 1951 (1953), die auf Klagen in Deutschland nach einer *SoA* Restrukturierung hinweisen.

308 Siehe zu der materiellen Rechtskraft eines den Restrukturierungsplan bestätigenden Beschlusses *Blankenburg* in Morgen, StaRUG, § 38 Rn. 87; *Deppenkemper* in Seibt/Westpfahl, StaRUG, § 38 Rn. 121; *Kramer* in BeckOK StaRUG, § 38 Rn. 75.

309 Absonderungsanwartschaften an in einem anderen Staat belegenen Gegenständen erwähnend *Schlöder/Parzinger/Knebel*, ZIP 2021, 1041.

310 AG Karlsruhe, ZIP 2023, 651 (654); so auch *Cranshaw* in PRS, StaRUG, Teil 3 Rn. 18; ähnlich *Madaus*, ZIP 2022, 1233 (1239); eine allgemeine Kollisionsnorm verneinend *Skauradszun* in BeckOK StaRUG, § 2 Rn. 13; *Thole*, ZIP 2021, 2153 (2158). In der Restrukturierungssache der *Spark Networks SE* hat der *US Bankruptcy Court Delaware* die deutsche Restrukturierungssache gemäß StaRUG mittels eines Chapter 15-Verfahren anerkannt, *In re Spark Networks SE*, No. 23-11883 (MFW) (*Bankr. D. Del. filed* 12/14/23), ECF No. 4. Ausführlich zu Anleihen nach schweizerischem Recht *Cranshaw* in PRS, StaRUG, Teil 3 Rn. 19; mit weiteren Ausführungen *Lürken/Plank/Ruf* in Hopt/Seibt, SchvR, Kap. 12 Rn. 12.168 ff.; ausführlich zu der Anwendbarkeit der EuGVVO und den Auswirkungen *Madaus*, ZIP 2022, 1233 (1236 ff.); ausführlich zu der Anerkennung einer Planbestätigung

B. Gesellschaftsrechtliches Zustimmungserfordernis für die Anzeige des Restrukturierungsvorhabens gemäß § 31 Abs. 1 StaRUG

Erkennt das Leitungsorgan eines Emittenten die Notwendigkeit der Änderung der Anleihebedingungen, ist aus dessen Sicht bedeutend, ob es überhaupt eigenmächtig handeln darf oder es nicht vielmehr zunächst der Zustimmung der Anteilsinhaber für eine Restrukturierung der Anleihe mittels StaRUG bedarf. Grundsätzlich und insbesondere bei einer isolierten Restrukturierung der Anleihe[311] bietet das StaRUG einen Rechtsrahmen für Verhandlungen mit Gläubigern, die mit sonstigen Vergleichsverhandlungen vergleichbar sind. Vor diesem Hintergrund liegt es nahe, die Anzeige des Restrukturierungsvorhabens gemäß § 31 Abs. 1 StaRUG als Geschäftsführungsmaßnahme zu qualifizieren.[312] Signifikanz erlangt die Frage deshalb, weil das StaRUG Eingriffe in die Mitgliedschaftsrechte der Anteilsinhaber ermöglicht,[313] diese insbesondere einen Ausschluss aus der Gesellschaft befürchten müssen.[314] In dem Lichte dieser Gemengelage ist zu untersuchen, ob eine Anzeige des Restrukturierungsvorhabens gemäß § 31 StaRUG ohne Zustimmung der Anteilsinhaber allen involvierten Interessen angemessen Rechnung trägt oder einer Korrektur bedarf.

Zuvorderst weist die Frage nach dem Erfordernis der Zustimmung der Anteilsinhaber für die Anzeige des Restrukturierungsvorhabens – ungeachtet der Involvierung einer Anleihe in das Restrukturierungskonzept – eine exorbitant hohe Relevanz auf.[315] Vermag diese Frage für eine isolierte Restrukturierung einer Anleihe unter Zuhilfenahme der Werkzeuge des StaRUG trivial anmuten, handelt es sich dabei nicht lediglich um ein »Glasperlenspiel«[316]. Vordergründig erscheint es so, dass bei einer rein

in einem EU-Mitgliedstaat, dem UK und den USA *Schelo*, WM 2022, 556 ff.; ausführlich dazu, unter welchen Umständen ein nach deutschem Recht bestätigter Restrukturierungsplan in den USA anerkannt würde, siehe *Schlöder/Parzinger/Knebel*, ZIP 2021, 1041 (1050 f.); ausführlich für präventive Restrukturierungsrahmen im Allgemeinen, siehe *Schmidt*, ZInsO 2021, 654 ff.; ausführlich zu der grenzüberschreitenden Geltungswirkung eines Restrukturierungsplans *Thole*, ZIP 2021, 2153 (2158 ff.); zu der Restrukturierungs-RL *von Bismarck/Schulz*, NZI-Beilage 2019, 82 ff. Zu Hindernissen bei der Anerkennung englisch-rechtlicher Finanzierungen aufgrund der *Rule in Gibbs Prusko* in KBP, HRI I, § 42 Rn. 46 ff.; *Zehlicke/Herding/Parzinger*, ZIP 2024, 164 (166 f.).

311 Mit der »isolierten Restrukturierung einer Anleihe« ist folgend der Sachverhalt gemeint, dass die Teilschuldverschreibungsgläubiger einer emittierten Anleihe die einzigen Planbetroffenen eines Restrukturierungsplans sind. Dies verkörpert die vergleichbare Situation zu der Restrukturierung gemäß dem SchVG dar.

312 *Balthasar*, NZI-Beilage 2021, 18 (21).

313 Siehe zu den möglichen gesellschaftsrechtlichen Maßnahmen in einem Restrukturierungsplan ausführlich *Parzinger/Knebel* in MüKoStaRUG, § 7 Rn. 111 ff.

314 Ähnlich *Herding/Krafczyk* in Seibt/Westpfahl, StaRUG, § 29 Rn. 44; siehe zu der Möglichkeit der Kapitalherabsetzung auf null *Parzinger/Knebel* in MüKoStaRUG, § 7 Rn. 114.

315 Die Frage des »Ob« und »Wie« der Einflussnahme der Gesellschafter als eine der zentralen Fragen bezeichnend *Herding/Krafczyk* in Seibt/Westpfahl, StaRUG, § 29 Rn. 44 m. w. N.; diese Frage als »Gretchenfrage für die Durchschlagskraft des StaRUG« bezeichnend *Zehlicke/Krafczyk*, ZRI 2023, 520.

316 Diese Begrifflichkeit in dem Rahmen des § 4 SchVG benutzend *Thole* in Hopt/Seibt, SchvR, § 4 Rn. 5.

finanziellen Restrukturierung, bei der das Restrukturierungskonzept keine Gestaltung der Rechte der Anteilsinhaber vorsieht, keine Obstruktion der Anteilsinhaber zu erwarten ist. Eine Gestaltung der Forderungen der Teilschuldverschreibungsgläubiger wäre in dem Interesse der Anteilsinhaber, sodass diese einer Anzeige des Restrukturierungsvorhabens wahrscheinlich zustimmen würden.[317] Tatsächlich ist es jedoch so, dass eine Sanierungsbereitschaft der Anleihegläubiger unwahrscheinlich ist, wenn die Anteilsinhaber keinen Restrukturierungsbeitrag leisten. Dieser Umstand in Kombination mit der Zulässigkeit von gesellschaftsrechtlichen Maßnahmen in dem Restrukturierungsplan führt dazu, dass die Anteilsinhaber der Anzeige des Restrukturierungsvorhabens regelmäßig ablehnend gegenüberstehen. Ferner könnten Anteilsinhaber vor der Auslösung des *shift of fiduciary duties* gemäß §§ 31 Abs. 3, 32 Abs. 1, 43 Abs. 1 StaRUG zurückschrecken.[318] In Anbetracht dieser Tatsachen ist eine Erschwerung der Restrukturierung einer Anleihe denkbar.

Vor dem Hintergrund der verschiedenen Geschäftsführungsgrundsätze der Leitungsorgane der GmbH und der AG ist bei der Beantwortung der Frage zwischen diesen Gesellschaftsformen zu unterscheiden.[319] Dies liegt daran, dass eine etwaige Zustimmungspflicht der Anteilsinhaber nicht aus dem StaRUG selbst entspränge, sondern vielmehr aus dem Gesellschaftsrecht.[320] In dem Folgenden wird erörtert, dass es einer vorherigen Zustimmung der Anteilsinhaber für die Anzeige des Restrukturierungsvorhabens weder bei der GmbH noch bei der AG bedarf und die Leitungsorgane insoweit autark handeln können. Darüber hinaus sind Weisungen der Gesellschafter an den Geschäftsführer der GmbH und Klauseln des Gesellschaftsvertrags unwirksam, wenn die Gesellschafter dadurch eine Zustimmung für die Anzeige des Restrukturierungsvorhabens voraussetzen.

I. GmbH als Emittent

1. Gesetzliche Kompetenzallokation

Dem Streit liegt eine Auseinandersetzung zwischen Gesellschafts- und Restrukturierungsrecht zu Grunde.[321] Vor diesem Hintergrund ist eine zweistufige Näherung der Lösung dieses Problems zweckmäßig und geboten.[322]

317 Ohne den Bezug zu der Anleiherestrukturierung *Hoffmann/Braun* in Flöther, StaRUG, § 29 Rn. 13; ähnlich *Thole*, BB 2021, 1347 (1350).

318 Siehe zu den daraus resultierenden Pflichten *Birnbreier*, NZI-Beilage 2021, 25; *Kuntz*, ZIP 2021, 597.

319 Bei Personengesellschaften weist dieses Problem vor dem Hintergrund des Prinzips der Selbstorganschaft keine Probleme auf, weshalb diese für die folgende Untersuchung zu vernachlässigen sind.

320 Dafür § 1 Abs. 1 Satz 3 StaRUG als Nachweis anführend *Brinkmann*, KTS 2021, 303 (315); ähnlich *Thole*, BB 2021, 1347 (1350).

321 Ähnlich *Ständige Deputation des Deutschen Restrukturierungs- und Insolvenzgerichtstags*, ZInsO 2024, 1748 (1749).

322 Siehe auch *Madaus*, NZI 2023, 930, der den Blick »zunächst auf das Gesellschaftsrecht« richtet; diese Zweistufigkeit anhand zwei verschiedener Lager von Meinungen darstellend *Skauradszun* in BeckOK StaRUG, § 2 Rn. 126.

a) Gesellschaftsrechtliche Erwägungen

Zunächst ist die Frage zu stellen, ob der Geschäftsführer eigenmächtig – *ergo* ohne Zustimmung der Gesellschafter – die Restrukturierung durch die Anzeige des Restrukturierungsvorhabens initiieren kann.[323] Die Antwort ist anhand der Zuständigkeitsordnung des Rechts der GmbH zu finden.[324] Anknüpfungspunkt ist § 37 Abs. 1 GmbHG, welcher – obschon er die Vertretungsmacht adressiert[325] – den Geschäftsführer zu der Berücksichtigung ihm gegenüber bestehender Beschränkungen verpflichtet.[326] Aus § 37 Abs. 1 GmbHG folgt, dass die Geschäftsführer alleinig zuständig sind, wenn die entsprechende Angelegenheit nicht von Gesetzes wegen oder durch die Gesellschafter – durch Gesellschaftsvertrag oder Weisungsbeschluss – anderweitig allokiert ist.[327] Entscheidend für die Beantwortung der eingangs aufgeworfenen Frage ist daher, ob die Anzeige eines Restrukturierungsvorhabens gemäß § 31 Abs. 1 StaRUG den Gesellschaftern zugewiesen ist. Vor diesem Hintergrund ist nunmehr zu untersuchen, welche Kompetenzen den Gesellschaftern *qua* Gesetz zukommen.[328] In § 46 GmbHG führt der Gesetzgeber Kompetenzen der Gesellschafter auf. Unter diesen Katalog lässt die Anzeige des Restrukturierungsvorhabens gemäß § 31 Abs. 1 StaRUG sich nicht subsumieren. Allerdings sind die aufgelisteten Kompetenzen des § 46 GmbHG nicht abschließend.[329] In Anbetracht der durchaus unübersichtlichen Reichweite einer etwaigen Zuständigkeit der Gesellschafter ist zweckmäßig und geboten, eine solche unter Berücksichtigung anerkannter Fallgruppen und unter Wertungsgesichtspunkten anderer Materialien zu erörtern.

(1) Grundlagen- und Strukturmaßnahmen

Zunächst ist den Gesellschaftern die Kompetenz für Grundlagen- und Strukturmaßnahmen der Gesellschaft zugeteilt.[330] Davon umfasst sind Maßnahmen, welche die satzungsmäßigen Grundlagen des Zusammenschlusses der Gesellschafter betreffen.[331] Für die Kategorisierung der Anzeige einer Restrukturierungssache als Grundlagen- und Strukturmaßnahme werden verschiedene Ansatzpunkte gewählt.

(a) Strukturänderung durch Eingriff in Gesellschafterrechte

Eine Zustimmung der Gesellschafter wird teilweise deshalb gefordert, da aufgrund des StaRUG gemäß § 2 Abs. 3 StaRUG in Gesellschafterrechte eingegriffen werden kann,

323 Zu der Nachholung eines dort geforderten Gesellschafterbeschlusses während der Restrukturierungssache AG Charlottenburg, ZRI 2023, 836.
324 *Mock*, NZI 2023, 585.
325 Ähnlich *Paefgen* in HCL, GmbHG, § 37 Rn. 1.
326 Statt vieler *Stephan/Tieves*, MüKoGmbHG, § 37 Rn. 4.
327 *Stephan/Tieves*, MüKoGmbHG, § 37 Rn. 12.
328 Zu Einzelheiten der Auswirkungen des den gesetzlichen Regelungen vorrangigen Gesellschaftsvertrag oder Weisungen siehe nachstehend Kap. II § 5 B. I. 2.
329 Statt vieler *Liebscher* in MüKoGmbHG, § 46 Rn. 2.
330 Statt vieler *Liebscher* in MüKoGmbHG, § 46 Rn. 312.
331 *Liebscher* in MüKoGmbHG, § 46 Rn. 312.

wodurch eine mit dem Insolvenzverfahren vergleichbare Eingriffsintensität bestünde.[332] Prominentestes Beispiel ist ein Kapitalschnitt mit Ausschluss des Bezugsrechts bei der Kapitalerhöhung, nach dem die Gesellschafter ohne Geschäftsanteile verbleiben. Solche gesellschaftsrechtlichen Maßnahmen erfordern eine Änderung des Gesellschaftsvertrages, sodass die Gesellschafter solchen Maßnahmen gemäß § 53 Abs. 1 GmbHG zustimmen müssten.[333] Uneinigkeit herrscht unter den Vertretern dieser Argumentation jedoch darüber, ob es einer Zustimmung nur dann bedarf, wenn der konkrete Restrukturierungsplan Eingriffe in die Gesellschafterrechte vorsieht,[334] oder ob es ungeachtet der Gestaltung von Gesellschaftsanteilen eines Zustimmungserfordernisses bedarf.[335] Vor dem Hintergrund, dass selbst bei späterem Eingriff in die Gesellschafterrechte die Anzeige des Restrukturierungsvorhabens keine Strukturänderung bewirkt, sind diese verschiedenen Ansichten zu vernachlässigen.

Es ist nicht von der Hand zu weisen, dass ein Eingriff in die Gesellschafterstellung ein Grundlagengeschäft mit der Folge einer Gesellschafterkompetenz darstellen wird, weshalb den Vertretern dieser Ansicht dem Grunde nach beizupflichten ist. Allerdings geschieht dieser Eingriff nicht *durch* die Anzeige des Restrukturierungsvorhabens,[336] sondern durch die Planbestätigung.[337] Weshalb hier eine lediglich mittelbare Auswirkung auf die Gesellschafterrechte durch die Anzeige des Restrukturierungsvorhabens bereits dazu führen soll, dass eine Zustimmung der Gesellschafterversammlung zu fordern ist, vermag aus dem Kreis der Vertreter dieser Ansicht nicht überzeugend begründet werden.[338] Jene stellen lediglich fest, dass der Restrukturierungsplan es ermöglicht, Rechte der Gesellschafter zu beschneiden. Regelmäßig unberücksichtigt bleibt indes, dass der konkrete Eingriff in die Gesellschafterrechte nicht unmittelbare Folge der Anzeige des Restrukturierungsvorhabens ist, sondern gemäß § 67 Abs. 1 StaRUG erst durch die Bestätigung des Restrukturierungsplans eintritt.

332 So *Balthasar*, NZI-Beilage 2021, 18 (21); so im Ergebnis *Fuhrmann/Heinen/Schilz*, NZG 2021, 684 (689); im Ergebnis *Gehrlein*, BB 2022, 1096 (1097); *Hoffmann/Braun* in Flöther, StaRUG, § 29 Rn. 14 m. w. N.; *Rauhut*, NZI-Beilage 2021, 52 (54); so – bei der von ihm in Frage gestellten Zulässigkeit eines *cross-class cram-down* zulasten der Gesellschafter – *Schäfer*, ZIP 2020, 2164 (2168); a. A. *Mock*, NZI 2023, 585; *Scholz*, ZIP 2021, 219 (227).

333 Statt vieler *Gehrlein*, BB 2022, 1096 (1097).

334 *Hoffmann/Braun* in Flöther, StaRUG, § 29 Rn. 14.

335 So *Fuhrmann/Heinen/Schilz*, NZG 2021, 684 (690); *Gehrlein*, BB 2022, 1096 (1097); ebenso *Rauhut*, NZI-Beilage 2021, 52 (54).

336 So auch *Mock*, NZI 2023, 585; *Scholz*, ZIP 2021, 219 (227). Nicht vor dem Hintergrund des StaRUG, sondern allgemein für ein präventives Restrukturierungsverfahren einen Eingriff in Gläubigerrechte (und damit wohl auch Anteilsinhaberrechte) durch die Einleitung des Restrukturierungsverfahrens verneinend *Goetker/Schulz*, ZIP 2016, 2095 (2100).

337 *Balthasar*, NZI-Beilage 2021, 18 (21); *Madaus*, NZI 2023, 930 (931); ähnlich *Scholz*, ZIP 2021, 219 (227); in diese Richtung auch *Schäfer*, ZIP 2020, 2164 (2168).

338 Insofern die Verteidigungs- und Rechtsschutzmöglichkeiten der Gesellschafter als deutlich eingeschränkt bewertend *Lieder* in FS Smid, 2022, 543 (548); teilweise wird auf den *shift of fiduciary duty* aus §§ 43 Abs. 1 Satz 1, 32 Abs. 1 StaRUG hingewiesen, siehe *Rauhut*, NZI-Beilage 2021, 52 (54).

(b) Vergleich zu § 18 InsO

Ferner wird vermehrt unter Bezugnahme auf die scheinbar vergleichbare Rechtslage bei einem fakultativen Insolvenzantrag eine Zustimmungspflicht angenommen.[339] Bei einem solchen wird ein Grundlagengeschäft – mit der Folge, dass es einer Zustimmung der Gesellschafter bedarf – bejaht, weil der Eröffnung des Insolvenzverfahrens gemäß § 60 Abs. 1 Nr. 4 Hs. 1 GmbHG die Auflösung der Gesellschaft folgt.[340] Der Anzeige des Restrukturierungsvorhabens gemäß § 31 Abs. 1 StaRUG folgt diese Auflösungswirkung indes nicht, sodass dieser Vergleich ebenfalls keine entsprechende Kompetenz der Gesellschafter zu begründen vermag.[341]

(2) Außergewöhnliche Maßnahme

Eine Zustimmung der Gesellschafter wird auch deshalb gefordert, weil es sich bei der Anzeige des Restrukturierungsvorhabens um eine außergewöhnliche Maßnahme handeln soll.[342] Eine solche läge immer dann vor, wenn eine interne Abstimmung geboten erscheint und die Gesellschafter aufgrund der Bedeutung der Entscheidung die Möglichkeit bekommen sollen, Weisungen zu erteilen.[343] Vor dem Hintergrund des § 116 Abs. 1, 2 HGB, der auch im Rahmen des § 37 GmbHG herangezogen werden kann,[344] ist dies bei Geschäften anzunehmen, die durch Gegenstand, Umfang, Bedingungen oder Dauer den Unternehmensgegenstand überschreiten.[345] Überzeugender und

339 So LG Berlin, ZIP 2023, 1910 ff.; *Brünkmans*, ZInsO 2021, 125 (127); *Gehrlein*, BB 2022, 1096 (1097); *Leuering/Rubner*, NJW-Spezial 2023, 625; *Ristelhuber*, NZI 2021, 417 (419); *Morgen/Arends/Schierhorn*, ZRI 2021, 305 (309); *Wollring/Quitzau*, ZRI 2021, 616 (620); noch zu dem StaRUG Reg-E *Seibt/Bulgrin*, DB 2020, 2226 (2236).

340 Die fakultative Insolvenzantragstellung als aus Sicht der Gesellschafter einer Auflösung gleichkommend erachtend OLG München, NZI 2013, 542 (545); *Haas/Kolmann/Kurz* in Gottwald/Haas, InsR-HB, § 90 Rn. 49; hierauf hinweisend *Skauradszun/Amort*, DB 2021, 1317 (1321) m. w. N.

341 »Keine satzungsändernde Wirkung« für die AG konstatierend AG Dresden, ZIP 2023, 2316; *Brünkmans*, ZInsO 2021, 125 (127), der dies für die AG mit Blick auf § 262 Abs. 1 Nr. 3 AktG feststellt. Weshalb dies innerhalb seiner Ansicht dann bezüglich der GmbH keine Relevanz aufweisen sollte, bleibt offen; so auch *de Bruyn/Ehmke*, NZG 2021, 661 (661 f.); *Mock*, NZI 2023, 585; *Skauradszun/Harnack*, DZWIR 2023, 511 (514); *Skauradszun*, KTS 2021, 1 (50); *Skauradszun/Amort*, DB 2021, 1317 (1321).

342 So *Brinkmann*, KTS 2021, 303 (315 f.); *Brünkmans*, ZInsO 2021, 125 (127); *Fuhrmann/Heinen/Schilz*, NZG 2021, 684 (689); *Hoffmann/Braun* in Flöther, StaRUG, § 29 Rn. 14; *Leuering/Rubner*, NJW-Spezial 2023, 625; so im Ergebnis *Scholz*, ZIP 2021, 219 (226); wohl auch *Thole*, BB 2021, 1347 (1350); a. A. *Mock*, NZI 2023, 585, der bereits auf gesellschaftsrechtlicher Ebene die Anerkennung der Fallgruppe der »ungewöhnlichen« Geschäfte ablehnt, darüber hinaus wohl aber auch in der Anzeige des Restrukturierungsvorhabens kein ungewöhnliches Geschäft sieht.

343 *Hoffmann/Braun* in Flöther, StaRUG, § 29 Rn. 14 m. w. N.; die Existenz dieser Fallgruppe verneinend *Beurskens* in NSH, GmbHG, § 37 Rn. 48.

344 *Belz* in Rowedder/Pentz, GmbHG, § 37 Rn. 10 f.; siehe *Beurskens* in NSH, GmbHG, § 37 Rn. 48.

345 Siehe *Beurskens* in NSH, GmbHG, § 37 Rn. 48; *Schneider/Schneider* in Scholz, GmbHG, § 37 Rn. 34.

dogmatisch stimmiger ist es, die Anzeige des Restrukturierungsvorhabens als außergewöhnliche Maßnahme zu klassifizieren. Dies lässt sich zunächst damit begründen, dass die Durchführung einer Restrukturierungssache schon aufgrund des Umstands, dass ein solches im besten Fall ein einmaliges Ereignis eines Unternehmens ist, wodurch diesem schon die »Außergewöhnlichkeit« zu attestieren ist. Ferner folgt aus der Möglichkeit der Gestaltung der Geschäftsanteile sowie des durch die Rechtshängigkeit der Restrukturierungssache (§ 31 Abs. 3 StaRUG) eintretenden *shift of fiduciary duties* gemäß den §§ 32 Abs. 1 Satz 1, 43 Abs. 1 Satz 1 StaRUG zumindest eine Abwertung der Rechtspositionen der Gesellschafter, weil der Geschäftsleiter nunmehr die Interessen der Gesamtheit der Gläubiger zu wahren hat und nicht mehr primär die Interessen der Gesellschaft.[346] Eine solche lässt sich auch nicht vor dem Hintergrund einer jederzeit möglichen Weisung an den Geschäftsführer, die Anzeige des Restrukturierungsvorhabens zurückzunehmen, verneinen.[347] Vor dem Hintergrund des durch die Anzeige des Restrukturierungsvorhabens eintretenden *shift of fiduciary duties* dürfte dieser nicht ohne Weiteres die Anzeige zurücknehmen, sondern hätte sich zu vergewissern, dass er dadurch die ihm gemäß §§ 32 Abs. 1 Satz 1, 43 Abs. 1 Satz 1, 2 StaRUG obliegenden restrukturierungsrechtlichen Pflichten berücksichtigt.

(3) Einberufungspflicht gemäß § 49 Abs. 2 GmbHG

Teilweise wird ein Zustimmungserfordernis aus § 49 Abs. 2 GmbHG hergeleitet.[348] Danach ist der Geschäftsführer verpflichtet, eine Gesellschafterversammlung einzuberufen, wenn es im Interesse der Gesellschaft erforderlich erscheint. Dies wird für den Fall einer drohenden Zahlungsunfähigkeit der Gesellschaft angenommen.[349] Für die hier aufgeworfene Frage ist jedoch nicht der Grund der Einberufung entscheidend, sondern vielmehr, was aus einer solchen Einberufungspflicht des § 49 Abs. 2 GmbHG folgt. Die Einberufungspflicht soll die Gesellschafter über die wirtschaftlich kritische Situation informieren und diesen die Möglichkeit einräumen, über notwendige Maßnahmen zu beraten und unter Umständen zu beschließen.[350] Was aus dem § 49 Abs. 2 GmbHG hingegen nicht folgt, ist eine weitergehende Handlungs- oder Unterlassungspflicht, beispielsweise die Unterlassung der Anzeige einer Restrukturierungssache gemäß § 31 Abs. 1 StaRUG, ohne jedwedes Handeln der Gesellschafter.[351] Das Annehmen einer aus der Einberufungspflicht folgenden Handlungs- oder Unterlassungs-

346 Siehe Begr. RegE SanInsFoG, BT-Drs. 19/24181, S. 117; *Janjuah/Tangermann* in Morgen, StaRUG, § 32 Rn. 58.
347 Siehe zu der Wirksamkeit von Weisungen an den Geschäftsführer nachstehen Kap. II § 5 B. I. 2.
348 So wohl *Kramer* in BeckOK StaRUG, § 31 Rn. 31; nicht eindeutig, wohl aber *Lieder* in FS Smid, 2022, 543 (547).
349 Statt vieler *Liebscher* in MüKoGmbHG, § 49 Rn. 51.
350 *Nowotny* in FS Semler, 1993, 231 (236) m. w. N.
351 Ähnlich *Altmeppen*, GmbHG, § 49 Rn. 1, »[...] ihre eigenen Interessen in die Hand nehmen können«; *Römermann* in MHLS, GmbHG, § 49 Rn. 9; explizit das Ergreifen weiterer Maßnahmen durch die Gesellschafter erwähnend *Schindler* in BeckOK GmbHG, § 49 Rn. 5. A. A. wohl BGHZ 220, 354 Rn. 37 = NZG 2019, 505, der für besonders bedeutsame Maßnahmen eine Zustimmungspflicht aus § 49 Abs. 2 GmbHG herleitet.

pflicht wäre ferner überaus unpraktikabel, da für den Geschäftsführer in den Fällen der Einberufungspflicht bei drohender Zahlungsunfähigkeit überhaupt nicht offenkundig ist, welches Handeln oder Unterlassen nun verpflichtend wäre. Vielmehr bleibt es dabei, dass dieser autark handeln kann, bis die Gesellschafter ihm gegenüber eine konkrete Weisung aussprechen. Insofern kann aus der Existenz der Einberufungspflicht einer Gesellschafterversammlung bei drohender Zahlungsunfähigkeit keine Zustimmungspflicht für die Anzeige einer Restrukturierungssache gemäß § 31 Abs. 1 StaRUG hergeleitet werden.

Vor dem Hintergrund des § 49 Abs. 2 GmbHG darf nicht verkannt werden, dass der Geschäftsführer dazu verpflichtet ist, den Gesellschaftern die drohende Zahlungsunfähigkeit mitzuteilen und zu diesem Zwecke eine Gesellschafterversammlung einzuberufen.[352] Dadurch sollen die Gesellschafter die Möglichkeit erhalten, der Gesellschaft Eigen- oder Fremdkapital zuzuführen und die Restrukturierung zu finanzieren. Wenn die Gesellschafter dazu nicht in der Lage sind, die drohende Zahlungsunfähigkeit in einem zeitlich vergleichbaren Umfang abzuwenden,[353] wie dies mit einem Restrukturierungsplan unter Einbeziehung Dritter als Finanzierer möglich wäre,[354] entfällt jedoch ein Schutzbedürfnis zugunsten der Gesellschafter.[355]

b) Restrukturierungsrechtliche Einflüsse

Zwar beinhaltet das StaRUG keine explizite Kompetenzallokation für die Anzeige des Restrukturierungsvorhabens. Das StaRUG und die Restrukturierungs-RL beinhalten aber verschiedene Anknüpfungspunkte, aus denen eine Modifikation der erörterten gesellschaftsrechtlichen Kompetenzallokation folgt.

(1) Wortlaut § 1 Abs. 1 Satz 2 StaRUG

Gemäß § 1 Abs. 1 Satz 2 StaRUG ergreifen die Geschäftsleiter geeignete Gegenmaßnahmen und erstatten den zur Überwachung der Geschäftsleitung berufenen Organen unverzüglich Bericht, wenn sie Entwicklungen erkennen, welche den Bestand der Gesellschaft gefährden. Teilweise wird hieraus abgeleitet, dass die Geschäftsführer daher für Restrukturierungsmaßnahmen ohne den Einfluss der Gesellschafter entscheiden können. Den Gesellschaftern sei in diesen Fällen nur Bericht zu erstatten. Eine Berichterstattung sehe jedoch keine vorherige Erlaubnis vor.[356] Dem Grunde nach ist diesem Argument zuzustimmen. Berichten kann nicht mit der Frage um Erlaubnis gleichgesetzt werden. Allerdings ist festzuhalten, dass durch diese konkrete Gestaltung des § 1 Abs. 1 Satz 2 StaRUG nicht in die gesellschaftsrechtliche Kompetenzallokation eingegriffen werden sollte. Die Materialien zu § 1 StaRUG lassen vielmehr darauf

352 Statt vieler *Liebscher* in MüKoGmbHG, § 49 Rn. 58. So explizit für diesen Fall *Lieder* in FS Smid, 2022, 543 (547).
353 Siehe AG Dresden, ZIP 2023, 2316.
354 Ähnlich auch *Herding/Krafczyk*, ZRI 2023, 750 (751 ff.); ähnlich *Brinkmann*, KTS 2021, 303 (322).
355 Ähnlich *Madaus*, NZI 2023, 930 (931); *Prusko* in MüKoStaRUG, § 2 Rn. 120; *Skauradszun/Harnack*, DZWIR 2023, 511 (514).
356 So *Skauradszun/Amort*, DB 2021, 1317 (1322).

schließen, dass nur eine Konkretisierung des bestehenden Gesellschaftsrecht vorgenommen wird.[357] Sollte letzteres eine Kompetenz der Gesellschafter vorsehen, folgt daraus, dass diese nicht durch § 1 Abs. 1 Satz 2 StaRUG tangiert würde. Unter Berücksichtigung der vorstehend begründeten Kompetenzallokation kann ein Erfordernis der Zustimmung der Gesellschafter nicht unter Berufung auf § 1 Abs. 1 Satz 2 StaRUG verneint werden.

(2) Systematische Erwägungen

(a) Anteilsinhaber sind Planbetroffene

Sieht der gestaltende Teil des Restrukturierungsplans Eingriffe in die Gesellschaftsanteile vor, erhalten die Gesellschafter in dem Rahmen der Abstimmung über den Restrukturierungsplan als Pflichtgruppe gemäß § 9 Abs. 1 Satz 2 Nr. 4 StaRUG ein Stimmrecht gemäß § 24 Abs. 1 Nr. 3 StaRUG.[358] Für die Annahme des Restrukturierungsplans ist gemäß § 25 Abs. 1 StaRUG erforderlich, dass in jeder Gruppe mindestens drei Viertel der Stimmrechte der jeweiligen Gruppe zustimmen. Insofern kommt den Anteilsinhabern bereits das Recht zu, über die gesellschaftsrechtlichen Maßnahmen innerhalb der Gruppe der Anteilsinhaber abzustimmen. Das dabei bestehende Erfordernis der Zustimmung in Höhe von 75 % gemäß § 25 Abs. 1 StaRUG entspricht bei abstrahierter Betrachtung einem Beschluss der Gesellschafter mit qualifizierter Mehrheit, wie er teilweise für die Anzeige des Restrukturierungsvorhabens gefordert wird.[359] Wenn die Anteilsinhaber dem Restrukturierungsplan nicht mit der notwendigen Mehrheit zustimmen – *ergo* bei der skizzierten abstrahierten Betrachtung den geforderten Gesellschafterbeschluss nicht fassen – kann mittels *cross-class cram-down* gemäß den §§ 26 ff. StaRUG eine Majorisierung der Gesellschafter erfolgen. Das StaRUG ermöglicht durch seine Systematik also eine Überstimmung der Gesellschafter,[360] wodurch der »fehlende Gesellschafterbeschluss« in Gestalt der Ablehnung des Restrukturierungplans durch die Gruppe der Anteilsinhaber für eine in dem Restrukturierungsplan vorgesehene gesellschaftsrechtliche Maßnahme als gefasst angesehen werden kann. Eine in dem Innenverhältnis notwendige – unter Berücksichtigung des Ausgeführten weitere – Zustimmung für die Anzeige des Restrukturierungsvorhabens würde diese Wertungen umkehren, da die Anzeige des Restrukturierungsvorhabens konstitutiv für die Bestätigung des Restrukturierungsplans ist.[361] Durch die Konzession eines solchen Erfordernisses wäre die Anwendung des *cross-class cram-down* faktisch ausgeschlossen, obwohl dessen Voraussetzungen erreicht werden. In Anbetracht dieser Tatsachen wäre der *cross-class cram-down* in Fällen, in denen Gesellschafter zu majorisieren sind, wirkungslos. Die Systematik der Abstimmung über einen Restrukturie-

357 »[...] nach Maßgabe der jeweiligen Organisationsverfassung des Unternehmensträgers auch die Aufsichts- und Überwachungsorgane sowie die Gesellschafter in die Krisenbewältigung einzubeziehen haben.«, Begr. RegE SanInsFoG, BT-Drs. 19/24181, S. 104.

358 *Mulert/Steiner*, NZG 2021, 673 (677).

359 So *Fuhrmann/Heinen/Schilz*, NZG 2021, 684 (690).

360 Betonend, dass dies Intention der Richtliniengeber war, *Fritz*, NZI-Beilage 20217, 9 (11) m. w. N.

361 Ähnlich *Mulert/Steiner*, NZG 2021, 673 (677).

rungsplan spricht daher gegen ein Zustimmungserfordernis der Gesellschafter für die Anzeige des Restrukturierungsvorhabens.

(b) Kein kompensationsloser Verlust der Gesellschaftsanteile

Für ein Zustimmungserfordernis der Gesellschafter spricht vordergründig, dass diese bei einem *cross-class cram-down* gegen ihren Willen aus der Gesellschafterposition gedrängt werden können, was in dem Lichte der dem Art. 14 Abs. 1 GG entspringenden Eigentumsgarantie zumindest diskussionswürdig ist. Allerdings ist festzuhalten, dass die konkrete Ausgestaltung des StaRUG einen kompensationslosen Verlust der Gesellschaftsanteile verhindert und einen Eingriff in Art. 14 Abs. 1 GG rechtfertigt.[362] Aufgrund der Systematik des Rechtsschutzes entfällt somit das Schutzbedürfnis der Anteilsinhaber. Dieser Umstand impliziert, dass es keiner Zustimmung der Gesellschafter für die Anzeige des Restrukturierungsvorhabens gemäß § 31 Abs. 1 StaRUG bedarf.

(aa) Gesetzlicher Schutzmechanismus: Schlechterstellungsverbot

Für einen *cross-class cram-down* zulasten der Gruppe der Anteilsinhaber ist gemäß § 26 Abs. 1 Nr. 1 StaRUG notwendig, dass diese durch den Restrukturierungsplan nicht schlechter gestellt werden als sie ohne Plan stünden. Ferner ist die Bestätigung des Plans gemäß § 64 Abs. 1 Satz 1 StaRUG auf Antrag eines Planbetroffenen, der gegen den Restrukturierungsplan gestimmt hat, zu versagen. Durch diese Voraussetzung verbleibt den Anteilsinhabern in jedem Falle der wirtschaftliche Wert[363] ihrer Anteile. Eine darüber hinaus gehende Vermögensallokation steht den Anteilsinhabern in der konkreten Krisensituation nicht zu. Insbesondere griffe auch die Argumentation nicht, dass es sich um »ihre«[364] Gesellschaft handelte. Wenn jene gehaltenen Anteile – wovon in diesen Fällen regelmäßig ausgegangen werden kann – wertlos sind, ist dieser Umstand schlechterdings zu konzedieren. Ferner ist es den Anteilsinhabern nicht verwehrt, die Sanierung der Gesellschaft eigens zu unterstützen und neue Liquidität beizutragen und eine drohende Zahlungsunfähigkeit zu beseitigen, wenn sie der Gesellschaft weiter angehören wollen.[365] Sind diese dazu nicht in der Lage, ist es volkswirtschaftlich sinnvoller, dass diese bisherigen Gesellschafter die Gesellschaft verlassen, wenn dadurch die Gesellschaft als solche – und damit ein Steuerzahler und Arbeitgeber – erhalten bleibt.[366] Nicht gerechtfertigt ist hingegen, dass die Gesellschaf-

362 Dies für die Aktionäre einer AG vorbringend *Brinkmann*, KTS 2021, 303 (318); das Schlechterstellungsverbot als »maßgebliche Rechtfertigung« für das StaRUG anführend *Skauradszun*, KTS 2021, 1 (52 ff.).

363 Dass ausschließlich eine wirtschaftliche Betrachtungsweise maßgeblich ist, siehe statt vieler *Westpfahl* in Seibt/Westpfahl, StaRUG, § 26 Rn. 33.

364 Z. B. bei einer personalistisch geprägten GmbH. Argumente könnten dabei sein, dass die Gesellschafter eventuell Gründungsgesellschafter sind.

365 Ähnlich *Mock*, ZRI 2024, 1026 (1029).

366 Siehe ErwG 16 Restrukturierungs-RL; ähnlich *Korch*, ZIP 2020, 446 (447).

ter ohne eigenes Zutun von der Gesundung der Gesellschaft durch Restrukturierungsbeiträge Dritter profitieren.[367]

(bb) Gleichlaufendes gesetzgeberisches Verständnis und Implikationen

Den Materialien zu § 2 StaRUG lässt sich entnehmen, dass eine Umsetzung der Restrukturierungs-RL, in der Anteils- oder Mitgliedschaftsrechte in einen Restrukturierungsplan einbezogen werden können, nicht zwingend ist. Vielmehr liegt eine solche Umsetzung in dem Umsetzungsspielraum der Mitgliedstaaten.[368] Von dieser Möglichkeit macht der deutsche Gesetzgeber in § 2 Abs. 3 StaRUG Gebrauch. Für die Begründung des § 2 Abs. 3 StaRUG bezieht der Gesetzgeber explizit die Befürchtungen der Gegner einer solchen Möglichkeit ein: Eingriffe in Mitgliedschaftsrechte sollten vor dem Hintergrund der noch zu bejahenden Werthaltigkeit jener nur auf freiwilliger Basis – also mit Zustimmung der Betroffenen insbesondere in gesellschaftsrechtlicher Vorgehensweise – möglich sein.[369] Dieses vorangestellt, kommt der Gesetzgeber dann zu der Erkenntnis, dass diese Sorgen unter Berücksichtigung der Schutzmechanismen des StaRUG unbegründet sind. Es würde übersehen, dass die Anteilsinhaber über das Schlechterstellungsverbot ausreichend vor einem kompensationslosen Verlust ihrer Anteile geschützt sind.[370] Das Aufgreifen und Erörtern der Befürchtungen der Kritiker in den Materialien lässt den Schluss zu, dass der Gesetzgeber seinerseits davon ausgeht, dass es keiner in gesellschaftsrechtlichen Bahnen erlangten, Zustimmung der Anteilsinhaber für eine Gestaltung ihrer Anteile in einem Restrukturierungsplan bedarf. Würde der Gesetzgeber bei der Konzeption des § 2 Abs. 3 StaRUG hingegen eine Zustimmung der Anteilsinhaber für notwendig erachten, wären diese Ausführungen in den Materialien obsolet. In Anbetracht dieser Tatsache können die Ausführungen in den Materialien nur dahin gehend interpretiert werden, dass für die Gestaltung der Rechte der Anteilsinhaber in einem Restrukturierungsplan keine gesellschaftsrechtliche Zustimmung der betroffenen Anteilsinhaber notwendig ist. Wenn sogar gesellschaftsrechtliche Maßnahmen ohne Zustimmung der Gesellschafter möglich sein sollen, muss die weniger einschneidendere, aber den gleichen Schutzgedanken auslösende Maßnahme erst recht ohne die Zustimmung der Gesellschafter möglich sein. Ferner scheiterte die unter Berücksichtigung des Schlechterstellungsverbots bezweckte Gestaltbarkeit der Rechte der Anteilsinhaber regelmäßig schon daran, dass die Gesellschafter der Anzeige des Restrukturierungsvorhabens nicht zustimmen, was mit der Systematik des StaRUG nicht in Einklang zu bringen ist.

367 Siehe dazu BGHZ 183, 1 Rn. 31 = NZG 2009, 1347.

368 Begr. RegE SanInsFoG, BT-Drs. 19/24181, S. 113; zu der Diskussion bezüglich der Umsetzung der Gestaltbarkeit von Anteils- und Mitgliedschaftsrechten in einem Restrukturierungsplan, siehe *Tresselt* in Morgen, StaRUG, § 2 Rn. 66 m. w. N.

369 »[...] also mit der in gesellschaftsrechtlichen Bahnen herbeizuführenden Zustimmung der betroffenen Anteilsinhaber zugelassen werden.«, Begr. RegE SanInsFoG, BT-Drs. 19/24181, S. 113.

370 Begr. RegE SanInsFoG, BT-Drs. 19/24181, S. 113.

(c) Existenz eines normierten Zustimmungserfordernisses gemäß § 60 Abs. 2 StaRUG

Gegen die Notwendigkeit eines Zustimmungserfordernisses der Gesellschafter für die Anzeige des Restrukturierungsvorhabens gemäß § 31 Abs. 1 StaRUG spricht ebenfalls, dass der Gesetzgeber die Notwendigkeit von Zustimmungserfordernissen der Gesellschafter für bestimmte Verfahrenshandlungen erkannt und statuiert hat. So bedarf es für einen Antrag auf gerichtliche Planbestätigung gemäß § 60 Abs. 1 StaRUG in bestimmten Fällen der Zustimmung von natürlichen Personen als persönlich haftende Gesellschafter des Schuldners.[371] Dieser Zustimmung bedarf es gemäß § 60 Abs. 2 Satz 1 StaRUG dann, wenn der zu bestätigende Restrukturierungsplan die persönlich haftenden Gesellschafter nicht von deren Haftung für die durch den Plan gestalteten Forderungen und Rechte befreit und dadurch das gesellschaftsrechtliche Prinzip der akzessorischen Haftung der persönlich haftenden Gesellschafter durchbrechen soll.[372] Dies kann dadurch erreicht werden, dass der Restrukturierungsplans entsprechend § 11 Satz 2 StaRUG eine Bestimmung enthält, dass eine in dem Restrukturierungsplan getroffene Regelung betreffend die Befriedigung eines Gläubigers keine Wirkung zugunsten der persönlich haftenden Gesellschafter entfaltet.[373] Hintergrund der notwendigen Zustimmung der natürlichen Personen als persönlich haftende Gesellschafter in diesen Fällen ist, eine Belastung der persönlich haftenden Gesellschafter zu verhindern,[374] weil eine gemäß § 716 Abs. 1 BGB denkbare Regressmöglichkeit des persönlich haftenden Gesellschafters gegenüber der Gesellschaft entsprechend § 67 Abs. 3 Satz 2 Var. 3 StaRUG ausgeschlossen sein dürfte.[375] Das durch § 60 Abs. 2 StaRUG postulierte Zustimmungserfordernis ist nicht konstitutiver Natur, da ein Erlass der Gesellschaftsschuld bei gleichzeitigem Fortbestand der Gesellschafterschuld[376] der Zustimmung des dadurch betroffenen Gesellschafters erfordert.[377] Dennoch sah der Gesetzgeber des StaRUG sich dazu genötigt, dieses Zustimmungserfordernis zu normieren, damit die Wirkungen des Restrukturierungsplans diese gesellschaftsrechtlichen Grundsätze nicht überlagern. Auch das hier untersuchte Erfordernis der Zustimmung der Gesellschafter für die Anzeige des Restrukturierungsvorhabens gemäß § 31 Abs. 1 StaRUG fußt auf einem besonderen Schutz der Gesellschafter des Schuldners und entspringt ebenfalls dem Gesellschaftsrecht. Insoweit sind das Zustimmungserfordernis der Gesellschafter für eine Durchbrechung der akzessorischen Haftung sowie ein Zustimmungserfordernis für eine Anzeige des Restrukturierungsvorhabens gemäß § 31 Abs. 1 StaRUG vergleichbar. In Anbetracht dieser Tatsache kann aus dem gesetzgeberischen Verzicht auf die Normierung eines Zustimmungserfordernisses für

371 *Jungmann* in MüKoStaRUG, § 60 Rn. 48.

372 *Jungmann* in MüKoStaRUG, § 60 Rn. 49.

373 Siehe zu der Zulässigkeit und Möglichkeit einer solchen Gestaltung des Restrukturierungsplans *Jungmann* in MüKoStaRUG, § 60 Rn. 51.

374 Begr. RegE SanInsFoG, BT-Drs. 19/24181, S. 161; ähnlich *Arends/Backes* in Morgen, StaRUG, § 60 Rn. 19; *Fendel* in Braun, StaRUG, § 60 Rn. 6; *Leichtle* in HK-RestrR, § 60 Rn. 9; mit weitergehenden Gedanken *Smid* in PRS, StaRUG, § 60 Rn. 11.

375 Die Haftung persönlich haftender Gesellschafter unter Mitschuldner i. S. d. § 67 Abs. 3 Satz 1 StaRUG subsumierend *Backes/Arends* in Morgen, StaRUG, § 67 Rn. 87.

376 Weitergehend dazu *Schmidt/Drescher* in MüKoHGB, § 128 Rn. 18.

377 BGHZ 47, 376 (379) = NJW 1967, 2155, »[...] es sei denn, der betroffene Gesellschafter hätte ihm zugestimmt.«

die Anzeige einer Restrukturierungssache gemäß § 31 Abs. 1 StaRUG der Schluss gezogen werden, dass der Gesetzgeber keine Zustimmung der Gesellschafter für die Anzeige des Restrukturierungsvorhabens voraussetzt.[378]

(3) Historische Anhaltspunkte des StaRUG

Der Regierungsentwurf des StaRUG sah in § 2 Abs. 1 StaRUG-RegE einen *shift of fiduciary duty* ab dem Eintritt der drohenden Zahlungsunfähigkeit vor, der die Geschäftsführer ab diesem Zeitpunkt dazu verpflichten sollte, die Interessen der Gläubiger zu wahren.[379] Darüber hinaus postulierte § 2 Abs. 2 StaRUG-RegE die Unwirksamkeit von jeglichen Weisungen gegenüber dem Leitungsorgan, die der Durchführung der zu der Wahrung der Gläubigerinteressen erforderlichen Maßnahme entgegenstehen. Letztlich wurde dieser Passus jedoch gestrichen und in dem StaRUG nicht gesetzlich verankert. Aus dem Exkludieren dieser gesetzlichen Vorschrift leiten Einige nunmehr eine Zustimmungspflicht der Gesellschafter her,[380] was jedoch nicht zu überzeugen vermag. Durch die Streichung von § 2 StaRUG-RegE gehe die primäre Ausrichtung auf das Interesse der Gläubiger verloren.[381] Dabei wird jedoch verkannt, dass der Anwendungsbereich dieser Norm auf Weisungen der Gesellschafter beschränkt war. Dem Grunde nach können diese dem Geschäftsführer gegenüber allumfassende Weisungen aussprechen.[382] Es überzeugt nicht, mit der Streichung einer Norm, die bereits nicht die gesetzliche Kompetenzallokation betrifft, Auswirkungen auf ebendiese zu begründen. Vielmehr impliziert dieser Umstand das weiterhin bestehende gesetzgeberische Verständnis, dass die Geschäftsführer grundsätzlich ohne Zustimmung der Gesellschafter eine Anzeige des Restrukturierungsvorhabens vornehmen dürfen. Sollten die Gesellschafter damit nicht einverstanden sein, können diese – entgegen der gesetzlichen Kompetenzzuweisung – dem Geschäftsführer gegenüber Weisungen erteilen. Erst dann griffe der § 2 Abs. 2 StaRUG-RegE, welcher diese Weisungen für unwirksam erklärt. Unter Zugrundelegung der Annahme, dass es für die Anzeige des Restrukturierungsvorhabens einer Zustimmung der Gesellschafter bedürfe, wäre eine Weisung der Gesellschafter an den Geschäftsführer, ein Restrukturierungsvorhaben nicht anzuzeigen, – zumindest rechtlich – obsolet.

378 So im Ergebnis auch *Baschnagel*, Restructuring Support Agreements, S. 214; in diese Richtung gehend *Scholz*, ZIP 2021, 219 (228).
379 Begr. RegE SanInsFoG, BT-Drs. 19/24181, S. 105; die diesem Gesetzentwurf entgegengetretene Kritik erwähnend *Jungmann*, ZRI 2021, 209 (211) m. w. N.
380 So *Brünkmans*, ZInsO 2021, 125 (127); einen Gesellschafterbeschluss für »einen Restrukturierungsplan mit Debt-Equity-Swap« fordernd *Herweg* in MüKoStaRUG, § 27 Rn. 64; *Hoffmann/Braun* in Flöther, StaRUG, § 29 Rn. 14.
381 *Brünkmans*, ZInsO 2021, 125 (127).
382 Statt vieler *Stephan/Tieves* in MüKoGmbHG, § 37 Rn. 71 m. w. N.

(4) Telos des StaRUG

(a) Überwindung von *holdout*-Positionen

Was die Befürworter eines gesellschaftsrechtlichen Zustimmungserfordernisses der Gesellschafter für die Anzeige des Restrukturierungsvorhabens regelmäßig eint, ist die nur unzureichende Berücksichtigung des dem StaRUG und seinen Werkzeugen zugrunde liegenden Sinns und Zwecks.[383] Das StaRUG soll dazu beitragen, dass *holdout*-Positionen der Restrukturierungsparteien überwunden werden können.[384] *Holdout*-Position meint dabei das taktische Festhalten eines Planbetroffenen an der eigenen Rechtsposition in der Hoffnung, dass andere Planbetroffene zu Eingeständnissen bereit sind und ersterer davon im Ergebnis profitiert.[385] Um dies effektiv umzusetzen, erlaubt das StaRUG zunächst gemäß § 25 StaRUG eine Mehrheitsentscheidung innerhalb verschiedener Gruppen und darüber hinaus unter den Voraussetzungen der §§ 26 ff. StaRUG einen *cross-class cram-down*, also die Überstimmung einer ablehnenden Abstimmungsklasse. Insbesondere letzterer ist auch zulasten der Anteilsinhaber möglich, welche gemäß § 2 Abs. 3 StaRUG in den Restrukturierungsplan einbezogen werden können. Ausweislich § 67 Abs. 1 Satz 2 StaRUG bedarf es, damit die Maßnahmen des Restrukturierungsplans auch gegenüber dissentierenden Abstimmenden Wirkung entfalten, der Bestätigung des Restrukturierungsplans. Die Planbestätigung setzt ihrerseits gemäß § 31 Abs. 1 StaRUG i. V. m. § 29 Abs. 2 Nr. 4 StaRUG eine Anzeige des Restrukturierungsvorhabens voraus. Das Erfordernis einer Zustimmung der Anteilsinhaber für die Anzeige des Restrukturierungsvorhabens ließe diese faktisch darüber entscheiden, ob es zu einem Eingriff in ihre Mitgliedschaftsrechte kommt. Ihnen käme somit eine absolute *holdout*-Position zu, die ihnen nach dem Sinn und Zweck des StaRUG nicht zustehen soll.[386] Deshalb verfängt es nicht, eine Zustimmung durch die Gesellschafter für die Anzeige einer Restrukturierungssache zu fordern.

(b) Vergleich mit modellstehendem Gesetz

Das auf der Restrukturierungs-RL beruhende StaRUG soll einen Paradigmenwechsel in der Restrukturierungskultur schaffen,[387] wobei die Restrukturierungs-RL sich auch an Konzepten des anglo-amerikanischen Rechtsraums anlehnt.[388] In den USA geht

383 Siehe exemplarisch *Lieder* in FS Smid, 2022, 543 (547 ff.); *Rauhut*, NZI-Beilage 2021, 52 (54).

384 Ausführlich und statt vieler *Skauradszun* in MüKoStaRUG, § 29 Rn. 4 ff., insbesondere Rn. 11.

385 *Skauradszun* in MüKoStaRUG, § 29 Rn. 14.

386 So auch *Brandes/Rabenau*, ZIP 2021, 2566 (2570); dem § 1 StaRUG damit Sinn verleihen wollend *Hoffmann*, WM 2021, 429 (433); *Skauradszun*, KTS 2021, 1 (49); *Skauradszun Amort*, DB 2021, 1317 (1321); ähnlich auch *Zehlicke*, FD-InsR 2024, 801732.

387 Ähnlich ErwG 16 Restrukturierungs-RL, welcher die Beseitigung der Hindernisse für eine wirksame präventive Restrukturierung betont. Siehe auch *Heidrich/Gabriel*, SanB 2020 164 (166).

388 Das *Chapter 11*-Verfahren als Leitbild des deutschen Restrukturierungs- und Insolvenzrechts bezeichnend *Florstedt*, KTS 2023, 51; das *Chapter 11*-Verfahren für das Insolvenzplanverfahren – und damit letztlich für das StaRUG – modellstehend erwähnend *Herweg* in MüKoStaRUG, § 26 Rn. 17; *Heß*, Restrukturierung des Insolvenzrechts, S. 246; den Terminus »*Role Model*« verwendend *Wöhrle*, KTS 2023, 365.

durch die Nutzung des *Chapter 11*-Verfahrens nicht ansatzweise eine mit dem Standort Deutschland vergleichbare Stigmatisierung des Schuldners bei Durchlaufen eines Insolvenzverfahrens einher.[389] Ferner bietet das *Chapter 11*-Verfahren ein flexibles Restrukturierungsregime, welches regelmäßig für Unternehmensrestrukturierungen auch von ausländischen Unternehmen genutzt wird.[390] Insoweit befriedigt das *Chapter 11*-Verfahren genau die Begierden, die durch die nationale Umsetzung der Restrukturierungs-RL adressiert werden sollen. In Anbetracht dieser Tatsachen ist ein Blick und die Anlehnung an das *Chapter 11*-Verfahren durchaus angezeigt. Aus diesem Rechtsvergleich mit dem *US-Bankruptcy* und *-Corporate Law* ergibt sich, dass das hier vertretene Verständnis der Kompetenzallokation bei der Anzeige des Restrukturierungsvorhabens gemäß § 31 Abs. 1 StaRUG international nicht ohne Vorbild ist. Die in dieser Arbeit vertretene Auslegung des nationalen Rechts unterscheidet sich in dem Punkte der Einleitung von Restrukturierungsmaßnahmen nicht von dem liberalen US-Restrukturierungsrecht. Auch für die Restrukturierung in einem *Chapter 11*-Verfahren sind die Mitglieder des *board of directors* zuständig. Die Anteilsinhaber haben dabei kein Mitspracherecht,[391] da diese ansonsten eine Restrukturierung verhindern könnten und würden. Vor dem Hintergrund der Wertlosigkeit der Anteile verbleiben die Anteilsinhaber vielmehr regelmäßig ohne Kompensation für den Verlust der Anteile.[392]

(5) Richtlinienkonforme Auslegung

Das nationale Recht, das die von einer Richtlinie adressierte Materie betrifft, ist weitestgehend unter Berücksichtigung des Wortlauts und des Telos der zugrunde liegen-

389 Siehe ErwG 72 Restrukturierungs-RL. Dazu auch *Flöther/Eckelt* in Flöther, SanR, Kap. E Rn. 5. Die durch das deutsche Insolvenzverfahren eintretende Stigmatisierung erwähnend *Braegelmann/Bernsau* ZInsO 2019, 374 (377); auch *Siemon*, NZI 2016, 57 (59); mit einem Vergleich zu einem Chapter 11-Verfahren *Westpfahl*, ZGR 2010, 385 (392).

390 *Lürken/Egger/Hiemer* in JSB, HdB PE, § 29 Rn. 193 m. w. N.

391 So für das *Delaware Corporate Law*, siehe *In re De Camp Glass Casket Co.*, 272 F. 558 (561) (6th *Cir.* 1921) «According to the trend of authority, in the absence of restrictive provisions in either statute or charter, a board of directors may authorize the filing of a voluntary bankruptcy.«. Für das *Florida Corporate Law*, siehe *In re United Grocery Co.*, 239 F. 1016 (1018) (S.D.FL. 1917) »The next question arising for decision is: Have the board of directors of a corporation in this state the right to file a voluntary petition in bankruptcy? This question must be answered in the affirmative. The law of Florida provides that the business of the corporation shall be conducted by certain officers and the board of directors, and provides for election of the board by the stockholders. The only ground upon which it could be urged that this power does not exist in the state with the board of directors is the provision for dissolving the corporation.«; hingegen die Möglichkeit der Ausgabe einer *golden share* mit dem entsprechenden Recht, einen Insolvenzantrag zu blocken, behandelnd *In re Franchise Services of North America*, 891 F.3d 198 (5th *Cir.* 2018).

392 Auch in einem *Chapter 11*-Verfahren müssen die Anteilsinhaber mindestens den Wert erhalten, den diese in dem Rahmen einer Liquidation in einem *Chapter* 7-Verfahren erhalten würden, damit der Plan bestätigt werden kann, 11 U.S.C. § 1129(a)(7)(A)(ii).

den Richtlinie auszulegen.[393] Daraus folgt, dass es keiner Zustimmung der Anteilsinhaber für die Anzeige des Restrukturierungsvorhabens bedarf.

(a) Art. 12 Restrukturierungs-RL

Den ersten Anknüpfungspunkt der Restrukturierungs-RL bietet Art. 12 Abs. 1 Restrukturierungs-RL. Danach haben die Mitgliedstaaten, wenn diese die Rechte der Anteilsinhaber weder einer Mehrheitsentscheidung noch einem *cross-class cram-down* unterwerfen, sicherzustellen, dass jene die Annahme und Bestätigung des Restrukturierungsplans nicht grundlos verhindern oder erschweren dürfen. Aus dieser Formulierung ergibt sich in letzter Konsequenz, dass den Anteilsinhabern nur die Möglichkeiten bleiben sollen, gegen den Restrukturierungsplan abzustimmen oder gegen die Planbestätigung vorzugehen. Vor dem Hintergrund des Art. 12 Abs. 1 Restrukturierungs-RL ist ein Erfordernis der Zustimmung der Gesellschafter für die Anzeige des Restrukturierungsvorhabens gemäß § 31 Abs. 1 StaRUG abzulehnen.[394]

(aa) Anwendbarkeit Art. 12 Restrukturierungs-RL

Zunächst ist zu konstatieren, dass Art. 12 Restrukturierungs-RL gemäß seinem Wortlaut dann anwendbar ist, wenn die Anteilsinhaber in der nationalen Umsetzung der Restrukturierungs-RL von der Anwendung der Art. 9–11 Restrukturierungs-RL – was nach dem StaRUG nicht der Fall ist – ausgeschlossen sein sollten. Diese beinhalten die Möglichkeit der Majorisierung der obstruierenden Anteilsinhaber durch andere Anteilsinhaber gemäß Art. 9 Abs. 6 Restrukturierungs-RL, oder andere Abstimmungsklassen gemäß Art. 11 Restrukturierungs-RL, sowie gemäß Art. 10 Abs. 1 lit. a Restrukturierungs-RL die Wirkung des Restrukturierungsplans auch gegenüber dissentierenden Planbetroffenen. Faktisch bedeutet dies, dass die den Mitgliedstaaten durch Art. 12 Restrukturierungs-RL auferlegte Pflicht erst dann besteht, wenn die Anteilsinhaber nicht über einen *cross-class cram-down* majorisiert werden können.[395] Erst dann haben die Mitgliedstaaten auf andere Weise sicherzustellen, dass die Anteilsinhaber die Annahme und Bestätigung nicht grundlos verhindern oder erschweren können.

393 Dazu im Allgemeinen *Möllers*, Methodenlehre, § 12 Rn. 46; *Streinz*, EuropaR, Rn. 511. Für das Verhältnis von Restrukturierungs-RL und StaRUG *Balthasar*, NZI-Beilage 2021, 18 (21); *Mock*, NZI 2023, 585; *Skauradszun*, KTS 2021, 1 (49).

394 Ohne Art. 12 Restrukturierungs-RL zu erwähnen, eine Richtlinienwidrigkeit eines behaupteten Zustimmungserfordernisses bei der AG konstatierend *Brinkmann*, KTS 2021, 303 (315 f.); für die AG *Spahlinger/Philipp/Zöller*, AR 2021, 88 (89). *Tresselt* in Morgen, StaRUG, § 2 Rn. 92; wohl auch *Zehlicke/Krafczyk*, ZRI 2023, 520 (522). A. A. *Heß*, Restrukturierung des Insolvenzrechts, S. 195, der das »Dilemma« des Verhältnisses zwischen Anteilseigner und Unternehmensleitung als durch die Restrukturierungs-RL nicht gelöst erachtet.

395 Praktisch dürfte es regelmäßig auf den *cross-class cram-down* ankommen, um die Zustimmung der Anteilsinhaber zu erlangen.

(bb) Implikationen von Art. 12 Restrukturierungs-RL

Auf die konkrete Umsetzung des nationalen Gesetzgebers kommt es für die hiesigen Ausführungen gar nicht an. Ausschlaggebend ist vielmehr die in der Restrukturierungs-RL gewählte Formulierung »auf andere Weise sicherstellen«. Diese Formulierung impliziert, dass der europäische Richtliniengeber grundsätzlich davon ausgeht, dass durch die Anwendung der Art. 9–11 Restrukturierungs-RL zulasten der Anteilsinhaber bereits sichergestellt wird, dass diese Annahme und Bestätigung des Restrukturierungsplans nicht grundlos verhindern können. Darüber hinaus lässt sich daraus auch ableiten, dass den Anteilsinhabern kein über das sich aus den Art. 9–11 Restrukturierungs-RL ergebende Obstruktionspotential hinausgehende zugutekommt, wenn die Vorschriften über die Annahme und Bestätigung des Plans sowie die Möglichkeit des *cross-class cram-down* zu deren Lasten in der nationalen Umsetzung vorgesehen sind.[396] Wenn die genannten jedoch die einzigen Möglichkeiten der Anteilsinhaber sind und sein sollen, lässt dieser Umstand die Schlussfolgerung zu, dass den Anteilsinhabern auch kein sonstiges Obstruktionspotential – z. B. durch ein Zustimmungserfordernis für die Anzeige des Restrukturierungsvorhabens – zugesprochen werden kann.

(cc) Zeitlicher Anwendungsbereichs des Art. 12 Restrukturierungs-RL

Der Berufung auf Art. 12 Restrukturierungs-RL als Begründung gegen die Notwendigkeit einer Zustimmung der Gesellschafter wird teilweise entgegnet, dieser würde nur während der Restrukturierungssache gelten,[397] weshalb unter Bezugnahme auf diesen keine Aussagen für zeitig außerhalb der Restrukturierungssache aufkommende Rechtsfragen getätigt werden können.[398] Dies kann in dieser Pauschalität jedoch nicht überzeugen. Zunächst scheint es schwierig, bei einem Restrukturierungsrahmen, der keiner formellen Einleitung wie das Insolvenzverfahren bedarf – lediglich für die Nutzung der Instrumente bedarf es der Anzeige –, zwischen innerhalb und außerhalb des Verfahrens in einem formalen Sinne zu unterscheiden. Darüber hinaus kann die Anzeige des Restrukturierungsvorhabens gemäß § 31 Abs. 4 Nr. 1 StaRUG auch wieder zurückgenommen werden. Ferner ist es durchaus denkbar, dass zunächst ein Restrukturierungskonzept erarbeitet wird und die Anzeige des Restrukturierungsvorhabens erst mit der Beantragung der Bestätigung des Restrukturierungsplans geschieht. Eine formalisierte Betrachtung würde den tatsächlichen Sachverhalt sachwidrig zerreißen. Ein solches Vorgehen scheint eher ergebnisgetrieben denn sinnvoll und zielführend zu sein. Darüber hinaus würde bei einer solchen Lesart des Art. 12 Restrukturierungs-RL auch ein Paradoxon sich ergeben: Unter Zugrundelegung der vorstehend aufgegriffenen Opposition würde Art. 12 Restrukturierungs-RL durch dieses Verständnis bereits sein Anwendungsbereich entzogen.[399] Gemäß § 31 Abs. 1 StaRUG i. V. m. § 29 Abs. 2

396 So auch *Skauradszun*, NZG 2019, 761 (763), der diese Möglichkeiten der Anteilsinhaber als »abschließendes System« bezeichnet.

397 So *Thole*, BB 2021, 1347 (1350).

398 Wohl auch *Skauradszun*, NZG 2019, 761 (764 f.), der für unproblematisch hält, wenn Anteilsinhaber Einfluss auf die Frage nehmen, »ob« der Restrukturierungsrahmen genutzt wird.

399 Ähnlich *Spahlinger*, NZI-Beilage 2019, 69 (71).

Nr. 4 StaRUG ist die Anzeige des Restrukturierungsvorhabens notwendige Voraussetzung für die Planbestätigung. Stünde es unter Berücksichtigung dieser Umstände den Anteilsinhabern zu, über die Anzeige des Restrukturierungsvorhabens zu entscheiden, käme diesen realiter die Entscheidungsbefugnis für die Bestätigung eines Restrukturierungsplans zu. Sollten die Gesellschafter befürchten, dass sie die von ihnen gehaltenen Gesellschaftsanteile durch einen Restrukturierungsplan gegen ihren Willen verlieren, würden die Gesellschafter einer Anzeige des Restrukturierungsvorhabens regelmäßig nicht zustimmen. In Anbetracht dieser Tatsachen würde eine Bestätigung des Restrukturierungsplans sich niemals materialisieren. Dies soll gemäß Art. 12 Restrukturierungs-RL verhindert werden.

(b) Andere Beurteilung wegen ErwG 57 Restrukturierungs-RL

Eine zugunsten eines Zustimmungserfordernisses streitende Auslegung des Art. 12 Restrukturierungs-RL folgt nicht aus ErwG 57 Restrukturierungs-RL. Dieser sieht vor, dass Restrukturierungsmaßnahmen, die sich unmittelbar auf die Rechte der Anteilsinhaber auswirken und nach dem Gesellschaftsrecht durch eine Anteilsinhaberversammlung bestätigt werden müssen, keine unangemessen hohen Mehrheiten benötigen. Dadurch wird den Mitgliedstaaten eine weitere Möglichkeit präsentiert, um Anteilsinhabern das Obstruieren zu erschweren. Isoliert betrachtet ist dieser Satz ein deutliches Indiz dafür, dass der Richtliniengeber davon ausgeht, dass Restrukturierungsmaßnahmen, die sich auf die Rechte der Anteilsinhaber auswirken, durch die Anteilsinhaber bestätigt werden müssen. Damit würde die bisher in dieser Arbeit vertretene Auffassung, die Restrukturierungs-RL selbst ginge davon aus, dass gesellschaftsrechtliche Maßnahmen auch gegen den Willen der Anteilsinhaber durchgeführt werden, entkräftet. Aus verschiedenen Gründen kann dieser Erwägungsgrund die bisher getätigten Schlussfolgerungen jedoch nicht erschüttern.

Zunächst bezieht die entscheidende Passage sich explizit auf »Restrukturierungsmaßnahmen«, welche sich »unmittelbar« auf die Rechte der Gesellschafter auswirken würden. Weder stellt die Anzeige des Restrukturierungsvorhabens eine Restrukturierungsmaßnahme dar noch hat eine solche unmittelbare Auswirkungen auf die Rechte der Gesellschafter.[400] Dies kann also keine Auswirkungen auf etwaige Implikationen für die Anzeige einer Restrukturierungssache haben. Ferner zielt ErwG 57 Restrukturierungs-RL nicht auf einen Eingriff in die gesellschaftsrechtliche Kompetenzordnung ab. Es wird lediglich klargestellt, dass es bei – aus welchen Gründen auch immer – zustimmungspflichtigen Restrukturierungsmaßnahmen keiner hohen Zustimmung bedürfen soll. Offen bleibt, weshalb der europäische Gesetzgeber hier auf nach dem Gesellschaftsrecht zu bestätigende Restrukturierungsmaßnahmen eingeht, wenn doch der Restrukturierungsplan die gesellschaftsrechtlichen Zustimmungen beinhaltet.[401] Relevanz weist dieser Passus des ErwG 57 Restrukturierungs-RL deshalb nur dann auf, wenn dieser gesellschaftsrechtliche Maßnahmen adressiert, die nicht in einem Restrukturierungsplan umsetzbar sind. Dies ist insbesondere dann der Fall, wenn die nationale

400 Eine unmittelbare Auswirkung der Anzeige des Restrukturierungsvorhabens verneinend *Mock*, NZI 2023, 585.

401 Art. 12 Restrukturierungs-RL als das Gesellschaftsrecht verdrängend ansehend *Skauradszun*, NZG 2019, 761 (765).

Umsetzung der Restrukturierungs-RL die Möglichkeit der Umsetzung von gesellschaftsrechtlichen Maßnahmen in dem Restrukturierungsplan nicht beinhalten würde und diese somit außerhalb der Restrukturierungssache zu beschließen wären.[402]

(c) ErwG 96 Restrukturierungs-RL

ErwG 96 Restrukturierungs-RL suggeriert, dass ErwG 57 Restrukturierungs-RL nicht in dem Sinne einer Zustimmungsvoraussetzung der Gesellschafter[403] zu interpretieren ist. Dieser sieht vor, dass die Wirksamkeit des Prozesses der Annahme und Umsetzung des Restrukturierungsplans nicht durch das Gesellschaftsrecht gefährdet werden sollte. Dieses Erfordernis unterfüttert der Richtliniengeber mit Beispielen, in denen zu diesem Zwecke Ausnahmen des Gesellschaftsrechts erforderlich sein können. Beispielsweise können Ausnahmen dann erforderlich sein, wenn »[...] die Herabsetzung des gezeichneten Kapitals im Falle eines Übergangs von Unternehmensteilen vorgesehen ist.« Dieses Beispiel beschreibt den Verlust der Anteile an dem Schuldner durch einen Kapitalschnitt. Ausweislich ErwG 57 Restrukturierungs-RL sollten die darin genannten Ausnahmen zeitlich begrenzt werden, bis eine nationale Umsetzung der Restrukturierungs-RL erfolgt ist. Daraus folgt, dass die nationale Umsetzung der Restrukturierungs-RL ab dem Zeitpunkt ihres Inkrafttretens die Aufgabe übernimmt, die davor durch die in ErwG 57 Restrukturierungs-RL genannten Ausnahmen von dem Gesellschaftsrecht wahrgenommen wurden. Ab diesem Zeitpunkt kann das Gesellschaftsrecht dann nicht verhindern, dass z. B. ein Kapitalschnitt durchgeführt wird. Auch hiermit widerspräche der Richtliniengeber sich selbst, wenn er in ErwG 57 Restrukturierungs-RL auszudrücken versuchte, dass die Gesellschafter über die in einem Restrukturierungsplan getroffenen gesellschaftsrechtlichen Maßnahmen in gesellschaftsrechtlichen Bahnen abzustimmen haben.

(d) Art. 19 Restrukturierungs-RL

Art. 19 Restrukturierungs-RL streitet ebenfalls gegen eine notwendige Beteiligung der Anteilsinhaber bei der Anzeige des Restrukturierungsvorhabens. Gemäß Art. 19 lit. a Restrukturierungs-RL stellen die Mitgliedstaaten sicher, dass die Unternehmensleitung bei einer wahrscheinlichen Insolvenz mindestens die Interessen der Gläubiger, Anteilsinhaber und sonstigen Interessenträger gebührend berücksichtigt. Daher wird teilweise auch aus diesem Umstand bei einer richtlinienkonformen Auslegung eine Notwendigkeit der Zustimmung der Gesellschafter für eine Anzeige des Restrukturierungsvorhabens verneint.[404] Dies wird damit begründet, dass den Interessen der Anteilsinhaber bei einer Zustimmungspflicht für die Anzeige des Restrukturierungsvorhabens ein unbe-

402 Siehe dazu *Korch*, ZIP 2020, 446 (450 f.).

403 Zwar spricht die deutsche Fassung des ErwG 96 Restrukturierungs-RL von »Aktionären«. Dies findet seine Begründung jedoch in der misslichen Übersetzung des in der englischen Fassung gewählten Begriffs »*shareholders*«, welcher besser – rechtsformneutral – mit »Anteilsinhaber« zu übersetzen ist.

404 So *Mock*, NZI 2023, 585 (585); *Skauradszun*, KTS 2021, 1 (49 f.); *Skauradszun/Amort*, DB 2021, 1317 (1321); *Tresselt* in Morgen, StaRUG, § 2 Rn. 92; *Zehlicke/Krafczyk*, ZRI 2023, 520 (522).

rechtigter Vorrang eingeräumt würde.[405] Dieses Argument kann nur verfangen, wenn aus Art. 19 lit. a Restrukturierungs-RL folgte, dass die Interessen von Gläubigern, Anteilsinhabern und sonstigen Interessenträgern mindestens in einem Gleichgewicht gehalten werden müssen. Eine solche Auslegung ist jedoch nicht zwingend.[406] Vielmehr sollen die verschiedenen Interessen »gebührend« berücksichtigt werden. Allerdings sieht Art. 19 lit. b Restrukturierungs-RL vor, dass die Mitgliedstaaten sicherstellen, dass die Unternehmensleitung bei drohender Insolvenz die Notwendigkeit, insolvenzvermeidenden Maßnahmen einzuleiten, gebührend berücksichtigt. Für die Auslegung dieses Passus ist ErwG 70 Restrukturierungs-RL heranzuziehen. Dieser sieht vor, dass gewährleistet sein muss, dass die Unternehmensleitung – sprich der Geschäftsführer der GmbH – nicht davon abgehalten wird, vertretbare Geschäftsentscheidungen zu treffen. Die Einleitung präventiver Restrukturierungsverfahren ist dabei explizit als vertretbare Geschäftsentscheidung qualifiziert. Zwar ist ein Erwägungsgrund für die Mitgliedstaaten nicht bindend,[407] dennoch manifestiert in diesem sich deutlich, dass die Einleitung präventiver Restrukturierungsrahmen als autonome Entscheidung der Unternehmensleitung möglich sein soll. Ob dies nun normativ aus Art. 19 lit. a Restrukturierungs-RL oder Art. 19 lit. b Restrukturierungs-RL folgt, ist für die hiesigen Schlussfolgerungen irrelevant.

c) Zwischenergebnis

Dem Erfordernis einer Zustimmung der Gesellschafter für die Anzeige des Restrukturierungsvorhabens gemäß § 31 Abs. 1 StaRUG ist in zwei Stufen zu begegnen. Auf der ersten Stufe, dem nationalen Gesellschaftsrecht, ergeben aus einer rein gesellschaftsrechtlich geprägten Erörterung dieses Problems zahlreiche Anknüpfungspunkte sich, die für die Herleitung eines Zustimmungserfordernis herangezogen werden können. Ungeachtet der konkreten gesellschaftsrechtlichen Herleitung wird jeder dabei gewählte Ansatz durch die zweite Stufe, das europäische Recht, überlagert und deshalb obsolet.[408] Freilich geht mit einer solchen Ansicht ein mitunter schwerwiegender Eingriff in die Rechte der Gesellschafter einher. Allerdings darf nicht übersehen werden, dass es sich um eine gesetzgeberische Entscheidung handelt. Die gegen eine solche Ansicht aus dem Gesellschaftsrecht entspringenden Erwägungen stellen keine axiomatische

405 So *Mock*, NZI 2023, 585 (585); *Skauradszun/Amort*, DB 2021, 1317 (1321).

406 So auch *Guntermann*, WM 2021, 214 (220); ähnlich *Korch*, ZGR 2019, 1050 (1080); *Spahlinger*, NZI-Beilage 2019, 69 (71); a. A. *Skauradszun*, KTS 2021, 1 (49 f.); *Zehlicke/Krafczyk*, ZRI 2023, 520 (522).

407 Siehe ausführlich zu der gewichtigen Rolle der Erwägungsgründe lediglich im Rahmen der Auslegung *Gumpp*, ZfPW 2022, 446 m. w. N.

408 Dies betrifft auch in dieser Arbeit nicht erörterte gesellschaftsrechtliche Anknüpfungspunkte. Änderungen des Gesellschaftsrechts für den Zeitraum der Krise der Gesellschaft durch die Restrukturierungs-RL erkennend *Korch*, NZG 2020, 1299; ähnlich *Mulert/Steiner*, NZG 2021, 673 (677); *Thole*, ZIP 2023, 563 (565); diese Frage zuvor hingegen nicht restrukturierungsrechtlich, sondern gesellschaftsrechtlich lösen wollend *Thole*, BB 2021, 1347 (1350). Siehe dazu auch die Positionen betreffend einen Bezugsrechtausschluss in einem Restrukturierungsplan AG Berlin-Charlottenburg, NZI 2024, 225 Rn. 27; *Urlaub*, ZRI 2023, 997; dazu auch *Kowalewski/Praß* in Morgen, StaRUG, § 27 Rn. 43.

Größe dar, sondern unterliegen bei entsprechender Rechtfertigung der Disposition des Gesetzgebers. Die sich aus der Restrukturierungs-RL und dem StaRUG ergebenden Wertungen stellen genau eine solche dar. Der Gesetzgeber postuliert, dass die Restrukturierung des Schuldners gegen den Willen der Gesellschafter aus volkswirtschaftlichen Erwägungen – Erhalt eines Arbeitgebers und Steuerzahlers[409] – Vorrang genießt. Eine ähnliche Abwägung wird durch obligatorische Insolvenzgründe geschaffen, bei denen lediglich einem anderen Subjekt – den Gläubigern – der Vorrang eingeräumt wird.[410] Der Geschäftsführer ist daher befugt, das Restrukturierungsvorhaben ohne vorherige Zustimmung der Gesellschafter anzuzeigen.[411] Wie genau die Restrukturierungssache praktisch durchgeführt werden soll, wenn die Gesellschafter faktisch über das »Ob« der Restrukturierung entscheiden, vermag kein Vertreter der Opposition überzeugend zu erklären. Die dargestellten Argumente sprechen auch dafür, dass es

409 Siehe ErwG 16 Restrukturierungs-RL; ähnlich *Korch*, ZIP 2020, 446 (447).

410 Zu der Überlagerung des Gesellschaftsrechts durch das Insolvenzrecht *Hölzle*, ZIP 2013, 1846 (1847).

411 So im Ergebnis auch OLG Stuttgart, NZI 2024, 832 Rn. 99 ff.; wohl *Bernsau/Beyer*, BB 2022, 1090 (1093); ohne Rücksicht auf die konkrete Rechtsform *Brandes/Rabenau*, ZIP 2021, 2566 (2570); wohl auch *De Bruyn/Ehmke*, NZG 2021, 661 f.; wohl auch *Desch*, BB 2020, 2498 (2501); *Flöther/Wilke*, ZRI 2023, 1029 (1040); wohl *Florstedt*, KTS 2023, 51 (61); so auch *Gehrlein*, BB 2021, 66 (72); so wohl auch *Grau/Pohlmann/Radunz*, NZI 2021, 522 (527); *Hoffmann*, WM 2021, 429 (433 f.); *Mock*, NZI 2023, 585; *Mulert/Steiner*, NZG 2021, 673 (676 f.); *Skauradszun* in BeckOK StaRUG, § 2 Rn. 136; *Skauradszun*, KTS 2021, 1 (49 ff.); *Skauradszun/Amort*, DB 2021, 1317 (1320 ff.); wohl auch, allerdings nur die AG untersuchend, wobei die von diesen gewählten Argumente aus der Restrukturierungs-RL auch gesellschaftsformübergreifend für die GmbH greifen sollten *Spahlinger/Philipp/Zöller*, AR 2021, 88 (89); *Tresselt* in Morgen, StaRUG, § 2 Rn. 92; *Zehlicke*, FD-InsR 2024, 801732; wohl auch *Zehlicke/Krafczyk*, ZRI 2023, 520 (522 f.); im Ergebnis wohl auch *Ziegenhagen*, ZInsO 2025, 337 (340); A. A. wohl AG Charlottenburg, ZRI 2023, 836; LG Berlin, ZIP 2023, 1910 ff.; AG Hamburg, NZI 2023, 584 f.; wohl – wenn auch vehement zu vermitteln versuchend – *Balthasar*, NZI-Beilage 2021, 18 (21 f.); *Bayer*, GmbHR 2023, 918; *Brinkmann*, EWiR 2023, 597 (598); explizit, aber nicht konsistent, *Brinkmann*, KTS 2021, 303 (315 f.); *Brünkmans*, ZInsO 2021, 125 (127); *Fuhrmann/Heinen/Schilz*, NZG 2021, 684 (689); *Gehrlein*, ZRI 2024, 737 (742 f.); *Gehrlein*, BB 2022, 1096 (1097); wohl auch *Harig*, EWiR 2023, 406 (407 f.); so zumindest in den Fällen, in denen Gesellschafterrechte beeinträchtigt werden *Hoffmann/Braun* in Flöther, StaRUG, § 29 Rn. 14; wenn auch konstatierend, dass dies wohl nicht mit Art. 19 Restrukturierungs-RL in Einklang zu bringen ist *Jungmann*, ZRI 2021, 209 (213); *Leuering/Rubner*, NJW-Spezial 2023, 625; *Lieder* in FS Smid, 2022, 543 (547); *Liedl*, Gläubigerklassen, S. 209 f.; wohl auch – wenn auch inkonsequent – *Morgen/Arends/Schierhorn*, ZRI 2021, 305 (309); *Rauhut*, NZI-Beilage 2021, 52 (54); *Schäfer*, ZIP 2020, 2164 (2168); wohl *Schluck-Amend* in Jacoby/Thole, StaRUG, § 31 Rn. 6; nicht eindeutig, wohl aber *Scholz*, ZIP 2021, 219 (226); *Seibt/Bulgrin*, DB 2020, 2226 (2236); *Seibt/Harf*, ZIP 2024, 2309 (2313); *Stephan/Tieves*, MüKoGmbHG, § 37 Rn. 153; *Thole*, BB 2021, 1347 (1350); *Utsch* in Römermann, InsO, § 31 StaRUG Rn. 9; nicht bezogen auf das StaRUG, aber für ein vorinsolvenzliches Sanierungsverfahren im Allgemeinen fordernd *Wahlers*, Sanierungsverfahren, S. 153 f.; nicht eindeutig, wohl aber *Wollring/Quitzau*, ZRI 2021, 616 (620); offenlassend *Kramer* in BeckOK StaRUG, § 31 Rn. 31; *Schröder* in HK-RestrR, § 31 Rn. 10c.

nicht auf eine Alternativlosigkeit der Restrukturierung gemäß dem StaRUG ankommen kann, weil die Restrukturierungs-RL eine solche Einschränkung nicht impliziert.

2. Auswirkungen auf vertragliche Bestimmungen oder Weisungen

Ferner stellt die Frage sich, wie ein Sachverhalt zu bewerten ist, in dem entweder per Klausel in dem Gesellschafts-[412] oder Anstellungsvertrag[413] mit dem Geschäftsführer oder ferner durch Weisung an den Geschäftsführer eine Anzeige des Restrukturierungsvorhabens ohne vorherige Zustimmung der Gesellschafter untersagt wird.[414] Sollte der Geschäftsführer bei einer solchen Sachlage entgegen der Weisung der Gesellschafter oder ohne Berücksichtigung der entsprechenden Klausel des Gesellschaftsvertrags die Anzeige des Restrukturierungsvorhabens vorgenommen haben, könnten die Gesellschafter dazu geneigt sein, Schadensersatzansprüche gegen den Geschäftsführer geltend zu machen. Eine Schadensersatzpflicht gemäß § 43 Abs. 2 GmbHG würde dann nur entfallen, wenn die entsprechende Klausel des Gesellschaftsvertrages oder Weisung unwirksam wäre und deshalb keine Beschränkung i. S. d. § 37 Abs. 1 GmbH für den Geschäftsführer festsetzte.

a) Grundsätzliche Zulässigkeit

Herkömmliche Praxis ist es, dass bereits in dem Gesellschaftsvertrag einer GmbH oder in dem Anstellungsvertrag des Geschäftsführers zustimmungsbedürftige Geschäftsvorfalle deklariert werden.[415] Für diese folgt aus der Legalitätspflicht, dass der Geschäftsführer die zustimmungsbedürftigen Geschäftsvorfälle nicht ohne die Zustimmung der Gesellschafter vornehmen darf.[416] Denkbar ist vor diesem Hintergrund, dass zeitgenössische Gesellschafts- oder Anstellungsverträge die Anzeige des Restrukturierungsvorhabens gemäß § 31 Abs. 1 StaRUG in die zustimmungspflichtigen Geschäftsvorfälle inkludieren. Sollte dies nicht passiert sein, steht es den Gesellschaftern gemäß § 37 Abs. 1 GmbHG grundsätzlich zu, dem Geschäftsführer mittels einer Weisung die Vornahme bestimmter Handlungen zu untersagen.[417]

b) Beschränkung der Möglichkeit wegen Wertungen des StaRUG und der Restrukturierungs-RL

Für die Durchsetzung des Telos der Restrukturierungs-RL ist entscheidend, ob Klauseln in dem Gesellschaftsvertrag oder Anstellungsvertrag betreffend die Einordnung

412 Eine Kompetenzallokation in dem Gesellschaftsvertrag empfehlend *Lieder* in FS Smid, 2022, 543 (549).
413 Eine unterschiedliche Bewertung dürfte sich aus der konkreten Gestaltung nicht ergeben.
414 Zu der Weisung, eine Anzeige des Restrukturierungsvorhabens zu unterlassen *Thole*, BB 2021, 1347 (1350).
415 Ähnlich *Schelling* in Beck'sche OF Vertr., 2.3.2. Rn. 11; ähnlich auch *Stephan/Tieves* in MüKoGmbHG, § 37 Rn. 115.
416 Statt vieler *Fleischer* in MüKoGmbHG, § 43 Rn. 21, 26.
417 Ohne Bezug zu der Anzeige des Restrukturierungsvorhabens *Altmeppen*, GmbHG, § 37 Rn. 15.

der Anzeige des Restrukturierungsvorhabens gemäß § 31 Abs. 1 StaRUG als zustimmungspflichtiges Geschäft oder Weisungen, diese Anzeige zu unterlassen, als wirksam zu erachten und somit für den Geschäftsführer bindend sind. Das Ablehnen einer *ex lege* bestehenden Notwendigkeit der Zustimmung der Gesellschafter für die Anzeige des Restrukturierungsvorhabens führt nahezu unweigerlich dazu, die in diesem Abschnitt behandelten Klauseln in dem Gesellschaftsvertrag oder Anstellungsvertrag oder Weisungen für unwirksam zu erachten.[418] Zunächst sprechen teleologische Gründe gegen eine Wirksamkeit solcher Weisungen und Klauseln. Das mitunter auserkorene Ziel der Restrukturierungs-RL, Gesellschaftern kein Obstruktionspotential zukommen zu lassen, kann nur erreicht werden, wenn die Erreichung des Zwecks der Restrukturierungs-RL verhindernde Weisungen als nicht wirksam anerkannt werden. Ferner überzeugt auch aus dogmatischer Sicht nicht, die Kompetenzallokation der GmbH *ex lege* durch restrukturierungsrechtliche Wertungen einzuschränken, darauf fußende Begrenzungen des Weisungsrechts hingegen abzulehnen. Aus der Restrukturierungs-RL ergibt sich, dass die durch die Restrukturierungs-RL bestehende Einschränkung des nationalen Gesellschaftsrechts nicht notwendigerweise auf ein Zustimmungserfordernis *ex lege* beschränkt ist. Deren ErwG 96 Restrukturierungs-RL lässt zweifelsfrei darauf schließen, dass das gesamte Gesellschaftsrecht durch die Restrukturierungs-RL berührt werden kann.[419] Vor diesem Hintergrund kann nicht ausschlaggebend sein, auf welchem Wege den Gesellschaftern nach nationalem Gesellschaftsrecht eine *holdout*-Position zukommen kann. Essentiell ist nur, dass den Gesellschaftern ein solches nicht zukommt, damit die Ziele der Restrukturierungs-RL nicht gefährdet werden, *effet utile*.

3. Rechtsfolgen bei Fehlen der – nicht erforderlichen – Zustimmung in dem Innenverhältnis

Zwar wird nach hiesiger Ansicht die Notwendigkeit der Zustimmung der Gesellschafter für eine Anzeige des Restrukturierungsvorhabens verneint, dennoch ist vor dem Hintergrund der durchaus verschiedenen Ansichten auf der ersten Ebene – Zustimmungserfordernis im Innenverhältnis – und einer Entscheidung des AG Hamburg, in welcher dieses eine Restrukturierungssache wegen eines Missbrauchs der Vertretungsmacht durch den Geschäftsführer aufhob,[420] klärungsbedürftig, welche Rechtsfolgen bei bejahter Notwendigkeit einer Zustimmung der Gesellschafter und dem Fehlen einer solchen einträten.

418 Im Ergebnis auch, solange keine Schlechterstellung der Gesellschafter eintritt, *Brandes/Rabenau*, ZIP 2021, 2566 (2570); ähnlich *Brinkmann*, KTS 2021, 303 (320 ff.); wohl *Korch*, ZIP 2020, 446 (448 f.); wohl auch *Sander*, ZHR 188 (2024), 8 (41 ff.); *Scholz*, ZIP 2021, 219 (227); *Skauradszun*, KTS 2021, 1 (50); a. A. *Bauer*, Krise, S. 123 f. Rn. 340; wohl, wenn auch nicht eindeutig *Eckert/Holze/Ippen*, NZI 2021, 153 (156); wohl *Fritz* in MüKoStaRUG, § 31 Rn. 16; explizit *Gehrlein*, BB 2022, 1096 (1097); wohl *Guntermann*, WM 2021, 214 (220); wohl *Korch*, ZGR 2019, 1050 (1080); *Jungmann*, ZRI 2021, 209 (213); *Ristelhuber*, NZI 2021, 417 (419); wohl *Thole*, BB 2021, 1347 (1350).

419 Siehe dazu ErwG 96 Restrukturierungs-RL.

420 AG Hamburg, NZI 2023, 584.

a) Grundsatz der unbegrenzten Vertretungsmacht

Das Recht der GmbH sieht gemäß § 37 Abs. 2 Satz 1 GmbHG vor, dass Beschränkungen der Vertretungsbefugnis in dem Außenverhältnis grundsätzlich nicht möglich sind. Das Zustimmungserfordernis beträfe nur das Innenverhältnis zwischen Gesellschafter und Geschäftsführer. Dem Grunde nach hätte eine fehlende Zustimmung daher keine Auswirkungen auf die Wirksamkeit der Anzeige des Restrukturierungsvorhabens.

b) Ausnahme der unbegrenzten Vertretungsmacht

Die Rechtsprechung schränkt diese grundsätzlich unbegrenzte Vertretungsmacht in dem Außenverhältnis ein, wenn ein Missbrauch der Vertretungsmacht vorliegt.[421] Ein solcher Missbrauch ist zu bejahen, wenn der Geschäftspartner entweder weiß oder ihm sich aufdrängen muss, dass der Geschäftsführer die Grenzen missachtet, die seiner Vertretungsbefugnis in dem Innenverhältnis gezogen sind.[422] Diese Ausnahme gilt nicht nur für Rechtsgeschäfte, sondern – wenn auch mit engeren Voraussetzungen – auch für die Kommunikation zwischen Geschäftsführer und Restrukturierungsgericht als Verfahrenshandlung.[423]

Freilich können verschiedene Ansichten über die Notwendigkeit der Beschränkung der Vertretungsmacht des Geschäftsführers in den Fällen der Anzeige des Restrukturierungsvorhabens gemäß § 31 Abs. 1 StaRUG bestehen. Vor dem Hintergrund der vergleichbaren Rechtslage bei einem fakultativen Insolvenzantrag bedarf es hierfür jedoch keiner vertieften Erörterung. Insoweit ist obergerichtlich anerkannt, dass ein Missbrauch der Vertretungsmacht nicht vorliegt, wenn der Geschäftsführer ohne vorherige Zustimmung der Gesellschafter einen Insolvenzantrag stellt.[424] Wenn in dem Rahmen eines fakultativen Insolvenzantrages ein Missbrauch der Vertretungsmacht verneint wird, dann ist ein solcher Missbrauch der Vertretungsmacht erst recht für eine Anzeige des Restrukturierungsvorhabens zu verneinen.[425] Dies liegt daran, dass der Insolvenzantrag mit deutlich gravierenderen Folgen einhergeht.[426] Insbesondere tritt nach der Anzeige des Restrukturierungsvorhabens kein Übergang des Verwaltungs- und Verfügungsrechts entsprechend § 80 Abs. 1 InsO ein. Darüber hinaus geht mit der Anzeige des Restrukturierungsvorhabens – anders als bei Eröffnung eines Insolvenz-

421 Siehe dazu BGH, NJW 2006, 2776; statt vieler *Stephan/Tieves* in MüKoGmbHG, § 37 Rn. 171.

422 BGH, NJW, 1988, 2241 (2243).

423 Für Behörden und Gerichte siehe *Stephan/Tieves* in MüKoGmbHG, § 37 Rn. 180.

424 OLG München, NZI 2013, 542 (545).

425 So auch im Ergebnis betreffend eine SE AG Berlin-Charlottenburg, NZI 2024, 225 Rn. 24; betreffend eine GmbH siehe LG Berlin, NZI 2023, 928 Rn. 3; für die AG konstatierend AG Nürnberg, NZI 2023, 881 Rn. 68; *Baumert*, FD-InsR 2023, 458448; *Brinkmann*, KTS 2021, 303 (316); *Flöther/Wilke*, ZRI 2023, 1029 (1043); *Fritz* in MüKoStaRUG, § 31 Rn. 16; *Gehrlein*, BB 2022, 1096 (1097); *Kramer* in BeckOK StaRUG, § 31 Rn. 31a; so im Ergebnis *Schluck-Amend* in Jacoby/Thole, StaRUG, § 31 Rn. 6; *Thole*, BB 2021, 1347 (1350 f.); *Zehlicke/Krafczyk*, ZRI 2023, 520 (521). A. A. zumindest dann, wenn dem Gericht der fehlende Gesellschafterbeschluss evident bekannt ist *Bayer*, GmbHR 2023, 918 (920).

426 So auch *Zehlicke/Krafczyk*, ZRI 2023, 520 (522).

verfahrens gemäß § 60 Abs. 1 Nr. 4 Hs. 1 GmbHG, § 262 Abs. 1 Nr. 3 AktG auch keine Auflösung der Gesellschaft einher.

c) Kohärenz mit der Ablehnung eines Zustimmungserfordernisses in dem Innenverhältnis

Für die Ablehnung einer Zustimmungspflicht der Gesellschafter für die Anzeige des Restrukturierungsvorhabens wird angeführt, dass bei Annahme einer solchen Zustimmungspflicht der Gesellschafter ein Vorhaben nach dem StaRUG niemals angezeigt würde, weil die Gesellschafter nicht sehenden Auges dem Verlust ihrer Anteile zustimmen würden. Dadurch würden die auserkorenen Ziele der Restrukturierungs-RL nicht erreicht. In Anbetracht dieser Tatsache liegt es nicht fern, fußend auf der Wirksamkeit der Restrukturierungsanzeige in dem Außenverhältnis eine Zustimmung der Gesellschafter in dem Innenverhältnis für nicht notwendig zu erachten. Für die wirksame Anzeige gegenüber dem Restrukturierungsgericht bedürfte es rechtlich keiner Zustimmung der Gesellschafter, womit eine Restrukturierung mittels StaRUG dennoch möglich wäre. Die sich mit der Annahme einer Zustimmungspflicht ergebenden Probleme wären scheinbar gelöst.[427] Vor dem Hintergrund der Haftungsrisiken dürfte allerdings kein Geschäftsführer ohne Zustimmung der Gesellschafter handeln. Vielmehr resultiert dies in einem faktischen Ausschluss der Anzeige des Restrukturierungsvorhabens gemäß § 31 Abs. 1 StaRUG. Vor diesem Hintergrund begründet die Wirksamkeit der Anzeige des Restrukturierungsvorhabens in dem Außenverhältnis keine andere Beurteilung der Notwendigkeit der Zustimmung in dem Innenverhältnis.

4. Handlungsmöglichkeiten der Gesellschafter

Die aus dem Ergebnis dieses Abschnitts folgende Konsequenz, dass die Gesellschafter gegen deren Willen aus der Gesellschaft ausgeschlossen werden können, ebnet den Weg für die Frage, ob und wie die Gesellschafter sich davor schützen können. Den Gesellschaftern bleibt freilich die Möglichkeit, den die Anzeige des Restrukturierungsvorhabens tätigenden Geschäftsführer abzubestellen und einen neuen zu ernennen, welcher dann die Anzeige zurücknimmt.[428] Mit dem zu der richtlinienkonformen Auslegung Ausgeführten ist diese Vorgehensweise indes nur bedingt in Einklang zu bringen. Alles Gesagte scheint obsolet, wenn die Gesellschafter sich dem drohenden Verlust ihrer Anteile an dem Schuldner durch eine Abbestellung des Geschäftsführers, der ein Restrukturierungsvorhaben angezeigt hat, abwenden können. Die Restrukturierungs-RL für die Begründung einer Unwirksamkeit der Abberufung des Geschäftsführers heranzuführen, führte jedoch zu weit, insbesondere weil eine § 276a Abs. 1 InsO

427 Ähnlich auch *Herding/Krafczyk*, ZRI 2023, 750 (751).

428 Zu Einzelheiten von Weisungen an den Geschäftsführer oder Klauseln in dem Gesellschaftsvertrag nachstehend Kap. II § 5 B. I. 2. Die Rücknahme der Anzeige erwähnend *De Bruyn/Ehmke*, NZG 2021, 661 (662); ähnlich *Fritz* in MüKoStaRUG, § 31 Rn. 16; *Herding/Krafczyk* in Seibt/Westpfahl, StaRUG, § 29 Rn. 48; *Herding/Krafczyk*, ZRI 2023, 750 (752); *Korch*, ZIP 2020, 446 (449); *Kramer* in BeckOK StaRUG, § 31 Rn. 31; *Schröder* in HK-RestrR, § 31 Rn. 10d; *Spahlinger*, NZI-Beilage 2019, 69 (71); *Zehlicke/Krafczyk*, ZRI 2023, 520 (523).

entsprechende Regelung der Restrukturierungs-RL nicht zu entnehmen ist.[429] Die Abbestellung des Geschäftsführers können die Gesellschafter ohne Einflüsse des Unionsrechts vornehmen. Auch ohne einen solchen regulierenden Eingriff der Restrukturierungs-RL würde das Telos der Richtlinie in solchen Szenarien erreicht werden. Gemäß §§ 32 Abs. 1 Satz 1, 43 Abs. 1 Satz 1 StaRUG hat der Schuldner ab der Anzeige des Restrukturierungsvorhabens die Interessen der Gesamtheit der Gläubiger zu wahren. Vor diesem Hintergrund würde ein neu bestellter Geschäftsführer sich wohl einem Haftungsrisiko aussetzen, würde er die Anzeige entgegen dem – wohl vorhandenem – Gläubigerinteresse zurücknehmen.[430] Dieser Umstand könnte somit zu einer haftungsbedingten Irreversibilität führen. Dies berücksichtigend dürfte auch ein neu bestellter Geschäftsführer einer Rücknahme der Anzeige des Restrukturierungsvorhabens skeptisch gegenüberstehen.[431] Möglich bleibt jedoch, dass die Gesellschafter vor der Anzeige des Restrukturierungsvorhabens den Geschäftsführer abbestellen und durch einen ihnen gewogenen Geschäftsführer ersetzen, der in der Folge auf die Einleitung von Restrukturierungsmaßnahmen verzichtet. Wie lange die drohende Zahlungsunfähigkeit dann jedoch in dem Zustand der Drohung verbleibt und nicht vielmehr in eine eingetretene umschlägt, bleibt abzuwarten. In einem dann folgenden Insolvenzverfahren steht den Gesellschaftern dann der gleiche abfindungsfreie Ausschluss aus der Gesellschaft bevor – ein Pyrrhussieg.

II. AG als Emittent

Bei einer AG als Emittent ist im Ergebnis keine andere Beantwortung der aufgeworfenen Frage angezeigt. Der Vorstand darf die Anzeige des Restrukturierungsvorhabens ohne vorherige Zustimmung der Hauptversammlung tätigen.[432] Zunächst ginge es nicht an, wenn der eigenverantwortlich handelnde Vorstand strengeren Grenzen als der grundsätzlich weisungsgebundene Geschäftsführer einer stärker personalistisch geprägten GmbH unterworfen würde. Ferner fußt die Negation einer notwendigen Zustimmung der Gesellschafter der GmbH für die Anzeige des Restrukturierungsvorhabens nach hiesiger Ansicht in der Überlagerung des nationalen Rechts durch das europäische Recht und einer richtlinienkonformen Auslegung. Da die ausschlaggebende Restrukturierungs-RL keine Differenzierung zwischen verschiedenen Rechtsformen

429 Dies für ein mögliches Regelungskonzept als konsequent, aber auch bedenklich erachtend *Korch*, ZIP 2020, 446 (448).

430 *Brinkmann*, KTS 2021, 303 (323); darauf hinweisend *Zehlicke/Krafczyk*, ZRI 2023, 520 (523).

431 So auch *Zehlicke/Krafczyk*, ZRI 2023, 520 (523 f.).

432 So im Ergebnis LG Stuttgart, ZRI 2025, 208; AG Berlin-Charlottenburg, NZI 2024, 225; AG Dresden, ZIP 2023, 2316; AG Nürnberg, NZI 2023, 881; *Brinkmann*, KTS 2021, 303 (317 ff.); so im Ergebnis *Brünkmans*, ZInsO 2021, 125 (127); *Hoffmann/Braun* in Flöther, StaRUG, § 29 Rn. 15; *Koch*, AktG, § 119 Rn. 24a; *Mock*, NZI 2023, 585 (586); auch *Spahlinger/Philipp/Zöller*, AR 2021, 88 (89). A. A. wohl *Brinkmann*, EWiR 2023, 597 (598); *Fuhrmann/Heinen/Schilz*, NZG 2021, 684 (689 f.); *Gehrlein*, BB 2022, 1096 (1097); *Lieder* in FS Smid, 2022, 543 (550); *Seibt/Bulgrin*, DB 2020, 2226 (2236).

erkennen lässt, kann die Frage bei der AG nicht anders beantwortet werden. Auch hier darf den Aktionären keine *holdout*-Position zugutekommen.

Vor dem Hintergrund der §§ 92 Abs. 1, 111 Abs. 4 Satz 2 AktG sollte der Vorstand den Aktionären und dem Aufsichtsrat die drohende Zahlungsunfähigkeit und den Entschluss zur Anzeige des Restrukturierungsvorhabens mitteilen, sodass die Aktionäre eventuelle Gegenmaßnahmen wie eine Kapitalbeschaffung (§ 119 Abs. 1 Nr. 7 AktG) einleiten können. Bei börsennotierten Aktiengesellschaften dürfte dies regelmäßig fruchtlos verbleiben,[433] da nicht davon auszugehen ist, dass Streubesitzaktionäre den notwendigen Kapitalbedarf der Gesellschaft effektiv aufbringen könnten.

III. Ergebnis

Bei der Restrukturierung einer Anleihe unter Zuhilfenahme des StaRUG bedarf es für die Anzeige des Restrukturierungsvorhabens gemäß § 31 Abs. 1 StaRUG keiner vorherigen Zustimmung der Anteilsinhaber einer GmbH oder AG. Der Geschäftsleiter kann die Anzeige des Restrukturierungsvorhabens gemäß § 31 Abs. 1 StaRUG ohne die Zustimmung der Anteilsinhaber vornehmen. Darüber hinaus sind Vereinbarungen und Weisungen in dem Verhältnis zwischen Geschäftsführer und Gesellschafter, die dem Geschäftsführer die autonome Anzeige des Restrukturierungsvorhabens gemäß § 31 Abs. 1 StaRUG untersagen, unwirksam und binden den Geschäftsführer nicht. Bedürfte es für die Anzeige des Restrukturierungsvorhabens gemäß § 31 Abs. 1 StaRUG einer Zustimmung der Anteilsinhaber, eröffnete diesen sich eine Obstruktionsmöglichkeit, die den Anteilsinhaber ausdrücklich verwehrt bleiben soll. Vielmehr bleiben diese darauf beschränkt, die sich aus dem StaRUG ergebenden Rechte wahrzunehmen. Dies bedeutet, die Anteilsinhaber haben ein entsprechendes Stimmrecht bei der Abstimmung über den Restrukturierungsplan und die Möglichkeit, auf Rechtsbehelfe gegen den Restrukturierungsplan und die Bestätigung ebendieses zurückzugreifen.[434]

C. Zugangsvoraussetzungen des StaRUG

I. Formale Voraussetzungen

Bei der Umsetzung der Restrukturierungs-RL stand es dem Gesetzgeber frei, auf einen verfahrenseröffnenden Antrag und Beschluss – vergleichbar mit der Rechtslage in einem Insolvenzverfahren gemäß den §§ 13, 27 InsO – zu verzichten[435] und eine möglichst schleunige Inanspruchnahme der Werkzeuge des präventiven Restrukturierungsrahmens

433 Dies andeutend *Brinkmann*, EWiR 2023, 597 (598).

434 In diesem Rahmen ist insbesondere auf die Geltendmachung einer Schlechterstellung hinzuweisen. Zu Einzelheiten der Rechtsschutzmöglichkeiten des StaRUG nachstehend Kap. II § 5 F.

435 Darauf ebenfalls hinweisend *Pannen* in PRS, StaRUG, § 31 Rn. 1.

zu ermöglichen.[436] Damit ein Schuldner auf die Instrumente des StaRUG zurückgreifen kann, hat dieser das Restrukturierungsvorhaben gemäß § 31 Abs. 1 StaRUG bei dem nach den §§ 34 ff. StaRUG zuständigen Restrukturierungsgericht anzuzeigen. Einer verfahrenseröffnenden Entscheidung des Restrukturierungsgerichts bedarf es nicht.[437] Ein Initiativrecht der Gläubiger ist dem StaRUG unbekannt.[438] Durch die Anzeige des Restrukturierungsvorhabens wird dieses *ipso iure* nach § 31 Abs. 3 StaRUG rechtshängig.[439] Wird das Restrukturierungsvorhaben bei einem unzuständigen Gericht angezeigt, wird dieses die Restrukturierungssache gemäß § 33 Abs. 1 Nr. 2 StaRUG aufheben, wodurch die Rechtshängigkeit dieser entfällt.[440] Gemäß § 31 Abs. 2 StaRUG sind der Anzeige des Restrukturierungsvorhabens die Anlagen beizufügen, welche unter anderem das Ausmaß und Ursachen der Krise, die angedachten Restrukturierungsmaßnahmen und den Stand der Verhandlungen sowie Sicherungsvorkehrungen, die der Schuldner bereits getroffen hat, erläutern. All dies soll dazu beitragen, dass das Restrukturierungsgericht, welches über den Einsatz der Instrumente entscheidet, zu einem möglichst frühen Zeitpunkt jegliche Informationen erhält, welche es später für eine fundierte Entscheidung über die Bestätigung des Restrukturierungsplans benötigt.[441] Soweit diese Angaben sich jedoch als unzutreffend erweisen sollten, wird die Rechtshängigkeit dadurch nicht berührt.[442] All dies ermöglicht eine einfach zu bewältigende Anzeige bei dem Restrukturierungsgericht und gipfelt darin, dass insbesondere der Nachweis einer drohenden Zahlungsunfähigkeit nicht zu führen ist.[443] Die Ausgestaltung der Anzeige des Restrukturierungsvorhabens gemäß § 31 Abs. 1 StaRUG stellt eine dem Schuldner willkommene Entlastung dar. Einer gerichtlichen Entscheidung bedarf es nämlich erst dann, wenn die Instrumente des Stabilisierungs- und Restrukturierungsrahmens in Anspruch genommen werden sollen.[444]

436 Siehe dazu ErwG 29 Restrukturierungs-RL. Statt vieler *Fritz* in MüKoStaRUG, § 31 Rn. 7.

437 Begr. RegE SanInsFoG, BT-Drs. 19/24181, S. 133; dies andeutend *Haffa/Schuster* in Braun, StaRUG, § 31 Rn. 2; so auch *Pannen* in PRS, StaRUG, § 31 Rn. 1, 17; Zu Gläubigeranträge bei einem vorinsolvenzlichen Sanierungsverfahren im Allgemeinen *Bork*, ZIP 2010, 397 (401); *Mock*, NZI 2016, 977 (978); *Zipperer*, ZInsO 2016, 831 (833).

438 Siehe Begr. RegE SanInsFoG, BT-Drs. 19/24181, S. 136; *Bork*, NZI-Beilage 2021, 38 (38); *Pannen* in PRS, StaRUG, § 29 Rn. 16.

439 So *Haffa/Schuster* in Braun, StaRUG, § 31 Rn. 22; *Vallender*, ZInsO 2020, 2579 (2583).

440 Statt vieler und ausführlich *Hirschberger/Siepmann* in Morgen, StaRUG, § 31 Rn. 12; betonend, dass die Restrukturierungssache dennoch zunächst rechtshängig wird, *Pannen* in PRS, StaRUG, § 31 Rn. 66.

441 *Balthasar*, NZI-Beilage 2021, 18 (19); *Bernsau/Beyer*, ZInsO 2021, 2533 (2534); ähnlich auch *Haffa/Schuster* in Braun, StaRUG, § 31 Rn. 8; ähnlich auch *Pannen* in PRS, StaRUG, § 31 Rn. 6; *Vallender*, ZInsO 2020, 2579 (2584).

442 So *Haffa/Schuster* in Braun, StaRUG, § 31 Rn. 24; *Pannen* in PRS, StaRUG, § 31 Rn. 34 f.

443 Der Ungenauigkeit dieser Regelung kritisch begegnend *Frind*, ZInsO 2020, 2241 (2243); *Fritz* in MüKoStaRUG, § 31 Rn. 18; *Jungmann*, ZRI 2021, 209 (213); *Pannen* in PRS, StaRUG, § 31 Rn. 17; ähnlich *Vallender*, NZI-Beilage 2021, 30 (30); *Vallender*, ZInsO 2020, 2579 (2583); a. A. *Balthasar*, NZI-Beilage 2021, 18 (18).

444 *Vallender*, NZI-Beilage 2021, 30 (30); *Vallender*, ZInsO 2020, 2579 (2583). Zu Einzelheiten der Beweislast nachstehend Kap. II § 5 E. IV. 1.

II. Materielle Voraussetzungen

Damit das StaRUG als veritables Werkzeug für die Restrukturierung einer emittierten Anleihe nutzbar ist, weist ein möglichst frühzeitiger Zugang zu dem StaRUG imperativen Charakter auf.[445] Ansonsten wären die Restrukturierungsinstrumente erst in einem Stadium verfügbar, in dem die Restrukturierung einer Anleihe und somit einhergehend damit die erfolgreiche Sanierung des Emittenten entsprechend erschwert oder gar unterbunden würde. Um den Zugang zu dem präventiven Restrukturierungsrahmen in materieller Hinsicht zu determinieren, verwendet die Restrukturierungs-RL die Terminologie der »wahrscheinlichen Insolvenz«, Art. 4 Abs. 1 Restrukturierungs-RL, welche durch die Mitgliedstaaten zu konkretisieren ist. Unter der Berücksichtigung der Historie der Anleiherestrukturierung ist nicht zu vermeiden, an das SchVG 1899 erinnert zu werden. Dieses statuierte in § 11 Abs. 1 SchVG 1899, dass eine Restrukturierungsmaßnahme nur zu der Abwendung einer Zahlungseinstellung oder des Konkurses des Emittenten zulässig war. Diese Einschränkung wurde vermehrt als Hindernis in der Restrukturierung von Anleihen kritisiert.[446]

Anders als für das Insolvenzrecht in den §§ 17 ff. InsO statuiert, mangelt es dem StaRUG an einer positiv-formulierten Einstiegsschwelle, welche den Gebrauch von dem Instrumenten des Stabilisierungs- und Restrukturierungsrahmen determiniert.[447] Vielmehr ergibt die Umsetzung der Wahrscheinlichkeit der Insolvenz i. S. d. Art. 4 Abs. 1 Restrukturierungs-RL sich aus den vermittelten Zielen des Stabilisierungs- und Restrukturierungsrahmens in § 29 Abs. 1 StaRUG sowie den Negativvoraussetzungen in den §§ 51 Abs. 1 Satz 1 Nr. 3 StaRUG, 63 Abs. 1 Nr. 1 StaRUG für die Anwendbarkeit der jeweiligen Instrumente des Stabilisierungs- und Restrukturierungsrahmens. Vor diesem Hintergrund bedarf die Nutzung der Instrumente des Stabilisierungs- und Restrukturierungsrahmens – und damit die Restrukturierung unter Nutzung des StaRUG – der drohenden Zahlungsunfähigkeit. Zwar existieren auch Stimmen, die eine andere Umsetzung befürwortet haben,[448] aber für die Anleiherestrukturierung dürfte ab dem Zeitpunkt der drohenden Zahlungsunfähigkeit i. S. d. § 18 InsO regelmäßig ausreichend

445 Siehe *Bliesener/Schneider* in LBS, BankR-Komm., 17. Kap., Einleitung Rn. 7, die verschiedene Impetus für die Restrukturierung einer Anleihe enumerieren.

446 *Bliesener/Schneider* in LBS, BankR-Komm., 17. Kap., Einleitung Rn. 7; *Klerx/Penzlin*, BB 2004, 791 (794); ausführlich auf die Kritikpunkte eingehend *Veranneman* in Veranneman, SchVG, Einführung Rn. 8 ff.; *Vogel*, SchVG 1899, S. 17.

447 Andeutend *Fiebig*, ZRI 2021, 561 (564); die drohende Zahlungsfähigkeit ungenauer als »Eintrittsschwelle« bezeichnend *Hoffmann/Braun* in Flöther, StaRUG, § 29 Rn. 2; auch *Kramer* in BeckOK StaRUG, § 29 Rn. 41; *Pluta*, NZI-Beilage 2021, 22 (23); ähnlich *Skauradszun/Blum*, NZI 2022, 32 (33 f.).

448 Eine Anknüpfung an den Eintritt der Ergebniskrise für angemessen erachtend *Flöther/Wilke*, NZI-Beilage 2019, 80 (81); ausführlich zu verschiedenen Anknüpfungspunkten *Goetker* in Flöther, SanR, Kap. E Rn. 54; z. B. eine Erfolgskrise – die vor der drohenden Zahlungsunfähigkeit einsetzen soll – befürwortend *Hermanns*, ZInsO 2018, 2273 (2279); ein deutlich früheres Ansetzen befürwortend *Lange/Swierczok*, BB 2019, 514 (516); *Neuberger*, ZInsO 2018, 2053 (2056); *Rauscher/Leichtle/Mucha/Schäffler/Wagner*, ZInsO 2016, 2420 (2421), die eine Anknüpfung an die Regelungen des § 32a Abs. 1 Satz 1 GmbHG a. F. befürworten; eine Anknüpfung an die drohende Zahlungsunfähigkeit wohl als – wenn auch nicht ausdrücklich – richtlinienwidrig einstufend *Seagon*, NZI-Beilage 2017, 12 (13).

Zeit verfügbar sein, um eine Restrukturierung erfolgreich durchzuführen. Dies zeigt auch ein Vergleich mit der teilweise als Umsetzung der »Wahrscheinlichkeit der Insolvenz« vorgeschlagenen Erfolgskrise. Bei dieser besteht bereits in erhöhtem Maße die Sorge, dass *financial covenants* aus den Anleihebedingungen nicht eingehalten werden können.[449] Um das aus dem Bruch von *financial covenants* resultierende Kündigungsrecht der Teilschuldverschreibungsgläubiger nicht auszulösen, ist eine Änderung der Anleihebedingungen notwendig.[450] Vor dem Hintergrund des hohen Nominalwerts einer Anleihe ist davon auszugehen, dass für die Rückzahlung des bereitgestellten Kapitals in Folge der Kündigungen nur selten ausreichend Liquidität verfügbar wäre, sodass in diesem Szenario die drohende Zahlungsunfähigkeit begründet werden könnte.[451]

D. Inhalt des Restrukturierungsplans

Das StaRUG offeriert in § 29 Abs. 2 StaRUG verschiedene Instrumente des Stabilisierungs- und Restrukturierungsrahmens, die für die Restrukturierung genutzt werden können. Vor dem Hintergrund des § 67 Abs. 1 StaRUG stellt der Restrukturierungsplan – respektive die gerichtliche Bestätigung ebendieses – das wichtigste Sanierungsinstrument des StaRUG dar.[452] In dem Restrukturierungsplan werden die entsprechenden Sanierungsbeiträge der Planbetroffenen statuiert und in der Folge über den Restrukturierungsplan abgestimmt. Der Inhalt des Restrukturierungsplans wird durch die §§ 2–15 StaRUG vorgegeben, welche das Fundament des Restrukturierungsplans darstellen[453] und – insbesondere die §§ 6, 7 StaRUG – den Vorgaben für den Insolvenzplan gemäß §§ 220, 221 InsO entlehnt sind.[454]

Ohne an dieser Stelle auf die konkreten Vorgaben des StaRUG einzugehen, ist es für den Emittenten einer oder mehrerer Anleihen von großer Bedeutung, welche konkreten Maßnahmen für die Restrukturierung der Anleihe verfügbar sind. Diesbezüglich ist erneut auf das SchVG 1899 als Negativbeispiel einzugehen, welches diesen Makel aufwies und zu dessen Bedeutungslosigkeit beitrug.[455] Unter dem SchVG 1899 waren gemäß § 11 Abs. 1 SchVG 1899 nur eine Ermäßigung der Zinsen oder eine Stundung der Hauptforderung zulässig.[456] Damit die Restrukturierungs-RL als praxistauglich

449 Auf die Gefahr des Bruchs von zentralen *covenants* hinweisend *Herrmanns*, ZInsO 2018, 2273 (2279).

450 Die Gefahr von außerordentlichen Kündigungen von Fremdfinanzierungsmöglichkeiten benennend *Herrmanns*, ZInsO 2018, 2273 (2279).

451 BGH, NZI 2014, 259 Rn. 10; ähnlich *Schröder* in HK-InsR, § 18 Rn. 13.

452 Zu der Wichtigkeit des Restrukturierungsplans unter der Restrukturierungs-RL *Knapp* in Morgen, Präventive Restrukturierung, Art. 8 Rn. 1; *Madaus* in Flöther, SanR, Kap. F. Rn. 162.

453 § 5 StaRUG als Grundnorm bezeichnend *Parzinger/Knebel* in MüKoStaRUG, § 5 Rn. 10.

454 Begr. RegE SanInsFoG, BT-Drs. 19/24181, S. 109.

455 So *Veranneman* in Veranneman, SchVG, Einführung Rn. 11; *Vogel*, SchVG 1899, S. 25 f.

456 *Bliesener/Schneider* in LBS, BankR-Komm., 17. Kap., Einleitung Rn. 6; die nur unzureichende Weite der zulässigen Möglichkeiten andeutend *Thole* in Hopt/Seibt, SchvR, § 5 Rn. 40; *Veranneman* in Veranneman, SchVG, Einführung Rn. 11; ebenfalls die zu engen Möglichkeiten kritisierend *Vogel*, SchVG 1899, S. 26.

Alternative zu dem SchVG genutzt werden kann, sollten die bewährten Maßnahmen aus § 5 Abs. 3 Satz 1 SchVG in einem Restrukturierungsplan umsetzbar sein. Vor dem Hintergrund, dass regelmäßig nicht nur Teilschuldverschreibungsgläubiger in einen Restrukturierungsplan einbezogen werden, weist nicht nur die Frage der konkreten Restrukturierungsmaßnahmen, sondern darüber hinaus auch die Frage der einzubeziehenden Parteien und insbesondere die Gruppeneinteilung eine erhöhte Relevanz auf.

I. Einzubeziehende Parteien gemäß § 8 StaRUG

Zunächst hat der Schuldner zu determinieren, welche gemäß § 2 StaRUG gestaltbaren Rechtsverhältnisse in einen Restrukturierungsplan einbezogen werden sollen.[457] Anders als das Gesamtverfahren gemäß der InsO ermöglicht das StaRUG nämlich eine Restrukturierung ohne die Notwendigkeit der Einbeziehung aller Gläubiger in das Restrukturierungskonzept (teilkollektives Verfahren).[458] Hinsichtlich der Auswahl der in einem Restrukturierungsplan zu gestaltenden Rechtsverhältnisse postuliert § 8 Satz 1 StaRUG, dass die Auswahl der Planbetroffenen nach sachgerechten Kriterien zu erfolgen hat, wobei § 8 Satz 2 StaRUG Fälle der sachgerechten Auswahl aufzählt.[459] In Anbetracht der Teilkollektivität der Werkzeuge des StaRUG und des daraus resultierenden Ermessens des Planarchitekten ist es denkbar, dass der Schuldner eine beliebige Forderung eines Gläubigers in den Restrukturierungsplan einbezieht, um mit der Zustimmung dessen Gruppe einen *cross-class cram-down* gemäß den §§ 26 ff. StaRUG zu ermöglichen.[460] Die Steigerung eines solchen Vorgehens wäre das Fingieren einer Verbindlichkeit, beispielsweise durch Ausstellen einer Rechnung, um diese in den Restrukturierungsplan einzubeziehen. Unter Umständen dürfte ein solches Vorgehen eine erhöhte Relevanz für Teilschuldverschreibungsgläubiger aufweisen. Zumindest ohne die Bestellung eines gemeinsamen Vertreter der Teilschuldverschreibungsgläubiger dürfte eine Zustimmung zu dem Restrukturierungsplan nur selten erzielt werden,[461] sodass es in letzter Instanz auf den *cross-class cram-down* ankommt.[462] Soweit dann die Möglichkeit bestünde, jede für die Restrukturierung bedeutungslose Forderung einzubeziehen, um mit diesen eine neue Gruppe zu Zwecken der Erreichung des *cross-class cram-down* zu bilden, könnten Teilschuldverschreibungsgläubiger einem großen Nachteil gegenüberstehen. Vor diesem Hintergrund stellt die Frage sich, ob auch For-

457 Zu Einzelheiten der Verschonung der Teilschuldverschreibungsgläubiger in einem Restrukturierungsplan nachstehend Kap. IV § 10 B. II.

458 Begr. RegE SanInsFoG, BT-Drs. 19/24181, 117.

459 Ob diese Fälle abschließend sind, ist umstritten. Die praktischen Auswirkungen dieses Streits dürften vor der Reichweite des § 8 Satz 2 Nr. 2 StaRUG jedoch nur gering sein, siehe *Tasma* in Flöther, StaRUG, § 8 Rn. 8, der dem Streit »keine praktische Relevanz« attestiert. Ausführlich zu dem seiner Ansicht nach abschließenden Charakter des § 8 Satz 2 StaRUG, *Parzinger/Knebel* in MüKoStaRUG, § 8 Rn. 20 ff. Hingegen keine Enumeration erkennend *Hölzle* in Seibt/Westpfahl, StaRUG, § 8 Rn. 16 m. w. N.

460 Ähnlich auch *Parzinger/Knebel* in MüKoStaRUG, § 8 Rn. 28.

461 Ähnlich auch *Girotto* in BDA, Sanierung, § 1 Rn. 108. Zu Einzelheiten nachstehend Kap. II § 5 E. II. 2.

462 So auch *Lürken*, ZIP 2021, 1305 (1307).

derungen in einem Restrukturierungsplan gestaltet werden können, deren Gestaltung keine kausale Auswirkung für die Sanierung des Schuldners aufweisen.

Da die Restrukturierungs-RL keine expliziten Grenzen bei der Frage nach der zulässigen Einbeziehung der betroffenen Parteien zieht, greift das StaRUG hierbei regulierend ein.[463] Zunächst ermöglicht der nationale Gesetzgeber dem Planarchitekten bei der Auswahl von Planbetroffenen kein grenzenloses Ermessen.[464] Gemäß § 8 StaRUG hat die Auswahl der Planbetroffenen nach sachgerechten Kriterien zu erfolgen. Für die oben aufgeworfene Konstellation sind die § 8 Satz 2 Nr. 1, 3 StaRUG nicht einschlägig, sodass diese Konstellation über § 8 Satz 2 Nr. 2 Hs. 1 StaRUG zu lösen ist. Danach ist eine Auswahl vor allem dann sachgerecht, wenn die in der Auswahl angelegte Differenzierung nach der Art der zu bewältigenden wirtschaftlichen Schwierigkeiten des Schuldners und den Umständen angemessen erscheint. Wegweisende Schlüsse können daraus nur bedingt gezogen werden. Allerdings offenbaren die Materialien zu § 8 StaRUG Anhaltspunkte für die Lösung der aufgeworfenen Frage. An mehreren Stellen wird für die Konkretisierung der Sachgerechtigkeit i. S. d. § 8 Satz 1 StaRUG auf die Auswirkungen der Gestaltung der Forderung auf den Erfolg der Restrukturierung hingewiesen.[465] Vor diesem Hintergrund dürfte die oben dargestellte Konstellation nur schwerlich als sachgerecht zu qualifizieren sein. Es erscheint nicht wahrscheinlich, dass solvenzbedrohende wirtschaftliche Schwierigkeiten durch das Einbeziehen einer einzelnen, verhältnismäßig geringen Forderung beeinflusst oder gar beseitigt werden können.[466] In Anbetracht dieser Tatsachen ist die oben skizzierte Konstellation der Einbeziehung einer für die Restrukturierung irrelevanten Forderung in den Restrukturierungsplan nicht sachgerecht i. S. d. § 8 Satz 1 StaRUG.

II. Einteilung in Gruppen gemäß § 9 StaRUG

Nachdem die Planbetroffenen in sachgerechter Weise in den Restrukturierungsplan einbezogen wurden, sind diese gemäß § 9 Abs. 1 Satz 1 StaRUG in verschiedene Gruppen einzuteilen, soweit Planbetroffene mit unterschiedlicher Rechtsstellung betroffen sind. Diese Gruppen entscheiden gemäß § 25 Abs. 1 StaRUG über die Annahme des Restrukturierungsplans. In Anbetracht dieser Tatsache und der Möglichkeit des

463 Begr. RegE SanInsFoG, BT-Drs. 19/24181, S. 117; den vorbeugenden Charakter des § 8 Satz 1 StaRUG pointierend *Doebert/Krüger*, NZI 2021, 614 (618).

464 Begr. RegE SanInsFoG, BT-Drs. 19/24181, S. 117. Siehe auch *de Bruyn/Ehmke*, NZG 2021, 661 (667); *Smid* in PRS, StaRUG, § 8 Rn. 7; *Tasma* in Flöther, StaRUG, § 8 Rn. 1; *Wilkens*, WM 2021, 573 (576).

465 »[...] Maßnahmen, die nach den konkreten Umständen erforderlich erscheinen, um die Restrukturierungslösung überhaupt realisieren zu können.«, »[...], wenn deren Einbeziehung unter Berücksichtigung der Forderungshöhe und des zu erreichenden Restrukturierungsziels erforderlich erscheint.«, »Die Sanierungsbeiträge, die von solchen Gläubigern erwartet werden können, bleiben oftmals hinter den Beiträgen zurück, die von Groß- oder Finanzgläubigern geleistet werden können.«, Begr. RegE SanInsFoG, BT-Drs. 19/24181, S. 117.

466 Ähnlich LG Düsseldorf, NZI 2025, 513 Rn. 7 ff.; *Böhm* in Braun, StaRUG, § 8 Rn. 9.

cross-class cram-down kommt der konkreten und taktischen Gruppeneinteilung – sog. *gerrymandering*[467] – eine herausragende Bedeutung zu.[468]

1. Grundsatz

Die Einteilung der Planbetroffenen in verschiedene Gruppen, die über die Annahme des Restrukturierungsplans abstimmen, wird durch § 9 StaRUG determiniert. Gruppen sind zu bilden, soweit Planbetroffene mit unterschiedlichen Rechtsstellungen betroffen sind, wobei die Gruppen gemäß § 9 Abs. 1 Satz 1, Abs. 2 Satz 1 StaRUG nach Maßgabe wirtschaftlicher Interessen in weitere Gruppen unterteilt werden können. Damit entscheidet der Gesetzgeber sich für eine dem § 222 InsO entsprechende Formulierung,[469] weshalb die dazu bestehenden Ansichten – wenn auch unter Berücksichtigung der Unterschiede zwischen StaRUG und InsO – heranzuziehen sind. Bei der Behandlung der Teilschuldverschreibungsgläubiger in dem Rahmen der Gruppeneinteilung bestehen verschiedene Möglichkeiten. Es erscheint zunächst intuitiv, dass die Teilschuldverschreibungsgläubiger einer emittierten Anleihe grundsätzlich eine eigene Gruppe i. S. d. § 9 Abs. 2 Satz 1, 2 StaRUG bilden.[470] Denkbar wäre darüber hinaus eine weitere Fraktionierung der Teilschuldverschreibungsgläubiger gemäß § 9 Abs. 2 Satz 1, 2 StaRUG.[471] Voraussetzung dafür sind verschiedene wirtschaftliche Interessen der Teilschuldverschreibungsgläubiger, sodass die verschiedenen Gruppen sachgerecht voneinander abgegrenzt werden können. Zwar ist zu konzedieren, dass auch unter Teilschuldverschreibungsgläubigern einer Emission dahin gehend differenziert werden könnte, ob diese die Teilschuldverschreibungen über Nennwert (über *pari*) oder unter Nennwert (unter *pari*) erworben haben.[472] Aber dürfte es dieser Differenzierung an der Sachgerechtigkeit fehlen.[473] Gemäß § 19 Abs. 6 SchVG i. V. m. § 19 Abs. 4 SchVG sind den Teilschuldverschreibungsgläubigern einer Anleiheemission die gleichen Rechte anzubieten und diese durch die kollektive Bindung an die Anleihebedingungen miteinander verbunden.[474] Diese Notwendigkeit sowie die kollektive Bindung an die

467 Zu der Begrifflichkeit in einem *Chapter 11*-Verfahren, siehe *In re Greystone III Joint Venture*, 995 F.2d 1274 (1279) (5th *Cir.* 1991).

468 Siehe zu dem StaRUG statt vieler *Martini* in HK-RestrR, § 9 Rn. 5. Siehe zu der Restrukturierungs-RL statt vieler *Kowalewski/Praß* in Morgen, Präventive Restrukturierung, Art. 9 Rn. 24 ff., die die »herausragende Bedeutung« benennen.

469 Statt vieler *Parzinger/Knebel* in MüKoStaRUG, § 9 Rn. 1.

470 Siehe zu dem Insolvenzplanverfahren *Martini* in Bork/Hölzle, HB InsR, Kap. 25 Rn. 108; *Thole*, ZIP 2014, 293 (299) m. w. N.

471 So ausdrücklich *Knof* in HK-InsR, Anh. III Rn. 131; die Zulässigkeit einer solchen Gruppeneinteilung wird für das Insolvenzplanverfahren durchaus vertreten, siehe *Thole*, ZIP 2014, 293 (299) m. w. N.; a. A. *Rüberg*, Anleihe in der Insolvenz, S. 118 m. w. N.

472 Siehe für Finanzgläubiger im Allgemeinen *Kowalewski/Praß* in Morgen, Präventive Restrukturierung, Art. 9 Rn. 46; *Liebenow*, Anleiheorganisationsrecht, S. 24 f.; siehe *Lürken/Ruf* in Theiselmann, PHdB RestrR, Kap. 4 Rn. 15.

473 So im Ergebnis für das Insolvenzplanrecht *Rüberg*, Anleihe in der Insolvenz, S. 120 m. w. N.

474 Da die kollektive Bindung nur innerhalb einer Anleiheemission gilt, ist eine Fraktionierung gemäß § 9 Abs. 2 Satz 1 StaRUG für Teilschuldverschreibungsgläubiger verschiedener Anleiheemissionen durchaus zweckmäßig. So für das Insolvenzplanverfahren *Martini* in Bork/Hölzle, HB InsR, Kap. 25 Rn. 108.

Anleihebedingungen resultieren darin, dass auch bei weiterer Fraktionierung der Teilschuldverschreibungsgläubiger den hypothetisch existieren Gruppen die gleichen Restrukturierungsbeiträge allokiert werden müssen.[475] Vor diesem Hintergrund überlagern § 4 SchVG sowie § 19 Abs. 6 SchVG i. V. m. § 19 Abs. 4 SchVG die potentiell wirtschaftlich differenten Interessen der Teilschuldverschreibungsgläubiger einer Emission. Teilschuldverschreibungsgläubiger einer Emission sind obligatorisch einer gemeinsamen Gruppe zuzuordnen.[476]

2. Besonderheit bei (dritt-)besicherten Anleihen

Aus der Konzeption des § 9 Abs. 1 Satz 2 StaRUG folgt bei besicherten Anleihen, dass für die Teilschuldverschreibungsgläubiger einzelfallbezogen mehr als eine Abstimmungsgruppe zu bilden ist.[477] Hat der Emittent eine oder mehrere Sicherheiten für die Anleihe gestellt, sind die Teilschuldverschreibungsgläubiger Absonderungsanwartschaftsberechtigte gemäß § 2 Abs. 1 Nr. 2 StaRUG. Sieht der Restrukturierungsplan einen Eingriff in die Absonderungsanwartschaft vor, ist gemäß § 9 Abs. 1 Satz 2 Nr. 1 StaRUG eine eigene Gruppe für die Teilschuldverschreibungsgläubiger als Absonderungsanwartschaftsberechtigte zu bilden. Ein Eingriff in das Absonderungsanwartschaftsrecht kann z. B. durch einen Eingriff in das Verwertungsrecht gemäß § 170 Abs. 1 InsO oder eine Herabsetzung der Hauptforderung mit der Folge, dass Bestand und Höhe des Absonderungsanwartschaftsrecht entweder durch die Akzessorietät (z. B. §§ 767, 1137, 1163, 1210, 1211, 1252 BGB) oder die Sicherungsabrede beeinträchtigt wird, erfolgen.[478] Die Höhe des Absonderungsanwartschaftsrechts richtet sich nach dem tatsächlichen Wert der Sicherheit,[479] was seinen normativen Anknüpfungspunkt in § 24 Abs. 1 Nr. 2 StaRUG findet. Mit dem unbesicherten Teil der Forderung, mit dem die Teilschuldverschreibungsgläubiger ausfielen, ist gemäß § 9 Abs. 1 Satz 2 Nr. 2 StaRUG eine Gruppe für die Teilschuldverschreibungsgläubiger als Restrukturierungsgläubiger zu bilden. Sieht der gestaltende Teil darüber hinaus auch gemäß § 2 Abs. 4 StaRUG mögliche Eingriffe in von Gruppengesellschaften gestellte Sicherheiten vor, ist gemäß § 9 Abs. 1 Satz 3 StaRUG eine dritte Gruppe der Teilschuldverschreibungsgläubiger zu bilden. Ein Eingriff in gruppeninterne Drittsicherheiten liegt wegen § 67 Abs. 3 StaRUG nicht schon bei Gestaltung der besicherten

475 Hingegen darauf hinweisend, dass eine Fraktionierung dazu dienen soll, Unterschiedliches zu gewähren, *Parzinger/Knebel* in MüKoStaRUG, § 9 Rn. 97.

476 So auch *Cranshaw*, BKR 2008, 504 (510); *Knapp* in Hopt/Seibt, SchvR, § 19 Rn. 130; *Rüberg*, Anleihe in der Insolvenz, S. 119; A. A. wohl *Kowalewski/Praß* in Morgen, StaRUG, § 10 Rn. 17; *Lürken*, ZIP 2021, 1305 (1311); *Spahlinger* in PBJ, InsO, § 226 Rn. 7a.

477 Zu der Einbindung eines Sicherheitentreuhänders *Kaulamo* in HMS, Unternehmensfinanzierung, § 16 Rn. 16.44; zu den Implikationen der Gruppenbildung *Kowalewski/Praß* in Morgen, StaRUG, § 25 Rn. 51 ff.

478 *Kowalewski/Praß* in Morgen, StaRUG, § 9 Rn. 33.

479 Statt vieler *Hölzle* in Seibt/Westpfahl, StaRUG, § 9 Rn. 22. Siehe zu § 222 Abs. 1 Satz 1 InsO BGHZ 163, 344 (348) = NZI 2005, 619.

Forderung vor,[480] sondern erst bei z. B. einer Freigabe der Drittsicherheit. Im Ergebnis sind daher bis zu drei Gruppen für die Teilschuldverschreibungsgläubiger zu bilden,[481] wodurch den Teilschuldverschreibungsgläubigern im Rahmen des *cross-class cramdown* vor dem Hintergrund des § 26 Abs. 1 Nr. 3 Hs. 1 StaRUG ein unsachgemäß großes Stimmgewicht zukommt.

3. Gruppenbildung für Kleingläubiger gemäß § 9 Abs. 2 Satz 4 StaRUG

Gemäß § 9 Abs. 2 Satz 4 StaRUG sind Kleingläubiger in eigenen Gruppen zusammenzufassen. Wann ein Gläubiger als Kleingläubiger i. d. S. zu qualifizieren ist, wird weder durch die Restrukturierungs-RL, das StaRUG oder die Materialien näher bestimmt und deshalb bisweilen unterschiedlich beurteilt.[482] Insbesondere bei Anleihen mit einer 1.000er Stückelung ist es nicht unüblich, dass unter den Gläubigern der Anleihe auch solche sind, die keine professionellen Investoren sind und/oder Teilschuldverschreibungen mit Nennwert von wenigen tausend Euro halten (sog. *retail investor*).[483] Ungeachtet des kumulierten Nennwerts der von einem *retail investor* gehaltenen Teilschuldverschreibungen sind diese nicht als Kleingläubiger gemäß § 9 Abs. 2 Satz 4 StaRUG einzuordnen, sodass für diese keine eigene Klasse zu bilden ist.[484]

a) Wortlaut

Der Begriff »Kleingläubiger« ist äußerst weit und ermöglicht daher eine Subsumtion des *retail investor* unter diesen Begriff.

b) Systematik

Systematische Aspekte sprechen gegen eine Qualifizierung eines *retail investor* als Kleingläubiger i. S. d. § 9 Abs. 2 Satz 4 StaRUG.

(1) Implikationen des § 8 StaRUG

Der Gesetzgeber adressiert Kleingläubiger nicht erst bei der Gruppenbildung besonders, sondern bereits im Rahmen der Auswahl der Planbetroffenen gemäß § 8 StaRUG, sodass eine kohärente Auslegung angezeigt ist.

480 Siehe *Thole*, ZRI 2024, 1006 (1011); a. A. ohne auf die Auswirkungen von § 67 Abs. 3 Satz 1 StaRUG einzugehen *Hölzle* in Seibt/Westpfahl, StaRUG, § 9 Rn. 46; *Tresselt* in in Morgen, StaRUG, § 2 Rn. 126.
481 So allgemein auch *Parzinger/Knebel* in MüKoStaRUG, § 9 Rn. 80; a. A. AG Köln, NZI 2021, 433 Rn. 20.
482 Eine bei Forderungen i. H. v. EUR 10.000 gezogene Grenze nicht beanstandend AG Karlsruhe, ZIP 2023, 651 (652); die Forderungen, die gemeinsam 5 % aller Forderungen gegen den Schuldner ausmachen als Kleingläubiger einordnend *Hölzle* in Seibt/Westpfahl, StaRUG, § 9 Rn. 66.
483 Siehe *Gruber* in MüKoVVG, Kap. 14 Art. 4 Rn. 32; *Kaulamo* in HMS, Unternehmensfinanzierung, § 16 Rn. 16.26; *Risse/Kästle*, M&A von A-Z, »Retail Investor«.
484 Ähnlich mit Blick auf Finanzinstitute, die Forderungen in nur geringer Höhe halten, *Hölzle* in Seibt/Westpfahl, StaRUG, § 9 Rn. 67; ähnlich *Kowalewski/Praß* in Morgen, StaRUG, § 9 Rn. 55; a. A. *Parzinger/Knebel* in MüKoStaRUG, § 8 Rn. 137.

(a) Differenzierung in § 8 Satz 2 Nr. 2 Hs. 2 StaRUG

Für die Zwecke der Sachgerechtigkeit der Auswahl der Planbetroffenen differenziert der Gesetzgeber in § 8 Satz 2 Nr. 2 Hs. 2 StaRUG u. a. zwischen einerseits Finanzgläubigern und andererseits Kleingläubigern. Dabei sind Anleihegläubiger Finanzgläubiger, weil diese dem Schuldner Liquidität zur Verfügung stellen.[485] Betreffend Finanzgläubiger sieht § 8 Satz 2 Nr. 2 Hs. 2 Alt. 1 StaRUG vor, dass deren Einbeziehung in den Restrukturierungsplan in der Regel sachgerecht ist. Ferner besagt § 8 Satz 2 Nr. 2 Hs. 2 Alt. 2 StaRUG, dass ebenfalls sachgerecht ist, wenn die Forderungen von Kleingläubigern in dem Restrukturierungsplan unberührt bleiben. Insofern spricht vieles dafür, dass Finanzgläubiger und Kleingläubiger im Rahmen des StaRUG unterschiedlicher Natur sind. Daraus folgt, dass Gläubiger einer Anleihe nicht gleichzeitig Finanz- und Kleingläubiger i. S. d. StaRUG sein können.[486] Dahin gehend sind auch die Materialien zu verstehen, wenn diese zwischen Finanzverbindlichkeiten und Forderungen betreffend das operative Geschäft differenzieren.[487]

(b) Kollektive Bindung gemäß § 4 SchVG

Aus dem Zusammenspiel von SchVG und StaRUG resultiert, dass die intendierte Systematik des Gesetzgebers nicht erreicht werden kann. Im Rahmen der Auswahl der Planbetroffenen ist ausweislich der Materialien sachgerecht, Forderungen aus dem operativen Geschäftsbetriebs mit bloß geringem Nennwert nicht in den Plan einzubeziehen.[488] Ferner wird darauf abgestellt, dass der Sanierungsbeitrag der Kleingläubiger hinter dem der Finanzgläubiger zurückbleibt.[489] Die *retail investors* halten nominal zwar einen kleinen Anteil an der Anleihe, sodass ihr Sanierungsbeitrag nominell »unerheblich« ist. Aufgrund der kollektiven Bindung gemäß § 4 Satz 1 SchVG ist aber notwendig, dass alle Gläubiger der Anleihe der Änderung der Anleihebedingungen unterworfen werden. Ansonsten wäre die Änderung der Anleihebedingungen nicht möglich.

(2) Faktische Hürden

Die Bildung einer Gruppe nur mit den *retail investors* einer emittierten Anleihe ist faktisch unmöglich und würde deshalb zu einer wenig überzeugenden Gruppenbildung führen. Die Schuldnerin hat keine Kenntnis darüber und kann diese auch nicht haben, welcher Inhaber welchen Nennwert der Anleihe hält. Die Bestimmung der zu separierenden *retail investors* kann daher schon nicht gelingen.[490] Zwar könnte dieses Problem auf Ebene der Ansprache der unbekannten Teilschuldverschreibungsgläubiger in

485 So *Parzinger/Knebel* in MüKoStaRUG, § 8 Rn. 123.
486 A. A. *Parzinger/Knebel* in MüKoStaRUG, § 8 Rn. 137.
487 Begr. RegE SanInsFoG, BT-Drs. 19/24181, S. 118.
488 Begr. RegE SanInsFoG, BT-Drs. 19/24181, S. 118.
489 Begr. RegE SanInsFoG, BT-Drs. 19/24181, S. 118.
490 Ähnlich *Fridgen* in BeckOK StaRUG, § 6 Rn. 68; die Einbeziehung von unbekannten Gläubigern in einen Restrukturierungsplan hingegen für zulässig erachtend AG Hannover, ZRI 2023, 962 (974).

einer öffentlichen Restrukturierungssache über § 85 Abs. 3 Satz 1 StaRUG mitigiert werden.[491] Die Gruppeneinteilung unterläge aber erheblichen Rechtsunsicherheiten, die gemäß § 63 Abs. 1 Nr. 2 StaRUG die Versagung der Planbestätigung zur Folge haben kann.

(3) Ungerechtfertigte Stimmmacht

Die Aufteilung der Anleihegläubiger in Kleingläubiger und nicht Kleingläubiger führte dazu, dass die Anzahl der Gruppen von Anleihegläubigern sich verdoppelt, da für jede Pflichtgruppe eine Gruppe für Kleingläubiger zu bilden wäre. Unter Berücksichtigung der Auswirkungen von drittbesicherten Anleihen[492] würden die Teilschuldverschreibungsgläubiger in bis zu sechs Gruppen einzuteilen sein. In den Fällen der Bestellung eines gemeinsamen Vertreters für die Inhaber der Schuldverschreibungen gemäß § 7 SchVG, käme diesen Gruppen ein nicht durch die tatsächliche Forderungshöhe gerechtfertigter Einfluss Gewicht mit Blick auf die Voraussetzungen des § 26 Abs. 1 Nr. 3 StaRUG zu, weil der gemeinsame Vertreter seine Stimme nur einheitlich abgeben kann.[493]

c) Telos

Unter Heranziehung des Telos des § 9 Abs. 2 Satz 4 StaRUG sind *retail investors* unter den Anleihegläubigern nicht als Kleingläubiger i. d. S. zu klassifizieren.

(1) Bestimmung von Sinn und Zweck

In den Materialien zu § 9 Abs. 2 Satz 4 StaRUG, in denen der Gesetzgeber auf die Restrukturierungs-RL rekurriert, subsumiert der Gesetzgeber unter den Begriff des Kleingläubigers insbesondere »kleine Lieferanten«.[494] Gemäß dem Gesetzgeber zeichnen Kleingläubiger sich dadurch aus, dass diese Kollektivhandlungsproblemen unterliegen und deren Sanierungsbeiträge oftmals hinter denen von Finanzgläubigern zurückbleiben.[495] Deshalb sollen diese durch die Schaffung einer eigenen Gruppe vor einer ungerechtfertigten Majorisierung durch Gläubiger mit hohem Forderungsvolumina geschützt werden.[496] Zwar ist in den Materialien ausgeführt,[497] dass bei der Bestimmung von Kleingläubigern sowohl relative Kriterien (Anteil der Verbindlichkeiten gegenüber dem betreffenden Gläubiger an der Gesamtsumme aller Verbindlichkeiten des Schuldners) als auch absolute Kriterien (absolute Höhe der Forderungen des betreffenden Gläubigers) herangezogen werden können. Einen Schwellenwert beinhalten die Materialien aber nicht.[498] Vielmehr ist die Gläubigerstruktur im Einzelfall ent-

491 *Fridgen* in BeckOK StaRUG, § 6 Rn. 68.
492 Zu Einzelheiten vorstehend Kap. II § 5 D. II. 2.
493 Siehe AG Düsseldorf, NZI 2020, 517 Rn. 4.
494 Begr. RegE SanInsFoG, BT-Drs. 19/24181, S. 119.
495 Begr. RegE SanInsFoG, BT-Drs. 19/24181, S. 118.
496 Begr. RegE SanInsFoG, BT-Drs. 19/24181, S. 119.
497 Begr. RegE SanInsFoG, BT-Drs. 19/24181, S. 119.
498 Begr. RegE SanInsFoG, BT-Drs. 19/24181, S. 119.

scheidend,[499] insbesondere ob bestimmte Gläubiger gegenüber den anderen Gläubigern besonders schutzwürdig sind.[500]

(2) Keine Vergleichbarkeit mit Gläubigern von Forderungen betreffend den operativen Geschäftsbetrieb

Der Gesetzgeber zielt mit § 9 Abs. 2 Satz 4 StaRUG ausweislich der Materialien nicht auf strukturierte Finanzprodukten mit einer Vielzahl von Gläubigern ab, wenn er darin nur »kleine Lieferanten erwähnt.[501] Die Beziehung eines Lieferanten zu dem Schuldner ist eine bilaterale, die dem operativen Geschäft des Schuldners dient. Schuldverschreibungen sind hingegen Teil einer emittierten Anleihe und fungible Wertpapiere, deren Gestaltung explizit in § 2 Abs. 2 Satz 2 StaRUG ermöglicht wurde.

(3) Kein Schutzbedürfnis wegen schuldverschreibungsrechtlicher Implikationen

Das SchVG beeinflusst die Kategorisierung der Schuldverschreibungsgläubiger i. S. d. §§ 8 Satz 2 Nr. 2, 9 Abs. 2 Satz 4 StaRUG maßgeblich. Obschon *retail investors* lediglich einen kleinen Nominalwert der Anleihe halten, haben diese die jeweiligen Schulverschreibungen willentlich erworben und sich mit dem Erwerb der Schuldverschreibungen auch sehenden Auges dem Mehrheitsregimes des SchVG unterworfen. Innerhalb dieses können sie gemäß § 5 Abs. 4 Satz 1 SchVG von einer Mehrheit von 75 % der abstimmenden Schuldverschreibungsgläubiger überstimmt werden. In Anbetracht dieser Tatsache sind die *retail investors* den übrigen Anleihegläubigern gegenüber nicht schutzbedürftig, weil eine Majorisierung nicht ungerechtfertigt, sondern in dem Finanzierungsinstrument immanent ist.

(4) Kein Schutzbedürfnis unter Heranziehung der Wertungen des § 73 Abs. 2 Satz 2, 3 StaRUG

Gemäß § 73 Abs. 2 Satz 1 StaRUG bestellt das Restrukturierungsgericht einen Restrukturierungsbeauftragten, wenn absehbar ist, dass das Restrukturierungsziel nur durch einen *cross-class cram-down* zulasten von nicht nachrangigen Gläubigern möglich ist. Dies gilt jedoch gemäß § 73 Abs. 2 Satz 2 StaRUG nicht, wenn an der Restrukturierung allein Unternehmen des Finanzsektors als Planbetroffene beteiligt sind. Gemäß § 73 Abs. 2 Satz 3 StaRUG stehen Unternehmen des Finanzsektors i. S. d. § 73 Abs. 2 Satz 2 StaRUG solche Planbetroffene gleich, die mit Forderungen aus geld- oder kapitalmarkgehandelten Instrumenten betroffen werden. Unter kapitalmarktgehandelte Instrumente fallen ausweislich § 2 Abs. 1 Nr. 3 lit. a WpHG auch Anleihen.[502] Der Gesetzgeber unterstellt, dass diese Parteien in der Lage sind, ihre

499 Begr. RegE SanInsFoG, BT-Drs. 19/24181, S. 119.
500 *Kowalewski/Praß* in Morgen, StaRUG, § 9 Rn. 55.
501 Begr. RegE SanInsFoG, BT-Drs. 19/24181, S. 119.
502 *Cranshaw/Portisch*, ZInsO 2020, 2561 (2573); *Flöther/Eckelt* in Flöther, StaRUG, § 73 Rn. 17; *Mikolajczak/Penzlin* in Uhlenbruck, InsO, § 73 StaRUG Rn. 99.

Interessen effektiv zur Geltung zu bringen.[503] Diese Wertungen sind auch im Rahmen des § 9 Abs. 2 Satz 4 StaRUG heranzuziehen.

4. Taktische Gruppenbildung

Der Klasseneinteilung kommt in einer Restrukturierungssache eine noch größere Bedeutung zu als im Insolvenzverfahren. Im Unterschied zu dem Insolvenzplan kann der Architekt des Restrukturierungsplans nämlich autonom entscheiden, welche Gläubiger in den Restrukturierungsplan einbezogen werden sollen.[504] Insbesondere für Planbetroffene, die mittels *cross-class cram-down* überstimmt werden sollen – wie es regelmäßig für Teilschuldverschreibungsgläubiger ohne einen gemeinsamen Vertreter der Fall sein wird –, hat die konkrete Einteilung der Gruppen eine entscheidende Bedeutung. Vor diesem Hintergrund ist die Frage nach einer bestehenden Grenze einer taktischen Gruppeneinteilung zu stellen. Diese stellt sich vor allem bei der weiteren Fraktionierung der gemäß § 9 Abs. 1 StaRUG zu bildenden Pflichtgruppen in weitere Gruppen, was durch § 9 Abs. 2 Satz 1, 2 StaRUG ermöglicht wird. Dabei könnte versucht werden, weitere Untergruppen mit möglichst wenigen Planbetroffenen zu bilden, um mit deren Zustimmung die Voraussetzungen des *cross-class cram-down* zu erreichen.[505] Dieses Vorgehen weist eine Vergleichbarkeit zu Ein-Gläubiger-Gruppen in einem Insolvenzplan auf, die nach überwiegender Ansicht in Rechtsprechung und Literatur zulässig ist, soweit eine sachgerechte Abgrenzung vorliegt.[506]

Gemäß § 9 Abs. 2 Satz 2 StaRUG sind die gemäß § 9 Abs. 2 Satz 1 StaRUG gebildeten Gruppen sachgerecht voneinander abzugrenzen. Vor dem Hintergrund der Übernahme des Wortlauts des § 222 Abs. 2 Satz 2 InsO ist auf die dazu entsprechenden Maßstäbe zurückzugreifen.[507] Hinsichtlich der zulässigen Klasseneinteilung sieht § 222 Abs. 2 InsO vor, dass Beteiligte mit gleichartigen wirtschaftlichen Interessen in weitere Klassen fraktioniert werden können. Anknüpfungspunkt für die Klasseneinteilung ist sowohl in einem Insolvenzplan als auch in einem Restrukturierungsplan die Gleichartigkeit der Interessen der Gläubiger. Nach Lesart des BGH postuliert § 222 Abs. 2 InsO indessen nicht nur, dass innerhalb des gleichen Ranges verschiedene Klassen gebildet werden können, wenn sie verschiedene wirtschaftliche Interessen aufweisen, sondern darüber hinaus auch, dass Gläubiger, soweit deren wichtigsten insolvenzbezogenen wirtschaftlichen Interessen übereinstimmen, derselben Klasse

503 Begr. RegE SanInsFoG, BT-Drs. 19/24181, S. 171.

504 Auf die Relevanz in einem Insolvenzplanverfahren, in dem alle Gläubiger einzubeziehen sind, hinweisend *Eidenmüller* in MüKoInsO, § 222 Rn. 110 ff.; so *Thole*, ZIP 2017, 101 (108).

505 Siehe *Hingerl*, ZInsO 2007, 1337 (1338).

506 *Beck/Pechartscheck* in Brünkmans/Thole, HB InsPl, § 9 Rn. 64 f.; *Fridgen* in BeckOK StaRUG, § 9 Rn. 41; *Hacker/Dimassi* in HKK, SanR, § 9 StaRUG Rn. 4; zu der Zulässigkeit von Ein-Gläubiger-Gruppen in einem Insolvenzplan *Hingerl*, ZInsO 2007, 1337; *Smid* in PRS, StaRUG, § 9 Rn. 33; *Tasma* in Flöther, StaRUG, § 9 Rn. 20.

507 So auch AG Köln, NZI 2021, 433 (434), Rn. 20a; siehe diesbezüglich zu der Restrukturierungs-RL auch *Eckelt*, Restrukturierungsrahmen, S. 754.

zuzuordnen sind.[508] Will der Planarchitekt also Gläubiger in verschiedene Abstimmungsklassen einteilen, hat er sicherzustellen, dass die Unterscheidung zwischen zwei oder mehr gebildeten Gruppen auf einem sachlich gerechtfertigten Grund fußt.[509] Erst dann, wenn keine sachgerechte Differenzierungen mehr zwischen Gläubigern zweier Klassen möglich und aus diesem Grunde ersichtlich ist, dass die gewählte Klasseneinteilung lediglich zu der Erreichung der Voraussetzungen des *cross-class cram-down* gewählt wurde, kann keine sachgerechte Abgrenzung i. S. d. § 9 Abs. 2 Satz 2 StaRUG angenommen werden.[510] Eine solche Einteilung erfolgt dann nicht wegen verschiedener wirtschaftlicher Interessen der einzelnen Gruppenmitglieder, sondern einzig mit dem Ziel der Annahme des Restrukturierungsplans.

III. Restrukturierungsmöglichkeiten gemäß §§ 2, 7 StaRUG

Von großer Bedeutung für die Restrukturierung einer Anleihe sind schließlich auch die in einem Restrukturierungsplan in zulässiger Weise umsetzbaren Restrukturierungsmaßnahmen. Einen ausdrücklichen Katalog zulässiger Restrukturierungsmaßnahmen beinhaltet das StaRUG nicht. Vielmehr ergeben diese sich mittelbar aus den §§ 2, 7 StaRUG.

1. Gestaltung der Restrukturierungsforderungen und Absonderungsanwartschaften gemäß § 7 Abs. 2 Satz 1 StaRUG

a) Grundsätzliches

In dem Falle eines *haircut*, einer Stundung oder einer etwaigen Besicherung einer Forderung bestimmt § 7 Abs. 2 Satz 1 Alt. 1 StaRUG ausdrücklich, dass die entsprechenden Parameter in dem gestaltenden Teil des Restrukturierungsplans anzugeben sind. Damit einhergehend postuliert der Gesetzgeber diese Gestaltungsmöglichkeiten als in einem Restrukturierungsplan für zulässig. Darüber hinaus ist in dem gestaltenden Teil anzugeben, welchen sonstigen Regelungen die Restrukturierungsforderungen unterworfen werden sollen, wodurch eine enorme Bandbreite an Gestaltungen der Restrukturierungsforderungen ermöglicht wird.[511] Betreffend die aus dem Anleiheschuldver-

508 BGH, NZI 2015, 697 Rn. 10; *Thies* in HK-InsR, § 222 Rn. 20; diese Lesart des BGH ausdrücklich berücksichtigend AG Köln, NZI 2016, 537 (538).

509 BGH, NZI 2015, 697 Rn. 9.

510 AG München, ZIP 2023, 603 (605), welches dies für die sachwidrige Fraktionierung von Gesellschaftern feststellt; trotz des Motivs der Erreichung der Mehrheiten keine unzulässige Gruppeneinteilung erblickend, da unterschiedliche Interessen schlüssig dargelegt und begründet wurden; AG Karlsruhe, ZIP 2023, 651 (657); im Ergebnis auch AG Köln, NZI 2021, 433 Rn. 23; so auch *Böhm* in Braun, StaRUG, § 9 Rn. 12; bei der entsprechenden gerichtlichen Überprüfung »Fingerspitzengefühl« fordernd *Doebert/Krüger*, NZI 2021, 614 (619); *Fridgen* in BeckOK StaRUG, § 9 Rn. 89a; wohl dies andeutend *Thies* in BBF, Unternehmenssanierung, Teil 2, B., VII., Rn. 60.

511 Ausführlich zu zulässigen Restrukturierungsmaßnahmen, *Herding/Krafczyk* in Seibt/Westpfahl, StaRUG, § 2 Rn. 66 ff.; mit Beispielen für darunterfallende Restrukturierungsmaßnahmen *Parzinger/Knebel* in MüKoStaRUG, § 7 Rn. 62.

hältnis entspringenden Forderungen folgt daraus die Möglichkeit der Gestaltung des Anspruchs auf Zahlung des vereinbarten Betrages sowie der bisher entstandenen Zinszahlungen durch beispielsweise eine Prolongation, einen *haircut* oder eine Subordination.[512] Gemäß § 7 Abs. 2 Satz 1 Alt. 2 StaRUG gilt das gleiche für Absonderungsanwartschaften gemäß § 2 Abs. 1 Nr. 2 StaRUG, sprich, eine etwaige Besicherung der Forderungen aus dem Anleiheschuldverhältnis durch eine Realsicherheit aus dem schuldnerischen Vermögen. Dadurch werden Gestaltungen der Sicherheit selbst, der schuldrechtlichen Sicherungsabrede sowie des gesicherten Teils der gesicherten Forderung ermöglicht.[513]

b) Erforderlichkeit der Gestaltung

In dem Rahmen des § 7 Abs. 2 Satz 1 StaRUG ist für die Teilschuldverschreibungsgläubiger bei der Gestaltung der aus der Teilschuldverschreibung entspringenden Forderungen von bedeutender Relevanz, ob eine in den Restrukturierungsplan einbezogene Forderung über das zu der Sanierung notwendige Maß hinaus gestaltet werden kann.[514] So ist es nämlich denkbar, dass der Planarchitekt einen Gläubiger in sachgerechter Weise in den Restrukturierungsplan einbezieht, der allokierte Restrukturierungsbeitrag jedoch über das zu einer erfolgreichen Sanierung notwendige Maß hinaus geht. Um dies zu veranschaulichen, soll hier die Restrukturierung der Anleihe der Eterna Mode Holding GmbH aus dem Jahr 2021 als Beispiel dienen. Nachdem die Restrukturierung der Anleihe *via* SchVG an dem für eine Beschlussfassung notwendigen Quorum scheiterte,[515] wurden die Teilschuldverschreibungsgläubiger in einen Restrukturierungsplan einbezogen, um auf diesem Wege die Forderungen aus den Teilschuldverschreibungen zu gestalten. Ursprünglich auserkoren und für eine Abstimmung gemäß dem SchVG vorgeschlagen wurde lediglich eine Stundung der Zinszahlung bis zu dem Ende der Laufzeit der Anleihe.[516] Der Rückzahlungsanspruch blieb zunächst unangetastet. In dem Restrukturierungsplan wurden die Teilschuldverschreibungsgläubiger hingegen einem *haircut* in Höhe von 87,5 % unterworfen.[517] Es darf bezweifelt werden, dass die Teilschuldverschreibungsgläubiger einer solch einschneidenden Maßnahme bei einer schuldverschreibungsrechtlichen Abstimmung zuge-

512 Zu weiteren allgemeinen Einzelheiten der Gestaltung *Parzinger/Knebel* in MüKoStaRUG, § 7 Rn. 38 ff.

513 Dazu ausführlich *Parzinger/Knebel* in MüKoStaRUG, § 7 Rn. 83 ff.; *Smid* in PRS, StaRUG, § 7 Rn. 74 ff.

514 Ferner stellt diese Frage sich auch übrigen planbetroffenen Gläubigern.

515 Siehe dazu *BondGuide* v. 16. Juli 2021, abrufbar unter: https://www.bondguide.de/topnews/eterna-mode-scheitert-auch-im-zweiten-agv-anlauf/ (zuletzt abgerufen am 31. Oktober 2025).

516 Siehe dazu *BondGuide* v. 16. Juli 2021, abrufbar unter: https://www.bondguide.de/topnews/eterna-mode-scheitert-auch-im-zweiten-agv-anlauf/ (zuletzt abgerufen am 31. Oktober 2025).

517 Siehe dazu *BondGuide* v. 3. August 2021, abrufbar unter: https://www.bondguide.de/topnews/eilmeldung-eterna-mode-geht-in-die-sanierung-10-abfindungsquote-fuer-anleihegläubiger/ (zuletzt abgerufen am 31. Oktober 2025); *BondGuide* v. 10. September 2021, abrufbar unter: https://www.bondguide.de/restrukturierung/eterna-mode-stockt-abfindungsquote-auf/ (zuletzt abgerufen am 31. Oktober 2025).

stimmt hätten. Vor diesem Hintergrund ist diskussionswürdig, inwieweit ein solch gravierender Forderungsschnitt für den Erfolg der Sanierung notwendig ist, wenn wenige Wochen vorher lediglich die Aussetzung der Zinszahlungen angetragen worden ist und ob die Antwort auf diese Frage justiziabel und für die Wirksamkeit des Restrukturierungsplans von Bedeutung ist.

(1) Implikationen des StaRUG

Die §§ 2, 8 StaRUG sehen keine Beschränkung in dem Sinne einer Erforderlichkeit des Eingriffs vor. Zwar ist den Materialien zu § 2 Abs. 2 Satz 1, 2 StaRUG zu entnehmen, dass die Änderung gewisser Nebenbedingungen »erforderlich« werden kann,[518] wodurch die Erforderlichkeit der Restrukturierungsmaßnahme zumindest diskutiert werden kann. Um die Zulässigkeit der Gestaltung von Nebenbedingungen gemäß § 2 Abs. 2 Satz 1, 2 StaRUG zu begründen, weisen die Materialien jedoch darauf hin, dass eine Loslösung von rigiden Nebenbedingungen für die Umsetzung der Restrukturierung zweckmäßig sein kann.[519] Zweckmäßig bedeutet hingegen nicht, dass es sich um einen erforderlichen Eingriff handeln muss.[520] Zwar mag weder aus der Benutzung des einen noch des anderen Begriffes ein eindeutiger Schluss für die oben aufgeworfene Frage gezogen werden. Vielmehr ist davon auszugehen, dass der Gesetzgeber grundsätzlich ausdrücken wollte, dass Änderungen von Nebenbestimmungen für eine Restrukturierung sowohl zweckmäßig als auch erforderlich sein können. Das bedeutet indes nicht, dass diese erforderlichen und zweckmäßig erscheinenden Eingriffe ihrerseits erforderlich und zweckmäßig sein müssen.

Ferner spricht auch ein Umkehrschluss aus den §§ 12 Satz 1, 49 Abs. 1 StaRUG gegen die Notwendigkeit der Erforderlichkeit eines Restrukturierungsbeitrags. In § 12 Satz 1 StaRUG fordert der Gesetzgeber nämlich explizit die Erforderlichkeit einer neuen Finanzierung, damit diese in dem Restrukturierungsplan aufgenommen werden kann. Gemäß § 49 Abs. 1 StaRUG wird eine Stabilisierungsanordnung nur erlassen, soweit dies zur Wahrung der Aussichten auf die Verwirklichung des Restrukturierungsziels erforderlich ist. Daraus lässt sich ableiten, dass der Gesetzgeber, hätte dieser es für Restrukturierungsbeiträge ebenfalls für geboten erachtet, die Voraussetzung der Erforderlichkeit in §§ 2, 7 StaRUG statuiert hätte. Die betroffenen Parteien müssen daher über die Frage der Erforderlichkeit des Eingriffs in ihre Forderungen durch ihre Stimme bei der Abstimmung über den Restrukturierungsplan urteilen. Eine darüber hinausgehende Prüfungskompetenz des Restrukturierungsgerichts ergibt sich nicht. Schließlich ist daher zulässig, auch Eingriffe über das notwendige Maß hinaus in die Forderungen in einem Restrukturierungsplan zu tätigen.[521] Vor dem Hintergrund der Schuldnerzentriertheit des StaRUG und des gewünschten geringen Einflusses des Re-

518 Begr. RegE SanInsFoG, BT-Drs. 19/24181, 111.

519 Begr. RegE SanInsFoG, BT-Drs. 19/24181, 112.

520 Ähnlich AG Köln, NZI 2021, 433 (434), Rn. 12.

521 So im Ergebnis auch AG Köln, NZI 2021, 433 (434), Rn. 11 f.; *Naujoks/Schönen*, ZRI 2021, 437 (444); *Skauradszun* in BeckOK StaRUG, § 2 Rn. 83 f.; *Thole*, ZHR 186 (2022), 213 (247); *Thole*, NZI 2021, 436, *Westpfahl/Dittmar* in Flöther, StaRUG, § 2 Rn. 54. A. A. *Arlt/Brägelmann/Ludwig*, ZInsO 2021, 1485 f.; wohl *Cranshaw* in PRS, StaRUG, Teil 3 Rn. 40; wohl auch *Knof* in Uhlenbruck, InsO, § 26 StaRUG Rn. 25.

strukturierungsgerichts ist dies konsequent. Wenn die Parteien für ein Restrukturierungskonzept eine nach den §§ 25 ff. StaRUG notwendige Mehrheit finden und diese Mehrheit auf zulässigem Wege beschafft worden ist, kann auch ein dem Grunde nach nicht erforderlicher Eingriff nicht zu beanstanden sein. Ein absoluter Schutz der Gläubiger ist nicht gewollt. Ferner verkörpert die hypothetische Insolvenzquote den Boden des Zulässigen, wodurch letztere ausreichend geschützt sind.[522]

(2) Praktische Erwägungen

In praktischer Hinsicht ist es auch nahezu unmöglich zu bestimmen, welche Maßnahme noch erforderlich ist und welche hingegen nicht mehr erforderlich wäre.[523] Schließlich dürfte eine Beurteilung der Erforderlichkeit durch den Richter mit Art. 2 Abs. 1, 14 Abs. 1 GG unvereinbar sein.

2. Gestaltung der Rechte aus gruppeninternen Drittsicherheiten gemäß §§ 2 Abs. 4, 7 Abs. 2 Satz 1, 2 StaRUG

Die Besicherung einer Anleihe eines deutschen Emittenten durch z. B. eine Garantie – also eine nicht akzessorische Sicherheit – eines Konzernunternehmens ist nicht ungewöhnlich.[524] Dabei besteht die Möglichkeit, dass bereits die Anleihebedingungen die Sicherheit beinhalten oder ein Sicherheitenvertrag außerhalb der Anleihebedingungen abgeschlossen wird.[525] Insbesondere dann, wenn eine besicherte Forderung gekürzt worden ist, kommt der Möglichkeit der Gestaltung von Drittsicherheiten erhebliche Bedeutung zu.[526] Aus diesem Grunde postuliert § 7 Abs. 2 Satz 2 StaRUG die Zulässigkeit der Gestaltung von Rechten aus gruppeninternen Drittsicherheiten.

a) Relevanz der Gestaltung von gruppeninternen Drittsicherheiten

Die folgende Darstellung offenbart das praktische Bedürfnis der Restrukturierung von gruppeninternen Drittsicherheiten: Eine Konzerngesellschaft besichert eine Forderung, die gegen eine andere Konzerngesellschaft besteht.[527] Fällt der Schuldner mit der Zahlung aus, können die Gläubiger außerhalb eines Insolvenzverfahrens in die von der Konzerngesellschaft gestellte Sicherheit vollstrecken und ihren Ausfall dadurch zumindest verringern. Der sicherheitengebenden Konzerngesellschaft stünde dann ein

522 Siehe auch *Knof* in Uhlenbruck, InsO, § 26 StaRUG Rn. 24.
523 So auch *Thole*, NZI 2021, 436.
524 *Birke* in Reinhard/Schall, SchVG, § 5 Rn. 60; *Kaulamo* in HMS, Unternehmensfinanzierung, § 16 Rn. 16.74; *Matjuschkin*, Bondholder Governance, S. 91; *Thole* in Hopt/Seibt, SchvR, § 5 Rn. 77.
525 Dazu *Kaulamo* in HMS, Unternehmensfinanzierung, § 16 Rn. 16.75; *Thole* in Hopt/Seibt, SchvR, § 22 Rn. 5.
526 So *Desch*, BB 2020, 2498 (2502); *Weber* in SLvB, HdB SanR, S. 111 Rn. 331; *Westpfahl/Dittmar*, NZI-Beilage 2021, 46.
527 Da diese Drittsicherheit keine Absonderungsanwartschaft darstellt, kann diese nicht gemäß § 7 Abs. 2 Satz 1 StaRUG gestaltet werden. Dieses Beispiel mit den weiteren Ausführungen angelehnt an *Pleister*, ZIP 2015, 1097.

Regressanspruch gegen den Hauptschuldner zu. Tatsächlich dürfte dieser Regressanspruch in Anbetracht der fortgeschrittenen Krise des Hauptschuldners jedoch wertlos sein, woraufhin der Drittsicherungsgeber keine vollständige Befriedigung durch den Hauptschuldner erfahren würde.[528] Schließlich würde dies dazu führen, dass der Drittsicherungsgeber den Ausfall der Gläubiger wirtschaftlich trägt und mangels Regressanspruchs ebenfalls in Liquiditätsschwierigkeiten geraten kann. Um diese Situation zu verhindern, bedarf es beispielsweise eines *haircut* der Hauptforderung, sodass der Hauptschuldner in der Lage ist, die ihm gegenüber bestehenden Verbindlichkeiten zu bedienen, sodass eine Verwertung der Drittsicherheit verhindert wird. Die Gestaltung der drittbesicherten Forderung durch einen *haircut* schlägt entweder aufgrund der Akzessorietät der Sicherheit oder der Sicherungsabrede auf die dahinterstehende Drittsicherheit durch.[529] Außergerichtlich bedurfte es für die Gestaltung einer Forderung – außerhalb des Anwendungsbereichs des SchVG – vor dem Inkrafttreten des StaRUG der Zustimmung aller (Drittsicherheiten-)Gläubiger,[530] weshalb ein solches Vorgehen bei größeren Gläubigergruppen regelmäßig nicht zielführend umzusetzen und faktisch nur unter Zuhilfenahme des Insolvenzplanverfahrens möglich war. Sobald eine Gestaltung der Forderung mittels eines Insolvenzplans durchgesetzt wird, verändert § 254 Abs. 2 Satz 1 InsO die Gemengelage gravierend. Sollte der Schuldner die drittbesicherte Forderung nicht bedienen können und in der Folge das Insolvenzverfahren über das Vermögen des Emittenten eröffnet werden, kann in einem Insolvenzplan zwar über die Hauptforderung aus den Teilschuldverschreibungen eingegriffen, insbesondere ein *haircut* durchgeführt werden.[531] Gemäß § 254 Abs. 2 Satz 1 InsO hätte ein solcher *haircut* – unabhängig davon, ob die Forderung durch eine akzessorische oder nichtakzessorische Drittsicherheit gesichert ist – aber keine Auswirkungen auf die Rechte aus der Drittsicherheit, sodass die Drittsicherungsgläubiger nach erfolgter Herabsetzung der Forderung durch die Bestätigung des Insolvenzplans die Differenz zwischen der ursprünglichen Forderungshöhe und der nunmehr durch den Insolvenzplan modifizierten Forderungshöhe von dem Drittsicherungsgeber fordern können. Dieser kann einen Regressanspruch gegen den Insolvenzschuldner gemäß § 254 Abs. 2 Satz 2 InsO jedoch nur bis zu der Höhe der in dem Insolvenzplan festgelegten Forderungsquote durchsetzen. Diese Regelung aus dem Insolvenzplanrecht schafft das Risiko, dass eine entsprechende Sanierung des Hauptschuldners für die Drittsicherungsgeber ebenfalls in der Insolvenz münden kann,[532] wodurch zusätzliche Kosten durch parallele Insolvenzverfahren entstehen und ein Auseinanderbrechen des Konzerns droht.[533] Um diese Folge zu vermeiden, ist es notwendig, nicht nur die Hauptforderung, sondern auch die dahinterstehende Drittsicherheit entsprechend zu gestalten.

528 Dies als Domino-Effekt bezeichnend *Brünkmans*, Koordinierung von Insolvenzverfahren, S. 70.

529 Siehe *Weitbrecht*, KTS 2021, 357 (360).

530 *Hoegen/Kranz*, NZI 2021, 105 (105); *Pleister*, ZIP 2015, 1097 (1101, 1105); *Westpfahl/Dittmar*, NZI-Beilage 2021, 46.

531 *Pleister*, ZIP 2015, 1097.

532 *Huber/Madaus* in MüKoInsO, § 254 Rn. 32; *Pleister*, ZIP 2015, 1097 f.

533 *Westpfahl/Dittmar*, NZI-Beilage 2021, 46.

b) Gestaltung von Drittsicherheiten mit dem StaRUG

Vorab soll das oben skizzierte Bild bei der Gestaltung von drittbesicherten Forderungen im Allgemeinen auf die Normen des StaRUG übertragen werden. Soweit eine besicherte Restrukturierungsforderung durch einen Restrukturierungsplan gekürzt wird, statuiert § 67 Abs. 3 Satz 1 StaRUG, dass die Rechte dieser Restrukturierungsgläubiger gegen Mitschuldner und Bürgen des Schuldners sowie die Rechte der Gläubiger an Gegenständen, die nicht zu dem Vermögen des Schuldners gehören, oder aus einer Vormerkung, die sich auf solche Gegenstände bezieht, mit Ausnahme der nach § 2 Abs. 4 StaRUG gestalteten Rechte aus gruppeninternen Drittsicherheiten, von dem Restrukturierungsplan nicht berührt werden.[534] Daher besteht das Bedürfnis, sowohl akzessorische als auch nicht-akzessorische Drittsicherheiten notwendiger Weise in den Restrukturierungsplan einzubeziehen, wenn das dargestellte Szenario verhindert werden soll. Dies hat auch der Gesetzgeber erkannt und gemäß § 2 Abs. 4 Satz 1 Hs. 1 StaRUG die Gestaltung von gruppeninternen Drittsicherheiten ermöglicht. Zulasten der Drittsicherungsgläubiger kann dies ausweislich und unter Berücksichtigung des § 26 Abs. 2 StaRUG mittels eines *cross-class cram-down* durchgesetzt werden.

(1) Anwendungsbereich

(a) Persönliche Reichweite

In persönlicher Hinsicht ermöglicht § 2 Abs. 4 Hs. 1 StaRUG, Sicherheiten, die ein verbundenes Unternehmen i. S. d. § 15 AktG stellt,[535] zu gestalten. Sicherheiten, die in dem Rahmen eines Avalkredites durch eine konzernfremde Gesellschaft gestellt wurden,[536] sind daher nicht von § 2 Abs. 4 Hs. 1 StaRUG umfasst,[537] wobei in einer solchen Konstellation freilich nicht die Gefahr der Insolvenz weiterer Konzerngesellschaften besteht. Ein durch den Gesetzgeber zu adressierender Nachteil folgt daraus nicht. Vielmehr realisiert sich dann lediglich das – gegen Kompensation – übernommene Insolvenzrisiko des Hauptschuldners bei dem Drittsicherungsgeber.

(b) Sachliche Reichweite

In sachlicher Hinsicht sieht § 2 Abs. 4 Hs. 1 StaRUG vor, dass der Restrukturierungsplan auch Rechte aus einer Bürgschaft, einer Mitschuldnerschaft oder sonstigen Haftung gestalten kann, beispielsweise durch die Freigabe einer Sicherheit. Bei § 2 Abs. 4 Hs. 1 StaRUG handelt es sich um keinen abschließenden Katalog, vielmehr kann

534 Dies verkennend *Prusko* in MüKoStaRUG, § 2 Rn. 87; *Weber* in SLvB, HdB SanR, S. 111 Rn. 334; *Westpfahl/Dittmar*, NZI-Beilage 2021, 46 (47).

535 Ausführlich dazu, was als verbundenes Unternehmen in diesem Sinne gilt *Skauradszun* in BeckOK StaRUG, § 2 Rn. 160 ff.

536 Zu der Gestaltbarkeit von Forderungen aus dem Avalkreditvertrag siehe *Naujoks/Schönen*, ZRI 2021, 437 (439).

537 Siehe auch *Girotto* in BDA, Sanierung, § 1 Rn. 111.

durch das Einfallstor der »sonstigen Haftung« die Einbeziehung jeglicher Sicherheiten – insbesondere Garantien[538] – in den Restrukturierungsplan erreicht werden.[539]

(2) Entschädigung

Bestätigt das Restrukturierungsgericht den Restrukturierungsplan in der Folge, woraufhin die Hauptforderung samt Drittsicherheit entsprechend gestaltet wird,[540] büßt der Sicherungsgläubiger eine Befriedigungsmöglichkeit ein, die ihn ohne Restrukturierungsplan zu einer vorrangigen Befriedigung berechtigt hätte. Dadurch stünde ein Sicherungsgläubiger durch den Restrukturierungsplan regelmäßig schlechter, als er ohne einen solchen Plan stünde. Dies vertrüge sich jedoch nicht mit dem Minderheitenschutz aus § 64 Abs. 1 Satz 1 StaRUG. Aus diesem Grunde konkretisiert § 2 Abs. 4 Satz 1 Hs. 2 StaRUG den Minderheitenschutz und das Schlechterstellungsverbot,[541] in dem dieser den betroffenen Drittsicherungsgläubigern *expressis verbis* eine angemessene Entschädigung für den Fall des teilweisen Verlusts der Drittsicherheit zuspricht.

(a) Höhe der Entschädigung

Nach Lektüre des § 2 Abs. 4 Satz 1 Hs. 2 StaRUG bleibt unklar, was eine angemessene Entschädigung i. d. S. darstellt. Der Gesetzestext enthält dazu keine konkretisierenden Aussagen.[542] Die Gesetzesbegründung hingegen deutet darauf hin, dass eine Entschädigung dann angemessen ist, wenn den Drittsicherungsgläubigern in dem Umfang

538 Die Garantie als in der Praxis üblich bezeichnend *Pleister*, ZIP 2015, 1097 (1098); die Möglichkeit der Einbeziehung einer Garantie besonders pointierend *Westpfahl/Dittmar*, NZI-Beilage 2021, 46 (47).

539 *Esser* in Braun, StaRUG, § 2 Rn. 44 ff.; ähnlich *Schröder* in HK-RestrR, § 2 Rn. 66; verschiedene Sicherheiten aufzählend *Skauradszun* in BeckOK StaRUG, § 2 Rn. 166; ausführlich *Tresselt* in Morgen, StaRUG, § 2 Rn. 123.

540 Ausführlich zu den möglichen Restrukturierungsmaßnahmen mit Blick auf die Drittsicherheit *Esser* in Braun, StaRUG, § 2 Rn. 50 f.; *Tresselt* in Morgen, StaRUG, § 2 Rn. 125; *Westpfahl/Dittmar* in Flöther, StaRUG, § 2 Rn. 73.

541 Die Materialien gehen in dem Rahmen der Entschädigung nach § 2 Abs. 4 Satz 1 Hs. 2 StaRUG von einer Schlechterstellung gemäß § 71 StaRUG-E, bzw. § 64 StaRUG aus, weshalb anzunehmen ist, dass es bei § 2 Abs. 4 Satz 1 Hs. 2 StaRUG sich nur um eine spezielle Normierung des Schlechterstellungsverbots handelt, Begr. RegE SanInsFoG, BT-Drs. 19/24181, S. 113; wobei den Drittsicherungsgläubigern gemäß § 2 Abs. 4 Satz 1 Hs. 2 StaRUG im Unterschied zu § 64 Abs. 1 Satz 1 StaRUG auch dann eine Entschädigung zuzusprechen ist, wenn diese für die Annahme des Restrukturierungsplan gestimmt haben sollten *Esser* in Braun, StaRUG, § 2 Rn. 61; so auch *Kowalewski/Praß* in Morgen, StaRUG, § 26 Rn. 69; fragend, ob und inwiefern sich der Entschädigungsanspruch gemäß § 2 Abs. 4 Satz 1 Hs. 2 StaRUG von dem Schlechterstellungsverbot des § 64 Abs. 1 Satz 1 StaRUG unterscheidet, die Identität im Ergebnis aber wohl ablehnend *Tresselt* in Morgen, StaRUG, § 2 Rn. 127 f.; § 2 Abs. 4 Satz 1 Hs. 2 StaRUG als eine bloß klarstellende Vorschrift erachtend *Westpfahl/Dittmar* in Flöther, StaRUG, § 2 Rn. 79.

542 So auch *Hoegen/Kranz*, NZI 2021, 105 (107); diesen Umstand kritisierend *Proske/Streit*, NZI 2020, 969 (971); *Skauradszun* in BeckOK StaRUG, § 2 Rn. 171; *Thole*, ZIP 2020, 1985 (1988); *Westpfahl/Dittmar*, NZI-Beilage 2021, 46 (47).

der Werthaltigkeit der Drittsicherheit eine Entschädigung zukommt.[543] Anknüpfend daran stellt der Gesetzgeber fest, dass die Werthaltigkeit der Sicherheit nicht in jedem Falle dem Nennwert der Hauptforderung entspricht, sondern vielmehr in ihrer Werthaltigkeit beeinträchtigt sein kann.[544] Dies ist vor allem dann anzunehmen, wenn bei Personalsicherheiten der Drittsicherungsgeber ebenfalls Zahlungsschwierigkeiten aufweist.[545] Bei Personalsicherheiten ist darüber hinaus stets eine Bewertung des Drittsicherungsgebers notwendig,[546] was die Kosten der Restrukturierungssache weiter in die Höhe treibt.[547] Nachdem die Werthaltigkeit der Drittsicherheit bestimmt worden ist – weitere Ausführungen diesbezüglich würden den Rahmen dieser Arbeit überschreiten[548] –, dürfte unter Zugrundelegung der Gesetzesbegründung regelmäßig eine Entschädigung in Höhe der Differenz zwischen dem nunmehr angepassten Nennwert der Forderung und dem Wert der dahinterstehenden Drittsicherheit zu leisten sein.[549] In dieser Höhe verliert der Drittsicherungsgläubiger nämlich seine Befriedigungsmöglichkeit. Sollte der Wert der Sicherheit hingegen geringer als der angepasste Nennwert der Hauptforderung sein, entfällt die Pflicht der Leistung einer Entschädigung.[550] In einem solchen Fall würde die Sicherheit auch ohne Eingriff in die Restrukturierungsforderung nur einen gewissen Teil der Restrukturierungsforderung besichern, wobei der prozentuale Anteil der Besicherung sich durch die Herabsetzung des Nennwerts sogar erhöhen würde. Es fehlt daher an einer durch den Restrukturierungsplan eingetretenen Benachteiligung der Drittsicherungsgläubiger. Der Schaden ist vielmehr durch die außerhalb des Restrukturierungsplans bedingte Entwertung der Drittsicherheit eingetreten. An einem insoweit eingetretenen Schaden mangelt es auch dann, wenn die bisherige Drittsicherheit lediglich durch eine andere, ebenfalls werthaltige Drittsicherheit substituiert wird.[551]

(b) Schuldner der Entschädigungszahlung

Nachdem die Höhe der Entschädigung festgestellt worden ist, stellt ferner die Frage sich, wer Schuldner dieser Entschädigungszahlung ist. Dafür kommen zwei Beteiligte der Restrukturierung in Betracht, nämlich der Schuldner und der Drittsicherheitengeber. Bedauerlicherweise mangelt es § 2 Abs. 4 Satz 1 StaRUG an einer Konkretisie-

543 Siehe Begr. RegE SanInsFoG, BT-Drs. 19/24181, S. 113.
544 Siehe Begr. RegE SanInsFoG, BT-Drs. 19/24181, S. 113.
545 Ähnlich *Esser* in Braun, StaRUG, § 2 Rn. 59; so *Skauradszun* in BeckOK StaRUG, § 2 Rn. 169; *Tresselt* in Morgen, StaRUG, § 2 Rn. 133.
546 Diesbezüglich auf § 73 Abs. 3 Nr. 2 StaRUG und die Folgen auf die Bestellung eines Restrukturierungsbeauftragten blickend *Esser* in Braun, StaRUG, § 2 Rn. 54; siehe *Thies* in HK-InsR, § 223a Rn. 8; ähnlich *Westpfahl/Dittmar*, NZI-Beilage 2021, 46 (47).
547 *Cranshaw/Portisch*, ZInsO 2020, 2617 (2623); *Skauradszun* in BeckOK StaRUG, § 2 Rn. 169.
548 Diese Frage sogar als das gesamte Verfahren sprengend ansehend *Proske/Streit*, NZI 2020, 969 (970); ausführlich dazu *Tresselt* in Morgen, StaRUG, § 2 Rn. 127.
549 Ähnlich *Thies* in HK-InsR, § 223a Rn. 9.
550 Dies für die Wertlosigkeit der Sicherheit konstatierend *Skauradszun* in BeckOK StaRUG, § 2 Rn. 169.
551 So *Esser* in Braun, StaRUG, § 2 Rn. 63; ebenfalls *Schröder* in HK-RestrR, § 2 Rn. 69; ausführlich *Tresselt* in Morgen, StaRUG, § 2 Rn. 136.

rung des Schuldners der Entschädigung.[552] Zwar nicht in den Gesetzestext implementiert, führt der Gesetzgeber in den Materialien zu § 2 Abs. 4 Satz 1 StaRUG aber aus, dass die Entschädigung aus dem Vermögen des Schuldners zu leisten ist.[553] Dieses Grundverständnis der Entschädigungszahlung dürfte von dem Schuldner angesichts seiner während der Restrukturierungssituation beschränkten Liquidität indes häufig nicht zu leisten sein.[554] Vor dem Hintergrund mangelnder gesetzlicher Vorgaben kann der Restrukturierungsplan in entsprechender Anwendung des § 15 Abs. 3 StaRUG auch vorsehen, dass der Drittsicherungsgeber die Entschädigungszahlung leistet, solange dieser diesem Vorhaben zustimmt.[555] Verglichen mit dem ursprünglichen Problem bei der Restrukturierung von drittbesicherten Forderungen verändern die wirtschaftlichen Gegebenheiten sich jedoch kaum. Die Entschädigung ist weiterhin aus dem Konzern zu leisten, sodass es durchaus sinnvoll erscheint, einen Anschlussfinanzierer die Entschädigung zahlen zu lassen.[556]

(c) Wirtschaftliches Ergebnis

Sollen eine drittbesicherte Forderung und die entsprechende gruppeninterne Drittsicherheit in einem Restrukturierungsplan gestaltet werden, stellen die wirtschaftlichen Auswirkungen sich für die Beteiligten wie folgt dar: Die gegen den Schuldner bestehende Forderung kann durch einen *haircut* herabgesetzt werden. Entsprechend kann und muss auch die dahinterstehende gruppeninterne Drittsicherheit modifiziert werden. Daraufhin ist eine Entschädigung in Höhe der Differenz zwischen dem Wert der Sicherheit und der jetzigen Höhe der Sicherheit an den Sicherungsnehmer zu leisten. Grundsätzlich hat der Schuldner diese Entschädigung zu leisten, wobei auch der Drittsicherheitengeber den Differenzbetrag gegenüber dem Drittsicherheiten- und nunmehr Entschädigungsgläubiger begleichen kann. Der Drittsicherungsnehmer hingegen steht wirtschaftlich betrachtet ohne Einbußen dar. Er hat entweder weiterhin den nunmehr modifizierten Anspruch oder eine quotale Befriedigung sowie eine Ausgleichszahlung erhalten, die für die Differenz zwischen quotaler Befriedigung und Werthaltigkeit der Drittsicherheit aufkommt. Genauso stünde er auch bei einer vorherigen Befriedigung aus der Drittsicherheit. Vor dem Hintergrund der Entschädigungspflicht ist jedoch erklärungsbedürftig, was durch ein solches Vorgehen gewonnen ist. Zwar ist eine Entschädigung zu leisten, diese ist aber in der Regel nur in Höhe eines Bruchteils des Werts der Sicherheit zu beziffern, sodass der schuldnerische Konzern fortbestehen kann. Die durch den Restrukturierungsplan modifizierte Forderung kann dann – wie

552 So *Esser* in Braun, StaRUG, § 2 Rn. 62; *Hofmann* in Jacoby/Thole, StaRUG, § 2 Rn. 62; *Tresselt* in Morgen, StaRUG, § 2 Rn. 136.

553 Begr. RegE SanInsFoG, BT-Drs. 19/24181, S. 113.

554 So *Esser* in Braun, StaRUG, § 2 Rn. 62; ähnlich auch *Cranshaw/Portisch*, ZInsO 2020, 2617 (2623); *Herding/Krafczyk* in Seibt/Westpfahl, StaRUG, § 2 Rn. 258; *Tresselt* in Morgen, StaRUG, § 2 Rn. 136.

555 So *Cranshaw/Portisch*, ZInsO 2020, 2617 (2623); *Hofmann* in Jacoby/Thole, StaRUG, § 2 Rn. 62; so im Ergebnis auch *Paulus/Bähr/Hackländer*, ZIP 2021, 1085 (1088); *Tresselt* in Morgen, StaRUG, § 2 Rn. 136; a. A. wohl *Hoegen/Kranz*, NZI 2021, 105 (108); ähnlich auch *Morgen/Arends/Schierhorn*, ZRI 2021, 305 (309).

556 So *Esser* in Braun, StaRUG, § 2 Rn. 62.

bei Eingehung der Verpflichtung angedacht – auf Basis der eingetretenen Gesundung des Schuldners aus dem regulären Geschäftsbetrieb ebendieses – eventuell mit einer Prolongation der restlichen Forderung – beglichen werden. Dies wäre ohne Restrukturierung der Forderung sowie der gruppeninternen Drittsicherheit nicht möglich, da der Drittsicherheitengläubiger sich in Höhe des Nominalwerts der Forderung gegenüber dem Drittsicherheitengeber schadlos halten würde.

Ob eine Einbeziehung von gruppeninternen Drittsicherheiten in den Restrukturierungsplan vor dem Hintergrund des für die Bestimmung der Höhe einer Entschädigung zu bewerkstelligenden Aufwands und der anschließenden Finanzierung ebendieser sinnvoll ist, kommt auf die konkrete Lage des Schuldners an.[557] In Fällen, in denen eine zu hohe Entschädigungszahlung zu gewähren ist und diese in der konkreten Restrukturierung lediglich in Geld geleistet werden kann, muss der Schuldner in enger Abstimmung mit dem Drittsicherungsgeber evaluieren, inwieweit die Unternehmensgruppe in der Lage ist, eine Entschädigung zu finanzieren.

3. Gestaltung von Nebenbestimmungen gemäß den §§ 2 Abs. 2 Satz 2, 7 Abs. 3 StaRUG

Das StaRUG ermöglicht gemäß §§ 2 Abs. 2 Satz 2, 7 Abs. 3 StaRUG, vertragliche Nebenbestimmungen oder Vereinbarungen zu gestalten. Diese Möglichkeit weist eine enorme Bedeutung für die Anleiherestrukturierung auf,[558] weshalb diese auch in dem Restrukturierungskatalog des § 5 Abs. 3 Satz 1 Nr. 10 SchVG explizit aufgeführt ist. In Anbetracht dieser Tatsache ist es zulässig, sämtliche Einzelbestimmungen der Anleihebedingungen zu gestalten, insbesondere den Verzicht oder die Beschränkung von Kündigungsrechten[559] sowie *financial covenants*.[560]

4. Gesellschaftsrechtliche Maßnahmen gemäß den §§ 2 Abs. 3, 7 Abs. 4 StaRUG

Zuletzt ermöglicht es § 7 Abs. 4 StaRUG, gesellschaftsrechtliche Maßnahmen in dem Restrukturierungsplan vorzunehmen, insbesondere gemäß § 7 Abs. 4 Satz 1 StaRUG einen *debt-equity-swap* durchzuführen. Die Durchführung des *debt-equity-swap* weist einige Unklarheiten auf.

a) Zwangsweiser *debt-equity-swap*

Wäre ein zwangsweiser *debt-equity-swap* zulässig, würden die dissentierenden Gläubiger trotz Ablehnung des Restrukturierungsplans einem *debt-equity-swap* unterwor-

557 Ähnlich *Tresselt* in Morgen, StaRUG, § 2 Rn. 136.

558 Betreffend Zusicherungen in den Anleihebedingungen *Westpfahl/Dittmar* in Flöther, StaRUG, § 2 Rn. 47; *Wilkens*, WM 2021, 573 (577).

559 So auch *Desch*, BB 2020, 2498 (2502); *Rechtmann*, WM 2021, 520 (521 f.).

560 Zu den Grenzen der Gestaltbarkeit von Nebenbestimmungen in einem Restrukturierungsplan ausführlich *Hofman* in Jacoby/Thole, StaRUG, § 2 Rn. 34 ff.; *Knapp/Wilde* in Morgen, StaRUG, § 2 Rn. 62.

fen.[561] Grundsätzlich wird *in praxi* bei der Durchführung eines *debt-equity-swap* regelmäßig auf das sogenannte Erwerbsrechtemodell zurückgegriffen, bei dem den Teilschuldverschreibungsgläubigern in dem Rahmen des *debt-equity-swap* nur ein Recht für den Erwerb von Geschäftsanteilen angeboten wird, sodass eine Verletzung von Art. 9 Abs. 1 GG mangels zwangsweiser Aufdrängung der Gesellschafterstellung *a priori* entfällt.[562] Darüber hinaus bereitet das Erwerbsrechtemodell einen weiteren Vorteil: Nach allgemeiner Ansicht entfällt bei einer solchen Gestaltung nämlich die Prospektpflicht gemäß Art. 3 Abs. 1 Prospekt-VO.[563]

Allerdings kommt auch das Erwerbsrechtemodell nicht ohne jeden Makel aus. Es ist nämlich durchaus zu befürchten – so zeigen Erfahrungen aus dem Insolvenzplanrecht, dessen § 225a InsO als Modell für den § 7 Abs. 4 StaRUG stand[564] –, dass bei einem zwanglosen *debt-equity-swap* zu wenige Teilschuldverschreibungsgläubiger ihr Erwerbsrecht ausüben und vielmehr eine Befriedigung in Geld verlangen,[565] was zu Problemen führen kann. Vor diesem Hintergrund und der Tatsache, dass eine emittierte Anleihe regelmäßig einen erheblichen Anteil an den Passiva des Emittenten bilden,[566] besteht durchaus Interesse daran, auch wandlungsunwillige Teilschuldverschreibungsgläubiger in einen *debt-equity-swap* einbeziehen zu können,[567] um so die Passivseite effektiv zu bereinigen. Insofern führt eine Verknüpfung von StaRUG und SchVG zu verschiedenen Handlungsmöglichkeiten.

(1) Grundsatz § 7 Abs. 4 Satz 2 StaRUG

Sollen Restrukturierungsforderungen gemäß § 7 Abs. 4 StaRUG in Anteils- oder Mitgliedschaftsrechte an dem Schuldner umgewandelt werden, ist eine solche Umwandlung gegen den Willen der Restrukturierungsgläubiger dem Grunde nach nicht möglich. Gemäß § 7 Abs. 4 Satz 2 StaRUG ist ein *debt-equity-swap* gegen den Willen der betroffenen Gläubiger ausgeschlossen. Es bedarf unabhängig davon, ob die Zustimmung der Gruppe der Teilschuldverschreibungsgläubiger betreffend die Annahme des Restrukturierungsplans erst über einen *cross-class cram-down* erreicht wird der Zustimmung eines jeden Teilschuldverschreibungsgläubigers gemäß §§ 7 Abs. 4 Satz 2, 15 Abs. 2 StaRUG. Um diese Zustimmung zu erzielen und eine Zwangswirkung zulasten der Teilschuldverschreibungsgläubiger zu ermöglichen, sind verschiedene Herangehensweisen denkbar.

561 Unter Berücksichtigung der Konzeption der Abtstimmung über einen Restrukturierungsplan ist ein solcher Zwang sowohl innerhalb einer Abstimmungsgruppe und darüber hinaus auch über einen *cross-class cram-down* möglich.

562 Siehe *Martini* in Bork/Hölzle, HB InsR, Kap. 25 Rn. 118; *Westpfahl/Seibt* in Schmidt, SanR, Anh. zu § 39 InsO Rn. 129. Ausführlich zu verfassungsrechtlichen Bedenken bei einem zwangsweisen *debt-equity-swap Thole* in Hopt/Seibt, SchvR, § 5 Rn. 57 ff.; *Westpfahl/Seibt* in Schmidt, SanR, Anh. zu § 39 InsO Rn. 122.

563 Ausführlich zu der Prospektpflicht bei einem *debt-equity-swap Westpfahl* in Hopt/Seibt, SchvR, Kap. 13 Rn. 13.86 ff.; *Westpfahl* in FS Kübler 2015, 773 (779 ff.).

564 Begr. RegE SanInsFoG, BT-Drs. 19/24181, S. 117.

565 Ähnlich *Kessler/Rühle*, BB 2014, 907 (912).

566 *Westpfahl* in FS Kübler, 2015, 773 (775).

567 Siehe für den Insolvenzplan *Westpfahl/Seibt* in Schmidt, SanR, Anh. zu § 39 InsO Rn. 118.

(2) Ausnahmemodell

(a) Wortlaut als Grenze der Gesetzesauslegung

Vor dem Hintergrund der zwangsweisen Durchsetzung eines *debt-equity-swap* zulasten der Teilschuldverschreibungsgläubiger gemäß den Regelungen des SchVG wird vereinzelt angenommen, dass die Regelung des § 7 Abs. 4 Satz 2 StaRUG nicht auf Teilschuldverschreibungsgläubiger anzuwenden ist.[568] Außerhalb der Restrukturierungssache könnten diese nämlich in die Gesellschafterstellung gedrängt werden, sodass es innerhalb der Restrukturierungssache erst recht so sein müsse.[569] Wenn Teilschuldverschreibungsgläubiger sich angesichts der Mehrheitsbefugnisse aus § 5 Abs. 3 Satz 1 Nr. 5 SchVG auf die Zeichnung einer Teilschulverschreibung einlassen, könnten diese sich nicht außerhalb des SchVG davon lossagen.[570] Eine solche Sichtweise kann indes nicht pauschal verfangen. Nur dann, wenn die Anleihebedingungen – was freilich in nahezu allen Fällen zutrifft – Mehrheitsbeschlüsse nach dem SchVG ermöglichen, kann eine solche Argumentationslinie überhaupt angedacht werden. Doch selbst dann bleibt der Wortlaut des § 7 Abs. 4 StaRUG insoweit eindeutig und lässt den *debt-equity-swap* ohne die notwendige Zustimmung eines jeden Gläubigers wirkungslos sein.[571]

(b) Rechtsfortbildung durch teleologische Reduktion

Insofern bedürfte es für die Begründung des Ausnahmemodells einer Rechtsfortbildung im Wege der teleologischen Reduktion. Voraussetzung einer teleologischen Reduktion ist, dass der Wortlaut einer Norm zu extensiv gefasst ist und deshalb auch Fälle umfasst, die in dem Lichte des Regelungszwecks der Norm von dieser nicht umfasst sein sollten.[572] Insofern wird von einer sog. verdeckten Lücke gesprochen.[573] Eine teleologische Reduktion ist indes abzulehnen, wenn der Gesetzgeber eine bewusste Entscheidung gegen einen Ausnahmetatbestand für die Teilschuldverschreibungsgläubiger im Rahmen des § 7 Abs. 4 StaRUG getroffen hat, da die Rechtssetzung dem Grunde

568 So zu der Frage in einem Insolvenzverfahren *Martini* in Bork/Hölzle, HB InsR, Kap. 25 Rn. 114.

569 So zu der Frage in einem Insolvenzverfahren *Martini* in Bork/Hölzle, HB InsR, Kap. 25 Rn. 114.

570 Siehe für das Insolvenzverfahren *Martini* in Bork/Hölzle, HB InsR, Kap. 25 Rn. 114.

571 So auch *Seibt* in Seibt/Westpfahl, StaRUG, § 7 Rn. 88; *Streit/Bürk* in Uhlenbruck, InsO, § 7 StaRUG Rn. 94 ff.; *Tasma* in Flöther, StaRUG, § 7 Rn. 27. In einem Insolvenzverfahren so auch *Hoffmann* in Reinhard/Schall, SchVG, § 19 Rn. 78 f; *Thole*, ZIP 2014, 293 (300); *Thole*, ZIP 2014, 2365 (2368); *Wilken/Schaumann/Zenker*, Anleihen, S. 149 Rn. 628 f.; *Westpfahl* in Hopt/Seibt, SchvR, Kap. 13 Rn. 13.77; unentschlossen *Westpfahl/Seibt* in Schmidt, SanR, Anh. zu § 39 InsO Rn. 121 ff.; a. A. *Martini* in Bork/Hölzle, HB InsR, Kap. 25 Rn. 114. Allgemein zu dem Wortlaut als Grenze der Auslegung *Larenz/Canaris*, Methodenlehre, S. 143; *Möllers*, Methodenlehre, § 4 Rn. 66; *Wank*, Methodenlehre, § 7 Rn. 58.

572 *Möllers*, Methodenlehre, § 6 Rn. 123; ähnlich *Larenz*, Methodenlehre, S. 391; *Larenz/Canaris*, Methodenlehre, S. 210 f.

573 *Larenz*, Methodenlehre, S. 377; *Möllers*, Methodenlehre, § 6 Rn. 123.

nach Aufgabe der Legislative ist[574] und es der Judikative ausweislich Art. 20 Abs. 3 GG grundsätzlich nicht zusteht, sich über einen ausdrücklichen gesetzgeberischen Willen hinwegzusetzen.[575] In solchen Fällen kann nicht mehr von einer Regelungslücke gesprochen werden.[576] Gemessen an diesen Kriterien ist eine teleologische Reduktion im Ergebnis abzulehnen. Die Materialien zu § 7 Abs. 4 StaRUG verweisen ausdrücklich auf die entsprechende Norm in § 225a Abs. 2 Satz 2 InsO.[577] Die Materialien zu § 225a InsO führen im Rahmen der gemäß § 225a Abs. 2 Satz 2 InsO notwendigen Zustimmung eines jeden Gläubigers für einen *debt-equity-swap* aus, dass dafür (für die Zustimmung gemäß § 225a Abs. 2 Satz 2 InsO) die Möglichkeit eines Mehrheitsbeschlusses gemäß dem SchVG unberührt bleiben soll.[578] Dies impliziert, dass der Gesetzgeber im Rahmen des Zustimmungserfordernisses gemäß § 7 Abs. 4 Satz 2 StaRUG von einem Ausnahmetatbestand für Teilschuldverschreibungsgläubiger willentlich abgesehen hat.

(3) Beschlussfassung der Teilschuldverschreibungsgläubiger

Es ist vielmehr angebracht, dem Problem in Stufen zu begegnen. Auf erster Stufe ist – entgegen den Vertretern des Ausnahmemodells – die Notwendigkeit der Zustimmung eines jeden Teilschuldverschreibungsgläubigers zu konzedieren. Das Problem ist vielmehr auf der zweiten Stufe, der konkreten Beschaffung dieser notwendigen Zustimmungen, zu lösen.

(a) Bevollmächtigung eines gemeinsamen Vertreters

Die Eigenart eines gemeinsamen Vertreters der Teilschuldverschreibungsgläubiger, intern mit einer qualifizierten Mehrheit bevollmächtigt werden zu können, in dem Außenverhältnis dann jedoch für alle Teilschuldverschreibungsgläubiger handeln zu können,[579] eröffnet die Möglichkeit, die nach § 7 Abs. 4 Satz 2 StaRUG notwendige Zustimmung der Teilschuldverschreibungsgläubiger darüber zu erlangen, dass diese einen gemeinsamen Vertreter anweisen, die Zustimmungserklärung mit Wirkung für und gegen alle Teilschuldverschreibungsgläubiger abzugeben.[580] Der gemeinsame Vertreter kann sodann aufgrund dieser Weisung aus dem Innenverhältnis die Zustimmung für sämtliche Teilschuldverschreibungsgläubiger gemäß § 15 Abs. 2 StaRUG erklären.[581] Gegen diese Möglichkeit wird vorgebracht, dass durch das Konzedieren

574 *Möllers*, Methodenlehre, § 1 Rn. 48.
575 Ähnlich *Larenz/Canaris*, Methodenlehre, S. 190 »[…] ihnen nicht zustehende Gewalt usurpieren würden.«; Ausnahmen benennend *Möllers*, Methodenlehre, § 13 Rn. 114.
576 *Larenz*, Methodenlehre, S. 374.
577 Begr. RegE SanInsFoG, BT-Drs. 19/24181, S. 117.
578 Begr. RegE ESUG, BT-Drs. 17/5712, S. 31.
579 *Skauradszun/Kümpel*, WM 2021, 1122 (1124).
580 *Westpfahl/Seibt* in Schmidt, SanR, Anh. zu § 39 InsO Rn. 138.
581 Ähnlich *Fest* in FS Smid, 2022, 107 (111); so auch *Tasma* in Flöther, StaRUG, § 7 Rn. 28; *Westpfahl/Wilde* in EKMPJ, PE, Kap. III, Teil 1, Rn. 95. Siehe zu dem Insolvenzverfahren *Thole*, ZIP 2014, 293 (300); *Thole*, ZIP 2014, 293 (300); a. A. *Hoffmann* in Reinhard/Schall, SchVG, § 19 Rn. 78 f.; *Wilken/Schaumann/Zenker*, Anleihen, S. 149 Rn. 628 f.

eines solchen Vorgehens die Rechtsmacht des gemeinsamen Vertreters deutlich überspannt würde, bestünde dessen Aufgabe lediglich darin, die Rechte und Pflichten der Teilschuldverschreibungsgläubiger geltend zu machen.[582] Hierbei wird suggeriert, der gemeinsame Vertreter allein würde darüber entscheiden, ob es zu einem *debt-equity-swap* komme und könne die Teilschuldverschreibungsgläubiger nach Gutdünken in eine Gesellschafterposition hieven.[583] Die Befürworter dieser Argumentation verkennen, dass es nicht die Rechtsmacht gemäß § 19 Abs. 3 SchVG ist, die dem gemeinsamen Vertreter die Möglichkeit der Zustimmung zu einem *debt-equity-swap ex lege* einräumt, sondern ein konkreter Weisungsbeschluss der Teilschuldverschreibungsgläubiger von Nöten ist,[584] den diese mit der erforderlichen Mehrheit gefasst haben. Der gemeinsame Vertreter wird somit nicht eigenständig tätig. Vielmehr wäre eine eigenmächtige Zustimmung des gemeinsamen Vertreters gemäß § 177 Abs. 1 BGB schwebend unwirksam.[585] Daraus resultierende Probleme sind freilich nicht ersichtlich. In einem solchen Falle unterlägen die Teilschuldverschreibungsgläubiger tatsächlich nur den Regelungen, denen sie sich sehenden Auges unterworfen haben.[586] Sobald der gemeinsame Vertreter dem internen Beschluss der Teilschuldverschreibungsgläubiger folgend die Zustimmung in dem Namen aller Teilschuldverschreibungsgläubiger gemäß § 15 Abs. 2 StaRUG abgegeben hat, wird der *debt-equity-swap* nach den Regelungen des StaRUG durchgeführt. Nicht zu vernachlässigen ist der Umstand, dass als Kehrseite der zwangsweisen Durchsetzung des *debt-equity-swap* mit dem Umweg über eine interne Beschlussfassung nach den Regeln des SchVG ebenjenes mit seinen Tücken zu berücksichtigen ist. Zunächst müsste das notwendige Quorum von der Hälfte aller ausstehenden Teilschuldverschreibungen gemäß § 15 Abs. 3 Satz 1 SchVG erzielt werden. Sollte dies scheitern, bedürfte es einer zweiten Gläubigerversammlung. Selbst in dieser wäre die gemäß § 15 Abs. 3 Satz 3 Hs. 2 SchVG notwendige Beteiligungsquote von 25 % der Teilschuldverschreibungsgläubiger nicht gesichert. Darüber hinaus fände auch das bereits kritisierte Beschlussmängelrecht des SchVG Einzug in die Restrukturierungssache,[587] wodurch das Risiko einer Verzögerung aufgrund des Suspensiveffekts einer schuldverschreibungsrechtlichen Anfechtungs-

582 So *Hoffmann* in Reinhard/Schall, SchVG, § 19 Rn. 78 f.; *Wilken/Schaumann/Zenker*, Anleihen, S. 149 Rn. 628 f.

583 *Wilken/Schaumann/Zenker*, Anleihen, S. 149 Rn. 629.

584 § 19 Abs. 3 SchVG umfasst nur die Wahrnehmung »insolvenzspezifischer Rechte«, siehe BGHZ 218, 183 Rn. 25 = NZI 2018, 482. Zu Einzelheiten dazu nachstehend Kap. IV § 11 B. Die Zustimmungserklärung i. S. d. § 7 Abs. 4 Satz 2 StaRUG ist davon nicht umfasst. Siehe für § 225a Abs. 2 Satz 2 InsO *Knapp* in Hopt/Seibt, SchvR, § 19 Rn. 75; ausführlich *Rüberg*, Anleihe in der Insolvenz, S. 168; *Seibt* in Seibt/Westpfahl, StaRUG, § 7 Rn. 89; wohl auch *Thole*, ZIP 2014, 293 (300).

585 *Matjuschkin*, Bondholder Governance, S. 211; wohl auch *Thole* in Hopt/Seibt, SchvR, § 7 Rn. 2; *Veranneman* in Veranneman, SchVG, §§ 7, 8 Rn. 67; *Vogel* in BeckOGK SchVG, § 7 Rn. 9.

586 Diesen Umstand zugunsten des Ausnahmemodells in dem Rahmen des Insolvenzverfahrens anführend *Martini* in Bork/Hölzle, HB InsR, Kap. 25 Rn. 114.

587 Siehe *Eidenmüller* in MüKoInsO, § 230 Rn. 58; *Westpfahl/Seibt* in Schmidt, SanR, Anh. zu § 39 InsO Rn. 138; siehe *Wilken/Schaumann/Zenker*, Anleihen, S. 151 Rn. 638.

klage entstünde.[588] Sollte ein Teilschuldverschreibungsgläubiger gegen den Weisungsbeschluss vorgehen, könnte der gemeinsame Vertreter die Erklärungen erst abgeben, wenn ein Freigabebeschluss nach § 20 Abs. 3 Satz 4 Hs. 2 SchVG i. V. m. § 246a AktG erteilt worden ist.[589]

(b) Mehrheitsbeschluss der Teilschuldverschreibungsgläubiger ohne gemeinsamen Vertreter

Ist kein gemeinsamer Vertreter bestellt, kann ein solcher auch nicht die Zustimmungserklärungen im Namen aller Teilschuldverschreibungsgläubiger gemäß § 15 Abs. 2 StaRUG einreichen. Ob Letztere einen den gemeinsamen Vertreter anweisenden Beschluss zu der Zustimmung oder ohne Umwege einen zustimmenden Beschluss für die gleiche Maßnahme fassen, kann und darf nicht in eine unterschiedliche Bewertung münden.[590] Ein hypothetischer gemeinsamer Vertreter würde ebenfalls nur das Resultat der Willensbildung der Teilschuldverschreibungsgläubiger manifestieren. So wie es schon die Materialien zu § 225a Abs. 2 Satz 2 InsO ausdrücken, wonach auch in den Materialien zu § 7 Abs. 4 StaRUG verwiesen wird,[591] reicht es in solchen Fällen aus, wenn der entsprechende Mehrheitsbeschluss der Teilschuldverschreibungsgläubiger dem Plan beigefügt wird.[592] Praktisch würde dann der Versammlungsleiter der schuldverschreibungsrechtlichen Gläubigerversammlung den Beschluss an den Emittenten übermitteln. Auch bei dieser Möglichkeit der Herbeiführung eines zwangsweisen *debt-equity-swap* wird dies abermals nur über das SchVG ermöglicht, weshalb erneut die Problematik des schuldverschreibungsrechtlichen Rechtsschutzes in die Restrukturierungssache integriert wird.

(4) Bedingter Restrukturierungsplan gemäß § 62 StaRUG

Ferner könnte ein Restrukturierungsplan ohne die Involvierung der Teilschuldverschreibungsgläubiger erstellt und über diesen abgestimmt wird.[593] Dieser Restrukturierungsplan sieht vor, dass die Teilschuldverschreibungsgläubiger ihrerseits einen *debt-equity-swap* nach dem SchVG beschließen. Die Bestätigung des Restrukturierungsplans gemäß § 62 StaRUG ist bedingt durch die unanfechtbare Beschlussfassung der

588 Siehe für das Insolvenzverfahren *Knapp* in Hopt/Seibt, SchvR, § 19 Rn. 66; ähnlich *Schaumann/Zenker*, EWiR 2015, 225; *Westpfahl/Seibt* in Schmidt, SanR, Anh. zu § 39 InsO Rn. 138.
589 Siehe *Eidenmüller* in MüKoInsO, § 230 Rn. 58.
590 Siehe *Kessler/Rühle*, BB 2014, 907 (912), die dies ebenfalls in dem Rahmen des Insolvenzverfahrens andeuten; für das Insolvenzverfahren auch *Rüberg*, Anleihe in der Insolvenz, S. 127.
591 Begr. RegE SanInsFoG, BT-Drs. 19/24181, S. 117.
592 Begr. RegE ESUG, BT-Drs. 17/5712, S. 31; siehe *Fest* in FS Smid, 2022, 107 (111) m. w. N.
593 Angelehnt an *Kessler/Rühle*, BB 2014, 907 ff., die dies für das Insolvenzverfahren vorschlagen.

Teilschuldverschreibungsgläubiger bezüglich des *debt-equity-swap*.[594] Die Zulässigkeit eines solchen Vorgehens wird auch durch die Materialien zu § 19 Abs. 6 SchVG gestützt.[595] Damit würde wie bei den bereits erwähnten Handlungsvarianten eine zwangsweise Umwandlung der Forderungen in Anteile an dem Schuldner möglich, wobei allerdings das verzögerungspotential der Anfechtungsklage gemäß § 20 SchVG das Restrukturierungsvorhaben belastet.[596] Vermögen durch ein entsprechendes Vorgehen in einem Insolvenzverfahren – ungeachtet der Zulässigkeit – gewisse Vorteile sich erzielen lassen, bedarf es der Verknüpfung von schuldverschreibungsrechtlichen *debt-equity-swap* mit einem Restrukturierungsplan nach dem StaRUG nicht. Materielle Vorteile ließen sich hierdurch nicht generieren, da die Anleihebedingungen ohnehin nach dem SchVG angepasst werden können. Das Verknüpfen dieser getrennten Restrukturierungsmaßnahmen über eine Bedingung in dem Restrukturierungsplan könnte lediglich zu der Pazifikation der durch den Restrukturierungsplan betroffenen Gläubiger nützlich sein.

(5) Zwischenergebnis

Jegliche dargestellten Ansätze vermögen zwar Abhilfe dergestalt schaffen, dass eine Durchsetzung eines *debt-equity-swap* auch gegen den Willen einzelner Teilschuldverschreibungsgläubiger in einem Restrukturierungsplan möglich wird, da ein Rückgriff auf das SchVG für das Erlangen der notwendigen Zustimmungserklärung zulässig ist. Der Schuldner hat aber zu berücksichtigen, dass er bei diesem Vorgehen die Restrukturierung dem schuldverschreibungsrechtlichen Rechtsschutz *de lege lata* mit den einhergehenden Kalamitäten exponiert.

b) Befriedigungsmodalitäten bei dem Erwerbsrechtemodell

In der bisherigen Restrukturierungspraxis wird in dem Rahmen eines *debt-equity-swap* sowohl im Insolvenz- als auch in dem Schuldverschreibungsrecht in den meisten Fällen auf ein Erwerbsrechtemodell zurückgegriffen,[597] weshalb zu erwarten ist, dass auch bei Durchführung eines *debt-equity-swap* gemäß § 7 Abs. 4 Satz 1 StaRUG ebensolches angewendet wird. Anders als bei einem zwangsweisen *debt-equity-swap* wird den Teilschuldverschreibungsgläubigern bei Durchführung des Erwerbsrechtemodells nur das Recht des Erwerbs von Anteilen des Emittenten angeboten, wobei es den Teilschuldverschreibungsgläubigern in diesen Fällen freisteht, von diesem Erwerbsrecht Gebrauch zu machen. Diese Gestaltung entspricht der gesetzlichen Leitidee eines freiwilligen *debt-equity-swap* gemäß § 225a Abs. 2 InsO, § 7 Abs. 4 Satz 1 StaRUG, weshalb das Erwerbsrechtemodell vor allem bei einer Einbettung in einen schuld-

594 Siehe *Westpfahl/Seibt* in Schmidt, SanR, Anh. zu § 39 InsO Rn. 139 ff.; *Martini* in Bork/Hölzle, HB InsR, Kap. 25 Rn. 120.

595 Begr. RegE SanInsFoG, BT-Drs. 19/24181, S. 222.

596 Dies mit der Verweisung auf den zwischen Planbestätigung und Bedingungseintritt liegenden Zeitraums als in einem Insolvenzverfahren nicht schädlich erachtend *Martini* in Bork/Hölzle, HB InsR, Kap. 25 Rn. 120 m. w. N.

597 *Martini* in Bork/Hölzle, HB InsR, Kap. 25 Rn. 118; *Westpfahl/Seibt* in Schmidt, SanR, Anh. zu § 39 InsO Rn. 136.

verschreibungsrechtlichen Sachverhalt eine Abkehr von dem Grundgedanken des SchVG darstellt und sich den gesetzlichen Vorgaben des Restrukturierungs- und Insolvenzrechts annähert.[598] Bei Durchführung des Erwerbsrechtemodells beschließen die Teilschuldverschreibungsgläubiger – davon sind ebenfalls die ablehnenden Teilschuldverschreibungsgläubiger betroffen –, ihre Teilschuldverschreibungen auf eine Abwicklungsstelle zu übertragen, welche den eigentlichen Umtausch in Gesellschaftsanteile vollzieht und die so erworbenen Anteile an die wandlungswilligen ehemaligen Teilschuldverschreibungsgläubiger überträgt.[599] Aus diesem Grunde werden die Teilschuldverschreibungsgläubiger sich nach der Entscheidung über die Ausübung des Erwerbsrechts in zwei Gruppen wiederfinden: Auf der einen Seite steht die Gruppe der ehemaligen Teilschuldverschreibungsgläubiger, deren jeweilige Forderungen aus der Teilschuldverschreibung in den Schuldner eingebracht worden sind und welche zu Gesellschaftern des Schuldners werden. Auf der anderen Seite verbleiben diejenigen Gläubiger, die ihre Forderungen nicht in Gesellschaftsanteile tauschen wollen. Fraglich ist, was mit Letzteren passiert. Da in dem Rahmen des Erwerbsrechtemodells die umzuwandelnden Forderungen in dem Vorfeld des *debt-equity-swap* auf eine Abwicklungsstelle übertragen werden, verbleiben wandlungsunwillige Teilschuldverschreibungsgläubiger regelmäßig zunächst ohne Forderung oder Gesellschaftsanteil. Dies führt zu der Frage nach dem diesen gegenüber zu leistendem Ausgleich.

Zwar sieht § 7 Abs. 4 Satz 2 StaRUG vor, dass kein Restrukturierungsgläubiger gegen seinen Willen den Umtausch seiner Forderung gegen Gesellschaftsanteile hinzunehmen hat, lässt in dem Gesetzestext aber eine Regelung vermissen, die ausdrücklich bestimmt, wie mit den Restrukturierungsgläubigern, die einem Umtausch ihrer Forderungen nicht zustimmen, umzugehen ist. Vordergründig könnte § 7 Abs. 4 Satz 6 StaRUG eine Lösung offerieren. Gemäß diesem ist § 225a Abs. 4, 5 InsO – der einen Abfindungsanspruch beinhaltet – in dem Rahmen des *debt-equity-swap* nach § 7 Abs. 4 Satz 1 StaRUG entsprechend anzuwenden. Allerdings adressiert § 225a Abs. 5 InsO lediglich den Abfindungsanspruch der bisherigen Gesellschafter, welcher diesen aufgrund einer außerordentlichen Kündigung aufgrund des *debt-equity-swap* zusteht.[600] Einen Ausgleich für die dem *debt-equity-swap* nicht zustimmenden Gläubiger adressiert diese Norm nicht. Für die Beantwortung dieser Frage ist dahin gehend zu differenzieren, ob die Teilschuldverschreibungsgläubiger individuell über den Restrukturierungsplan abstimmen oder ein gemeinsamer Vertreter das Stimmrecht der Teilschuldverschreibungsgläubiger ausübt.[601]

598 So auch für das Insolvenzrecht konstatierend *Kessler/Rühle*, BB 2014, 907 (912).

599 *Thole* in Hopt/Seibt, SchvR, § 5 Rn. 60.

600 Ausführlich dazu *Eidenmüller* in MüKoInsO, § 225a Rn. 114.

601 Grundsätzlich wird in diesem Rahmen bei einem insolvenzrechtlichen Vorgehen ohne weitere Differenzierung auf die Notwendigkeit eines Barausgleichs in Höhe der Insolvenzquote verwiesen, so *Hoffmann* in Reinhard/Schall, SchVG, § 19 Rn. 80; *Kessler/Rühle*, BB 2014, 907 (912; *Wilken/Schaumann/Zenker*, Anleihen, S. 149 f. Rn. 630. Lediglich *Thole*, ZIP 2014, 2365 (2370) unternimmt eine – wenn auch anders geartete – differenzierte Herangehensweise.

(1) Individuelle Beteiligung der Teilschuldverschreibungsgläubiger

(a) Regierungsentwurf des § 7 StaRUG

Der Regierungsentwurf des § 7 StaRUG – § 9 Abs. 4 Satz 3 Reg-E StaRUG – sah ausdrücklich vor, dass den nicht wandelnden Gläubigern eine Barabfindung zuzusprechen ist.[602] Auch zu der Höhe der Barabfindung verhalten die Materialien zu § 9 Abs. 4 Satz 3 Reg-E StaRUG sich. Für die Ermittlung der Höhe der Barabfindung – und zwar diejenige, die den nicht zustimmenden Gläubigern zu gewähren ist –, der Auszahlung sowie der Verzinsung sind die Regelungen in § 225 Abs. 5 InsO (*sic*!) anzuwenden.[603] Daraus folgt, dass die Gläubiger bei Ablehnung des *debt-equity-swap* wie aus der Gesellschaft austretende Gesellschafter abzufinden wären. Diese Überlegung fußt wohl auf dem Gedanken, dass die Gläubiger durch den *debt-equity-swap* in die Nähe von Gesellschaftern gerückt werden und eine Ablehnung des Tausches ihrer Forderung in Gesellschaftsanteile dem Austritt aus der Gesellschaft nahekommt. Vor diesem Hintergrund vermittelt diese Idee den Anschein, als sollten die wandlungsunwilligen Gläubiger aus Praktikabilitätsgründen wie austretende Gesellschafter abgefunden werden. Schließlich hätten diese die Chance gehabt, Anteilsinhaber an dem Schuldner zu werden, sodass eine Ablehnung dieser Möglichkeit einem Austritt entspräche. Allerdings übersah der Gesetzgeber bei der Verweisung auf die Regelung für den Austritt bestehender Anteilsinhaber einen ganz entscheidenden Unterschied: Vor dem Hintergrund, dass Gesellschafter in den Fällen der Liquidation der Gesellschaft gemäß § 199 Satz 2 InsO erst nach den Gläubigeransprüchen zu befriedigen sind,[604] ist ein solcher Anspruch der Gesellschafter in nahezu jedem Fall wertlos.[605] Bei einer entsprechenden Berechnung wie im Rahmen des § 225a Abs. 5 InsO würde den ablehnenden Gläubigern daher regelmäßig keine Barabfindung gezahlt werden. Eine Gleichstellung darf hier jedoch nicht geschehen und kann so nicht gemeint sein. Die wandlungsunwilligen Gläubiger sind im Unterschied zu den austretenden Gesellschaftern nämlich noch keine Gesellschafter geworden, sondern durchgehend Gläubiger gewesen. Daher kann die Verweisung nach § 225a Abs. 5 InsO nur so verstanden werden, dass die Berechnungsgrundlage dieselbe zu sein hat und nicht, dass der Anspruch in identischer Höhe zu dem der ausscheidenden Gesellschafter besteht. Diesbezüglich sieht § 225a Abs. 5 InsO vor, dass die Vermögenslage maßgebend ist, die sich bei Abwicklung der Gesellschaft ergeben hätte. Die Materialien zu § 225a Abs. 5 InsO führen diesbezüglich aus, dass das Alternativszenario der Liquidation heranzuziehen ist.[606] Aus der Übertragung dieser Wertung auf die wandlungsunwilligen Teilschuldverschreibungsgläubiger folgt, dass diesen eine hypothetische Insolvenzquote auszuzahlen gewesen wäre.

602 Begr. RegE SanInsFoG, BT-Drs. 19/24181, S. 117.

603 Begr. RegE SanInsFoG, BT-Drs. 19/24181, S. 117; bei der Verweisung nach § 225 Abs. 5 InsO muss es sich um einen Redaktionsfehler handeln. Es kann nur eine Verweisung nach § 225a Abs. 5 InsO gemeint sein.

604 *Eidenmüller* in MüKoInsO, § 225a Rn. 117.

605 Siehe *Eidenmüller* in MüKoInsO, § 225a Rn. 117; *Thies* in HK-InsR, § 225a Rn. 64.

606 Beschlussempfehlung und Bericht des Rechtsausschusses zum ESUG, BT-Drs. 17/7511, S. 36.

(b) Änderung des § 7 Abs. 4 StaRUG durch den Rechtsausschuss

Durch den Rechtsausschuss wurde der gesetzlich verankerte Barausgleich des StaRUG-E für die wandlungsunwilligen Gläubiger aus § 7 Abs. 4 StaRUG gestrichen.[607] Nunmehr sieht dieser bezüglich des *debt-equity-swap* lediglich vor, dass ein solcher nicht gegen den Willen der einzelnen Gläubiger durchgeführt werden kann. Ausweislich der Begründung dafür würde die Berechnung des konkreten Barausgleichs zu umständlich werden.[608]

(aa) Kein kompensationsloser *debt-equity-swap*

Diese Abkehr von dem gesetzlich verankerten Abfindungsanspruch impliziert, dass der Gesetzgeber von einem *debt-equity-swap* ausgeht, der ohne Kompensation für die nicht wandelnden Gläubiger auskommt. Ein solcher Umstand würde indes einem wirtschaftlichen Zwang gleichkommen, da die Gläubiger ansonsten ohne Forderung oder Ausgleich stünden und der *debt-equity-swap* einer kompensationslosen Enteignung gleichkäme. Es darf bezweifelt werden, dass ein solcher Zwang gewollt sein kann, wenn doch eine zwangsweise Umwandlung *expressis verbis* ausgeschlossen worden ist. Darüber hinaus würden bei einer solchen Auslegung des § 7 Abs. 4 StaRUG – ob dies der Gesetzgeber ebenfalls tat, bleibt offen – die Voraussetzungen der notwendigen Planbestätigung missachtet. Gemäß §§ 63 Abs. 1 Nr. 2, Abs. 2, 64 Abs. 1 Satz 1 StaRUG verhindert eine durch den Restrukturierungsplan begründete Schlechterstellung eines dissentierenden Restrukturierungsgläubigers[609] eine Bestätigung des Restrukturierungsplans und deshalb auch die Restrukturierung als solche.[610]

(bb) Höhe des Barausgleichs im Einzelfall

Die Beantwortung der Frage, was als nächstbestes Alternativszenario heranzuziehen ist, muss stets in Anbetracht des jeweiligen Einzelfalls beurteilt werden und kann nicht allgemeingültig beantwortet werden.[611] Doch bereits bei Betrachtung des ertragsärmsten aller denkbaren Alternativszenarien – die Liquidation in einem Insolvenzverfahren[612] –, fällt eines unweigerlich auf, nämlich dass einem Teilschuldverschreibungsgläubiger als Insolvenzgläubiger gemäß § 38 InsO zumindest die Insolvenzquote zufließen würde. Eine Schlechterstellung eines Restrukturierungsgläubigers ist daher bereits immer dann zu bejahen, wenn der Restrukturierungsgläubiger nachweisen kann, in einem Insolvenzverfahren mit Liquidation eine bessere Befriedigung zu erfah-

607 *Parzinger/Knebel* in MüKoStaRUG, § 7 Rn. 116.
608 Bericht des Ausschusses für Recht und Verbraucherschutz zum SanInsFoG, BT-Drs. 19/25353, S. 7.
609 Soweit ein Teilschuldverschreibungsgläubiger von dem Erwerbsrecht keinen Gebrauch machen will, ist davon auszugehen, dass dieser gegen den Restrukturierungsplan stimmt.
610 Siehe *Kessler/Rühle*, BB 2014, 907 (912 f.).
611 Ausführlich zu den konkreten Alternativszenarien *Jungmann* in MüKoStaRUG, § 64 Rn. 172 ff.; *Langer/Wolf* in Morgen, StaRUG, § 64 Rn. 43 ff.; *Skauradszun* in BeckOK StaRUG, § 64 Rn. 20 ff.; ausführlich zu der notwendigen Vergleichsrechnung *Fröhlich*, ZInsO 2022, 186 ff.
612 So auch *Langer/Wolf* in Morgen, StaRUG, 2022, § 64 Rn. 44.

ren, als ihm diese durch die Auszahlung des anteiligen Erlöses aus dem Handel mit den Erwerbsrechten zugeteilt werden sollte.[613] Sollte der Teilschuldverschreibungsgläubiger darüber hinaus nachweisen können, dass ein anderes Alternativszenario eine noch bessere Befriedigung verspräche – was vor dem Hintergrund der grundsätzlichen Bestandsfähigkeit eines mittels StaRUG restrukturierten Unternehmens durchaus nicht abwegig erscheint[614] –, würde die Anforderung an den Barausgleich sich entsprechend erhöhen. Da bereits die Insolvenzquote – wenn auch nur geringfügig – über null liegen sollte, kann ein Restrukturierungsplan, der die wandlungsunwilligen Gläubiger in dem Rahmen eines *debt-equity-swap* gemäß § 7 Abs. 4 Satz 6 StaRUG i. V. m. § 225a Abs. 5 Satz 1 InsO keine Barabfindung zukommen ließe, in der Regel nicht bestätigt werden.[615] Diese Konsequenz fügt sich auch nahtlos in die aus den Materialien hervorgehenden Motive zu dem nunmehr neuen § 7 Abs. 4 StaRUG ein, welcher einen Gleichlauf zu dem Insolvenzplanverfahren schaffen soll.[616] Auch in diesem verbleiben die wandlungsunwilligen Insolvenzgläubiger nicht ohne eine Barabfindung und erhalten vor dem Hintergrund der §§ 251 Abs. 1 Nr. 2, 253 Abs. 2 Nr. 3 InsO mindestens die hypothetische Insolvenzquote.[617] Diese Ausführungen zeigen eindrücklich, dass bereits die Bestimmung des nächstbesten Alternativszenarios sowie der damit verbundenen notwendigen Konkretisierung des zu leistenden Barabfindungsanspruchs ein Hindernis in dem Rahmen eines *debt-equity-swap* nach dem StaRUG darstellen wird.[618] Entgegen den Ausführungen des Gesetzgebers entpuppt sich die ursprüngliche Regelung des § 9 Abs. 4 Satz 3 StaRUG-E in ihrer praktischen Handhabung nicht als schwieriger als die *lex lata*.[619]

(c) Gefährdung der Restrukturierung; Reichweite der Verweisung aus § 7 Abs. 4 Satz 6 StaRUG

Allerdings geht mit dem gefundenen Ergebnis eine mitunter missliche Folge einher. Um den entsprechenden Gläubigern die – vor dem Hintergrund des soeben Gesagten –

613 Siehe zu dem entsprechenden Problem in einem Insolvenzverfahren *Kessler/Rühle*, BB 2014, 907 (912 f.).

614 Ähnlich *Bork*, ZIP 2017, 1441 (1448); dies konstatierend *Langer/Wolf* in Morgen, StaRUG, § 64 Rn. 10; ähnlich *Stohrer*, ZInsO 2018, 660 (666).

615 Siehe *Kessler/Rühle*, BB 2014, 907 (912 f.).

616 Bericht des Ausschusses für Recht und Verbraucherschutz zum SanInsFoG, BT-Drs. 19/25353, S. 7.

617 So im Ergebnis *Hoffmann* in Reinhard/Schall, SchVG, § 19 Rn. 80; *Kessler/Rühle*, BB 2014, 907 (912); *Thole* in Brünkmans/Thole, HB InsPl, § 29 Rn. 28; *Wilken/Schaumann/Zenker*, Anleihen, S. 149 f. Rn. 630. A. A. *Thole*, ZIP 2014, 2365 (2370). Nicht eindeutig *Fest* in FS Smid, 2022, 107 (118).

618 Mit Verweisung auf schon bestehende Schwierigkeiten in einem Insolvenzplanverfahren, wobei in einem solchen im Unterschied zu dem präventiven Restrukturierungsrahmen sogar ein Verzeichnis der Massegegenstände vorliegt *Blankenburg*, ZInsO 2017, 241 (249); dies auch bereits im Rahmen der Restrukturierungs-RL konstatierend *Bork*, ZIP 2017, 1441 (1448); Bericht des Ausschusses für Recht und Verbraucherschutz zum SanInsFoG, BT-Drs. 19/25353, S. 7.

619 Die Regelung des § 9 Abs. 4 Satz 3 StaRUG-E als nicht komplizierter als andere Berechnungen einer Barabfindung bezeichnend *Fest* in FS Smid, 2022, 107 (118).

notwendige Quote auszuzahlen, bräuchte es genügend Liquidität, die in einer Restrukturierungssituation jedoch nicht selten fehlen wird,[620] insbesondere bei breitgestreuten Anleihen, bei denen die Tauschquote unter den Tauschberechtigten nicht feststeht.[621] Die einfachste Umgehung dieser Kalamität wäre zweifelsohne, dass mit den nicht ausgeübten Erwerbsrechten gehandelt würde und die wandlungsunwilligen Teilschuldverschreibungsgläubiger aus den Veräußerungserlösen für diese befriedigt werden.[622] Inwieweit Dritte bereit sind, diese Erwerbsrechte in der Restrukturierungssituation zu übernehmen, ist allerdings ungewiss. Das *worst-case*-Szenario wäre hierbei, dass keine ausreichende Liquidität durch die Veräußerung der Erwerbsrechte generiert wird und in der Folge der Emittent belastet würde. Dieser müsste die Differenz zwischen Erlös und notwendiger Befriedigung tragen. Daher gilt es, Anhaltspunkte zu suchen, die es ermöglichen, die Restrukturierung nicht wegen der an die wandlungsunwilligen Gläubiger zu leistende Befriedigung scheitern zu lassen.

(aa) Verweisung auf § 225a Abs. 5 Satz 2 InsO

Bei der Lektüre der Regelungen zu dem *debt-equity-swap* nach dem StaRUG – vor allem mit Blick auf § 9 Abs. 4 Satz 3 StaRUG-E – liegt es vordergründig nahe, die Verweisung in § 7 Abs. 4 Satz 6 StaRUG nach § 225a Abs. 5 Satz 2 InsO auch auf den Barausgleich für die wandlungsunwilligen Teilschuldverschreibungsgläubiger anzuwenden. Danach kann die Auszahlung des gemäß § 7 Abs. 4 Satz 6 StaRUG und § 225a Abs. 5 Satz 2 InsO zu zahlenden Abfindungsanspruchs eines ausscheidenden Gesellschafters zur Vermeidung einer unangemessenen finanziellen Belastung des Schuldners für einen Zeitraum von bis zu drei Jahren gestundet werden.[623] Unmittelbare Anwendung findet § 225a Abs. 5 Satz 2 InsO indes nur für den Abfindungsanspruch von austretenden Gesellschaftern.[624] Die Stundung eines Abfindungsanspruchs für einem *debt-equity-swap* nicht zustimmenden Gläubigers ist hiervon nicht umfasst. Eine so weite Auslegung des § 225a Abs. 5 Satz 2 InsO verbietet sich unter Berücksichtigung des eindeutigen Wortlauts.[625]

(bb) Analoge Anwendung des § 225a Abs. 5 Satz 2 InsO

Möglich wäre nur eine analoge Anwendung des § 225a Abs. 5 Satz 2 InsO. Voraussetzung für eine analoge Anwendung des § 225a Abs. 5 Satz 2 InsO für Abfindungsansprüche wandlungsunwilliger Gläubiger im Rahmen des § 7 Abs. 4 Satz 2 StaRUG ist eine Regelungslücke im StaRUG sowie eine vergleichbare Interessenlage hinsichtlich der Stundung der Abfindungsansprüche von nicht an einem *debt-equity-swap* teilneh-

620 Dies für Insolvenzverfahren konstatierend *Westpfahl* in FS Kübler, 2015, 773 (775).

621 Siehe zu dem Insolvenzplanverfahren *Kessler/Rühle*, BB 2014, 907 (912).

622 Siehe *Thole*, ZIP 2014, 2365 (2370).

623 *Fridgen* in BeckOK StaRUG, § 7 Rn. 99.

624 Die Materialien adressieren ausschließlich die Auswirkungen auf die »bisherigen Anteilsinhaber«, Beschlussempfehlung und Bericht des Rechtsausschusses zum ESUG, BT-Drs. 17/7511, S. 36.

625 Zu dem Wortlaut als Grenze der Auslegung *Larenz/Canaris*, Methodenlehre, S. 143; *Möllers*, Methodenlehre, § 4 Rn. 66; *Wank*, Methodenlehre, § 7 Rn. 58.

menden Gläubigern sowie aufgrund von Kapitalmaßnahmen ausscheidender Gesellschafter.[626] Vorliegend scheitert es allerdings an dem Vorliegen einer Regelungslücke. Eine solche ist immer dann anzunehmen, wenn das Gesetz eine planwidrige Unvollständigkeit aufweist.[627] Das Fehlen einer Stundungsregelung für zu leistende Barabfindungen an nicht an einem *debt-equity-swap* teilnehmende Gläubiger begründet zwar eine Unvollständigkeit des StaRUG. Es ist aber zu bezweifeln, dass diese in planwidriger Weise existiert. Die Planwidrigkeit setzt ihrerseits nämlich voraus, dass das unvollständige Gesetz einen Sachverhalt nicht regelt, den es gemessen an seiner eigenen Regelungsabsicht hätte regeln müssen.[628] Dabei sind insbesondere die bewusst getroffenen Entscheidungen des Gesetzgebers zu berücksichtigen.[629] Zunächst ist festzuhalten, dass das StaRUG weder einen Anspruch auf eine Barabfindung im Allgemeinen noch – vor dem Hintergrund des Fehlens überhaupt eines Barabfindungsanspruchs konsequent – die Möglichkeit der Stundung einer Barabfindung vorsieht. Eine Planwidrigkeit des Fehlens sowohl eines Barabfindungsanspruchs als auch einer damit korrespondierenden Stundungsregelung ist indes abzulehnen. Das Fehlen ist vielmehr plangemäß. Wie bereits expliziert,[630] sah der Regierungsentwurf ausdrücklich einen Barabfindungsanspruch zugunsten der den *debt-equity-swap* ablehnenden Gläubiger vor und ist erst durch den Rechtsausschuss aus dem finalen Gesetzestext entfernt worden. Diesbezüglich wies der Rechtsausschuss darauf hin, dass ein Barabfindungsanspruch aus praktischen Erwägungen nicht gesetzlich verankert werden sollte.[631] Wenn allerdings ausdrücklich – und somit gemäß dem Plan des Gesetzgebers – auf eine Barabfindung verzichtet wurde, liegt nahe, dass auch bewusst die mit einem solchen Anspruch einhergehenden Konsequenzen keiner Regelung zugeführt wurden.

(cc) Regelung in Restrukturierungsplan

Die Befriedigung der tauschunwilligen Gläubiger kann einer gestaltenden Regelung, insbesondere einer Stundungsregelung, in dem Restrukturierungsplan zu unterworfen werden. Die Zulässigkeit einer solchen Regelung in dem Restrukturierungsplans bedarf vor dem Hintergrund des § 2 Abs. 5 StaRUG eines erhöhten Begründungsaufwands. Wie bereits festgestellt, überträgt der Teilschuldverschreibungsgläubiger in dem Rahmen des *debt-equity-swap* seine Restrukturierungsforderung auf die Abwicklungsstelle.[632] Der Teilschuldverschreibungsgläubiger verbleibt danach also ohne Restrukturierungsforderung und nur mit seinem Erwerbsrecht. Formal betrachtet würde also nicht – so wie von § 2 Abs. 1 Nr. 1 StaRUG vorgeschrieben – die Restrukturierungsforderung modifiziert, sondern der sich aus der Synthese des Erwerbsrechts und des Schlechterstellungsverbots ergebende Barausgleichanspruch. Dieser besteht jedoch

626 Statt vieler *Möllers*, Methodenlehre, § 6 Rn. 94.
627 *Larenz*, Methodenlehre, S. 373 m. w. N.
628 *Larenz*, Methodenlehre, S. 374.
629 *Larenz*, Methodenlehre, S. 374; *Larenz/Canaris*, Methodenlehre, S. 194.
630 Zu Einzelheiten vorstehend Kap. II § 5 D. III. 4. b) (1) (a).
631 Bericht des Ausschusses für Recht und Verbraucherschutz zum SanInsFoG, BT-Drs. 19/25353, S. 7.
632 Zu Einzelheiten vorstehend Kap. II § 6 D. 4. b).

noch nicht in dem gemäß § 2 Abs. 5 StaRUG maßgeblichen Zeitpunkt des Planangebots oder der Abstimmung über den Restrukturierungsplans. Allerdings ist festzuhalten, dass der Barausgleichsanspruch die ursprüngliche Restrukturierungsforderung repräsentiert. In Anbetracht dieser Tatsache verkörpert die Gestaltung dieses Barausgleichsanspruchs die Gestaltung einer Restrukturierungsforderung, welcher durch die Wirkungen des Restrukturierungsplans seine Restrukturierungsforderung verliert und dafür ein Surrogat erhält. Eine Gestaltung der notwendigerweise zu leistenden Barabfindung in dem Restrukturierungsplan mit einer Verweisung auf eine zu formalistische Betrachtungsweise abzulehnen, überzeugt nicht. Dieser Auslegung sekundiert der Umstand, dass das StaRUG durch die Verweisung nach § 225a Abs. 4 InsO das Risiko der Gefährdung der Restrukturierung durchaus erkannt hat. Da die erörterte Gestaltung faktisch eine Gestaltung einer Restrukturierungsforderung in anderem Gewand verkörpert, ist eine solche auch entsprechend § 7 Abs. 2 Satz 1 StaRUG in einen Restrukturierungsplan umsetzbar. Zuletzt müsste diese Gestaltung ihrerseits dem Schlechterstellungsverbot entsprechen, was insbesondere die Frage der Schlechterstellung bei einer Stundung der Forderung betrifft. Diesbezüglich könnte eine entsprechende Verzinsung der gestundeten Forderung angedacht werden.[633]

(d) Auswirkungen auf Anleiherestrukturierung

Den wandlungsunwilligen Teilschuldverschreibungsgläubigern ist in dem Rahmen eines *debt-equity-swap* gemäß § 7 Abs. 4 StaRUG eine Barabfindung in Höhe von mindestens der hypothetischen Insolvenzquote zu zahlen, in nicht wenigen Fällen sogar mehr.[634] Diese Barabfindung findet ihre Begründung nicht einem normierten Barabfindungsanspruch, wie § 9 Abs. 4 Satz 3 StaRUG-E einen solchen vorsah, sondern fußt vielmehr auf dem Schlechterstellungsverbot des § 64 StaRUG. Eine Stundung analog § 225a Abs. 5 Satz 2 InsO dieses Barabfindungsanspruchs in dem Rahmen eines *debt-equity-swap* scheidet aus. Der Ausgleichsanspruch kann indes in einem Restrukturierungsplan modifiziert werden, solange dadurch wiederum keine Schlechterstellung der betroffenen Gläubiger eintritt. Dadurch kann eine untragbare Belastung des Schuldnervermögens vermieden werden. Der Planarchitekt ist daher gut beraten, bereits in dem Vorfeld ein Meinungsbild einzuholen,[635] um sicherzustellen, dass das Schuldnervermögen nicht zu stark belastet wird. Er sollte daher bereits parallel zu der Restrukturierungssache geeignete Maßnahmen – wie einen *debt-equity-swap* nach dem SchVG[636] – vorbereiten.

(2) Annahme des Restrukturierungsplans durch einen gemeinsamen Vertreter der Teilschuldverschreibungsgläubiger

Anders stellt die Situation sich dar, wenn ein gemeinsamer Vertreter in dem Namen der Teilschuldverschreibungsgläubiger für die Annahme des Restrukturierungsplans

633 Siehe zu der Stundung einer Forderung auf Rückzahlung des Darlehens in dem Restrukturierungsplan *Parzinger/Knebel* in MüKoStaRUG, § 7 Rn. 51.

634 Zu Einzelheiten vorstehend Kap. III § 5 D. III. 4. b. (1) (bb).

635 Sog. *sounding*, siehe *Kessler/Rühle*, BB 2014, 907 (913).

636 Zu den Unterschieden bei einem schuldverschreibungsrechtlichen *debt-equity-swap* nachstehend Kap. III § 7 B. II.

abgestimmt hat.[637] In einem solchen Sachverhalt haben die Teilschuldverschreibungsgläubiger unter Berücksichtigung von § 164 Abs. 1 Satz 1 BGB dem Restrukturierungsplan zugestimmt. Insoweit entfällt das gemäß §§ 64 Abs. 1 Satz 1, Abs. 2 Satz 1, 66 Abs. 2 Nr. 2 StaRUG notwendige Rechtschutzbedürfnis.[638] Formal betrachtet haben die Teilschuldverschreibungsgläubiger einer etwaigen eigenen Schlechterstellung zugestimmt. Das Berufen auf einen Rechtsschutz bei einem solchen Vorgehen wäre somit als widersprüchlich zu werten (*nemo potest venire contra factum proprium*).[639] Vor diesem Hintergrund kann die Befriedigung der nicht tauschenden Teilschuldverschreibungsgläubiger in solchen Fällen durch den Erlös aus dem Handel der nicht getauschten Teilschuldverschreibungen erfolgen.[640] Die Regelungen betreffend die Gestaltung von gruppeninternen Drittsicherheiten implizieren, dass eine etwaige Schlechterstellung dann nicht in Höhe von mindestens der hypothetischen Insolvenzquote abzufinden ist. Gemäß § 2 Abs. 4 Satz 1 Hs. 2 StaRUG sind die Inhaber von Rechten aus gruppeninternen Drittsicherheiten auch dann zu entschädigen, wenn diese der Gestaltung der Drittsicherheiten zustimmen. Dadurch postuliert der Gesetzgeber eine partielle Extension des Schlechterstellungsverbots. Für die nicht wandelnden Teilschuldverschreibungsgläubiger fehlt eine solche partielle Extension des Schlechterstellungsverbots. Eine solche Differenzierung überzeugt. Bei einer streng formalistischen Betrachtung des Sachverhalts gleicht die Einbindung eines gemeinsamen Vertreters der Teilschuldverschreibungsgläubiger einem *debt-equity-swap* gemäß dem SchVG. Durch die Bestellung eines gemeinsamen Vertreters nach den Vorschriften des SchVG haben die Teilschuldverschreibungsgläubiger sich dem Willen der dafür stimmenden Mehrheit zu unterwerfen. Den Teilschuldverschreibungsgläubigern steht es frei, gegen die Bestellung des gemeinsamen Vertreters zu stimmen. Wenn die erforderliche Mehrheit indes eine Bestellung eines gemeinsamen Vertreters goutiert, haben die dissentierenden Teilschuldverschreibungsgläubiger dies zu konnivieren. In Anbetracht dieser Tatsachen ist die Auflösung eines zugunsten der überstimmten Teilschuldverschreibungsgläubiger auf Ebene der Beschlussfassung über den gemeinsamen Vertreter oder in dem Verhältnis zwischen Teilschuldverschreibungsgläubigern und dem gemeinsamen Vertreter aufzulösen.[641]

c) Haftung für Überbewertung der eingebrachten Forderungen

Nach dem Vollzug des *debt-equity-swap* unter Anwendung des StaRUG verbleibt die Frage nach der Differenzhaftung. Dafür ist die Chronologie eines *debt-equity-swap* aus

637 Stimmt der gemeinsame Vertreter gegen die Annahme des Restrukturierungsplans, sind die folgenden Ausführungen obsolet.

638 Zu Einzelheiten nachstehend Kap. II § 5 F. I. 1. a).

639 *Jungmann* in MüKoStaRUG, § 64 Rn. 53; *Sattler* in Seibt/Westpfahl, StaRUG, § 64 Rn. 15; *Skauradszun* in BeckOK StaRUG, § 64 Rn. 43. Mangels *cross-class cram-down* zulasten der Teilschuldverschreibungsgläubiger entfaltet auch § 26 Abs. 1 Nr. 1 StaRUG keine Relevanz.

640 So im Ergebnis auch *Thole*, ZIP 2014, 2365 (2370), der dies grundsätzlich für zulässig erachtet.

641 Zu Einzelheiten einer Pflichtverletzung des gemeinsamen Vertreters nachstehend Kap. IV § 11 B. I. 2.

gesellschaftsrechtlicher Sicht zu skizzieren.[642] In dem Rahmen eines *debt-equity-swap* führt die Gesellschaft in aller Regel eine gewöhnliche Kapitalherabsetzung mit anschließender Sachkapitalerhöhung durch,[643] bei der die Forderungen der betroffenen Gläubiger als Sacheinlage in die Gesellschaft eingebracht werden. In diesem Zuge müssen die eingebrachten Forderungen – wie gemäß § 183 Abs. 3 Satz 1 AktG und § 56 Abs. 1 GmbHG[644] jede Sacheinlage – geprüft werden. Nachdem die Forderungen entsprechend bewertet und mit diesem Wertansatz eingebracht worden sind, kann in der Folge das Problem auftreten, dass die eingebrachten Forderungen unzutreffend – insbesondere zu hoch – bewertet wurden, die geschuldete Sacheinlage also nicht in voller Höhe erbracht wird. Grundsätzlich hat der entsprechende Gesellschafter seine scheinbar bereits geleistete Einlage erneut zu leisten, respektive vollständig zu leisten. Ihn trifft eine Haftung für die Differenz zwischen Nennwert der Einlage und tatsächlichem Wert der geleisteten Einlage.[645] Bei Einschaltung einer Abwicklungsstelle wird das Risiko der Differenzhaftung auf die einbringende Abwicklungsstelle übertragen.[646]

(1) Forderungsbewertung

Für die Bewertung der einzubringenden Forderung aus dem Anleiheschuldverhältnis bestehen grundsätzlich zwei Möglichkeiten. Entweder ist die Forderung mit ihrem Nennwert – also dem ursprünglichen vereinbarten Rückzahlungsanspruch – oder aber mit dem Verkehrswert zu bewerten. Vor dem Hintergrund, dass der Nennwert einer Teilschuldverschreibung in einer Restrukturierungssituation regelmäßig ein Vielfaches des tatsächlichen Werts der Forderung darstellt, kann eine Bewertung der einzubringenden Forderung auf Basis des Nennwerts nicht erfolgen.[647] Das dem Kapitalaufbringungsrecht zugrunde liegende Prinzip der realen Kapitalaufbringung,[648] darf aus Gründen des Gläubigerschutzes nicht umgangen werden.[649] Diese Annahme wird auch durch den Vergleich mit der Forderungsbewertung bei in dem organisierten Markt

642 Ausführlich dazu *Seibt* in Seibt/Westpfahl, StaRUG, § 7 Rn. 85; *Tresselt* in Morgen, StaRUG, § 7 Rn. 27 ff.

643 *Thole* in Hopt/Seibt, SchvR, § 5 Rn. 54; *Wilken/Schaumann/Zenker*, Anleihen, S. 150 Rn. 631.

644 Siehe zu der Prüfung der Werthaltigkeit der Forderung durch das Registergericht OLG Düsseldorf, NJW 1995, 1761.

645 Statt vieler *Koch*, AktG, § 183 Rn. 21. Für die GmbH gesetzlich in § 9 Abs. 1 Satz 1 GmbHG normiert.

646 *Bliesener/Schneider* in LBS, BankR-Komm., 17. Kap., § 5 Rn. 41; siehe *Thole* in Hopt/Seibt, SchvR, § 5 Rn. 69.

647 So auch *Fridgen* in BeckOK StaRUG, § 7 Rn. 75; *Thole* in Hopt/Seibt, SchvR, § 5 Rn. 67; wohl auch *Tresselt* in Morgen, StaRUG, § 7 Rn. 49. Siehe auch für das Insolvenzverfahren BGHZ 110, 47 (61 ff.) = NJW 1990, 982; *Friedl*, BB 2012, 1102 (1105); a. A. *Burkert*, Debt-to-Equity Swap, S. 109 ff.; *Cahn/Hutter/Kaulamo/Meyer/Weiß*, WM 2014, 1309 (1309 f.).

648 Siehe dazu BGHZ 110, 47 (64) = NJW 1990, 982. Exemplarisch *Pentz* in MüKoAktG, § 27 Rn. 5.

649 So auch bei der GmbH *Rieser* in Prinz/Winkeljohann, BHdB GmbH, § 17 Rn. 132; *Thole* in Hopt/Seibt, SchvR, § 5 Rn. 67; a. A. *Cahn/Hutter/Kaulamo/Meyer/Weiß*, WM 2014, 1309 (1309 f.).

nach § 2 Abs. 11 WpHG gehandelten Teilschuldverschreibungen unterstützt.[650] Bei solchen richtet der Wert der einzubringenden Forderungen sich gemäß §§ 183a, 33a Abs. 1 Nr. 1 AktG nach dem gewichteten Durchschnittspreis, zu dem sie während der letzten drei Monate vor dem Tag der Einbringung gehandelt wurden. Der Börsenkurs wird in Anbetracht der Krise des Emittenten jedoch nicht den Nennwert erreichen. Vielmehr wird durch den Börsenkurs grundsätzlich der aktuelle Marktwert angezeigt.[651] Es erschließt sich nicht, warum bei nicht an einem organisierten Markt gehandelten Teilschuldverschreibungen daher eine Bewertung nach dem Nennwert erfolgen sollte. Die Krise des Emittenten und deren Bewältigung dürfte in beiden Konstellationen das entscheidende wertbildende Kriterium darstellen. Darüber hinaus bringen auch die Materialien zu § 225a InsO – auf die das StaRUG sich bezieht – vor, dass die Forderungen nicht zu ihrem jeweiligen Nennwert eingebracht werden sollen.[652] Die einzubringenden Forderungen sind daher mit dem Zeitwert zu bewerten. Dabei kann es auch keinen Unterschied machen, ob es sich um einen *debt-equity-swap* nach den Vorschriften des StaRUG, des Schuldverschreibungs- oder des Insolvenzrechts handelt – der gläubigerschützende Charakter ist bei jeglicher Einbringung zu berücksichtigen. Unter Berücksichtigung der Rechtsprechung des BGH[653] wird in der Praxis eine Einbringung zu dem Verkehrswert erfolgen.

(2) Differenzhaftung

In der Folge der Einbringung der Forderung zu ihrem Verkehrswert kann das Risiko einer etwaigen gesellschaftsrechtlichen Haftung gemäß § 9 Abs. 1 Satz 1 GmbHG für die Differenz zwischen dem ermittelten Verkehrswert und dem tatsächlichen Wert der eingebrachten Forderung auftreten.[654] Diese Haftung dürfte insbesondere dann relevant werden, wenn die Sanierung gescheitert ist und ein Insolvenzantrag zu stellen ist. Der spätere Insolvenzverwalter würde die Differenzhaftung geltend machen, wenn er erkennt, dass die in dem Rahmen des *debt-equity-swap* eingebrachte Forderung zu hoch bewertet worden ist.[655] Ist diese Forderung in einem Restrukturierungsplan, der einen *debt-equity-swap* vorsah, überbewertet worden, sieht das StaRUG ein Sanierungsprivileg vor, welches zu der Stimulierung des *debt-equity-swap* beitragen soll.[656] Gemäß § 67 Abs. 5 StaRUG sind Ansprüche auf Ausgleich des Differenzbetrags gegen die Tauschenden ausgeschlossen. Nach dieser Norm kann der Schuldner – in der Regel ein

650 Ausführlich zu der Frage, wann ein organisierter Markt in diesem Sinne vorliegt, siehe *Friedl*, BB 2012, 1102 (1105).

651 Siehe dazu BGHZ 147, 108 (116) = NJW 2001, 2080; *Fleischer*, ZGR 2001,1 (27 f.).

652 Begr. RegE ESUG, BT-Drs. 17/5712, S. 31 f.

653 BGHZ 110, 47 (61 ff.) = NJW 1990, 982.

654 *Friedl*, BB 2012, 1102 (1106). Bei aktienrechtlichen Sachverhalten wird § 9 Abs. 1 Satz 1 GmbHG entsprechend angewandt, siehe statt vieler *Verse* in MüKoAktG, § 183 Rn. 91. Könnte die Forderung hingegen zu ihrem Nennwert eingebracht werden, wäre eine Differenzhaftung ausgeschlossen, siehe dazu *Lürken* in Theiselmann, PHdB RestrR, Kap. 4 Rn. 134.

655 Ähnlich *Friedl*, BB 2012, 1102 (1106).

656 *Desch*, BB 2020, 2498 (2503); *Tresselt* in Morgen, StaRUG, § 7 Rn. 48; ähnlich *Wilke* in BeckOK StaRUG, § 67 Rn. 52.

Insolvenzverwalter gemäß § 80 Abs. 1 InsO – nach der gerichtlichen Bestätigung des Restrukturierungsplans keine Ansprüche wegen einer Überbewertung der Forderungen im Plan gegen die bisherigen Gläubiger geltend machen. Insbesondere in dem Fall des Scheiterns der Plansanierung würde den Neugesellschaftern ansonsten eine Nachschusspflicht gemäß § 9 Abs. 1 Satz 1 GmbHG drohen, die auf die Differenz zwischen der Bewertung und dem tatsächlichen Wert der Forderung gerichtet ist. Vor diesem Hintergrund dürften risikoaverse Planbetroffene durchaus von einer Teilnahme an dem *debt-equity-swap* absehen, weshalb ein Ausschluss der Differenzhaftung dem Sanierungserfolg nur förderlich ist.[657]

E. Annahme des Restrukturierungsplans

I. Abstimmungsmodalitäten

Hinsichtlich der Annahme des Restrukturierungplans ist der Blick zunächst auf die Modalitäten – sprich die Art und Weise – der Abstimmung zu richten. Ferner sind die Abstimmungsbefugnis sowie ein eventuelles Abstimmungsquorum zu betrachten.

1. Art und Weise der Abstimmung

In dem Rahmen der Art und Weise der Abstimmung über den Restrukturierungsplan muss das StaRUG sich als praxistaugliches Instrument beweisen. Das SchVG bietet hierbei nämlich in avantgardistischer Manier die Möglichkeit einer Abstimmung ohne Versammlung, welche Kosten- und Zeitvorteile mit sich bringt.[658] Sollte das Abstimmungsverfahren des StaRUG zu konservativ sein, bedeutete dies einen gravierenden Nachteil gegenüber dem SchVG. Das StaRUG bietet drei verschiedene Möglichkeiten für die Abstimmung,[659] wobei eine gerichtlicher und die beiden übrigen außergerichtlicher Natur sind.[660]

a) Schriftliches Abstimmungsverfahren gemäß § 17 StaRUG

Das schriftliche Abstimmungsverfahren gemäß § 17 StaRUG verkörpert die erste außergerichtliche Möglichkeit der Planabstimmung. Dessen Ablauf stellt sich vereinfacht so dar, dass der Schuldner den Planbetroffenen den Restrukturierungsplan schriftlich übermittelt und »anbietet« und diese daraufhin ihre Annahme oder Ablehnung dem Schuldner gegenüber schriftlich kundtun. Erwähnenswert ist dabei, dass das schriftliche Abstimmungsverfahren keiner gemeinsamen Erörterung des Restrukturierungs-

657 So auch *Wilke* in BeckOK StaRUG, § 67 Rn. 52.
658 So *Hofmeister* in Veranneman, SchVG, § 18 Rn. 2.
659 *Doebert/Krüger*, NZI 2021, 614 (619) Fn. 41; *Pehl* in Braun, StaRUG, § 17 Rn. 1; siehe dazu auch eine grafische Darstellung von *Smid* in PRS, StaRUG, Abbildung 7 vor § 17.
660 *Desch*, BB 2020, 2498 (2503); ebenfalls *Thole*, ZIP 2020, 1985 (1989).

plans in dem Vorfeld der Abstimmung von Amts wegen bedarf.[661] Der Schuldner kann die Planbetroffenen daher mit der Abstimmung über den Restrukturierungsplan überraschen.[662] Damit diese Möglichkeit zu keinen Nachteilen der Planbetroffenen führt, ist gemäß § 17 Abs. 3 StaRUG eine gemeinsame Erörterung auf Verlangen eines Planbetroffenen abzuhalten. Eine solche ist dann gemäß § 21 Abs. 1, 2 StaRUG mit einem Vorlauf von sieben beziehungsweise vierzehn Tagen abzuhalten und schriftlich einzuberufen.

(1) Ohne Erörterungstermin

Verlangt kein Planbetroffener einen Erörterungstermin gemäß § 17 Abs. 3 StaRUG, scheint eine rapide und insbesondere schlanke Abstimmung über den Restrukturierungsplan möglich zu sein. Allerdings resultieren aus der Konzeption des § 17 StaRUG verschiedene praktische Hürden für die Anleiherestrukturierung. Zunächst folgt aus der Systematik des § 17 StaRUG, dass die Planbetroffenen individuell anzusprechen sind,[663] was auch in den Fällen der Einbeziehung von Teilschuldverschreibungsgläubigern einer Anleihe gilt. Sollten die Teilschuldverschreibungsgläubiger *bis dato* keinen gemeinsamen Vertreter bestellt haben, ist folglich allen Teilschuldverschreibungsgläubigern das Planangebot individuell zu übermitteln.[664] Das Gelingen dieses Unterfangens ist in dem gewählten Beispiel aufgrund der Anonymität der Teilschuldverschreibungsgläubiger praktisch unmöglich.[665] Ferner hat das Planangebot gemäß § 17 Abs. 4 Satz 1 StaRUG grundsätzlich schriftlich zu erfolgen, wodurch § 126 BGB in Bezug genommen wird.[666] Deshalb ist eine handschriftliche Unterschrift des Schuldners unter jedem Planangebot notwendig.[667] Vor diesem Hintergrund dürfte ein immenser praktischer Aufwand bei Involvierung einer breitgestreuten Anleihe auftreten.[668] Dieses Schriftformerfordernis gilt gemäß § 17 Abs. 4 Satz 1 StaRUG allerdings dann nicht,

661 *Harig* in KHHK, RestrR, § 8 Rn. 14; *Jensen* in HK-RestrR, § 17 Rn. 4; *Pehl* in Braun, StaRUG, § 17 Rn. 5; ähnlich *Smid* in PRS, StaRUG, § 17 Rn. 39.

662 Siehe bezüglich einer Überrumpelung auch *Hölzle* in BBF, Unternehmenssanierung, Teil 2, B., III., Rn. 9.

663 *Naujoks/Schönen*, ZRI 2021, 437 (441).

664 Siehe *Kramer* in BeckOK StaRUG, § 41 Rn. 16; *Naujoks/Schönen*, ZRI 2021, 437 (440).

665 Siehe Begr. RegE SchVG, BT-Drs. 16/18214, S. 22; siehe *Binder* in Hopt/Seibt, SchvR, § 12 Rn. 10; so auch *Cranshaw* in PRS, StaRUG, Teil 3, Rn. 47; ähnlich *Hölzle* in BBF, Unternehmenssanierung, Teil 2, B., III., Rn. 10; siehe zu der allgemeinen Kommunikation mit Anleihegläubigern *Lürken/Ruf* in Theiselmann, PHdB RestrR, Kap. 4 Rn. 24 ff.; ähnlich *Naujoks/Schönen*, ZRI 2021, 437 (441); ähnlich *Skauradszun* in BeckOK StaRUG, § 2 Rn. 98.

666 So *Desch* in Desch, RestrukturierungsR, § 3 Rn. 47; *Hofmann* in Jacoby/Thole, StaRUG, § 17 Rn. 30; *Hölzle* in BBF, Unternehmenssanierung, Teil 2, B., III., Rn. 10; jedoch auch die Möglichkeit des Verzichts eines Planbetroffenen auf dieses Formerfordernis erwähnend *Madaus* in Flöther, StaRUG, § 17 Rn. 13; *Pehl* in Braun, StaRUG, § 17 Rn. 6; *Smid* in PRS, StaRUG, § 17 Rn. 30; *Tresselt* in Morgen, StaRUG, § 17 Rn. 15.

667 So *Hölzle* in BBF, Unternehmenssanierung, Teil 2, B., III., Rn. 10; auf die Möglichkeiten der elektronischen Form gemäß §§ 126 Abs. 3, 126a BGB hinweisend *Thole*, ZIP 2020, 1985 (1989); ebenfalls *Tresselt* in Morgen, StaRUG, § 17 Rn. 15.

668 So auch *Hölzle* in BBF, Unternehmenssanierung, Teil 2, B., III., Rn. 10.

wenn in dem Verhältnis zu einzelnen Planbetroffenen anderes vereinbart worden ist. Es ist daher zweckmäßig, schon bei Emission der Anleihe in den Anleihebedingungen einen Passus aufzunehmen, der für ein Planangebot i. S. d. § 17 Abs. 1 StaRUG nur die Textform gemäß § 126b BGB oder – was die praktikabelste Lösung darstellen würde – entsprechend zu § 12 Abs. 2 Satz 1 SchVG eine öffentliche Bekanntmachung in dem Bundesanzeiger vorsieht,[669] woraufhin die Teilschuldverschreibungsgläubiger durch die Depotbanken informiert würden.[670]

(2) Mit Erörterungstermin

Fordert ein Planbetroffener gemäß § 17 Abs. 3 StaRUG eine Erörterung des Restrukturierungsplans, ist diese gemäß § 21 Abs. 1 StaRUG abzuhalten. Nachdem § 21 StaRUG a. F. ein gewillkürtes Formerfordernis betreffend die Einberufung des Erörterungstermins entsprechend § 17 Abs. 4 Satz 1 StaRUG zunächst nicht vorsah[671] und dieser wohl vielmehr analog anzuwenden war, besserte der Gesetzgeber mit Wirkung zum 17. Juli 2024 nach.[672] Nunmehr unterliegt auch die Einberufung der Erörterung des Restrukturierungsplans einem gewillkürten Formerfordernis gemäß § 21 Abs. 2 Satz 1 StaRUG i. V. m. § 20 Abs. 1 Satz 2 StaRUG. Insofern gilt das zu § 17 Abs. 4 Satz 1 StaRUG Ausgeführte.[673]

b) Abstimmung in dem Rahmen einer Versammlung gemäß § 20 StaRUG

Der Schuldner kann gemäß § 20 StaRUG eine Abstimmung in dem Rahmen einer Versammlung der Planbetroffenen initiieren. Hierbei schreibt das StaRUG einige obligatorische Voraussetzungen vor, wie die Einberufungsform in § 20 Abs. 1 Satz 2 StaRUG und -frist in § 20 Abs. 1 Satz 3 StaRUG sowie die notwendigen Anlagen der Einladung. Die Attraktivität der Abstimmung in dem Rahmen einer Versammlung gemäß § 20 StaRUG folgt aus dem Umstand, dass Planbetroffene gemäß § 20 Abs. 2 StaRUG auch in dem Wege der elektronischen Teilnahme dieser beiwohnen und ihre Rechte ausüben können. Eine ausschließlich virtuell abgehaltene Abstimmung ist indes unzulässig.[674] Es bedarf immer einer Präsenzabstimmung, was die Attraktivität zumindest für die Restrukturierung einer Anleihe mindert. Die Probleme, die bereits im Rahmen der Erörterung gemäß § 21 StaRUG a. F. auftraten,[675] belasteten auch die Abstimmung im Rahmen einer Versammlung gemäß § 20 StaRUG a. F, da

669 In diesem Rahmen eine Formfreiheit als zulässig ansehend *Spahlinger* in BeckOK StaRUG, § 17 Rn. 49.

670 Siehe insofern zu dem Ablauf der Einberufung einer Gläubigerversammlung gemäß SchVG *Binder* in Hopt/Seibt, SchvR, § 12 Rn. 10.

671 Auch *Spahlinger* in BeckOK StaRUG, § 21 Rn. 7; für die alte Rechtslage *Deppenkemper* in MüKoStaRUG, § 21 Rn. 18; *Madaus* in Flöther, StaRUG, § 21 Rn. 5; *Smid* in PRS, StaRUG, § 21 Rn. 6; *Thole*, ZIP 2020, 1985 (1989).

672 Art. 38 JusWeDigG, BGBl. 2024 I, Nr. 234.

673 Zu Einzelheiten vorstehend Kap. II § 5 E. I. 1. a) (1).

674 Begr. RegE SanInsFoG, BT-Drs. 19/24181, S. 123; *Deppenkemper* in MüKoStaRUG, § 20 Rn. 27; *Harig/Stamme*, ZIP 2021, 2105 (2107); *Smid*, DZWIR 2021, 119 (128).

675 Zu Einzelheiten vorstehend Kap. II § 5 E. I. 1. a) (2).

§ 20 StaRUG a. F. ausschließlich die Schriftform[676] und keine Formerleichterung vorsah.[677] Entsprechend dem zu § 21 StaRUG Ausgeführten[678] kann die Form der Einberufung einer Abstimmung im Rahmen einer Versammlung der Planbetroffenen gemäß § 20 Abs. 1 Satz 2 StaRUG n. F. durch ein gewillkürtes Formerfordernis bestimmt werden.

c) Gerichtliche Planabstimmung gemäß § 45 StaRUG

Zuletzt besteht für den Schuldner die Möglichkeit, über den Restrukturierungsplan in dem Rahmen einer gerichtlichen Planabstimmung gemäß § 45 Abs. 1 Satz 1 StaRUG abstimmen zu lassen. Vor dem Hintergrund des § 63 Abs. 4 Satz 1 StaRUG gewährleistet eine gerichtliche Planabstimmung die größte Rechtssicherheit.[679] Anders als die beiden zuvor explizierten Abstimmungsmöglichkeiten ist die gerichtliche Planabstimmung als Instrument des Stabilisierungs- und Restrukturierungsrahmens i. S. d. § 29 Abs. 1 StaRUG konzipiert und deshalb nur möglich, wenn das Restrukturierungsvorhaben gemäß § 31 Abs. 1 StaRUG angezeigt worden und darüber hinaus ein entsprechender Antrag auf eine gerichtliche Planabstimmung gemäß § 45 Abs. 1 Satz 1 StaRUG bei dem zuständigen Restrukturierungsgericht gestellt worden ist.[680] § 45 Abs. 3 Satz 4 StaRUG impliziert, dass zunächst das Restrukturierungsgericht für die ordnungsgemäße Ladung der Planbetroffenen zuständig ist.[681] Die Ladung der Planbetroffenen, insbesondere der Teilschuldverschreibungsgläubiger, wird maßgeblich durch die Öffentlichkeit der Restrukturierungssache determiniert.

(1) Nicht-öffentliche Restrukturierungssache

Mangels spezieller Vorschriften sind die Ladungen der Planbetroffenen durch das Gericht über § 38 Satz 1 StaRUG i. V. m. § 329 Abs. 2 Satz 2 ZPO gemäß § 41 StaRUG zuzustellen,[682] was regelmäßig postalisch geschehen wird.[683] Dabei entstünden die bereits oben dargestellten Probleme bei individueller Zustellung an die Teilschuldver-

676 So auch *Hofmann* in Jacoby/Thole, StaRUG, § 20 Rn. 5; *Pehl* in Braun, StaRUG, § 20 Rn. 2.
677 So auch allgemein konstatierend *Deppenkemper* in MüKoStaRUG, § 20 Rn. 10; Formerleichterungen als gesetzlich nicht vorgesehen bezeichnend *Madaus* in Flöther, StaRUG, § 20 Rn. 5; *Westpfahl* in Seibt/Westpfahl, StaRUG, § 17 Rn. 9.
678 Zu Einzelheiten vorstehend Kap. II § 5 E. I. 1. a) (2).
679 Aus diesem Grunde eine gerichtliche Planabstimmung als unverzichtbar bezeichnend *Cranshaw* in PRS, StaRUG, Teil 3, Rn. 47; ähnlich *de Bruyne/Ehmke*, NZG 2021, 661 (668); so auch *Hirte* in Braun, StaRUG, § 45 Rn. 2; ähnlich auch *Montag* in HK-RestrR, § 45 Rn. 2, 5; *Pannen* in PRS, StaRUG, § 45 Rn. 2; *Thies* in BBF, Unternehmenssanierung, Teil 2, B., VII., Rn. 108.
680 *Thies* in BBF, Unternehmenssanierung, Teil 2, B., VII., Rn. 105.
681 *Herchen* in Jacoby/Thole, StaRUG, § 45 Rn. 13.
682 Statt vieler *Vuia* in MüKoStaRUG, § 45 Rn. 24.
683 Obschon die postalische Zustellung als einzige in § 41 StaRUG erwähnt ist, folgt daraus nicht, dass dies die einzig mögliche Art der Zustellung ist, *Vuia* in MüKoStaRUG, § 41 Rn. 20. Ausführlich zu verschiedenen Zustellungsarten, *Vuia* in MüKoStaRUG, § 41 Rn. 20 ff.

schreibungsgläubiger.[684] Das Restrukturierungsgericht kann seinerseits gemäß § 45 Abs. 3 Satz 3 StaRUG wiederum den Schuldner mit der Ladung beauftragen. In einem solchen Fall würden die den beiden zuvor explizierten Abstimmungsmöglichkeiten inhärenten Probleme bei der Ladung der Teilschuldverschreibungsgläubiger wieder den Anleiheschuldner belasten. In dem Rahmen des § 45 StaRUG reicht eine öffentliche Bekanntmachung der Sache oder eine Anzeige in dem Bundesanzeiger ebenfalls nicht aus; vielmehr gelten die §§ 191 ff. ZPO, weshalb die Zustellung mittels Gerichtsvollziehers zu erfolgen hat.[685] Die praktischen Probleme bleiben daher omnipräsent. Für die Zustellung an Teilschuldverschreibungsgläubiger einer Publikumsanleihe ohne einen gemeinsamen Vertreter ist dies ein ungangbarer Weg.[686]

(2) Öffentliche Restrukturierungssache gemäß den §§ 84 ff. StaRUG

Die sich aus der individuellen Ansprache der Teilschuldverschreibungsgläubiger ergebenden Probleme kann der Schuldner durch die Beantragung einer öffentlichen Restrukturierungssache gemäß den §§ 84 ff. StaRUG abwenden. Beantragt der Schuldner eine solche gemäß § 84 Abs. 1 StaRUG, entfällt gemäß § 86 Abs. 2 Satz 1 StaRUG i. V. m. § 86 Abs. 1 Nr. 1 StaRUG die Notwendigkeit der individuellen Ladung der Teilschuldverschreibungsgläubiger für einen gerichtlichen Abstimmungstermin. Vielmehr ersetzt die öffentliche Bekanntmachung des Abstimmungstermins die Ladung der Teilschuldverschreibungsgläubiger. In Anbetracht der Möglichkeit der Vermeidung der praktischen Hürden der Ladung der Teilschuldverschreibungsgläubiger darf jedoch nicht verkannt werden, dass die zunächst vertrauliche Restrukturierungssache durch die Beantragung einer öffentlichen Restrukturierungssache entsprechend bekannt wird. Die daraus resultierenden Publizitätseffekte müssen vor der Beantragung der öffentlichen Restrukturierungssache berücksichtigt werden.[687]

684 Zu Einzelheiten vorstehend Kap. II § 5 E. I. 1. a).

685 Deshalb diese Möglichkeit nur bei einer Zustellung an wenige Gläubiger für sinnvoll erachtend *Blankenburg* in Morgen, StaRUG, § 45 Rn. 27; die Praktikabilität eines solchen Vorgehens deshalb nur bei Verfahren mit wenigen Planbetroffenen sehend *Laroche/Goetker* in Flöther, StaRUG, § 41 Rn. 5.

686 Ähnlich *Laroche/Goetker* in Flöther, StaRUG, § 41 Rn. 5, der für die Praktikabilität eines solchen Vorgehens nicht nur ein Verfahren mit wenigen Planbetroffenen für notwendig erachtet, sondern darüber hinaus eine anwaltliche Vertretung der Planbetroffenen.

687 Bei der Involvierung von Teilschuldverschreibungsgläubigern wird eine Öffentlichkeit des Verfahrens ohnehin eintreten, unabhängig davon, ob diese durch eine öffentliche Restrukturierungssache gemäß §§ 84 ff. StaRUG oder eine öffentliche Bekanntmachung in dem Bundesanzeiger durch eine Restrukturierung gemäß dem SchVG erfolgt, so auch *Girotto* in BDA, Sanierung, § 1 Rn. 107. Dennoch ist zu berücksichtigen, dass eine öffentliche Restrukturierungssache gemäß den §§ 84 ff. StaRUG mit einer größeren Publizität einhergeht, insbesondere hinsichtlich nicht die Anleihe betreffender Umstände. In dem Rahmen der Einberufung einer Gläubigerversammlung der Teilschuldverschreibungsgläubiger gemäß § 19 Abs. 6 SchVG i. V. m. § 19 Abs. 2 Satz 2 SchVG eine schädliche Publizität erwähnend *Lürken*, ZIP 2021, 1305 (1308); auch *Skauradszun* in BeckOK StaRUG, § 2 Rn. 94, § 84 Rn. 11.

d) Auswirkungen auf die Anleiherestrukturierung

Für die Praxis der Anleiherestrukturierung stellen in dem Rahmen der Art und Weise der Abstimmung über den Restrukturierungsplan die Ansprache und die wirksame Einbeziehung der Teilschuldverschreibungsgläubiger die größte Hürde dar.[688] Ohne die Bestellung eines gemeinsamen Vertreters der Teilschuldverschreibungsgläubiger ist die Einbeziehung dieser nur umsetzbar, wenn eine öffentliche Bekanntmachung der Abstimmung die individuelle Ladung der Teilschuldverschreibungsgläubiger ersetzt.[689] In dem Rahmen einer schriftlichen Abstimmung kann dies gemäß § 17 Abs. 4 Satz 1 StaRUG durch ein gewillkürtes Formerfordernis in den Anleihebedingungen fixiert werden.[690] Zu einer Abstimmung in dem Rahmen einer Versammlung der Planbetroffenen kann gemäß § 20 Abs. 1 Satz 2 StaRUG durch ein gewillkürtes Formerfordernis in den Anleihebedingungen ebenfalls durch eine öffentliche Bekanntmachung geladen werden.[691] Für eine gerichtliche Planabstimmung kann dies gemäß § 86 Abs. 2 Satz 1 StaRUG i. V. m. § 86 Abs. 1 Nr. 1 StaRUG nach der Beantragung einer öffentlichen Restrukturierungssache erreicht werden.

Wenn die wirksame Ansprache der Teilschuldverschreibungsgläubiger bewältigt wird, stellt ein außergerichtliches Abstimmungsverfahren zwar die bequemste und schnellste Lösung dar, beinhaltet aber verglichen mit den übrigen Abstimmungsmöglichkeiten auch die größeren Rechtsunsicherheiten aufgrund der Darlegungs- und Beweislast des Schuldners gemäß § 63 Abs. 4 Satz 1 StaRUG. Andererseits kann unter entsprechend vorsorglich geplanter Einbeziehung eines gemeinsamen Vertreters der Teilschuldverschreibungsgläubiger durch ein schriftliches Abstimmungsverfahren gemäß § 17 StaRUG eine äußerst zügige Änderung der Anleihebedingungen durchgeführt werden, was insbesondere bei einer isolierten Restrukturierung der Anleihe – in diesem Falle ist vor allem mit Blick auf § 17 Abs. 3 StaRUG mit keinen die Restrukturierung störenden Dritten zu rechnen – förderlich sein würde.

2. Beschlussfähigkeit

Die Beschlussfähigkeit des abstimmenden Gremiums über den Restrukturierungsplan ist deshalb von Relevanz, weil ein Großteil der Beschlussfassungen gemäß dem SchVG schon an dem gemäß § 15 Abs. 3 SchVG notwendigen Quorum scheitert.[692] Weder die Vorschriften betreffend die schriftliche Planannahme noch die Vorschriften der Abstimmung in dem Rahmen einer Versammlung beinhalten ein Quorum. Vielmehr bestimmt § 45 Abs. 3 Satz 2 StaRUG, dass die Abstimmung auch durchgeführt wird, wenn nicht alle Planbetroffenen teilnehmen. *E contrario* kann daraus gefolgert werden, dass es eines Quorums nicht bedarf.[693]

688 Ladungsmängel führen zu der Versagung der Planbestätigung, da diese einen wesentlichen Verfahrensfehler darstellen *Bork*, ZRI 2021, 345 (350).
689 Ähnlich *Naujoks/Schönen*, ZRI 2021, 437 (442).
690 Zu Einzelheiten vorstehend Kap. II § 5 E. 1. a).
691 Zu Einzelheiten vorstehend Kap. II § 5 E. 1. b).
692 Zu Einzelheiten vorstehend Kap. I § 2 D. III.
693 So im Ergebnis auch *Lürken*, ZIP 2021, 1305 (1309).

II. Erforderliche Mehrheiten

Gemäß § 25 Abs. 1 StaRUG ist für die Annahme des Restrukturierungsplans erforderlich, dass in jeder Gruppe auf die dem Plan zustimmenden Gruppenmitglieder mindestens drei Viertel der Stimmrechte in dieser Gruppe entfallen. Entscheidend ist in diesem Rahmen weniger die notwendige Mehrheit gemäß dem StaRUG, sondern vielmehr die Antwort auf die Frage, welche Stimmen zu berücksichtigen sind.

1. Stimmberechtigung und Stimmgewicht

Betreffend das Stimmgewicht eines Planbetroffenen an der Abstimmung über den Restrukturierungsplan determiniert § 24 StaRUG, in welcher Höhe die einzelnen Rechtsverhältnisse – Restrukturierungsforderungen, Absonderungsanwartschaften, gruppeninterne Drittsicherheiten sowie Anteils- oder Mitgliedschaftsrechte – ein Stimmrecht gewähren. Das Stimmrecht der Teilschuldverschreibungsgläubiger wird gemäß § 24 Abs. 1 Nr. 1 StaRUG durch den Betrag der jeweiligen Forderung determiniert,[694] wobei ausweislich § 24 Abs. 3 StaRUG zu berücksichtigen ist, welcher Teil der Forderung werthaltig besichert ist oder ausfällt.[695] Was § 24 StaRUG nicht bereithält, ist eine Regelung zu einem Ruhen oder dem Ausschluss von Stimmrechten.[696] In den Fällen, in denen verbundene Unternehmen Teilschuldverschreibungen des Schuldners halten, dürfen diese über den Restrukturierungsplan abstimmen. Diesen Umstand können Planarchitekten ausnutzen, um mit der Zustimmung der verbundenen Unternehmen einen – angelehnt an den *cross-class cram-down* – *intra-class cram-down* ermöglichen. Insbesondere dann, wenn die verbundenen Unternehmen die Teilschuldverschreibungen weit unter *pari* erworben haben sollten, können Vorteile generiert werden.[697]

2. Berücksichtigung nicht ausgeübter Stimmrechte

Sobald die abgegebenen Stimmen vorliegen, stellt die Frage sich, welche Stimmrechte heranzuziehen sind, um die erforderliche Mehrheit zu bestimmen. Dafür kommt grundsätzlich in Betracht, dass entweder auf Basis aller bestehenden Stimmrechte einer Gruppe oder nur auf Basis der abgegebenen Stimmen die notwendige Mehrheit zu berechnen ist. Gemäß § 25 Abs. 1 StaRUG bedarf es zu der Annahme des Restrukturierungsplans der Zustimmung von mindestens drei Viertel der Stimmrechte in jeder Gruppe. Dies bedeutet, dass bei der Berechnung der Mehrheit alle Stimmrechte einer Abstimmungsgruppe berücksichtigt werden und nicht lediglich auf die an der Abstimmung teilnehmenden Stimmrechte abgestellt wird. Nicht teilnehmende oder sich

694 Siehe ausführlich zu der Berechnung des Stimmrechts *Deppenkemper* in MüKoStaRUG, § 24 Rn. 5 ff.

695 Zu Einzelheiten der Implikationen auf die Gruppeneinteilung vorstehend Kap. II § 5 D. II.

696 Ebenfalls *Deppenkemper* in MüKoStaRUG, § 24 Rn. 2; *Knof* in Uhlenbruck, InsO, § 24 StaRUG Rn. 3; *Spahlinger* in BeckOK StaRUG, § 24 Rn. 7; *Tresselt* in Morgen, StaRUG, § 24 Rn. 2. Diesen Umstand in dem Vorfeld der Umsetzung der Restrukturierungs-RL als zu vermeiden hervorhebend *Thole* in Brünkmans/Thole, HB InsPl, § 30 Rn. 24, der eine mögliche Missbrauchsmöglichkeit darstellt.

697 Siehe *Vogel* in Baums, 2013, 39 (51), der verschiedene Konstellationen expliziert.

enthaltende Planbetroffene sind daher bei der Berechnung der notwendigen Mehrheit zu berücksichtigen.[698] Im Unterschied zu dem SchVG und der InsO geht das StaRUG dabei einen anderen Weg.[699] Das SchVG sieht gemäß § 5 Abs. 4 Satz 1 SchVG vor, dass die Mehrheit der abgegebenen Stimmrechte maßgebend ist.[700] Auch bei der Abstimmung über den Insolvenzplan bleiben nicht abgegebene Stimmen unberücksichtigt.[701] Vor diesem Hintergrund egalisiert auch das konstatierte Fehlen eines Quorums in dem Rahmen einer Abstimmung über den Restrukturierungsplan sich, da die Konzeption der Berechnung der für die Planannahme notwendigen Mehrheit in einem faktischen Quorum in Höhe von 75 % resultiert.[702] Im Ergebnis würde trotz Einstimmigkeit keine Annahme des Restrukturierungsplans gelingen, wenn zwar in jeder Abstimmungsgruppe des Restrukturierungsplans alle Abstimmenden dem Restrukturierungsplan zustimmen, diese aber gemeinsam weniger als 75 % der gesamten Stimmrechte der jeweiligen Klasse repräsentieren. In keiner Klasse würde die notwendige Mehrheit erreicht werden können, obwohl 100 % der abstimmenden Planbetroffenen dem Restrukturierungsplan zugestimmt haben. Es bedarf daher in jedem Falle der Beteiligung von mindestens 75 % der Stimmberechtigten in jeder Klasse, damit der Plan – Abseits der Möglichkeit eines *cross-class cram-down* – angenommen werden kann. In Anbetracht dieser Regelung besteht die Möglichkeit eines *holdout*, vor allem für Gläubiger mit einem hohen Anteil an dem Betrag der Forderungshöhe der jeweiligen Klassen.[703] Diese können mit dem Ankündigen eines passiven Verhaltens versuchen, Sondervorteile zu erwirken. Vor diesem Hintergrund kommt der bedachten Gruppeneinteilung bei der Konzeption des Plans eine überragende Bedeutung zu.[704]

Für die Praxis der Anleiherestrukturierung hat dies gravierende Auswirkungen. Anhand der Erkenntnisse aus der schuldverschreibungsrechtlichen Restrukturierungspraxis ist nicht zu erwarten, dass 75 % der ausstehenden Teilschuldverschreibungen einer emittierten Anleihe an einer Anleiherestrukturierung aktiv teilnehmen würden. Bei einer Anleiherestrukturierung dürfte die notwendige Zustimmung von 75 % der Stimmrechte der Teilschuldverschreibungsgläubiger daher unwahrscheinlich sein.[705] Nunmehr muss der Planarchitekt nicht nur für eine Zustimmung von 75 % der betroffenen Parteien werben, sondern zusätzlich die Planbetroffenen animieren, überhaupt abzustimmen, was insbesondere bei Kleingläubigern weitere Verzögerungen verur-

698 Begr. RegE SanInsFoG, BT-Drs. 19/24181, S. 127.
699 Konstatierend, dass der Gesetzgeber damit wieder zu dem Modell der Vergleichs- und Konkursordnung zurückkehrt, *Deppenkemper* in MüKoStaRUG, § 25 Rn. 7.
700 *Birke* in Reinhard/Schall, SchVG, § 5 Rn. 89; *Bliesener/Schneider* in LBS, BankR-Komm., 17. Kap., § 5 Rn. 74; *Thole* in Hopt/Seibt, SchvR, § 5 Rn. 93.
701 Begr. RegE InsO, BT-Drs. 12/2443, S. 208; *Braun/Frank* in Braun, InsO, § 244 Rn. 4; *Hintzen* in MüKoInsO, § 244 Rn. 5; *Thies* in HK-InsR, § 244 Rn. 3.
702 Dies ebenfalls pointierend *Lürken*, ZIP 2021, 1305 (1307).
703 Ähnlich *Eckelt*, Restrukturierungsrahmen, S. 813.
704 Ähnlich *Deppenkemper* in MüKoStaRUG, § 25 Rn. 7.
705 So auch *Becker/Pospiech* in BBF, Unternehmenssanierung, Teil 2, A., IV., Rn. 46; darauf auch hinweisend *Desch*, BB 2020, 2498 (2504); ähnlich auch *Lürken*, ZIP 2021, 1305 (1307); *Naujoks/Schönen*, ZRI 2021, 437 (441); *Thole*, ZHR 186 (2022), 213 (242).

sachen dürfte.[706] In Anbetracht dieser Tatsache ist ohne Involvierung eines gemeinsamen Vertreters regelmäßig auf den *cross-class cram-down* zurückzugreifen.[707]

III. Cross-class cram-down gemäß den §§ 26 ff. StaRUG

Ist die erforderliche Mehrheit in einer oder mehreren Abstimmungsgruppen nicht erreicht worden, bedarf es des *cross-class cram-down*, um die Restrukturierung erfolgreich abzuschließen. Gemäß § 26 Abs. 1 StaRUG gilt die Zustimmung einer ablehnenden Abstimmungsgruppe als erteilt, wenn die Mitglieder dieser Gruppe nicht schlechter gestellt werden als sie ohne Restrukturierungsplan stünden, die Mitglieder der Gruppe angemessen an dem Planwert beteiligt werden und die Mehrheit der Abstimmungsklassen dem Plan zugestimmt hat. In Anbetracht der Tatsache, dass eine Zustimmung aller Gläubigergruppen[708] – insbesondere auch bei Einbeziehung von Teilschuldverschreibungsgläubigern – nicht immer zu erwarten ist, verkörpert der *cross-class cram-down* eine bedeutende Möglichkeit des StaRUG.[709]

1. Schlechterstellungsverbot gemäß § 26 Abs. 1 Nr. 1 StaRUG

Zunächst darf die ablehnende Abstimmungsklasse nicht schlechter gestellt werden, als diese ohne einen Restrukturierungsplan stünde. Nächstbestes Vergleichszenario soll gemäß der Gesetzesbegründung zunächst die Fortführung des Schuldners sein, unabhängig davon, ob durch eine Veräußerung des Unternehmens oder eine sonstige Fortführung.[710] Eine Liquidation hingegen soll nur in davon abweichenden Ausnahmefällen als Alternativszenario dienen.[711] Zwar hat der Planarchitekt durchgehend die Frage der Schlechterstellung gedanklich zu berücksichtigen. Für die Anleiherestrukturierung *per se* weist die Schlechterstellung aber keine Besonderheiten auf, weshalb auf weitere Ausführungen verzichtet wird.[712]

706 *Deppenkemper* in MüKoStaRUG, § 25 Rn. 7; dies andeutend *Herzig* in Braun, StaRUG, § 25 Rn. 10; allgemein dazu *Thies* in BBF, Unternehmenssanierung, Teil 2, B., VII., Rn. 119.

707 Darauf ebenfalls hinweisend *Lürken*, ZIP 2021, 1305 (1307).

708 Auf die Überstimmung einer Gruppe der Anteilsinhaber und die damit einschlägigen Voraussetzungen des § 27 Abs. 2 StaRUG wird an dieser Stelle nicht eingegangen.

709 Siehe grundlegend zu dem Gewicht des *cross-class cram-down* in dem Insolvenzverfahren *Smid*, InVo 2000, 1 ff.

710 Begr. RegE SanInsFoG, BT-Drs. 19/24181, S. 128.

711 Begr. RegE SanInsFoG, BT-Drs. 19/24181, S. 128; ausführlich zu weiteren Alternativszenarien, siehe *Jungmann* in MüKoStaRUG, § 64 Rn. 172 ff.

712 Ausführlich zu der Frage der Schlechterstellung *Distler*, ZIP 2021, 1033 (1035 ff.); *Herweg* in MüKoStaRUG, § 26 Rn. 27 ff.; *Herzig* in Braun, StaRUG, § 26 Rn. 4 ff.; *Jacoby* in Jacoby/Thole, StaRUG, § 26 Rn. 10 ff.; *Kaldenbach* in HK-RestrR, § 26 Rn. 6 ff.; *Knapp* in Flöther, StaRUG, § 26 Rn. 8 ff.; *Kowalewski/Praß* in Morgen, StaRUG, § 26 Rn. 25 ff.; *Smid* in PRS, StaRUG, § 26 Rn. 12 f.; *Thies* in BBF, Unternehmenssanierung, Teil 2, B., VII., Rn. 121.

2. Angemessene Beteiligung an dem Planwert gemäß § 26 Abs. 1 Nr. 2 StaRUG

Von erhöhter Relevanz ist die angemessene Beteiligung der ablehnenden Abstimmungsklasse an dem Planwert i. S. d. § 26 Abs. 1 Nr. 2 StaRUG. In diesem Merkmal bündelt der deutsche Gesetzgeber eine Vielzahl von Anforderungen, die in den §§ 27, 28 StaRUG konkretisiert werden.

a) Verbot der Überbefriedigung gemäß § 27 Abs. 1 Nr. 1 StaRUG

Zunächst darf kein Planbetroffener unter dem Restrukturierungsplan einen wirtschaftlichen Wert bekommen, der größer ist als der Wert seines bisherigen Anspruchs gegen den Schuldner. Insbesondere bei einem *debt-equity-swap* bedarf die Berücksichtigung der Beschränkung einer vertieften Begründung.[713] Weitere Ausführungen dazu sind obsolet, da für die Restrukturierung einer Anleihe nicht primär von Relevanz.[714]

b) *Absolute priority rule* gemäß § 27 Abs. 1 Nr. 2 StaRUG

(1) Grundsatz

Gemäß § 27 Abs. 1 Nr. 2 StaRUG darf dem Grunde nach kein Planbetroffener, welcher in einem hypothetischen Insolvenzverfahren nachrangig zu der ablehnenden Abstimmungsklasse zu befriedigen wäre, einen nicht durch Leistung in das Vermögen des Schuldners ausgeglichenen wirtschaftlichen Wert erhalten. Vereinfacht bedeutet dies, dass kein in einem hypothetischen Insolvenzverfahren nachrangiger Planbetroffener befriedigt werden darf, bevor ein vorrangiger Planbetroffener nicht vollständig befriedigt wird.[715] Insbesondere ist in diesem Rahmen fraglich, ob das Behalten eines Anteils an dem Schuldner als Erhalt eines wirtschaftlichen Werts i. S. d. § 27 Abs. 1 Nr. 2 StaRUG zu bewerten ist.[716] Eine pauschale Antwort lässt sich dafür nicht finden und ist vielmehr von dem Einzelfall abhängig.[717] Ist durch das Behalten der Anteile ein Erhalten eines wirtschaftlichen Werts i. S. d. § 27 Abs. 1 Nr. 2 StaRUG eingetreten, folgt daraus, dass ein *cross-class cram-down* nicht durchführbar ist, wenn die bisherigen Anteilsinhaber ihre Anteile behalten würden.[718] Die bisherigen Anteilsinhaber müssten diesen Werterhalt dann durch eine Leistung in das Vermögen des Schuldners

713 Dazu exemplarisch *Kowalewski/Praß* in Morgen, StaRUG, § 26 Rn. 27 f.

714 Ausführlich dazu *Herweg* in MüKoStaRUG, § 27 Rn. 5 ff.; *Spahlinger* in BeckOK StaRUG, § 27 Rn. 9 ff.

715 So *Herzig* in Braun, StaRUG, § 27 Rn. 7; *Kaldenbach* in HK-RestrR, § 27 Rn. 13.

716 Statt vieler *Spahlinger* in BeckOK StaRUG, § 27 Rn. 14a f. Zu der ähnlichen Frage im Rahmen des § 27 Abs. 2 Nr. 2 StaRUG ausführlich *Kowalewski/Praß* in Morgen, StaRUG, § 27 Rn. 70 ff.

717 Einen Zufluss an die Anteilseigner aus der Aufwertung des Unternehmens durch die Sanierung für möglich erachtend *Bork*, ZRI 2021, 345 (358); zu der Ermittlung der Wertzuwendung ausführlich *Herweg* in MüKoStaRUG, § 27 Rn. 24 ff.; siehe dazu *Spahlinger* in BeckOK StaRUG, § 27 Rn. 14a m. w. N.

718 Dieses Resultat kritisierend *Korch*, NZG 2020, 1299 (1301); ähnlich *Liedl*, Gläubigerklassen, S. 231, der deshalb auf die Ausnahmen der *absolute priority rule* eingeht; siehe *Spahlinger* in BeckOK StaRUG, § 27 Rn. 14b.

ausgleichen (sog. *new value exception*).[719] Zu Verwerfungen kann dieser Umstand führen, wenn das Gelingen der Restrukturierung den *cross-class cram-down* erfordert und die bisherigen Anteilsinhaber nicht Willens oder in der Lage sind, den Wertzuwachs auszugleichen und darüber hinaus kein Dritter an der Übernahme der Anteile interessiert ist.[720] Eine Bestätigung des Restrukturierungsplans wäre dann nicht möglich. Allerdings ist in einem solchen Fall in der Regel zu konstatieren, dass den Anteilsinhabern durch die Restrukturierung kein wirtschaftlicher Wert i. S. d. § 27 Abs. 1 Nr. 2 StaRUG allokiert wird, weshalb kein Verstoß gegen § 27 Abs. 1 Nr. 2 StaRUG vorliegt.[721]

(2) Ausnahme von der *absolute priority rule* gemäß § 28 Abs. 2 StaRUG

Um die strenge *absolute priority rule* zu relativieren, statuiert § 28 Abs. 2 StaRUG Ausnahmen, bei deren Vorliegen die Anteilsinhaber die von ihnen gehaltenen Anteile trotz eines unausgeglichenen Wertzuwachses behalten können.

(a) Unerlässlichkeit des Anteilsinhabers

Zunächst ist gemäß § 28 Abs. 2 Nr. 1 Hs. 1 StaRUG eine Ausnahme von der *absolute priority rule* – also eine Wertallokation zu den Anteilsinhabern ohne entsprechende Kompensation – zulässig, wenn die Mitwirkung des Schuldners oder der an dem Schuldner beteiligten Person an der Fortführung des Unternehmens infolge besonderer, in seiner Person liegender Umstände unerlässlich ist, um den Planwert zu verwirklichen. Ferner muss der entsprechende Anteilsinhaber sich gemäß § 28 Abs. 2 Nr. 1 Hs. 2 StaRUG in dem Restrukturierungsplan zu der erforderlichen Mitwirkung und der Übertragung des erhaltenen wirtschaftlichen Werts verpflichten, sollte seine Mitwirkung vor dem Ablauf von fünf Jahren enden.[722] Um über diese Möglichkeit eine Ausnahme begründen zu können, muss also nachgewiesen werden, dass der Anteilsinhaber für die Verwirklichung des Planwerts unerlässlich ist.[723] Abstrakte Maßstäbe sind hier nicht bestimmbar, weshalb stets eine Einzelfallbetrachtung angezeigt ist.[724] Insbeson-

719 Dazu ausführlich *Herweg* in MüKoStaRUG, § 27 Rn. 46 ff.; ausführlich zu der Historie der *new value exception* in den U.S.A., siehe *Liedl*, Gläubigerklassen, S. 231 ff.

720 Darauf hinweisend und den Restrukturierungsplan dann als gescheitert ansehend *Wilkens*, WM 2021, 573 (580).

721 So AG Dresden, NZI 2021, 893 (894), Rn. 25 f.; ausführlich dazu *Kowalewski/Praß* in Morgen, StaRUG, § 27 Rn. 36; a. A. *Wilkens*, WM 2021, 573 (580), der den Restrukturierungsplan dann für gescheitert erachtet.

722 Ausführlich zu der Art und Weise der Gestaltung dieser Voraussetzungen, siehe *Kowalewski/Praß* in Morgen, StaRUG, § 28 Rn. 29 ff.

723 Ausführlich zu der Beantwortung der Frage, wann der Anteilsinhaber für die Verwirklichung des Plans unerlässlich ist *Herweg* in MüKoStaRUG, § 28 Rn. 29 ff.; eine enge Auslegung anregend *Kowalewski/Praß* in Morgen, StaRUG, § 28 Rn. 25. Hingegen eine weite Auslegung befürwortend *Westpfahl* in Seibt/Westpfahl, StaRUG, § 28 Rn. 24.

724 Mit konkreten Beispielen für eine Unerlässlichkeit *Herweg* in MüKoStaRUG, § 28 Rn. 24; praktische Schwierigkeiten bei der Beantwortung dieser Frage erahnend *Herzig* in Braun, StaRUG, § 28 Rn. 20; *Kowalewski/Praß* in Morgen, StaRUG, § 28 Rn. 25; *Smid* in PRS, StaRUG, § 28 Rn. 5.

dere bei inhabergeführten Schuldnern ist dies denkbar[725] oder auch bei Restrukturierungen von Immobilienunternehmen, in denen bei Übertragung oder Erwerb der Anteile an dem Schuldner ein hohes Risko des Anfalls von Grunderwerbsteuer gemäß § 1 Abs. 2a, 3 GrErStG existiert. Danach fällt bei dem Erwerb von mindestens 90 % der Anteile an dem Schuldner Grunderwerbsteuer an.[726] Um das Risiko einer Belastung mit Grunderwerbsteuer zu mindern, muss ein bisheriger Gesellschafter zu mindestens 10,1 % an dem Schuldner beteiligt bleiben (sog. RETT-Blocker).[727] Für diesen gilt die Ausnahme des § 28 Abs. 2 Nr. 1 StaRUG.

(b) Geringfügige Eingriffe in Gläubigerrechte

Gemäß § 28 Abs. 2 Nr. 2 Hs. 1 StaRUG ist es möglich, einen Verstoß gegen die *absolute priority rule* dadurch zu rechtfertigen, dass lediglich geringfügige Eingriffe in die Gläubigerrechte vorgenommen werden. Als Regelbeispiel[728] für diesen unbestimmten Rechtsbegriff sieht der Gesetzgeber einen geringfügigen Eingriff als gegeben, wenn die Rechte der Gläubiger nicht gekürzt werden – also kein *haircut* durchgeführt wird[729] – und die Fälligkeit der Forderung nicht um mehr als 18 Monate verschoben wird. Vor dem Hintergrund der aus dem Volumen der Anleihe resultierenden Bedeutung einer Änderung der Anleihebedingungen ist in der Regel nicht davon auszugehen, dass eine solch oberflächliche Gestaltung der Forderungen der Teilschuldverschreibungsgläubiger ausreichend ist, um eine nachhaltige Sanierung des Emittenten zu bewirken. Ferner ist anzumerken, dass durch die Stundung wohl nur in den wenigsten Fällen eine nachhaltige Sanierung i. S. d. § 33 Abs. 2 Satz 1 Nr. 4, Satz 2 StaRUG eintreten wird,[730] sodass nach der erstmaligen Stundung eine weitere Inanspruchnahme der Instrumente des StaRUG nicht möglich ist. Sobald bereits in nicht vollkommen unwesentliche Nebenbestimmungen der Anleihebedingungen eingegriffen wird – dies dürfte bei *financial covenants* der Fall sein, da dadurch Kündigungsrechte zulasten der Teilschuldverschreibungsgläubiger gestaltet würden – ist die Grenze der Geringfügigkeit i. S. d. § 28 Abs. 2 Nr. 2 Hs. 1 StaRUG überschritten.[731] Ferner dürfte der mit dem StaRUG einhergehende Aufwand eine so seichte Restrukturierungsmaßnahme wie eine Stundung

725 So *Herweg* in MüKoStaRUG, § 28 Rn. 22.

726 Siehe dazu *Demleitner* in Haase/Jachmann, Hdb ImmobiliensteuerR, § 17 Rn. 1.

727 *Demleitner* in Haase/Jachmann, Hdb ImmobiliensteuerR, § 17 Rn. 6, 29 ff.

728 So auch *Herweg* in MüKoStaRUG, § 28 Rn. 43; *Westpfahl* in Seibt/Westpfahl, StaRUG, § 28 Rn. 34.

729 Nur eine Verschiebung der Fälligkeit ansprechend Begr. RegE SanInsFoG, BT-Drs. 19/24181, S. 130. So auch *Girotto* in BDA, Sanierung, § 1 Rn. 148; *Jacoby* in Jacoby/Thole, StaRUG, § 28 Rn. 21; *Knapp* in Flöther, StaRUG, § 28 Rn. 14; *Kowalewski/Praß* in Morgen, StaRUG, § 28 Rn. 36; wohl *Smid* in PRS, StaRUG, § 28 Rn. 8; *Westpfahl* in Seibt/Westpfahl, StaRUG, § 28 Rn. 37. A. A. *Herweg* in MüKoStaRUG, § 28 Rn. 44; *Herzig* in Braun, StaRUG, § 28 Rn. 16; *Spahlinger* in BeckOK StaRUG, § 28 Rn. 24.

730 Andeutend *Knapp* in Flöther, StaRUG, § 28 Rn. 15.

731 *Knapp* in Flöther, StaRUG, § 28 Rn. 14, der auf Kreditbedingungen eingeht.

nur selten rechtfertigen.[732] In Anbetracht dieser Tatsachen dürfte diese Ausnahme von der *absolute priority rule* keine valide Strategie aus der Sicht der Anteilsinhaber darstellen.

(3) Bedeutung für die Anleiherestrukturierung

Für die Anleiherestrukturierung folgt daraus, dass die Anteilsinhaber des Emittenten nur dann Inhaber ihrer gehaltenen Anteile bleiben können, falls in der Gruppe der Teilschuldverschreibungsgläubiger die notwendige Mehrheit erreicht wird oder die Anteilsinhaber den Wertzuwachs ihrer Anteile ausgleichen. Liegt keiner dieser Umstände vor, muss eine der Ausnahmen des § 28 Abs. 2 StaRUG begründet werden. In den Fällen einer Anleiherestrukturierung dürften diese Ausnahmen jedoch nur selten greifen, sodass die Anteilsinhaber, sollte ein *cross-class cram-down* notwendig sein, den durch die Restrukturierung eingetretenen Wertzuwachs ihrer Anteile in dem Rahmen der *new value exception* auszugleichen haben.

c) Besserstellungsverbot gemäß § 27 Abs. 1 Nr. 3 StaRUG

(1) Grundsatz

Gemäß § 27 Abs. 1 Nr. 3 StaRUG dürfen die Planbetroffenen, die in einem hypothetischen Insolvenzverfahren gleichrangigen mit der ablehnenden Abstimmungsklasse zu befriedigen wären, in dem Restrukturierungsplan nicht bessergestellt werden als die den Restrukturierungsplan ablehnende Abstimmungsklasse. Die Intention des Besserstellungsverbots ist, eine Majorisierung der ablehnenden Klassen durch unlautere Besserstellung einer gleichrangigen Gruppe zu erreichen.[733] In dem Falle eines angedachten Forderungsverzichts der Gläubiger als Restrukturierungsbeitrag kann es daher grundsätzlich nicht dazu kommen, dass gleichrangige Klassen unterschiedlichen Verzichten unterworfen werden,[734] sofern ein *cross-class cram-down* notwendig ist. Die Implementierung des Besserstellungsverbots restringiert den Planarchitekten bei der taktischen Allokation von Restrukturierungsbeiträgen zu einzelnen Abstimmungsgruppen. Aus Sicht der Teilschuldverschreibungsgläubiger führt das Besserstellungs-

732 *Kowalewski/Praß* in Morgen, StaRUG, § 27 Rn. 17. Siehe aber den Restrukturierungsplan i. S. BRANICKS Group AG, der nur eine Stundung von weniger als 18 Monaten vorsah, abrufbar unter: https://branicks.com/download/ir/starug/zusammenfassung_des_plans.pdf (zuletzt abgerufen am 31. Oktober 2025).

733 Siehe dazu mit plastischem Beispiel *Herweg* in MüKoStaRUG, § 27 Rn. 61.

734 Keinen Verstoß gegen § 27 Abs. 1 Nr. 3 StaRUG erkennend, wenn eine Gruppe sofort 50 % des Nominalwerts Forderung erhält, die andere jedoch 66 % des Nominalwerts der Forderung – allerdings im Laufe der kommenden 19 Jahre – erhält AG Dresden, NZI 2021, 893 Rn. 30; ähnlich *Eckelt*, Restrukturierungsrahmen, S. 947; zu der Frage der Bewertung der jeweiligen Restrukturierungsbeiträge der Gruppen ausführlich *Kowalewski/Praß* in Morgen, StaRUG, § 27 Rn. 64; siehe *Jacobi*, ZInsO 2017, 1 (10 f.); dies als zu unflexibel kritisierend *Kowalewski/Praß* in Morgen, Präventive Restrukturierung, Art. 11 Rn. 51; siehe *Thole*, ZIP 2017, 101 (110), der auf die Möglichkeit der unterschiedlichen Behandlung der Klassen unter dem Richtlinienvorschlag, der die *relative priority rule* nicht vorsah, eingeht.

verbot hingegen zu einem verstärkten Schutz vor einer benachteiligenden Gestaltung ihrer Rechte.[735] Ob die ansonsten bevorzugte Abstimmungsklasse dann jedoch noch zustimmt, hängt von dem Einzelfall ab. Ohne Besserstellungsverbot wären flexiblere Gestaltungsmöglichkeiten für den Schuldner möglich, wobei diese sich vereinfacht folgendermaßen darstellen lassen: Sollen die Forderungen der Teilschuldverschreibungsgläubiger in einem Restrukturierungsplan gestaltet werden, ist in der Klasse der Teilschuldverschreibungsgläubiger nicht von einer Zustimmung zu dem Restrukturierungsplan auszugehen, da eine solche ohne Beteiligung eines gemeinsamen Vertreters meist schon an der Lethargie der Teilschuldverschreibungsgläubiger scheitern wird.[736] Folglich wird es notwendig, die Klasse der Teilschuldverschreibungsgläubiger zu überstimmen, was ohne Berücksichtigung des Besserstellungsverbots einfacher umzusetzen wäre. In einem solchen Fall wäre es nämlich denkbar, dass eine den Teilschuldverschreibungsgläubigern gleichrangige Abstimmungsklasse mit einer besseren Quote befriedigt und die Zustimmung dieser Klasse für den *cross-class cram-down* genutzt wird.[737]

(2) Ausnahme von dem Besserstellungsverbot

Da die pauschale Untersagung einer ungleichen Behandlung als unpraktikabel ist und die erfolgreiche Restrukturierung erschwert,[738] erlaubt § 28 Abs. 1 Satz 1 StaRUG Abweichungen von dem Besserstellungsverbot, solange diese sachgerecht sind.[739] Der Begriff der Sachgerechtigkeit wird hierbei nicht näher erläutert,[740] sodass die Auslegung dieses Begriffs mit an Sicherheit grenzender Wahrscheinlichkeit in Auseinander-

735 Auf die Möglichkeit der unterschiedlichen Behandlung gleichrangiger Klassen unter der *absolute priority rule* hinweisend *Korch*, ZHR 182 (2018), 440 (478); ebenfalls auf höheren Schutz – allerdings für Fremdkapitalgeber im Allgemeinen – hinweisend *Kowalewski/Praß* in Morgen, Präventive Restrukturierung, Art. 11 Rn. 68 m. w. N.; ähnlich *Morgen* in Schmidt, SanR, Teil 2 Rn. 132; auf Gefahren für Banken hinweisend *Westpfahl*, NZI-Beilage 2017, 49 (51 f.).

736 Zu Einzelheiten vorstehend Kap. I § 2 D. III.

737 Ähnlich *Kowalewski/Praß* in Morgen, StaRUG, § 28 Rn. 19; ähnlich aber ohne Bezug auf Teilschuldverschreibungsgläubiger *Morgen* in Schmidt, SanR, Teil 2 Rn. 132; veranschaulichend zu dem Richtlinienentwurf, der nur die *absolute priority rule* vorsah, *Thole*, ZIP 2017, 101 (109 f.).

738 Die Inflexibilität der strengen Anwendung der *relative priority rule* – die dem Besserstellungsverbot nahekommt – in dem Rahmen der Restrukturierungs-RL missbilligend *Kowalewski/Praß* in Morgen, Präventive Restrukturierung, Art. 11 Rn. 51.

739 Die Richtlinienkonformität dieser Ausnahme anzweifelnd *Knapp* in Flöther, StaRUG, § 28 Rn. 2. Dieser verkennt indes, dass bereits die *absolute priority rule* in der nationalen Umsetzung umgesetzt wurde, wodurch die Richtlinienkonformität der nationalen Umsetzung bereits gesichert ist. Das Besserstellungsverbot der *relative priority rule* hingegen stellt einen über das Mindestmaß hinausgehenden Schutz der Gläubiger dar. Dass dieser, nicht notwendige, Schutz dann wiederum teilweise aufgeweicht wird, kann die Richtlinienkonformität des § 28 Abs. 1 StaRUG nicht erschüttern.

740 Ausführlich zu der Frage der Sachgerechtigkeit *Herweg* in MüKoStaRUG, § 28 Rn. 15 ff.; mit Beispielen *Spahlinger* in BeckOK StaRUG, § 28 Rn. 7.

setzungen münden wird.[741] Dennoch stellt die Aufweichung des Besserstellungsverbots eine willkommene Erleichterung des *cross-class cram-down* für den Emittenten dar. Dies gilt jedoch nur so lange, wie die entscheidenden Gerichte bei der Auslegung des Merkmals der Sachgerechtigkeit i. S. d. § 28 Abs. 1 Satz 1 StaRUG die notwendige Liberalität walten lassen und diese Norm in dem Lichte der Materialien und somit zu der Schaffung flexibler Lösungen für die Praxis anwenden.[742]

3. Zustimmung der Mehrheit der abstimmenden Gruppen gemäß § 26 Abs. 1 Nr. 3 Hs. 1 StaRUG

Damit ein *cross-class cram-down* gelingt, muss der Restrukturierungsplan von der Mehrheit der abstimmenden Gruppen angenommen worden sein, wobei die Gruppen, auf deren Zustimmung sich dabei gestützt wird, gemäß § 26 Abs. 1 Nr. 3 StaRUG nicht ausschließlich aus Anteilsinhabern oder nachrangigen Restrukturierungsgläubigern bestehen darf. Es bedarf daher unter den zustimmenden Gruppen zumindest einer solchen, die »*in the money*«[743] ist.

IV. Bestätigung des Restrukturierungsplans gemäß den §§ 60 ff. StaRUG

Gemäß § 67 Abs. 1 Satz 2 StaRUG können den ablehnenden betroffenen Parteien die in dem gestaltenden Teil des Restrukturierungsplans festgelegten Wirkungen oktroyiert werden. Damit diese Bindungswirkung zulasten der Planbetroffenen entfalten, ist es nicht ausreichend, dass der Restrukturierungsplan von den erforderlichen Mehrheiten in den jeweiligen Gruppen angenommen worden ist. Vielmehr offenbart das StaRUG hinsichtlich der Annahme und dem Eintritt der Wirkung des Restrukturierungsplans gegenüber dissentierenden Planbetroffenen eine Dichotomie. Gemäß § 67 Abs. 1 Satz 1 StaRUG treten die in dem gestaltenden Teil festgelegten Wirkungen des Restrukturierungsplans erst mit der Bestätigung des Restrukturierungsplans ein. Dieser Bestätigungsbeschluss wird nicht ohne Weiteres gefasst, sondern ist an einen Antrag des Schuldners und die Negativvoraussetzungen des § 63 Abs. 1 StaRUG geknüpft. Vor dem Hintergrund, dass der Restrukturierungsplan nur bei einer gerichtlichen Bestätigung gegenüber sämtlichen beteiligten Parteien seine Wirkung ausstrahlen kann,[744]

741 So auch *Herweg* in MüKoStaRUG, § 28 Rn. 17.

742 Siehe Begr. RegE SanInsFoG, BT-Drs. 19/24181, S. 129 f.; ähnlich *Herweg* in MüKoStaRUG, § 28 Rn. 17.

743 In diesem Zusammenhang für die Restrukturierungs-RL nutzend *Eckelt*, Restrukturierungsrahmen, S. 933; diesen Ausdruck in einem anderen Zusammenhang verwendend *Jungmann*, ZRI 2021, 209 (216).

744 In Anbetracht dieser Tatsache müsste in dem Rahmen des Stellens des Antrags auf Planbestätigung die Frage gestellt werden, ob der Geschäftsleiter diesen Antrag ohne die Zustimmung der Anteilsinhaber stellen darf, wenn der Restrukturierungsplan in die Rechte der Anteilsinhaber eingreift. In der juristischen Literatur und Rechtsprechung wird dies bisweilen in dem Rahmen der Anzeige des Restrukturierungsvorhabens diskutiert, Zu Einzelheiten vorstehend Kap. II § 5 B. In dem Falle eines erneuten Aufgreifens des Streits an dieser Stelle griffen die gleichen Argumente, die bereits vorstehend aufgeführt wurden.

muss der Planarchitekt die Voraussetzungen für eine Planbestätigung stets berücksichtigen und den Restrukturierungsplan entsprechend gestalten. Die Voraussetzungen der Planbestätigung weisen für die Anleiherestrukturierung keine besonderen Auswirkungen auf. Lediglich die Bestimmungen des Restrukturierungsplans werden geprüft. Es kommt daher insbesondere auf den Inhalt ebenjenes und dessen Annahme an.

1. Keine drohende Zahlungsunfähigkeit gemäß § 63 Abs. 1 Nr. 1 StaRUG

Zunächst ist die Bestätigung des Restrukturierungsplans gemäß § 63 Abs. 1 Nr. 1 StaRUG zu versagen, wenn der Schuldner nicht drohend zahlungsunfähig ist. Dieses Erfordernis repräsentiert die Überprüfung der materiellen Einstiegshürde. Dabei folgt aus dem Wortlaut, dass nicht der Schuldner und Antragsteller den Nachweis der drohenden Zahlungsunfähigkeit beibringen muss. Es obliegt vielmehr dem Restrukturierungsgericht – will es die Bestätigung versagen – nachzuweisen, dass keine drohende Zahlungsunfähigkeit vorliegt.[745] Um keine Zweifel und insbesondere keine Zeitverzögerungen zu forcieren, bietet es sich aus Sicht des Schuldners an, die drohende Zahlungsunfähigkeit bei der Antragstellung positiv nachzuweisen.[746]

2. Verfahrensmäßige Behandlung des Restrukturierungsplans gemäß § 63 Abs. 1 Nr. 2 StaRUG

Die Bestätigung des Restrukturierungsplans ist gemäß § 63 Abs. 1 Nr. 2 StaRUG zu versagen, wenn die Vorschriften über den Inhalt und die verfahrensmäßige Behandlung des Restrukturierungsplans sowie über die Annahme des Plans durch die Planbetroffenen in einem wesentlichen Punkt nicht beachtet worden sind und der Schuldner den Mangel nicht beheben kann oder innerhalb einer angemessenen, vom Restrukturierungsgericht gesetzten Frist nicht behebt. Hierbei werden insbesondere die Gruppenbildung sowie die Abstimmungsvorschriften in den Fokus zu nehmen sein.[747] Sollte sich hierbei beispielsweise herausstellen, dass die konkrete Gruppeneinteilung nur den Zweck der Erreichung der Voraussetzungen des *cross-class cram-down* verfolgt und die Grenze der Sachgerechtigkeit i. S. d. § 9 Abs. 2 Satz 2 StaRUG überschreitet,[748] würde der Restrukturierungsplan nicht bestätigt werden. Liegt ein Mangel i. S. v. § 63

Das Ergebnis wäre identisch. Zu der Verortung dieses Streits auf den Zeitpunkt der Stellung des Antrags auf Planbesttätigung siehe auch *Mock*, NZI 2023, 585; *Scholz*, ZIP 2021, 219 (227).

745 Siehe dazu AG Nürnberg, NZI 2023, 881 Rn. 51; so auch *Berner/Thole* in Jacoby/Thole, StaRUG, § 63 Rn. 9; *Jungmann* in MüKoStaRUG, § 63 Rn. 22; so auch *Skauradszun* in BeckOK StaRUG, § 63 Rn. 12 m. w. N.; *Skauradszun/Blum*, NZI 2022, 32 (33). A. A. AG Köln, NZI 2021, 433 Rn. 3, welches die Feststellung der drohenden Zahlungsunfähigkeit fordert; *Brackmann/Langer* in Morgen, StaRUG, § 63 Rn. 25; *Laroche* in Flöther, StaRUG, § 63 Rn. 6.

746 Ähnlich auch *Hirschberger/Siepmann* in Morgen, StaRUG, § 31 Rn. 21, der jedoch einen Nachweis der drohenden Zahlungsunfähigkeit durch den Schuldner befürwortet.

747 Mit einer Auflistung der zu überprüfenden Regelungen *Brackmann/Langer* in Morgen, StaRUG, § 63 Rn. 33 m. w. N.; *Jungmann* in MüKoStaRUG, § 63 Rn. 36 ff.

748 Zu Einzelheiten vorstehend Kap. II § 5 D. II. 2.

Abs. 1 Nr. 2 StaRUG darin begründet, dass infolge einer unzutreffenden Bewertung des Unternehmens die Voraussetzungen für einen *cross-class cram-down* nicht gegeben sind, postuliert § 63 Abs. 2 Satz 1 StaRUG, dass eine Versagung der Bestätigung auf einen solchen Mangel nur dann gestützt werden kann, wenn ein dadurch benachteiligter Planbetroffener dies beantragt. Deshalb betrifft dieses Antragserfordernis nur § 26 Abs. 1 Nr. 1 StaRUG, also die Einhaltung des Schlechterstellungsverbots[749] und auch nur, wenn eine falsche Bewertung des Unternehmens zu einer Schlechterstellung führen könnte. Bei übrigen Erwägungen der Schlechterstellung gilt das Antragserfordernis des § 63 Abs. 2 Satz 1 StaRUG nicht,[750] etwa bei Mängeln betreffend die Eintrittswahrscheinlichkeit verschiedener Alternativszenarien,[751] die für die Bestimmung einer Schlechterstellung maßgeblich sind.

3. Machbarkeitserfordernis gemäß § 63 Abs. 1 Nr. 3 StaRUG

Zuletzt ist die Machbarkeit der in dem Restrukturierungsplan angedachten Maßnahmen zu überprüfen. Gemäß § 63 Abs. 1 Nr. 3 StaRUG ist die Bestätigung des Restrukturierungsplans zu versagen, wenn die Ansprüche, die den Planbetroffenen durch den gestaltenden Teil des Restrukturierungsplans zugewiesen werden, und die durch den Plan nicht berührten Ansprüche der übrigen Gläubiger offensichtlich nicht erfüllt werden können. Hierbei handelt es sich um eine reine Erfüllbarkeitsprognose,[752] die nur oberflächlich bleiben kann.[753]

F. Rechtsschutz der betroffenen Parteien

In dem Zuge einer Anleiherestrukturierung nach dem SchVG stellt der dort implementierte Rechtsschutz der Teilschuldverschreibungsgläubiger eine der größten Verfehlungen jenes Gesetzes dar.[754] Dieser animiert obstruierende Teilschuldverschreibungsgläubiger, gegen gefasste Beschlüsse gerichtlich vorzugehen und den Vollzug der Anleiherestrukturierung zu verzögern. Sollte das StaRUG in diesem Punkt eine praxisgerechte Ausgestaltung vorsehen, böte dieses bei der Anleiherestrukturierung einen immensen Vorteil gegenüber dem SchVG.

Betreffend einen Restrukturierungsplan können dissentierende Planbetroffenen auf zwei Rechtsschutzmöglichkeiten zurückgreifen. Erstens besteht gemäß § 64 Abs. 1

749 Siehe zu dem kleinen Anwendungsbereich des § 63 Abs. 2 StaRUG *Jungmann*, ZRI 2022, 721 (724 f.).

750 *Bönold/Kaul*, NZI 2024, 159 (161 ff.); *Jungmann*, ZRI 2022, 721 (724); *Parzinger/Lappe* in Seibt/Westpfahl, StaRUG, § 63 Rn. 56; *Zehlicke*, FD-InsR 2023, 820090. A. A. im Ergebnis AG Hannover, ZRI 2023, 962 (971 f.), welches § 26 Abs. 1 Nr. 1 StaRUG insoweit europarechtskonform auslegt und deshalb eine Schlechterstellung nur auf Antrag prüft; zust. *Spahlinger* in BeckOK StaRUG, § 26 Rn. 11b.

751 *Jungmann* in MüKoStaRUG, § 63 Rn. 41f.

752 *Jungmann* in MüKoStaRUG, § 63 Rn. 82.

753 Ähnlich und ausführlich *Jungmann* in MüKoStaRUG, § 63 Rn. 82 ff.

754 Siehe dazu ausführlich vorstehend Kap. I § 3 F. VII.

Satz 1 StaRUG die Möglichkeit, nach der Abstimmung über den Restrukturierungsplan, aber vor der Planbestätigung einen Antrag auf Minderheitenschutz zu stellen, wodurch die Bestätigung des Restrukturierungsplans unterbunden werden kann. Sollte der Restrukturierungsplan bestätigt werden, steht den Planbetroffenen zweitens die sofortige Beschwerde gemäß § 66 Abs. 1 Satz 1 StaRUG gegen den Bestätigungsbeschluss zu.

I. Minderheitenschutzantrag gemäß § 64 StaRUG

Zunächst können die Planbetroffenen vor der Bestätigung des Restrukturierungsplans eine durch den Restrukturierungsplan eintretende Schlechterstellung rügen. Verzichten die Planbetroffenen darauf, prüft das Restrukturierungsgericht eine individuelle Schlechterstellung in dem Rahmen der Planbestätigung grundsätzlich nicht.[755] Dies gilt nicht, wenn es für die Annahme des Restrukturierungsplans eines *cross-class cramdown* bedarf, dessen Voraussetzungen im Rahmen des § 63 Abs. 1 StaRUG von Amts wegen zu prüfen sind.[756]

1. Voraussetzung für den Minderheitenschutzantrag

a) Zulässigkeit des Minderheitenschutzantrags gemäß § 64 Abs. 2 StaRUG

(1) Ablehnung und Widerspruch gemäß § 64 Abs. 1 Satz 1 Hs. 1, Abs. 2 Satz 1 Hs. 1 StaRUG

Gemäß § 64 Abs. 1 Satz 1 Hs. 1 StaRUG ist ein Minderheitenschutzantrag nur zulässig, wenn der Antragsteller gegen den Restrukturierungsplan gestimmt hat[757] und gemäß § 64 Abs. 2 Satz 1 Hs. 1 StaRUG ebenjenem darüber hinaus widersprochen hat. Mit Blick auf die Möglichkeit der Ausübung der Stimmrechte der Teilschuldverschreibungsgläubiger durch einen gemeinsamen Vertreter sind die Erfordernisse der Ablehnung des Restrukturierungsplans gemäß § 64 Abs. 1 Satz 1 Hs. 1 StaRUG und des gemäß § 64 Abs. 2 Satz 1 Hs. 1 StaRUG zu erhebenden Widerspruchs erläuterungsbedürftig.

(a) Individuelle Beteiligung der Teilschuldverschreibungsgläubiger

Partizipieren die Teilschuldverschreibungsgläubiger individuell an der Abstimmung über den Restrukturierungsplan, ist in der Folge für die Zulässigkeit des Minderheiten-

755 Dies betonend Begr. RegE SanInsFoG, BT-Drs. 19/24181, S. 163.

756 *Jungmann* in MüKoStaRUG, § 64 Rn. 37; *Brackmann/Langer* in Morgen, StaRUG, § 64 Rn. 40. Siehe für § 250 Nr. 1 InsO, BGH, NZI 2022, 743 Rn. 12, in dem der BGH die Prüfung der Parallelnorm zu § 26 StaRUG – § 245 InsO – in dem Rahmen der »Annahme durch die Gläubiger« lokalisiert.

757 Siehe auch AG München, NZI 2022, 31, welches ausführt, dass Äußerungen zu § 64 StaRUG nicht nötig sind, da alle Planbetroffenen für den Plan gestimmt haben. *Jungmann* in MüKoStaRUG, § 64 Rn. 53; »Rechtsschutzbedürfnis« *Skauradszun* in BeckOK StaRUG, § 64 Rn. 43.

schutzantrages lediglich zu überprüfen, ob diese gegen den Restrukturierungsplan gestimmt[758] und sodann dem Restrukturierungsplan auch widersprochen haben.[759]

(b) Einbeziehung eines gemeinsamen Vertreters der Teilschuldverschreibungsgläubiger

Vertritt ein wirksam bestellter gemeinsamer Vertreter die Teilschuldverschreibungsgläubiger während der Abstimmung über den Restrukturierungsplan und goutiert den Restrukturierungsplan in dem Namen der Teilschuldverschreibungsgläubiger, ist klärungsbedürftig, inwieweit ein wirksam vertretener Teilschuldverschreibungsgläubiger die Möglichkeit hat, in zulässiger Weise einen Minderheitenschutzantrag zu stellen. Vor dem Hintergrund des Ablehnungs- und Widerspruchserfordernisses gemäß § 64 Abs. 1 Satz 1 Hs. 1, Abs. 2 Satz 1 StaRUG ist problematisch, ob der vertretene Teilschuldverschreibungsgläubiger die dort normierten Zulässigkeitsvoraussetzungen erfüllt. Für die Beantwortung dieser Frage ist das Außenverhältnis zwischen Teilschuldverschreibungsgläubiger und gemeinsamen Vertreter maßgebend. Gemäß § 19 Abs. 6 SchVG i. V. m. § 19 Abs. 3 SchVG ist allein der gemeinsame Vertreter berechtigt und verpflichtet,[760] die Rechte der Gläubiger in dem Rahmen der Restrukturierungssache geltend zu machen. Stimmt der gemeinsame Vertreter daher für die Annahme des Restrukturierungsplans, vertritt er dabei wirksam alle Teilschuldverschreibungsgläubiger, ungeachtet deren wirklichen Willens.[761] Nur er übt das Stimmrecht der Teilschuldverschreibungsgläubiger aus. Mit Blick auf die Zulässigkeitsvoraussetzungen des Minderheitenschutzantrags gemäß § 64 Abs. 1 Satz 1 Hs. 1, Abs. 2 Satz 1 Hs. 1 StaRUG bedeutet dies, dass der individuelle Teilschuldverschreibungsgläubiger nicht gegen den Plan gestimmt hat und diesem auch nicht widersprochen hat. Vielmehr hat er – vertreten durch den gemeinsamen Vertreter – für den Plan gestimmt. Im Ergebnis können dissentierende Teilschuldverschreibungsgläubiger keinen individuellen Rechtsschutz erwirken, soweit der gemeinsame Vertreter mit Wirkung für und gegen diese für die Annahme des Restrukturierungsplans votiert hat.[762] Eine Differenzierung dahin gehend, ob der gemeinsame Vertreter nach der Abstimmung über den Restrukturierungsplan abbestellt wird, führt zu keinem anderen Ergebnis. Angesichts des zu der wirksamen Stimmabgabe in dem Außenverhältnis Gesagten

758 Ausführlich dazu *Jungmann* in MüKoStaRUG, § 64 Rn. 52 ff.

759 Ausführlich dazu *Jungmann* in MüKoStaRUG, § 64 Rn. 56 ff.

760 Zu Einzelheiten der in zeitlicher Hinsicht entstehenden Kalamitäten der Bestellung des gemeinsamen Vertreters nachstehend Kap. IV § 11 A. I. 3.; Zu Einzelheiten der Erstarkung eines bereits bestellten gemeinsamen Vertreters zu einem »starken« gemeinsamen Vertreter nachstehend Kap. IV § 11 B. I. 1. c).

761 Zu Einzelheiten der Befugnisse eines gemeinsamen Vertreters der Teilschuldverschreibungsgläubiger in einer Restrukturierungssache nachstehend Kap. IV § 11 B. I. Siehe für das Insolvenzplanverfahren *Rattunde* in Veranneman, SchVG, § 19 Rn. 119.

762 Siehe auch *Knof* in Uhlenbruck, InsO, § 66 StaRUG Rn. 15; für das Insolvenzplanverfahren *Rattunde* in Veranneman, SchVG, § 19 Rn. 119; a. A. *Becker/Pospiech* in BBF, Unternehmenssanierung, Teil 2, A., IV., Rn. 54, die bei Abstimmung durch einen gemeinsamen Vertreter den Schutz des § 66 StaRUG mit § 20 SchVG vergleicht, somit davon ausgehen, vertretene Teilschuldverschreibungsgläubiger käme die sofortige Beschwerde gemäß § 66 StaRUG zugute.

erfüllt ein wirksam vertretener Teilschuldverschreibungsgläubiger die Zulässigkeitsvoraussetzungen des § 64 Abs. 1 Satz 1, Abs. 2 Satz 1 StaRUG nicht.

(2) Voraussichtliche Schlechterstellung gemäß § 64 Abs. 2 Satz 1 Hs. 2 StaRUG

Ferner postuliert § 64 Abs. 2 Satz 1 Hs. 2 StaRUG, dass der Antragsteller eine voraussichtliche Schlechterstellung geltend macht. Findet die Abstimmung in einem gerichtlichen Abstimmungstermin statt, muss diese Schlechterstellung nicht nur geltend-, sondern auch glaubhaft gemacht werden.[763]

b) Begründetheit des Minderheitenschutzantrags gemäß § 64 Abs. 1 Satz 1 StaRUG

Der Minderheitenschutzantrag ist gemäß § 64 Abs. 1 Satz 1 StaRUG begründet, wenn der Antragsteller durch den Restrukturierungsplan voraussichtlich schlechter gestellt wird als er ohne Restrukturierungsplan stünde. Dabei ist zunächst zu ermitteln, welches Alternativszenario als das Beste heranzuziehen ist und in der Folge eine voraussichtliche Schlechterstellung gemäß diesem bejahen oder verneinen.[764]

Hinsichtlich der Frage, ob in dem Rahmen der Begründetheitsprüfung des Minderheitenschutzantrags der Amtsermittlungs- oder Beibringungsgrundsatz gilt,[765] normiert § 39 Abs. 1 Satz 1 StaRUG den Amtsermittlungsgrundsatz,[766] soweit nicht anders bestimmt ist. Die Bestimmung eines davon abweichenden Verfahrensgrundsatzes ist in dem Rahmen des § 64 StaRUG nicht zu erkennen,[767] sodass für die Begründetheitsprüfung der Amtsermittlungsgrundsatz gilt.[768] Bei der Prüfung der voraussichtlichen Schlechterstellung hat das Restrukturierungsgericht allerdings ausschließlich das in dem Rahmen der Prüfung der Zulässigkeit glaubhaft gemachte Vorbringen zu berücksichtigen.[769] Daher verbleibt die durch den Amtsermittlungsgrundsatz ausgelöste Verpflichtung zu der Sachverhaltsaufklärung gering.[770] Vor diesem Hintergrund ist zu konstatieren, dass zwar formal der Amtsermittlungsgrundsatz gilt, durch die tatsäch-

763 Statt vieler *Skauradszun* in BeckOK StaRUG, § 64 Rn. 50. Siehe ausführlich zu den verschiedenen Abstimmungsvarianten *Jungmann* in MüKoStaRUG, § 64 Rn. 78; *Sattler* in Seibt/Westpfahl, StaRUG, § 64 Rn. 32 ff.

764 *Jungmann* in MüKoStaRUG, § 64 Rn. 13. Siehe eine ausführliche Darstellung des Gangs der Prüfung der Schlechterstellung in dem Rahmen des § 64 Abs. 1 Satz 1 StaRUG *Jungmann* in MüKoStaRUG, § 64 Rn. 154 ff.; *Jungmann/Zündorf*, ZRI 2022, 89 (94 ff.); *Langer/Wolf* in Morgen, StaRUG, § 64 Rn. 43 ff., mit einem Fallbeispiel ab Rn. 110.

765 Statt vieler *Skauradszun* in BeckOK StaRUG, § 64 Rn. 60.

766 Siehe allgemein zu dem Amtsermittlungsgrundsatz *Vallender*, ZRI 2021, 165 ff.

767 Argumente für den Beibringungsgrundsatz *Skauradszun* in BeckOK StaRUG, § 64 Rn. 62.

768 Zu § 251 InsO BGHZ 202, 133 Rn. 23 = NZI 2014, 751. So auch *Berner/Thole* in Jacoby/Thole, StaRUG, § 64 Rn. 18; *Jungmann* in MüKoStaRUG, § 64 Rn. 253; *Knof* in Uhlenbruck, InsO, § 64 StaRUG Rn. 39 ff.; *Langer/Wolf* in Morgen, StaRUG, § 64 Rn. 160; *Sattler* in Seibt/Westpfahl, StaRUG, § 64 Rn. 43. A. A. nur *Skauradszun* in BeckOK StaRUG, § 64 Rn. 68. Nicht eindeutig hingegen *Knapp* in Flöther, StaRUG, § 64 Rn. 32 f.

769 So für § 251 InsO BGHZ 202, 133 Rn. 23 = NZI 2014, 751; *Berner/Thole* in Jacoby/Thole, StaRUG, § 64 Rn. 18; *Knof* in Uhlenbruck, InsO, § 64 StaRUG Rn. 40; *Sattler* in Seibt/Westpfahl, StaRUG, § 64 Rn. 43.

770 Ähnlich *Knof* in Uhlenbruck, InsO, § 64 StaRUG Rn. 40.

lich im Rahmen der Prüfung zu berücksichtigenden Tatsachen aber keine, in dem Vergleich mit dem Beibringungsgrundsatz nachteiligen Verzögerungen zu befürchten sind.

2. Verzögerung der Restrukturierung durch Minderheitenschutzantrag

Ungeachtet der konkreten Verfahrensgrundsätze ist zu konstatieren, dass die Prüfung der voraussichtlichen Schlechterstellung zu einer Verzögerung der Bestätigung des Restrukturierungsplans führen kann.[771] Zwar weist dieser keinen Suspensiveffekt auf,[772] der Prüfung der Schlechterstellung wohnt aber eine Verzögerung inne.[773]

3. Keine Verzögerung durch Ausgleich der Schlechterstellung gemäß § 64 Abs. 3 Satz 1 StaRUG

Um dem Minderheitenschutzantrag seine restrukturierungshemmende Wucht zu nehmen, hat der Gesetzgeber die Möglichkeit der Abweisung des Minderheitenschutzantrages in § 64 Abs. 3 Satz 1 StaRUG implementiert. Danach ist der Antrag auf Minderheitenschutz abzuweisen, wenn in dem gestaltenden Teil des Restrukturierungsplans Mittel für den Fall bereitgestellt werden,[774] dass ein Planbetroffener eine Schlechterstellung nachweist. Moniert ein Planbetroffener eine Schlechterstellung, kann diese Schlechterstellung durch eigens dafür bereitgestellte Mittel ausgeglichen werden, sodass eine Schlechterstellung nicht eintritt. Aufgrund dieser Regelung ist es dem Schuldner möglich, einen Minderheitenschutzantrag bereits in seinem Keim zu ersticken.[775] Vor dem Hintergrund der Unsicherheiten über Art und Anzahl von widersprechenden Planbetroffenen[776] sowie der Frage welches – dann andere als das in dem streitigen Restrukturierungsplan zugrunde gelegte[777] – Alternativszenario als Maßstab für die Beurteilung der Schlechterstellung anzusetzen ist, wird die Determinierung des ausreichenden Betrags jedoch regelmäßig nur äußerst schwierig zu durchzuführen sein.[778] Um eine Annäherung an die Höhe des zurückzustellenden Ausgleichs zu

771 Ähnlich *Fendel* in Braun, StaRUG, § 64 Rn. 16; *Jungmann* in MüKoStaRUG, § 64 Rn. 13 m. w. N.

772 Ähnlich auch *Jungmann* in MüKoStaRUG, § 64 Rn. 14; a. A. *Smid* in PRS, StaRUG, § 64 Rn. 9, der einen Suspensiveffekt mit der Begründung zu § 298 InsO a. F. auch für den Minderheitenschutz gemäß § 64 StaRUG erkennt.

773 *Jungmann* in MüKoStaRUG, § 64 Rn. 14; siehe auch *Proske/Streit*, NZI 2020, 969 (971), die unter Berücksichtigung von ErwG 26, 29 Restrukturierungs-RL darauf hinweisen, dass »Gutachterschlachten« in einem präventiven Restrukturierungsrahmen zu vermeiden sind.

774 Ausführlich zu den Modalitäten der Bereitstellung, siehe *Jungmann* in MüKoStaRUG, § 64 Rn. 139 ff

775 Ähnlich *Fendel* in Braun, StaRUG, § 64 Rn. 16; ähnlich *Jungmann* in MüKoStaRUG, § 64 Rn. 15; zurückhaltender formulierend *Knapp* in Flöther, 2021, § 64 Rn. 35.

776 Die Auswirkungen der Quote der dissentierenden Planbetroffenen auf die Höhe der bereitgestellten Mittel benennend *Langer/Wolf* in Morgen, StaRUG, § 64 Rn. 149 f.

777 Darauf hinweisend *Langer/Wolf* in Morgen, StaRUG, § 64 Rn. 146.

778 Insofern erwähnend, dass das Volumen der bereitgestellten Mittel keine Begehrlichkeiten wecken darf *Fendel* in Braun, StaRUG, § 64 Rn. 16; *Langer/Wolf* in Morgen, StaRUG, § 64 Rn. 145.

bestimmen, dürfte – wie in dem Insolvenzplanverfahren[779] – das planbetroffene Forderungsvolumen der möglichen Antragsteller und die zu erwartende Schlechterstellung maßgeblich zu berücksichtigen sein.[780] Dabei reicht es nicht aus, dass die Mittel in willkürlicher Höhe bereitgestellt werden.[781] Vielmehr müssen diese einen vollständigen Ausgleich der Schlechterstellung ermöglichen.[782] Sollte es in diesem Rahmen zu ausgiebigen Gutachtenschlachten kommen, schlummert in dem Minderheitenschutzantrag ein enormes Verzögerungspotential. Für den Emittenten einer Anleihe folgt daraus die theoretische Möglichkeit, opponierenden Teilschuldverschreibungsgläubigern durch die geschickte Bereitstellung von Mitteln gemäß § 64 Abs. 3 StaRUG bereits die Möglichkeit der Einlegung eines Rechtsbehelfs zu verwehren und die Restrukturierung noch weiter abzusichern. Zu berücksichtigen ist dabei jedoch, dass diese notwendige Rückstellung nur äußerst schwierig zu beziffern ist und bei einem so großen Gläubigerkreis, wie ihn eine emittierte Anleihe aufweist, viele Unwägbarkeiten nach sich ziehen und die praktische Umsetzung sich schwierig gestalten wird. Auch dürfte ein drohend zahlungsunfähiger Schuldner die sich vor dem Hintergrund des hohen Nominalwerts der Anleihe ergebende Ausgleichssumme kaum zu leisten im Stande sein.[783]

II. Sofortige Beschwerde gemäß § 66 StaRUG

Sollte der Restrukturierungsplan bestätigt werden, steht den Planbetroffenen – unabhängig davon, ob zuvor ein Minderheitenschutzantrag gestellt worden ist[784] – gemäß § 66 Abs. 1 Satz 1 StaRUG die sofortige Beschwerde gegen die Planbestätigung zu.[785] In Anbetracht der Auswirkungen sowohl der Erhebung der schuldverschreibungsrechtlichen Anfechtungsklage als auch einer dieser stattgebenden Entscheidung ist insbesondere auf diese Auswirkungen in dem Rahmen der sofortigen Beschwerde einzugehen.

1. Zulässigkeitsvoraussetzungen der sofortigen Beschwerde gemäß § 66 Abs. 2 StaRUG

Die Zulässigkeitsvoraussetzungen der sofortigen Beschwerde ähneln denen des Minderheitenschutzantrags.[786] Gemäß § 66 Abs. 2 StaRUG ist die sofortige Beschwerde

779 Der Gesetzgeber führt aus, dass die Norm an § 251 Abs. 3 InsO angelehnt ist, Begr. RegE SanInsFoG, BT-Drs. 19/24181, S. 163.

780 Mit einer beispielsweisen Berechnung siehe *Langer/Wolf* in Morgen, StaRUG, § 64 Rn. 148 ff.

781 *Jungmann* in MüKoStaRUG, § 64 Rn. 130; *Langer/Wolf* in Morgen, StaRUG, § 64 Rn. 145, die betonen, dass die mittel nicht offensichtlich unzureichend sein dürfen.

782 Siehe zu § 251 Abs. 3 InsO BGH, NZI 2017, 751 Rn. 14; für § 64 Abs. 3 StaRUG statt vieler *Berner/Thole* in Jacoby/Thole, StaRUG, § 64 Rn. 32.

783 Siehe dazu im Allgemeinen *Fendel* in Braun, StaRUG, § 64 Rn. 16, der in diesem Rahmen die Gefährdung des Restrukturierungsplans aufgrund knapper Liquidität als zu berücksichtigen erwähnt; ähnlich auch *Sattler* in Seibt/Westpfahl, StaRUG, § 64 Rn. 55.

784 Statt vieler *Knof* in Uhlenbruck, InsO, § 66 StaRUG Rn. 2.

785 Beispiele für die Begründetheit der sofortigen Beschwerde des Schuldners gegen die Ablehnung des Restrukturierungsplans auflistend *Skauradszun* in BeckOK StaRUG, § 66 Rn. 54.1.

786 So auch *Jungmann* in MüKoStaRUG, § 66 Rn. 52.

nur zulässig, wenn der Beschwerdeführer dem Restrukturierungsplan widersprochen und gegen diesen gestimmt hat und eine wesentliche Schlechterstellung durch den Restrukturierungsplan glaubhaft macht. Hierbei weist die konkrete Prüfung der Glaubhaftmachung der wesentlichen Schlechterstellung i. S. d. § 66 Abs. 2 Nr. 3 StaRUG Unterschiede zu der ähnlichen Voraussetzung in dem Rahmen des Minderheitenschutzantrags auf.[787] Da die sofortige Beschwerde gegen die Bestätigung des Restrukturierungsplans eine solche i. S. d. §§ 567 ff. ZPO ist,[788] und das StaRUG keine eigenen Vorschriften hinsichtlich insbesondere der Beschwerdefrist aufweist,[789] gelten gemäß § 38 Satz 1 StaRUG die Normen der Zivilprozessordnung für die Verfahren in Restrukturierungssachen entsprechend. Gemäß § 569 Abs. 1 ZPO ist die sofortige Beschwerde binnen einer Notfrist von zwei Wochen bei dem zuständigen Restrukturierungsgericht einzulegen.[790]

2. Begründetheit der sofortigen Beschwerde

In Anbetracht der Tatsache, dass § 66 StaRUG ausschließlich Zulässigkeitsvoraussetzungen postuliert, ist unklar, ob es einer weiteren Prüfung der Begründetheit bedarf und was Gegenstand dieser Begründetheitsprüfung ist. Vor dem Hintergrund des § 66 Abs. 5 Satz 2 StaRUG, der einen »besonders schweren Rechtsverstoß« fordert,[791] ist die Notwendigkeit einer Begründetheitsprüfung in dem Rahmen der sofortigen Beschwerde zunächst anzuerkennen.[792] Darüber hinaus ist der Gegenstand der Begründetheitsprüfung zu bestimmen. Denkbar ist dabei eine Prüfung der §§ 60–65 StaRUG[793] oder ausschließlich des § 63 StaRUG.[794] Die sofortige Beschwerde richtet sich gegen den Beschluss des Restrukturierungsgerichts, mit dem dieses den Restrukturierungsplan bestätigt hat. Deshalb muss der Umfang der Begründetheitsprüfung der

787 So *Jungmann* in MüKoStaRUG, § 66 Rn. 76; ähnlich *Sattler* in Seibt/Westpfahl, StaRUG, § 66 Rn. 21; *Skauradszun* in BeckOK StaRUG, § 66 Rn. 33. Ausführlich zu den Unterschieden *Blankenburg* in Morgen, StaRUG, § 66 Rn. 26; *Jungmann* in MüKoStaRUG, § 66 Rn. 72 ff; *Sattler* in Seibt/Westpfahl, StaRUG, § 64 Rn. 21 ff.

788 Siehe *Skauradszun* in BeckOK StaRUG, § 66 Rn. 3.

789 Ausführlich zu sämtlichen allgemeinen Zulässigkeitsvoraussetzungen, statt vieler *Jungmann* in MüKoStaRUG, § 66 Rn. 43 ff.; *Skauradszun* in BeckOK StaRUG, § 66 Rn. 9 ff.

790 Statt vieler *Sattler* in Seibt/Westpfahl, StaRUG, § 66 Rn. 26.

791 So *Knof* in Uhlenbruck, InsO, § 66 StaRUG Rn. 45; *Sattler* in Seibt/Westpfahl, StaRUG, § 66 Rn. 31; *Skauradszun* in BeckOK StaRUG, § 66 Rn. 46 m. w. N.

792 So im Ergebnis auch *Blankenburg* in Morgen, StaRUG, § 66 Rn. 34; *Fendel* in Braun, StaRUG, § 64 Rn. 2; *Jungmann* in MüKoStaRUG, § 66 Rn. 86; *Knof* in Uhlenbruck, InsO, § 66 StaRUG Rn. 45; *Leichtle* in HK-RestrR, § 66 Rn. 10b; ausführlich dazu *Marotzke*, ZInsO 2021, 2540 (2558 f.); *Sattler* in Seibt/Westpfahl, StaRUG, § 66 Rn. 31; *Skauradszun* in BeckOK StaRUG, § 66 Rn. 46; *Spliedt* in Jacoby/Thole, StaRUG, § 66 Rn. 35. Wohl a. A. *Laroche* in Flöther, StaRUG, § 66 Rn. 2 ff.; *Smid* in PRS, StaRUG, § 66 Rn. 9 ff.

793 So *Fendel* in Braun, StaRUG, § 64 Rn. 2; *Jungmann* in MüKoStaRUG, § 66 Rn. 86; ausführlich dazu *Marotzke*, ZInsO 2021, 2540 (2558 f.); *Sattler* in Seibt/Westpfahl, StaRUG, § 66 Rn. 31; *Skauradszun* in BeckOK StaRUG, § 66 Rn. 46; *Spliedt* in Jacoby/Thole, StaRUG, § 66 Rn. 35.

794 *Blankenburg* in Morgen, StaRUG, § 66 Rn. 34; *Knof* in Uhlenbruck, InsO, § 66 StaRUG Rn. 45.

sofortigen Beschwerde gemäß § 66 StaRUG dem gleichen Umfang der Prüfung des Restrukturierungsgerichts für die Bestätigung des Restrukturierungsplans entsprechen.[795] Insoweit kann die Prüfung der Begründetheit der sofortigen Beschwerde nicht auf § 63 StaRUG begrenzt bleiben.[796]

Die tatsächliche Schlechterstellung ist in der Begründetheit hingegen grundsätzlich nicht zu prüfen.[797] Sekundiert wird eine solche Auslegung durch einen Vergleich von § 64 Abs. 1 Satz 1 Hs. 2, Abs. 2 StaRUG und § 66 Abs. 1, 2 StaRUG. Dem Minderheitenschutzantrag und der sofortigen Beschwerde ist gemein, dass für die Zulässigkeit des jeweiligen Rechtsbehelfs gemäß § 64 Abs. 2 Satz 1 StaRUG die Geltendmachung einer voraussichtlichen Schlechterstellung, respektive gemäß § 66 Abs. 2 Nr. 3 StaRUG die Geltendmachung einer wesentlichen Schlechterstellung notwendig ist. Darüber hinaus bedarf es für einen erfolgreichen Minderheitenschutzantrag gemäß § 64 Abs. 1 Satz 1 Hs. 2 StaRUG, dass der Antragsteller voraussichtlich schlechter gestellt wird, als er ohne Restrukturierungsplan stünde. Daraus folgt die Prüfung der Schlechterstellung in der Begründetheit des Minderheitenschutzantrags.[798] Eine entsprechende Vorschrift enthält § 66 StaRUG hingegen nicht. Den einzigen Bezug, den die sofortige Beschwerde gemäß § 66 StaRUG zu einer Schlechterstellung herstellt, ist in der Zulässigkeitsvoraussetzung des § 66 Abs. 2 Nr. 3 StaRUG. In Anbetracht dieser Tatsache ist davon auszugehen, dass eine Schlechterstellung in dem Rahmen der Begründetheit nicht zu prüfen ist, es sei denn, dies geschieht inzident in dem Rahmen der Überprüfung der Voraussetzung des § 26 Abs. 1 Nr. 1 StaRUG für einen *cross-class cram-down*,[799] oder in den Fällen, in denen ein vorheriger Minderheitenschutzantrag des Beschwerdeführers fruchtlos verblieb.[800]

Auch in dem Rahmen des § 66 StaRUG ist unklar, ob in der Begründetheitsprüfung der sofortigen Beschwerde der Amtsermittlungs- oder Beibringungsgrundsatz gilt.[801] Mangels entgegenstehender Bestimmungen postuliert § 39 Abs. 1 Satz 1 StaRUG auch in dem Rahmen der sofortigen Beschwerde der Amtsermittlungsgrundsatz.[802] Ist aufgrund eines vorherigen Minderheitenschutzantrags auch eine Schlechterstellung zu

795 Siehe BGHZ 202, 133 Rn. 35 = NZI 2014, 751.

796 Zu konstatieren ist, dass die Prüfung des § 63 StaRUG regelmäßig die Determinante sein wird, da in dessen Rahmen der Inhalt sowie die verfahrensmäßige Behandlung des Restrukturierungsplans zu prüfen ist.

797 So betreffend § 253 InsO klarstellend BGHZ 202, 133 Rn. 38 = NZI 2014, 751. So auch *Blankenburg* in Morgen, StaRUG, § 66 Rn. 34; *Jungmann* in MüKoStaRUG, § 66 Rn. 89 f.; *Knof* in Uhlenbruck, InsO, § 66 StaRUG Rn. 45; *Sattler* in Seibt/Westpfahl, StaRUG, § 66 Rn. 32. A. A. *Marotzke*, ZInsO 2021, 2540 (2557 f.); *Skauradszun* in BeckOK StaRUG, § 66 Rn. 48; *Spliedt* in Jacoby/Thole, StaRUG, § 66 Rn. 12.

798 Siehe *Knof* in Uhlenbruck, InsO, § 64 StaRUG Rn. 33.

799 Die Überprüfung der Voraussetzungen des *cross-class cram-down* sind von § 63 Abs. 1 Nr. 2 StaRUG umfasst. Siehe zur Einschränkung durch § 63 Abs. 2 Satz 1 StaRUG jedoch vorstehend Kap. III § 5 IV. 2.

800 So auch *Knof* in Uhlenbruck, InsO, § 66 StaRUG Rn. 47.

801 Statt vieler *Skauradszun* in BeckOK StaRUG, § 66 Rn. 49.

802 So auch *Jungmann* in MüKoStaRUG, § 66 Rn. 93; *Knof* in Uhlenbruck, InsO, § 66 StaRUG Rn. 47; mit einer Ausnahme für die Schlechterstellung *Skauradszun* in BeckOK StaRUG, § 66 Rn. 50; *Spliedt* in Jacoby/Thole, StaRUG, § 66 Rn. 50.

prüfen, ist dafür auf das in dem Rahmen des Minderheitenschutzantrags Vorgebrachte zurückzugreifen.[803]

3. Auswirkungen der Einlegung der sofortigen Beschwerde

Vor dem Hintergrund des Suspensiveffekts der schuldverschreibungsrechtlichen Anfechtungsklage gemäß § 20 Abs. 3 Satz 4 SchVG weisen die Auswirkungen der Einlegung der sofortigen Beschwerde für die Zwecke der Anleiherestrukturierung eine große Relevanz auf.

Das StaRUG selbst statuiert die Auswirkung der bloßen Einlegung der sofortigen Beschwerde nicht. Wie in dem Insolvenzplanrecht ergibt diese sich über § 38 Satz 1 StaRUG aus § 570 Abs. 1 ZPO. Danach hat die sofortige Beschwerde grundsätzlich keine aufschiebende Wirkung. Anders als die sofortige Beschwerde gegen die Bestätigung eines Insolvenzplans weist die sofortige Beschwerde gegen den Bestätigungsbeschluss des Restrukturierungsplans auch keinen *de facto* Suspensiveffekt auf.[804] Die Wirkungen eines Insolvenzplans treten gemäß § 254 Abs. 1 InsO erst mit Rechtskraft des Bestätigungsbeschlusses ein. Der Restrukturierungsplan hingegen entfaltet seine Wirkungen gemäß § 67 Abs. 1 Satz 1 StaRUG bereits ab dem Zeitpunkt seiner Bestätigung. Durch diese gesetzliche Ausgestaltung sollen Verzögerungen unterbunden und das Einnehmen taktischer Störpositionen verhindert sowie die Richtlinienkonformität geschaffen werden.[805] Gemäß § 66 Abs. 4 StaRUG ist auf Antrag des Beschwerdeführers jedoch möglich, die aufschiebende Wirkung der sofortigen Beschwerde anzuordnen, wenn der Vollzug des Restrukturierungsplans mit schwerwiegenden, insbesondere irreversiblen Nachteilen für den Beschwerdeführer einhergeht, die außer Verhältnis zu den Vorteilen des sofortigen Planvollzugs stehen. Insbesondere bei Einbeziehung von Anteilen an dem Schuldner böte es sich an, die Durchsetzung der Restrukturierungsmaßnahmen zu suspendieren, da solche – wenn überhaupt – nur unter immensem Aufwand restituiert werden könnten.[806] Solange der Restrukturierungsplan hingegen ausschließlich eine finanzielle Restrukturierung vorsieht, dürften keine entsprechenden Kalamitäten auftreten. Eine Restitution der eingetretenen Wirkungen dürfte in diesen Fällen keine allzu großen Schwierigkeiten bereiten, sodass die Voraussetzungen des § 66 Abs. 4 StaRUG nicht ausgelöst werden dürften. Eine Anordnung der aufschiebenden Wirkung der sofortigen Beschwerde dürfte daher die Ausnahme bleiben.[807]

803 Ähnlich *Skauradszun* in BeckOK StaRUG, § 66 Rn. 50.

804 Statt vieler *Sattler* in Seibt/Westpfahl, StaRUG, § 66 Rn. 35.

805 Begr. RegE SanInsFoG, BT-Drs. 19/24181, S. 164.

806 Ähnlich *Blankenburg* in Morgen, StaRUG, § 66 Rn. 39; ähnlich bei *Hirschberger* in Morgen, Präventive Restrukturierung, Art. 16 Rn. 36; ähnlich auch *Jungmann* in MüKoStaRUG, § 66 Rn. 132 ff.; ebenfalls *Spahlinger*, NZI-Beilage 2017, 27 (29); ähnlich *Spliedt* in Jacoby/Thole, StaRUG, § 66 Rn. 45. Siehe auch zu den Grundsätzen der fehlerhaften Gesellschaft *Miras* in MHdB GesR II, § 95 Rn. 1.

807 So im Ergebnis auch *Jungmann* in MüKoStaRUG, § 66 Rn. 118; *Laroche* in Flöther, StaRUG, § 66 Rn. 8.

4. Wirkung der Entscheidung über die sofortige Beschwerde

Vor dem Hintergrund der misslichen Kassationswirkung der Anfechtungsklage in dem SchVG ist in dem StaRUG bedeutsam, welche Wirkungen die Abhilfe der sofortigen Beschwerde aufweist. Diesbezüglich sind zwei Szenarien denkbar.

a) Entscheidung über die sofortige Beschwerde

Zunächst kann die Konstellation vorliegen, dass das Beschwerdegericht nach der Einlegung der sofortigen Beschwerde und nach Vollzug des Restrukturierungsplans über die sofortige Beschwerde entscheidet. Gemäß § 38 Satz 1 StaRUG i. V. m. § 572 Abs. 2, 3 ZPO hilft das Beschwerdegericht der begründeten Beschwerde ab. Dies bedeutet, dass es den planbestätigenden Beschluss des Restrukturierungsgerichts aufhebt.[808] Daraus folgt indes nicht, dass die gesamte Restrukturierung – insbesondere die Abstimmung[809] – nunmehr hinfällig wäre. Durch die Abhilfe wird die Restrukturierungssache vielmehr wieder in dem Stand versetzt, in dem der Schuldner einen erneuten Antrag auf Planbestätigung gemäß § 60 Abs. 1 StaRUG stellen kann.[810] Eine Planänderung durch das Restrukturierungsgericht ist hingegen ausgeschlossen.[811] In der Folge ist es sodann möglich – und aus Schuldnersicht wohl notwendig –, über einen inhaltlich korrigierten Plan erneut abzustimmen.[812] Allerdings ist zu berücksichtigen, dass mangels aufschiebender Wirkung der Einlegung des Rechtsmittels die Restrukturierung unter Umständen bereits vollzogen worden ist, wenn über das Rechtsmittel entschieden wird. In Anbetracht der Tatsache, dass durch die Kassation des Restrukturierungsplans zunächst der Restrukturierungserfolg beseitigt wird und darüber hinaus eine Rückabwicklung durchaus Schwierigkeiten bereiten kann,[813] welche in dem schlimmsten Falle in dem Scheitern der gesamten Restrukturierung münden könnten,[814] sollte dieses Szenario vermieden werden.[815]

808 Statt vieler *Jungmann* in MüKoStaRUG, § 66 Rn. 96.

809 *Fendel* in Braun, StaRUG, § 66 Rn 16; *Jungmann* in MüKoStaRUG, § 66 Rn. 103; *Leichtle* in HK-RestrR, § 66 Rn. 22.

810 Statt vieler *Fendel* in Braun, StaRUG, § 66 Rn 16.

811 *Spliedt* in Jacoby/Thole, StaRUG, § 66 Rn. 43.

812 Siehe zu dem Insolvenzplan *Sinz* in MüKoInsO, § 253 Rn. 94.

813 *Harig* in KHHK, RestrR, § 10 Rn. 47; Beispiele aufzählend *Jungmann*, NZI 2022, 353 (354); ausführlich und mit Optionen der Reduzierung der Probleme *Jungmann*, ZIP 2022, 253 (254 ff.); *Skauradszun* in BeckOK StaRUG, § 66 Rn. 59a; *Spliedt* in Jacoby/Thole, StaRUG, § 66 Rn. 27.

814 Siehe für die Kassation eines Beschlusses der Teilschuldverschreibungsgläubiger *Baums*, ZHR 177 (2013), 807 (816); ähnlich *Jungmann*, NZI 2022, 353 (360).

815 Dies nicht erwähnend und deshalb die Notwendigkeit eines verkürzten Beschwerdeverfahrens als nur selten gegeben ansehend *Jungmann* in MüKoStaRUG, § 66 Rn. 154.

b) Unverzügliche Zurückweisung der sofortigen Beschwerde gemäß § 66 Abs. 5 Satz 1 StaRUG

(1) Grundsätzliches gemäß § 66 Abs. 5 Satz 1, 2 StaRUG

In Anbetracht der dargestellten Auswirkungen stellt die – zumindest zwischenzeitliche – Rückabwicklung des Restrukturierungsplans die größte Kalamität der sofortigen Beschwerde dar.[816] Aus diesem Grunde sieht das StaRUG die Möglichkeit der unverzüglichen Zurückweisung der sofortigen Beschwerde vor. Für den Fall, dass ein Planbetroffener in zulässiger Weise die sofortige Beschwerde eingelegt hat, ist der Schuldner gemäß § 66 Abs. 5 Satz 1 Hs. 1 StaRUG befugt, zu beantragen, dass die sofortige Beschwerde unverzüglich durch das Beschwerdegericht zurückgewiesen wird. Die unverzügliche Zurückweisung geschieht unabhängig davon, ob die sofortige Beschwerde Aussicht auf Erfolg gehabt hätte.[817] Vielmehr wird die sofortige Beschwerde dann zurückgewiesen, wenn nach freier Überzeugung des Beschwerdegerichts – ohne Berücksichtigung der Erfolgsaussichten des Rechtsmittels – die Nachteile einer Verzögerung die Nachteile des Planvollzugs überwiegen.[818] Dadurch kann vor allem missbräuchlichen oder aussichtslosen Einwänden entgegengetreten werden.[819] Dies ist gemäß § 66 Abs. 5 Satz 2 StaRUG nicht möglich, wenn ein besonders schwerer Rechtsverstoß vorliegt.

(2) Wandlung des Rechtsschutzes nach unverzüglicher Zurückweisung der sofortigen Beschwerde gemäß § 66 Abs. 5 Satz 3 Hs. 1 StaRUG

Sobald die sofortige Beschwerde gemäß § 66 Abs. 5 Satz 1 StaRUG unverzüglich zurückgewiesen wird, vollzieht das Rechtsschutzsystem des StaRUG eine Metamorphose, nach der ein Rechtsschutz in Gestalt eines lediglich monetären Ausgleichs besteht. Gemäß § 66 Abs. 5 Satz 3 Hs. 1 StaRUG folgt der unverzüglichen Zurückweisung der sofortigen Beschwerde ein Ersatzanspruch monetärer Natur zugunsten des Beschwerdeführers für seine erlittene Schlechterstellung. Ein solcher Ersatzanspruch besteht nur, wenn die sofortige Beschwerde zulässig und begründet war.[820] Die Kassation des Restrukturierungsplans durch einen Schadensersatz in dem Wege der Naturalrestitution

816 Ähnlich *Jungmann*, NZI 2022, 353 (355), »Damoklesschwert der erfolgreichen sofortigen Beschwerde«.

817 Siehe für das Insolvenzplanrecht *Sinz* in MüKoInsO, § 253 Rn. 58.

818 Siehe dazu *Blankenburg* in Morgen, StaRUG, § 66 Rn. 43 ff.; *Fendel* in Braun, StaRUG, § 66 Rn. 13; *Jungmann* in MüKoStaRUG, § 66 Rn. 170 ff; ausführlich *Knof* in Uhlenbruck, InsO, § 66 StaRUG Rn. 70 ff.; mit Beispielen *Leichtle* in HK-RestrR, § 66 Rn. 18; *Sattler* in Seibt/Westpfahl, StaRUG, § 66 Rn. 40 ff.; *Skauradszun* in BeckOK StaRUG, § 66 Rn. 68; *Smid* in PRS, StaRUG, § 67 Rn. 18; *Spliedt* in Jacoby/Thole, StaRUG, § 66 Rn. 27 ff.

819 *Heidrich* in Wolgast/Grauer, StaRUG, § 66 Rn. 16; *Jungmann* in MüKoStaRUG, § 66 Rn. 147.

820 Statt vieler und ausführlich *Jungmann* in MüKoStaRUG, § 66 Rn. 226 ff. Siehe zu dem Insolvenzplan Beschlussempfehlung und Bericht des Rechtsausschusses zum ESUG, BT-Drs. 17/7511, S. 36, »[...] Aussicht auf Erfolg gehabt hätte, [...]«; BGH, NZI 2014, 904 Rn. 20.

ist hingegen gemäß § 66 Abs. 5 Satz 3 Hs. 2 StaRUG ausgeschlossen. Ein solch konzipierter Rechtsschutz stellt den Goldstandard für die Restrukturierung dar. Insbesondere bei der Restrukturierung von Anleihen ist es zweckmäßig, von der Möglichkeit der unverzüglichen Zurückweisung Gebrauch zu machen. Die neuen Anleihebedingungen können dann schnell vollzogen, sodass der Handel der Teilschuldverschreibungen nicht, wie im Fall *Adler Group S. A.*,[821] mit Rechtsunsicherheiten betreffend die Wirksamkeit des Restrukturierungsplans belastet ist.

(3) Keine Kollektivierung des Ersatzanspruchs

Die Projektion des Ersatzanspruchs gemäß § 66 Abs. 5 Satz 3 Hs. 2 StaRUG auf die Anleiherestrukturierung führt zu der Frage nach den gemäß § 66 Abs. 5 Satz 3 Hs. 2 StaRUG ersatzberechtigten Gläubigern. Konkret ist unklar, ob nach der unverzüglichen Zurückweisung einer begründeten sofortigen Beschwerde eines einzelnen Teilschuldverschreibungsgläubigers nur diesem ein Ersatzanspruch zugebilligt wird. In dem Lichte der kollektiven Bindung der Teilschuldverschreibungsgläubiger gemäß § 4 Satz 1 SchVG sowie der Fungibilität der Anleihe ist jedoch auch denkbar, dass allen Teilschuldverschreibungsgläubigern der betroffenen Anleihe, obschon diese keine sofortige Beschwerde eingelegt haben, ein Ersatzanspruch gemäß § 66 Abs 5 Satz 3 Hs. 1 StaRUG zusteht. Die besseren Gründe sprechen indes gegen eine solche Kollektivierung des Ersatzanspruchs.

(a) Anspruch aus § 66 Abs. 5 Satz 3 Hs. 1 StaRUG

Gemäß § 66 Abs. 5 Satz 3 Hs. 1 StaRUG ist der Schuldner dem Beschwerdeführer zu dem Ersatz des Schadens verpflichtet. Anhaltspunkte für eine Erstreckung der Anspruchsberechtigten – z. B. auf die weiteren Mitglieder der Abstimmungsgruppe des Beschwerdeführers – sind nicht ersichtlich.[822] Auch die für § 66 Abs. 5 Satz 3 Hs. 1 StaRUG modellstehende Norm des § 253 Abs. 4 Satz 3 Hs. 1 InsO beinhaltet keine Anzeichen für ein solches Vorgehen. Die Materialien zu § 66 Abs. 5 Satz 3 Hs. 1 StaRUG deuten auch darauf hin, dass – abgesehen von der Frage, woraus der Schadensersatz zu leisten ist – keine Abweichung von dem insolvenzrechtlichen Pendant sich ergeben soll.[823] In Anbetracht dessen würde die Annahme einer solchen Erstreckung der Rechtswirkung auch zu dogmatischen Friktionen führen, da dem Plan zustimmende Gruppenmitglieder überhaupt nicht beschwerdebefugt wären und darüber hinaus gegen den ihnen abverlangten Sanierungsbeitrag augenscheinlich keine

821 Zu Einzelheiten vorstehend unter Kap. I § 2 V. Dazu auch *Sax/Berkner/Saed*, NZI 2024, 357.

822 Jeweils ausschließlich den Beschwerdeführer als Anspruchsinhaber erwähnend *Blankenburg* in Morgen, StaRUG, § 66 Rn. 58; *Fendel* in Braun, StaRUG, § 66 Rn 13; *Harig* in KHHK, RestrR, § 10 Rn. 46; *Heidrich* in Wolgast/Grauer, StaRUG, § 66 Rn. 18; *Jungmann* in MüKoStaRUG, § 66 Rn. 224; *Knof* in Uhlenbruck, InsO, § 66 StaRUG Rn. 83; *Laroche* in Flöther, StaRUG, § 66 Rn. 13; *Leichtle* in HK-RestrR, § 66 Rn. 19; *Sattler* in Seibt/Westpfahl, StaRUG, § 66 Rn. 46; *Skauradszun* in BeckOK StaRUG, § 66 Rn. 76; *Smid* in PRS, StaRUG, § 66 Rn. 20; *Spliedt* in Jacoby/Thole, StaRUG, § 66 Rn. 38.

823 Begr. RegE SanInsFoG, BT-Drs. 19/24181, S. 164 f.

Einwände hatten. Vor diesem Hintergrund ergibt ein Schadensersatzanspruch zugunsten aller Teilschuldverschreibungsgläubiger weder Sinn noch fußt ein solcher auf einer restrukturierungsrechtlichen Grundlage.

(b) Anspruch aus § 66 Abs. 5 Satz 3 Hs. 1 StaRUG i. V. m. § 4 SchVG

Möglicherweise ist indes unter Berücksichtigung schuldverschreibungsrechtlicher Besonderheiten ein anderes Ergebnis geboten, soweit Teilschuldverschreibungsgläubiger in einen Restrukturierungsplan einbezogen worden sind und ein Teilschuldverschreibungsgläubiger in dem Wege der sofortigen Beschwerde gemäß § 66 StaRUG gegen den Restrukturierungsplan vorgeht. Betreffend die Änderung von Anleihebedingungen hat der Emittent die Teilschuldverschreibungsgläubiger gemäß § 4 Satz 1 SchVG gleich zu behandeln. Ein individueller Schadensersatzanspruch könnte mit diesem schuldverschreibungsrechtlichen Gleichbehandlungsgebot im Widerspruch stehen. Anders als es der Wortlaut des § 4 Satz 1 SchVG voraussetzt, verkörpert der Schadensersatzanspruch gemäß § 66 Abs. 5 Satz 3 Hs. 1 StaRUG jedoch keine Änderung der Anleihebedingungen. Diese werden vielmehr gegenüber allen Teilschuldverschreibungsgläubigern – insbesondere auch gegenüber den nach § 66 Abs. 5 Satz 3 Hs. 1 StaRUG Schadensersatzberechtigten – durch den Planvollzug geändert. In Anbetracht dessen wird der Schutzzweck des § 4 Satz 2 SchVG – die Fungibilität der Teilschuldverschreibungen der jeweiligen Anleihe zu erhalten[824] – durch den Schadensersatzanspruch überhaupt nicht tangiert. Der besagte Schadensersatzanspruch betrifft nicht die Änderung der Anleihebedingungen, sodass der Schadensersatzanspruch eines einzelnen Teilschuldverschreibungsgläubigers gemäß § 66 Abs. 5 Satz 3 Hs. 1 StaRUG nicht »kollektiviert«[825] werden kann.[826]

(c) Vergleich zu § 20 Abs. 3 Satz 3 Hs. 2 SchVG i. V. m. § 246a Abs. 4 Satz 1 AktG

Die gleiche Problematik existiert auch in dem SchVG.[827] Dieses sieht einen vergleichbaren Schadensersatzanspruch der Teilschuldverschreibungsgläubiger bei einer im Ergebnis begründeten Anfechtungsklage nach erfolgreichem Freigabeverfahren aus § 20 Abs. 3 Satz 3 Hs. 2 SchVG i. V. m. § 246a Abs. 4 Satz 1 AktG vor. Zwar verweist das StaRUG nicht auf das SchVG oder AktG, für die Beantwortung der aufgeworfenen Frage kann aber auf die dort bestehenden Wertungen zurückgegriffen werden.

Zunächst spricht der Wortlaut des § 20 Abs. 3 Satz 3 Hs. 2 SchVG i. V. m. § 246a Abs. 4 Satz 1 AktG dafür, dass auch in dem Rahmen der Anleiherestrukturierung nach dem SchVG in dem Falle einer Schadensersatzpflicht des Emittenten nach einer stattgegebenen Anfechtungsklage in dem Freigabeverfahren nur gegenüber dem Anfech-

824 *Oulds* in Veranneman, SchVG, § 4 Rn. 11; *Thole* in Hopt/Seibt, SchvR, § 4 Rn. 34.

825 Diese Begrifflichkeit für Leistungsklagen eines Teilschuldverschreibungsgläubigers gegen den Emittenten im Allgemeinen verwendend *Thole* in Hopt/Seibt, SchvR, § 4 Rn. 31.

826 Anders, wenn das gerichtliche Urteil eine Änderung der Anleihebedingungen zur Folge hätte. Dazu ausführlich *Thole* in Hopt/Seibt, SchvR, § 4 Rn. 29 ff.

827 *Kiem* in Hopt/Seibt, SchvR, § 20 Rn. 200.

tungskläger zu leisten ist.[828] Der Emittent ist nämlich gemäß § 246a Abs. 4 Satz 1 AktG gegenüber dem Antragsgegner zu der Leistung eines Schadensersatzes verpflichtet. Eine Erstreckung auf die übrigen Teilschuldverschreibungsgläubiger lässt sich daraus nicht herleiten. Das SchVG, welches speziell für das Anleiheschuldverhältnis geschaffen worden ist und somit die dortige Gemengelage entsprechend berücksichtigt, beinhaltet keinen Schadensersatzanspruch zugunsten sämtlicher Teilschuldverschreibungsgläubiger. Vor diesem Hintergrund kann ein solcher sich erst recht nicht gegen den Wortlaut eines nicht speziell für Teilschuldverschreibungsgläubiger konzipierten – und deshalb deren Belange grundsätzlich weniger berücksichtigenden – Gesetzes ergeben.

G. Implementierung der Restrukturierungsmaßnahmen durch Änderung der Anleihebedingungen

Damit die Restrukturierung der Anleihe abgeschlossen werden kann, stellt die Frage des Vollzugs der Änderung der Anleihebedingungen sich. Gemäß § 67 Abs. 1 Satz 1 StaRUG wird die Umgestaltung der materiellen Rechtslage durch die getroffenen Regelungen des gestaltenden Teils mit der Bestätigung des Restrukturierungsplans wirksam. Nach überwiegender Ansicht treten die in dem Plan vorgesehenen Wirkungen dabei ohne weiteren Umsetzungs- oder Vollzugsakt ein.[829] Für eine emittierte Anleihe kann dies jedoch nicht gelten. Aus dem Schuldverschreibungsrecht und dem in § 2 Abs. 1 SchVG normierten Skripturprinzip folgt, dass die Rechte der Teilschuldverschreibungsgläubiger sich aus der (Sammel-)Urkunde ergeben müssen.[830] Für Änderungen der Anleihebedingungen gemäß dem SchVG schreibt jenes daher in § 2 Abs. 1 Satz 3 SchVG vor, dass es des Vollzugs der Änderungen in den Anleihebedingungen bedarf, damit diese wirksam werden. Ohne diese Maßgabe wäre die Funktionsfähigkeit des gesamten Kapitalmarktes erheblich beeinträchtigt,[831] weil die preisbildenden Faktoren der Teilschuldverschreibung mangels individueller Prüfungsmöglichkeit im Massengeschäft mit Wertpapieren für den Erwerber ansonsten nicht bestimmbar wären.[832] In Anbetracht dieser Tatsache ist es notwendig, dass die Regelungen des gestaltenden Teils Einzug in die Anleihebedingungen erfahren. Insoweit ist es anerkannt, dass Maßnahmen des gestaltenden Teils nicht durch die Bestätigung eintreten, wenn es

828 Wohl auch *Arbeitskreis Reform des Schuldverschreibungsrechts*, ZIP 2014, 845 (856); *Birke* in Reinhard/Schall, SchVG, § 20 Rn. 58; wohl auch *Bliesener/Schneider* in LBS, BankR-Komm., § 20 Rn. 91; siehe dazu auch *Vogel* in Baums, 2013, 39 (43 f.); *Wasman/Steber/Hofmeister* in Veranneman, SchVG, § 20 Rn. 34; so auch – wenn auch diesen Umstand kritisierend – *Liebenow*, Anleiheorganisationsrecht, S. 226; a. A. wohl *Baums*, ZHR 177 (2013), 807 (816), der eine solche Ausgestaltung erst *de lege ferenda* fordert; *Kiem* in Hopt/Seibt, SchvR, § 20 Rn. 202 m. w. N.

829 *Bauch* in Braun, StaRUG, § 67 Rn. 3

830 Begr. RegE SchVG, BT-Drs. 16/12814, S. 17.

831 *Artzinger-Bolten/Wöckener* in Hopt/Seibt, SchvR, § 2 Rn. 16.

832 *Kusserow*, RdF 2012, 4 (8).

weiterer konstitutiver Vollzugsakte bedarf.[833] Vor diesem Hintergrund hat der Schuldner entsprechend § 21 Abs. 1 Satz 2, 3 SchVG den Restrukturierungsplan einschließlich Bestätigungsbeschluss bei der Wertpapiersammelbank einzureichen, sodass die Anleihebedingungen gemäß dem gestaltenden Teil geändert oder ergänzt werden.[834] Unter Berücksichtigung des § 21 Abs. 1 Satz 3 SchVG und der grundsätzlich bestehenden Kassationswirkung der sofortigen Beschwerde sollte der Schuldner die Erlaubnis des Vollzugs des Restrukturierungsplans nur versichern,[835] wenn entweder die Frist für die sofortige Beschwerde abgelaufen ist und keine sofortige Beschwerde eingelegt worden ist oder wenn das Gericht die sofortige Beschwerde in dem Wege des verkürzten Beschwerdeverfahrens gemäß § 66 Abs. 5 StaRUG zurückgewiesen hat, sodass eine Kassation dann nicht mehr zu befürchten ist. Dann können die Teilschuldverschreibungen mit den geänderten Anleihebedingungen gehandelt werden. Ein ähnliches Vorgehen ist auch in den Fällen geboten, in denen Anteils- und Mitgliedschaftsrechte in einen Insolvenzplan einbezogen werden. Für die erforderlichen Anmeldungen bei dem Registergericht ist der Insolvenzverwalter gemäß § 254a Abs. 2 Satz 3 InsO ebenfalls zuständig.

H. Mehrfache Inanspruchnahme

Denkbar ist, dass die erste Restrukturierung einer Anleihe sich als nicht ausreichend entpuppt und in absehbarer Zeit weitergehende Änderungen der Anleihebedingungen notwendig werden. Ferner kann auch nicht ausgeschlossen werden, dass eine Änderung der Anleihebedingungen gemäß dem SchVG fruchtlos verbleibt, weil entweder die notwendigen Quoren oder das Mehrheitserfordernis des SchVG nicht erreicht worden ist, weshalb der Emittent nunmehr eine Abstimmung gemäß dem StaRUG anstrebt. Deshalb ergibt die nicht unbedeutende Frage sich, wie das weitere Vorgehen sich in den Fällen einer wie auch immer gescheiterten Restrukturierung darstellt.[836]

1. Zugangsbeschränkung gemäß § 33 Abs. 2 Satz 1 Nr. 4 lit. a StaRUG

Auf die aufgeworfene Frage blickend beinhaltet das StaRUG eine Zugangssperre hinsichtlich des gerichtlichen Stabilisierungs- und Restrukturierungsrahmens.[837] Gemäß

833 *Backes/Arends* in Morgen, StaRUG, § 67 Rn. 38; so für Gesellschaftsvertrag und Handelsregister *Hoffmann/Braun* in Flöther, StaRUG, § 67 Rn. 11; siehe für das Insolvenzrecht statt vieler *Madaus* in MüKoInsO, § 254a Rn. 1; *Sattler* in Seibt/Westpfahl, StaRUG, § 67 Rn. 26.

834 So auch *Knof* in HK-InsR, Anh. III Rn. 132; *Lürken*, ZIP 2021, 1305 (1312).

835 Zwar gilt § 21 Abs. 1 Satz 3 SchVG nur für Änderungen der Anleihebedingungen gemäß dem SchVG, dennoch würde durch einen Vollzug der Änderungen der Anleihebedingungen sowie eine zeitlich nachfolgende Kassation der in der Zwischenzeit stattgefundene Handel mit den Teilschuldverschreibungen *ad absurdum* geführt. Dies sollte der Schuldner nicht sehenden Auges riskieren.

836 Hingegen den präventiven Restrukturierungsrahmen als letzte Chance bezeichnend *Krystek/Evertz*, DB 2020, 2361 (2362); zust. *Kramer* in BeckOK StaRUG, § 33 Rn. 41.1.

837 So auch *Kramer* in BeckOK StaRUG, § 33 Rn. 41.

§ 33 Abs. 2 Satz 1 Nr. 4 lit. a StaRUG hebt das Restrukturierungsgericht die Restrukturierungssache dann auf, wenn der Schuldner in einer früheren Sache bereits eine Stabilisierungsanordnung oder Planbestätigung erwirkt hat. Diese Regelung soll verhindern, dass die Instrumente des präventiven Restrukturierungsrahmens beliebig, ohne Zielorientierung und unter Umgehung der Höchstdauer für Stabilisierungsanordnungen zulasten der davon betroffenen Gläubiger genutzt werden.[838] Aus dieser Zielsetzung folgt, dass eine Aufhebung der Restrukturierungssache aus diesem Grunde nur dann dem Willen des Gesetzgebers entspricht, wenn es sich bei den Gründen, welche die Notwendigkeit der zeitlich nachfolgenden Restrukturierungssache begründen, um die identischen der ersten Restrukturierungssache handelt.[839] Deshalb ist gemäß § 33 Abs. 2 Satz 2 StaRUG entscheidend, ob der Anlass einer vorherigen Restrukturierungssache infolge einer nachhaltigen Sanierung bewältigt wurde, wofür regelmäßig auf die dem Restrukturierungsplan beizufügenden Erklärungen gemäß § 31 Abs. 2 Nr. 1 StaRUG zurückgegriffen werden kann.[840] Da die Beantwortung der Frage nach der Identität der Krisenursachen und einer nachhaltigen Sanierung sich als äußerst schwierig herausstellt, erleichtert § 33 Abs. 2 Satz 3 StaRUG dies,[841] indem er eine widerlegliche Vermutung der Identität der Krisenursachen statuiert, wenn seit dem Ende des Anordnungszeitraums oder der gerichtlichen Planbestätigung weniger als drei Jahre vergangen sind.[842] Daraus folgt eine Sperrfrist für eine weitere Restrukturierung mittels präventiven Restrukturierungsrahmens, solange es sich um die in dem Wesentlichen gleiche Unternehmenskrise handelt.[843] Sollen die Werkzeuge des StaRUG innerhalb eines Zeitraums von drei Jahren *post* Ende des Anordnungszeitraums oder der Planbestätigung der vorherigen Restrukturierungssache erneut in Anspruch genommen werden, ist eine profunde Darlegung von Nöten, weshalb die aktuelle Unternehmenskrise eine andere Unternehmenskrise darstellt.[844]

2. Projektion auf die Anleiherestrukturierung

Soweit ein Restrukturierungsplan nicht gerichtlich bestätigt wird – § 33 Abs. 2 Satz 1 Nr. 4 lit. a Var. 2 StaRUG adressiert nur eine Planbestätigung und nicht die Versagung der Planbestätigung[845] –, kann erneut über einen modifizierten Restrukturierungsplan abgestimmt werden. Diesbezüglich sieht das StaRUG keine Einschränkungen vor. Fraglich bleibt insoweit jedoch, wie sinnvoll eine erneute Abstimmung wäre. Damit eine Zustimmung zu dem Restrukturierungsplan erzielt wird, muss eine Incentivierung stattfinden und weniger gravierende Restrukturierungsmaßnahmen in dem Restruktu-

838 Begr. RegE SanInsFoG, BT-Drs. 19/24181, S. 140.
839 Ähnlich *Kramer* in BeckOK StaRUG, § 33 Rn. 45.
840 Siehe statt vieler *Herding/Krafczyk* in Westpfahl/Seibt, StaRUG, § 33 Rn. 27 m. w. N.
841 *Blankenburg* in Morgen, StaRUG, § 33 Rn. 59.
842 *Blankenburg* in Morgen, StaRUG, § 33 Rn. 58; *Haffa/Schuster* in Braun, StaRUG, § 33 Rn. 23; *Kramer* in BeckOK StaRUG, § 33 Rn. 49.
843 Begr. RegE SanInsFoG, BT-Drs. 19/24181, S. 140.
844 Beispiele für sich unterscheidende Krisenursachen bei *Blankenburg* in Morgen, StaRUG, § 33 Rn. 59; mit einem Hinweis, wie der Nachweis geführt werden kann, dass andere Krisenursachen vorliegen, siehe *Hölzle* in BBF, Unternehmenssanierung, Teil 2, B., II., Rn. 93.
845 Ähnlich *Blankenburg* in Morgen, StaRUG, § 33 Rn. 56.

rierungsplan bestimmt werden. Eine Zustimmung zu einem im Wesentlichen unveränderten Restrukturierungsplan ist nur in Ausnahmesituationen zu erwarten. Soweit die Restrukturierung einer Anleihe durch die Bestätigung des Restrukturierungsplans – eine Änderung der Anleihebedingungen gemäß dem SchVG ist von dem Ausschlusstatbestand des § 33 Abs. 2 Satz 1 Nr. 4 lit. a StaRUG nicht umfasst – hingegen scheinbar erfolgreich abgeschlossen wird, griffe bei einer zeitlich nachfolgenden Anzeige eines Restrukturierungsvorhabens zunächst der Ausschlusstatbestand des § 33 Abs. 2 Satz 1 Nr. 4 lit. a Var. 2 StaRUG und die Restrukturierungssache wäre demnach von Amts wegen aufzuheben. Sodann obliegt es dem Schuldner gemäß § 33 Abs. 2 Satz 2 StaRUG, nachzuweisen,[846] dass eine nachhaltige Sanierung eingetreten ist. Sollte dieser Nachweis sich als schwer zu führen erweisen, sollte vor dem Hintergrund der Gefahr einer Aufhebung der Restrukturierungssache schon zu diesem Zeitpunkt eine Änderung der Anleihebedingungen gemäß dem SchVG in dem Wege eines »*dual track*«[847] geplant werden. Stellt sich nach der Änderung der Anleihebedingungen heraus, dass die auf dem Restrukturierungsplan basierenden und umgesetzten Maßnahmen nicht ausreichen und die ursprüngliche Krise noch nicht beseitigt wurde, ist eine weitere Gestaltung der Anleihebedingungen durch einen Restrukturierungsplan nicht möglich.

846 Siehe zu der Darlegungslast des Schuldners statt vieler *Fritz* in Uhlenbruck, InsO, § 33 StaRUG Rn. 27.

847 Diese Begrifflichkeit in einem anderen Zusammenhang benutzend *Kowalewski/Praß* in Morgen, StaRUG, § 26 Rn. 47.

§ 6 Ergebnisse

1. Das StaRUG ermöglicht gemäß § 2 Abs. 1, 2 Satz 2 StaRUG eine vollumfängliche Einbeziehung von emittieren Anleihen, ungeachtet deren Jurisdiktion.

2. Für die Anzeige eines Restrukturierungsvorhabens gemäß § 31 Abs. 1 StaRUG bedarf es ungeachtet der Rechtsform keiner Zustimmung der Anteilsinhaber im Innenverhältnis. Der Geschäftsleiter kann dieses eigenmächtig anzeigen. Gegenteilige Weisungen gegenüber dem Geschäftsführer oder Klauseln des Gesellschaftsvertrags innerhalb der GmbH binden den Geschäftsführer nicht. Selbst wenn eine Zustimmung notwendig wäre, würde das Fehlen keine Auswirkung im Außenverhältnis aufweisen.

3. Die Inanspruchnahme der Instrumente des StaRUG gemäß § 29 Abs. 2 StaRUG ab der drohenden Zahlungsunfähigkeit bietet genügend Zeit, um eine Anleihe effektiv zu restrukturieren.

4. Vor dem Hintergrund des hohen Volumens einer Anleihe ist das unterlassene Einbeziehen der Forderungen aus den Anleiheschuldverhältnis in einen Restrukturierungsplan regelmäßig nur dann sachgerecht i. S. d. § 8 StaRUG, wenn parallel eine Restrukturierung nach dem SchVG durchgeführt wird.

5. Für die Teilschuldverschreibungsgläubiger einer emittierten Anleihe ist eine gemeinsame Gruppe i. S. d. § 9 StaRUG zu bilden. Soweit die Anleihe (dritt-)besichert ist, sind entsprechend der Werthaltigkeit der Sicherheit(en) weitere Pflichtgruppen gemäß § 9 Abs. 1 Satz 2 StaRUG für die Teilschuldverschreibungsgläubiger zu bilden. Eine weitere Fraktionierung der Schuldverschreibungsgläubiger ist nicht sachgerecht i. S. d. § 9 Abs. 2 Satz 2 StaRUG. Für etwaige *retail investors* unter den Teilschuldverschreibungsgläubigern ist keine Gruppe für Kleingläubiger gemäß § 9 Abs. 2 Satz 4 StaRUG zu bilden.

6. Dem Schuldner kommt bei der Gruppeneinteilung gemäß § 9 StaRUG ein weites Ermessen zu. Die Bildung einer Abstimmungsgruppe nur zu dem Zwecke der Erreichung der Voraussetzung des gemäß § 26 Abs. 1 Nr. 3 StaRUG ist indes nicht sachgerecht i. S. d. § 9 Abs. 2 Satz 2 StaRUG und somit unzulässig.

7. In materieller Hinsicht ermöglicht das StaRUG gemäß §§ 2, 7 StaRUG eine Vielzahl an Restrukturierungsmöglichkeiten, die eine vollumfängliche Gestaltung der Anleihebedingungen einschließlich Nebenbestimmungen ermöglichen. Versäumnisse des Gesetzgebers sind dabei nicht zu erkennen. Das dem StaRUG immanente Schlechterstellungsverbot resultiert darin, dass den Planbetroffenen stets der Wert allokiert werden muss, den diese in dem nächstbesten Alternativszenario, regelmäßig das Insolvenzverfahren, erhielten.

8. Werden die Forderungen der Teilschuldverschreibungsgläubiger in einem Restrukturierungsplan gestaltet, findet keine Prüfung der Erforderlichkeit der allokierten Restrukturierungsbeiträge statt.

9. Ein in einem Restrukturierungsplan betreffend die Forderungen aus den Schuldverschreibungen durchgeführter *debt-equity-swap* weist gemäß § 7 Abs. 4 Satz 2 StaRUG keine Zwangswirkung zulasten dissentierender Teilschuldverschreibungsgläubiger auf. Die gemäß § 7 Abs. 4 Satz 2 StaRUG erforderliche Zustimmung aller Teilschuldverschreibungsgläubiger kann indes über eine Beschlussfassung gemäß § 5 Abs. 3 Satz 1 Nr. 5 Var. 1 SchVG erreicht werden.

10. Sieht der Restrukturierungsplan betreffend die Forderungen aus den Schuldverschreibungen einen *debt-equity-swap* gemäß § 7 Abs. 4 Satz 1 StaRUG vor und stimmen die Teilschuldverschreibungsgläubiger individuell über den Restrukturierungsplan ab, müssen wandlungsunwillige Teilschuldverschreibungsgläubiger in dem Rahmen eines Erwerbsrechtemodells mit einer eine Schlechterstellung vermeidenden Barzahlung abgefunden werden. Stimmt hingegen ein gemeinsamer Vertreter für die Teilschuldverschreibungsgläubiger dem Restrukturierungsplan zu, wird gegenüber wandlungsunwilligen Teilschuldverschreibungsgläubigern mangels Rechtsschutzbedürfnisses keine Schlechterstellung geprüft, sodass eine Barabfindung aus den Veräußerungserlösen der Erwerbsrechte bewerkstelligt werden kann.

11. Das StaRUG sieht für die Einberufung zu einer Abstimmung über einen Restrukturierungsplan ausweislich §§ 17 Abs. 4 Satz 1, 20 Abs. 1 Satz 2 StaRUG und § 45 Abs. 3 Satz 1 StaRUG eine individuelle und grundsätzlich schriftliche Ansprache der Planbetroffenen vor. Mit der Gläubigerstruktur einer publikumsplatzierten Anleihe ist dies nicht zu vereinbaren. Diesem Umstand kann gemäß §§ 17 Abs. 4 Satz 1, 20 Abs. 1 Satz 2 StaRUG durch eine in den Anleihebedingungen vereinbarte Formerleichterung, insbesondere eine öffentliche Bekanntmachung, begegnet werden. Betreffend einen gerichtlichen Erörterungs- und Abstimmungstermin ist eine öffentliche Bekanntmachung nach der Beantragung einer öffentlichen Restrukturierungssache gemäß §§ 84 Abs. 1, 85 Abs. 4 Satz 1 StaRUG möglich.

12. Das StaRUG sieht für die Abstimmung über den Restrukturierungsplan zwar kein Quorum vor. Ohne die Bestellung eines gemeinsamen Vertreters der Teilschuldverschreibungsgläubiger ist die Erreichung der gemäß § 25 Abs. 1 StaRUG notwendigen Mehrheit in der Gruppe der Teilschuldverschreibungsgläubiger von mindestens drei Viertel der Stimmrechte der Mitglieder der Gruppe aber regelmäßig nicht zu erwarten. Insofern bedarf es für die Zustimmung der Gruppe der Schuldverschreibungsgläubiger der Einbeziehung eines gemeinsamen Vertreters oder eines *cross-class cram-down* gemäß den §§ 26 ff. StaRUG.

13. Das StaRUG sieht kein Ruhen von Stimmrechten bei der Abstimmung über den Restrukturierungsplan vor. Dies ermöglicht die Einflussnahme auf das Stimmergebnis durch dem Schuldner nahestehende Planbetroffene.

14. Durch einen *cross-class cram-down* gemäß den §§ 26 ff. StaRUG kann den Teilschuldverschreibungsgläubigern ein Restrukturierungsbeitrag oktroyiert werden. Dadurch wird eine Aggregation von Anleihen möglich.

15. Ist die Gruppe der Teilschuldverschreibungsgläubiger mittels *cross-class cram-down* gemäß den §§ 26 ff. StaRUG zu majorisieren, kann ein Anteilsinhaber vor dem Hintergrund der *absolute priority rule* die von ihm gehaltenen Anteile nur unter besonderen Umständen behalten.

16. Die Rechtsbehelfe des StaRUG weisen keinen angeordneten Suspensiveffekt auf. Dennoch kommt dem Minderheitenschutzantrag gemäß § 64 Abs. 1 Satz 1 StaRUG mitunter ein Verzögerungspotential durch die notwendige Prüfung einer Schlechterstellung zu.

17. Eine eingelegte sofortige Beschwerde gemäß § 66 Abs. 1 Satz 1 StaRUG hemmt den Eintritt der Wirkungen des Restrukturierungplans nicht. Allerdings weist die Abhilfe einer sofortigen Beschwerde eine Kassationswirkung auf, die zu komplizierten Restitutionen führen kann. Der Schuldner sollte daher regelmäßig die Beantragung der unverzüglichen Zurückweisung der sofortigen Beschwerde gemäß § 66 Abs. 5 Satz 1 StaRUG erwägen.

18. Für die Vollziehung der Änderung der Anleihebedingungen hat der Schuldner entsprechend § 21 Abs. 1 Satz 2, 3 SchVG den Restrukturierungsplan einschließlich Bestätigungsbeschluss bei der Wertpapiersammelbank einzureichen, sodass die Anleihebedingungen gemäß dem gestaltenden Teil geändert oder ergänzt werden. Unter Berücksichtigung des § 21 Abs. 1 Satz 3 SchVG und der grundsätzlich bestehenden Kassationswirkung der sofortigen Beschwerde sollte der Schuldner die Vollziehung der Änderung der Anleihebedingungen durch den Restrukturierungsplan nur anstoßen, wenn entweder die Frist für die sofortige Beschwerde gemäß § 38 Satz 1 StaRUG i. V. m. § 569 Abs. 1 Satz 1 ZPO abgelaufen ist und keine sofortige Beschwerde eingelegt worden ist oder wenn das Gericht eine sofortige Beschwerde gemäß § 66 Abs. 5 StaRUG unverzüglich zurückgewiesen hat.

19. Das StaRUG verhindert eine Kettenrestrukturierung. Wenn innerhalb von drei Jahren nach einer Planbestätigung erneut ein Restrukturierungsvorhaben angezeigt wird, ist diese regelmäßig gemäß § 33 Abs. 2 Satz 1 Nr. 4 StaRUG aufzuheben.

Kapitel III Vergleich der Restrukturierungsregime und Ausblick *de lege ferenda*

Vor dem Hintergrund der neben das SchVG tretenden Möglichkeit,[848] die Anleihebedingungen auch durch die Anwendung des StaRUG einer Änderung zu unterziehen, wird unter Zugrundelegung des Erarbeiteten die Restrukturierung einer emittierten Anleihe *via* StaRUG mit einer solchen unter Anwendung des SchVG verglichen. Dabei wird auf einzelne Vor- und Nachteile der jeweiligen Restrukturierungsregime eingegangen. Die bestehenden Unterschiede dürften regelmäßig determinieren, ob für die Restrukturierung der Anleihe das StaRUG oder SchVG genutzt wird.[849] Darauf fußend wird eine Bewertung der Regime aus Sicht eines restrukturierungsbedürftigen Emittenten vollzogen, die dazu dienen soll, für die jeweils bestehende Gemengelage die richtige Verfahrensart zu empfehlen.

Da das StaRUG an den Vorgaben und Grenzen der Restrukturierungs-RL zu messen ist, wird sodann beantwortet, ob entsprechende Schwächen des StaRUG *de lege lata* einer richtlinienkonformen Sublimation zugänglich sind und ob *de lege ferenda* eine noch restrukturierungsfreundlichere Ausgestaltung ebenjenes möglich ist. Schließlich wird unter Berücksichtigung des aus der Restrukturierungs-RL folgenden Umsetzungsspielraums für die nationalen Gesetzgeber eine Prognose gewagt, ob eine Verdrängung des SchVG durch das StaRUG unter der Restrukturierungs-RL *in praxi* zu erwarten ist.[850]

§ 7 Vorteile des SchVG gegenüber dem StaRUG

A. Einleitung der Restrukturierung

Bei erkannter Restrukturierungsbedürftigkeit einer emittierten Anleihe sind für den Geschäftsleiter des Emittenten zwei Aspekte betreffend die Einleitung von Restrukturierungsmaßnahmen von Bedeutung. Relevant ist zunächst, ob der Geschäftsleiter überhaupt eigenmächtig handeln darf. Ferner ist bedeutsam, ab wann die angestrebten Werkzeuge – SchVG und StaRUG – verfügbar sind. Bezüglich beider Faktoren bereitet das SchVG risikoärmere Rahmenbedingungen.

848 Zu Einzelheiten des Konkurrenzverhältnisses von SchVG und StaRUG nachstehend Kap. IV § 10.
849 Siehe auch *Naujoks/Schönen*, ZRI 2021, 437 (440).
850 So prognostizierend *Doebert* in Wolgast/Grauer, StaRUG, § 2 Rn. 42; wohl *Esser* in Braun, StaRUG, § 2 Rn. 23; dies nicht erwartend *Lürken/Plank/Ruf* in Hopt/Seibt, SchvR, Kap. 12 Rn. 12.159, *Naujoks/Schönen*, ZRI 2021, 437 (442).

I. Gesellschaftsrechtliches Zustimmungserfordernis

Großer Streitpunkt in dem Rahmen der Einleitung einer Restrukturierung nach dem StaRUG ist, ob der Geschäftsleiter des Schuldners eine Restrukturierungssache ohne die vorherige Zustimmung der Gesellschafter anzeigen kann.[851] Dies ist im Ergebnis wegen der Einflüsse der Restrukturierungs-RL zu bejahen. Auch etwaige Weisungen der Gesellschafter oder sonstige Bestimmungen zwischen Gesellschafter und Geschäftsführer sind insoweit unbeachtlich. In Anbetracht der Tatsache, dass bei einer Restrukturierung nach dem SchVG mangels Gefahr eines oktroyierten Gesellschaftsausschlusses zulasten der Gesellschafter,[852] eine Geschäftsführungsmaßnahme vorliegt,[853] bestehen in diesem Punkte keine Unterschiede. Auch etwaige Weisungen oder Klauseln in dem Gesellschaftsvertrag, die eine Zustimmung der Gesellschafter für die Fälle einer Restrukturierung mittels SchVG vorsehen, dürften keine praktischen Auswirkungen haben, da die Restrukturierung in dem Sinne der Gesellschafter sein dürfte, diese somit zustimmen würden.[854]

II. Materielles Einstiegskriterium

1. Potentielles Hindernis *de lege lata*

Soll das StaRUG mit dem SchVG konkurrieren, muss auch das StaRUG mit seinen Instrumenten eine möglichst frühe Änderung der Anleihebedingungen ermöglichen. Eine Restrukturierung der Anleihe kann gemäß dem SchVG ohne ein zu erfüllendes materielles Einstiegskriterium genutzt werden. Entscheidend ist lediglich, dass eine ausreichende Mehrheit der Teilschuldverschreibungsgläubiger der Änderungsmaßnahme zustimmt. Daher entscheiden letztlich die Teilschuldverschreibungsgläubiger, ob die wirtschaftliche Lage des Emittenten es rechtfertigt, die Anleihebedingungen anzupassen. Insofern offenbart das SchVG eine zumindest weniger problematische Möglichkeit der Nutzung eines Restrukturierungsmaßnahmens. Zwar bedarf es für die Anzeige des Restrukturierungsvorhabens gemäß § 31 Abs. 1 StaRUG oder die Bean-

851 Zu Einzelheiten vorstehend Kap. II § 5 B.

852 Die gesellschaftsrechtlich notwendigen Maßnahmen werden in dem Rahmen der Restrukturierung mittels SchVG durch die Gesellschafterversammlung beschlossen. Exemplarisch für den *debt-equity-swap* siehe *Thole* in Hopt/Seibt, SchvR, § 5 Rn. 61; *Vogel* in BeckOGK SchVG, § 4 Rn. 48.

853 Hierbei handelt es sich um Vergleichsverhandlungen mit Finanzgläubigern, siehe dazu allgemein *Balthasar*, NZI-Beilage 2021, 18 (21). Insofern eine Zustimmung der Anteilsinhaber für bestimmte Maßnahmen für notwendig erachtend *Oulds* in Veranneman, SchVG, § 4 Rn. 6; in diese Richtung auch *Röh* in Preuße/Vogel, SchVG, § 4 Rn. 35; *Thole* in Hopt/Seibt, SchvR, § 4 Rn. 28; *Vogel* in BeckOGK SchVG, § 4 Rn. 48.

854 Ohne den Bezug zu der Anleiherestrukturierung, siehe *Hoffmann/Braun* in Flöther, StaRUG, § 29 Rn. 13; ähnlich *Thole*, BB 2021, 1347 (1350). Anders als in dem Rahmen der Anzeige des Restrukturierungsvorhabens gemäß § 31 Abs. 1 StaRUG greift dieses Argument an dieser Stelle, da die Gesellschafter durch die Aufnahme von Verhandlungen mit den Teilschuldverschreibungsgläubigern nicht Gefahr laufen, Eingriffe in ihre Anteile gegen ihren Willen zu erleiden. Ferner findet kein *shift of duties* statt.

tragung von Instrumenten des Stabilisierungs- und Restrukturierungsrahmens nicht des Nachweises der drohenden Zahlungsunfähigkeit. Ist der Schuldner nicht drohend zahlungsunfähig, ergeht aber keine Stabilisierungs- oder Restrukturierungsmaßnahme.[855] Insoweit stellt das StaRUG durchaus höhere Anforderungen an den Schuldner, verglichen mit der Änderung der Anleihebedingungen gemäß dem SchVG. Freilich ist zu konstatieren, dass mit der drohenden Zahlungsunfähigkeit als Eintrittsschwelle nahezu jedes für die Anleiherestrukturierung entscheidende Szenario abgedeckt sein dürfte,[856] weshalb eine Änderung der materiellen Einstiegsvoraussetzungen des StaRUG sich zunächst nicht aufdrängt. Ein wachsamer Geschäftsleiter ist für die erfolgreiche Restrukturierung relevanter als eine Extension des zeitlichen Anwendungsbereichs des StaRUG. Soweit der Geschäftsleiter die Notwendigkeit der Restrukturierung verkennt und die drohende Zahlungsunfähigkeit in eine eingetretene mutiert, würde auch die theoretisch frühere Möglichkeit der Inanspruchnahme eines präventiven Restrukturierungsrahmens nicht helfen. Dennoch könnte für die Schaffung einer vollständigen Liberalisierung und maximaler Flexibilität[857] erwogen werden, auf einen materiellen Einstiegstatbestand zu verzichten.[858] Zeitlich träte der präventive Restrukturierungsrahmen dann parallel neben das SchVG. Für die Restrukturierung einer Anleihe würden nach beiden Restrukturierungsregimen keine Einstiegsvoraussetzungen benötigt. Eine so geartete Konzeption des StaRUG würde sich an dem englischen *scheme of arrangement* orientieren,[859] welches ebenfalls als vorinsolvenzliches Sanierungsverfahren fungiert und auf ein Einstiegskriterium analog zu der drohenden Zahlungsunfähigkeit verzichtet.[860] Einem Missbrauch des Verfahrens würde durch das Zustimmungserfordernis sowohl in den Gruppen als auch über die Voraussetzungen für eine gerichtliche Planbestätigung vorgebeugt.[861] Das darüberstehende Credo ist, dass die betroffenen Gläubiger einem Sanierungsbeitrag jeglicher Art ohnehin nur zustimmen würden, wenn diese der Überzeugung wären, eine Sanierung des schuldnerischen Unternehmens würde ihnen mittel- und langfristig eine bessere Befriedigung gegenüber der Forderung zu dem ursprünglichen Nominalwert bescheren.[862] Für materielle Sanierungsmaßnahmen trifft diese Annahme zu. Allerdings wird übersehen, dass das StaRUG auch eine Vollstreckungs- und Verwertungssperre ermöglicht. Solche wären konsequenterweise ebenfalls ohne weitere Begründung verfügbar. Vor dem Hintergrund der Auswirkungen auf betroffene Gläubiger kann dies nicht gewollt sein, an-

855 Siehe exemplarisch § 51 Abs. 1 Satz 1 Nr. 3 StaRUG, § 63 Abs. 1 Nr. 1 StaRUG.

856 Siehe auch *Kayser*, ZIP 2016, Beilage, 40 (43).

857 So – wenn auch nicht auf die Restrukturierung von Anleihen beziehend – auch *Müller*, ZGR 2018, 56 (63); *Sax/Ponseck/Swierczok*, BB 2017, 323 (325); ähnlich auch *Schluck-Amend*, NZI-Beilage 2023, 7 (8).

858 Für eine solche nationale Umsetzung *Dammann* in FS Wimmer, 2017, 162 (169); eine solche Umsetzung *Eckelt*, Restrukturierungsrahmen, S. 384; *Eidenmüller*, KTS 2014, 401 (414); ohne Bezug zu der Restrukturierungs-RL eine solche Umsetzung für ein jedwedes präventive Restrukturierungsverfahren nicht empfehlend *Geldmacher*, ZInsO 2011, 353 (360); *Sax/Ponseck/Swierczok*, BB 2017, 323 (325).

859 *Müller*, ZGR 2018, 56 (63).

860 *Walker/Mielke/Bombe*, ZIP 2018, 815 (818); *Westpfahl/Knapp*, ZIP 2011, 2033 (2037) m. w. N.

861 *Sax/Ponseck/Swierczok*, BB 2017, 323 (325).

862 Dies andeutend *Jacobi*, ZInsO 2017, 1 (6); ähnlich *Müller*, ZGR 2018, 56 (63).

sonsten könnte es in dem Äußersten dazu kommen, dass durch diese Maßnahme gesunde Gläubiger in Liquiditätsschwierigkeiten geraten. Zumindest eine solche dürfte daher nicht konturenlos gewährt werden.

2. Freie Restrukturierung *de lege ferenda*

Vor dem Hintergrund des Ausgeführten stellt die Frage sich, ob eine Konzeption des StaRUG ohne ein materielles Einstiegskriterium vor dem Hintergrund der »Wahrscheinlichkeit der Insolvenz« i. S. d. Art. 4 Abs. 1 Restrukturierungs-RL überhaupt richtlinienkonform umsetzbar wäre. Realiter würde die Wahrscheinlichkeit der Insolvenz bei einer solchen Umsetzung nach subjektiven Kriterien – nämlich lediglich nach der Zustimmungsbereitschaft der betroffenen Gläubiger – bestimmt. Dieser Umstand harmoniert indes nicht mit ErwG 22 Restrukturierungs-RL, welcher vielmehr auf die Notwendigkeit der objektiven Bestimmbarkeit der Wahrscheinlichkeit der Insolvenz schließen lässt. So soll beispielsweise ein Frühwarnsystem den Schuldnern aufzeigen, dass finanzielle Schwierigkeiten bestehen und eine entsprechende Sanierung anregen, etwa bei Ausbleiben der Zahlung von Steuern oder Sozialversicherungsbeiträgen.[863] Der Begriff der »Wahrscheinlichkeit der Insolvenz« ist daher nach objektiven Kriterien zu bestimmen.[864] Vor dem Hintergrund, dass Art. 4 Abs. 1 Restrukturierungs-RL für den Zugang zu einem präventivem Restrukturierungsrahmen ausdrücklich das Vorliegen der Wahrscheinlichkeit der Insolvenz voraussetzt, muss diese Wahrscheinlichkeit sich auch entsprechend begründen und feststellen lassen. Ausweislich ErwG 22 Restrukturierungs-RL ist ein Ziel der Restrukturierungs-RL, die Insolvenz zu vermeiden, wenn Probleme – zumindest mittelbar – finanzieller Art bestehen.[865] Sowohl der Wortlaut als auch das Telos der Richtlinie streiten somit dafür, dass eine objektive Bestimmbarkeit der Wahrscheinlichkeit der Insolvenz erforderlich ist. Letztere kann nicht durch eine Quasi-Parteivereinbarung bestimmt werden. Es bedarf vielmehr einer objektiv nachvollziehbaren Minderwertigkeit der Forderung des Gläubigers, um einen Eingriff in diese zu rechtfertigen.[866] Dass das StaRUG mit seinen Instrumenten daher schon dann genutzt werden könne, wenn eine (wahrscheinliche) Insolvenz evident nicht bejaht werden kann, ist nicht möglich.[867]

863 ErwG 22 Restrukturierungs-RL.

864 Ähnlich *Goetker* in Flöther, SanR, Kap. E Rn. 62.

865 Siehe z. B. ErwG 4, 7, 70 Restrukturierungs-RL.

866 Ähnlich *Bork*, ZIP 2010, 397 (404); *Freitag*, ZIP 2019, 541 (546); *Madaus*, KSzW 2015, 183 (186 ff.); *Müller*, ZGR 2018, 56 (63).

867 Ähnlich *Dahl/Linnenbrink*, NZI-Beilage 2019, 45 (46); so auch *Freitag*, ZIP 2019, 541 (546); *Hölzle* ZIP 2020, 585 (592); *Hölzle*, ZIP 2017, 1307 (1310); wohl *Jacobi*, ZInsO 2017, 1 (6); im Ergebnis *Kern*, NZI-Beilage 2019, 18 (19 f.); vor dem Hintergrund von Art. 14 GG auch *Müller*, ZGR 2018, 56 (63); ähnlich auch *Philipp/Andersch/Henn*, INDat Report 2019, 30 f.; ebenfalls *Schluck-Amend*, NZI-Beilage 2023, 7 (8); im Ergebnis *Siepmann* in Morgen, Präventive Restrukturierung, Art. 4 Rn. 25. A. A. *Walker/Mielke/Bombe*, ZIP 2018, 815 (816).

B. Restrukturierungsmöglichkeiten

Die sich aus der Restrukturierungs-RL ergebenden Restrukturierungsmöglichkeiten wurden nahezu vollumfänglich in das StaRUG implementiert und umfassen alle für die Restrukturierung von Anleihen relevanten Sanierungswerkzeuge, insbesondere ermöglicht das StaRUG – anders als das Insolvenzplanrecht dies handhabt[868] –, die Gestaltung von Nebenbestimmungen der Anleihebedingungen in demselben Umfang, in dem § 5 Abs. 3 Satz 1 Nr. 10 SchVG eine solche erlaubt.[869] Zwar ist zu konstatieren, dass das StaRUG hinsichtlich der materiellen Restrukturierungsmöglichkeiten vordergründig eine kongeniale Alternative zu dem SchVG darstellt.[870] Dennoch unterscheiden die gemäß StaRUG und SchVG zulässigen Maßnahmen sich bei ihrer Umsetzung teilweise erheblich. Dies betrifft insbesondere die Gestaltung von Drittsicherheiten sowie den *debt-equity-swap*, weshalb darauf vertieft einzugehen ist. Der Umstand, dass entgegen der Möglichkeit der Restrukturierungs-RL[871] keine operativen Restrukturierungsmaßnahmen in der nationalen Umsetzung zulässig sind, tangiert die Restrukturierung von Anleihen hingegen nur sekundär.[872]

I. Restrukturierung von gruppeninternen Drittsicherheiten

1. Rechtslage bei einer Restrukturierung gemäß dem StaRUG

Bei durch gruppeninternen Dritte besicherten Anleihen tritt bei der Einbeziehung der Forderungen aus dem Anleiheschuldverhältnis in einen Restrukturierungsplan das Problem auf, dass der *haircut* der Hauptforderung die Rechte aus der Drittsicherheit gemäß § 67 Abs. 3 Satz 1 StaRUG nicht berührt und somit vollständig gegen den

868 Dies ergibt sich auch aus dem Fehlen einer dem § 2 Abs. 2 StaRUG vergleichbaren Norm in der InsO. Unentschlossen *Knapp* in Hopt/Seibt, SchvR, § 19 Rn. 51. A. A. *Hoffmann* in Reinhard/Schall, SchVG, § 19 Rn. 74; *Thole*, ZIP 2014, 293 (299), der sämtliche Maßnahmen des § 5 Abs. 3 Satz 1 SchVG für in einem Insolvenzplan zulässig erachtet; *Wilken/Schaumann/Zenker*, Anleihen, S. 145 Rn. 614; differenzierend *Rüberg*, Anleihe in der Insolvenz, S. 117 f.

869 Zu Einzelheiten vorstehend Kap. II § 5 D. III. 3.

870 Hingegen die Schuldnerersetzung die gemäß § 5 Abs. 3 Satz 1 Nr. 9 SchVG möglich ist, in einem Restrukturierungsplan für nicht durchführbar erachtend *Becker/Pospiech* in BBF, Unternehmenssanierung, 2021, Teil 2, A., IV., Rn. 41; a. A. ohne weitere Begründung *Skauradszun/Kümpel*, WM 2021, 1122 (1124).

871 So *Wilkens*, WM 2021, 573 (574); dazu *Bork*, ZIP 2017, 1441 (1443); *Cranshaw/Portisch*, ZInsO 2020, 226 (229 f.); *Eckelt*, Restrukturierungsrahmen, S. 335; *Flöther* in FS Kayser, 2019, 215 (224); *Frind/Pöllmacher*, ZInsO 2016, 1290 (1291); *Hoegen/Kranz*, NZI-Beilage 2019, 53 (55); *Jacobi*, ZInsO 2017, 1 (4); *Knapp* in Morgen, Präventive Restrukturierung, Art. 8 Rn. 55; *Madaus*, DB 2019, 592 (596); *Pluta*, NZI-Beilage 2017, 20; *Sax/Ponseck/Swierczok*, BB 2017, 323 (326); *Schröder* in Schmidt, SanR, Teil 2 Rn. 18. Krit. *Flöther*, NZI-Beilage 2017, 4 (5); *Specovius/von Wilcken*, NZI-Beilage 2017, 24 (26); *Vallender* in FS Pannen, 2017, 303 (311); *Vallender*, ZIP-Beilage 2016, 82 (85).

872 Zu den Auswirkungen operativer Eingriffe in z. B. für den Schuldner nachteilige Mietverträge für Fremdkapitalgeber *Grell/Klockenbrink*, DB 2019, 1489 (1491).

Drittsicherheitengeber vorgegangen werden kann. Aus diesem Grunde ist es notwendig, auch die dahinterstehende Drittsicherheit in den Restrukturierungsplan einzubeziehen und entsprechend der Hauptforderung zu gestalten. Zwar ist ein solches Vorgehen gemäß § 2 Abs. 4 Satz 1 Hs. 1 StaRUG in einem Restrukturierungsplan möglich, aber nur mit der unliebsamen Folge einer angemessenen Entschädigung für die Teilschuldverschreibungsgläubiger gemäß § 2 Abs. 4 Satz 1 Hs. 2 StaRUG.[873]

2. Rechtslage bei einer Restrukturierung gemäß dem SchVG

In Anbetracht der bei einer Restrukturierung einer Drittsicherheit gemäß dem StaRUG eintretenden Rechtsfolgen stellt aus der Sicht des Emittenten die Frage sich, ob die Verfolgung einer entsprechenden Restrukturierung der Drittsicherheit gemäß dem SchVG wirtschaftlich sinnvoller wäre. Vor diesem Hintergrund ist die Gemengelage bei Anwendung des SchVG zu examinieren.

a) Folgen der Modifizierung der besicherten Forderung

Wird in dem Rahmen eines *haircut* die besicherte Hauptforderung aus den jeweiligen Teilschuldverschreibungen herabgesetzt, hat eine solche Kürzung der Forderung nach allgemeinen zivilrechtlichen Grundsätzen bereits Auswirkungen auf die sie besichernde (Dritt-)Sicherheit.[874] Bei akzessorischen Drittsicherheiten greift die Sicherheit durch die strenge Verknüpfung von Sicherungsrecht und besicherter Forderung nur so weit die Forderung auch besteht, siehe z. B. §§ 767 Abs. 1 Satz 1, 1210 Abs. 1 Satz 1 BGB. Hinsichtlich nicht-akzessorischer Sicherheiten existiert ein mit dem *haircut* korrespondierender Freigabeanspruch[875] oder ein Einwand gegen die Verwertung der Drittsicherheit zugunsten des Drittsicherheitengebers.[876] Ungeachtet des Verhältnisses von Sicherheit und Forderung divergieren die dann bestehenden Rechtslagen im Ergebnis nicht.[877]

Das SchVG weist im Unterschied zu der InsO oder dem StaRUG keine gesetzliche Durchbrechung der Akzessorietät auf und adressiert die Auswirkungen auf (Dritt-) Sicherheiten nicht.[878] Vereinzelt wird vertreten, dass aus der Konzeption der §§ 5, 22 SchVG eine solche anzunehmen wäre.[879] Dabei wird jedoch der Hintergrund

873 Siehe dazu ausführlich vorstehend Kap. II § 5 D. III. 2.

874 Zu Einzelheiten vorstehend Kap. II § 5 D. III. 2. b).

875 Siehe dazu *Federlin* in KMFS, BankR, 8. Teil Rn. 8.41 ff.

876 Siehe *Prusko* in MüKoStaRUG, § 2 Rn. 89; *Weitbrecht*, KTS 2021, 357 (361); *Westpfahl/Dittmar*, NZI-Beilage 2021, 46 (47).

877 Siehe *Huber/Madaus* in MüKoInsO, § 254 Rn. 24, die die »identischen Folgen« erwähnen.

878 § 216 BGB und §§ 254 Abs. 2 Satz 1, 301 Abs. 2 Satz 1 InsO, insofern als die einzigen Ausnahmevorschriften bezeichnend *Huber/Madaus* in MüKoInsO, § 254 Rn. 24; die Notwendigkeit einer gesetzlichen Anordnung der Durchbrechung der Akzessorietät erwähnend *Westpfahl/Dittmar*, NZI-Beilage 2021, 46 (47).

879 So wohl *Thole* in Hopt/Seibt, SchvR, § 5 Rn. 38, der §§ 5, 22 SchVG in ihrem Zusammenspiel ohne weitere Begründung dahin gehend interpretiert, dass Beschlüsse der Gläubiger nicht automatisch auch Drittsicherheiten betreffen und damit wohl eine Durchbrechung der Akzessorietät analog § 254 Abs. 2 Satz 1 InsO, § 67 Abs. 3 Satz 1 StaRUG annimmt.

des § 22 SchVG nicht entsprechend berücksichtigt. Dieser soll dem Umstand der Finanzierungspraxis Rechnung tragen, dass Drittsicherheiten oftmals durch einen Vertrag zugunsten Dritter gemäß § 328 BGB zwischen dem Emittenten und Drittsicherungsgeber zugunsten der Teilschuldverschreibungsgläubiger bestellt werden.[880] Sodann bedürfte eine Änderung dieser Sicherungsabrede – insbesondere eine Freigabe der Sicherheit in einer Krise des Drittsicherungsgebers[881] – gemäß § 328 Abs. 2 BGB regelmäßig der Zustimmung des Begünstigten.[882] Vor dem Hintergrund, dass ein Mehrheitsbeschluss nach den §§ 5 ff. SchVG ausweislich § 5 Abs. 1 Satz 1 SchVG nur bei der Änderung der Anleihebedingungen zulässig ist,[883] bedürfte es folglich für eine Änderung der Drittsicherheitenabrede des Konsenses aller Teilschuldverschreibungsgläubiger,[884] wobei dies praktisch ausgeschlossen ist.[885] Telos des § 22 SchVG ist daher, das ohne seine Existenz notwendige Konsenserfordernis bei der Gestaltung von außerhalb der Anleihebedingungen bestellten Drittsicherheiten abzumildern und die Gestaltung solcher Sicherheiten praxisgerecht auszugestalten.[886] Eine Durchbrechung der Akzessorietät bewirken §§ 5, 22 SchVG nicht. In Anbetracht dieser Tatsache ist zu konstatieren, dass keine Norm des SchVG einen dem § 254 Abs. 2 Satz 1 InsO und § 67 Abs. 3 Satz 1 StaRUG vergleichbaren Regelungsgehalt hat. Somit richtet das Schicksal der die Forderungen aus dem Anleiheschuldverhältnis besichernden Sicherheit sich nach den allgemeingültigen zivilrechtlichen Grundsätzen.

b) Keine Notwendigkeit der Gestaltung von Drittsicherheiten

Mangels einer die Akzessorietät durchbrechenden Norm in dem SchVG besteht bei einer Restrukturierung von Anleihen unter Anwendung des SchVG keine Notwendigkeit, die Drittsicherheit entsprechend der besicherten Hauptforderung anzupassen. Mit der Kürzung der besicherten Forderung geht entweder aus den die Akzessorietät anordnenden Normen wie §§ 767 Abs. 1 Satz 1, 1210 Abs. 1 Satz 1 BGB oder bei nichtakzessorischen Sicherungsrechten aus der Sicherheitenabrede[887] auch ein entsprechender Verlust des Sicherungsrechts einher. Darüber hinaus bestünde trotzdem die Möglichkeit auch in Drittsicherheiten gemäß § 5 Abs. 3 Satz 1 Nr. 6 SchVG *via* Mehrheitsbeschluss einzugreifen.[888] Vor dem Hintergrund der Auswirkungen einer Gestaltung der Hauptforderung auf die Drittsicherheit ist dies insbesondere bei – los-

880 *Birke* in Reinhard/Schall, SchVG, § 22 Rn. 1; *Hofmeister* in Veranneman, SchVG, § 22 Rn. 4; *Lawall* in FK-SchVG, § 22 Rn. 9; *Thole* in Hopt/Seibt, SchvR, § 22 Rn. 1.

881 Begr. RegE SchVG, BT-Drs. 16/12814, S. 26; *Thole* in Hopt/Seibt, SchvR, § 22 Rn. 1.

882 *Thole* in Hopt/Seibt, SchvR, § 22 Rn. 1.

883 Siehe *Thole* in Hopt/Seibt, SchvR, § 22 Rn. 5.

884 *Lawall* in FK-SchVG, § 22 Rn. 2.

885 So auch *Birke* in Reinhard/Schall, SchVG, § 22 Rn. 1 m. w. N.

886 Begr. RegE SchVG, BT-Drs. 16/12814, S. 26; ähnlich *Hofmeister* in Veranneman, SchVG, § 22 Rn. 2; *Lawall* in FK-SchVG, § 22 Rn. 2.

887 Siehe *Westpfahl/Dittmar*, NZI-Beilage 2021, 46 (47).

888 *Birke* in Reinhard/Schall, SchVG, § 5 Rn. 60; *Friedl/Schmidtbleicher* in FK-SchVG, § 5 Rn. 67; *Thole* in Hopt/Seibt, SchvR, § 5 Rn. 77.

gelöst von dem Schicksal der Hauptforderung – der Freigabe oder einem Austausch einer Drittsicherheit zu erwägen.[889]

c) Entschädigungspflicht bei Gestaltung der Drittsicherheit

(1) Keine Entschädigungspflicht

Der Entschädigungsanspruch der Drittsicherungsgläubiger in dem StaRUG folgt aus § 2 Abs. 4 Satz 1 Hs. 2 StaRUG. Mithin ergibt dieser sich nicht aus allgemeinen zivilrechtlichen Normen, sondern aus einer expliziten gesetzlichen Anordnung des StaRUG. An einer solchen mangelt es dem SchVG. Schon die gemäß § 5 Abs. 3 Satz 1 Hs. 1 Nr. 6 SchVG zulässige Freigabe einer die Forderungen aus dem Anleiheschuldverhältnis besichernden (Dritt-)Sicherheit sieht keine Entschädigungspflicht zugunsten der (Dritt-)Sicherungsgläubiger vor. Wenn dann in dem Wege der Herabsetzung einer Hauptforderung diese auf die dahinterstehende (Dritt-)Sicherheit durchschlägt, besteht erst recht kein Entschädigungsanspruch. Vielmehr spiegelt dabei nur der geänderte Inhalt der Anleihebedingungen sich wider.

(2) Rechtfertigung unterschiedlicher Auswirkungen

Obschon eine in einem Restrukturierungsplan durchgesetzte Gestaltung einer Drittsicherheit auf einer Vereinbarung der Planbetroffenen beruht, rechtfertigen die Unterschiede zwischen SchVG und StaRUG ein anderes Ergebnis hinsichtlich der Ausgleichspflicht eines Eingriffs in eine Drittsicherheit. Im Unterschied zu einer schuldverschreibungsrechtlichen Abstimmung sind in einem Restrukturierungsplan noch weitere Planbetroffene mit von den Interessen der Teilschuldverschreibungsgläubiger divergierenden Interessen involviert, die über den Weg des *cross-class cramdown* den Teilschuldverschreibungsgläubigern Maßnahmen oktroyieren können. Unter diesen Voraussetzungen könnte es dazu kommen, dass den Teilschuldverschreibungsgläubigern die gewährte Sicherheit in Anbetracht der Krisensituation ohne deren Zustimmung entzogen würde. Da der Beweggrund für die Bestellung einer Sicherheit vornehmlich der ist, bei Zahlungsausfall des Hauptschuldners dennoch eine Befriedigung zu erhalten, beruht auch der Gedanke der Durchbrechung der Akzessorietät und Auswirkungen auf die Drittsicherheiten gemäß § 67 Abs. 3 Satz 1 StaRUG darauf, dass die gewährte Drittsicherheit insbesondere in Krisensituationen Bestand haben soll.[890] Ohne diese Sondernorm könnte aus praktischer Sicht auf die Gewährung einer Sicherheit verzichtet werden. In dem Rahmen einer schuldverschreibungsrechtlichen Abstimmung hingegen entscheiden die Teilschuldverschreibungsgläubiger in ihrer Gesamtheit sich für eine Herabsetzung der Hauptforderung mit den entsprechenden Auswirkungen auf eine Drittsicherheit. Zwar kann dissentierenden Teilschuldverschreibungsgläubigern in dem Rahmen des schuldverschreibungsrechtlichen Rechtsschutzes eine Herabsetzung der Forderung oktroyiert werden. Diese haben die Teil-

889 U. a. auf dieses Beispiel vor dem Hintergrund des Übersehens von § 67 Abs. 3 Satz 1 StaRUG – und damit faktisch einen Gleichlauf zum SchVG annehmend – hinweisend *Westpfahl/Dittmar*, NZI-Beilage 2021, 46 (47).

890 Statt vieler *Madaus* in MüKoStaRUG, § 67 Rn. 30.

schuldverschreibung aber in Anbetracht dieser Gefahr freiwillig erworben. Daher steht den Teilschuldverschreibungsgläubigern kein Entschädigungsanspruch für den Eingriff in eine Drittsicherheit zu.[891] Vor diesem Hintergrund sollten besicherte Teilschuldverschreibungsgläubiger regelmäßig bemüht sein, eine Gestaltung der Hauptforderung unter dem SchVG und ohne folgende Entschädigung für den Verlust der Sicherheit zu vermeiden. Durch Fernbleiben einer Beschlussfassung gemäß § 5 Abs. 3 SchVG mit der Folge der Beschlussunfähigkeit gemäß § 15 Abs. 3 Satz 1 SchVG könnten die Teilschuldverschreibungsgläubiger einen entschädigungslosen Eingriff in ihre Drittsicherheit verhindern. Bei einer folgenden Restrukturierung der Anleihe mit dem Ziel der Majorisierung der Teilschuldverschreibungsgläubiger durch andere Gläubigergruppen gemäß StaRUG erwartet die Teilschuldverschreibungsgläubiger dann ein entsprechender Entschädigungsanspruch.

3. Bewertung der Unterschiede

Das SchVG sieht keine die Durchbrechung der Akzessorietät oder der Wirkungen auf die die Forderungen aus dem Anleiheschuldverhältnis besichernden (Dritt-)Sicherheiten wie § 67 Abs. 3 Satz 1 StaRUG vor. Aus diesem Grund wird das Zugriffsrecht der Drittsicherungsgläubiger auf die Drittsicherheit bei Herabsetzung der Hauptforderung entsprechend der Hauptforderung beeinträchtigt. Ein Entschädigungsanspruch steht den Teilschuldverschreibungsgläubigern nicht zu. Die isolierte Restrukturierung einer Drittsicherheit – insbesondere die Freigabe oder der Austausch – ist dennoch gemäß § 5 Abs. 3 Satz 1 Nr. 6 SchVG oder § 22 SchVG möglich. Insofern besteht bei Anwendung des SchVG ein Vorteil.

Fraglich ist, ob unter der Restrukturierungs-RL eine Ausgestaltung des StaRUG *de lege ferenda* mit dem SchVG konkurrieren könnte. Eine Änderung der Regelungen zu der Entschädigungspflicht für Eingriffe von Drittsicherheiten lässt sich unter der Restrukturierungs-RL indes nicht umsetzen. Zwar fußt der konkrete Anspruch aus § 2 Abs. 4 Satz 1 Hs. 2 StaRUG nicht auf der Restrukturierungs-RL,[892] sodass scheinbar auf diesen verzichtet werden kann. Die Pflicht einer Entschädigungsleistung folgt aber auch ohne explizite gesetzliche Normierung immer aus dem Art. 10 Abs. 2 UAbs. 1 lit. d Restrukturierungs-RL entspringenden Schlechterstellungsverbot, sodass die Pflicht einer Entschädigungsleistung sich letztlich aus § 64 Abs. 1 Satz 1 StaRUG ergäbe.[893] Allerdings wären dann nur den Restrukturierungsplan ablehnende Gläubiger zu entschädigen. Vor diesem Hintergrund dürfte eine Zustimmung der Drittsicherungsgläubiger bei Gestaltung ohne Entschädigungsregelung jedoch regelmäßig nicht zu erwarten sein, sodass wirtschaftlich das gleiche Ergebnis verbliebe.

891 Die – freiwillige – Möglichkeit der Gewährung eines Besserungsscheins für die einbüßenden Teilschuldverschreibungsgläubiger erwähnend *Friedl/Schmidtbleicher* in FK-SchVG, § 5 Rn. 40 m. w. N.

892 So auch *Tresselt* in Morgen, StaRUG, § 2 Rn. 114.

893 Zu Einzelheiten vorstehend Kap. II § 5 D. III. 2. b) (2).

II. Umsetzung eines debt-equity-swap

Ferner ist in dem Rahmen der verschiedenen Restrukturierungsmöglichkeiten der *debt-equity-swap* zu betrachten. Ein *debt-equity-swap* kann sowohl nach dem SchVG gemäß § 5 Abs. 3 Satz 1 Nr. 5 SchVG als auch gemäß § 7 Abs. 4 StaRUG nach dem StaRUG durchgeführt werden.[894] Der Vergleich der beiden Regelungen offenbart mehrere Ungleichheiten zwischen den Regimen mit Vor- und Nachteilen auf beiden Seiten.

1. Rechtslage bei einem *debt-equity-swap* gemäß dem StaRUG

Bei einem gemäß dem StaRUG durchgeführten *debt-equity-swap* können verschiedene Kalamitäten auftreten. Zunächst ist ein zwangsweiser *debt-equity-swap* gemäß § 7 Abs. 4 Satz 2 StaRUG explizit untersagt. Darüber hinaus bedarf es basierend auf dem aus § 64 Abs. 1 Satz 1 StaRUG entspringenden Schlechterstellungsverbot grundsätzlich einer Barabfindung in Höhe von mindestens der hypothetischen Insolvenzquote für an dem *debt-equity-swap* nicht teilnehmende Gläubiger.[895]

2. Rechtslage bei einem *debt-equity-swap* gemäß dem SchVG

Das SchVG weist gegenüber dem StaRUG in dem Rahmen des *debt-equity-swap* zwei Vorteile auf. Zunächst ist eine Majorisierung der ablehnenden Teilschuldverschreibungsgläubiger und damit ein zwangsweiser *debt-equity-swap* möglich. Darüber hinaus bedarf es – sollte dennoch auf ein freiwilliges Konzept zurückgegriffen werden – keines komplizierten Verfahrens, um die Höhe der Barabfindung der ablehnenden Teilschuldverschreibungsgläubiger zu determinieren.

a) Zwangsweiser *debt-equity-swap*

Zunächst ermöglicht es die Konzeption des SchVG, dass eine dissentierende Minderheit durch die Zustimmung einer qualifizierten Mehrheit majorisiert werden kann. Dies gilt auch für den *debt-equity-swap*.[896] Allerdings ist dieser Vorteil allenfalls gering, da auch in dem Rahmen des *debt-equity-swap* in einem Restrukturierungsplan eine interne Abstimmung der Teilschuldverschreibungsgläubiger zu der Erreichung der Zustimmung aller Teilschuldverschreibungsgläubiger genutzt werden kann.[897]

b) Barabfindung wandlungsunwilliger Teilschuldverschreibungsgläubiger

Um die unter Berücksichtigung der dem Art. 9 Abs. 1 GG entspringenden negativen Vereinigungsfreiheit resultierenden verfassungsrechtlichen Probleme und die mit

894 Zumindest aus Sicht der Teilschuldverschreibungsgläubiger. Anders als in einem Restrukturierungsplan können die notwendigen gesellschaftsrechtlichen Maßnahmen nicht durch einen Gläubigerbeschluss gemäß dem SchVG durchgeführt werden.

895 Zu Einzelheiten vorstehend Kap. II § 5 D. III. 4. b).

896 Ausführlich zu verfassungsrechtlichen Bedenken dagegen *Thole* in Hopt/Seibt, SchvR, § 5 Rn. 57 ff.

897 Zu Einzelheiten vorstehend Kap. II § 5 D. III. 4. a) (3).

Art. 3 Abs. 1 Prospekt-VO einhergehende prospektrechtliche Hürden eines zwangsweisen *debt-equity-swap* zu umgehen,[898] wird in der bisherigen Restrukturierungspraxis in dem Rahmen eines *debt-equity-swap* sowohl in dem Insolvenz- wie auch in dem Schuldverschreibungsrecht in den meisten Fällen auf ein Erwerbsrechtemodell zurückgegriffen.[899] Anders als im StaRUG[900] postuliert das SchVG keine besonderen Vorgaben für die Befriedigung wandlungsunwilliger Teilschuldverschreibungsgläubiger. Mangels Planbetroffenheit der Teilschuldverschreibungsgläubiger – der *debt-equity-swap* wird außerhalb des Restrukturierungsplans durchgeführt – und dem damit einhergehenden Umstand, dass diese nicht über den Restrukturierungsplan abstimmen, sind die Teilschuldverschreibungsgläubiger bei der Frage einer Schlechterstellung i. S. d. § 64 Abs. 1 Satz 1 StaRUG nicht einzubeziehen.[901] Auch sieht das SchVG keine entsprechenden Schutzvorschriften zugunsten der wandlungsunwilligen Teilschuldverschreibungsgläubiger vor. Sofern Teilschuldverschreibungsgläubiger sich in Fällen eines *debt-equity-swap via* Erwerbsrechtemodell gegen die Ausübung ihres Erwerbsrechts entscheiden, müssen diese daher nicht mit mindestens einer hypothetischen Insolvenzquote befriedigt werden.[902] Vielmehr reicht es aus, dass die wandlungsunwilligen Teilschuldverschreibungsgläubiger durch einen Barausgleich abgefunden werden, dessen Höhe sich aus dem Erlös des Handels mit den Erwerbsrechten ergibt.[903] Der dabei eingenommene Veräußerungserlös stellt dann den Verkehrswert der Teilschuldverschreibungen dar. Die tauschunwilligen Teilschuldverschreibungsgläubiger könnten dann ohne Belastung des Schuldners und Emittenten befriedigt werden.[904]

3. Bewertung der Unterschiede und Vorschlag *de lege ferenda*

Ob im Einzelfall auf das StaRUG oder SchVG zurückgegriffen werden sollte, ist vor dem Hintergrund des vorstehenden Vergleichs anhand der Gläubigerstruktur zu bestimmen.

a) Zwangswirkung zulasten der Teilschuldverschreibungsgläubiger

Für die Wahl des passenden *debt-equity-swap* ist zunächst entscheidend, ob es einer Zwangswirkung bedarf oder nicht. Der Schuldner könnte aufgrund der möglichen Zwangswirkung des schuldverschreibungsrechtlichen *debt-equity-swap* daran interes-

898 Zu Einzelheiten vorstehend Kap. II § 5 D. III. 4. a).
899 *Bliesener/Schneider*, in LBS, BankR-Komm., 17. Kap., § 5 Rn. 41; *Kessler/Rühle*, BB 2014, 907 (912); *Martini* in Bork/Hölzle, HB InsR, Kap. 25 Rn. 118; Gründe für ein solches Vorgehen bei *Thole*, ZIP 2014, 2365 (2366); *Westpfahl/Seibt* in Schmidt, SanR, Anh. zu § 39 InsO Rn. 136.
900 Zu Einzelheiten vorstehend Kap. II § 5 D. III. 4. b).
901 Siehe zu einem bedingten Insolvenzplan *Thole*, ZIP 2014, 2365 (2369).
902 So auch – zumindest so lange kein bedingter Insolvenzplan respektive Restrukturierungsplan vorliegt – *Thole*, ZIP 2014, 2365 (2369).
903 *Hoffmann* in Reinhard/Schall, SchVG, § 19 Rn. 89; *Kessler/Rühle*, BB 2014, 907 (913); *Thole* in Hopt/Seibt, SchvR, § 5 Rn. 56; *Wilken/Schaumann/Zenker*, Anleihen, S. 151 Rn. 637.
904 *Kessler/Rühle*, BB 2014, 907 (913); *Wilken/Schaumann/Zenker*, Anleihen, S. 151 Rn. 637.

siert sein, einen Beschluss der Teilschuldverschreibungsgläubiger nach § 5 Abs. 3 Satz 1 Nr. 5 Var. 1 SchVG – entweder, um einen schuldverschreibungsrechtlichen *debt-equity-swap* durchzuführen, oder nur, um die notwendige Zustimmungserklärung gemäß § 15 Abs. 2 StaRUG zu erlangen – außerhalb des präventiven Restrukturierungsrahmens zu erreichen, wenn die Gläubigerstruktur dies notwendig erscheinen lässt. Das ist insbesondere dann zu erwägen, wenn ersichtlich ist, dass eine wandlungsunwillige Gruppe unter den Teilschuldverschreibungsgläubigern existiert, die das Schuldnervermögen aufgrund der Befriedigung mit mindestens einer hypothetischen Insolvenzquote zu stark belasten würde, diese Minderheit indes nicht so groß ist, dass sie einen Beschluss nach § 5 Abs. 3 SchVG verhindern könnte. Nicht zu verkennen ist dann jedoch, dass der kritisierte schuldverschreibungsrechtliche Rechtsschutz,[905] mit dem ihm inhärenten Verzögerungspotential und der Gefahr von räuberischen Teilschuldverschreibungsgläubigern die Durchführung der Restrukturierung verzögern könnte.[906] Diese Umstände dürften nicht zu einer fortschreitenden Etablierung des *debt-equity-swap* in der Restrukturierungskultur beitragen. Vor diesem Hintergrund stellt die Frage sich, ob nicht eine Änderung des § 7 Abs. 4 Satz 2 StaRUG möglich wäre. Die Restrukturierungs-RL beinhaltet insofern keine Einschränkungen. Gemäß Art. 8 Abs. 1 lit. g Nr. i, Art. 2 Abs. 1 Nr. 1 Restrukturierungs-RL kann in einem Restrukturierungsplan auch die Kapitalstruktur des Schuldners verändert werden, wobei ErwG 2 Restrukturierungs-RL dies insoweit konkretisiert, dass auch Verbindlichkeiten in Eigenkapital umgewandelt werden können, somit ein *debt-equity-swap* ermöglicht wird. Weitere ausdrückliche Vorgaben beinhaltet die Restrukturierungs-RL nicht. Zu beachten ist allerdings, dass gemäß ErwG 2 Restrukturierungs-RL jegliche Umwandlung von Verbindlichkeiten in Eigenkapital im Einklang mit den in dem nationalen Recht vorgesehenen Schutzvorkehrungen stehen soll. Fraglich ist, welche nationalen Schutzvorkehrungen dadurch adressiert werden. Eine, die Belange der dann neuen Anteilsinhaber und ein potentielles Zustimmungserfordernis ebenjener berücksichtigende Lesart führt zu keinem eindeutigen Ergebnis. Das nationale Recht ist bezüglich eines Zustimmungserfordernisses bei einem *debt-equity-swap* nämlich nicht einheitlich. Die InsO sieht ein solches Zustimmungserfordernis in § 225a Abs. 2 Satz 2 InsO vor. Das SchVG hingegen nicht. Es kann daher nicht davon gesprochen werden, dass aufgrund dieses Hinweises in ErwG 2 Restrukturierungs-RL von einem zwingend zu implementierenden Zustimmungserfordernis der Gläubiger für einen in einem Restrukturierungsplan durchgeführten *debt-equity-swap* auszugehen ist. Ferner liegt es nahe, ErwG 2 Restrukturierungs-RL mit Bezug auf die bisherigen Anteilsinhaber zu lesen und nicht hinsichtlich der eintretenden Anteilsinhaber. Systematisch bezieht ErwG 2 Restrukturierungs-RL sich nämlich auf dem Schuldner bereits zugehörige Personen. Dies wird daran deutlich, dass ErwG 2 Restrukturierungs-RL bei der Umsetzung operativer Maßnahmen die nach nationalem Recht bestehenden Anforderungen – insbesondere nach zivil- und arbeitsrechtlichen Vorschriften – hervorhebt. Hierdurch werden explizit die bisherigen Arbeitnehmer des Schuldners adressiert, deren

905 Zu Einzelheiten vorstehend Kap. I § 2 F.

906 Siehe zu dem entsprechenden Vorgehen in einem Insolvenzverfahren *Kessler/Rühle*, BB 2014, 907 (913); *Thole* ZIP 2014, 2365 (2396); *Wilken/Schaumann/Zenker*, Anleihen, S. 151 f. Rn. 638.

Rechte zu schützen sind. Daher ist ErwG 2 Restrukturierungs-RL dahin gehend zu verstehen, dass den bisherigen Anteilsinhabern bestehende Schutzmechanismen bei einem *debt-equity-swap* zukommen sollen. In diesem Lichte dürfte insbesondere das bestehende Kündigungsrecht aus wichtigem Grunde gemäß § 225a Abs. 5 InsO unantastbar sein. Zuletzt sieht ErwG 2 Restrukturierungs-RL nur vor, dass etwaige Umwandlungen von Verbindlichkeiten in Eigenkapital in dem Einklang stehen *sollten*, nicht *müssen*.

Die Ausgestaltung des StaRUG mit einer Durchsetzung des *debt-equity-swap* auch zulasten ablehnender Gläubiger wäre – zumindest zulasten von Teilschuldverschreibungsgläubigern – richtlinienkonform.[907] Aus diesem Grunde sollte der Gesetzgeber das vorgestellte Ausnahmemodell[908] zulasten von Teilschuldverschreibungsgläubigern als Ausnahme von dem Grundsatz des § 7 Abs. 4 Satz 2 StaRUG vorsehen.[909]

b) Barabfindung der Teilschuldverschreibungsgläubiger

Wird in der Folge auf einen Zwang zulasten der nicht zustimmenden Teilschuldverschreibungsgläubiger verzichtet und stattdessen das in der Praxis häufiger angewandte Erwerbsrechtemodell durchgeführt, treten Unterschiede bei der Betrachtung der unmittelbaren Folgen bei dem auf Freiwilligkeit beruhenden restrukturierungsrechtlichen und dem schuldverschreibungsrechtlichen *debt-equity-swap* bei einer individuellen Beteiligung der Teilschuldverschreibungsgläubiger auf. Bei einem in einem Restrukturierungsplan durchgeführten *debt-equity-swap* ist wandlungsunwilligen Teilschuldverschreibungsgläubigern mindestens die hypothetische Insolvenzquote anzubieten.[910] Bei einem schuldverschreibungsrechtlichen *debt-equity-swap* können die wandlungsunwilligen Teilschuldverschreibungsgläubiger hingegen mit dem Erlös aus der Verwertung der Forderungen befriedigt werden.[911] Vor diesem Hintergrund hat der Emittent zu determinieren, wie viele Teilschuldverschreibungsgläubiger von ihrem Erwerbsrecht Gebrauch machen würden[912] und wie viel zusätzliche Liquidität benötigt wird, um einen eventuellen Differenzbetrag zwischen Veräußerungserlös aus dem

907 Auf die Frage der Verfassungsmäßigkeit eines zwangsweisen *debt-equity-swap* soll hierbei nicht weiter eingegangen werden. Vor dem Hintergrund des § 5 Abs. 3 Satz 1 Nr. 5 Var. 1 SchVG dürfte zumindest betreffend Teilschuldverschreibungsgläubiger eine zwangsweise Umwandlung der Teilschuldverschreibungen in Gesellschaftsanteile in verfassungskonformer Weise möglich sein, insbesondere bei öffentlich handelbaren und liquiden Gesellschaftsanteilen. In solchen Fällen eine Zwangsumwandlung nach dem SchVG als zulässig erachtend *Kessler/Rühle*, BB 2014, 907 (912); die freie Veräußerbarkeit als Argument gegen eine Verfassungswidrigkeit anführend *Thole* in Hopt/Seibt, SchvR, § 5 Rn. 58 m. w. N.; so wohl auch *Westpfahl* in FS Kübler, 2015, 773 (776), der Anteile an einer Kapitalgesellschaft als bloßes Vermögensrecht ansieht; mit weiteren Gedanken auch *Fest* in FS Smid, 2022, 107 (109, 118).

908 Zu Einzelheiten vorstehend Kap. II § 5 D. III. 4 a) (2).

909 Zu einem Vorschlag *de lege ferenda* nachstehend Kap. III § 7 B. II. 3. c).

910 Zu Einzelheiten vorstehend Kap. II § 5 D. III. 4.

911 Zu Einzelheiten vorstehend Kap. III § 7 B. II. 2. b).

912 Dies als in dem Wege eines *sounding* herauszufinden betonend *Kessler/Rühle*, BB 2014, 907 (913).

Handel mit den Erwerbsrechten und der notwendigen Barabfindung auszugleichen. Stellt sich dabei heraus, dass dieses Defizit nicht in wirtschaftlicher Weise eliminiert werden kann, hat der Planarchitekt eine Alternative zu erarbeiten. Dann wäre ein – vorausgesetzt, an dem Vorhaben des *debt-equity-swap* soll weiterhin festgehalten werden – außerhalb des Restrukturierungsplans durchgeführter *debt-equity-swap* nach den Vorschriften des SchVG zweckmäßig.

Offen bleibt, ob auf das durch die Auszahlung mindestens einer hypothetischen Insolvenzquote bestehende erhöhte Erfordernis bei der Befriedigung der wandlungsunwilligen Teilschuldverschreibungsgläubiger verzichtet werden kann. Deren Befriedigung könnte dann aus den Erlösen des Handels mit den Erwerbsrechten bewerkstelligt werden. In Anbetracht der Tatsache, dass das Erfordernis des Barausgleichs in Höhe von mindestens der hypothetischen Insolvenzquote auf dem Schlechterstellungsverbot der Restrukturierungs-RL fußt, ist eine Abweichung von der Mindesthöhe des zu leistenden Barausgleichs ausgeschlossen. Gemäß Art. 10 Abs. 2 UAbs. 1 lit. d Restrukturierungs-RL muss ein Restrukturierungsplan das Kriterium des Gläubigerinteresses erfüllen, damit dieser bestätigt werden kann. Diese Voraussetzung ist für den nationalen Gesetzgeber indisponibel.[913] *De lege ferenda* wäre indes eine Normierung des Barabfindungsanspruchs sowie eine Stundungsregelung entsprechend § 225a Abs. 5 Satz 2, 3 InsO zweckmäßig und geboten.

c) § 7 StaRUG *de lege ferenda*

Ein Vorschlag, der das vorstehend Erarbeitete berücksichtigt, könnte lauten:[914]

§ 7 StaRUG-E: Gestaltender Teil

(4) [1]Restrukturierungsforderungen können auch in Anteils- oder Mitgliedschaftsrechte an dem Schuldner umgewandelt werden. [2]Eine Umwandlung gegen den Willen der betroffenen Gläubiger ist ausgeschlossen<u>; dies gilt nicht für eine Gruppe, die ausschließlich aus Inhabern von Schuldtiteln im Sinne des § 2 Absatz 1 Nummer 3 des Wertpapierhandelsgesetzes (§ 2 Absatz 2 Satz 2) einer Emission besteht und in dieser Gruppe die gemäß § 25 Absatz 1 StaRUG notwendige Mehrheit erreicht worden ist. [3]Für Gläubiger, die einer Umwandlung in Anteils- und Mitgliedschaftsrechte widersprechen, ist eine Barabfindung vorzusehen, durch die diese Gläubiger nicht schlechter gestellt werden, als sie ohne Plan stünden; für die Barabfindung ist § 225a Absatz 5 Satz 2 und 3 der Insolvenzordnung entsprechend anzuwenden.</u> [4]Insbesondere kann der Plan eine Kapitalherabsetzung oder -erhöhung, die Leistung von Sacheinlagen, den Ausschluss von Bezugsrechten oder die Zahlung von Abfindungen an ausscheidende an dem Schuldner beteiligte Personen vorsehen. [5]Der Plan kann vorsehen, dass Anteils- oder Mitgliedschaftsrechte übertragen werden. [6]Im Übrigen kann jede Regelung getroffen werden, die gesellschaftsrechtlich zulässig ist. [7]§ 225a Absatz 4 und 5 der Insolvenzordnung ist entsprechend anzuwenden.

913 So auch *Backes/Blankenburg* in Morgen, Präventive Restrukturierung, Art. 10 Rn. 30; siehe *Eckelt*, Restrukturierungsrahmen, S. 870.

914 Die für notwendig erachteten Änderungen sind durch Hervorhebungen kenntlich gemacht.

C. Einberufung und Modalitäten der Abstimmung

Betreffend die Einberufung und die Modalitäten der Abstimmung über Restrukturierungsmaßnahmen bestehen Unterschiede zwischen den verschiedenen Regimen. Das SchVG berücksichtigt die praktischen Gegebenheiten der Anleiherestrukturierung und sieht in § 12 Abs. 2 SchVG eine öffentliche Ansprache der Teilschuldverschreibungsgläubiger durch eine öffentliche Bekanntmachung vor.[915] Anders ist die individuelle Ansprache der Teilschuldverschreibungsgläubiger publikumsplatzierter Anleihen nicht möglich. Bei einer Anleiherestrukturierung unter Anwendung des StaRUG ist eine öffentliche Bekanntmachung in dem Bundesanzeiger nur dann rechtssicher möglich, wenn entweder die Anleihebedingungen dies gemäß § 17 Abs. 4 Satz 1 SchVG für ein schriftliches Planangebot vorsehen, oder gemäß § 85 Abs. 2 Satz 1, Abs. 1 Nr. 1 StaRUG zu einer gerichtlichen Abstimmung in dem Rahmen einer öffentlichen Restrukturierungssache einberufen wird. Eine Abstimmung in dem Rahmen einer Gläubigerversammlung gemäß § 20 StaRUG kann gemäß § 20 Abs. 1 Satz 2 StaRUG in dem Wege einer öffentlichen Bekanntmachung in dem Bundesanzeiger einberufen werden, wenn die Anleihebedingungen dies vorsehen. Dass dies bei publikumsplatzierten Finanzierungsinstrumenten nur bei entsprechender Vereinbarung in den Anleihebedingungen möglich sein soll, überzeugt nicht. Vielmehr ermöglicht das SchVG in § 12 Abs. 2 Satz 1 SchVG die Einberufung einer schuldverschreibungsrechtlichen Gläubigerversammlung – welche in dem Dualismus der außergerichtlichen Abstimmungsmöglichkeiten des SchVG der Abstimmung in dem Rahmen einer Versammlung gemäß § 20 StaRUG ähnelt – in dem Bundesanzeiger bekannt zu machen. Gleiches gilt gemäß § 18 Abs. 1 SchVG i. V. m. § 12 Abs. 2 Satz 1 SchVG für die Einberufung der Abstimmung ohne Versammlung, die insoweit mit dem schriftlichen Angebot gemäß § 17 StaRUG vergleichbar ist. Vor diesem Hintergrund sollte der Gesetzgeber *de lege ferenda* klarstellen, dass es für die Ansprache von Gläubigern von Schuldtiteln gemäß § 2 Abs. 1 Nr. 3 WpHG, welche der Gesetzgeber ausweislich § 2 Abs. 2 Satz 2 StaRUG als durch einen Restrukturierungsplan gestaltbar postuliert, keiner individuelle Ansprache bedarf, sondern auch ohne eine entsprechende Vereinbarung in dem Verhältnis von Schuldner zu Teilschuldverschreibungsgläubigern eine Bekanntmachung in dem Bundesanzeiger ausreichend ist und somit die Einberufungsnormen des StaRUG den praktischen Nezessitäten entsprechend anpassen.[916] Da es den Mitgliedstaaten gemäß der Restrukturierungs-RL anheimgestellt ist, die Form der Übermittlung des Restrukturierungsplans[917] und verbunden damit auch der Einberufung der Versammlung oder der Planabstimmung zu bestimmen, ist eine solche Umsetzung auch mit der Restrukturierungs-RL vereinbar und zweckmäßig. Sodann wäre ein Gleichlauf mit dem SchVG erreicht. Ein Vorschlag für die Änderung der §§ 17, 20, 45 StaRUG, der all dies berücksichtigt, könnte lauten:

915 Zu Einzelheiten vorstehend Kap. I § 2 D. II.

916 Dies nicht nur für Teilschuldverschreibungsgläubiger fordernd *Hofmann*, SanB 2020, 98 (101 f.).

917 ErwG 51 Restrukturierungs-RL.

§ 17 StaRUG-E: Planangebot

(4) [1]Sofern im Verhältnis zu einzelnen Planbetroffenen nichts anderes vereinbart ist, unterliegt das Planangebot der Schriftform. [2]Bestimmt der Schuldner im Planangebot keine andere Form, unterliegt auch die Planannahme der Schriftform. [3]Sollen Bedingungen aus Schuldtiteln im Sinne des § 2 Absatz 1 Nummer 3 des Wertpapierhandelsgesetzes in dem Restrukturierungsplan gestaltet werden (§ 2 Absatz 2 Satz 2), kann diesen Planbetroffenen gegenüber das Planangebot auch im Wege der öffentlichen Bekanntmachung im Bundesanzeiger übermittelt werden; die Anlagen und Hinweise gemäß Absatz 1 sind entsprechend öffentlich bekannt zu machen.

§ 20 StaRUG-E: Abstimmung im Rahmen einer Versammlung der Planbetroffenen

(1) [1]Der Schuldner kann den Restrukturierungsplan im Rahmen einer Versammlung der Planbetroffenen zur Abstimmung stellen. [2]Die Einberufung erfolgt, sofern keine Formerleichterung vereinbart ist, schriftlich; § 17 Absatz 4 Satz 3 gilt entsprechend. [3]Die Einberufungsfrist beträgt 14 Tage. [5]Räumt der Schuldner die Möglichkeit einer elektronischen Teilnahme ein, beträgt die Frist sieben Tage. [6]Der Einberufung ist der vollständige Restrukturierungsplan nebst Anlagen beizufügen.

§ 45 StaRUG-E: Erörterungs- und Abstimmungstermin

(3) [1]Die Planbetroffenen sind zu dem Termin zu laden. [2]Der Ladung ist der vollständige Restrukturierungsplan nebst Anlagen beizufügen. [3]Die Ladung enthält den Hinweis darauf, dass der Termin und die Abstimmung auch dann durchgeführt werden können, wenn nicht alle Planbetroffenen teilnehmen. [4]Das Gericht kann den Schuldner mit der Zustellung der Ladungen beauftragen. [5]Sollen Bedingungen aus Schuldtiteln im Sinne des § 2 Absatz 1 Nummer 3 des Wertpapierhandelsgesetzes in dem Restrukturierungsplan gestaltet werden (§ 2 Absatz 2 Satz 2), kann die Ladung dieser Planbetroffenen auch durch die öffentliche Bekanntmachung im Bundesanzeiger erfolgen; die Anlagen und Hinweise gemäß Satz 2 und 3 sind entsprechend öffentlich bekannt zu machen.

D. Quorum und Mehrheiten

I. Ausschluss der isolierten Anleiherestrukturierung ohne gemeinsamen Vertreter gemäß StaRUG

Obschon die Ausgestaltung der Beschlussfassung der Teilschuldverschreibungsgläubiger gemäß dem SchVG restrukturierungshemmende Wirkung aufweist,[918] offenbart das *StaRUG de lege lata* ebenfalls eine praxisuntaugliche Ausgestaltung für die Restrukturierung einer Anleihe, die regelmäßig zu einem faktischen Ausschluss einer isolierten Anleiherestrukturierung ohne gemeinsamen Vertreter führt. Zwar sieht das StaRUG kein ausdrückliches Quorum für eine wirksame Abstimmung über den Restrukturierungsplan vor. Insoweit existiert scheinbar ein Vorteil gegenüber dem SchVG, welches zwar gemäß § 15 Abs. 2 Satz 1 SchVG ein Quorum von mindestens der Hälfte des Werts der ausstehenden Teilschuldverschreibungen fordert. Für die

918 Zu Einzelheiten vorstehend Kap. I § 2 D. III.

Annahme eines Restrukturierungsplans bedarf es aber gemäß § 25 Abs. 1 StaRUG der Zustimmung von mindestens drei Viertel der Abstimmungsrechte in jeder Abstimmungsgruppe. Das Problem dieser Ausgestaltung ist weniger die Notwendigkeit einer Dreiviertelmehrheit, denn der Umstand, dass das Erreichen dieser Mehrheit auf Basis aller bestehenden Stimmrechte der Gruppe, unabhängig davon, ob diese bei der Abstimmung ausgeübt wurden, determiniert wird. In Anbetracht dieser Tatsache sieht das StaRUG ein – zumindest faktisches – Quorum vor, welches rigider als das des SchVG ist. Vor diesem Hintergrund ist eine Zustimmung der Gruppe der Teilschuldverschreibungsgläubiger nur unter Bestellung eines gemeinsamen Vertreters, welcher für und gegen alle Teilschuldverschreibungsgläubiger einer Anleihe abstimmt, zu erwarten. Ohne einen gemeinsamen Vertreter ist auf den *cross-class cram-down* zurückzugreifen.

II. Optimierungsmöglichkeit de lege ferenda

Vor dem Hintergrund der aus § 25 Abs. 1 StaRUG resultierenden hohen Anforderungen an die Annahme des Restrukturierungsplans[919] ist fraglich, inwieweit der Gesetzgeber diesen Kalamitäten entgegentreten kann. Insofern sind zwei Ansatzpunkte denkbar. Insbesondere rückt die Frage einer Abkehr von der Berücksichtigung der nicht ausgeübten Stimmrechte bei der Berechnung der dann notwendigen Mehrheit für die Anleiherestrukturierung in den Fokus. Ferner ist eine Herabsetzung der gemäß § 25 Abs. 1 StaRUG geforderten Dreiviertelmehrheit denkbar.

1. Notwendige Mehrheit

Bei der Frage der notwendigen Mehrheit für die Annahme eines Restrukturierungsplans setzt der Gesetzgeber des StaRUG den ihm verfügbaren Umsetzungsspielraum in maximaler Strenge um, wenn das StaRUG eine Dreiviertelmehrheit fordert. Unter der Restrukturierungs-RL – verfassungsrechtliche Fragen ausgeklammert – wäre es auch möglich gewesen, das Vorliegen der einfachsten Mehrheit von 50 % plus eine Stimme als für die Planannahme ausreichend zu normieren.[920] Obschon die nationale Umsetzung betreffend die allgemeine Annahmefähigkeit eines Restrukturierungsplans – vor allem mit Blick auf das deutlich niedrigere Mehrheitserfordernis in einem Insolvenzplanverfahren, wobei sowohl Insolvenzverfahren als auch eine Nutzung des StaRUG ab dem Zeitpunkt der drohenden Zahlungsunfähigkeit gangbare Wege sind – zu kritisieren ist,[921] sind die Auswirkungen der Berücksichtigung von nicht ausgeübten Stimmrechten für die Anleiherestrukturierung gravierender. Vor dem Hintergrund dieses faktischen Quorums könnte bestenfalls ein Gleichlauf mit den Beschlussfähig-

919 So auch *Herzig* in Braun, StaRUG, § 25 Rn. 10; ähnlich *Spahlinger*, NZI-Beilage 2021, 32 (33), der die erheblich höheren Anforderungen als in einem Insolvenzplanverfahren betont.

920 Die Restrukturierungs-RL setzt gemäß Art. 9 Abs. 6 UAbs. 1 Restrukturierungs-RL eine Mehrheit voraus. Mehrheit bedeutet notwendigerweise mindestens 50 % + eine weitere Stimme. Ähnlich *Heß*, Restrukturierung des Insolvenzrechts, S. 158.

921 So wohl *Kowalewski/Praß* in Morgen, StaRUG, § 25 Rn. 11, 19.

keitsvoraussetzungen des SchVG geschaffen werden.[922] Für die Anleiherestrukturierung würde das StaRUG auch bei der Implementierung der kleinstmöglichen Mehrheit keinen nennenswerten Vorteil gegenüber dem SchVG aufweisen.

2. Keine Berücksichtigung nicht ausgeübter Stimmrechte *de lege ferenda*

Die Berücksichtigung nicht ausgeübter Stimmrechte bei der Berechnung der notwendigen Mehrheit für die Annahme des Restrukturierungsplans gemäß § 25 Abs. 1 StaRUG[923] würdigt die aus der schuldverschreibungsrechtlichen Praxis erwiesene Passivität der Teilschuldverschreibungsgläubiger Gläubiger nicht hinreichend.[924] Eine Abkehr von der Berücksichtigung der nicht ausgeübten Stimmrechte bei der Berechnung der notwendigen Mehrheit der Abstimmungsgruppe ist *de lege ferenda* allerdings nicht möglich. Betreffend die Annahme eines Restrukturierungsplans bestimmt Art. 9 Abs. 6 UAbs. 1 Restrukturierungs-RL, dass ein Restrukturierungsplan als von den betroffenen Parteien angenommen gilt, wenn bezogen auf den Betrag ihrer Forderungen oder Beteiligungen in jeder Klasse eine Mehrheit erreicht wird. Diese Terminologie offenbart, dass die Restrukturierungs-RL bei der Berechnung der notwendigen Mehrheit für die Annahme des Restrukturierungsplans nicht zwischen teilnehmenden und nicht teilnehmenden Stimmrechten differenziert. Vielmehr gilt ein Restrukturierungsplan erst dann als angenommen, wenn, bezogen auf den Betrag ihrer Forderungen oder Beteiligungen, in jeder Abstimmungsklasse des Restrukturierungsplans die notwendige Mehrheit erreicht wird. Somit postuliert die Restrukturierungs-RL, dass die Zustimmenden betragsmäßig die gemäß Art. 9 Abs. 6 UAbs. 2 Restrukturierungs-RL notwendige Mehrheit der Forderungen oder Beteiligungen der jeweiligen Klasse verkörpern müssen. Maßgebend ist nur der Betrag der Forderungen der Klasse ohne Ansehen der Ausübung der dazugehörigen Stimmrechte. Daraus folgt, dass bei der Abstimmung über den Restrukturierungsplan auch die nicht an der Abstimmung teilgenommenen Stimmrechte bei der Berechnung der erforderlichen Mehrheit zu berücksichtigen sind.[925] Die Erwägungsgründe der Restrukturierungs-RL sekundieren einer solchen Interpretation. Gemäß ErwG 47 Restrukturierungs-RL soll durch die Berücksichtigung der Stimmrechte aller Planbetroffenen sichergestellt werden, dass die Parteien in dem Maße Einfluss auf die Annahme von Restrukturierungsplänen haben, in dem sie an dem Unternehmen beteiligt sind. Ihren Einfluss können diese auch durch Untätigkeit bei der Abstimmung ausdrücken.[926] Aus dem Wortlaut des Art. 9 Abs. 6 UAbs. 2 Restrukturierungs-RL sowie den Erwägungsgründen der Restrukturierungs-RL folgt somit der indisponible Charakter der Regelung, sodass die Mitgliedstaaten

922 Bei Herabsetzung der gemäß § 25 Abs. 1 StaRUG erforderlichen Mehrheit auf eine einfache Mehrheit bestünde ein faktisches Quorum in dieser Höhe. Dies entspricht § 15 Abs. 3 Satz 1 SchVG.

923 Zu Einzelheiten vorstehend Kap. II § 5 E. II 2.

924 Zu Einzelheiten vorstehend Kap. I § 2 D. III.

925 So auch *Eckelt*, Restrukturierungsrahmen, S. 815; diesen Umstand in dem Rahmen des Richtlinienentwurfs kritisierend *Heß*, Restrukturierung des Insolvenzrechts, S. 310 *Specovius/von Wilcken*, NZI-Beilage 2017, 24 (26); a. A. wohl *Kowalewski/Praß* in Morgen, Präventive Restrukturierung, Art. 9 Rn. 74.

926 So *Eckelt*, Restrukturierungsrahmen, S. 813.

hiervon nicht in dem Rahmen der nationalen Umsetzung abweichen können.[927] Leider entscheidet der europäische Gesetzgeber sich betreffend die Annahme des Restrukturierungsplans gegen eine praxistaugliche Ausgestaltung für die Restrukturierung von Publikumsanleihen. In diesem Punkt weist die Restrukturierungs-RL und das StaRUG eine Schwäche auf,[928] wodurch die isolierte Anleiherestrukturierung gemäß dem StaRUG ohne gemeinsamen Vertreter der Teilschuldverschreibungsgläubiger zu einer Sisyphusaufgabe verkommt.[929]

E. Mehrfache Inanspruchnahme

Auch die Frage nach der mehrfachen Inanspruchnahme des jeweiligen Restrukturierungsregimes ist unterschiedlich zu beantworten. Das SchVG sieht insoweit keine Einschränkungen vor und erlaubt eine »Kettenrestrukturierung«[930]. Solange keine anderen rechtlichen Gründe – insbesondere die Insolvenzantragspflicht gemäß § 15a Abs. 1 InsO – dagegensprechen, kann theoretisch monatlich eine Änderung der Anleihebedingungen gemäß dem SchVG durchgeführt werden. Für die Zulässigkeit einer erneuten Nutzung der Instrumente des StaRUG zu dem Zwecke der Modifizierung der Anleihebedingungen ist entscheidend, aus welchem Grund dies erneut geschehen soll. Solange eine Bestätigung des die Anleihebedingung ändernden Restrukturierungsplans noch nicht erwirkt worden ist, besteht weiterhin die Möglichkeit, unter Zuhilfenahme des StaRUG eine Restrukturierung der Anleihe zu erreichen. Bedarf es lediglich einer weiteren Abstimmung über den Restrukturierungsplan, weil in einer vorherigen Abstimmung die notwendigen Mehrheiten nicht erreicht worden sind, ist dies zweifelsfrei möglich. Erst dann, wenn eine Restrukturierungssache abgeschlossen worden ist und die Restrukturierungsmaßnahmen der gerichtlichen Planbestätigung folgend umgesetzt worden sind, unterbindet das StaRUG unter den Voraussetzungen des § 33 Abs. 2 Satz 1 Nr. 4 lit. a StaRUG eine erneute Anwendung seiner selbst. Zwingend ist eine solche Ausgestaltung des StaRUG nicht. Die Restrukturierungs-RL erlaubt den Mitgliedstaaten gemäß Art. 4 Abs. 4 Restrukturierungs-RL, den Zugang zu einem präventiven Restrukturierungsrahmen einer Beschränkung zuzuführen. Diesen Umsetzungsspielraum nutzt der deutsche Gesetzgeber durch § 33 Abs. 2 Nr. 4 StaRUG aus.[931]

927 A. A. mit Blick auf die Zulässigkeit der Implementierung eines Quorums *de lege ferenda* *Kaiser*, ZInsO 2024, 1461 (1464); *Kowalewski/Praß* in Morgen, Präventive Restrukturierung, Art. 9 Rn. 74; *Lürken*, ZIP 2021, 1305 (1307); *Spahlinger* in BeckOK StaRUG, § 25 Rn. 7; *Schluck-Amend/Hacker*, WPg 2019, 737 (741).

928 Für die Restrukturierungs-RL ähnlich auch *Specovius/von Wilcken*, NZI-Beilage 2017, 24 (26).

929 Noch drastischer *Girotto* in BDA, Sanierung, § 1 Rn. 108.

930 Diese Begrifflichkeit mit Blick auf § 33 StaRUG verwendend *Hölzle* in BBF, Unternehmenssanierung, Teil 2, B., II., Rn. 91.

931 Die Richtlinienkonformität der nationalen Umsetzung bejahend *Pannen* in PRS, StaRUG, § 33 Rn. 27; *Schluck-Amend* in Jacoby/Thole, StaRUG, § 33 Rn. 5. Die Richtlinienkonformität der nationalen Umsetzung anzweifelnd *Fritz* in MüKo StaRUG, § 33 Rn. 9; *Kramer* in BeckOK StaRUG, § 33 Rn. 6.

Ebenso könnte jedoch auch auf eine Begrenzung verzichtet werden, sodass das StaRUG in kurzen Zeitabschnitten hintereinander genutzt werden könnte. Entsprechend der Rechtslage im *Chapter 11*-Verfahren (sog. *Chapter 22*)[932] sollte der deutsche Gesetzgeber den Aufhebungsgrund des § 33 Abs. 2 Nr. 4 StaRUG streichen und mehrfache Restrukturierungen zulassen, obschon diese auf der gleichen Krise beruhen. Praktisch nicht völlig fernliegend, ist, dass zunächst eine Stundung für einen kurzen Zeitraum durch einen Restrukturierungsplan implementiert wird,[933] um Zeit zu gewinnen. Die Gläubiger sind durch das Eingangskriterium der drohenden Zahlungsunfähigkeit und die Anforderungen an den Restrukturierungsplan, insbesondere das Schlechterstellungsverbot ausreichend geschützt, sogar mehr als unter dem SchVG, in dem eine Kettenrestrukturierung zulässig ist.

932 Siehe exemplarisch *Fieldwood Energy LLC*, die zwei Mal innerhalb von 2 Jahren ein *Chapter 11*-Verfahren anstrengte, *Chutchian*, Reuters v. 4. August 2020, abrufbar unter: https://www.reuters.com/article/instant-article/idUSL1N2F61IM/ (zuletzt abgerufen am 31. Oktober 2025).

933 Siehe den Restrukturierungsplan i. S. BRANICKS Group AG, der nur eine Stundung von weniger als 18 Monaten vorsah, abrufbar unter: https://branicks.com/download/ir/starug/zusammenfassung_des_plans.pdf (zuletzt abgerufen am 31. Oktober 2025).

§ 8 Vorteile des StaRUG gegenüber dem SchVG

Nachdem die Vorteile des SchVG und der bisherigen Praxis der Anleiherestrukturierung gegenüber dem StaRUG begutachtet wurden, ist nunmehr der Blick auf die Vorteile des StaRUG gegenüber dem SchVG zu werfen. Diese liegen insbesondere in der Einbeziehung ausländischer Anleihen, der Aggregation verschiedener Anleiheemissionen und dem Rechtsschutz.

A. Einbeziehungsmöglichkeiten ausländischer Anleihen

Im Unterschied zu dem SchVG, welches gemäß § 1 Abs. 1 SchVG nur für nach deutschem Recht begebene Schuldverschreibungen anwendbar ist, ermöglicht das StaRUG Emittenten mit *COMI* in Deutschland die Restrukturierung ihrer nach ausländischem Recht emittierten Anleihen. In einen Restrukturierungsplan kann ein deutscher Emittent somit auch Forderungen von Teilschuldverschreibungsgläubigern einbeziehen, die in den Anleihebedingungen ausländischem Recht unterstellt sind, somit insbesondere Anleihen nach dem Recht New Yorks oder Luxemburgs restrukturieren.[934] Hat der Schuldner eine Anleihe nach ausländischem Recht emittiert, ist eine Restrukturierung unter Anwendung deutschen Rechts nur durch Einbeziehung in den Restrukturierungsplan möglich.

B. Gestaltung von Anteils- und Mitgliedschaftsrechten gegen den Willen der Gesellschafter

Für eine Änderung der Anleihebedingungen durch einen Mehrheitsbeschluss der Teilschuldverschreibungsgläubiger nach dem SchVG besteht weder bei einer GmbH noch bei einer AG das Erfordernis einer vorherigen Zustimmung der Anteilsinhaber. Eine Einbeziehung der Gesellschafter geschieht dabei nur, wenn gesellschaftsrechtliche Maßnahmen – insbesondere ein *debt-equity-swap* – durchgeführt werden sollen. Jene werden dann nach den Vorgaben der einschlägigen gesellschaftsrechtlichen Vorschriften über Kapitalherabsetzung (z. B. die §§ 222 ff. AktG, §§ 58 ff. GmbHG) und Kapitalerhöhung (z. B. die §§ 182 ff. AktG, §§ 55 ff. GmbHG) vollzogen.[935] Eine Überstimmung anderer Gläubiger oder der Gesellschafter des Emittenten kann durch das SchVG nicht erreicht werden, wodurch der Charakter des SchVG als Organisations-

934 Zu Einzelheiten vorstehend Kap. II § 5 A. II.

935 Siehe dazu auch *Röh* in Preuße/Vogel, SchVG, § 4 Rn. 35; im Ergebnis eine Zustimmung der Anteilsinhaber nur für die Umsetzung gesellschaftsrechtlich relevanter Maßnahmen erwähnend *Thole* in Hopt/Seibt, SchvR, § 4 Rn. 28; *Thole* in Hopt/Seibt, SchvR, § 5 Rn. 61; auch *Vogel* in BeckOGK SchVG, § 5 Rn. 48.

recht der Teilschuldverschreibungsgläubiger[936] deutlich wird. Für die schlichte Gestaltung der Forderungen aus den Teilschuldverschreibungen existieren keine unmittelbaren Unterschiede. Beide Verfahren können ohne Einbeziehung der Gesellschafter initiiert und die Forderungen der Teilschuldverschreibungsgläubiger in der Folge gestaltet werden. Unterschiede bestehen daher nur, wenn nicht nur eine finanzielle Restrukturierung des Schuldners angestrebt ist, sondern auch gesellschaftsrechtliche Maßnahmen durchgeführt werden sollen. Dies kann nur unter Zuhilfenahme des StaRUG geschehen.

C. Kein Ruhen von Stimmrechten

Gemäß § 6 Abs. 1 Satz 2 SchVG ruht bei einer schuldverschreibungsrechtlichen Beschlussfassung der Teilschuldverschreibungsgläubiger das einer Teilschuldverschreibung immanente Stimmrecht, wenn ein mit dem Schuldner verbundenes Unternehmen Inhaber der Teilschuldverschreibungen ist oder die Teilschuldverschreibung für Rechnung des Schuldners oder eines mit ihm verbundenen Unternehmen gehalten wird. In dem Rahmen der Abstimmung über einen Restrukturierungsplan sieht § 24 StaRUG eine vergleichbare Vorschrift hingegen nicht vor,[937] obwohl dies gemäß Art. 9 Abs. 3 lit. c Restrukturierungs-RL zulässig gewesen wäre. In den Fällen, in denen verbundene Unternehmen Teilschuldverschreibungen des Schuldners halten, dürfen diese über den Restrukturierungsplan abstimmen. In Anbetracht dieser Tatsache dürfte bei einer Abstimmung über den Restrukturierungsplan ein anderes Abstimmungsergebnis zustande kommen als bei einer Beschlussfassung gemäß dem SchVG.[938] Dieser Umstand kann einen Einfluss auf die Wahl des Restrukturierungsregimes aufweisen, da eine Majorisierung der Teilschuldverschreibungsgläubiger über die Zustimmung des verbundenen Unternehmens möglich ist.

D. Oktroyieren von Maßnahmen; faktische Aggregation

Versucht der Emittent einer Anleihe, die Anleihebedingungen gemäß dem SchVG zu ändern, ist er auf die Mitwirkung und die Zustimmung der Teilschuldverschreibungsgläubiger angewiesen. Der Emittent hat die Teilschuldverschreibungsgläubiger von den angedachten Maßnahmen zu überzeugen indem er diesen vermittelt, dass die avisierten Restrukturierungsmaßnahmen langfristig die renditeträchtigeren aus der Sicht der Teilschuldverschreibungsgläubiger sind. Gelingt dies nicht und die Teilschuldverschreibungsgläubiger verweigern eine Zustimmung zu den Änderungen der Anleihe-

936 Begrifflichkeit in Anlehnung an den Titel der Dissertation von *Liebenow*, Anleiheorganisationsrecht. Ähnlich auch *Thole* in Hopt/Seibt, SchvR, § 5 Rn. 6 m. w. N.

937 Zu Einzelheiten vorstehend Kap. II § 5 E. II. 1.

938 Siehe zu dem SchVG *Thole* in Hopt/Seibt, SchvR, § 6 Rn. 14; *Veranneman* in Veranneman, SchVG, § 6 Rn. 8.

bedingungen, ist eine außergerichtliche Restrukturierung der Anleihe nicht realisierbar. Anders als das SchVG bietet das StaRUG dem Emittenten einer Anleihe den Vorteil, die Teilschuldverschreibungsgläubiger notfalls auch gegen deren Willen einer Restrukturierungsmaßnahme zu unterwerfen. Unter den Voraussetzungen der §§ 26 ff. StaRUG besteht die Möglichkeit, eine ablehnende Abstimmungsgruppe als Ganze zu überstimmen. In Anbetracht der Tatsache, dass mit der Zustimmung einer Gruppe von Teilschuldverschreibungsgläubigern einer Anleihe die Teilschuldverschreibungsgläubiger einer anderen Anleihe überstimmt werden können, kann durch die Möglichkeit des *cross-class cram-down* eine faktische Aggregation von verschiedenen Anleihen des Schuldners geschaffen werden.[939] Unter Anwendung des SchVG ist ein solches Vorgehen hingegen nicht möglich.[940] Das SchVG unterbindet ein solches Vorgehen, wenn es gemäß § 1 Abs. 1 SchVG die Inhaltsgleichheit der Teilschuldverschreibungen fordert. Aus diesem Grunde entsteht nicht nur ein erheblicher Mehraufwand,[941] sondern auch die Möglichkeit, dass die Teilschuldverschreibungsgläubiger einer Anleihe sich darauf verständigen, bei der Abstimmung über eine angedachte Restrukturierungsmaßnahme untätig zu bleiben und zu spekulieren, dass die Teilschuldverschreibungsgläubiger einer anderen Emission mit deren Sanierungsbeitrag zu der Gesundung des Emittenten beitragen, sodass erstere, ohne einen eigenen Beitrag geleistet zu haben, von der beschlossenen Maßnahme einer Schwesteranleihe profitieren und in dem günstigsten Falle eine Vollbefriedigung erreichen können.[942] Für die Restrukturierung von mehreren emittierten Anleihen bedarf es somit keiner kostenverursachenden Parallelversammlungen[943] der Teilschuldverschreibungsgläubiger einzelner Emissionen,[944] sodass die Abstimmung über den Restrukturierungsplan Kostenvorteile mit sich bringen kann. Zwar bietet das StaRUG diesen über das SchVG hinausgehenden Vorteil. Die Umsetzung der Voraussetzungen für einen *cross-class cram-down* offenbaren *de lege lata* aber dennoch einige größere und kleinere Hürden. Zunächst ziehen die Vorgaben der konkreten Einteilung der Planbetroffenen in Gruppen – welche für einen *cross-class cram-down* elementare Bedeutung aufweisen – Grenzen für das sog. *gerrymandering*. Ferner könnte insbesondere das Erfordernis der Anzahl der zustimmenden Abstimmungsklassen sowie die Implementierung der *absolute priority rule* kombiniert mit einem Besserstellungsverbot sich als Hemmschuh erweisen. In Anbetracht dieser Tatsachen kommt die Frage auf, ob diese Voraussetzungen der §§ 9, 26 ff. StaRUG in richtlinienkonformer Weise restrukturierungsfreundlicher ausgestaltet werden können.

939 Siehe ähnlich für das Insolvenzverfahren *Baums*, ZHR 177 (2013), 807 (811 f.).

940 Statt vieler *Thole* in Hopt/Seibt, SchvR, § 5 Rn. 5.

941 *Oulds* in Veranneman, SchVG, Vorb. zu § 5 Rn. 41 m. w. N.

942 Mit ähnlichem Beispiel *Baums*, ZHR 177 (2013), 807 (811 f.); so *Florstedt*, WiVerw 2014, 155 (160); ähnlich *Oulds* in Veranneman, SchVG, Vorb. zu § 5 Rn. 41; ähnlich *Vogel*, ZBB 2011, 211 (214).

943 *Oulds* in Veranneman, SchVG, Vorb. zu § 5 Rn. 41.

944 Zu der Zulässigkeit von Parallelabstimmungen *Bliesener/Schneider* in LBS, BankR-Komm., 17. Kap, § 5 Rn. 101; *Florstedt*, WiVerw 2014, 155 (160).

I. Taktische Gruppeneinteilung

Gemäß § 9 StaRUG sind die Planbetroffenen in verschiedene Gruppen einzuteilen, wobei diese Klassen über die Annahme des Plans entscheiden. Unter Berücksichtigung der Voraussetzungen des *cross-class cram-down* kommt einer taktischen Gruppeneinteilung eine erhebliche Bedeutung zu, wobei dem Planarchitekten dabei *de lege lata* Grenzen gezogen sind. Es bedarf gemäß § 9 Abs. 2 Satz 2 StaRUG einer sachgerechten Differenzierung zwischen den einzelnen Gruppen.[945] In einem Extrembeispiel ist eine über diese sachgerechte Differenzierung hinausgehende Gestaltung der Gruppen zweckmäßig, wenn eine Zustimmung zu dem Restrukturierungsplan auf anderem Wege nicht erreichbar scheint. Eine nationale Regelung, die dies zuließe, wäre mit der Restrukturierungs-RL indes nicht vereinbar. Die Restrukturierungs-RL determiniert nicht, wie die Gruppeneinteilung zu geschehen hat. Art. 9 Abs. 4 UAbs. 1 Restrukturierungs-RL sieht lediglich vor, dass die Einteilung in Gruppen auf Grundlage überprüfbarer Kriterien erfolgt und die gemeinsamen Interessen der Gruppenangehörigen in ausreichendem Maße abgebildet werden. Zwar bleibt dabei unausgesprochen, welche überprüfbaren Kriterien das sein sollen.[946] Aber für die untersuchte Frage impliziert das Erfordernis der überprüfbaren Kriterien, welche gemeinsame Interessen abbilden, dass konturenlose Gruppenbildungen zu dem Zwecke des Erreichens der Voraussetzungen des *cross-class cram-down* unter der Restrukturierungs-RL unzulässig sind.[947] Daher beinhaltet das StaRUG bereits die liberalste Ausgestaltung der Gruppeneinteilung unter der Restrukturierungs-RL.

II. Anzahl der zustimmenden Gruppen

Gemäß § 26 Abs. 1 Nr. 3 Hs. 1 StaRUG bedarf es für einen *cross-class cram-down* der Zustimmung von mehr als der Hälfte der Abstimmungsklassen. Eine Zustimmung von mehr als der Hälfte der abstimmenden Gruppen ist indes nicht gesichert,[948] weshalb eine Entschärfung dieser Voraussetzung ein Desiderat darstellen kann. Insoweit ermöglicht Art. 11 Abs. 1 UAbs. 1 lit. b Nr. ii Restrukturierungs-RL, dass den Plan ablehnende Klassen schon von einer einzigen anderen Abstimmungsklasse *via cross-class cram-down* überstimmt werden können, wenn die zustimmende Klasse weder eine Klasse von Anteilsinhabern, nachrangigen Gläubigern oder Gläubigern, die unter Anwendung normalen Rangfolge der Liquidationsprioritäten keine Zahlung erhalten, ist (»*in the money*«)[949]. Resultierend daraus ergibt für den Planarchitekten die Möglichkeit

945 Zu Einzelheiten vorstehend Kap. III § 5 D. II. 1., 4.

946 Insofern auf einen entsprechenden Umsetzungsspielraum der Mitgliedstaaten hinweisend *Eckelt*, Der präventive Restrukturierungsrahmen, S. 757; so auch *Kowalewski/Praß* in Morgen, Präventive Restrukturierung, Art. 9 Rn. 37.

947 So auch und dies ausführend *Eckelt*, Restrukturierungsrahmen, S. 758.

948 *Kowalewski/Praß* in Morgen, StaRUG, § 25 Rn. 18.

949 In diesem Zusammenhang für die Restrukturierungs-RL nutzend *Eckelt*, Restrukturierungsrahmen, S. 933; diesen Ausdruck in einem anderen Zusammenhang verwendend *Jungmann*, ZRI 2021, 209 (216).

sich, eine Abstimmungsklasse nur zu dem Zwecke zu bilden, mit deren Zustimmung eine andere Abstimmungsklasse via *cross-class cram-down* zu majorisieren.[950] Gegner einer solchen Umsetzung befürchten insbesondere ein erhöhtes Missbrauchspotential zugunsten des Schuldners. Sie monieren, dass für den Schuldner bei einer solchen Ausgestaltung die Möglichkeit bestünde, eine »Family & Friends«[951] Abstimmungsklasse nur zu dem Zwecke zu bilden, um mit deren Zustimmung eine andere Abstimmungsklasse via *cross-class cram-down* zu majorisieren.[952] Bei näherer Betrachtung ist einer solchen Befürchtung jedoch nicht über die Anzahl der zustimmenden Klassen zu begegnen. Ausreichend, aber auch erforderlich ist vielmehr, dass eine solche Konstellation in dem Rahmen der sachgerechten Einbeziehung von Gläubigern und deren Einteilung in Abstimmungsgruppen adressiert werden kann und entsprechend justiziabel ist.[953] Dadurch wird solchen missbräuchlichen Gestaltungen Einhalt geboten. Ferner ist festzuhalten, dass die überstimmten Klassen durch den Restrukturierungsplan nicht schlechter gestellt werden dürfen, als diese ohne einen Restrukturierungsplan stünden. Zuletzt unterstützt auch ein Blick in das primär auf die Restrukturierung ausgelegte US-amerikanische Insolvenzrecht die hier vorgeschlagene Ausgestaltung. Der *Bankruptcy Code* ermöglicht in 11 U.S.C. § 1129(a)(10), (b) die Möglichkeit eines *cross-class cram-down*, wenn nur eine beeinträchtigte Klasse dem Plan zustimmt.[954]

In Anbetracht dieser Tatsachen und dem durch eine solche Ausgestaltung unangetasteten Bestehen des Schlechterstellungsverbots kann festgehalten werden, dass eine solch restrukturierungsfördernde Ausgestaltung eine signifikante materielle Unterscheidung zwischen von Restrukturierungs- und Insolvenzverfahren manifestieren

950 Einer solchen Umsetzung aus diesem Grunde krit. gegenüberstehend *Heß*, Restrukturierung des Insolvenzrechts, S. 185 f.; *Morgen* in Schmidt, SanR, Teil 2 Rn. 134.

951 *Morgen* in Schmidt, SanR, Teil 2 Rn. 134.

952 Ähnliches in dem Rahmen des § 27 Abs. 1 Nr. 3 StaRUG ansprechend *Herweg* in MüKoStaRUG, § 27 Rn. 61; einer solchen Umsetzung aus diesem Grunde krit. gegenüberstehend *Heß*, Restrukturierung des Insolvenzrechts, S. 185 f.

953 Zu der Einbeziehung von Kleinstgläubigern, deren Restrukturierungsbeitrag für die Gesundung des Schuldners ohne Auswirkung bleibt, vorstehend Kap. II § 5 D. I.; ähnlich *Kowalewski/Praß* in Morgen, StaRUG, § 26 Rn. 66.

954 So auch explizit *Liedl*, Gläubigerklassen, S. 170; *Westpfahl* in Seibt/Westpfahl, StaRUG, § 26 Rn. 14; dies wohl verkennend *Herweg* in MüKoStaRUG, § 26 Rn. 20, der 11 U.S.C. § 1129 (a) (8), (10) so interpretiert, dass daraus folgen würde, alle Klassen müssten den Plan annehmen. Dies ist mitnichten so und wäre auch sinnfrei, da dann kein *cross-class cram-down* notwendig wäre. Vielmehr benötigt es eines *cross-class cram-down*, dessen Voraussetzungen in 11 U.S.C. § 1129 (b) – *nonconsensual plan* – normiert sind, wenn 11 U.S.C. § 1129 (a) (8) – das Konsenserfordernis – nicht gegeben ist. Sodann reicht es aus, dass eine *impaired class* gemäß 11 U.S.C. § 1129 (a) (10) zugestimmt hat, soweit die übrigen Voraussetzungen aus 11 U.S.C. § 1129 (a) und ferner die Voraussetzungen des 11 U.S.C. § 1129 (b) erfüllt sind. Allerdings weist *Herweg* in MüKoStaRUG, § 26 Rn. 42 selbst darauf hin, dass in einem *Chapter 11*-Verfahren nur eine zustimmende Gruppe für einen *cross-class cram-down* vorausgesetzt wird.

würde und eine Neuausrichtung in der Restrukturierungsmentalität bewirken kann.[955] Ein Vorschlag, der dies berücksichtigt, könnte aussehen:

§ 26 StaRUG-E: Gruppenübergreifende Mehrheitsentscheidung

(1) Wird in einer Gruppe die nach § 25 erforderliche Mehrheit nicht erreicht, gilt die Zustimmung dieser Gruppe als erteilt, wenn,

1. <u>eine</u> der abstimmenden Gruppen dem Plan mit den erforderlichen Mehrheiten zugestimmt hat; ~~wurden lediglich zwei Gruppen gebildet, genügt die Zustimmung der anderen Gruppe;~~ die zustimmenden Gruppe~~n~~ darf nicht ausschließlich durch Anteilsinhaber oder nachrangige Restrukturierungsgläubiger gebildet sein.

III. Absolute priority rule oder relative priority rule de lege ferenda

1. Darstellung Umsetzungsspielraum

Die deutsche Umsetzung der Restrukturierungs-RL *in puncto* Voraussetzungen für den *cross-class cram-down* die in § 27 Abs. 1 Nr. 2 StaRUG normierte *absolute priority rule* mit einem in § 27 Abs. 1 Nr. 3 StaRUG niedergeschriebenen Besserstellungsverbot.[956] Vor diesem Hintergrund stellt die Frage sich, ob die Voraussetzungen des *cross-class cram-down* für den nationalen Gesetzgeber disponibel sind und, wenn ja, welche anderweitigen Konzeptionen *de lege ferenda* einen Vorteil für die Restrukturierung einer Anleihe verglichen mit der *lex lata* mit sich brächten. Grundsätzlich statuiert die Restrukturierungs-RL die *relative priority rule* als den Standard für den *cross-class cram-down.*[957] Gemäß Art. 11 Abs. 1 UAbs. 1 lit. c Restrukturierungs-RL hat der Restrukturierungsplan sicherzustellen, dass ablehnende Abstimmungsklassen betroffener Gläubiger mindestens ebenso wie andere gleichrangige Klassen und besser als alle nachrangigen Klassen gestellt werden. Die *absolute priority rule* findet zunächst keine Erwähnung. Erst Art. 11 Abs. 2 UAbs. 1 Restrukturierungs-RL ermöglicht es den Mitgliedstaaten, alternativ zu der *relative priority rule die absolute priority rule* in das nationale Recht zu implementieren.[958]

955 So auch *Herweg* in MüKoStaRUG, § 26 Rn. 43; im Ergebnis auch *Kaiser*, ZInsO 2024, 1461 (1466); *Kowalewski/Praß* in Morgen, StaRUG, § 26 Rn. 10 m. w. N.; wohl *Westpfahl* in Seibt/Westpfahl, StaRUG, § 26 Rn. 58; a. A. *IDW*, ZInsO 2020, 46 (56); wohl *Morgen* in Schmidt, SanR, Teil 2 Rn. 126; *Tilgner*, NZI 2022, 761 (764); wohl *Vallender* in FS Wimmer, 2017, 537 (552). Siehe dazu auch die niederländische Umsetzung der Restrukturierungs-RL vor, die in Art. 383 Abs. 1 Fw die Zustimmung nur einer Gruppe fordert, dazu *Kern*, NZI-Beilage 2021, 74.

956 Zu Einzelheiten vorstehend Kap. III § 5 E. III. 2. b), c).

957 *Eckelt*, Restrukturierungsrahmen, S. 946; mit einer Darstellung des Gangs der Ausarbeitung der Restrukturierungs-RL *Liedl*, Gläubigerklassen, S. 170 f.

958 *Eckelt*, Restrukturierungsrahmen, S. 952; *Flöther*, ZInsO 2019, 1582 (1585), *Skauradszun*, KTS 2019, 161 (188).

2. Isolierte Anleiherestrukturierung

Soll lediglich eine emittierte Anleihe isoliert in einem Restrukturierungsplan restrukturiert werden, weisen die Voraussetzungen *des cross-class cram-down* keine Relevanz auf. Mangels weiterer Abstimmungsgruppe können die Teilschuldverschreibungsgläubiger nicht majorisiert werden.

3. Aggregation von Anleihen oder Einbeziehung sonstiger Gläubiger

Relevanz entfalten die Voraussetzungen für einen *cross-class cram-down* erst dann, wenn mehrere Anleihen restrukturiert werden sollen oder wenn neben Teilschuldverschreibungsgläubigern weitere Gläubiger einbezogen werden.

a) *Absolute priority rule* ohne Besserstellungsverbot

Wie bereits examiniert,[959] resultiert aus der Implementierung der *absolute priority rule*, dass die Inhaber der Anteile des Schuldners nur in Ausnahmefällen auch nach der Restrukturierung der Anleihe Inhaber der Anteile des Schuldners bleiben können, wenn einer vorrangigen dissentierenden Gruppe ein Restrukturierungsbeitrag abverlangt wird. Hierdurch können Hindernisse auftreten,[960] da vorrangige Gläubigerklassen deshalb opponieren können, um eine maximale Befriedigung zu erhalten.[961] Ferner beinhaltet die Konzeption der Voraussetzungen des *cross-class cram-down* in § 27 Abs. 1 Nr. 3 StaRUG das Verbot einer Besserstellung gleichrangiger Gruppen. Dem Planarchitekten dürfte die Erreichung der Voraussetzungen eines *cross-class cram-down* hingegen vereinfacht gelingen, wenn bei der Allokation der Restrukturierungsbeiträge gleichrangige Gruppen unterschiedlich behandelt werden können.[962] Allerdings ist darauf hinzuweisen, dass das Besserstellungsverbot gemäß § 27 Abs. 1 Nr. 3 StaRUG bereits *de lege lata* durch § 28 Abs. 1 StaRUG liberalisiert ist. Deshalb ist es möglich, dass der Restrukturierungsplan für gleichrangige Gläubigergruppen verschiedene Sanierungsbeiträge vorsieht, wenn eine solche Allokation sachgerecht ist. Darüber hinaus ist eine Umsetzung der *absolute priority rule* ohne ein Besserstellungsverbot zwar von dem Wortlaut der Restrukturierungs-RL gedeckt.[963] Eine solche

959 Siehe vorstehend Kap. III § 5 E. III. 2 b.

960 So *Kaldenbach* in HK-RestrR, § 27 Rn. 18; *Kowalewski/Praß* in Morgen, StaRUG, § 27 Rn. 18; *Wilkens*, WM 2021, 573 (580).

961 *Kowalewski/Praß* in Morgen, StaRUG, § 27 Rn. 12.

962 Allgemein die insolvenzrechtliche Parallelnorm der *absolute priority rule* – § 245 Abs. 2 Nr. 2 InsO – als von untergeordneter Bedeutung bezeichnend *Heß*, Restrukturierung des Insolvenzrechts, S. 186 f.; den Fall, dass gleichrangige Klassen unterschiedlich behandelt werden als den »eigentlich relevanten [...]« bezeichnend *Korch*, ZHR 182 (2018), 440 (478); ähnlich *Kowalewski/Praß* in Morgen, Präventive Restrukturierung, Art. 11 Rn. 7; die *absolute priority rule* als «weniger gewichtig« bezeichnend *Thole*, ZIP 2017, 101 (109 f.); ähnlich *Stohrer*, ZInsO 2018, 660 (666), die die Relevanz des Vergleichs gleichrangiger Klassen hervorhebt; eine Ungleichbehandlung bei gleicher Rangstellung als schwerwiegender bezeichnend *Specovius/von Wilcken*, NZI-Beilage 2017, 24 (27).

963 Siehe zu der Richtlinienkonformität dieser Regelung vorstehend Kap. II § 5 E. III. 2. c) (2).

Umsetzung scheint aber mit Art. 3 Abs. 1 GG zu konfligieren, weil ohne sachlichen Grund differenziert würde.[964]

b) Relative priority rule

Abhilfe der skizzierten Probleme könnte die Implementierung der *relative priority rule* schaffen. Bei isolierter Betrachtung der *relative priority rule* soll diese eine frühzeitige Restrukturierung anregen, weil Anteilsinhaber bei einem *cross-class cram-down* und der Anwendung der *relative priority rule* weiter an dem Schuldner beteiligt bleiben können.[965] Andererseits führt die *relative priority rule* dazu, dass der Planarchitekt für die Allokation der Restrukturierungsbeiträge zu den einzelnen Gruppen einen begrenzten Gestaltungsspielraum vorfindet. Gälte nur die *relative priority rule*, wäre ein *cross-class cram-down* dann möglich, wenn alle gleichrangigen Gruppen gleichgestellt und besser als nachrangigen Gruppen gestellt werden. Ausnahmen von der *relative priority rule* wären nicht zulässig.[966] Insofern entfiele die Möglichkeit, durch eine sachgerechte Besserstellung von Gruppen gleichrangige dissentierende Gruppen zu überstimmen. Allerdings könnten die Anteilsinhaber weiterhin Inhaber der Anteile bleiben, solange die dadurch eintretende Wertallokation geringer als die der zu überstimmenden vorrangigen Gruppen ist.

In dem Lichte der Auswirkungen der *absolute priority rule und relative priority rule* auf die Restrukturierung der Anleihe ist zu konstatieren, dass die verschiedenen Interessen der einzelnen Stakeholder in verschiedenen Restrukturierungssachen nur selten konvergieren dürften und jedes Restrukturierungsvorhaben verschiedene Charakteristika aufweist. In Anbetracht dieser Tatsache ist ein abstraktes Optimierungspotential kaum zu determinieren. Die Voraussetzungen an einen *cross-class cram-down de lege lata* beinhalten aber einen veritablen Kompromiss, indem sowohl gleichrangige Klassen gemäß § 28 Abs. 1 Satz 1 StaRUG unterschiedlich behandelt werden können und die Anteilsinhaber die Anteile behalten können, indem sie den Wertzuwachs ausgleichen.

964 Wohl auch *Fridgen* in BeckOK StaRUG, § 9 Rn. 34 f.

965 Siehe dazu *Stanghellini/Mokal/Paulus/Tirado*, *CODIRE-Report*, S. 46, in dem die *relative priority rule* allgemein als die Einleitung frühzeitiger Restrukturierungsmaßnahmen incentivierend angesehen wird, da die Anteilsinhaber bei Anwendung der *relative priority rule* ihre Anteile behalten können. Diese Hoffnung der Initiatoren der Restrukturierungs-RL, die die *relative priority rule* als Standard ansieht für nicht erreichbar erachtend *Brinkmann*, EIR TLE-009-2019, abrufbar unter: https://www.tax-legal-excellence.com/relative-vorrang regel-art-11-1-c-insolvenzrichtlinie-brandgefaehrlich/ (zuletzt aufgerufen am 26. April 2025).

966 Die Restrukturierungs-RL erlaubt abweichende Vorschriften nur für die Implementierung der *absolute priority rule*, Art. 11 Abs. 2 UAbs. 2 Restrukturierungs-RL. Art. 11 Abs. 1 UAbs. 1 lit. c Restrukturierungs-RL sieht für die *relative priority rule* hingegen keine Zulässigkeit abweichender Vorschriften vor, siehe auch *Eckelt*, Restrukturierungsrahmen, S. 958, der Abweichungen nur von der *absolute priority rule* anspricht; so auch *Knapp* in Flöther, StaRUG, § 28 Rn. 2, der deshalb bereits die Richtlinienkonformität *de lege lata* bezweifelt.

Damit dürften regelmäßig sachgerechte Ergebnisse erzielt werden.[967] Sollte diese Annahme zukünftig nicht zutreffen, sollte der Gesetzgeber entsprechend die *relative priority rule* implementieren.[968] Ein Vorschlag, der dies berücksichtig könnte aussehen:[969]

§ 27 StaRUG-E: Relative Priorität

(1) Eine Gruppe von Gläubigern ist angemessen am Planwert beteiligt, wenn

1. kein anderer planbetroffener Gläubiger wirtschaftliche Werte erhält, die den vollen Betrag seines Anspruchs übersteigen,
2. ~~weder ein planbetroffener Gläubiger, der ohne einen Plan in einem Insolvenzverfahren mit Nachrang gegenüber den Gläubigern der Gruppe zu befriedigen wäre, noch der Schuldner oder eine an dem Schuldner beteiligte Person einen nicht durch Leistung in das Vermögen des Schuldners vollständig ausgeglichenen wirtschaftlichen Wert erhält und~~
3. kein planbetroffener Gläubiger, der in einem Insolvenzverfahren gleichrangig mit den Gläubigern der Gruppe zu befriedigen wäre, bessergestellt wird als diese Gläubiger und die Gläubiger der Gruppe bessergestellt werden als planbetroffene Gläubiger, die in einem Insolvenzverfahren nachrangig zu den Gläubigern der Gruppe zu befriedigen wären.

(2) Für eine Gruppe der an dem Schuldner beteiligten Personen liegt eine angemessene Beteiligung am Planwert vor, wenn nach dem Plan

1. kein planbetroffener Gläubiger wirtschaftliche Werte erhält, die den vollen Betrag seines Anspruchs übersteigen, und
2. ~~vorbehaltlich des § 28 Absatz 2 Nummer 1~~ keine an dem Schuldner beteiligte Person, die ohne Plan den Mitgliedern der Gruppe gleichgestellt wäre, bessergestellt wird als die Mitglieder der Gruppe.

E. Ausschluss der Differenzhaftung bei *debt-equity-swap*

Ebenfalls von Relevanz für die Wahl des Restrukturierungsregimes ist die Frage einer drohenden Nachhaftung der Teilschuldverschreibungsgläubiger bei Partizipation an einem *debt-equity-swap*. In Anbetracht der Tatsache, dass das StaRUG in § 67 Abs. 5 StaRUG einen Ausschluss der Differenzhaftung der tauschenden Teilschuldverschreibungsgläubiger vorsieht, ist zu konstatieren, dass dieser Umstand einen kleinen, aber doch existenten Vorteil gegenüber dem SchVG manifestiert.[970] Eine § 67 Abs. 5 StaRUG entsprechende Norm enthält das SchVG nämlich nicht.[971] Solange der *debt-*

967 Eine weitere Flexibilisierung für wünschenswert erachtend *Westpfahl/Liedl* in FS Gehrlein, 2022, S. 589 (608). A. A. *Brinkmann*, EIR TLE-009-2019, abrufbar unter: https://www.tax-legal-excellence.com/relative-vorrangregel-art-11-1-c-insolvenzrichtlinie-brandgefaehrlich/ (zuletzt aufgerufen am 26. April 2025); *Hofmann*, NZI-Beilage 2019, 22 (26).

968 Ähnlich auch *Westpfahl/Liedl* in FS Gehrlein, 2022, S. 589 (601).

969 Als Auswuchs der *absolute priority rule* wäre § 28 StaRUG ersatzlos zu streichen.

970 *Hoffmann* in Reinhard/Schall, SchVG, § 19 Rn. 90; *Lürken/Ruf* in Theiselmann, PHdB RestrR, Kap. 4 Rn. 132; ähnlich *Thole*, ZIP 2014, 293 (302).

971 *Thole* in Hopt/Seibt, SchvR, § 5 Rn. 68; *Westpfahl/Seibt* in Schmidt, SanR, Anh. zu § 39 InsO Rn. 147.

equity-swap nicht in einem Restrukturierungsplan vorgesehen ist, ist dieser Haftungsausschluss nicht anzuwenden.[972] Weshalb InsO und StaRUG einen Ausschluss der Differenzhaftung vorsehen, das SchVG hingegen nicht, lässt sich nicht über die Unterschiede der Restrukturierungsregime begründen. Insbesondere kommt der Durchführung des *debt-equity-swap* in dem Rahmen eines Insolvenz- oder Restrukturierungsplans keine höhere Legitimität zu. Vielmehr ist die Gemengelage in diesem Punkte vergleichbar, da die Anforderungen an die Prüfung der Werthaltigkeit der Forderung identisch sind und nicht durch das Insolvenz- oder Restrukturierungsrecht determiniert werden, sondern durch das einschlägige Gesellschaftsrecht.[973] Es erschließt sich nicht, weshalb die Wahl des Restrukturierungsregimes über eine eventuelle Nachhaftung bestimmen sollte. Darüber hinaus lässt das Risiko einer Differenzhaftung sich bei einem gemäß dem SchVG durchgeführten *debt-equity-swap* auch nicht dadurch vermeiden, dass die Kapitalerhöhung durch bedingtes Kapital gemäß § 194 Abs. 1 Satz 2 AktG erfolgt.[974] Von dem Anwendungsbereich des § 194 Abs. 1 Satz 2 AktG sind ausschließlich Wandelschuldverschreibungen i. S. d. § 221 Abs. 1 AktG umfasst.[975] Auf Schuldverschreibungen, bei denen das Wandlungsrecht oder die Wandlungspflicht erst nachträglich ergänzt wird – eine nachträgliche Ergänzung eines Wandlungsrechts ähnelt einem *debt-equity-swap* –, findet diese gläubigerbenachteiligende Norm hingegen keine Anwendung.[976] Deshalb besteht bei einem *debt-equity-swap* nach den Regeln des SchVG für die neu eintretenden Gesellschafter das Risiko, zu einem späteren Zeitpunkt – regelmäßig in dem Insolvenzverfahren über das Vermögen des ehemaligen Emittenten – für die Differenz zwischen dem in dem Zeitpunkt des *debt-equity-swap* tatsächlichen Werts und des für diesen Zeitpunkt angesetzten Werts der eingebrachten Forderungen zu haften. Freilich dürfte die Gefahr der Differenzhaftung nur selten über das Gelingen der Restrukturierung entscheiden. Vielmehr kann das in dem Restrukturierungsplan verfolgte Restrukturierungskonzept mit dem Ausschluss der Differenzhaftung bei einem *debt-equity-swap* nach den Regeln des StaRUG garniert und zu der Überzeugung der designierten Gesellschafter beitragen. In Anbetracht dieser Tatsache sollte der Gesetzgeber auch für einen *debt-equity-swap* basierend auf einem schuldverschreibungsrechtlichen Mehrheitsbeschluss der Teilschuldverschreibungsgläubiger einen Ausschluss der Differenzhaftung vorsehen. Zwar wird die in dem Rahmen des *debt-equity-swap* notwendige Kapitalerhöhung nach gesellschaftsrechtlichen Vorschriften bewirkt. Dennoch dürfte es der Übersichtlichkeit dienen, den Ausschluss der Differenzhaftung in dem SchVG und nicht dem entsprechenden Gesellschaftsrecht zu normieren. Ein Vorschlag dafür lautet:[977]

972 Siehe für einen Vergleich von SchVG und InsO *Huber/Madaus* in MüKoInsO, § 254 Rn. 41; wohl auch *Wilken/Schaumann/Zenker*, Anleihen, S. 152 Rn. 639.

973 Zu Einzelheiten vorstehend Kap. III § 5 D. III. 4. c) (1).

974 Dies andenkend, im Ergebnis jedoch ablehnend, *Friedl*, BB 2012, 1102 (1106) m. w. N.

975 So *Apfelbacher/Metzner* in Hölters/Weber, AktG, § 194 Rn. 5; *Fuchs* in MüKoAktG, § 194 Rn. 5.

976 So *Fest* in Hopt/Seibt, SchvR, § 221 AktG Rn. 126 m. w. N.; *Friedl*, BB 2012, 1102 (1106); *Thole* in Hopt/Seibt, SchvR, § 5 Rn. 69 m. w. N.

977 Die für notwendig erachteten Änderungen sind – unter Rekurs der in dem Rahmen des schuldverschreibungsrechtlichen Rechtsschutzes vorgeschlagenen Änderung des § 21 SchVG, Zu Einzelheiten vorstehend Kap. I § 2 F. VII. 2. c). – durch Hervorhebungen kenntlich gemacht.

§ 21 SchVG-E: Vollziehung von Beschlüssen

(5) Werden Schuldverschreibungen in Anteils- oder Mitgliedschaftsrechte an dem Schuldner umgewandelt (§ 5 Absatz 3 Satz 1 Nr. 5), kann der Schuldner nach dem Vollzug des Beschlusses keine Ansprüche wegen einer Überbewertung der Forderungen gegen die bisherigen Gläubiger geltend machen.

F. Rechtsschutz

Vor dem Hintergrund der Defizite des Rechtsschutzsystems des SchVG verkörpert der Rechtsschutz des StaRUG dessen größten Vorteil. Bei einer Restrukturierung nur nach dem StaRUG minimiert das Verzögerungsrisiko der Restrukturierung sich elementar. Der durch die Restrukturierungs-RL vorgegebene Ausschluss eines Suspensiveffekts ist zwingend und bereits in dem StaRUG umgesetzt worden. Damit entfällt bei einer Anleiherestrukturierung gemäß dem StaRUG das dem SchVG inhärente Erpressungspotential opponierender Teilschuldverschreibungsgläubiger.[978] Dadurch dürfte die gesamte Restrukturierung sich unkomplizierter gestalten, weil die Auseinandersetzung mit etwaigen Rechtsbehelfen auf den Zeitraum nach durchgeführter Restrukturierung verlagert wird. Trotzdem kann das Rechtsschutzsystem des StaRUG optimiert werden.

I. Minderheitenschutzantrag de lege ferenda

Mit dem Minderheitenschutzantrag kommt den Planbetroffenen zunächst eine Rechtsschutzmöglichkeit vor der Bestätigung des Restrukturierungplans zu. Ohne auf die Einzelheiten einzugehen, offenbart vor dem Hintergrund des Umfangs der Prüfung[979] einer monierten Schlechterstellung sich eine restrukturierungshemmende Wirkung. Sollte es in diesem Rahmen zu einer Verzögerung durch die Prüfung verschiedener Gutachten der Streitparteien betreffend eine Schlechterstellung kommen, schlummert in dem Minderheitenschutzantrag ein Verzögerungspotential, welches faktisch einem Suspensiveffekt gleichkommt und somit eine *holdout*-Möglichkeit schafft.[980] Insoweit offenbart der Rechtsschutz des StaRUG einen Makel, vor dessen Hintergrund die Bereitstellung von die Schlechterstellung ausgleichendenden Mitteln i. S. d. § 64 Abs. 3 StaRUG bedeutsam werden kann.[981] Da den Planbetroffenen mit der sofortigen Beschwerde gemäß § 66 StaRUG ein weiterer Rechtsbehelf zusteht und diese daher nicht schutzlos verblieben, ist fraglich, ob nicht auf die Möglichkeit des die Verzögerung bewirkenden Minderheitenschutzantrag verzichtet werden könnte.

Eine Gestaltung, welche die verzögernde Prüfung der Schlechterstellung in ein Rechtsschutzmittel gegen die Planbestätigung – und damit erst nach Wirksamwerden

978 Zu Einzelheiten vorstehend Kap. I § 2 F. VI.
979 Zu Einzelheiten vorstehend Kap. III § 5 F. I. 1.
980 Zu Einzelheiten vorstehend Kap. III § 5 F. I. 2.; im Ergebnis auch *Jungmann* in MüKoStaRUG, § 64 Rn. 14.
981 Ähnlich *Jungmann* in MüKoStaRUG, § 64 Rn. 15.

des Restrukturierungsplans – implementieren würde, wäre nicht richtlinienkonform.[982] Art. 10 Abs. 2 UAbs. 1 lit. d Restrukturierungs-RL schreibt nämlich vor,[983] dass ein Restrukturierungsplan nur dann bestätigt werden kann, wenn dieser die Voraussetzung des Gläubigerinteresses erfüllt. Dabei ist die Schlechterstellung gemäß Art. 10 Abs. 2 UAbs. 2 Restrukturierungs-RL nur dann zu prüfen, wenn der Restrukturierungsplan in dieser Hinsicht beanstandet wird. Die Restrukturierungslinie bezieht sich in diesem Punkt ausdrücklich auf die Bestätigung des Restrukturierungsplans, die nicht ohne Überprüfung des Gläubigerinteresses geschehen kann. Es bedarf also einer Möglichkeit für die Planbetroffenen, bereits die Planbestätigung und nicht erst den Beschluss der Bestätigung des Restrukturierungsplans hinsichtlich der Schlechterstellung der Planbetroffenen anzugreifen.[984]

II. Sofortige Beschwerde de lege ferenda

Grundsätzlich zielt die sofortige Beschwerde wie die Anfechtungsklage gemäß dem SchVG auf die rückwirkende Kassation des Restrukturierungsplans ab. Problematisch kann dabei werden, dass eine der sofortigen Beschwerde stattgebende Entscheidung den wirksam gewordenen Restrukturierungsplan rückwirkend aufhebt,[985] was in gewissen Konstellationen zu schwierigen Restitutionen führen kann. Um diese zu umgehen, kann der Schuldner gemäß § 66 Abs. 5 Satz 1 StaRUG die Metamorphose der sofortigen Beschwerde von einer kassatorischen Wirkung zu einem rein finanziellen Ausgleich gemäß § 66 Abs. 5 Satz 3 Hs. 1 StaRUG anstoßen. Diese sodann bestehende finanzielle Ausgleichspflicht fügt sich passgenau in die Gegebenheiten der Anleiherestrukturierung ein. Mehrfach wurde daher bereits eine Umstellung des schuldverschreibungsrechtlichen Rechtsschutzes in ebendiese Richtung gefordert.[986] Das StaRUG bringt nun genau diese Wendung im Bereich des Rechtsschutzes. Diese beiden Unterschiede bedeuten einen erheblichen Vorteil für die Anleiherestrukturierung unter Nutzung des StaRUG gegenüber dem SchVG. Dennoch hängt der Erfolg dieses Vorgehens von dem Wohlwollen des entscheidenden Gerichts ab. In Anbetracht der Tatsache, dass Restrukturierungspläne existieren, bei denen eine kassatorische Wirkung evident nicht – weil z. B. ausschließlich Finanzgläubiger betroffen sind – dem Interesse der Parteien entspricht, würde in solchen Fällen nur eine unnötige Verzögerung eintreten. Vor dem Hintergrund solcher Auswirkungen sollten die entscheidenden Gerichte bei der Abwägung in dem Rahmen des § 66 Abs. 5 Satz 1 StaRUG das Telos

982 So auch *Knapp* in Flöther, StaRUG, § 64 Rn. 3; wohl auch *Langer/Wolf* in Morgen, StaRUG, § 64 Rn. 9.

983 Darauf eingehend auch Begr. RegE SanInsFoG, BT-Drs. 19/24181, S. 163.

984 »Prüfungsmaßstab, der [...] im Rahmen der Prüfung, ob ein zur Bestätigung vorgelegter Restrukturierungsplan auch bestätigt werden« kann *Eckelt*, Restrukturierungsrahmen, S. 856.

985 Zu Einzelheiten vorstehend Kap. II § 5 F. II. 4. a).

986 So *Arbeitskreis Reform des Schuldverschreibungsrechts*, ZIP 2014, 845 (849); *Baums*, ZBB 2009, 1 (7); *Bliesener/Schneider* in LBS, BankR-Komm., 17. Kap., § 20 Rn. 108 ff.; *Cagalj*, Restrukturierung von Anleihen, S. 367; *Schneider* in Baums, 2013, 1 (18 f.); *Vogel* in Baums, 2013, 39 (43); a. A. wohl *Florstedt*, RIW 2013, 583 (589 f.).

der Restrukturierungs-RL berücksichtigen, in Zweifelsfällen die Sicht des Schuldners tolerieren und eine potentielle Schlechterstellung durch finanzielle Mittel ausgleichen lassen.[987] Insbesondere dann, wenn dies nicht der Fall sein sollte – darüber hinaus aber auch ganz grundsätzlich –, stellt die Frage sich, ob das StaRUG nicht ohnehin den Weg zu einem primär auf Wertersatz ausgelegten Rechtsschutz beschreiten kann, welcher nur in besonders gelagerten Fällen eine kassatorische Wirkung vorsieht.[988] Zunächst normiert der europäische Gesetzgeber in Art. 16 Abs. 4 UAbs. 1 Restrukturierungs-RL, dass die Mitgliedstaaten vorsehen können, dass einem Rechtsbehelf entweder durch Aufhebung des Restrukturierungsplans oder durch Bestätigung des Restrukturierungsplans stattgegeben werden kann. Wenn dem Rechtsbehelf stattgegeben – also ein Rechtsverstoß bejaht – wird, der Restrukturierungsplan aber dennoch bestätigt wird, soll den Parteien, bei denen kumulativ (1) ein finanzieller Verlust eingetreten ist und (2) die einen Rechtsbehelf eingelegt haben, gemäß Art. 16 Abs. 4 UAbs. 2 Restrukturierungs-RL ein Ausgleich gewährt werden. Ein Rangverhältnis ist dabei nicht ersichtlich.[989] Vielmehr steht es den Mitgliedstaaten frei, ein Grundsatz- und Ausnahmemodell nach ihrer Vorstellung zu errichten. Vor diesem Hintergrund könnte auch das geforderte, primär auf Wertersatz ausgerichtete Rechtsschutzsystem implementiert werden, welches nur in Ausnahmefällen auf eine Kassation abzielt. Insgesamt ergibt sich bereits *de lege lata*, aber vor allem *de lege ferenda* ein erheblicher Vorteil des StaRUG gegenüber dem SchVG. Ein Entwurf, der dies umsetzt, könnte wie folgt lauten:

§ 66 StaRUG-E: Ersatzanspruch

(1) [1]Bestätigt das Restrukturierungsgericht den Restrukturierungsplan trotz einer Verletzung der §§ 60 bis 65, ist der Schuldner einem Planbetroffenen, der durch den Restrukturierungsplan schlechter gestellt wird als er ohne den Plan stünde, zum Ausgleich dieser Schlechterstellung verpflichtet. [2]Für Klagen ist das Landgericht ausschließlich zuständig, in dessen Bezirk das den Restrukturierungsplan bestätigende Restrukturierungsgericht seinen Sitz hat.

(2) Ausgleichsberechtigt ist nur, wer

1. dem Plan im Abstimmungsverfahren widersprochen hat (§ 64 Absatz 2),
2. gegen den Plan gestimmt hat und
3. glaubhaft macht, dass er durch den Plan wesentlich schlechter gestellt wird als er ohne den Plan stünde und dass dieser Nachteil nicht durch eine Zahlung aus den in § 64 Absatz 3 genannten Mitteln ausgeglichen werden kann.

(3) [1]Absatz 2 Nummer 1 und 2 gilt nur, wenn im Einberufungsschreiben oder in der Ladung zum Termin auf die Notwendigkeit des Widerspruchs und der Ablehnung des Plans besonders hingewiesen wurde. [2]Hat weder eine Versammlung der Planbetroffenen (§ 20) noch ein Erörterungs- und Abstimmungstermin (§ 45) stattgefunden, gilt Absatz 2 Nummer 1 und 2 nur, wenn im Planangebot auf die Notwendigkeit des Widerspruchs und der Ablehnung des Plans besonders hingewiesen wurde.

987 Ähnlich für das Insolvenzverfahren *Pleister/Tholen*, ZIP 2015, 414 ff.
988 So auch mit Reformvorschlägen *Jungmann*, ZIP 2022, 253 (256 ff.).
989 *Eckelt*, Restrukturierungsrahmen, S. 1142 f.

(4) [1]Das Restrukturierungsgericht kann den Restrukturierungsplan auf Antrag eines Ausgleichsberechtigten aufheben, wenn die Nachteile des Planvollzugs für den Ausgleichsberechtigten den alsbaldigen Vollzug überwiegen; einen Anspruch gemäß Absatz 1 kann dann nicht verlangt werden. [2]Dies gilt insbesondere, wenn eine Verletzung der §§ 60 bis 65 und eine Schlechterstellung überwiegend wahrscheinlich ist und der Schuldner keine Mittel entsprechend § 64 Absatz 3 Satz 1 bereitstellt. [3]Das Gericht ordnet die aufschiebende Wirkung des Antrags nach Satz 1 an, wenn es dies entsprechend Satz 1 für geboten erachtet.

§ 9 Ergebnisse

1. Im Unterschied zum SchVG können in einem Restrukturierungsplan auch Anleihebedingungen ausländischer Anleihen geändert werden.

2. Aus dem Umstand, dass die Inanspruchnahme der Instrumente des StaRUG erst ab der drohenden Zahlungsunfähigkeit möglich ist, resultieren keine Nachteile gegenüber dem SchVG. Eine Ausgestaltung des StaRUG ohne materielle Einstiegsschwelle wäre ohnehin richtlinienwidrig.

3. In materieller Hinsicht ermöglicht das StaRUG gemäß den §§ 2, 7 StaRUG nahezu die identischen Restrukturierungsmöglichkeiten, die auch unter Nutzung des SchVG zulässig sind. Durch das dem StaRUG immanente Schlechterstellungsverbot bestehen hinsichtlich der Durchführung der Maßnahmen allerdings Unterschiede. Ferner können den Anteilsinhabern in einem Restrukturierungsplan durch den *cross-class cramdown* gemäß den §§ 26 ff. StaRUG Restrukturierungsbeiträge oktroyiert werden und darüber hinaus gemäß § 7 Abs. 4 Satz 3, 5 StaRUG auch sonstige gesellschaftsrechtlich zulässig Maßnahmen durchgeführt werden. Das SchVG kann dafür nicht genutzt werden.

4. Ein in einem Restrukturierungsplan durchgeführter *debt-equity-swap* weist gemäß § 7 Abs. 4 Satz 2 StaRUG keine Zwangswirkung zulasten dissentierender Planbetroffener auf. Die gemäß § 7 Abs. 4 Satz 2 StaRUG erforderliche Zustimmung aller Teilschuldverschreibungsgläubiger kann indes über eine Beschlussfassung der Teilschuldverschreibungsgläubiger gemäß § 5 Abs. 3 Satz 1 Nr. 5 Var. 1 SchVG erreicht werden. Um nicht auf eine Beschlussfassung gemäß dem SchVG angewiesen sein zu müssen, sollte § 7 Abs. 4 Satz 2 StaRUG *de lege ferenda* eine Ausnahme des dort postulierten Grundsatzes zulasten der innerhalb der Gruppe der Teilschuldverschreibungsgläubiger einer Anleihe majorisierten Minderheit vorsehen.

5. Die im StaRUG ausweislich der §§ 17 Abs. 4 Satz 1, 20 Abs. 1 Satz 2 StaRUG und § 45 Abs. 3 Satz 1 StaRUG bestehende individuelle und grundsätzlich schriftliche Ansprache der Planbetroffenen ist mit der Gläubigerstruktur einer publikumsplatzierten Anleihe nicht zu vereinbaren. Obschon das StaRUG unter Umständen eine öffentliche Bekanntmachung ermöglicht, weist das SchVG durch die grundsätzliche Möglichkeit einer öffentlichen Bekanntmachung in dem Bundesanzeiger gemäß § 12 Abs. 2 Satz 1 SchVG die einfachere Ansprache der Teilschuldverschreibungsgläubiger auf. Vor diesen Hintergrund und der ausweislich § 2 Abs. 2 Satz 2 StaRUG von ihm erkannten und gewollten Einbeziehung von Schuldtiteln gemäß § 2 Abs. 1 Nr. 3 des WpHG in einen Restrukturierungsplan sollte der Gesetzgeber *de lege ferenda* für die Inhaber von Schuldtiteln gemäß § 2 Abs. 1 Nr. 3 des WpHG die Einberufungsnormen auch außerhalb einer öffentlichen Restrukturierungssache an die Praxis anpassen und die Möglichkeit der öffentlichen Bekanntmachung für solche ausdrücklich und bedingungslos normieren.

6. Die in § 25 Abs. 1 StaRUG normierten Anforderungen der *lex lata* an eine Zustimmung einer Gruppe zu dem Restrukturierungsplan postulieren ein faktisches Quorum in Höhe von 75 %. Dadurch ist dieses Zustimmungserfordernis untauglicher als die sich aus den §§ 5 Abs. 4, 15 Abs. 3 SchVG ergebenen Anforderungen an eine Beschlussfassung der Teilschuldverschreibungsgläubiger gemäß dem SchVG. Vor dem Hintergrund, dass die Anforderungen an die Berechnung der notwendigen Mehrheit durch Art. 9 Abs. 6 UA 1 Satz 1 Restrukturierungs-RL determiniert und für den nationalen Gesetzgeber indisponibel sind, resultierte selbst aus der restrukturierungsfreundlichsten Umsetzung der Restrukturierungs-RL ein faktisches Quorum von mindestens 50 %. Dass so viele Teilschuldverschreibungsgläubiger zustimmen, ist in Anbetracht der schuldverschreibungsrechtlichen Praxis regelmäßig nicht zu erwarten.

7. Anders als das SchVG in § 6 Abs. 1 Satz 2 SchVG ein Ruhen des Stimmrechts postuliert, sieht das StaRUG kein Ruhen von Stimmrechten bei der Abstimmung über den Restrukturierungsplan vor. Dies ermöglicht die Einflussnahme auf das Stimmergebnis durch dem Schuldner nahestehende Planbetroffene, was unter Umständen ausgenutzt werden kann, um die Voraussetzungen für die Bestätigung des Restrukturierungsplans zu erfüllen.

8. Durch einen *cross-class cram-down* gemäß den §§ 26 ff. StaRUG kann den Teilschuldverschreibungsgläubigern ein Restrukturierungsbeitrag oktroyiert werden. Dies macht eine Aggregation von Anleihen möglich. Allerdings besteht Raum für eine schuldnerfreundlichere Ausgestaltung der Voraussetzungen der §§ 26 ff. StaRUG. *De lege ferenda* sollte entgegen § 26 Abs. 1 Nr. 3 StaRUG bereits die Annahme des Restrukturierungsplans durch eine Gruppe, die *in the money* ist, ausreichen. Ferner sollte, wenn die *absolute priority* rule eine restrukturierungshemmende Wirkung aufweisen sollte, die *relative priority rule* implementiert werden.

9. Stimmen die Teilschuldverschreibungsgläubiger gemäß § 5 Abs. 3 Satz 1 Nr. 5 SchVG einem *debt-equity-swap* zu, sind diese nicht vor einer eventuellen Differenzhaftung gemäß § 9 Abs. 1 Satz 1 GmbHG geschützt. Deshalb sollte das SchVG entsprechend § 67 Abs. 5 StaRUG einen Ausschluss der Differenzhaftung für in dem Rahmen eines *debt-equity-swap* eingebrachte Forderungen vorsehen. Eine Differenzierung zwischen den Rechtsregimen ist vor dem Hintergrund der kongruenten Bewertungsmethode der Forderungen nicht angezeigt.

10. Einen angeordneten Suspensiveffekt weisen die Rechtsbehelfe des StaRUG nicht auf, weshalb ein immenser Vorteil gegenüber dem SchVG besteht. Auch ohne postulierten Suspensiveffekt kommt dem Minderheitenschutzantrag gemäß § 64 StaRUG mitunter ein erhebliches Verzögerungspotential durch die notwendige Prüfung einer Schlechterstellung zu. Der Minderheitenschutzantrag ist allerdings europarechtlich determiniert und nicht dispositiv.

11. Der nach der unverzüglichen Zurückweisung einer sofortigen Beschwerde gemäß § 66 Abs. 5 StaRUG bestehende Rechtsschutz stellt den Goldstandard der Restrukturierung dar. Deshalb sollte der Gesetzgeber dieses primär auf Wertersatz ausgerichtete Rechtsschutzsystem als den Regelfall implementieren und nur in Ausnahmefällen die Kassation eines bestätigten Restrukturierungsplans zulassen.

12. Die gemäß § 33 Abs. 2 Satz 1 Nr. 4 StaRUG regelmäßig eintretende Verhinderung einer Kettenrestrukturierung durch Nutzung des StaRUG stellt einen Nachteil gegenüber dem SchVG dar. Diese Regelung ist weder europarechtlich determiniert noch aus Gesichtspunkten des Gläubigerschutzes erforderlich und sollte *de lege ferenda* gestrichen werden.

13. In Anbetracht dieser Tatsachen wird das StaRUG das SchVG nicht in die Bedeutungslosigkeit verdrängen. Für eine effektive Umgehung der dem SchVG *de lege lata* immanenten Probleme weist das StaRUG seinerseits andere Hindernisse auf. Um diese zu beherrschen, bedarf es vielmehr einer Verzahnung von SchVG und StaRUG. Dabei offenbaren die Hemmnisse des SchVG sich erneut. Damit ein solches Vorgehen reüssieren kann, ist eine Reformierung des SchVG zweckmäßig.

Kapitel IV Konkurrenzverhältnis und Verzahnung von Restrukturierungs- und Schuldverschreibungsrecht

In Anbetracht der Tatsache, dass sowohl das SchVG als auch das StaRUG in dem vorinsolvenzlichen Bereich angesiedelt sind, bestehen Überschneidungen der jeweiligen Regime. Daraus resultiert eine Vielzahl von Unklarheiten hinsichtlich der Verknüpfung, aber auch der Konkurrenz dieser beiden Rechtsbereiche. Diesem Schnittbereich versuchte der Gesetzgeber mit der Verweisung in § 19 Abs. 6 SchVG auf § 19 Abs. 1–5 SchVG und auf die in einem Insolvenzverfahren geltenden Bestimmungen einer Regelung zuzuführen. Bereits in dem Verhältnis von Schuldverschreibungs- und Insolvenzrecht gelingt die Verknüpfung dieser beiden Rechtsmaterien durch § 19 Abs. 1–5 SchVG nur partiell.[990] Vor dem Hintergrund der Unterschiede zwischen einer Restrukturierungssache und einem Insolvenzverfahren[991] kann die scheinbar lakonische Implementierung einer entsprechenden Anwendung der für das Insolvenzverfahren geltenden Absätze den Schnittbereich zwischen Schuldverschreibungs- und Restrukturierungsrecht erst recht nicht rechtssicher und praktikabel determinieren.[992] Deshalb ist zunächst zu untersuchen, inwieweit aus der Restrukturierungs-RL oder dem StaRUG ein etwaiger Vor- oder Nachrang des präventiven Restrukturierungsrahmens sich gegenüber anderen Restrukturierungsregimen ergibt oder sonstige Konkurrenzregelungen bestehen. Ferner ist unklar, ob privatautonom ein gewillkürtes Konkurrenzverhältnis durch die Parteien des Anleiheschuldverhältnisses geschaffen werden kann. Schließlich werden dann die aus einer Verzahnung von StaRUG und SchVG resultierenden Fragen beantwortet. In Anbetracht der Tatsache, dass eine solche Verzahnung regelmäßig über einen gemeinsamen Vertreter der Teilschuldverschreibungsgläubiger geschehen wird, konzentrieren die dann zu treffenden Ausführungen sich auf Rechtsfragen rund um den gemeinsamen Vertreter in einem präventiven Restrukturierungsrahmen.

§ 10 Konkurrenzverhältnis zwischen SchVG und StaRUG

Sobald die Schwelle der drohenden Zahlungsunfähigkeit überschritten worden ist und der Emittent die Restrukturierung der Anleihe anstrebt, kann dafür vordergründig sowohl auf das SchVG als auch das StaRUG zurückgegriffen werden. Dies gilt jedoch nur insoweit, als dem Emittenten dabei überhaupt die freie Wahl zwischen den

990 So *Becker/Pospiech* in BBF, Unternehmenssanierung, Teil 2, A., IV., Rn. 42; *Knapp* in Hopt/Seibt, SchvR, § 19 Rn. 5; dazu ausführlich *Thole*, ZHR 186 (2022), 213 (219 ff.); *Westpfahl/Seibt* in Schmidt, SanR, Anh. zu § 39 InsO Rn. 11.

991 Z. B. teilkollektives Verfahren vs. Gesamtverfahren, keine Verfahrenseröffnung vs. Verfahrenseröffnung, kein Übergang der Verfügungsbefugnis vs. Übergang der Verfügungsbefugnis.

992 Ähnlich *Becker/Pospiech* in BBF, Unternehmenssanierung, Teil 2, A., IV., Rn. 42; *Thole*, ZHR 186 (2022), 213 (238).

Restrukturierungsregimen eingeräumt wird. Um diese Frage zu beantworten, wird zunächst examiniert, ob die Restrukturierungs-RL, das StaRUG oder das SchVG eine verdrängende oder subsidiäre Wirkung gegenüber dem jeweiligen Konkurrenzregime postuliert. Darauf aufbauend ist klärungsbedürftig, ob die Parteien des Anleiheschuldverhältnisses eine privatautonome Regelung des anwendbaren Rechts treffen können. Insbesondere ist zu untersuchen, ob und inwieweit eine Gestaltung der Anleihebedingungen gemäß dem StaRUG verhindert werden kann.

A. Gesetzliche Vorgaben

I. Vorgaben aus der Restrukturierungs-RL

Die Restrukturierungs-RL trifft keine Aussagen zu dem Verhältnis zu etwaigen weiteren vorinsolvenzlichen Restrukturierungsmöglichkeiten in den einzelnen Mitgliedstaaten. Aus den Erwägungsgründen der Restrukturierungs-RL lässt sich indes ableiten, dass diese keinen Vorrang gegenüber anderen Restrukturierungsregimen beanspruchen will. Gemäß den ErwG 4, 7, 8 Restrukturierungs-RL soll vielmehr nur gesichert sein, dass in den Mitgliedstaaten ein Minimum an vorinsolvenzlichen Sanierungsmöglichkeiten verfügbar ist, um damit Ungleichheiten zwischen den Mitgliedstaaten zu eliminieren. Aus einem Umkehrschluss ist abzuleiten, dass etwaige in den Mitgliedstaaten bestehende Restrukturierungsregime, die über das durch die nationale Umsetzung der Restrukturierungs-RL implementierte Mindestmaß von Restrukturierungsmöglichkeiten hinausgehen, nicht durch den präventiven Restrukturierungsrahmen aus der Restrukturierungs-RL ausgeschlossen werden sollen.

II. Vorgaben aus nationalem Recht

1. Ausgangssituation und Zeitraum vor einem den § 19 Abs. 6 SchVG auslösenden Ereignis

Das StaRUG lässt ein ausdrückliches und allgemeingültiges Rangverhältnis zu anderen Restrukturierungsregimen vermissen. Allerdings hat der deutsche Gesetzgeber bei der Einführung des StaRUG dem SchVG den § 19 Abs. 6 SchVG beigefügt, welcher § 19 Abs. 1–5 SchVG für entsprechend anwendbar erklärt, wenn ein Schuldner Forderungen aus Schuldverschreibungen in ein Instrument des Stabilisierungs- und Restrukturierungsrahmens einbezieht. Vor dem Hintergrund des § 19 Abs. 1 Satz 1 SchVG, der statuiert, dass in den Fällen des § 19 Abs. 6 SchVG die Beschlüsse der Gläubiger den Normen des StaRUG unterliegen,[993] kann § 19 Abs. 6 SchVG i. V. m. § 19 Abs. 1 Satz 1 SchVG nur ab dem Zeitpunkt des ihn auslösenden Ereignisses etwaige Konkurrenzregeln postulieren. Den diesem Ereignis vorgehendem Zeitraum – und damit die Frage, ob in diesem Zeitraum eine freie Wahl zwischen den Restrukturierungsregimen

993 Begr. RegE SanInsFoG, BT-Drs. 19/24181, S. 222.

besteht – adressiert § 19 Abs. 6 SchVG nicht. Insofern implizieren die Materialien zu § 19 Abs. 6 SchVG, dass ein Emittent nach dem Entschluss über das »Ob« der Restrukturierung einer Anleihe in seiner Entscheidung des »Wie« frei ist und es diesem anheimgestellt ist, die Forderungen aus den Teilschuldverschreibungen in einen Restrukturierungsplan einzubeziehen oder eine »freie Restrukturierung«[994] nach dem SchVG zu vollziehen. Dabei kann diese freie Restrukturierung wiederum gemäß § 62 StaRUG mit einem Restrukturierungsplan durch eine Bedingung verknüpft werden.[995] Vor diesem Hintergrund ist für den Zeitraum bis zu dem § 19 Abs. 6 SchVG auslösenden Ereignis zu konkludieren: Soweit die Anleihebedingungen Änderungen ihrer selbst gemäß dem SchVG ermöglichen, stehen das SchVG und das StaRUG in Anwendungskonkurrenz nebeneinander und der Emittent hat die Wahl, eine Anleihe über das SchVG oder nach den Regeln des StaRUG zu restrukturieren.[996]

2. Zeitraum nach einem den § 19 Abs. 6 SchVG auslösenden Ereignis

Für den Zeitraum ab der Einbeziehung der Forderungen aus den Schuldverschreibungen in ein Instrument des Stabilisierungs- und Restrukturierungsrahmens verweist § 19 Abs. 6 StaRUG auf die Vorschriften, die in dem Falle der Eröffnung des Insolvenzverfahrens gälten. Vor diesem Hintergrund dürften zunächst dieselben Grundsätze gelten, die § 19 Abs. 1–5 StaRUG determiniert.

a) Auswirkungen des Insolvenzverfahrens gemäß § 19 Abs. 1 Satz 1 SchVG

Gemäß § 19 Abs. 1 Satz 1 SchVG unterliegen die Beschlüsse der Gläubiger nach der Eröffnung des Insolvenzverfahrens den Bestimmungen der InsO. Daraus folgt eine Sperrwirkung zulasten einer Beschlussfassung der Teilschuldverschreibungsgläubiger gemäß § 5 Abs. 3 Satz 1 SchVG.[997] Diese Sperrwirkung betrifft sämtliche Gläubigerbeschlüsse, die die Anleihebedingungen in materieller Hinsicht ändern. Ausnahmslos intern wirkende Beschlüsse der Teilschuldverschreibungsgläubiger, insbesondere die

994 Begr. RegE SanInsFoG, BT-Drs. 19/24181, S. 222; *Cranshaw* in PRS, StaRUG, Teil 3 Rn. 31.

995 Begr. RegE SanInsFoG, BT-Drs. 19/24181, S. 222.

996 Begr. RegE SanInsFoG, BT-Drs. 19/24181, S. 222; so auch *Lürken*, ZIP 2021, 1305 (1307); *Prusko* in MüKoStaRUG, § 2 Rn. 66; *Skauradszun* in BeckOK StaRUG, § 2 Rn. 92; *Thole*, ZHR 186 (2022), 213 (238).

997 Siehe zu dieser Streitfrage auch BGH, ZIP 2017, 2312; zust. *Antoniadis*, NZI 2018, 136; *Bliesener/Schneider* in LBS, BankR-Komm., 17. Kap., § 19 Rn. 36; ausführlich dazu *Dreher/Kamke* in Preuße/Vogel, SchVG, § 19 Rn. 4 ff.; *Fischer*, WM 2018, 1529 (1532); *Friedl*, BB 2016, 275; wohl *Friedl* in FK-SchVG, § 19 Rn. 32; wohl *Hoffmann* in Reinhard/Schall, SchVG, § 19 Rn. 34; *Horn*, BKR 2014, 449 (451); *Kübler* in FS Henckel, 2015, 183 (184); *Rüberg*, Anleihe in der Insolvenz, S. 107 f.; *Westpfahl/Seibt* in Schmidt, SanR, Anh. zu § 39 InsO Rn. 31. A. A. *Kessler*, GWR 2016, 148; *Knapp* in Hopt/Seibt, SchvR, § 19 Rn. 59; *Knof* in HK-InsR, Anh. III Rn. 106 ff.; *Lürken*, EWiR 2017, 757 (758); *Lürken*, GWR 2013, 499; *Ruf*, Gemeinsamer Vertreter, S. 135; *Wilken/Schaumman/Zenker*, Anleihen, S. 129 Rn. 560 f. Unentschlossen *Knauthe*, EWiR 2016, 117 (117); *Moser*, BB 2014, 84 (später verneinend in WuB 2018, 239 (243)); *Thole*, ZIP 2017, 2315 (2316 f.).

Wahl eines gemeinsamen Vertreters oder Weisungen gegenüber diesem, sind davon nicht umfasst.

b) Übertragung dieser Grundsätze auf das StaRUG

Vor dem Hintergrund der sich aus § 19 Abs. 1 Satz 1 SchVG ergebenden Sperrwirkung kommt die Frage auf, wie die Verweisung von § 19 Abs. 6 SchVG nach § 19 Abs. 1 Satz 1 SchVG das Konkurrenzverhältnis von SchVG und StaRUG determiniert. Entscheidet der Emittent sich dazu, die Forderungen der Teilschuldverschreibungsgläubiger in einer die Voraussetzungen des § 19 Abs. 6 SchVG erfüllenden Weise einzubeziehen, erlangt die Verweisung nach § 19 Abs. 1 Satz 1 SchVG Geltung.[998] Hinsichtlich der Frage nach dem Verhältnis des StaRUG zu dem SchVG postuliert § 19 Abs. 6 SchVG i. V. m. § 19 Abs. 1 Satz 1 SchVG, dass für die Beschlüsse der Gläubiger die Bestimmungen des StaRUG gelten, soweit aus der lediglich entsprechenden Anwendung der § 19 Abs. 1–5 SchVG nichts anderes sich ergibt.[999] Davon betroffen sind primär die Vorschriften über die Beschlussfassung der Teilschuldverschreibungsgläubiger, für die das gelten dürfte, was bereits gemäß § 19 Abs. 1 Satz 1 SchVG in einem Insolvenzverfahren gilt.[1000] Ist die Tatbestandsvoraussetzung des § 19 Abs. 6 SchVG erfüllt, scheidet eine Beschlussfassung über materielle Änderungen der Anleihe gemäß § 5 Abs. 3 Satz 1 SchVG aus.[1001] Vielmehr können Änderungen der Anleihebedingungen nur noch in einem Restrukturierungsplan bewirkt werden, für dessen Annahme die §§ 24 ff. StaRUG gelten. Mit Blick auf das bei einem Insolvenzverfahren Geltende, steht es den Teilschuldverschreibungsgläubigern dann lediglich frei, einen gemeinsamen Vertreter zu wählen oder Weisungsbeschlüsse gegenüber einem solchen zu fassen.[1002]

(1) Konflikt mit Wertungen des StaRUG

Die dargelegte Auslegung des § 19 Abs. 6 SchVG i. V. m. § 19 Abs. 1 Satz 1 SchVG vermag zunächst befremdlich anmuten, da unter Zugrundelegung dieses Verständnisses die proklamierte Flexibilität des präventiven Restrukturierungsrahmens scheinbar beschnitten wird. Allerdings lässt dieses Ergebnis sich auch rechtfertigen. Entschließt der Emittent sich dazu, die Forderungen aus den Teilschuldverschreibungen in einem Restrukturierungsplan anzupassen, werden die konkret in dem Restrukturierungsplan

998 Einzelheiten zu dem die Voraussetzungen des § 19 Abs. 6 SchVG erfüllenden Ereignisses nachstehend Kap. IV § 10 A. II. 3.

999 Begr. RegE SanInsFoG, BT-Drs. 19/24181, S. 222.

1000 So auch *Skauradszun* in BeckOK StaRUG, § 2 Rn. 93; *Skauradszun/Kümpel*, WM 2021, 1122 (1123).

1001 *Dreher/Kamke* in Preuße/Vogel, SchVG, § 19 Rn. 53; wohl auch *Skauradszun* in BeckOK StaRUG, § 2 Rn. 93, der einen Vorrang annimmt; *Skauradszun/Kümpel*, WM 2021, 1122 (1123); so auch *Thole*, ZHR 186 (2022), 213 (238).

1002 Einzelheiten der Einberufungspflicht des Restrukturierungsgerichts gemäß § 19 Abs. 6 SchVG i. V. m. § 19 Abs. 2 Satz 2 SchVG und den Beschlussmodalitäten für die Wahl eines gemeinsamen Vertreters in einer so einberufenen Gläubigerversammlung nachstehend Kap. IV § 11 A.

angedachten Restrukturierungsmaßnahmen so gewählt und verhandelt worden sein, dass diese sich kohärent in das Restrukturierungskonzept des Restrukturierungsplans einfügen. Beschlössen die Teilschuldverschreibungsgläubiger nunmehr außerhalb des Restrukturierungsplans eine Modifizierung ihrer Forderungen gemäß § 5 Abs. 3 SchVG, wäre das gesamte Restrukturierungskonzept des Restrukturierungsplans – welches auf bestimmten Maßnahmen zulasten der Teilschuldverschreibungsgläubiger beruht – obsolet.[1003] In Anbetracht des teilkollektiven Charakters des StaRUG dürfte aus der gemäß § 19 Abs. 6 SchVG i. V. m. § 19 Abs. 1 Satz 1 SchVG entspringenden Sperrwirkung einer Beschlussfassung gemäß den §§ 5 ff. SchVG kein gravierendes Problem entspringen. Bevorzugt der Emittent zunächst eine Restrukturierung der Anleihe ohne eine Einbeziehung der Teilschuldverschreibungen in einen Restrukturierungsplan, wäre ein solches Vorgehen auch problemlos möglich und zwar entweder isoliert und ohne Verknüpfung mit dem Restrukturierungsplan oder mit einem durch eine entsprechende Beschlussfassung der Teilschuldverschreibungsgläubiger gemäß § 62 StaRUG bedingten Restrukturierungsplan.[1004] Doch selbst dann, wenn die Forderungen der Teilschuldverschreibungsgläubiger in einer den § 19 Abs. 6 SchVG auslösenden Weise in das Restrukturierungskonzept einbezogen werden, vermag die dadurch zunächst eintretende Sperrwirkung keine weiteren Probleme implizieren. In der Folge des den § 19 Abs. 6 SchVG erfüllenden Ereignisses entsteht keine Pflicht, die Forderungen der Teilschuldverschreibungsgläubiger auch letztlich in dem Restrukturierungsplan zu gestalten. Vielmehr können die Teilschuldverschreibungsgläubiger wieder aus dem Restrukturierungskonzept exkludiert werden.[1005] Dadurch entfällt der § 19 Abs. 6 SchVG erfüllende Umstand und damit kohärenter Weise auch die Sperrwirkung des § 19 Abs. 6 SchVG i. V. m. § 19 Abs. 1 SchVG. Sollte nach dem die Voraussetzungen des § 19 Abs. 6 SchVG erfüllenden Ereignis das Bedürfnis einer Änderung der Anleihebedingungen gemäß dem SchVG auftreten, kann dieses Desiderat mangels Perpetuierung der sich aus § 19 Abs. 6 SchVG i. V. m. § 19 Abs. 1 SchVG ergebenden Sperrwirkung dennoch erreicht werden.

(2) Gesetzgeberische Entscheidung

Die gesetzgeberische Entscheidung, einen Vorrang des StaRUG gegenüber dem SchVG zu statuieren, ist zwar rechtspolitisch nicht geboten, aber zu konnivieren.[1006] Die Inkohärenz fußt auf der mangelnden Berücksichtigung der in dem Verhältnis von StaRUG und InsO bestehenden Differenzen. Vermehrt wird die in dem Verhältnis gegenüber dem SchVG bestehende Sperrwirkung der InsO gemäß § 19 Abs. 1 Satz 1 SchVG über den Grundsatz der Gleichbehandlung aller Gläubiger in dem Insolvenzverfahren begründet.[1007] Anders als das Insolvenzverfahren ist eine Restrukturierungssache gemäß dem StaRUG kein

1003 Ähnlich *Thole*, ZHR 186 (2022), 213 (239).

1004 Diese Möglichkeiten explizit erwähnend Begr. RegE SanInsFoG, BT-Drs. 19/24181, S. 222.

1005 § 8 StaRUG postuliert kein Ereignis, welches die Auswahl der Planbetroffenen fixieren würde. Vielmehr illustriert die Zulässigkeit eines solchen Vorgehens die Flexibilität des StaRUG.

1006 Siehe dazu im Allgemeinen *Larenz*, Methodenlehre, S. 374.

1007 Die Materialien verhalten sich zu dem Telos nicht. Siehe dazu BGH, ZIP 2017, 2312 Rn. 27; ähnlich *Knapp* in Hopt/Seibt, SchvR, § 19 Rn. 57, »einheitliche Meinungsfindung und Beschlussfassung«; explizit *Thole*, ZIP 2014, 293 (298).

Gesamtverfahren, sondern als teilkollektives Verfahren konzipiert. Einem solchen ist immanent, dass nicht alle Gläubiger des Schuldners in die Restrukturierung einbezogen werden. Die Materialien zu § 19 Abs. 6 SchVG deuten nicht darauf hin, dass der Gesetzgeber Differenzen zwischen StaRUG und InsO bei der Normierung der Sperrwirkung auch in dem Verhältnis von StaRUG und SchVG gebührend berücksichtigte, wenn er auch darin nur die entsprechende Anwendung von § 19 Abs. 1–5 SchVG erwähnt.[1008] Die postulierte Sperrwirkung des StaRUG gegenüber dem SchVG kann nur dem Zweck dienen, die Torpedierung des Restrukturierungskonzepts zu verhindern, auf dem der Restrukturierungsplan fußt. Diese Intention ist zwar dem Grunde nach verständlich. Die Erreichung dieses Telos würde aber auch ohne die *de lege lata* bestehende Sperrwirkung nicht gefährdet. Für die Änderungen der Anleihebedingungen gemäß den §§ 5 ff. SchVG bedarf es nämlich der Zustimmung des Emittenten.[1009] Daraus folgt, dass ohne die postulierte Sperrwirkung von schuldverschreibungsrechtlichen Mehrheitsbeschlüssen und damit einhergehender Zulässigkeit einer Beschlussfassung gemäß § 5 Abs. 3 Satz 1 SchVG nach dem den § 19 Abs. 6 SchVG erfüllenden Ereignis keine materiellen Änderungen der Anleihebedingungen durch einen Mehrheitsbeschluss gemäß den §§ 5 ff. SchVG zu befürchten wären, solange der Schuldner nicht zustimmt.[1010] Vor dem Hintergrund der Auswirkungen einer Änderung der Anleihebedingungen, die sich nicht kohärent in das dem Restrukturierungsplan zugrundeliegende Restrukturierungskonzept einfügt, ist eine Zustimmung des Schuldners abwegig. Sollte der Schuldner an einer Beschlussfassung gemäß dem SchVG interessiert sein, benötigte er keine Einbeziehung in ein Instrument des StaRUG. Um Friktionen mit den dem StaRUG zugrundeliegenden Wertungen zu vermeiden, sollte *de lege ferenda* die Sperrwirkung des StaRUG gegenüber dem SchVG entfallen.[1011]

3. Einbeziehung in ein Instrument des Stabilisierungs- und Restrukturierungsrahmens als Determinante für die Anwendbarkeit des § 19 Abs. 1–5 SchVG

Entscheidend für die in § 19 Abs. 6 SchVG angeordnete entsprechende Anwendung des § 19 Abs. 1–5 SchVG ist die Einbeziehung der Forderungen aus den Teilschuldverschreibungen »in ein Instrument des Stabilisierungs- und Restrukturierungsrahmens«,[1012] womit auf § 29 Abs. 2 StaRUG Bezug genommen wird.[1013] Gemäß § 29 Abs. 2 StaRUG sind die Instrumente des Stabilisierungs- und Restrukturierungs-

1008 Begr. RegE SanInsFoG, BT-Drs. 19/24181, S. 222.

1009 Grundlegend dazu *Thole* in Hopt/Seibt, SchvR, § 4 Rn. 27. Siehe für das Insolvenzrecht so auch *Knapp* in Hopt/Seibt, SchvR, § 19 Rn. 59; *Lürken*, EWiR 2017, 757 (758); dies ebenfalls andeutend *Lürken/Ruf* in Theiselmann, PHdB RestrR, Kap. 4 Rn. 190; *Moser*, WuB 2018, 241 (243); *Wilken/Schaumann/Zenker*, Anleihen, S. 130 Rn. 561.

1010 Dies in diesem Kontext wohl andeutend *Thole*, ZHR 186 (2022), 213 (238).

1011 Zu einem Vorschlag eines reformierten § 19 Abs. 6 SchVG, der auch dies berücksichtigt, nachstehend Kap. IV § 11 C.

1012 Hingegen eine Einbeziehung von Teilschuldverschreibungen in einen Restrukturierungsplan auch ohne die Folgen der entsprechenden Anwendbarkeit des § 19 Abs. 1–5 SchVG über § 2 Abs. 2 StaRUG für möglich erachtend *Cranshaw* in PRS, StaRUG, Teil 3 Rn. 36.

1013 Siehe *Knapp* in Hopt/Seibt, SchvR, § 19 Rn. 143.

rahmens (1) die gerichtliche Planabstimmung, (2) die Vorprüfung, (3) die Stabilisierung und (4) die Planbestätigung.[1014] Bei wörtlichem Verständnis des § 19 Abs. 6 SchVG käme es für dessen Verweisung auf § 19 Abs. 1–5 SchVG nur darauf an, dass die Forderungen aus den Teilschuldverschreibungen in ein Instrument des Stabilisierungs- und Restrukturierungsrahmens – ungeachtet dessen, um welches der in § 29 Abs. 2 StaRUG enumerierten es sich handelt – einbezogen werden.[1015] In den Materialien zu § 19 Abs. 6 SchVG führt der Gesetzgeber hingegen aus, dass die Normen des StaRUG Vorrang genießen sollen, wenn der Emittent sich dazu entschließt »die Forderungen von Anleihegläubigern im Restrukturierungsplan [zu] gestalten«[1016]. Probleme treten durch die von dem Gesetzgeber gewählte Formulierung deshalb auf, weil der Restrukturierungsplan als solcher zunächst kein Instrument des Stabilisierungs- und Restrukturierungsrahmens ist, obschon der Restrukturierungsplan das entscheidende Vehikel der Restrukturierung ist. Die bloße Einbeziehung in einen Restrukturierungsplan – mit anderen Worten, die Teilschuldverschreibungsgläubiger in einem Restrukturierungsplan mit Restrukturierungsmaßnahmen zu belasten und diese damit zu Planbetroffenen zu machen – bedarf nämlich keiner Zuhilfenahme des Restrukturierungsgerichts. Vielmehr kann die Abstimmung über einen solchen Restrukturierungsplan sogar eigenverantwortlich nach den §§ 17 ff. StaRUG und ohne Involvierung des Restrukturierungsgerichts durchgeführt werden.[1017] Einendes Merkmal der Instrumente des § 29 Abs. 2 StaRUG ist allerdings die notwendige Einbindung des Restrukturierungsgerichts, welches über das beantragte Instrument zu entscheiden hat. Insoweit sind Gesetzestext und Materialien nicht kongruent.

a) Vorliegen der Voraussetzung des § 19 Abs. 6 SchVG in den Fällen des § 29 Abs. 2 Nr. 1, 2, 4 StaRUG

Mit Blick auf die gemäß § 29 Abs. 2 StaRUG verfügbaren Instrumente des Stabilisierungs- und Restrukturierungsrahmens ist zu konstatieren, dass einige der dort genannten Instrumente einen unmittelbaren Bezug zu dem Restrukturierungsplan aufweisen. Davon umfasst sind die gerichtliche Planabstimmung, die Vorprüfung und die Planbestätigung. Daher ist die Tatbestandsvoraussetzung des § 19 Abs. 6 SchVG zumindest dann zweifelsfrei erfüllt, wenn eine gerichtliche Planabstimmung, eine Vorprüfung oder die Planbestätigung eines Restrukturierungsplans beantragt worden ist, in dem die Forderungen der Teilschuldverschreibungsgläubiger gestaltet werden.[1018] In all diesen Fällen müsste für die Beantragung des Instruments der ausgearbeitete Restrukturierungsplan finalisiert sein, da dieser entweder gemäß § 45 Abs. 2 StaRUG dem jeweiligen Antrag beizufügen ist, gemäß § 48 Abs. 1 StaRUG die sich aus ihm ergebenden Planbetroffenen anzuhören sind oder aber der Restrukturierungsplan als solcher bestätigt werden soll, wofür dieser notwendigerweise bereits ausgefertigt und

1014 Zu der Erfüllung der Voraussetzung des § 19 Abs. 6 SchVG durch die Anzeige des Restrukturierungsvorhabens nachstehend Kap. IV § 11 A. II. 3. c).

1015 Eine solche Auslegung indes befürwortend *Kramer* in BeckOK StaRUG, § 29 Rn. 74a; ebenfalls ein solches Verständnis aufweisend *Lürken*, ZIP 2021, 1305 (1308).

1016 Begr. RegE SanInsFoG, BT-Drs. 19/24181, S. 222.

1017 *Skauradszun/Kümpel*, WM 2021, 1122 (1124).

1018 Ähnlich *Skauradszun* in BeckOK StaRUG, § 2 Rn. 107.

daraufhin angenommen worden sein muss. Bei der Beantragung eines dieser Instrumente kann aufgrund der unabdingbaren Verknüpfung mit einem die Teilschuldverschreibungsgläubiger betreffenden Restrukturierungsplan davon ausgegangen werden, dass der Emittent in dem Sinne der Gesetzesbegründung die Forderungen von den Teilschuldverschreibungsgläubigern in einem Restrukturierungsplan gestalten will, sodass sowohl der Wortlaut des § 19 Abs. 6 SchVG als auch die diesem zugrunde liegende Gesetzesbegründung berücksichtigt wird.

b) Vorliegen der Voraussetzung des § 19 Abs. 6 SchVG bei Einbeziehung in eine Stabilisierungsanordnung gemäß § 29 Abs. 2 Nr. 3 StaRUG

Vor dem Hintergrund von Gesetzestext und -begründung ist indes unklar, ob die Voraussetzung des § 19 Abs. 6 SchVG erfüllt ist, wenn eine Stabilisierungsanordnung gemäß § 29 Abs. 2 Nr. 3 StaRUG zulasten der Teilschuldverschreibungsgläubiger beantragt worden ist.

(1) Wortlaut als Grenze der Gesetzesauslegung

Nach dem Wortlaut des § 19 Abs. 6 SchVG kommt es für dessen Anwendbarkeit nur darauf an, dass die Forderungen aus den Teilschuldverschreibungen in ein Instrument des Stabilisierungs- und Restrukturierungsrahmens einbezogen werden.[1019] Erwirkt ein Schuldner eine Stabilisierungsanordnung zulasten der Teilschuldverschreibungsgläubiger, liegt ausweislich § 29 Abs. 2 Nr. 3 StaRUG eine Einbeziehung in ein solches Instrument vor, sodass die Voraussetzung des § 19 Abs. 6 SchVG erfüllt ist.[1020] Eine Auslegung gegen diesen eindeutigen Wortlaut kommt nicht in Betracht.[1021]

(2) Rechtsfortbildung durch teleologische Reduktion

Vor dem Hintergrund des Telos des § 19 Abs. 6 SchVG i. V. m. § 19 Abs. 1 Satz 1 SchVG ist indes angezeigt, den Anwendungsbereich des § 19 Abs. 6 SchVG teleologisch zu reduzieren. Voraussetzung einer teleologischen Reduktion ist, dass der Wortlaut einer Norm zu extensiv gefasst ist und deshalb auch Fälle umfasst, die in dem Lichte des Regelungszwecks der Norm von dieser nicht umfasst sein sollten.[1022] Insofern wird von einer sog. verdeckten Lücke gesprochen.[1023] Mangels Vergleichbarkeit der Stabilisierungsanordnung i. S. d. § 29 Abs. 2 Nr. 3 StaRUG mit den Instrumenten des § 29 Abs. 2 Nr. 1, 2 und 4 StaRUG ist eine teleologische Reduktion im Ergebnis vorzunehmen.

1019 Eine solche Auslegung befürwortend *Kramer* in BeckOK StaRUG, § 29 Rn. 74a; wohl auch *Lürken*, ZIP 2021, 1305 (1308).

1020 So ausdrücklich *Lürken*, ZIP 2021, 1305 (1308); *Skauradszun* in BeckOK StaRUG, § 2 Rn. 107.

1021 Siehe dazu im Allgemeinen *Larenz/Canaris*, Methodenlehre, S. 143; *Möllers*, Methodenlehre, § 4 Rn. 66; *Wank*, Methodenlehre, § 7 Rn. 58.

1022 *Möllers*, Methodenlehre, § 6 Rn. 123; ähnlich *Larenz*, Methodenlehre, S. 391; *Larenz/Canaris*, Methodenlehre, S. 210 f.

1023 *Larenz*, Methodenlehre, S. 377; *Möllers*, Methodenlehre, § 6 Rn. 123.

(a) Telos des § 19 Abs. 6 SchVG i. V. m. § 19 Abs. 1 Satz 1 SchVG

Zunächst ist die Ratio 19 Abs. 6 SchVG i. V. m. § 19 Abs. 1 Satz 1 SchVG herauszuarbeiten.[1024] Wie aufgezeigt,[1025] ist das Telos des § 19 Abs. 6 SchVG i. V. m. § 19 Abs. 1 Satz 1 SchVG mangels Ausführungen in den Materialien nur schwer bestimmbar. Das einzig nachvollziehbare Telos – obwohl es für dessen Förderung einer Sperrwirkung nicht bedarf – ist, dass bei Gestaltung der Forderungen von Teilschuldverschreibungsgläubigern in einem Restrukturierungsplan das diesem zugrundeliegende Restrukturierungskonzept durch die Sperrwirkung des StaRUG gegenüber dem SchVG eingefroren und somit vor anderweitigen und exogenen Gestaltungen geschützt werden soll.[1026] Ausweislich der Materialien hat der Gesetzgeber für die Annahme eines Vorrangs des StaRUG gemäß § 19 Abs. 6 SchVG i. V. m. § 19 Abs. 1 Satz 1 SchVG einen solchen Sachverhalt vor Augen, in dem eine Restrukturierung der Anleihe unter Zuhilfenahme eines Restrukturierungsplans durchgeführt werden soll.[1027] Diese Vorstellung von der Anwendbarkeit des § 19 Abs. 1 SchVG konkretisiert der Gesetzgeber dadurch, dass er für die Gestaltung von Anleihebedingungen unter Berücksichtigung des SchVG und des StaRUG verschiedene Möglichkeiten enumeriert: der Schuldner könne nach seinem Ermessen die Gestaltung der Anleihebedingungen in einem Restrukturierungsplan durchführen oder eine Beschlussfassung nach den §§ 5 ff. SchVG initiieren.[1028] Der sich aus § 19 Abs. 6 SchVG i. V. m. § 19 Abs. 1 Satz 1 SchVG ergebene Vorrang des StaRUG soll jedoch nur gelten, wenn »er die Forderungen von Anleihegläubigern im Restrukturierungsplan gestalten will«[1029]. Daraus ergibt sich, dass eine Sanierung des Schuldners unter Nutzung des StaRUG durchgeführt werden kann, ohne dass die Forderungen der Teilschuldverschreibungsgläubiger in dem Restrukturierungsplan gestaltet werden. In diesen Fällen haben die Bestimmungen des StaRUG keinen Vorrang gegenüber denen des SchVG. In Anbetracht dieser Tatsachen ist die entscheidende Determinante für die Annahme des erstrebten Vorrangs des StaRUG gegenüber dem SchVG – und damit einhergehend der Erfüllung der Voraussetzung des § 19 Abs. 6 SchVG –, dass die Forderungen der Teilschuldverschreibungsgläubiger durch den Restrukturierungsplan gestaltet werden sollen. In den Fällen des § 29 Abs. 1 Nr. 1, 2 und 4 StaRUG ist dies der Fall, wenn eine Gestaltung der Forderungen aus den Teilschuldverschreibungen in dem, dem jeweiligen Instrument zugrunde liegenden Restrukturierungsplan angedacht ist.[1030]

(b) Mangelnde Vergleichbarkeit von Stabilisierungsanordnung und den übrigen Instrumenten des Stabilisierungs- und Restrukturierungsrahmens

Eine teleologische Reduktion lässt sich nur begründen, wenn der dargestellte Sachverhalt – Vorliegen der Voraussetzung des § 19 Abs. 6 SchVG bei Stabilisierungs-

1024 *Möllers*, Methodenlehre, § 6 Rn. 125.
1025 Siehe vorstehend Kap. IV § 10 A. II. 2. b) (2).
1026 Ähnlich für das Insolvenzverfahren *Rattunde* in Veranneman, SchVG, § 19 Rn. 66.
1027 Begr. RegE SanInsFoG, BT-Drs. 19/24181, S. 222.
1028 Begr. RegE SanInsFoG, BT-Drs. 19/24181, S. 222.
1029 Begr. RegE SanInsFoG, BT-Drs. 19/24181, S. 222.
1030 Zu Einzelheiten vorstehend Kap. IV § 10 A. II. 3.

anordnung zu Lasten der Teilschuldverschreibungsgläubiger – nicht von dem Normzweck umfasst ist[1031] und insoweit nicht mit den übrigen Instrumenten des § 29 Abs. 2 StaRUG vergleichbar ist. Vor diesem Hintergrund sind die Auswirkungen des Annehmens der Voraussetzung des § 19 Abs. 6 SchVG in den Fällen der Einbeziehung der Forderungen der Teilschuldverschreibungsgläubiger in eine Stabilisierungsanordnung zu erörtern. Der Anwendung des § 19 Abs. 6 SchVG i. V. m. § 19 Abs. 1 Satz 1 SchVG folgt die Sperrwirkung der Bestimmungen des SchVG. Wenn bereits bei der Einbeziehung der Forderungen der Teilschuldverschreibungsgläubiger in eine Stabilisierungsanordnung die Voraussetzung des § 19 Abs. 6 SchVG anzunehmen wären, wäre eine Gestaltung der Anleihebedingungen durch eine Beschlussfassung der Teilschuldverschreibungsgläubiger gemäß den §§ 5 ff. SchVG ab diesem Zeitpunkt gesperrt. Es ist indes denkbar, dass eine Beschlussfassung der Teilschuldverschreibungsgläubiger gemäß den §§ 5 ff. SchVG angestrebt wird und diese mit einer Stabilisierungsanordnung zulasten der Teilschuldverschreibungsgläubiger flankiert werden soll. Diese Variante bliebe ohne die hier angedachte teleologische Reduktion unerreichbar, obwohl die Nutzung des Stabilisierungs- und Restrukturierungsrahmen ausweislich der Materialien unkompliziert und gemessen an den Materialien nach *façon* des Schuldners möglich sein soll.[1032] Anders als bei den Instrumenten des § 29 Abs. 2 Nr. 1, 2 und 4 StaRUG entsteht bei der Erwirkung einer Stabilisierungsanordnung zulasten der Teilschuldverschreibungsgläubiger noch keine hinreichende Verknüpfung mit dem späteren Restrukturierungsplan. Mit der Einbeziehung einer Forderung in eine Stabilisierungsanordnung geht nicht die Notwendigkeit einher, dass diese Forderung in dem Restrukturierungsplan gestaltet wird. Vielmehr impliziert § 29 Abs. 3 StaRUG, dass eine Stabilisierungsanordnung zulasten der Teilschuldverschreibungsgläubiger auch ergehen kann, wenn eine Restrukturierung der Anleihe durch ein Instrument des Stabilisierungs- und Restrukturierungsrahmens nicht angedacht ist.[1033] Daher reicht es aus, wenn die übrigen Voraussetzungen des § 51 StaRUG erfüllt sind.[1034] Vor diesem Hintergrund verfängt es nicht, eine Restrukturierung der Anleihe gemäß dem SchVG zu unterbinden, wenn lediglich eine Stabilisierungsanordnung angeordnet worden ist.[1035] Ferner gehen mit einer solchen Auslegung keine Nachteile einher. Zwar wäre bei Vorliegen der Voraussetzung des § 19 Abs. 6 SchVG durch Erwirkung einer Vollstreckungssperre zulasten der Teilschuldverschreibungsgläubiger gemäß § 19 Abs. 2 Satz 2 SchVG eine Gläubigerversammlung mit dem

1031 Eine maßgebliche Unterscheidung der Interessenlagen fordernd *Kuhn*, JuS 2016, 104; *Larenz/Canaris*, Methodenlehre, S. 211; siehe dazu *Möllers*, Methodenlehre, § 6 Rn. 125, 1277.

1032 Siehe Begr. RegE SanInsFoG, BT-Drs. 19/24181, S. 154, der die Ermöglichung eines situationsangemessenen Gebrauchs hervorhebt.

1033 Zu der Frage, was abweichende Bestimmungen i. S. d. § 29 Abs. 3 StaRUG wären, die eine freie Handhabe der Instrumente beeinträchtigen würden *Kramer* in BeckOK StaRUG, § 29 Rn. 90.

1034 So im Ergebnis auch *Frind*, ZRI 2021, 697 (698); *Skauradszun* in MüKoStaRUG, § 49 Rn. 41; wohl *Mock* in BeckOK StaRUG, § 49 Rn. 23; wohl auch *Thole*, ZRI 2021, 231 (233), »potentiell planbetroffener Gläubiger«.

1035 Zu der in den Fällen des § 29 Abs. 2 Nr. 1, 2, 4 StaRUG eintretenden Beeinträchtigung des Restrukturierungskonzepts bei Beschlussfassung nach den §§ 5 ff. SchVG vorstehend Kap. IV § 10 A. II. 2. b) (2).

Zweck der Bestellung eines gemeinsamen Vertreters einzuberufen. In Anbetracht der Tatsache, dass die durch eine Stabilisierungsanordnung betroffenen Teilschuldverschreibungsgläubiger aber nicht anzuhören wären,[1036] brächte diesen eine Einberufung der Gläubigerversammlung für die Bestellung eines gemeinsamen Vertreters aber keinen Vorteil für die Restrukturierung. Vor diesem Hintergrund würde durch die potentielle Bestellung eines gemeinsamen Vertreters auch nicht das dieser immanente Telos, nämlich die rechtssichere und zügige Durchführung des Verfahrens,[1037] erreicht.

c) Vorliegen der Voraussetzung des § 19 Abs. 6 SchVG bei Anzeige des Restrukturierungsvorhabens

(1) Wortlaut als Grenze der Gesetzesauslegung

Die Annahme der Voraussetzung des § 19 Abs. 6 SchVG ist bereits bei Anzeige des Restrukturierungsvorhabens zweckmäßig. In Anbetracht der Tatsache, dass der Wortlaut des § 19 Abs. 6 SchVG explizit an die Instrumente anknüpft, kann § 19 Abs. 6 SchVG allerdings nicht dahin gehend ausgelegt werden,[1038] dass die Anzeige des Restrukturierungsvorhabens davon umfasst ist.

(2) Rechtsfortbildung durch Analogie

Die Berücksichtigung der Anzeige des Restrukturierungsvorhabens für die Zwecke des § 19 Abs. 6 SchVG kommt ausschließlich in dem Wege der Rechtsfortbildung durch eine analoge Anwendung in Betracht. Voraussetzung für eine analoge Anwendung des § 19 Abs. 6 SchVG auch bei Anzeige des Restrukturierungsvorhabens gemäß § 31 Abs. 1 StaRUG ist eine Regelungslücke im SchVG sowie eine vergleichbare Interessenlage hinsichtlich der Anzeige des Restrukturierungsvorhabens gemäß § 31 Abs. 1 StaRUG mit der Einbeziehung der Forderungen aus den Teilschuldverschreibungen in ein Instruments des Stabilisierungs- und Restrukturierungsrahmens.[1039] Gemessen an diesen Kriterien ist eine Analogie indes abzulehnen.[1040]

1036 Statt vieler *Skauradszun* in MüKoStaRUG, § 49 Rn. 23 m. w. N.

1037 Siehe Begr. RegE SchVG, BT-Drs. 16/18214, S. 25.

1038 Siehe zu dem Wortlaut als Grenze der zulässigen Auslegung *Larenz/Canaris*, Methodenlehre, S. 143; *Möllers*, Methodenlehre, § 4 Rn. 66; *Wank*, Methodenlehre, § 7 Rn. 58.

1039 Statt vieler *Möllers*, Methodenlehre, § 6 Rn. 94.

1040 So auch *Kramer* in BeckOK StaRUG, § 29 Rn. 74a; *Lürken*, ZIP 2021, 1305 (1308). A. A. wohl AG München, NZI 2022, 31 (32), welches in der Restrukturierungssache eterna Mode Holding GmbH eine wirksame Vertretung durch den gemeinsamen Vertreter ohne Erörterung bejaht, obwohl – soweit ersichtlich – nur ein außergerichtlicher Abstimmungstermin – der kein Instrument des § 29 Abs. 2 StaRUG verkörpert – durchgeführt wurde. Einen Weisungsbeschluss haben die Teilschuldverschreibungsgläubiger hierbei nicht gefasst, siehe dazu Bekanntmachung des Beschlusses betreffend die Inhaberschuldverschreibungen 2017/2024 DE000A2E4XE4 vom 30. Juli 2021, abrufbar unter: www.bundesanzeiger.de (zuletzt abgerufen am 31. Oktober 2025). Deshalb muss die Vertretungsmacht des gemeinsamen Vertreters § 19 Abs. 6 SchVG i. V. m. § 19 Abs. 3 SchVG entspringen. Da die außergerichtliche Abstimmung kein Instrument des § 29 Abs. 2 StaRUG darstellt, muss das Gericht wohl davon ausgehen, dass § 19 Abs. 6 SchVG i. V. m.

(a) Vergleichbare Interessenlage

Freilich ist zu konzedieren, dass durchaus eine vergleichbare Interessenlage besteht, wenn bereits bei Anzeige des Restrukturierungsvorhabens hinreichend feststeht, dass die Forderungen aus den Teilschuldverschreibungen in dem Restrukturierungsplan gestaltet werden sollen. Über die Pflichtangaben des § 31 Abs. 2 Satz 1 Nr. 1, 2 StaRUG ist das Restrukturierungskonzept hinreichend konkretisiert. Zwar besteht durchaus die Möglichkeit, dass das Restrukturierungskonzept in dem der Anzeige des Restrukturierungsvorhabens nachgelagerten Zeitraum Änderungen unterworfen wird. Dann dürften aber schlicht die Rechtsfolgen des § 19 Abs. 6 SchVG entfallen. Zu bedenklichen Verwerfungen dürfte dies nicht führen. Gegen eine vergleichbare Interessenlage streitet indes der Umstand, dass auch während einer rechtshängigen Restrukturierungssache die Änderung der Anleihebedingungen gemäß dem SchVG geboten ist, z. B. wenn die Restrukturierungssache sich verzögert und deshalb eine kurzfristige Prolongation der Forderungen aus dem Anleiheschuldverhältnis notwendig ist, um eine Zahlungsunfähigkeit zu vermeiden.[1041] In einem Insolvenzverfahren besteht diese Notwendigkeit wegen der angeordneten Fälligkeit aller Forderungen gemäß § 41 Abs. 1 InsO hingegen nicht.

(b) Regelungslücke

Ungeachtet einer vergleichbaren Interessenlage bei der Anzeige des Restrukturierungsvorhabens gemäß § 31 Abs. 1 StaRUG mit der Einbeziehung der Forderungen aus den Teilschuldverschreibungen in ein Instrument des Stabilisierungs- und Restrukturierungsrahmens mangelt es an einer Regelungslücke. Eine solche ist immer dann anzunehmen, wenn das Gesetz eine planwidrige Unvollständigkeit aufweist.[1042] Das Fehlen der Anzeige des Restrukturierungsvorhabens gemäß § 31 Abs. 1 StaRUG als ein den § 19 Abs. 6 SchVG erfüllendes Ereignis begründet zwar eine Unvollständigkeit. Es ist aber zu bezweifeln, dass diese in planwidriger Weise existiert. Die Planwidrigkeit setzt ihrerseits nämlich voraus, dass das unvollständige Gesetz einen Sachverhalt nicht regelt, den es gemessen an seiner eigenen Regelungsabsicht hätte regeln müssen.[1043] Dabei sind insbesondere die bewusst getroffenen Entscheidungen des Gesetzgebers zu berücksichtigen.[1044] Vor dem Hintergrund des eindeutigen Wortlauts des

§ 19 Abs. 3 SchVG bereits ab der Anzeige des Restrukturierungsvorhabens greift; wohl *Cranshaw* in PRS, StaRUG, Teil 3 Rn. 57; im Ergebnis *Dreher/Kamke/Scherber* in Preuße/Vogel, SchVG, § 19 Rn. 53; *Knapp* in Hopt/Seibt, SchvR, § 19 Rn. 143; *Knof* in HK-InsR, Anh. III Rn. 127; *Thole*, ZHR 186 (2022), 213 (239); so wohl auch AG Düsseldorf, Beschl. v. 11.7.2022 – 602 RES 1/22 (nicht veröffentlicht), abrufbar unter: https://www.evan-group.com/anleihe/ (zuletzt abgerufen am 31. Oktober 2025).

1041 Siehe dazu die Ad-hoc Mitteilung der ACCENTRO Real Estate AG vom 25. April 2025 mit der Mitteilung der Anzeige des Restrukturierungsvorhabens und zeitgleichen Ankündigung einer weiteren Änderung der Anleihebedingungen gemäß SchVG, abrufbar unter: https://investors.accentro.de/en/news/ad-hoc/accentro-real-estate-ag-begins-with-the-implementation-of-the-restructuring (zuletzt abgerufen am 31. Oktober 2025).

1042 *Larenz*, Methodenlehre, S. 373 m. w. N.

1043 *Larenz*, Methodenlehre, S. 374.

1044 *Larenz*, Methodenlehre, S. 374.

§ 19 Abs. 6 SchVG, der explizit die Einbeziehung in ein Instrument des Stabilisierungs- und Restrukturierungsrahmens für seine Anwendbarkeit voraussetzt, ist indes davon auszugehen, dass der Gesetzgeber bewusst davon abgesehen hat, auch die Anzeige des Restrukturierungsvorhabens in § 19 Abs. 6 SchVG zu erwähnen. Zwar führt der Gesetzgeber nicht ausdrücklich aus, dass es ihm strikt auf die Instrumente *per se* ankommt, sondern vielmehr auf die Gestaltung in einem Restrukturierungsplan. Aber es kann vor dem expliziten Rückgriff auf den Terminus »Instrumente des Stabilisierungs- und Restrukturierungsrahmens«, der die amtliche Überschrift des § 29 StaRUG darstellt, nicht gefolgert werden, dass aus seiner Sicht jedwede Berücksichtigung der Forderung der Teilschuldverschreibungsgläubigern ausreichen soll. Dafür hätte er eine – wie in § 44 Abs. 1 Satz 1 StaRUG, der zwischen der Rechtshängigkeit und der Inanspruchnahme von Instrumenten differenziert – weitere und abstraktere Formulierung wählen können und deshalb auch müssen. Die besseren Gründe sprechen somit gegen das Vorliegen einer planwidrigen Unvollständigkeit des § 19 Abs. 6 SchVG.

III. Zwischenergebnis

Nur wenn der Emittent einer Anleihe die Forderungen aus den Teilschuldverschreibungen in einen Restrukturierungsplan einbezieht und hinsichtlich dieses Restrukturierungsplans eine gerichtliche Planabstimmung, eine Vorprüfung oder eine Planbestätigung beantragt, ist die Tatbestandsvoraussetzung des § 19 Abs. 6 SchVG erfüllt und § 19 Abs. 1–5 SchVG entsprechend anwendbar. Eine zulasten der Teilschuldverschreibungsgläubiger angeordnete Stabilisierungsanordnung gemäß § 29 Abs. 2 Nr. 3 StaRUG erfüllt den Tatbestand des § 19 Abs. 6 SchVG hingegen nicht. Unter Berücksichtigung der praktischen Gepflogenheiten folgt daraus, dass der frühestmögliche Zeitpunkt für das Vorliegen der Voraussetzung des § 19 Abs. 6 SchVG regelmäßig die Beantragung einer gerichtlichen Planabstimmung mit einer entsprechenden Vorprüfung oder lediglich die Vorprüfung, wenn die Abstimmung außergerichtlich durchgeführt werden soll, wäre.[1045] Daraus folgt, dass die Teilschuldverschreibungsgläubiger erst ab dem Zeitpunkt der Beantragung keine materiellen Beschlüsse mit Außenwirkung fassen können. Positiv formuliert: die Teilschuldverschreibungsgläubiger können bis zu der Beantragung einer Vorprüfung die Anleihebedingungen ändernde Beschlüsse fassen. Dies würde auch mit den Beweggründen der Gesetzesbegründung harmonieren, da ab diesem Zeitpunkt mit überwiegender Wahrscheinlichkeit davon ausgegangen werden kann, dass die Forderungen der Teilschuldverschreibungsgläubiger in dem Sinne der Gesetzesbegründung in einem Restrukturierungsplan gestaltet werden sollen.[1046] Um eine gerichtliche Planabstimmung zu beantragen, muss der Restrukturierungsplan nämlich final ausgearbeitet sein. Dafür hat der Schuldner gemäß § 45 Abs. 2 StaRUG den Restrukturierungsplan an das Restrukturierungsgericht zu übermitteln. Aus dem Vorrang des StaRUG gemäß § 19 Abs. 6 SchVG i. V. m. § 19 Abs. 1 SchVG resultiert ein Moratorium zulasten des SchVG, sodass die Möglichkeit der Beschluss-

1045 Zu Einzelheiten der Auswirkungen eines so spät gelagerten Triggers für den § 19 Abs. 6 SchVG nachstehend Kap. IV § 11 A. I. 3.

1046 Begr. RegE SanInsFoG, BT-Drs. 19/24181, S. 222.

fassung gemäß § 5 Abs. 3 Satz 1 SchVG für die Teilschuldverschreibungsgläubiger nicht gegeben ist. Letztere können ab dem den § 19 Abs. 6 SchVG erfüllenden Ereignis nur noch Weisungsbeschlüsse an einen gemeinsamen Vertreter fassen.

B. Gestaltung des Konkurrenzverhältnisses in den Anleihebedingungen

Nachdem ein gesetzliches Konkurrenzverhältnis erörtert wurde,[1047] verbleibt die Frage, ob ein in den Anleihebedingungen gewillkürtes Konkurrenzverhältnis zulässig ist. Konkret bedeutet dies, ob die Anleihebedingungen eine Restrukturierung der Anleihe nur nach dem einen oder dem anderen Restrukturierungsregime für zulässig erklären können und wie dies geschehen könnte. Hierbei spielen die verschiedenen Motive der Parteien – Emittent oder Teilschuldverschreibungsgläubiger – eine entscheidende Rolle. Für Emittenten könnte es vor dem Hintergrund des schuldnerfreundlicheren Rechtschutzes des StaRUG und der Möglichkeit des *cross-class cram-down* in bestimmten Konstellationen reizvoll sein,[1048] eine Restrukturierung nur nach ebenjenen Vorschriften zu vollziehen. Aus Sicht der Teilschuldverschreibungsgläubiger entsteht das konträre Bild. Diese kommen bei einer Restrukturierung nach den Vorschriften des SchVG nicht nur in den Genuss eines gläubigerfreundlichen Rechtsschutzes,[1049] sondern haben darüber hinaus mangels Aggregationsmöglichkeit im SchVG keine Überstimmung durch andere Gläubiger des Schuldners in dem Wege des *cross-class cram-down* zu befürchten. [1050]

I. Ausschluss einer Restrukturierung nach den Regeln des SchVG

Regelmäßig eröffnen die Anleihebedingungen der Anleihen deutscher Emittenten, die Anwendbarkeit der §§ 5 ff. SchVG.[1051] Dies fußt auf der vor dem Geltungszeitraum des StaRUG vorherrschenden Alternativlosigkeit der Anwendung des SchVG für die effektive Restrukturierung der Anleihe. In Anbetracht der Tatsache, dass mit dem StaRUG nunmehr eine weitere Möglichkeit der Änderung der Anleihebedingungen besteht, könnten Emittenten intendieren, die Möglichkeit der Beschlussfassung gemäß den §§ 5 ff. SchVG in den Anleihebedingungen nicht zu eröffnen.[1052] Eröffnen die Anleihebedingungen nicht den Anwendungsbereich des SchVG, können die Anleihebedingungen nicht nach dessen Regelungen modifiziert werden.[1053]

1047 Zu Einzelheiten vorstehend Kap. III § 9 A.
1048 Für Möglichkeit der Majorisierung der Teilschuldverschreibungsgläubiger bei einer Restrukturierung der Anleihe in einem Restrukturierungsplan auch *Skauradszun/Kümpel*, WM 2021, 1122 (1123).
1049 Zu Einzelheiten vorstehend Kap. I § 2 F. IV.
1050 Zu Einzelheiten vorstehend Kap. I § 2 A.
1051 Zu Einzelheiten vorstehend Kap. I § 2.
1052 Ob eine solche Anleihe auf dem Kapitalmarkt reüssierte, ist eine andere Frage.
1053 Statt vieler *Thole* in Hopt/Seibt, SchvR, § 4 Rn. 26.

II. *Ausschluss der Gestaltung der Anleihebedingungen in einem Restrukturierungsplan*

Bedeutend komplexer als die Frage des Ausschlusses einer Restrukturierung gemäß dem SchVG ist die Frage nach einem vereinbarten Ausschluss einer Restrukturierung der Anleihe mithilfe des StaRUG. Eine Restrukturierung unter Nutzung des StaRUG ist nämlich – anders als eine Restrukturierung der Anleihe gemäß dem SchVG – nicht an einen eröffnenden Passus in den Anleihebedingungen geknüpft.[1054] Vor diesem Hintergrund bedarf es für einen Ausschluss der Modifizierung der Forderungen aus dem Anleiheschuldverhältnis mehr als das bloße Nichteröffnen der Möglichkeit eines Einbeziehens in einen Restrukturierungsplan. In der Terminologie des SchVG bleibend bedürfte es statt eines *opt-in* vielmehr eines *opt-out*. Insbesondere aus Sicht der Teilschuldverschreibungsgläubiger dürfte ein solcher *opt-out* erstrebenswert sein. Diese könnten dadurch sicherstellen, weder in dem Wege des *cross-class cram-down* Sanierungsbeiträgen unterworfen zu werden noch auf einen aus ihrer Sicht ineffektiven Rechtsschutz angewiesen sein zu müssen. Vor dem Hintergrund der Auswirkungen des Kupierens der eigenen Restrukturierungsmöglichkeiten ist jedoch nicht davon auszugehen, dass Emittenten auf ein solches Vorgehen drängen. Allerdings ist anzumerken, dass schon jetzt – obwohl nicht zuvorderst in dem Interesse des Emittenten – in einigen Anleihebedingungen durchaus auf einen *opt-in* für das SchVG verzichtet wird.[1055] In gewissen Konstellationen könnte das Ausschließen die einzige Möglichkeit des Emittenten sein, um eine Finanzierung zu erhalten.[1056] In Anbetracht dieser Tatsache ist in praktischer Hinsicht zwischen zwei Szenarien zu unterscheiden, nämlich zwischen Anleihen, welche bereits emittiert worden sind und solchen, deren Emission noch bevorsteht.

Die Anleihebedingungen von vor dem 1. Januar 2021 emittierter Anleihen sind zu einem Zeitpunkt vereinbart worden, zu dem die Möglichkeit einer Restrukturierung durch einen Restrukturierungsplan noch gar nicht antizipiert worden ist. Die Anleihebedingungen solcher Anleihen weisen naturgemäß keinen entsprechenden Ausschluss der Restrukturierung gemäß dem StaRUG auf. Wollen die Teilschuldverschreibungsgläubiger vor dem Hintergrund der zu ihren Lasten bestehenden Möglichkeiten des StaRUG einen besagten Passus in die Anleihebedingungen aufnehmen, könnte dies gemäß § 5 Abs. 3 Satz 1 Nr. 10 SchVG geschehen. Allerdings müsste einem solchen Beschluss auch der Emittent zustimmen. Mangels Druckpotential der Teilschuldverschreibungsgläubiger – das Kapital ist dem Emittenten bereits zur Verfügung gestellt worden und ein Kündigungsrecht ist mangels erkennbarer Pflichtverletzung fernliegend – würde der Emittent einem solchen Beschluss aus genanntem Grunde nicht zustimmen. Anders dürfte die Gemengelage sich bei Emission einer Anleihe seit dem 1. Januar 2021 verhalten. Kristallisiert sich in dem Zuge der Verhandlungen der Vertragsparteien – regelmäßig Emittent und Konsortialbanken als Ersterwerber[1057] – über

1054 So auch *Lürken*, ZIP 2021, 1305 (1307); *Naujoks/Schönen*, ZRI 2021, 437 (440).
1055 Siehe mit Beispielen *Thole* in Hopt/Seibt, SchvR, § 5 Rn. 9.
1056 Siehe ähnlich für die Vereinbarung vertraglicher Kündigungsrechte in den Anleihebedingungen *Bliesener/Schneider* in LBS, BankR-Komm., 17. Kap., § 5 Rn. 105.
1057 *Kaulamo* in HMS, Unternehmensfinanzierung, § 16 Rn. 16.40.

die Anleihebedingungen im Vorfeld der Emission heraus,[1058] dass die Teilschuldverschreibungen nur gezeichnet werden, wenn ein entsprechender Ausschluss einer Restrukturierung nach dem StaRUG vereinbart wird, kann der Emittent unter Umständen in Zugzwang geraten, wenn eine andere Form der Fremdkapitalaufnahme nicht erfolgversprechend ist. Vor diesem Hintergrund ist in der Folge zu untersuchen, mit welchen Gestaltungen eine Restrukturierung nach dem StaRUG ausgeschlossen werden kann und ob ein solcher Ausschluss zulässig wäre.

1. Verschonung von der Bindungswirkung des § 67 Abs. 1 StaRUG

Gemäß § 67 Abs. 1 Satz 1 StaRUG treten die in dem gestaltenden Teil des Restrukturierungsplans festgelegten Wirkungen mit der Bestätigung des Restrukturierungsplans ein, wodurch die materiell-rechtlichen Wirkungen des Restrukturierungsplans bestimmt werden.[1059] Daher wäre – zumindest *prima facie* – die effektivste Möglichkeit, eine Restrukturierung nach dem StaRUG dadurch zu verhindern, dass das Anleiheschuldverhältnis von den Wirkungen des Restrukturierungsplans verschont bliebe, indem ebenjenes gegen die gerichtliche Planbestätigung und die sich aus § 67 Abs. 1 StaRUG ergebende Bindungswirkung immunisiert würde. Konkret könnte ein Passus in den Anleihebedingungen angedacht werden, der besagt, dass die gemäß § 67 Abs. 1 StaRUG eintretenden Wirkungen eines Restrukturierungsplans sich in der Folge einer gerichtlichen Planbestätigung nicht auf die sich aus den Teilschuldverschreibungen dieser Anleihe ergebenden Forderungen erstrecken. Aus dem Sinn und Zweck des § 67 Abs. 1 StaRUG folgt jedoch, dass dieser indisponibles Recht darstellt und eine entsprechende Klausel keine Wirkung entfaltet.

a) Verhinderung der Insolvenz als Telos des § 67 Abs. 1 StaRUG

Durch die gerichtliche Planbestätigung gemäß § 67 Abs. 1 StaRUG wird das dem Restrukturierungsplan zugrunde liegende schlüssige Sanierungskonzept umgesetzt und das Fremd- und Eigenkapital des Schuldners entsprechend gestaltet, sodass die nachhaltige Sanierung des Schuldners eingeleitet werden kann. Damit dieses Ziel auch erreicht werden können, muss der Restrukturierungsplan in Gänze umgesetzt werden. Es reicht nicht aus, dass das Sanierungskonzept nur partiell umgesetzt würde. Mittelbar ergibt dieser Grundsatz sich bereits aus § 18 StaRUG.[1060] Aus diesem Grunde werden alle Planbetroffenen gemäß § 67 Abs. 1 Satz 2 StaRUG ohne Ansehen ihres Abstimmungsverhaltens an die in dem Restrukturierungsplan festgelegten Wirkungen gebunden. Deshalb konfligierte ein angedachter Ausschluss der Wirkungen des § 67 Abs. 1 StaRUG gegenüber den Teilschuldverschreibungsgläubigern mit dem Sinn und Zweck

1058 Die privatautonome Vereinbarung zwischen den Vertragsparteien erwähnend und die Anleihebedingungen als das »Chance/Risiko-Profil« der Anleihe prägend bezeichnend *Artzinger-Bolten/Wöckener* in Hopt/Seibt, SchvR, § 2 Rn. 11; siehe dazu *Baums*, Unternehmensfinanzierung, 2017, § 37 Rn. 5; siehe auch *Münstermann* in KMFS, BankR, 15. Teil Rn. 15.232.

1059 *Smid* in PRS, StaRUG, § 67 Rn. 1.

1060 Ähnlich *Spahlinger* in BeckOK StaRUG, § 18 Rn. 1; *Tresselt* in Morgen, StaRUG, § 18 Rn. 1.

sowohl des § 67 Abs. 1 StaRUG als auch mit einem weiteren dem StaRUG zugrunde liegenden Gedanken, nämlich der nachhaltigen Sanierung des Schuldners. Notwendig wird die angedachte Verschonung von der Wirkung des Restrukturierungsplans nämlich erst, wenn tatsächlich eine Gestaltung der Forderungen der Teilschuldverschreibungsgläubiger in dem Restrukturierungsplan festgelegt wird, die Gestaltung der Forderungen der Teilschuldverschreibungsgläubiger somit Teil des schlüssigen Sanierungskonzepts ist. Wären die Teilschuldverschreibungsgläubiger keine Planbetroffenen, würde § 67 Abs. 1 StaRUG diesen gegenüber keine Geltung beanspruchen. Würde sodann – bei Planbetroffenheit der Teilschuldverschreibungsgläubiger – ein Restrukturierungsplan gerichtlich bestätigt und in der Folge ein scheinbar Planbetroffener geltend machen, aufgrund einer Bestimmung in den Anleihebedingungen würden die Wirkungen des Restrukturierungsplans die Teilschuldverschreibungsgläubiger nicht treffen, würde eine Bindungswirkung gegenüber diesen entfallen und damit ein notwendiger Teil des schlüssigen Sanierungskonzepts. Dadurch würde die gesamte Restrukturierung *ad absurdum* geführt und scheitern, da wahrscheinlich alsbald die Zahlungsunfähigkeit einträte, weil die Forderungen der Teilschuldverschreibungsgläubiger nicht angepasst wurden und zeitnah fällig werden.

b) Wahrung der Rechtssicherheit

Ferner soll die gerichtliche Planbestätigung auch der Rechtssicherheit dienen, was sich insbesondere in § 67 Abs. 6 StaRUG ausdrückt, gemäß dem Fehler in dem Verfahren der Planabstimmung sowie Willensmängel von Planangebot und Planannahme durch die gerichtliche Planbestätigung geheilt werden.[1061] Dieser dem § 67 StaRUG inhärente Zweck lässt sich nicht mit der durch eine Verschonungsklausel eintretenden Wirkung in Einklang bringen. Durch eine solche würde der gerichtlichen Planbestätigung eine entgegengesetzte Wirkung zukommen. Nach der Planbestätigung hat nämlich zweifelsfrei festzustehen, welche Forderungen und Rechte von dem Restrukturierungsplan betroffen und welche verschont geblieben sind. Unterläge die materiellrechtliche Wirkung des § 67 Abs. 1 StaRUG der Disposition der Parteien, wäre dies der Rechtsunsicherheit abträglich. Welchen Gläubigern des Schuldners gegenüber die Wirkung des § 67 Abs. 1 StaRUG eintritt, kann Letzterer nur in dem Rahmen seines ihm gemäß § 8 StaRUG zustehenden, beschränkten Ermessens beeinflussen.

2. Kündigungsrecht

Ferner könnte versucht werden, durch die Implementierung eines Kündigungsrechts zugunsten der Teilschuldverschreibungsgläubiger in den Anleihebedingungen den Ausschluss einer Restrukturierung in einem Restrukturierungsplan zu erreichen. Sobald die Voraussetzungen des Kündigungsrechts vorliegen, könnten die Teilschuldverschreibungsgläubiger die Anleihe kündigen und gegen den Schuldner vollstrecken.[1062]

1061 Begr. RegE SanInsFoG, BT-Drs. 19/24181, S. 166.
1062 Anfechtungsrelevante Implikationen werden hierbei bewusst ausgeklammert. Siehe zu diesen *Paulus*, WM 2012, 1109 (1112).

a) Gestaltungsmöglichkeit eines Kündigungsrechts

Grundsätzlich ist es üblich, vertragliche Kündigungsrechte in den Anleihebedingungen niederzuschreiben.[1063] Konkret könnte ein Kündigungsrecht für die Fälle der Anzeige des Restrukturierungsvorhabens oder des Anbietens eines Restrukturierungsplans gewährt werden. Die Anleihebedingungen könnten eine Formulierung wie die Folgende vorsehen.

> »Ein Kündigungsrecht besteht dann, wenn ein Gericht ein Insolvenzverfahren gegen den Emittenten eröffnet oder der Emittent ein solches Verfahren einleitet oder beantragt, der Emittent eine Restrukturierungssache gemäß § 31 Abs. 1 StaRUG anzeigt oder eine allgemeine Schuldenregelung, insbesondere einen Restrukturierungsplan gemäß dem StaRUG, zu Gunsten seiner Gläubiger anbietet oder trifft oder ein Dritter ein Insolvenzverfahren gegen den Emittenten beantragt und ein solches Verfahren nicht innerhalb einer Frist von 60 Tagen aufgehoben oder ausgesetzt wird.«[1064]

Ungeachtet der konkreten Ausgestaltung würde der Sachverhalt sich wie folgt darstellen: Der Emittent zeigt die Restrukturierungssache gemäß § 31 Abs. 1 StaRUG an oder bietet den Teilschuldverschreibungsgläubigern einen Restrukturierungsplan an.[1065] Daraufhin würden zumindest einige Teilschuldverschreibungsgläubiger ihr Kündigungsrecht ausüben und die Forderung fällig stellen.[1066] Sowohl die Wirksamkeit der Kündigung als auch das Erreichen des durch ein solches Vorgehens gewünschten Ziels – die Verhinderung der Gestaltung der Forderungen in einem Restrukturierungsplan – ist zweifelhaft.

b) Wirksamkeit der Kündigung

(1) Kündigungsausschluss in einer Sanierungssituation

Ein Rückgriff auf BGHZ 210, 263[1067] führt nicht zu einer Unwirksamkeit der Kündigung. Der BGH entschied, dass die Kündigung eines Teilschuldverschreibungsgläubigers gemäß § 314 BGB wegen einer Verschlechterung der wirtschaftlichen Lage des Emittenten demnach unwirksam ist, wenn Letzterer zu dem Zeitpunkt der Kündigungserklärung bereits Sanierungsbemühungen beabsichtigt und initiiert hat.[1068] Begründet hat der BGH diese Entscheidung damit, dass das SchVG 1899 seine praktische Bedeutung verlöre, wenn jeder Teilschuldverschreibungsgläubiger sich durch das Berufen auf die Verschlechterung der Vermögensverhältnisse des Emittenten den Mehrheitsbeschlüssen entziehen könnte.[1069] Zwar wurde dies für eine Anleihe, die dem

1063 *Bliesener/Schneider* in LBS, BankR-Komm., 17. Kap., § 5 Rn. 107.
1064 Angelehnt an die streitentscheidende Kündigungsregel in der Entscheidung LG Bonn, ZIP 2014, 1073 (1073).
1065 Das Anbieten eines Restrukturierungsplans setzt keine Anzeige des Restrukturierungsvorhabens voraus.
1066 Ähnlich *Westpfahl/Seibt* in HK-RestrR, Teil 3 Kap. 8 Rn. 174.
1067 BGHZ 210, 263 = NZI 2016, 709.
1068 BGHZ 210, 263 Rn. 38 = NZI 2016, 709.
1069 BGHZ 210, 263 Rn. 39 = NZI 2016, 709.

SchVG 1899 unterlag, entschieden. Diese entscheidungserheblichen Grundsätze fußen aber nicht auf den Wertungen des SchVG 1899, sondern vielmehr auf der einer jeden Restrukturierungssituation immanenten Wertung und dürften daher für Anleihen gelten, die dem SchVG in seiner aktuellen Fassung unterliegen, da letzteres gegenüber dem SchVG 1899 eine vereinfachte Restrukturierung ermöglichen soll.[1070] Bei vordergründiger Betrachtung dieser Entscheidung des BGH liegt nahe, dass eine Kündigung nach dem angedachtem Vorbild ebenfalls an dieser Rechtsprechung scheitern könnte. Allerdings bezieht diese Entscheidung sich lediglich auf die Möglichkeit einer Kündigung gemäß § 314 BGB, ohne die Einräumung eines vertraglichen Kündigungsrechts wegen Verschlechterung der wirtschaftlichen Lage. Das skizzierte Kündigungsrecht würde jedoch nicht aus § 314 BGB herrühren, sondern aus der vertraglichen Abrede, dass bei Einbeziehung in einen Restrukturierungsplan eine Kündigungsmöglichkeit existieren soll. Der BGH betont in dieser Entscheidung, dass bei der in dem Rahmen des § 314 BGB notwendigen Interessenabwägung zu berücksichtigen gewesen ist, dass die streitgegenständlichen Anleihebedingungen kein Kündigungsrecht wegen einer Verschlechterung der Vermögensverhältnisse des Emittenten eingeräumt hat, sodass keine Risikotragung zulasten des Emittenten angenommen werden kann.[1071] Dies impliziert, dass bei einer vertraglichen Kündigungsregelung für den Fall einer Verschlechterung der wirtschaftlichen Verhältnisse eine Risikotragung zulasten des Emittenten angenommen werden kann mit der Folge, dass eine darauf fußende Kündigung nicht unwirksam wäre.[1072]

(2) Ausschluss der Kündigung gemäß § 44 Abs. 1, 2 StaRUG

Möglicherweise könnte das Kündigungsrecht eine unzulässige Lösungsklausel darstellen und gemäß § 44 Abs. 1 Satz 1, Abs. 2 StaRUG unwirksam sein. Innerhalb des § 44 Abs. 1 StaRUG kommt insbesondere § 44 Abs. 1 Satz 1 Nr. 2 StaRUG in Betracht. Danach ist die Rechtshängigkeit der Restrukturierungssache oder die Inanspruchnahme von Instrumenten des Stabilisierungs- und Restrukturierungsrahmens durch den Schuldner ohne Weiteres kein Grund für die Fälligstellung von Leistungen. Sollte das Kündigungsrecht eine diesem entgegenstehende Vereinbarung darstellen, wäre dieses gemäß § 44 Abs. 2 StaRUG unwirksam und eine darauf fußende Kündigung würde keine Wirkung entfalten.[1073]

1070 Ansonsten würde durch das SchVG die Restrukturierung erschwert. So *Brenner/Moser*, NZI 2016, 711 (712).

1071 BGHZ 210, 263 Rn. 37 = NZI 2016, 709.

1072 So im Ergebnis wohl auch BGHZ 208, 171 Rn. 28 = ZIP 2016, 308, worin die auf einem in den Anleihebedingungen niedergeschriebenen Kündigungsgrund fußende Kündigung nur als gegenstandslos aufgrund eines späteren Gläubigerbeschlusses, nicht jedoch als unwirksam bezeichnet wird; so ausdrücklich OLG Frankfurt, ZIP 2014, 2176 (2178 ff.); wohl auch *Thole* in Hopt/Seibt, SchvR, § 5 Rn. 104.

1073 *Desch*, BB 2020, 2498 (2502); *Haffa/Schuster* in Braun, StaRUG, § 44 Rn. 6; *Mock* in BeckOK StaRUG, § 44 Rn. 13.

(a) Fälligstellung von Leistungen

Mit der Kündigung der Teilschuldverschreibung würde der kündigende Teilschuldverschreibungsgläubiger nichts anderes als die Fälligstellung der Leistung – die Zahlung des vereinbarten Rückzahlungsbetrages – bewirken,[1074] sodass die Kündigung einer Teilschuldverschreibung grundsätzlich als Fälligstellung einer Leistung i. S. d. § 44 Abs. 1 Satz 1 Nr. 2 StaRUG anzusehen ist.[1075]

(b) Die Rechtshängigkeit der Restrukturierungssache oder die Inanspruchnahme von Instrumenten des Stabilisierungs- und Restrukturierungsrahmens als Kündigungsgrund

Entscheidend für die Unwirksamkeit der Kündigung gemäß § 44 Abs. 1 Satz 1 Nr. 2, Abs. 2 StaRUG ist, ob die dargestellte Ausgestaltung des Kündigungsrechts an die Rechtshängigkeit der Restrukturierungssache oder die Inanspruchnahme von Instrumenten des Stabilisierungs- und Restrukturierungsrahmens i. S. d. § 44 Abs. 1 Satz 1 StaRUG anknüpft. Diese Kündigungsgründe sind *expressiv verbis* und ausschließlich – damit ohne Weiteres i. S. d. § 44 Abs. 1 Satz 1 StaRUG – auf die Inanspruchnahme eines Instruments des Stabilisierungs- und Restrukturierungsrahmens gestützt und somit als gemäß § 44 Abs. 2 StaRUG unwirksam zu bewerten.[1076] Ob die in den Anleihebedingungen niedergeschriebene Klausel ein unmittelbares Kündigungsrecht wegen der Rechtshängigkeit der Restrukturierungssache, der Inanspruchnahme von Instrumenten des Stabilisierungs- und Restrukturierungsrahmens oder ein *negative pledge* mit Kündigungsrecht bei Bruch dessen handelt, ist daher ohne Belang.[1077] Entscheidend ist nur, dass die Kündigung zumindest mittelbar auf einem der Gründe des § 44 Abs. 1 Satz 1 StaRUG fußt. Ebenfalls dürfte eine auf den Eintritt solcher Gründe bedingte Fälligkeit der gesamten Anleihe unwirksam sein.[1078]

(c) Anknüpfen an die drohende Zahlungsunfähigkeit

Für die Beurteilung der Unwirksamkeit einer Lösungsklausel ist entscheidend, ob die Klausel »ohne Weiteres« i. S. d. § 44 Abs. 1 Satz 1 StaRUG an die Rechtshängigkeit oder die Inanspruchnahme von einem Instrument des Stabilisierungs- und Restrukturierungsrahmen anknüpft. Vor diesem Hintergrund ist zu examinieren, ob § 44 Abs. 1

1074 Siehe BGHZ 208, 171 Rn. 18 = ZIP 2016, 308.

1075 Die Einordnung ist für die Auswirkungen nicht relevant und somit ein dogmatisches Glasperlenspiel. Eine Kündigung eines valutierten Darlehens – das in dieser Hinsicht mit der Kündigung einer Teilschuldverschreibung verglichen werden kann – als hiervon umfasst und nicht als Beendigung eines Vertragsverhältnisses im Sinne von § 44 Abs. 1 Satz 1 Nr. 1 StaRUG ansehend *Spliedt* in Flöther, StaRUG, § 44 Rn. 17. A. A. für Darlehensverträge *Fritz* in MüKo StaRUG, § 44 Rn. 28; siehe für eine Kündigung *Mock* in BeckOK StaRUG, § 44 Rn. 8.

1076 Für vergleichbar ausgestaltete Kündigungsrechte siehe *Lürken*, ZIP 2021, 1305 (1307).

1077 Ähnlich *Spliedt* in Flöther, StaRUG, § 44 Rn. 19, der auch ein Kündigungsrecht aufgrund eines Bruchs von *financial covenants* von § 44 StaRUG umfasst sieht.

1078 Siehe zu einer Bedingung im Allgemeinen *Fritz* in MüKo StaRUG, § 44 Rn. 29.

Satz 1 StaRUG auch solche Lösungsklauseln umfasst, die an die drohende Zahlungsunfähigkeit anknüpfen und die Rechtshängigkeit der Restrukturierungssache oder die Inanspruchnahme von einem Instrument des Stabilisierungs- oder Restrukturierungsrahmens nicht erwähnen.[1079] Im Ergebnis überzeugt es nicht, ein in den Anleihebedingungen vereinbartes Kündigungsrecht, welches ausschließlich an eine drohende Zahlungsunfähigkeit anknüpft, als gemäß § 44 Abs. 1 Satz 1 Nr. 2, Abs. 2 StaRUG unwirksam zu bewerten.[1080]

(aa) Auslegung des Wortlauts

Der Gesetzeswortlaut des § 44 Abs. 1 Satz 1 StaRUG besagt, dass nur solche Lösungsklauseln unwirksam sind, die »ohne Weiteres« die Rechtshängigkeit oder die Inanspruchnahme von Instrumenten des Stabilisierungs- oder Restrukturierungsrahmens – also verfahrensrechtliche Umstände des StaRUG[1081] – als Lösungsgrund aufweisen. Diese Ausgestaltung deutet darauf hin, dass das Anknüpfen an andere, von § 44 Abs. 1 Satz 1 StaRUG unerwähnte Umstände – insbesondere die materielle Rechtshängigkeitsvoraussetzungen, namentlich die drohende Zahlungsunfähigkeit – die Rechtsfolgen des § 44 Abs. 2 StaRUG nicht nach sich zieht.[1082] Entgegen der Ansicht einiger,[1083] kommt es hierbei auf den Zusatz »ohne Weiteres« nicht an, da das Kündigungsrecht bei alleiniger Anknüpfung an die drohende Zahlungsunfähigkeit überhaupt nicht an Instrumente des Stabilisierungs- oder Restrukturierungsrahmens anknüpft. Insoweit verkörpert die drohende Zahlungsunfähigkeit nicht etwas »Weiteres« i. S. d. § 44 Abs. 1 Satz 1 StaRUG.

(bb) Vergleich zu § 119 InsO

Vor dem Hintergrund der Nähe von § 44 StaRUG zu § 119 InsO liegt es nahe, für die Auslegung des § 44 StaRUG auf die Materialien wie auch auf die Rechtsprechung zu § 119 InsO zurückzugreifen.[1084] Gemäß § 119 InsO sind Vereinbarungen, welche die Anwendung der §§ 103–118 InsO – die Normen, die das Fortbestehen von Vertrags-

1079 Statt vieler *Spliedt* in Flöther, StaRUG, § 44 Rn. 5.

1080 So auch *Heckschen/Weitbrecht*, NZI 2020, 976 (976); *Jacoby*, ZIP 2023, 2273 (2274); *Jacoby* in Jacoby/Thole, StaRUG, § 44 Rn. 21; im Ergebnis auch *Schönfelder*, WM 2022, 362; ohne dies weiter auszuführen und unter konsequentem Durchhalten der Parallele zu § 119 InsO auch *Thole*, ZIP 2020, 1985 (1994). A. A. *Desch*, BB 2020, 2498 (2502); *Fritz* in MüKo StaRUG, § 44 Rn. 24; *Fritz* in Uhlenbruck, InsO, § 44 StaRUG Rn. 14; *Huber*, NZI 2025, 353 (355); wohl *Kuleisa* in HK-RestrR, § 44 Rn. 8; *Lürken/Plank/Ruf* in Hopt/Seibt, SchvR, Kap. 12 Rn. 12.187; *Spliedt* in Flöther, StaRUG, § 44 Rn. 5. Nicht eindeutig *Hölzle* in Seibt/Westpfahl, StaRUG, § 44 Rn. 28.

1081 So auch *Fritz* in MüKo StaRUG, § 44 Rn. 24; *Jacoby* in Jacoby/Thole, StaRUG, § 44 Rn. 18; *Spliedt* in Flöther, StaRUG, § 44 Rn. 5.

1082 *Spliedt* in Flöther, StaRUG, § 44 Rn. 5.

1083 Vermehrt wird die hier aufgeworfene Frage der Zulässigkeit der Anknüpfung an die drohende Zahlungsunfähigkeit unter dem Punkt »ohne Weiteres« erörtert, siehe *Kuleisa* in HK-RestrR, § 44 Rn. 8; ähnlich *Spliedt* in Flöther, StaRUG, § 44 Rn. 5;

1084 Ähnlich *Haffa/Schuster* in Braun, StaRUG, § 44 Rn. 3; *Jacoby* in Jacoby/Thole, StaRUG, § 44 Rn. 23; *Mock* in BeckOK StaRUG, § 44 Rn. 2; *Thole*, ZIP 2020, 1985 (1994).

beziehungen bei Eröffnung eines Insolvenzverfahrens determinieren – ausschließen oder beschränken, unwirksam. Gemäß dem BGH ist eine vertragliche Lösungsklausel dann nicht mit § 119 InsO vereinbar und unwirksam, wenn eine solche insolvenzabhängig ist.[1085] Insolvenzabhängig ist eine Klausel dann, wenn an eine Zahlungseinstellung – somit gemäß § 17 Abs. 1, 2 Satz 2 InsO einen materiellen Insolvenzgrund –, den Insolvenzantrag oder die Insolvenzeröffnung als Lösungsgrund angeknüpft wird oder wenn der Vertrag unter der auflösenden Bedingung des Eintritts dieser insolvenzbezogenen Umstände steht.[1086] Maßgebend für diese Bewertung ist der Umstand, dass solche Lösungsklauseln das Wahlrecht des Insolvenzverwalters gemäß den §§ 103 ff. InsO konterkarieren würden. Der Übertragung dieser aufgestellten Grundsätze auf § 44 Abs. 1 Satz 1 StaRUG folgt, dass ein Anknüpfen an die drohende Zahlungsunfähigkeit – die das materielle Einstiegskriterium für den Stabilisierungs- und Restrukturierungsrahmen verkörpert – ebenfalls von § 44 Abs. 1 Satz 1 StaRUG umfasst und eine entsprechende Vereinbarung gemäß § 44 Abs. 2 StaRUG unwirksam ist.[1087] Folgend steht nicht die Korrektheit dieser Entscheidung des BGH in dem Vordergrund, sondern vielmehr, inwieweit aus den dieser Entscheidung zugrunde liegenden Gründen Rückschlüsse auf eine Bewertung der aufgeworfenen Frage mit Blick auf § 44 Abs. 1 Satz 1 StaRUG gezogen werden können.

Zunächst ist zu konstatieren, dass die Konzeptionen des StaRUG und der InsO grundlegend verschieden sind. Die Anwendung des StaRUG beruht auf einer freiwilligen Entscheidung des Schuldners, wohingegen die InsO grundsätzlich auf Basis obligatorischer Antragsgründe – Zahlungsunfähigkeit gemäß § 17 Abs. 1 InsO und Überschuldung gemäß § 19 Abs. 1 InsO – und nur ausnahmsweise auf einem fakultativen Antragsgrund – die drohende Zahlungsunfähigkeit gemäß § 18 Abs. 1 InsO – fußt. Liegt ein obligatorischer Antragsgrund vor, hat der Schuldner einen Insolvenzantrag zu stellen. Das StaRUG sieht einen solchen Zwang einer Restrukturierung hingegen nicht vor. Die Differenzierung von obligatorischen und fakultativen Antragsgründen findet sich auch in der durch den BGH verwendeten Definition von insolvenzabhängigen – und deshalb unwirksamen – Lösungsklauseln wieder. Der BGH knüpft nämlich ausdrücklich nur an die Zahlungseinstellung an. In dem System der Insolvenzeröffnungsgründe bedeutet Zahlungseinstellung gemäß § 17 Abs. 2 Satz 2 InsO in der Regel Zahlungsunfähigkeit. Das Anknüpfen an die drohende Zahlungsunfähigkeit und damit einen fakultativen Antragsgrund ist gemäß dem BGH hingegen keine insolvenzbedingte Lösungsklausel. Dies ist in Anbetracht der Tatsache, dass zu bei Vorliegen einer drohenden Zahlungsunfähigkeit ein Insolvenzverfahren nicht notwendigerweise – somit auch nicht das ab diesem Zeitpunkt bestehende Wahlrecht eines Insolvenzverwalters beeinträchtigt ist – zu eröffnen ist, konsequent. Deshalb besteht keine Vergleichbarkeit einer Klausel, die auf die Zahlungseinstellung abstellt mit einer solchen, die schon an eine drohende Zahlungsunfähigkeit anknüpft, da bei letzterer keine aus dem StaRUG oder der InsO entspringenden zwingenden Konsequenzen folgen.

Bei dem Vergleich von § 119 InsO und § 44 StaRUG fällt auf, dass das StaRUG kein den §§ 103 ff. InsO ähnelndes Wahlrecht des Schuldners beinhaltet. Durch die sich aus den §§ 103 ff. InsO zugunsten des Insolvenzverwalters ergebenen Möglich-

1085 BGHZ 195, 348 Rn. 9a = NZI 2013, 178.
1086 BGHZ 195, 348 Rn. 9a = NZI 2013, 178.
1087 So im Ergebnis *Desch*, BB 2020, 2498 (2502); *Spliedt* in Flöther, StaRUG, § 44 Rn. 5.

keiten soll sichergestellt werden, dass nur der in dem Interesse der Gläubiger handelnde Insolvenzverwalter über den Bestand von für die Insolvenzmasse vor- oder nachteilhaften Verträgen entscheidet.[1088] Lösungsklauseln, die dem Vertragspartner des Schuldners für den Fall der Insolvenz eine Abkehr von dem jeweiligen Vertrag ermöglichen, könnten diesem Gedanken zuwiderlaufen. Vor diesem Hintergrund versagt der Vergleich der §§ 103 ff. InsO zu § 44 StaRUG, da eine Lösungsklausel überhaupt kein Wahlrecht eines Beteiligten des StaRUG beeinträchtigen kann. Für die Anleiherestrukturierung gilt dies umso mehr. Insbesondere greift § 103 InsO nicht ein, da die Teilschuldverschreibungsgläubiger ihre Pflicht aus dem Anleiheschuldverhältnis bereits erfüllt haben. Der Schuldner hat durch die Emission der Anleihe das Kapital schon erhalten und die Zeichner der Teilschuldverschreibungen ihre Pflichten somit vollständig erfüllt haben.[1089]

In Anbetracht dieser Tatsachen ist zu konstatieren, dass die für die dargestellte Entscheidung des BGH maßgebenden Gründe keine Unwirksamkeit gemäß § 44 Abs. 1 Satz 1 Nr. 2, Abs. 2 StaRUG einer an die drohende Zahlungsunfähigkeit anknüpfenden Lösungsklausel begründen können.[1090]

(cc) Berücksichtigung des Anwendungsbereichs

Durch die Beurteilung eines Kündigungsrechts wegen der Bezugnahme auf die drohende Zahlungsunfähigkeit unter Berücksichtigung von § 44 Abs. 1 Satz 1 StaRUG als unwirksam würde eine ungerechtfertigte Extension des Anwendungsbereichs des StaRUG eintreten.[1091] Dabei ist auf eine Argumentation, die bereits in dem Rahmen der Abgrenzung von insolvenzabhängigen und insolvenzunabhängigen Lösungsklausen herangezogen wurde, zu rekurrieren. Liegt eine Zahlungsunfähigkeit vor, sind die Mitglieder des Vertretungsorgans des Schuldners verpflichtet, einen Insolvenzantrag zu stellen. Aus diesem Grunde sind Zahlungsunfähigkeit und InsO eng miteinander verknüpft. Genau an dieser Verknüpfung mangelt es jedoch bei einer drohenden Zahlungsunfähigkeit und dem StaRUG. Zwar ist das StaRUG ab der drohenden Zahlungsunfähigkeit verfügbar, obligatorisch ist dessen Nutzung indes nicht. Wenn nunmehr § 44 Abs. 1 Satz 1 Nr. 2, Abs. 2 StaRUG einen Zeitraum umfasst, bei dem eine Anwendung des StaRUG nicht hinreichend sicher ist, würde der Anwendungsbereich der Norm erheblich überspannt. Vor diesem Hintergrund kann § 44 Abs. 1 Satz 1 Nr. 2, Abs. 2 StaRUG systematisch nicht bereits dann greifen, wenn ausschließlich an eine drohende Zahlungsunfähigkeit angeknüpft wird.

1088 Siehe BGHZ 195, 348 Rn. 13 = NZI 2013, 178.

1089 Siehe *Huber/J.F. Hoffmann* in MüKoInsO, § 103 Rn. 68.

1090 So im Ergebnis auch *Thole*, ZIP 2020, 1985 (1994); a. A. wohl *Spliedt* in Flöther, StaRUG, § 44 Rn. 5.

1091 Darauf hinweisend *Jacoby* in Jacoby/Thole, StaRUG, § 44 Rn. 22; ähnlich *Spliedt* in Flöther, StaRUG, § 44 Rn. 5.

(dd) Teleologische Auslegung

Über § 44 StaRUG soll der Bestand der Vertragsverhältnisses gewahrt werden, sodass die Funktionsfähigkeit des Schuldners gesichert wird.[1092] Für die Beantwortung der Frage, ob eine Lösungsklausel, die ausschließlich an die drohende Zahlungsunfähigkeit anknüpft, diesem Zweck zuwiderläuft, ist die Folge einer solchen Kündigung zu vergegenwärtigen. Sollten die Teilschuldverschreibungsgläubiger die Gewissheit erlangen, dass der Emittent drohend zahlungsunfähig ist, könnten sie aufgrund des Kündigungsrechts die Anleihe fällig stellen. Vor dem Hintergrund des Nominalvolumens der Zahlungsanspruche dürfte bei einer Vielzahl von Kündigungen kurz darauf die Zahlungsunfähigkeit eintreten.[1093] In Anbetracht dieser Tatsache ist den Befürwortern einer Unwirksamkeit einer an die drohende Zahlungsunfähigkeit anknüpfenden Kündigung zuzustimmen,.sodass die teleologische Sichtweise die Unwirksamkeit der jeweiligen Kündigungen erfordert.[1094] Allerdings darf nicht verkannt werden, dass eine solche Sperrwirkung nur dann Relevanz entfaltet, wenn der Emittent nicht die notwendige Achtsamkeit an den Tag legt und nicht seinerseits rechtzeitig eine Restrukturierungsanzeige gemäß § 31 Abs. 1 StaRUG stellt. Stellt der Geschäftsleiter diese hingegen rechtzeitig, entfällt dadurch zwar nicht das Kündigungsrecht der Teilschuldverschreibungsgläubiger. Ab diesem Zeitpunkt wären dann aber bereits die Instrumente des Stabilisierungs- und Restrukturierungsrahmens verfügbar. Insbesondere könnte eine Vollstreckungssperre gemäß § 49 Abs. 1 Nr. 1 StaRUG erwirkt werden.[1095] In der Folge könnten die Forderungen in einem Restrukturierungsplan entsprechend modifiziert werden.[1096] Eine Gefährdung des Emittenten tritt dann nicht ein. Freilich kann hiergegen eingewendet werden, dass die gleiche Möglichkeit bestünde, wenn an ein Instrument die Rechtshängigkeit der Restrukturierungssache oder die Einbeziehung in ein Instrument des Stabilisierungs- und Restrukturierungsrahmens angeknüpft wird. Allerdings offenbart der gesetzgeberische Wille sich insoweit als unzweideutig, sodass diese Anknüpfungspunkte als unwirksam zu bewerten sind, obschon Instrumente des StaRUG die Restrukturierung unterstützen können. Eine teleologische Auslegung über den Wortlaut hinaus kommt daher nicht in Betracht.

(ee) Existenz des § 33 Abs. 2 Satz 1 Nr. 1 Hs. 3 StaRUG

Vor dem Hintergrund des Telos der Norm spricht auch die Existenz des § 33 Abs. 2 Satz 1 Nr. 1 StaRUG gegen eine Unwirksamkeit einer Kündigung wegen drohender

1092 Siehe Begr. RegE SanInsFoG, BT-Drs. 19/24181, S. 146, »[...] keine negativen Folgen auf den Bestand [...] bestehender Vertragsverhältnisse [...]«.

1093 *Fritz* in Uhlenbruck, InsO, § 44 StaRUG Rn. 14; dies als Windhundrennen bezeichnend *Vogel*, ZBB 2016, 179 (181).

1094 So *Fritz* in Uhlenbruck, InsO, § 44 StaRUG Rn. 14, wohl auch *Hirschberger/Herms* in Wolgast/Grauer, StaRUG, § 44 Rn. 12 f.

1095 Siehe *Boss/Luttmann* in Morgen, StaRUG, § 55 Rn. 21, die dies für gesetzliche Kündigungsrechte konstatieren.

1096 Zu Einzelheiten der Auswirkungen einer Gestaltung von Anleihebedingungen in einem Restrukturierungsplan auf zuvor gekündigte Teilschuldverschreibungen nachstehend Kap. IV § 10 B II. 2. c).

Zahlungsunfähigkeit gemäß § 44 Abs. 1 Satz 1 Nr. 2, Abs. 2 StaRUG. Gemäß § 33 Abs. 2 Satz 1 Nr. 1 Hs. 3 StaRUG ist eine rechtshängige Restrukturierungssache nicht notwendigerweise aufzuheben, nur weil eine eingetretene Zahlungsunfähigkeit sich manifestiert, welche das Resultat von Fälligstellungen von Forderungen ist, soweit diese in einem Restrukturierungsplan gestaltet werden sollen. Projiziert auf die aufgeworfene Frage bedeutet dies, dass die Restrukturierungssache nicht allein deshalb aufzuheben ist – eine außerinsolvenzliche Restrukturierung somit weiterhin möglich ist –, weil zahlreiche Kündigungen der Teilschuldverschreibungsgläubiger die drohende Zahlungsunfähigkeit in eine eingetretene Zahlungsunfähigkeit mutieren ließen.[1097] Handelt der Geschäftsleiter somit rechtzeitig, besteht keine Gefahr durch etwaige Kündigungen der Teilschuldverschreibungsgläubiger. Vielmehr können die kündigenden Teilschuldverschreibungsgläubiger unter Zuhilfenahme der Instrumente des StaRUG »entwaffnet« werden.

(d) Anknüpfen an die materielle Restrukturierung

Ferner erscheint es denkbar, Kündigungsgründe nicht auf die Inanspruchnahme eines Instruments des Stabilisierungs- und Restrukturierungsrahmen gemäß § 29 Abs. 2 StaRUG oder die Rechtshängigkeit der Restrukturierungssache gemäß § 31 Abs. 3 StaRUG zu fußen, sondern nur die Gestaltung der Forderungen der Teilschuldverschreibungsgläubiger mittels Restrukturierungsplans – dieser selbst verkörpert kein Instrument des Stabilisierungs- und Restrukturierungsrahmens gemäß § 29 Abs. 2 StaRUG – als Kündigungsgrund zu wählen. Damit würde zwar nicht unmittelbar an einen der Tatbestände des § 44 Abs. 1 Satz 1 StaRUG angeknüpft, realiter besteht jedoch kein Unterschied. Gemäß einer so gestalteten Klausel in den Anleihebedingungen soll verhindert werden, dass die Forderungen aus den Teilschuldverschreibungen in einem Restrukturierungsplan modifiziert werden. Damit die Gestaltungen des Restrukturierungsplan, welche die Anleihebedingungen ändern, eintreten, bedarf es – zumindest in dem einzig relevanten Fall, in dem die Teilschuldverschreibungsgläubiger diesem nicht zustimmen – gemäß § 67 Abs. 1 Satz 1 StaRUG der Bestätigung ebendieses. Faktisch wird bezweckt, dass der Restrukturierungsplan nicht gerichtlich bestätigt würde. Ohne gerichtliche Bestätigung würden die angedachten Wirkungen des Restrukturierungsplans nicht eintreten. Die Bestätigung eines Restrukturierungsplans ist ausweislich § 29 Abs. 2 Nr. 4 StaRUG jedoch ein Instrument des Stabilisierungs- und Restrukturierungsrahmens. Eine solche Ausgestaltung des Kündigungsrechts knüpft deshalb realiter an ein Instrument des Stabilisierungs- und Restrukturierungsrahmens an, weshalb eine solche Ausgestaltung unwirksam wäre.

(e) Zwischenergebnis

Resümierend ist zu konstatieren, dass Lösungsklauseln, die ausdrücklich an die Rechtshängigkeit oder ein Instrument des Stabilisierungs- und Restrukturierungsrah-

1097 Siehe auch AG Dresden, NZI 2021, 893 Rn. 34 ff.; zust. *Grauer/Münzel*, NZI 2021, 895; *Dahl/Taras*, NJW-Spezial 2021, 599; eine Kündigung mit solchen Auswirkungen als nicht weiter problematisch erachtend *Rechtmann*, WM 2021, 520 (525).

mens anknüpfen, gemäß § 44 Abs. 1 Satz 1 Nr. 2, Abs. 2 StaRUG unwirksam sind. In Anbetracht der Tatsache, dass sowohl der Wortlaut als auch die Systematik und das Telos des StaRUG dagegensprechen, ist ein Kündigungsrecht, welches ausschließlich an die drohende Zahlungsunfähigkeit anknüpft, nicht wegen § 44 Abs. 1 Satz 1 Nr. 2, Abs. 2 StaRUG unwirksam. Darüber hinaus greift § 44 Abs. 1 Satz 1 StaRUG dann nicht, wenn an weitere Gründe angeknüpft wird, die dem Schuldner in vorwerfbarer Weise, wobei ein Verschulden freilich nicht zu fordern ist, zur Last gelegt werden können. Dies betrifft namentlich den Verzug oder eine sonstige Leistungsstörung, wovon auch der Bruch von in den Anleihebedingungen niedergeschriebenen *financial covenants* umfasst ist.

c) Erreichung des Ziels bei kündigungsfester Bindungswirkung eines späteren Sanierungsbeschlusses

Unklar ist, ob ein Kündigungsrecht den Teilschuldverschreibungsgläubigern überhaupt hülfe und zu der Erreichung des auserkorenen Ziels – die Verhinderung einer Restrukturierung nach dem StaRUG – beitrüge. Grundsätzlich würde die Kündigung eines Teilschuldverschreibungsgläubigers die Modifizierung der Anleihebedingungen nicht beeinträchtigen und bliebe mit Wirkung für die übrigen, nicht gekündigten Teilschuldverschreibungen zweifelsfrei möglich. Vielmehr ist zu untersuchen, ob eine Restrukturierung der Anleihe sich auch auf die Teilschuldverschreibungen auswirkt, die bereits gekündigt worden sind. Sollte dies der Fall sein, würde ein vertragliches Kündigungsrecht des dargestellten Inhalts den erhofften Mehrwert nicht bewirken.

(1) Auswirkung der Kündigung auf die kollektive Bindung

Zuvorderst ist die Auswirkung der Kündigung der Teilschuldverschreibung auf die kollektive Bindung der Teilschuldverschreibungen zu examinieren. Sollte die Kündigung dazu beitragen, dass die entsprechende Teilschuldverschreibung aus der kollektiven Bindung der Anleihebedingungen austritt, könnte eine der Kündigung nachfolgende Änderung der Anleihebedingungen die gekündigte Teilschuldverschreibung nicht mehr betreffen. Sowohl bei einer Restrukturierung nach dem SchVG als auch nach dem StaRUG ist die Konstellation denkbar, dass eine Kündigung einer Änderung der Anleihebedingungen zuvorkommt.[1098] Für solche Fälle hat der BGH indes entschieden, dass die kollektive Bindung an die Anleihebedingungen durch eine wirksame Kündigung der Teilschuldverschreibung unberührt bleibt und nur die Fälligkeit des Anspruchs aus der Teilschuldverschreibung herbeigeführt wird.[1099] In Anbetracht der Tat-

1098 Siehe für das SchVG »überholender Gläubigerbeschluss« *Bliesener/Schneider* in LBS, BankR-Komm., 17. Kap., § 5 Rn. 129.

1099 BGHZ 208, 171 Rn. 25 = ZIP 2016, 308; zust. wohl *Bliesener/Schneider* in LBS, BankR-Komm., 17. Kap., § 5 Rn. 130; wohl *Lürken*, GWR 2016, 78; *Moser*, NZI 2016, 470; auch *Ostermann*, DZWIR 2015, 313 (315 ff.); wohl *Pehl*, FD-InsR 2016, 376292; so im Ergebnis auch *Seibt/Schwarz*, ZIP 2015, 401 (412); *Thole*, ZHR 181 (2017), 548 (578 f.); wohl *Veranneman*, NJW 2016, 1178; *Westpfahl/Seibt* in HK-RestrR, Teil 3 Kap. 8 Rn. 177; krit. *Thole* in Hopt/Seibt, SchvR, § 5 Rn. 105; a. A. *Bialluch*, Anleiheschuldverhältnis, S. 267; *Liebenow*, Anleiheorganisationsrecht, S. 134; *Wansleben*, WuB 2016, 392 f.

sache, dass *ante* StaRUG keine außerinsolvenzliche Gestaltung einer fällig gestellten Forderung aus der Teilschuldverschreibung ersichtlich war, verliert der aufgeworfene Streitpunkt jedoch durch das StaRUG an Brisanz. Selbst wenn unter Bezugnahme auf den Schutz des Teilschuldverschreibungsgläubigers ein Ausscheiden aus der kollektiven Bindung durch die Kündigung bejaht wird, könnte diese fällige, isolierte Forderung – losgelöst von der Anleihe im Übrigen – gemäß § 2 Abs. 1 Nr. 1 StaRUG in den Restrukturierungsplan einbezogen und in diesem gestaltet werden. Insbesondere könnte der Restrukturierungsplan hinsichtlich dieser Forderung eine Herabsetzung der Hauptforderung oder Verschiebung der Fälligkeit beinhalten.[1100] Dabei kann dem ehemaligen Teilschuldverschreibungsgläubiger dies sogar über einen *cross-class cram-down* oktroyiert werden. Der Austritt aus der kollektiven Bindung würde den Kündigenden somit im Ergebnis sogar eine Verschlechterung ihrer Rechtsposition bescheren.

(2) Auswirkungen der Änderung der Anleihebedingungen auf die fällige Forderung

Unter Berücksichtigung der weiterhin bestehenden kollektiven Bindung an die Anleihebedingungen folgt die Frage, welche Auswirkungen eine Änderung der Anleihebedingungen, insbesondere eine Gestaltung des Zahlungsanspruchs, durch einen Restrukturierungsplan – in der Entscheidung des BGH vom 8. Dezember 2015[1101] wurde die Änderung der Anleihebedingungen durch einen Mehrheitsbeschluss gemäß dem SchVG erwirkt – auf die aus der gekündigten Teilschuldverschreibung entspringende Forderung aufweist. Unter Annahme eines Fortwährens der kollektiven Bindung auch für die gekündigten Teilschuldverschreibungen unterliegen die verbrieften Rechte weiterhin etwaigen Änderungen der Anleihebedingungen. Die in dem Zeitpunkt der Kündigung verbrieften Rechte werden somit nicht durch die Kündigung perpetuiert. Stimmen, die vorbringen, der Zweck der Ausübung des Kündigungsrechts sei, die Zahlung des geschuldeten Betrages verlangen zu können,[1102] übersehen jedoch, dass auch in dem Rahmen eines Insolvenzverfahrens – welches bei einer massenweisen Kündigung die Folge wäre – ein Kündigungsrecht keine Vorteile mit sich brächte. Vielmehr wären die Forderungen auch dort in einem Insolvenzplan gemäß den §§ 217 ff. InsO modifizierbar. Die Kündigung würde somit nicht zu dem erwünschten Erfolg führen. Wenn die Anleihebedingungen der Kündigung zeitlich folgend geändert werden, bilden die modifizierten Anleihebedingungen die Grundlage für den Zahlungsanspruch. Vor diesem Hintergrund können die Rechtsfolgen nicht deshalb divergieren, weil die Änderung der Anleihebedingungen auf verschiedenen Wegen durchgesetzt worden ist, die kollektive Bindung besteht weiterhin. Ob die Gestaltung der Anleihebedingungen durch einen Restrukturierungsplan oder das SchVG durchgeführt wurde, ist somit irrelevant. Die Änderung der Anleihebedingungen durch den Restrukturierungsplan modifiziert auch die sich aus einer gekündigten Teilschuldverschreibung entspringenden Forderung.

1100 Mit einem Blick auf Darlehensgeber *Wilkens*, WM 2021, 573 (585), Fn. 31.
1101 BGHZ 208, 171.
1102 So *Thole* in Hopt/Seibt, SchvR, § 5 Rn. 105.

(3) Auswirkungen auf die Kündigung

Entscheidend für die Zweckmäßigkeit des Kündigungsrechts sind die Wirkungen, die eine der Kündigung folgende Gestaltung der Anleihebedingungen auf die Fälligkeit des Zahlungsanspruchs der Teilschuldverschreibungsgläubiger, die eine Kündigung ausgesprochen haben, aufweist. Dieses Problem lässt sich wie folgt skizzieren: Durch die Kündigung der Teilschuldverschreibung wird der Zahlungsanspruch fällig. Freilich ist sodann zuvorderst relevant, dass eine Herabsetzung des Nennwerts der Teilschuldverschreibung erreicht wird, um dadurch die Passivseite zu entlasten. Vor dem Hintergrund des Ausgeführten[1103] würde der *haircut* ebenfalls den Zahlungsanspruch der gekündigten Teilschuldverschreibung betreffen. Welcher Aspekt durch den *haircut* jedoch nicht adressiert wird, ist die Fälligkeit des – wenn auch herabgesetzten – Zahlungsanspruches. Würde es bei diesem Ergebnis verbleiben, wäre die Liquidität des Emittenten über Gebühr belastet. In Anbetracht dieser Tatsache ist eine Änderung der Fälligkeit der Anleihe unerlässlich. Dieses Vorgehen kann indes nur dann zu dem bezweckten Erfolg führen, wenn dadurch ebenfalls die durch die Kündigung eingetretene, sofortige Fälligkeit berührt wird. Deshalb wird von einigen pauschal angenommen, dass eine jede überholende Änderung der Anleihebedingungen eine ausgesprochene Kündigung unwirksam oder gegenstandslos zurücklässt.[1104] In der Entscheidung des BGH vom 8. Dezember 2015[1105] wurde eine Kündigung für gegenstandslos erachtet, weil die Forderungen aus den Teilschuldverschreibungen erlassen worden sind.[1106] Somit konnte eine Kündigung auch keine Wirkungen mehr entfalten. In dem Falle eines *haircut* bleibt die Forderung aus der Teilschuldverschreibung hingegen bestehen.

Der Eintritt der aus Sicht des Schuldners beabsichtigten Folge, dass die Fälligkeit der gekündigten Teilschuldverschreibungen durch die Änderung der Fälligkeit der Anleihe entfällt, lässt sich folgendermaßen begründen: Der Teilschuldverschreibungsgläubiger kündigt die Teilschuldverschreibung und stellt den Zahlungsanspruch fällig. Sodann wird eine Änderung der Anleihebedingungen beschlossen. Dies geschieht entweder gemäß dem SchVG oder durch einen Restrukturierungsplan. Diese Änderung wirkt dann wegen der kollektiven Bindung gemäß § 4 Satz 1 SchVG für und gegen sämtliche Teilschuldverschreibungsgläubiger, somit auch gegenüber den kündigenden Teilschuldverschreibungsgläubigern. Weil die Gestaltungswirkung der Kündigung gemäß § 130 Abs. 1 Satz 1 BGB bereits durch den Zugang der Kündigung eintritt, ist die Möglichkeit einer Rücknahme der Kündigungserklärung verschlossen.[1107] Vielmehr ist durch die Änderung der Anleihebedingungen, insbesondere die Verschiebung der Fälligkeit, eine Stundung der fälligen Forderungen anzunehmen, sodass – wie in den Fällen des § 5 Abs. 5 Satz 2 SchVG – die Wirkung der Kündigung entfällt.[1108]

1103 Siehe vorstehend Kap. IV § 10 B. II. 2. c) (1), (2).
1104 Wohl *Thole* in Hopt/Seibt, SchvR, § 5 Rn. 104.
1105 BGHZ 208, 171 = ZIP 2016, 308.
1106 BGHZ 208, 171 Rn. 28 = ZIP 2016, 308.
1107 Siehe BGHZ 139, 123 (128 f.) = NJW 1998, 2664; siehe zu § 490 BGB *Rohe* in BeckOK BGB, § 490 Rn. 27.
1108 Ähnlich auch *Seibt/Schwarz*, ZIP 2015, 401 (413). Siehe auch *Thole*, ZRI 2021, 231 (238), der die Berufung auf den Bruch von *financial covenants* nach dem Durchlaufen der Restrukturierungssache für gesperrt erachtet.

(4) Schadensersatzpflicht zugunsten des kündigenden Teilschuldverschreibungsgläubigers

Vor dem Hintergrund eines im Ergebnis zahnlosen Kündigungsrechts verbleibt die Frage, ob dem Teilschuldverschreibungsgläubiger keine Möglichkeit der zumindest wirtschaftlichen Durchsetzung seiner ursprünglichen und fälligen Forderung zusteht. Dabei könnte vor allem ein Schadensersatzanspruch in Höhe der Ausfallforderung erwogen werden.[1109] Diese Überlegung fußt auf einer Entscheidung des LG Bonn vom 25. März 2014.[1110] Das Gericht sprach einem kündigenden Teilschuldverschreibungsgläubiger bei einem nach der Kündigung durchgeführten *debt-equity-swap* gemäß § 5 Abs. 3 Satz 1 Nr. 5 Var. 1 SchVG – in den dessen Teilschuldverschreibungen wegen der trotz der Kündigung bestehenden kollektiven Bindung einbezogen worden sind – einen Schadensersatzanspruch in der Höhe des Nennwerts seiner gekündigten Teilschuldverschreibungen zu. Diesen Schadensersatzanspruch begründete das LG Bonn mit der durch den *debt-equity-swap* eingetretenen Unmöglichkeit der Rückzahlung des vereinbarten Betrags. Durch das Einbringen der Schuldverschreibungen in das Vermögen des Emittenten anlässlich des *debt-equity-swap* ist der Zahlungsanspruch gemäß § 275 Abs. 1 BGB untergegangen,[1111] wobei dies so zu verstehen ist, dass der Zahlungsanspruch durch die Einbringung erloschen ist und deshalb Unmöglichkeit der Leistung eingetreten ist.

Die Frage eines Schadensersatzanspruches stellt sich über den Fall eines *debt-equity-swap* insbesondere dann, wenn die Forderung durch den Restrukturierungsplan gekürzt werden soll.[1112] Um in einem solchen Sachverhalt einen Schadensersatzanspruch zu begründen, müsste die Rückzahlung der Hauptforderung durch den *haircut* unmöglich geworden sein. Entscheidend dafür ist das Schicksal des gekürzten Teils der ursprünglichen Forderung. Die Wirkung des Insolvenzplans gemäß § 227 Abs. 1 InsO wirft die Frage auf,[1113] ob es sich bei einem durch einen Restrukturierungsplan durchgesetzten *haircut* um einen Erlass i. S. d. § 397 BGB handelt oder ob die ursprüngliche Forderung als Naturalobligation fortbesteht.[1114] Diesbezüglich bestimmt § 67 Abs. 4 StaRUG, dass ein Gläubiger, der über das in einem Restrukturierungsplan vorgesehene Maß befriedigt worden ist, diese überplanmäßige Befriedigung nicht herauszugeben hat. Damit diese Rechtsfolge auch dogmatisch nicht angreifbar ist, muss für dieses Behaltendürfen ein Rechtsgrund i. S. d. § 812 Abs. 1 Satz 1 Var. 1 BGB gegeben sein.[1115] Der Gesetzgeber führt dazu explizit aus, dass die in dem Restrukturierungsplan nicht gedeckten Forderungen als erfüllbare, aber nicht erzwingbare, d. h. durchsetzbare, Naturalobligationen fortbestehen.[1116] Daher bleiben die durch einen

1109 Einen solchen wohl bejahend *Thole* in Hopt/Seibt, SchvR, § 5 Rn. 106.
1110 So LG Bonn, ZIP 2014, 1073.
1111 LG Bonn, ZIP 2014, 1073 (1075).
1112 Einen Schadensersatz in Nominalhöhe erwähnend *Thole* in Hopt/Seibt, SchvR, § 5 Rn. 106.
1113 Dazu *Dellit/Hamman*, ZIP 2015, 308 ff.
1114 Ähnlich *Wilke* in BeckOK StaRUG, § 67 Rn. 11.1.
1115 *Wilke* in BeckOK StaRUG, § 67 Rn. 11.2.
1116 Begr. RegE SanInsFoG, BT-Drs. 19/24181, S. 166.

Restrukturierungsplan gekürzten Forderungen als Naturalobligationen zurück.[1117] Mit Blick auf die aufgeworfene Frage eines Schadensersatzes bedeutet dies, dass in dem Falle eines *haircut* die betroffene Forderung nicht in der Höhe des *haircut* i. S. d. § 397 BGB erlassen wird und damit auch nicht untergeht. Die Leistung der ursprünglichen Forderung wird daher durch den *haircut* nicht unmöglich, sodass auch unter Zugrundelegung der Entscheidung des LG Bonn kein Schadensersatzanspruch bestehen kann. Für andere Schadensersatzansprüche mangelt es an einer Pflichtverletzung.

d) Zwischenergebnis

Mit einem in den Anleihebedingungen niedergeschriebenen Kündigungsrecht ließe eine Modifizierung der Forderungen der Teilschuldverschreibungsgläubiger sich mittels eines Restrukturierungsplans nicht effektiv verhindern. Eine Lösungsklausel, die an die Einbeziehung in den Restrukturierungsplan anknüpft, würde an § 44 Abs. 1 Satz 1 Nr. 2, Abs. 2 StaRUG scheitern. Eine davon nicht umfasste Lösungsklausel, die an eine allgemeine Schuldenregelung anknüpft, würde hingegen zu weit greifen und nicht bloß die Restrukturierung mittels Restrukturierungsplans beeinflussen, sondern auch eine Änderung der Anleihebedingungen gemäß dem SchVG. Darüber hinaus wird eine wirksame Kündigung der Teilschuldverschreibung nicht zu dem angedachten Erfolg führen. Die Kündigung bewirkt nicht, dass die jeweilige Teilschuldverschreibung aus der kollektiven Bindung der Anleihe fallen. Eine der Kündigung folgende Änderung der Anleihebedingungen würde den durch die Kündigung fällig gestellten Zahlungsanspruch entsprechend gestalten. Dies ist auch nur konsequent und praktisch notwendig, da bei Annahme des Gegenteils der unerwünschte Effekt einträte, dass durch die Kündigung einer entsprechend großen Anzahl von Teilschuldverschreibungen die dann fälligen und unantastbar verbrieften Rechte zu leisten wären. Wenn diese in der Folge nicht an etwaige Änderungen der Anleihebedingungen gebunden wären, würde das Insolvenzverfahren unumgänglich sein.[1118] Dies soll aber durch eine Änderung der Anleihebedingungen – ungeachtet dessen, ob dies durch SchVG oder StaRUG geschieht – erreicht werden. Paradoxerweise stünden die kündigenden Gläubiger in dem Fall eines Insolvenzverfahrens regelmäßig schlechter als bei einer Unterwerfung der modifizierten Anleihebedingungen.[1119]

3. *Negative pledge* mit Begründung einer Ausgleichspflicht

Ferner könnte in den Anleihebedingungen eine Ausgleichspflicht zugunsten der Teilschuldverschreibungsgläubiger niedergeschrieben werden für den Fall, dass eine Änderung der Anleihebedingungen durch einen *cross-class cram-down* erreicht wird.[1120]

1117 So auch *Hoffmann/Braun* in Flöther, StaRUG, § 67 Rn. 20; *Smid* in PRS, StaRUG, § 67 Rn. 17.

1118 Dies als Windhundrennen bezeichnend *Vogel*, ZBB 2016, 179 (181).

1119 Auf die außerhalb des Insolvenzverfahrens zumindest teilweise Bedienung der Anleihe hinweisend *Vogel*, ZBB 2016, 179 (181).

1120 Die vertragliche Pflicht, die Inanspruchnahme von Instrumenten zu unterlassen, erwähnend *Thole*, ZIP 2020, 1985 (1994).

a) Ausgestaltung einer Ausgleichspflicht

Eine Gestaltung der Anleihebedingungen könnte vorsehen, dass dem Abschnitt, der in herkömmlichen Anleihebedingungen dafür genutzt wurde, die Möglichkeit der Beschlussfassung nach § 5 Abs. 1 SchVG zu eröffnen, ein Zusatz angefügt wird, der besagt, dass die Teilschuldverschreibungen dieser Anleihe von dem Emittenten nicht in einen Restrukturierungsplan einbezogen werden und auch sonst keinem Werkzeug des Stabilisierungs- oder Restrukturierungsrahmens unterliegen dürfen. Dies könnte wie folgt in die Anleihebedingungen aufgenommen werden:

»[1]Der Emittent verpflichtet sich, die gegen ihn aus den jeweiligen Teilschuldverschreibungen dieser Anleiheemission bestehenden Forderungen nicht in ein Instrument des Stabilisierungs- und Restrukturierungsrahmens, insbesondere nicht in einen Restrukturierungsplan, einzubeziehen. [2]Bezieht der Emittent die Forderungen aus den Teilschuldverschreibungen abweichend von Satz 1 in ein Instrument des präventiven Restrukturierungsrahmens ein, hat der Emittent den betroffenen Teilschuldverschreibungsgläubigern den diesen entstandenen wirtschaftlichen Minderwert der Teilschuldverschreibungen zu ersetzen, der den jeweiligen Teilschuldverschreibungsgläubigern durch ein Instrument des Stabilisierungs- und Restrukturierungsrahmens entstanden ist, insbesondere einen in einem Restrukturierungsplan durchgeführten Forderungsschnitt auszugleichen. [3]Der Anspruch aus Satz 2 entsteht mit der gerichtlichen Bestätigung des die Forderungen der Teilschuldverschreibungsgläubiger gestaltenden Restrukturierungsplans.«

Anders als ein in den Anleihebedingungen vereinbartes Kündigungsrecht würde eine solche Konstellation die aus der Teilschuldverschreibung entspringende Forderung unberührt lassen und der Schadensersatzanspruch erst mit der gerichtlichen Bestätigung des Restrukturierungsplans durch das Restrukturierungsgericht entstehen. Aus diesem Grund könnte letzterer auch – anders als ein etwaiger Schadensersatzanspruch nach einem Kündigungsrecht – nicht seinerseits wieder durch den Restrukturierungsplan modifiziert werden. Gemäß §§ 2, 3 Abs. 1 StaRUG sind in einem Restrukturierungsplan nur solche Forderungen gestaltbar, die in dem Zeitpunkt des § 2 Abs. 5 StaRUG schon begründet, sprich entstanden sind.[1121] Eine zwar absehbare, aber nach dem Zeitpunkt des § 2 Abs. 5 StaRUG entstehende Forderung kann somit nicht in einen Restrukturierungsplan einbezogen werden.[1122] Freilich ist zu erwähnen, dass nur in wenigen Fällen davon auszugehen ist, dass ein Emittent sich auf eine solche Formulierung einließe – jede andere Formulierung mit gleichem Resultat eingeschlossen – und eine selbstständige Anspruchsgrundlage gegen sich selbst begründen würde. Denkbar ist dies z. B., wenn der Abnehmer der Schuldverschreibungen durch eine bessere Verhandlungsposition Druck auf den Emittenten ausüben kann.

b) Zulässigkeit eines *negative pledge*

(1) Anpassung oder anderweitige Gestaltung gemäß § 44 Abs. 1 Satz 1 Nr. 3 Var. 2, 3 StaRUG

Der Zulässigkeit entgegenstehen könnte hier zunächst das Verbot von Lösungsklauseln gemäß § 44 Abs. 1, 2 StaRUG. Dabei ist festzuhalten, dass die vertragliche Ver-

1121 *Skauradszun* in BeckOK StaRUG, § 2 Rn. 39.
1122 Ausdrücklich *Skauradszun* in BeckOK StaRUG, § 2 Rn. 39.

pflichtung, einen bestimmten Gläubiger nicht in Instrumente des Stabilisierungs- und Restrukturierungsrahmens einzubeziehen, durch § 44 Abs. 1, 2 StaRUG nicht *prima facie* unterbunden wird.[1123] Äußerstenfalls ließe eine solche sich unter die Voraussetzung der Anpassung oder anderweitigen Gestaltung des Vertrages gemäß § 44 Abs. 1 Satz 1 Nr. 3 Var. 2, 3 StaRUG subsumieren. Allerdings meint dies, dass die in § 44 Abs. 1 Satz 1 StaRUG benannten Anknüpfungspunkte nicht als Begründung für eine Anpassung des Vertrages nach § 313 BGB herhalten dürfen.[1124] Anders als eine Schadensersatzpflicht in den Anleihebedingungen modifiziert § 313 BGB jedoch das bestehende Schuldverhältnis vor dem Hintergrund nicht vorhergesehener Umstände, mit der Folge, dass für beide Parteien des Schuldverhältnisses angemessene Pflichten gegenüberstehen. Ein Schadensersatzanspruch hingegen modifiziert nicht das ursprüngliche Schuldverhältnis, sondern lässt dieses vielmehr unberührt. Insbesondere wandelt der ursprüngliche Inhalt der Leistungspflicht sich nicht in einen Schadensersatzanspruch. Der Anspruch aus der Teilschuldverschreibung bleibt vielmehr bestehen und würde durch den zusätzlichen Schadensersatzanspruch nur flankiert. Insoweit handelt es sich bei Vereinbarung einer Schadensersatzpflicht in den Anleihebedingungen nicht um eine Anpassung oder anderweitige Gestaltung des Vertrags i. S. d. § 44 Abs. 1 Satz 1 Nr. 3 Var. 2, 3 StaRUG, sodass daraus keine Unzulässigkeit einer solchen Klausel folgt.

(2) Unzulässigkeit wegen §§ 2, 8 StaRUG

Darüber hinaus wird darauf hingewiesen, dass ein *negative pledge*, bestimmte Forderungen nicht in einen Restrukturierungsplan einzubeziehen, den sich aus § 2 StaRUG ergebenden Grundgedanken beschränkt, nämlich dem Grunde nach jede gegen den Schuldner bestehende Forderung in den Restrukturierungsplan einzubeziehen.[1125] Ohne Weiteres lässt eine Unzulässigkeit eines solchen *negative pledge* sich daraus jedoch nicht herleiten.[1126]

(a) Teilkollektivität und Schuldner als Planarchitekt

Zwar kann grundsätzlich jede gegen den Schuldner bestehende – außer den gemäß § 4 StaRUG ausgeschlossenen – Forderung in einen Restrukturierungsplan einbezogen werden.[1127] Dieser Grundsatz würde durch eine vertragliche Verpflichtung, die Forderungen aus dem Anleiheschuldverhältnis nicht in einen Restrukturierungsplan einzubeziehen, unterlaufen. Den Schuldner trifft aber grundsätzlich keine Pflicht, bestimmte Gläubiger in einen Restrukturierungsplan einzubeziehen. Vor diesem Hintergrund darf es zunächst keinen Unterschied machen, ob der Schuldner bereits in einem der Restrukturierung vorgelagerten Zeitpunkt oder erst während der Restrukturierung bestimmt, dass er einen bestimmten Gläubiger in einem Restrukturierungsplan unbeachtet lässt.

1123 So *Thole*, ZIP 2020, 1985 (1994).
1124 *Mock* in BeckOK StaRUG, § 44 Rn. 11; ähnlich *Spliedt* in Flöther, StaRUG, § 44 Rn. 24.
1125 Diesen Grundgedanken wohl ansprechend *Thole*, ZIP 2020, 1985 (1994).
1126 So im Ergebnis *Thole*, ZIP 2020, 1985 (1994).
1127 Statt vieler *Riedemann* in MüKoStaRUG, § 2 Rn. 7.

(b) Sachgerechtigkeit der Verschonung der Teilschuldverschreibungsgläubiger bei Restrukturierung unter Anwendung des SchVG

Eine emittierte Anleihe stellt regelmäßig eine der größten Passivpositionen des Schuldners dar. Aus dem Einfluss einer Anleihe auf die Bilanz des Schuldners und den Erfordernissen an einen Restrukturierungsplan folgt die Pflicht der Einbeziehung zumindest der Forderungen der Teilschuldverschreibungsgläubiger, die die drohende Zahlungsunfähigkeit i. S. d. § 18 Abs. 2 InsO begründen. Gemäß § 8 Satz 1 StaRUG hat die Auswahl der Planbetroffenen – und damit auch die ins Auge gefasste Verschonung bestimmter Gläubiger – sachgerecht zu sein. Ausweislich § 8 Satz 2 Nr. 1 StaRUG erfüllt das Exkludieren eines Gläubigers vor allem dann die Anforderungen des § 8 Satz 1 StaRUG, wenn dessen Forderung in einem Insolvenzverfahren vollständig befriedigt würde. Dies wäre wohl nur bei gesicherten Gläubigern der Fall.[1128] Mit an Sicherheit grenzender Wahrscheinlichkeit auszuschließen ist hingegen, dass die Teilschuldverschreibungsgläubiger einer unbesicherten Anleihe vollständig befriedigt würden. Daraus folgt indes nicht, dass eine Sachgerechtigkeit i. S. d. § 8 Satz 2 Nr. 1 StaRUG ausnahmslos zu verneinen ist, sobald nicht alle Gläubiger einbezogen würden, die in einem Insolvenzverfahren nicht voll befriedigt würden.[1129] Vielmehr kann die Sachgerechtigkeit mit einem der anderen aufgelisteten Merkmale des § 8 Satz 2 StaRUG begründet werden.[1130] Für das Exkludieren der Teilschuldverschreibungsgläubiger aus dem Restrukturierungsplan kommt insbesondere § 8 Satz 2 Nr. 2 StaRUG in Betracht. Danach ist eine Auswahl der Planbetroffenen dann sachgerecht, wenn die in der Auswahl angelegte Differenzierung nach der Art der zu bewältigenden wirtschaftlichen Schwierigkeiten des Schuldners und den Umständen angemessen erscheint. Dies ermöglicht die Betrachtung aller wesentlichen Umstände der konkreten Restrukturierungssituation,[1131] sodass es offenbleiben kann, ob es sich bei § 8 Satz 2 StaRUG um einen abschließenden Katalog handelt.[1132] Vielmehr kann jeder Umstand des Einzelfalls über § 8 Satz 2 Nr. 2 StaRUG in die Beurteilung der Sachgerechtigkeit einfließen. Die Materialien zu § 8 StaRUG führen dazu aus, dass die Sachgerechtigkeit sich hierbei aus den Maßnahmen ergeben kann, die nach den konkreten Umständen erforderlich erscheinen, um die Restrukturierungslösung überhaupt realisieren zu können.[1133] Für die Restrukturierung einer Anleihe kann daher berücksichtigt werden, dass die Anleihebedingungen einer die Möglichkeit der Restrukturierung nach den §§ 5 ff. SchVG eröffnen und eine solche Restrukturierung gemäß § 62 StaRUG über eine Bedingung mit der Bestätigung des Restrukturierungsplans verknüpft wird. In einem solchen Fall kann nur schwerlich von einer nicht sachgerechten Gestaltung ge-

1128 Ähnlich *Böhm* in Braun, StaRUG, § 8 Rn. 7; ähnlich *Fridgen* in BeckOK StaRUG, § 8 Rn. 20; siehe für Finanzgläubiger im Allgemeinen *Parzinger/Knebel*, MüKoStaRUG, § 8 Rn. 93; ähnlich *Smid* in PRS, StaRUG, § 8 Rn. 13.

1129 So auch *Fridgen* in BeckOK StaRUG, § 8 Rn. 28.

1130 *Fridgen* in BeckOK StaRUG, § 8 Rn. 28.

1131 Ähnlich *Tasma* in Flöther, StaRUG, § 8 Rn. 8.

1132 Dazu *Böhm* in Braun, StaRUG, § 8 Rn. 11; *Fridgen* in BeckOK StaRUG, § 8 Rn. 46 ff.; offenlassend *Tasma* in Flöther, StaRUG, § 8 Rn. 8.

1133 Begr. RegE SanInsFoG, BT-Drs. 19/24181, S. 118.

sprochen werden.[1134] Intention des § 8 StaRUG ist nämlich, missbräuchliche Gestaltungen zugunsten bestimmter Gläubiger zu unterbinden.[1135] Erst dann, wenn eine Restrukturierung der Anleihe nach dem SchVG nicht realistisch ist, kann eine Sachgerechtigkeit der Verschonung der Teilschuldverschreibungsgläubiger nicht mehr angenommen werden.[1136] Der Restrukturierungsplan wäre vielmehr gemäß § 63 Abs. 1 Nr. 2 StaRUG mangels Sachgerechtigkeit der Auswahl der Planbetroffenen nicht bestätigungsfähig.[1137]

(c) Unzulässigkeit bei Verhinderung der Restrukturierung

Die Unzulässigkeit eines *negative pledge* mit dem Inhalt, dass Forderungen aus den Teilschuldverschreibungen nicht in einem Restrukturierungsplan gestaltet werden dürfen, ist nur zu bejahen, wenn eine Änderung der Anleihebedingungen über das SchVG nicht möglich ist und bei Einbeziehung in den Restrukturierungsplan eine Ausgleichspflicht entsteht. Diese Rechtsfolge entspringt der bedingten Indisponibilität des § 2 StaRUG, welcher die Einbeziehung eines jeden Gläubigers ermöglicht. Die Konzession eines Ausgleichsanspruchs würde faktisch dazu führen, dass der erfolgreiche Abschluss einer Restrukturierung des Emittenten wirtschaftlich nahezu unmöglich wird. Obschon eine schuldrechtliche Abrede keine Auswirkungen auf eine eventuelle Einbeziehung in den Restrukturierungsplan hätte, würde der dadurch entstehende Ausgleichsanspruch dazu führen, dass bei wirtschaftlicher Betrachtung die vor der Restrukturierung bestehende Lage in dem Verhältnis des Emittenten zu den Teilschuldverschreibungsgläubigern trotz abgeschlossener Restrukturierung konserviert würde. Der Ausgleichsanspruch bestünde nämlich in Höhe der Differenz von ursprünglichem und neuem Nennwert der Teilschuldverschreibung. Es ist nahezu ausgeschlossen, dass der Schuldner, der das Restrukturierungkonzept unter Einbeziehung und Gestaltung der Teilschuldverschreibungen ausgearbeitet hat, in der Folge imstande wäre, einen Ausgleichsanspruch der Teilschuldverschreibungsgläubiger in dieser Höhe zu befriedigen. Vielmehr würde dieser Umstand regelmäßig in einem Insolvenzverfahren oder unter Berücksichtigung des § 33 Abs. 2 Nr. 4 StaRUG in einer erneuten Restrukturierungssache münden. Sodann könnte der Schadensersatzanspruch einer Gestaltung unterzogen werden. Hierdurch würden indes ausschließlich weitere Kosten verursacht. Zielführend erscheint dies nicht und ist vielmehr aus Sicht aller Parteien zu vermeiden. Die scheinbar ausgleichsberechtigten Teilschuldverschreibungsgläubiger dürften durch die Verwehrung eines Schadensersatzanspruchs auch nicht schlechter stehen, da davon auszugehen ist, dass sie durch einen Restrukturierungsplan eine wirtschaftlich bessere Befriedigung als in einem folgenden Insolvenzverfahren erhalten.

1134 Vielmehr wird die Materialien ein solches Vorgehen explizit für zulässig erklärt, Begr. RegE SanInsFoG, BT-Drs. 19/24181, S. 222.

1135 Begr. RegE SanInsFoG, BT-Drs. 19/24181, S. 117.

1136 Für die Verteidigung gegen den Ersatzanspruch der Teilschuldverschreibungsgläubiger kann der Emittent dann die erfolglose Beschlussfassung gemäß dem SchVG vorbringen.

1137 Siehe *Fridgen* in BeckOK StaRUG, § 8 Rn. 51; *Tasma* in Flöther, StaRUG, § 8 Rn. 24.

c) Unzulässigkeit gemäß den §§ 307 ff. BGB

Auch aus den §§ 307 ff. BGB folgt keine Unwirksamkeit einer in den Anleihebedingungen statuierten *negative pledge* mit Ausgleichspflicht bei der Gestaltung der Forderungen aus den Teilschuldverschreibungen in einem Restrukturierungsplan. Zwar sind Anleihebedingungen allgemeine Geschäftsbedingungen.[1138] Eine Unzulässigkeit eines zugunsten der Teilschuldverschreibungsgläubiger vereinbarten Schadensersatzanspruchs kann aber nicht aus dem AGB-Recht folgen. Dieses will ausweislich § 307 Abs. 1 Satz 1 BGB den Geschäftspartner des Verwenders – sprich des Emittenten – schützen und nicht den Verwender selbst.[1139] Freilich könnte erwidert werden, eine solche Klausel der Anleihebedingungen benachteiligte nicht primär den Emittenten, sondern wäre auch dazu imstande, die übrigen Gläubiger zu benachteiligen. Doch auch dann wäre eine Anwendung des AGB-Rechts nicht angezeigt. Dieses weist nämlich keinen Schutz für andere als die Vertragsparteien auf,[1140] sodass eine Benachteiligung Dritter für die Bestimmung der Unzulässigkeit einer AGB keine Rolle spielt.

4. Zwischenergebnis

Eine Änderung der Anleihebedingungen mittels Restrukturierungsplans durch eine privatautonome Vereinbarung zwischen dem Emittenten und den Teilschuldverschreibungsgläubigern zu verhindern, ist praktisch nahezu ausgeschlossen. Eine an die Restrukturierung mittels Restrukturierungsplans anknüpfende Lösungsklausel in den Anleihebedingungen wäre gemäß § 44 Abs. 1 Satz 1 Nr. 1, Abs. 2 StaRUG unwirksam. Selbst bei Wirksamkeit eines Kündigungsrechts – z. B. unter Anknüpfung an die drohende Zahlungsunfähigkeit – würde eine solche vor dem Hintergrund der fortbestehenden kollektiven Bindung auch einer gekündigten Teilschuldverschreibung an die Anleihebedingungen nicht dazu führen, die eigene Forderung als restrukturierungsfest zu manifestieren. Solange eine Änderung der Anleihebedingungen gemäß dem SchVG realistisch ist, kann der Emittent sich in den Anleihebedingungen dazu verpflichten, die Forderungen der Teilschuldverschreibungsgläubiger nicht in ein Instrument des StaRUG einzubeziehen.

1138 Klargestellt in BGHZ 163, 311 (314) = ZIP 2005, 1410; ausführlich dazu *Artzinger-Bolten/Wöckener* in Hopt/Seibt, SchvR, § 3 Rn. 30 ff.; *Fest*, Anleihebedingungen, S. 29 ff.; a. A. *Assmann*, WM 2005, 1053 (1067); *Bialluch*, Anleiheschuldverhältnis, S. 63 ff.

1139 Siehe BGHZ 209, 128 Rn. 42 = NJW 2016, 1572; für die Anleger benachteiligende Kündigungsvoraussetzungen *Artzinger-Bolten/Wöckener* in Hopt/Seibt, SchvR, § 3 Rn. 69.

1140 Statt vieler *H. Schmidt* in BeckOK BGB, § 307 Rn. 26 f.

§ 11 Verzahnung von SchVG und StaRUG

Nachdem bestehende Konkurrenzfragen in dem Verhältnis von SchVG und StaRUG beantwortet sind, ist die Verzahnung der beiden Gesetze zu untersuchen. Praktisch wird diese Verzahnung über den gemeinsamen Vertreter der Teilschuldverschreibungsgläubiger praktiziert, wobei § 19 Abs. 6 SchVG i. V. m. § 19 Abs. 2 SchVG der normative Anknüpfungspunkt ist. Vor dem Hintergrund der Konzeption des StaRUG hinsichtlich der Ansprache der Planbetroffenen und der Modalitäten über die Abstimmung eines Restrukturierungsplans ist die Bestellung eines gemeinsamen Vertreters für die Teilschuldverschreibungsgläubiger nahezu alternativlos, wenn die Forderungen der Teilschuldverschreibungsgläubiger in einem Restrukturierungsplan gestaltet werden sollen. Die in der Bestellung des gemeinsamen Vertreters kongregierenden Unsicherheiten manifestieren sich insbesondere in dem Zeitpunkt der Einberufung der Gläubigerversammlung sowie den Beschlussmodalitäten für die Bestellung eines gemeinsamen Vertreters, welche durch § 19 Abs. 6 SchVG i. V. m. § 19 Abs. 2 Satz 2 SchVG determiniert werden. Aufbauend auf den Ergebnissen für die Bestellung des gemeinsamen Vertreters verbleiben Unsicherheiten betreffend dessen Befugnisse gemäß § 19 Abs. 6 SchVG i. V. m. § 19 Abs. 3 SchVG.

A. Bestellung des gemeinsamen Vertreters gemäß § 19 Abs. 6 SchVG i. V. m. § 19 Abs. 2 SchVG

Gemäß § 19 Abs. 6 SchVG i. V. m. § 19 Abs. 2 Satz 2 SchVG hat das Restrukturierungsgericht, wenn ein gemeinsamer Vertreter für die Teilschuldverschreibungsgläubiger bisher nicht bestellt worden ist, eine Gläubigerversammlung nach den Regelungen des SchVG einzuberufen, um den Teilschuldverschreibungsgläubigern die Möglichkeit einzuräumen, einen gemeinsamen Vertreter zu bestellen. Ausweislich § 19 Abs. 6 SchVG gilt dies, wenn die Forderungen der Teilschuldverschreibungsgläubiger »in ein Instrument des Stabilisierungs- und Restrukturierungsrahmens einbezogen werden«. Diesbezüglich ist zwischen einem Sachverhalt zu differenzieren, in dem die Anleihebedingungen eine Beschlussfassung gemäß §§ 5 ff. SchVG eröffnen und einem solchen, in dem die Anleihebedingungen eine solche Beschlussfassung nicht ermöglichen.

I. Einberufungspflicht des Restrukturierungsgerichts

1. Anleihebedingungen eröffnen die Möglichkeit von Mehrheitsbeschlüssen gemäß den §§ 5 ff. SchVG

Bezieht ein Schuldner die Forderungen aus den Teilschuldverschreibungen in ein Instrument des Stabilisierungs- und Restrukturierungsrahmens ein, hat das Restrukturierungsgericht gemäß § 19 Abs. 6 SchVG i. V. m. § 19 Abs. 2 Satz 2 SchVG eine

Gläubigerversammlung – die sog. erste Gläubigerversammlung[1141] – der Teilschuldverschreibungsgläubiger einzuberufen, wenn ein gemeinsamer Vertreter der Teilschuldverschreibungsgläubiger noch nicht bestellt worden ist, wobei das Restrukturierungsgericht hierzu verpflichtet ist.[1142] Selbst dann, wenn die Bestellung eines gemeinsamen Vertreters aussichtslos erscheint – weil z. B. eine frühere Beschlussfassung der Teilschuldverschreibungsgläubiger über die Bestellung eines gemeinsamen Vertreters fruchtlos verblieb –, ist das Restrukturierungsgericht zu der Einberufung einer Gläubigerversammlung verpflichtet.[1143] Unabhängig davon, wie diese erste Gläubigerversammlung verläuft, hat das Restrukturierungsgericht durch die Einberufung seine Pflicht erfüllt. Wird in dieser kein gemeinsamer Vertreter bestellt, ist das Restrukturierungsgericht nicht dazu verpflichtet, eine weitere Gläubigerversammlung einzuberufen.[1144] Die Einberufung erfolgt gemäß § 19 Abs. 6 SchVG i. V. m. § 19 Abs. 2 Satz 2 SchVG nach den Vorschriften des SchVG, sodass die Einberufungsvorschriften der §§ 10 ff. SchVG maßgebend sind.[1145] Daher muss das Restrukturierungsgericht keine individuelle Ansprache an die Teilschuldverschreibungsgläubiger durchführen, da es gemäß § 12 Abs. 2 Satz 1 SchVG ausreicht, dass das Restrukturierungsgericht die Einberufung der Gläubigerversammlung unverzüglich in dem Bundesanzeiger bekanntmacht.[1146]

1141 So für das Insolvenzverfahren *Westpfahl/Seibt* in Schmidt, SanR, Anh. zu § 39 InsO Rn. 19 m. w. N.

1142 So *Knapp* in Hopt/Seibt, SchvR, § 19 Rn. 23; *Westpfahl/Seibt* in Schmidt, SanR, Anh. zu § 39 InsO Rn. 21. A. A. wohl *Becker/Pospiech* in BBF, Unternehmenssanierung, Teil 2, A., IV., Rn. 42. Siehe für das Insolvenzverfahren mit Blick auf den Rechtsschutz gegen eine Unterlassung der Einberufung *Bliesener/Schneider* in LBS, BankR-Komm., 17. Kap., § 19 Rn. 16. Anders als in einem Insolvenzverfahren gilt dies auch für eine Nachrang-Anleihe *Thole*, ZHR 186 (2022), 213 (240); *Lürken*, ZIP 2021, 1305 (1308); zu der Rechtslage in einem Insolvenzverfahren ausführlich *Knapp* in Hopt/Seibt, SchvR, § 19 Rn. 24 ff; *Rüberg*, Anleihe in der Insolvenz, S. 141 f.

1143 Für das Insolvenzverfahren *Bliesener/Schneider* in LBS, BankR-Komm., 17. Kap., § 19 Rn. 15; wohl auch *Friedl* in FK-SchVG, § 19 Rn. 31; *Fürmaier* in Veranneman, SchVG, 2010, § 19 Rn. 9; *Knapp* in Hopt/Seibt, SchvR, § 19 Rn. 23.

1144 Die Materialien zu § 19 SchVG drücken aus, dass den Teilschuldverschreibungsgläubigern insofern zuzugestehen ist, keinen gemeinsamen Vertreter zu bestellen, Begr. RegE SchVG, BT-Drs. 16/18214, S. 25; so wohl auch *Westpfahl/Seibt* in Schmidt, SanR, Anh. zu § 39 InsO Rn. 29.

1145 So auch zu der Frage in einem Insolvenzverfahren *Bliesener/Schneider* in LBS, BankR-Komm., 17. Kap., § 19 Rn. 13; *Borowski*, SchVG, § 19 Rn. 18; *Rattunde* in Veranneman, SchVG, § 19 Rn. 51; *Knapp* in Hopt/Seibt, SchvR, § 19 Rn. 33; *Rüberg*, Anleihe in der Insolvenz, S. 144; *Thole*, ZIP 2014, 293 (296); *Westpfahl/Seibt* in Schmidt, SanR, Anh. zu § 39 InsO Rn. 34.

1146 Auch die Materialien zu § 12 Abs. 2 Satz 1 SchVG bringen zum Ausdruck, dass der Emittent die Teilschuldverschreibungsgläubiger nicht kennt, weshalb hierdurch eine Erleichterung geschaffen wird, Begr. RegE SchVG, BT-Drs. 16/12814, S. 22.

2. Anleihebedingungen eröffnen die Möglichkeit von Mehrheitsbeschlüssen gemäß den §§ 5 ff. SchVG nicht

Eröffnen die Anleihebedingungen eine Beschlussfassung gemäß den §§ 5 ff. SchVG nicht, ist zunächst unklar, ob das Restrukturierungsgericht für eine solche Anleihe eine Gläubigerversammlung einzuberufen hat. In einem insolvenzrechtlichen Sachverhalt wird dies nahezu *unisono* bejaht.[1147] Da § 19 Abs. 6 SchVG die entsprechende Anwendung in dem Rahmen einer Restrukturierungssache anordnet, ist auch in einer solchen keine davon abweichende Beurteilung angezeigt.[1148] Der Beantwortung dieser Frage ist keine überaus hohe Wichtigkeit beizumessen, da die Affirmation eines schlichten Einberufungserfordernisses nicht die Bestellung eines gemeinsamen Vertreters impliziert. Über die konkrete Bestellung eines gemeinsamen Vertreters entscheiden die Teilschuldverschreibungsgläubiger.[1149]

3. Zeitpunkt der Einberufung der Gläubigerversammlung

Betreffend die Einberufung der Gläubigerversammlung der Teilschuldverschreibungsgläubiger gemäß § 19 Abs. 6 SchVG i. V. m. § 19 Abs. 2 Satz 2 SchVG ist der konkrete Zeitpunkt der Einberufung zu bestimmen. Vermag dies zunächst trivial erscheinen, bestehen vor dem Hintergrund des typischen Ablaufs der Restrukturierungssache und unter Berücksichtigung des hinsichtlich des Triggers des § 19 Abs. 6 SchVG Erarbeiteten[1150] signifikante Hürden. Anwendbar ist § 19 Abs. 6 SchVG – und somit auch § 19 Abs. 2 Satz 2 SchVG –, wenn die Forderungen der Teilschuldverschreibungsgläubiger in ein Instrument des Stabilisierungs- und Restrukturierungsrahmens einbezogen werden. Arbeitet der Schuldner nunmehr den Restrukturierungsplan aus und gedenkt er dabei, die Forderungen aus den Teilschuldverschreibungen in einem Restrukturierungsplan zu gestalten, wäre es ab diesem Moment zu der Erreichung des gesetzgeberischen Zwecks des § 19 Abs. 2 Satz 2 SchVG angezeigt, die Gläubigerversammlung zu der Bestellung eines gemeinsamen Vertreters der Teilschuldverschreibungsgläubiger einzuberufen.[1151] Die Bestellung eines gemeinsamen Vertreters würde

1147 So *Bliesener/Schneider* in LBS, BankR-Komm., 17. Kap., § 19 Rn. 13; *Brenner*, NZI 2014, 789 (790); *Fischer*, WM 2018, 1529 (1533); *Gloeckner/Bankel*, ZIP 2015, 2393 (2396); *Knapp* in Hopt/Seibt, SchvR, § 19 Rn. 23; ausführlich dazu *Rüberg*, Anleihe in der Insolvenz, S. 138 f.; wohl *Ruf*, Gemeinsamer Vertreter, S. 102; *Wegener*, NZI 2017, 54 (56). A. A. LG Hamburg, NZI 2018, 177 (180); AG Neuruppin, NZI 2017, 464; *Cranshaw*, juris-PR-InsR 14/2017, Anm. 4, lit. c; *Vogelmann/Käppler*, ZInsO 2018, 439 (440 f.).

1148 So auch *Lürken*, ZIP 2021, 1305 (1308); im Ergebnis auch *Naujoks/Schönen*, ZRI 2021, 437 (441), die für die notwendige Mehrheit der Bestellung eines gemeinsamen Vertreters zwischen Anleihebedingungen, die eine Beschlussfassung gemäß den §§ 5 ff. SchVG ermöglichen und solchen, die dies nicht ermöglichen, differenzieren; a. A. *Röper/Denkhaus*, ZRI 2021, 1043 (1050).

1149 Siehe *Brenner*, NZI 2014, 789 (790).

1150 Zu Einzelheiten vorstehend Kap. IV § 10 A. II. 3.

1151 Aus diesem Grunde die Anzeige des Restrukturierungsvorhabens als Trigger des § 19 Abs. 6 SchVG i. V. m. § 19 Abs. 2 Satz 2 SchVG erachtend, wenn dabei hinreichend wahrscheinlich ist, dass die Forderungen der Teilschuldverschreibungsgläubiger in

die gesamte Abstimmung über das Restrukturierungskonzept deutlich vereinfachen. Insbesondere könnte auf eine individuelle Ansprache eines jeden Teilschuldverschreibungsgläubigers verzichtet und bereits vor der Abstimmung über den Restrukturierungsplan die Zustimmung der Teilschuldverschreibungsgläubiger abgesichert werden. In diesem Zeitpunkt – bei Ausarbeitung des Restrukturierungsplans – hat eine Einbeziehung in ein Instrument des Stabilisierungs- und Restrukturierungsrahmens noch nicht immer stattgefunden.[1152] Die Einberufungszuständigkeit geht allerdings erst bei Einbeziehung in ein Instrument des Stabilisierungs- und Restrukturierungsrahmens – namentlich eine Vorprüfung eine gerichtliche Planabstimmung oder die gerichtliche Planbestätigung[1153] – auf das Restrukturierungsgericht über. Vorher könnte eine Gläubigerversammlung nicht ohne Anfechtungsrisiko durch das Restrukturierungsgericht einberufen werden. Daraus folgen bei der dezidierten Betrachtung der möglichen Instrumente des Stabilisierungs- und Restrukturierungsrahmens Unwuchten, welche die praktische Handhabbarkeit des § 19 Abs. 6 SchVG i. V. m. § 19 Abs. 2 Satz 2 SchVG beeinflussen.

a) Einberufung bei Beantragung der gerichtlichen Planabstimmung gemäß § 29 Abs. 2 Nr. 1 StaRUG

Sollte die Beantragung der gerichtlichen Planabstimmung das Ereignis sein, dass die Voraussetzung des § 19 Abs. 6 SchVG erfüllt, hätte das Restrukturierungsgericht erst zu diesem Zeitpunkt eine Gläubigerversammlung für die Wahl eines gemeinsamen Vertreters einzuberufen. Gleichzeitig – weil notwendiger Bestandteil des Antrags auf gerichtliche Planabstimmung – müsste dem Restrukturierungsgericht gemäß § 45 Abs. 2 StaRUG indes bereits der vollständige Restrukturierungsplan vorgelegt werden. Um die Restrukturierung zu sichern, ist die frühzeitige Erörterung mit den Teilschuldverschreibungsgläubigern zweckmäßig und geboten. Insbesondere sollte die Zustimmung zu dem Restrukturierungsplan in der Gruppe der Teilschuldverschreibungsgläubiger gesichert sein, da ansonsten auf das Erreichen der Voraussetzungen des *cross-class cram-down* hinzuwirken ist. Eine Verständigung mit den Teilschuldverschreibungsgläubigern ohne gemeinsamen Vertreter dürfte indes kaum möglich sein. Darüber hinaus hätte das Restrukturierungsgericht die Teilschuldverschreibungsgläubiger gemäß § 45 Abs. 3 Satz 1 StaRUG zu laden, was zu erheblichen Problemen bei der Individualisierung der einzelnen Teilschuldverschreibungsgläubiger und der postalischen Zu-

einem Restrukturierungsplan gestaltet werden sollen, wohl *Cranshaw* in PRS, StaRUG, Teil 3 Rn. 57; ähnlich *Dreher/Kamke/Scherber* in Preuße/Vogel, SchVG, § 19 Rn. 53; *Knapp* in Hopt/Seibt, SchvR, § 19 Rn. 143; *Knof* in HK-InsR, Anh. III Rn. 127; *Thole*, ZHR 186 (2022), 213 (239).

1152 Unabhängig von der Frage, inwieweit die Beantragung einer Stabilisierungsanordnung gemäß § 29 Abs. 2 Nr. 3 StaRUG den Tatbestand von § 19 Abs. 6 SchVG erfüllt, ist eine Stabilisierungsanordnung zulasten der Teilschuldverschreibungsgläubiger nicht immer gegeben. Eine Stabilisierungsanordnung auch zulasten der Teilschuldverschreibungsgläubiger als oftmals mit der Anzeige des Restrukturierungsvorhabens einhergehend ansehend *Lürken*, ZIP 2021, 1305 (1308).

1153 Zu Einzelheiten vorstehend Kap. IV § 10 A II. 3.

stellung (§ 41 Abs. 1 Satz 2 StaRUG) führen dürfte.[1154] Außerhalb einer öffentlichen Restrukturierungssache und der Möglichkeit der öffentlichen Bekanntmachung gemäß § 85 Abs. 4 Satz 1 StaRUG wäre das Restrukturierungsgericht zur Umgehung dieser Probleme gehalten, die Einberufung des Erörterungs- und Abstimmungstermines zunächst auszusetzen und eine Gläubigerversammlung der Teilschuldverschreibungsgläubiger einzuberufen, damit diese einen gemeinsamen Vertreter bestellen können. Nach erfolgreicher Bestellung wäre dann die Planabstimmung einzuberufen. Zwar sieht § 45 Abs. 1 Satz 2 StaRUG nur eine Mindestfrist für die Einberufung vor, sodass eine vorrangig einberufene Gläubigerversammlung der Teilschuldverschreibungsgläubiger in dieser Hinsicht keine formellen Hindernisse darstellen dürfte. Dennoch werden die Betroffenen, insbesondere der Schuldner ein Interesse daran haben, die Restrukturierung schnellstmöglich zu vollziehen, wobei das skizzierte Vorgehen die Restrukturierung immens verzögerte.[1155] Insgesamt würde das Vorgehen ohne gemeinsamen Vertreter die Restrukturierung erschweren, sodass eine Einberufung der Gläubigerversammlung gemäß § 19 Abs. 6 SchVG i. V. m. § 19 Abs. 2 Satz 2 SchVG regelmäßig zu spät erfolgen dürfte und Emittenten bereits zu einem früheren Zeitpunkt auf eine Einberufung nach dem SchVG hinwirken werden.

b) Vorprüfungstermin gemäß § 29 Abs. 2 Nr. 2 StaRUG

Als weiterer möglicher Zeitpunkt für das Auslösen der Voraussetzung des § 19 Abs. 6 SchVG ist die Beantragung einer Vorprüfung gemäß § 29 Abs. 2 Nr. 2 StaRUG denkbar. Das StaRUG sieht zwei verschiedene Möglichkeiten der Vorprüfung des Restrukturierungsplans vor. Gemäß § 46 StaRUG kann zunächst bei einer gerichtlich durchgeführten Abstimmung über den Restrukturierungsplan eine Vorprüfung ebenjenes erfolgen. Darüber hinaus besteht diese Möglichkeit auch bei einer außergerichtlichen Abstimmung über den Restrukturierungsplan gemäß §§ 47, 48 StaRUG. Was die beiden Möglichkeiten der Vorprüfung eint,[1156] ist der Umstand, dass es sich jeweils um konkrete, entscheidungserhebliche Fragen hinsichtlich der Bestätigungsfähigkeit eines Restrukturierungsplans handeln muss. Es bedarf also bei der Beantragung einer Vorprüfung wieder eines zumindest vorläufig ausgearbeiteten Restrukturierungsplans.[1157] Bei der Beantragung einer Vorprüfung müssen die von den Teilschuldverschreibungsgläubigern zu leistenden Restrukturierungsbeiträge bereits festgelegt sein. Dafür müssten jedoch in dem Vorfeld Verhandlungen mit den Teilschuldverschreibungsgläubigern abgehalten worden sein. Ansonsten bestünde aus Sicht des Schuldners auch in dieser Konstellation die Gefahr, die Annahmechancen des Restrukturierungsplans nicht einschätzen zu können und die für einen eventuellen *cross-class cram-down* notwendigen Voraussetzungen nicht bereitzustellen. Daher tritt auch bei Einberufung einer Gläubigerversammlung mit Ziel der Bestellung eines gemeinsamen Vertreters

1154 Allgemein erhebliche Erschwernisse benennend *Wilke* in BeckOK StaRUG, § 45 Rn. 18.

1155 Auf eine kurze Einberufungsfrist für den Erörterungs- und Abstimmungstermin mit Blick auf die zügige Restrukturierung hinweisend *Wilke* in BeckOK StaRUG, § 45 Rn. 16.

1156 Ähnlich *Hirte* in Braun, StaRUG, § 47 Rn. 1; *Smid* in PRS, StaRUG, § 47 Rn. 2; *Wilke* in BeckOK StaRUG, § 47 Rn. 6.

1157 Auf die Überprüfbarkeit des darstellenden und gestaltenden Teils des Restrukturierungsplans eingehend *Laroche* in Flöther, StaRUG, § 46 Rn. 5.

der Teilschuldverschreibungsgläubiger das gleiche Problem auf, welches sich bei Einberufung der Gläubigerversammlung zu dem Zeitpunkt der Beantragung der gerichtlichen Planabstimmung ergibt: Sie käme für eine effektive Ausarbeitung eines Restrukturierungsplans regelmäßig zu spät.[1158]

c) Gerichtliche Bestätigung des Restrukturierungsplans gemäß § 29 Abs. 2 Nr. 4 StaRUG

Vor dem Hintergrund des Ausgeführten würde eine Einberufung der Gläubigerversammlung gemäß § 19 Abs. 6 SchVG i. V. m. § 19 Abs. 2 Satz 2 SchVG sich erst recht als zu spät erweisen, wenn eine solche erst bei Beantragung der gerichtlichen Bestätigung eines Restrukturierungsplans einberufen wird. Bis dahin wären jegliche Handlungsschritte, für die ein gemeinsamer Vertreter von Nöten wäre – Kommunikation, Verhandlung und Abstimmung über den Restrukturierungsplan –, bereits vollzogen worden. Eine Einberufung der Gläubigerversammlung zu diesem Zeitpunkt würde lediglich weitere Kosten verursachen, aber keinen Mehrwert für die Restrukturierung generieren.

d) Beantragung und Erlass einer Stabilisierungsanordnung gegenüber den Teilschuldverschreibungsgläubigern

Selbst wenn eine Einberufungspflicht entgegen der hier vertretenen Ansicht in den Fällen einer zulasten der Teilschuldverschreibungsgläubiger beantragten Stabilisierungsanordnung gefordert werden sollte, offenbart sich dabei das Problem der Zustellung an alle Teilschuldverschreibungsgläubiger. Gemäß § 51 Abs. 4 Satz 1 StaRUG ist die Stabilisierungsanordnung den betroffenen Gläubigern zuzustellen. Dabei treten die bereits aus der Zustellung der Aufforderung der Stimmabgabe bekannten Probleme auf.[1159] Eine öffentliche Restrukturierungssache gemäß den §§ 84 ff. StaRUG kann hierbei nur partiell abhelfen. Eine öffentliche Bekanntmachung der Stabilisierungsanordnung ist gemäß § 85 Abs. 2 Nr. 4 StaRUG nämlich nur bei einer Stabilisierungsanordnung möglich, die sich gegen die Gesamtheit der Gläubiger richtet.[1160] In den übrigen Fällen käme eine Einberufung der Gläubigerversammlung auch in einem solchen – nach hiesiger Ansicht den Tatbestand des § 19 Abs. 6 SchVG nicht erfüllenden – Zeitpunkt zu spät und könnte den angedachten Zweck nicht mehr erfüllen.

e) Zwischenergebnis und Ausblick

In Anbetracht der Tatsache, dass eine Einberufung der Gläubigerversammlung mit dem Zweck der Bestellung eines gemeinsamen Vertreters gemäß § 19 Abs. 6 SchVG i. V. m. § 19 Abs. 2 Satz 2 SchVG während der Restrukturierungssache in keinem der gesetzlich vorgesehen Fälle in zweckmäßiger Weise einberufen werden kann,[1161] ver-

1158 Darauf nicht eingehend *Kramer* in BeckOK StaRUG, § 29 Rn. 74a.
1159 Zu Einzelheiten vorstehend Kap. II § 5 E. I. 1.; ausführlich dazu *Riewe* in Jacoby/Thole, StaRUG, § 51 Rn. 48 ff.
1160 So *Skauradszun* in BeckOK StaRUG, § 85 Rn. 18.
1161 Zu Einzelheiten vorstehend Kap. IV § 11 A. I. 3.

bleibt die Verweisung in § 19 Abs. 6 SchVG auf § 19 Abs. 2 Satz 2 SchVG regelmäßig ohne praktische Relevanz. Deshalb ist zweckmäßig, dass der Emittent gleichzeitig mit oder noch vor der Anzeige des Restrukturierungsvorhabens gemäß § 31 Abs. 1 StaRUG eine Gläubigerversammlung gemäß § 9 Abs. 1 Satz 1 Var. 1 SchVG einberuft.[1162] Bis zu einer Einbeziehung in ein Instrument des Stabilisierungs- und Restrukturierungsrahmens liegt die Einberufungskompetenz nach der *lex lata* bei dem Emittenten.

II. Beschlussmodalitäten für die Bestellung des gemeinsamen Vertreters

Nachdem das Restrukturierungsgericht die Gläubigerversammlung der Teilschuldverschreibungsgläubiger trotz des Ausgeführten gemäß § 19 Abs. 6 SchVG i. V. m. § 19 Abs. 2 Satz 2 SchVG einberufen hat, ist bisweilen unklar, nach welchem Beschlussregime ein gemeinsamer Vertreter in einer solchen bestellt werden kann. Allgemein ordnet § 19 Abs. 6 SchVG i. V. m. § 19 Abs. 1 Satz 1 SchVG an, dass die Beschlüsse der Gläubiger den Bestimmungen des StaRUG unterliegen, soweit in § 19 Abs. 2–5 SchVG nichts anderes bestimmt ist. Vor diesem Hintergrund ist denkbar, dass § 19 Abs. 6 SchVG i. V. m. § 19 Abs. 2 Satz 2 SchVG auch mit Blick auf das Zustandekommen der Beschlüsse der Teilschuldverschreibungsgläubiger in der ersten Gläubigerversammlung eine andere Bestimmung i. S. d. § 19 Abs. 1 Satz 1 SchVG darstellt. Dann würden für die Beschlüsse der Teilschuldverschreibungsgläubiger – sprich für das Quorum, die erforderlichen Mehrheiten und den Rechtsschutz – die Regelungen des SchVG mit den dargestellten Hemmnissen gelten.[1163] Aufgrund der in diesem Punkte bestehenden gravierenden Unterschiede zwischen dem SchVG und dem StaRUG weist die Beantwortung dieser Frage eine enorme Relevanz auf und bedingt die erfolgreiche Einbeziehung der Teilschuldverschreibungsgläubiger in einen Restrukturierungsplan.[1164]

1. Anleihebedingungen eröffnen die Möglichkeit von Mehrheitsbeschlüssen gemäß den §§ 5 ff. SchVG

a) Auslegung des § 19 Abs. 2 Satz 2 SchVG nach der Eröffnung eines Insolvenzverfahrens

Der Wortlaut des § 19 Abs. 2 Satz 2 SchVG verhält sich mit Blick auf die aufgeworfene Frage nicht eindeutig und wurde daher schon in dem Zusammenhang mit der InsO als ungenau kritisiert.[1165] Gemäß § 19 Abs. 2 Satz 2 SchVG hat das Insolvenzgericht eine Gläubigerversammlung nach den Vorschriften »dieses Gesetzes« einzuberufen,

1162 Dies betonend, weil dieser die §§ 24 ff. StaRUG für die Bestellung des gemeinsamen Vertreters gemäß § 19 Abs. 6 SchVG i. V. m. § 19 Abs. 2 Satz 2 SchVG für anwendbar erachtet und deshalb eine Bestellung eines gemeinsamen Vertreters nahezu ausschließt, *Knapp* in Hopt/Seibt, SchvR, § 19 Rn. 160.

1163 Zu Einzelheiten vorstehend Kap. I § 2 D, III, F. IV.

1164 So auch *Skauradszun* in BeckOK StaRUG, § 2 Rn. 98.

1165 Siehe *Knapp* in Hopt/Seibt, SchvR, § 19 Rn. 38, 45; *Westpfahl/Seibt* in Schmidt, SanR, Anh. zu § 39 InsO Rn. 34.

wobei zwei Lesarten vertretbar sind. Zunächst könnte damit gemeint sein, dass eine Gläubigerversammlung, die in Gänze den Vorschriften des SchVG unterliegt, einzuberufen ist.[1166] Alternativ kann § 19 Abs. 2 Satz 2 SchVG auch dahin gehend verstanden werden, dass eine Gläubigerversammlung einzuberufen ist, und zwar nach den Regelungen dieses Gesetzes, also nur die Einberufungsnormen des SchVG maßgebend sind. Da weder aus der Gesetzessystematik noch aus der Genese des Gesetzes ausschlaggebende Hinweise folgen, ist zuletzt das Telos der Norm und damit vor allem die Praktikabilität zu examinieren. Vor dem Hintergrund, dass das Restrukturierungsgericht die Gläubigerversammlung einzuberufen hat und deshalb sowohl nach § 76 Abs. 1 InsO als auch nach § 15 Abs. 1 SchVG die Gläubigerversammlung leitet,[1167] ist vermehrt angeführt worden, dass es dem Insolvenzgericht nicht aufgebürdet werden könne, eine Gläubigerversammlung nach einem diesem angeblich nicht bekannten Regelungsregime zu leiten.[1168] Vor diesem Hintergrund hat sich in der insolvenzrechtlichen Praxis ein Verständnis des § 19 Abs. 2 Satz 2 SchVG etabliert, dass dieser ausschließlich die Einberufung der Gläubigerversammlung den Regeln des SchVG unterwirft.[1169] Die dann in dieser zu fassenden Beschlüsse sind gemäß § 19 Abs. 1 Satz 1 SchVG nach den §§ 76 InsO zu fassen.[1170] In einer weiteren, nicht gemäß § 19 Abs. 2 Satz 2 SchVG einberufenen Gläubigerversammlung, erfolgt die Beschlussfassung über die Bestellung eines gemeinsamen Vertreters hingegen gemäß dem SchVG.[1171]

b) Gemengelage bei entsprechender Anwendung des § 19 Abs. 1 Satz 1 SchVG

Bei stringenter Anwendung des § 19 Abs. 6 SchVG müsste alles, was gemäß § 19 Abs. 1–5 SchVG für das Insolvenzverfahren gilt, ebenso für das StaRUG gelten. Vor dem Hintergrund des erläuterten Vorgehens in der Konstellation eines Insolvenzverfahrens bedeutet dies für die Fragen betreffend die Bestellung eines gemeinsamen Vertreters in einem präventiven Restrukturierungsrahmen konkret: Das Restrukturierungsgericht beruft die erste Teilschuldverschreibungsgläubigerversammlung gemäß § 19 Abs. 6 SchVG i. V. m. § 19 Abs. 2 Satz 2 SchVG nach den §§ 10 ff. SchVG ein, wenn noch kein gemeinsamer Vertreter für die Teilschuldverschreibungsgläubiger bestellt worden ist. Um einen solchen dann zu wählen, sind gemäß § 19 Abs. 6 SchVG i. V. m. § 19 Abs. 1 Satz 1 SchVG die Regelungen des StaRUG maßgebend. Fraglich

1166 Siehe für diese Frage nach der Eröffnung des Insolvenzverfahrens *Hoffmann* in Reinhard/Schall, SchVG, § 19 Rn. 23; *Knapp* in Hopt/Seibt, SchvR, § 19 Rn. 45.

1167 So *Hoffmann* in Reinhard/Schall, SchVG, § 19 Rn. 22; *Westpfahl/Seibt* in Schmidt, SanR, Anh. zu § 39 InsO Rn. 38.

1168 So *Fürmaier* in Veranneman, SchVG, § 19 Rn. 10; *Hoffmann* in Reinhard/Schall, SchVG, § 19 Rn. 23; *Knapp* in Hopt/Seibt, SchvR, § 19 Rn. 45.

1169 Dies klarstellend BGH, ZIP 2017, 2312 Rn. 12; a. A. *Fürmaier* in Veranneman, SchVG, 2010, § 19 Rn. 10.

1170 So im Ergebnis *Bliesener/Schneider* in LBS, BankR-Komm., 17. Kap., § 19 Rn. 18; *Friedl* in FK-SchVG, § 19 Rn. 38; *Knapp* in Hopt/Seibt, SchvR, § 19 Rn. 45 ff.; *Kuder/Obermüller*, ZInsO 2009, 2025 (2028); *Müller* in Heidel, AktR, § 19 SchVG Rn. 4; *Rattunde* in Veranneman, SchVG, § 19 Rn. 56; *Thole*, ZIP 2014, 293 (297); *Westpfahl/Seibt* in Schmidt, SanR, Anh. zu § 39 InsO Rn. 48.

1171 Statt vieler *Knapp* in Hopt/Seibt, SchvR, § 19 Rn. 64 m. w. N.

ist, ob dieses Ergebnis vor dem Hintergrund der Unterschiede zwischen InsO und StaRUG zweckmäßig ist.

(1) Ziel der Verweisung aus § 19 Abs. 6 SchVG i. V. m. § 19 Abs. 1 Satz 1 SchVG

Aus der ambitionslosen Verweisung von § 19 Abs. 6 SchVG auf § 19 Abs. 1 Satz 1 SchVG und den nur unzureichend berücksichtigten Differenzen zwischen der InsO und dem StaRUG resultiert bei der Bestimmung der maßgebenden Normen ein elementares Problem.[1172] Die InsO sieht nämlich als Organ in einem Insolvenzverfahren eine insolvenzrechtliche Gläubigerversammlung gemäß den §§ 74 ff. InsO mit einem eigenen Beschlussregime gemäß den §§ 76 ff. InsO vor. Genau auf diese Normen wird die Verweisung von § 19 Abs. 1 Satz 1 SchVG verstanden und damit nicht etwa auf diejenigen für die Annahme eines Insolvenzplans notwendigen Mehrheitserfordernisse aus § 244 InsO.[1173] Es müssten daher grundsätzlich die restrukturierungsrechtlichen Parallelnormen der §§ 74 ff. InsO aus dem StaRUG anzuwenden sein. Die Sachlage in dem StaRUG gestaltet sich jedoch bedeutend anders. Das Organ der Gläubigerversammlung ist diesem nämlich nicht bekannt.[1174] Den §§ 74 ff. InsO entsprechende Normen sieht das StaRUG nicht vor. Die einzigen Mehrheitserfordernisse, welche jenes kennt, sind solche der Abstimmung über einen Restrukturierungsplan. Es kann lediglich gemäß § 20 StaRUG eine Versammlung zu dem Zweck der Abstimmung über einen Restrukturierungsplan gebildet werden. Die Beschlusserfordernisse dieser entsprechen in ihrer Dogmatik indes vielmehr denen des § 244 InsO,[1175] somit nicht denen, auf welche § 19 Abs. 1 Satz 1 SchVG verweist. Zwangsläufig tritt die Frage auf, ob die Verweisung in § 19 Abs. 1 Satz 1 SchVG als eine auf die §§ 24 ff. StaRUG verstanden werden kann. Durch die Zugrundelegung eines solchen Verständnisses der Verweisung würden unüberwindbare Hürden für die Bestellung eines gemeinsamen Vertreters in einer gemäß § 19 Abs. 6 SchVG i. V. m. § 19 Abs. 2 Satz 2 SchVG einberufenen Gläubigerversammlung folgen. Ein gemeinsamer Vertreter könnte dann nur unter Beteiligung – von der Zustimmung ist hier noch gar nicht die Rede – von mindestens 75 % aller ausstehenden Teilschuldverschreibungen wirksam bestellt werden, was nahezu ausgeschlossen ist.[1176] Schließlich würde die Erreichung des Ziels von § 19 Abs. 2 Satz 2 SchVG, nämlich die Förderung der Verfahrenseffizienz,[1177] schon durch diese Verweisung auf die §§ 24 ff. StaRUG zerstört, weshalb der aufgeworfenen Frage eine große Bedeutung zukommt.

1172 Ähnlich *Lürken*, ZIP 2021, 1305 (1309).

1173 *Bliesener/Schneider* in LBS, BankR-Komm., 17. Kap., § 19 Rn. 18; *Friedl* in FK-SchVG, § 19 Rn. 38; *Hoffmann* in Reinhard/Schall, SchVG, § 19 Rn. 28; *Knapp* in Hopt/Seibt, SchvR, § 19 Rn. 46 f.; *Rattunde* in Veranneman, SchVG, § 19 Rn. 61; *Westpfahl/Seibt* in Schmidt, SanR, Anh. zu § 39 InsO Rn. 48 f.

1174 Darauf ebenfalls hinweisend *Knapp* in Hopt/Seibt, SchvR, § 19 Rn. 134; *Kowalewski/Praß* in Morgen, StaRUG, § 25 Rn. 23; *Skauradszun* in BeckOK StaRUG, § 2 Rn. 99.

1175 Siehe Begr. RegE SanInsFoG, BT-Drs. 19/24181, S. 125.

1176 So auch *Lürken*, ZIP 2021, 1305 (1309); *Naujoks/Schönen*, ZRI 2021, 437 (441).

1177 Siehe *Knapp* in Hopt/Seibt, SchvR, § 19 Rn. 70.

(a) Keine dogmatische Übereinstimmung der §§ 74 ff. InsO und den §§ 24 ff. StaRUG

Für die Beantwortung dieser Frage ist zunächst die Begutachtung der § 19 Abs. 1 Satz 1 SchVG und § 76 InsO zweckmäßig. Dabei fällt unweigerlich auf, dass gemäß § 19 Abs. 1 Satz 1 SchVG die »Beschlüsse der Gläubiger« den Bestimmungen der InsO unterliegen. Dazu trägt § 76 InsO die korrespondierende amtliche Überschrift, nämlich »Beschlüsse der Gläubigerversammlung«. Unter dieser Überschrift wird in § 76 Abs. 2 Hs. 1 InsO das Zustandekommen eines Beschlusses der Gläubiger adressiert. Die §§ 24 ff. StaRUG hingegen behandeln nicht die Beschlüsse der Gläubiger, sondern die Annahme eines Restrukturierungsplans.[1178] Bereits deshalb korrespondieren die §§ 24 ff. StaRUG nicht mit den §§ 74 ff. StaRUG.[1179] Auch erfüllen die in Rede stehenden Mehrheitserfordernisse völlig verschiedene Zwecke. Durch die Mehrheitserfordernisse der §§ 24 ff. StaRUG soll die notwendige Legitimationsgrundlage für zwangsweise Eingriffe in die Forderungen von Gläubigern geschaffen werden. Die Beschlüsse der Gläubigerversammlung gemäß den §§ 74 ff. InsO hingegen betreffen hauptsächlich organisatorische Fragen, wie z. B. die Prüfung der Schlussrechnung gemäß § 66 Abs. 1 InsO oder die Bestellung und Wahl der Mitglieder eines Gläubigerbeschlusses gemäß § 68 Abs. 1, 2 InsO.[1180] Eingriffe in die Forderungen der (Teilschuldverschreibungs-)Gläubiger können darüber nicht durchgesetzt werden. Auch vor diesem Hintergrund überzeugt es nicht, die §§ 24 ff. StaRUG für die Bestellung eines gemeinsamen Vertreters heranzuziehen.

(b) Modifizierung der insolvenzrechtlichen Sichtweise aufgrund praktischer Unterschiede

Über die systematischen Friktionen, die bei der Anwendung der §§ 24 ff. StaRUG für die Bestellung des gemeinsamen Vertreters gemäß § 19 Abs. 6 SchVG i. V. m. § 19 Abs. 2 Satz 2 SchVG entstünden, spricht auch das Telos der Verweisung gemäß § 19 Abs. 2 Satz 2 SchVG in einem insolvenzrechtlichen Sachverhalt auf die §§ 74 ff. InsO gegen eine Verweisung auf die §§ 24 ff. StaRUG in dem Rahmen eines restrukturierungsrechtlichen Sachverhalts. Regelmäßig wird die Verweisung von § 19 Abs. 1 Satz 1 SchVG auf die §§ 74 ff. InsO über die größere Praxistauglichkeit dieser Normen begründet.[1181] Die erhöhte Praxistauglichkeit der §§ 74 ff. InsO liegt darin begründet, dass diese keine Beschlussfähigkeit der Gläubigerversammlung vorsehen und jene somit stets beschlussfähig ist.[1182] Die potentiell in Frage kommenden Normen des StaRUG sind insoweit jedoch anders konzipiert als die der InsO. Eine kongruente Anwendung der in einem Insolvenzverfahren bewährten Vorgehensweisen verbietet sich daher *a priori*. Vielmehr ist § 19 Abs. 6 SchVG i. V. m. § 19 Abs. 1 Satz 1 SchVG kohärenter Weise ebenfalls anhand des Telos und unter Berücksichti-

1178 Darauf ebenfalls hinweisend *Thole*, ZHR 186 (2022), 213 (242).

1179 Dennoch die Vorschriften der §§ 24 ff. StaRUG anwenden wollend *Knapp* in Hopt/Seibt, SchvR, § 19 Rn. 152; *Knof* in HK-InsR, Anh. III Rn. 129.

1180 Ausführlich zu den Aufgaben der Gläubigerversammlung *Ahrens*, MüKoInsO, § 74 Rn. 16.

1181 So *Knapp* in Hopt/Seibt, SchvR, § 19 Rn. 38; *Knof* in HK-InsR, Anh. III Rn. 39; *Westpfahl/Seibt* in Schmidt, SanR, Anh. zu § 39 InsO Rn. 34.

1182 *Thole*, ZIP 2014, 293 (297).

gung der tatsächlichen praktischen Gegebenheiten zu interpretieren.[1183] Durch die möglichst schleunige Bestellung eines gemeinsamen Vertreters für alle Teilschuldverschreibungsgläubiger soll eine effiziente Einbeziehung der Teilschuldverschreibungsgläubiger gewährleistet werden. So soll der gemeinsame Vertreter beispielsweise der Ansprechpartner für den Schuldner sein, sodass nicht alle Gläubiger individuell adressiert werden müssen.[1184] Auch ist zu berücksichtigen, dass eine Zustimmung der Teilschuldverschreibungsgläubiger zu einem Restrukturierungsplan ohne Beteiligung eines gemeinsamen Vertreters nahezu ausgeschlossen ist und es regelmäßig auf die weiteren Voraussetzungen des *cross-class cram-down* gemäß den §§ 26 ff. StaRUG ankäme. Die Effizienz des Verfahrens würde nicht gesteigert, wenn die von Amts wegen einzuberufende erste Gläubigerversammlung mit an Sicherheit grenzender Wahrscheinlichkeit fruchtlos verbliebe. Die für die erfolgreiche Restrukturierung einer Anleihe in einer Restrukturierungssache nahezu alternativlose Bestellung eines gemeinsamen Vertreters würde dann frühestens in einer zweiten Gläubigerversammlung der Teilschuldverschreibungsgläubiger – für deren Durchführung dann kongruent mit dem Vorgehen in einem Insolvenzverfahren das SchVG, insbesondere § 5 Abs. 4 SchVG gälte[1185] – bestellt werden können. Wenn jedoch die zweite Gläubigerversammlung ohnehin nach den Vorschriften des SchVG durchgeführt würde, resultierte aus der Anwendung der §§ 24 ff. StaRUG in einer ersten Gläubigerversammlung kein größerer Schutz der Teilschuldverschreibungsgläubiger. Ein solches Vorgehen hätte nur einen einzigen nennenswerten Effekt, nämlich die Minderung von in einer Restrukturierungssituation ohnehin verknappten Ressourcen wie Zeit und Liquidität. In Anbetracht dieser Tatsache verfängt das Argument der Praxistauglichkeit bei entsprechendem Vorgehen wie in einem Insolvenzverfahren nicht. Vielmehr wäre ein der Situation in einem Insolvenzverfahren entsprechendes Vorgehen schlechterdings praxisuntauglich.[1186] Daher kann die in einem Insolvenzverfahren anerkannte Sichtweise nicht auf die Einbeziehung einer Anleihe in den präventiven Restrukturierungsrahmen durchschlagen.

(c) Anwendung der insolvenzrechtlichen Vorschriften

Die entsprechende Anwendung des § 19 Abs. 1–5 SchVG könnte auch so zu verstehen sein, dass die Verweisung von § 19 Abs. 1 Satz 1 SchVG auch bei Einbeziehung der Forderungen aus den Teilschuldverschreibungen in einen präventiven Restrukturierungsrahmen als eine Verweisung auf die §§ 74 InsO – und somit nicht auf die §§ 24 ff. StaRUG – zu interpretieren ist.[1187] Zugunsten einer solchen Auslegung exis-

1183 So *Skauradszun* in BeckOK StaRUG, § 2 Rn. 98.
1184 Ähnlich *Naujoks/Schönen*, ZRI 2021, 437 (441).
1185 So *Bliesener/Schneider* in LBS, BankR-Komm., 17. Kap., § 19 Rn. 36; *Knapp* in Hopt/Seibt, SchvR, § 19 Rn. 64; *Westpfahl/Seibt* in Schmidt, SanR, Anh. zu § 39 InsO Rn. 54.
1186 Vor dem Hintergrund der Mehrheitserfordernisse des StaRUG die Restrukturierung von Anleihen in einem Restrukturierungsplan als leerlaufend erachtend *Girotto* in BDA, § 1 Rn. 107; ähnlich auch *Knof* in HK-InsR, Anh. III Rn. 129.
1187 Dies andenkend *Lürken*, ZIP 2021, 1305 (1309); dies für möglich erachtend *Martini* in Bork/Hölzle, HB InsR, Kap. 25, Rn. 138; dies ebenfalls andenkend und dabei die unterschiedlichen Zustimmungserfordernisse der Restrukturierungsgläubiger erwähnend *Naujoks/Schönen*, ZRI 2021, 437 (441).

tieren indes keine überzeugenden Argumente. Insbesondere die Materialien zu § 19 Abs. 6 SchVG verweisen ausdrücklich auf die Normen des StaRUG.[1188] Vielmehr würde die Gemengelage durch die Anwendung von Normen der InsO nur sehenden Auges verkompliziert. Dieser Ansatz ist somit abzulehnen.[1189]

(2) Kein Vorrang des StaRUG gemäß § 19 Abs. 6 SchVG i. V. m. § 19 Abs. 1 Satz 1 SchVG

Ein anderer Ansatzpunkt besteht unter der Prämisse, dass – nahezu *unisono* wird dies in dem Verhältnis von SchVG und InsO in dieser Weise interpretiert[1190] –, § 19 Abs. 6 SchVG i. V. m. § 19 Abs. 1 Satz 1 SchVG grundsätzlich so zu verstehen ist, dass ein genereller Vorrang des StaRUG nur dann und auch nur insoweit gilt, als dieses dem SchVG widersprechende Normen bereithält. In Fällen, in denen das StaRUG keine spezielleren Regelungen vorsieht, können die Regelungen des StaRUG auch nicht denen des SchVG vorgehen. In Anbetracht der Tatsache, dass das StaRUG keine Gläubigerversammlung vorsieht und entsprechend keine den §§ 74 ff. InsO gleichenden Normen aufweist, läuft die Verweisung aus § 19 Abs. 1 Satz 1 SchVG ins Leere.[1191] In Anbetracht dieser Tatsache entfaltet das SchVG und insbesondere die §§ 5 Abs. 4, 15 Abs. 3 SchVG originäre Geltungswirkung.[1192]

1188 Begr. RegE SanInsFoG, BT-Drs. 19/24181, S. 222.

1189 So im Ergebnis auch *Knof* in HK-InsR, Anh. III Rn. 129; *Knapp* in Hopt/Seibt, SchvR, § 19 Rn. 153.

1190 So wohl *Bliesener/Schneider* in LBS, BankR-Komm., 17. Kap., § 19 Rn. 1; *Dreher/Kamke* in Preuße/Vogel, SchVG, § 19 Rn. 4; das SchVG für anwendbar haltend, wenn die InsO keine Regelung dazu vorsieht *Knapp* in Hopt/Seibt, SchvR, § 19 Rn. 5 m. w. N.; so ausdrücklich *Westpfahl/Seibt* in Schmidt, SanR, Anh. zu § 39 InsO Rn. 11, 54.

1191 Zu Einzelheiten vorstehend Kap. IV § 11 A. II. 1. b) (1) (a).

1192 So wohl auch *Graf-Schlicker* in KBP, HRI I, § 34 Rn. 5; im Ergebnis auch *Kowalewski/Praß* in Morgen, StaRUG, § 25 Rn. 24; *Lürken*, ZIP 2021, 1305 (1309), der einen Beschluss mit einfacher Mehrheit fordert; *Röper/Denkhaus*, ZRI 2021, 1043 (1050); so auch *Skauradszun* in BeckOK StaRUG, § 2 Rn. 100; im Ergebnis auch *Spahlinger* in BeckOK StaRUG, § 25 Rn. 11a; *Skauradszun/Blum*, NZI 2022, 32 (33); unentschlossen *Thole* in Hopt/Seibt, SchVR, § 5 Rn. 119; wohl auch *Thole*, ZHR 186 (2022), 213 (242 ff.); im Ergebnis auch *Westpfahl* in Seibt/Westpfahl, StaRUG, § 25 Rn. 26, der jedoch nur eine »einfache Mehrheit« fordert, allerdings nicht konkretisiert, aus welcher Norm er diese herleitet. A. A *Knapp* in Hopt/Seibt, SchvR, § 19 Rn. 152; *Knof* in HK-InsR, Anh. III Rn. 129; wohl *Naujoks/Schönen*, ZRI 2021, 437 (441). Hingegen nicht herangezogen werden kann die Entscheidung des AG München, NZI 2022, 31, da in dieser Konstellation ausweislich der Bekanntmachung des Bestellungsbeschlusses vom 30. Juli 2021 im Bundesanzeiger ein gemeinsamer Vertreter bereits im Vorfeld der Restrukturierungssache bestellt worden ist und deshalb unzweifelhaft die Mehrheiten des SchVG heranzuziehen sind. Diesen Umstand jedoch verkennend *Lürken/Ruf* in Theiselmann, PHdB RestrR, Kap. 4 Rn. 159.

c) Restrukturierungsrechtliche Auslegung als Konsequenz

Ein paralleles Vorgehen wie in einem Insolvenzverfahren würde der gesetzgeberischen Intention widersprechen. Mit der Möglichkeit der Einbeziehung von Teilschuldverschreibungen in Instrumente des präventiven Restrukturierungsrahmens wollte der Gesetzgeber eine weitere Möglichkeit der Restrukturierung von Teilschuldverschreibungen schaffen.[1193] Vor dem Hintergrund der Unterschiede zwischen InsO und StaRUG kann die in dem Rahmen einer Einbeziehung von Anleihen in ein Insolvenzverfahren gemäß § 19 Abs. 1 Satz 1 SchVG geltende Auffassung nicht auf eine Einbeziehung einer Anleihe in die Restrukturierungssache übertragen werden. Vielmehr ist eine an die konkreten Umstände angepasste Auslegung des § 19 Abs. 6 SchVG i. V. m. § 19 Abs. 1 Satz 1 SchVG angezeigt. Die Teilschuldverschreibungsgläubiger können einen gemeinsamen Vertreter daher mit den Beschlussanforderungen des SchVG – also dem notwendigen Quorum gemäß § 15 Abs. 3 Satz 1 SchVG und einer einfachen Mehrheit gemäß § 5 Abs. 4 Satz 1 SchVG – bestellen. In der Folge tritt freilich das Problem des ebenfalls oftmals verfehlten Quorums des § 15 Abs. 3 SchVG auf. In Anbetracht des faktischen Quorums bei der Anwendung der §§ 24 ff. StaRUG reüssiert die Bestellung eines gemeinsamen Vertreters gemäß den Vorschriften des SchVG dennoch wahrscheinlicher als bei Anwendung der §§ 24 ff. StaRUG.

2. Anleihebedingungen eröffnen die Möglichkeit von Mehrheitsbeschlüssen gemäß den §§ 5 ff. SchVG nicht

Der Annahme einer Einberufungspflicht gemäß § 19 Abs. 6 SchVG i. V. m. § 19 Abs. 2 Satz 2 SchVG auch für die Involvierung solcher Anleihen, deren Anleihebedingungen eine Beschlussfassung gemäß den §§ 5 ff. SchVG nicht eröffnen, folgt vor dem Hintergrund des Erörterten[1194] die Frage nach der in diesen Fällen anzuwendenden Normen für die Bestellung des gemeinsamen Vertreters der Teilschuldverschreibungsgläubiger. Für die Beantwortung dieser Frage ist zunächst die gleiche Herangehensweise angezeigt, wie wenn die Anleihebedingungen die Beschlussfassung gemäß den §§ 5 ff. SchVG eröffneten. Gemäß § 19 Abs. 1 Satz 1 SchVG greift die Verweisung auf die InsO oder das StaRUG nur dann, wenn sie eine von dem SchVG abweichende Regelung beinhalten, was in dem Verhältnis von SchVG und StaRUG zu verneinen ist.[1195] Insoweit gelten dann die §§ 5 ff. SchVG. Dies fußt nicht auf einer Eröffnung in den Anleihebedingungen, sondern auf der Ausgestaltung des § 19 Abs. 6

1193 Begr. RegE SanInsFoG, BT-Drs. 19/24181, S. 111; so auch *Skauradszun* in BeckOK StaRUG, § 2 Rn. 98.

1194 Zu Einzelheiten der Bestellung des gemeinsamen Vertreters in einer gemäß § 19 Abs. 6 SchVG i. V. m. § 19 Abs. 2 Satz 2 SchVG einberufenen Gläubigerversammlung, wenn die Anleihebedingungen die Möglichkeit von Mehrheitsbeschlüssen gemäß den §§ 5 ff. SchVG eröffnen vorstehend Kap. IV § 11 A. II. 1.

1195 So für das Verhältnis mit der InsO wohl *Bliesener/Schneider* in LBS, BankR-Komm., 17. Kap., § 19 Rn. 1; ähnlich *Knapp* in Hopt/Seibt, SchvR, § 19 Rn. 5 m. w. N.; so ausdrücklich *Westpfahl/Seibt* in Schmidt, SanR, Anh. zu § 39 InsO Rn. 11, 54.

SchVG i. V. m. § 19 Abs. 1 Satz 1 SchVG.[1196] Dieser stellt eine Sondervorschrift dar, die für den Fall ihrer Anwendbarkeit postuliert, dass die Normen des StaRUG anzuwenden sind, wenn dieses eine speziellere Regelung vorsieht. Bei Affirmation der Anwendbarkeit des § 19 Abs. 6 SchVG i. V. m. § 19 Abs. 2 Satz 2 SchVG und gleichzeitigem Mangel einer speziellen Norm in dem StaRUG gelten für die Beschlüsse der Gläubiger die Normen des SchVG. Regelungen der Anleihebedingungen beeinflussen dieses Ergebnis hingegen nicht.

III. Rechtsschutz gegen die Bestellung des gemeinsamen Vertreters

Nachdem der gemeinsame Vertreter bestellt worden ist, verbleibt die Frage nach dem möglichen Rechtsschutz gegen ebendiesen Bestellungsakt. Auch in diesem Rahmen kommen vor dem Hintergrund des § 19 Abs. 6 SchVG i. V. m. § 19 Abs. 1 Satz 1 SchVG die verschiedenen Rechtsschutzsysteme sowohl des SchVG als auch des StaRUG in Betracht. In Anbetracht der signifikanten Unterschiede zwischen den Normen des jeweiligen Rechtsschutzes ist auch dieser Frage ein enormes Konfliktpotential inhärent. Streitentscheidend ist bei der Beantwortung dieser Frage erneut die Auslegung der Verweisung aus § 19 Abs. 6 SchVG i. V. m. § 19 Abs. 1 Satz 1 SchVG.

1. Keine Anwendbarkeit des § 78 InsO

Zunächst wird in Teilen der Literatur vertreten, dass hinsichtlich eines Rechtsbehelfs gegen die Bestellung des gemeinsamen Vertreters gemäß § 19 Abs. 6 SchVG i. V. m. § 19 Abs. 2 Satz 2 SchVG eine Verweisung auf § 78 InsO angezeigt ist und somit eine Aufhebungskompetenz des Restrukturierungsgerichts bestünde.[1197] Vor dem Hintergrund des bereits Ausgeführten[1198] überzeugt eine Verweisung nach § 78 InsO nicht.[1199] Die Materialien zu § 19 SchVG verweisen eindeutig auf die Normen des StaRUG[1200] und es überzeugt nicht, die Normen der InsO ungezwungen außerhalb eines Insolvenzverfahrens anzuwenden. Auch die Entscheidung des BGH betreffend den Rechtsschutz gegen eine Bestellung eines gemeinsamen Vertreters gemäß § 19 Abs. 2 Satz 2 SchVG innerhalb eines Insolvenzverfahrens[1201] kann nicht dahin gehend interpretiert

1196 Zu Einzelheiten vorstehend Kap. IV § 11 A. II. 1. b) (2). Siehe Begr. RegE SchVG, BT-Drs. 16/12814, S. 25, »Sondervorschriften«; § 19 Abs. 2 SchVG als § 5 Abs. 1 Satz 1 SchVG modifizierend benennend *Brenner*, NZI 2014, 789 (790); ähnlich *Fischer*, WM 2018, 1529 (1533); a. A. *Naujoks/Schönen*, ZRI 2021, 437 (441), die eine Ausnahme von der Anwendbarkeit der §§ 24 ff. SchVG nur dann für möglich erachten, wenn die Anleihebedingungen einen Mehrheitsbeschluss gemäß §§ 5 ff. SchVG ermöglichen.

1197 Dies erwägend *Lürken*, ZIP 2021, 1305 (1310 f.); § 78 InsO als Orientierung für den Rechtsschutz ansehend *Thole*, ZHR 186 (2022), 213 (245); *Vuia* in MüKoStaRUG, § 40 Rn. 12.

1198 Zu Einzelheiten vorstehend Kap. IV § 11 A. II. 1. b) (1) (bb).

1199 So auch *Knapp* in Hopt/Seibt, SchvR, § 19 Rn. 154; eine analoge Anwendung von § 78 InsO ablehnend *Skauradszun* in BeckOK StaRUG, § 2 Rn. 108 ff.

1200 Begr. RegE SanInsFoG, BT-Drs. 19/24181, S. 222.

1201 BGH, ZIP 2017, 2312.

werden, dass § 78 InsO als Rechtsbehelf gegen die Bestellung eines gemeinsamen Vertreters gemäß § 9 Abs. 6 SchVG i. V. m. § 19 Abs. 2 Satz 2 SchVG anzuwenden sei. Zwar stellt der BGH darin fest, dass durch die Anwendung des § 78 InsO sichergestellt wird, dass einem Rechtsbehelf gegen den Beschluss über die Bestellung des gemeinsamen Vertreters nicht die aufschiebende Wirkung der Anfechtungsklage zukommt.[1202] Dabei ist aber zu berücksichtigen, dass der BGH den Entfall eines Suspensiveffekts nicht als notwendige Bedingungen für den Rechtsschutz gegen die Bestellung des gemeinsamen Vertreters erwähnt, sondern vielmehr feststellt, dass »mangels eines Verweises auf § 20 SchVG« die Beschlussrechtskontrolle sich nach § 78 InsO richtet.[1203] Insofern determiniert primär die Verweisung von § 19 SchVG den anzuwendenden Rechtsschutz und nicht das Bestehen oder Nichtbestehen eines Suspensiveffekts. Vor diesem Hintergrund verfängt die Ansicht nicht, dass nur aufgrund des mangelnden Suspensiveffekts des § 78 InsO dieser auch in dem Rahmen StaRUG bezogenen Sachverhaltenen gelten würde. Selbst wenn das Nichtbestehen eines Suspensiveffekts die entscheidende Determinante wäre, müsste unter Berücksichtigung der Materialien, die auf die »Bestimmungen des Unternehmensstabilisierungs- und -restrukturierungsgesetz« verweisen,[1204] eine Verweisung auf § 66 StaRUG und nicht auf § 78 InsO angenommen werden.

2. Keine Anwendbarkeit der §§ 64, 66 StaRUG

Der das StaRUG prämierende Rechtsschutz aus den §§ 64, 66 StaRUG drängt sich für die Beantwortung dieser Frage auf. Doch ebenso wenig wie eine Verweisung auf die §§ 24 ff. StaRUG haltbar ist, korrespondiert eine Verweisung auf die §§ 64, 66 StaRUG systematisch mit § 19 Abs. 6 SchVG i. V. m. § 19 Abs. 1 Satz 1 SchVG. Bei Annahme einer solchen Verweisung wäre auch in dem Rahmen der Beschlusskontrolle auf die Bestimmungen des StaRUG für die »Beschlüsse der Gläubiger« abzustellen. Die §§ 64, 66 StaRUG zielen ihrerseits indes nur auf den Bestätigungsbeschluss des Restrukturierungsgerichts. Beschlüsse der Gläubiger selbst werden hingegen nicht Verfahrensgegenstand des Rechtsschutzes. Normen, die Beschlüsse des Restrukturierungsgerichts betreffen, auf Beschlüsse der Gläubiger zu übertragen, ist inkohärent.[1205] Dies lässt sich insbesondere an den Voraussetzungen der sofortigen Beschwerde explizieren.[1206] Voraussetzung des Rechtsschutzes des StaRUG ist gemäß § 64 Abs. 1 Satz 1 StaRUG und § 66 Abs. 2 Nr. 3 StaRUG die Glaubhaftmachung einer Schlechterstellung, welche an ein Alternativszenario in einem Insolvenzverfahren anknüpft. Eine entsprechende Anwendung dieser Voraussetzungen, wobei auch un-

1202 BGH, ZIP 2017, 2312 Rn. 13.
1203 BGH, ZIP 2017, 2312 Rn. 12.
1204 Begr. RegE SanInsFoG, BT-Drs. 19/24181, S. 222.
1205 A. A. *Knapp* in Hopt/Seibt, SchvR, § 19 Rn. 154.
1206 So auch *Lürken*, ZIP 2021, 1305 (1310); dies hingegen nicht als Hindernis erachtend *Knapp* in Hopt/Seibt, SchvR, § 19 Rn. 155, der die praktische Handhabung des § 66 StaRUG in solchen Fällen darstellt.

klar bleibt, ob auf § 64 StaRUG oder § 66 StaRUG verwiesen wird, führt bei der Bestellung des gemeinsamen Vertreters zu erheblichen Rechtsunsicherheiten.[1207]

3. Keine Anwendbarkeit des § 40 StaRUG

Anknüpfend an die denkbare Verweisung auf die §§ 64, 66 StaRUG könnte die Verweisung von § 19 Abs. 6 SchVG i. V. m. § 19 Abs. 1 Satz 1 SchVG als eine auf § 40 StaRUG zu verstehen sein.[1208] Die amtliche Überschrift des § 40 StaRUG lautet »Rechtsmittel« und erscheint deshalb zunächst passend. Gemäß § 40 Abs. 1 Satz 1 StaRUG unterliegen Entscheidungen des Restrukturierungsgerichts nur in den Fällen einem Rechtsmittel, in denen das StaRUG die sofortige Beschwerde vorsieht. Unter Zugrundelegung der Annahme, dass das StaRUG keinen Rechtsschutz gegen die Bestellung eines gemeinsamen Vertreters vorsieht, wäre die Konsequenz aus einer Verweisung auf § 40 StaRUG, dass für die Teilschuldverschreibungsgläubiger überhaupt kein Rechtsschutz verfügbar ist.[1209] Eine Ansicht, die diese Rechtsfolge mit dem Grundsatz des *effet utile* und eine Schadensersatzpflicht des gemeinsamen Vertreters zu begründen vermag,[1210] berücksichtigt die Systematik der Gesetze indes nicht gebührend. Zunächst fällt bei der Lektüre des Gesetzestextes auf, dass § 40 Abs. 1 Satz 1 StaRUG als Beschwerdegegenstand ausschließlich Entscheidungen des Restrukturierungsgerichts benennt. Ein solcher Fall ist beispielsweise die Bestätigung eines Restrukturierungsplans gemäß den §§ 60 ff. StaRUG, gegen den die sofortige Beschwerde statthaft ist, wobei in diesem Rahmen § 66 StaRUG die konkretisierende Norm des § 40 Abs. 1 StaRUG darstellt.[1211] Der Beschluss der Teilschuldverschreibungsgläubiger zu der Bestellung eines gemeinsamen Vertreters verkörpert indes keinen Beschluss des Restrukturierungsgerichts i. S. d. § 40 StaRUG dar. Vielmehr ist es so, dass das StaRUG die Koordination der Teilschuldverschreibungsgläubiger schlechterdings nicht adressiert. Vor dem Hintergrund des Fehlens einer gesetzlich normierten Rechtsschutzmöglichkeit gegen einen Beschluss einer fremden Gesetzesmaterie zu dem Ergebnis zu kommen, die Teilschuldverschreibungsgläubiger stünden daher ohne jegliche Rechtschutzmöglichkeit dar, entbehrt unter Berücksichtigung der dem Art. 19 Abs. 4 Satz 1 GG entspringenden Rechtsschutzgarantie jeglicher Grundlage.[1212] Darüber hinaus ist es systematisch inkohärent, § 66 StaRUG für unpassend zu erachten, § 40 StaRUG hingegen – der nur die Grundnorm des § 66 StaRUG darstellt – in der Folge als die

1207 Vor dem Hintergrund des § 78 InsO auf die Interessen der Gläubiger abstellend, um eine Schlechterstellung zu begründen *Knapp* in Hopt/Seibt, SchvR, § 19 Rn. 155.

1208 So im Ergebnis *Knof* in HK-InsR, Anh. III Rn. 130; *Kramer* in BeckOK StaRUG, § 40 Rn. 13; *Lürken*, ZIP 2021, 1305 (1311).

1209 Dies ausdrücklich befürwortend *Lürken*, ZIP 2021, 1305 (1311).

1210 So *Lürken*, ZIP 2021, 1305 (1311).

1211 Ähnlich *Baumert* in Braun StaRUG, 2021, § 40 Rn. 6; siehe *Kramer* in BeckOK StaRUG, § 40 Rn. 10 f.; *Laroche* in Flöther, StaRUG, § 40 Rn. 2; siehe auch *Zipperer* in Uhlenbruck, InsO, § 40 StaRUG Rn. 4, der Entscheidungen, die nur aus Anlass der Restrukturierungssache ergehen, ihre Grundlage aber außerhalb des StaRUG haben, nicht von § 40 StaRUG umfasst sieht.

1212 So auch *Vuia* in MüKoStaRUG, § 40 Rn. 12.

Lösung des Problems darzustellen.[1213] Vor diesem Hintergrund kann den Teilschuldverschreibungsgläubigern ein Rechtsschutz nicht mit einer Verweisung nach § 40 StaRUG und der fehlende Normierung eines solchen in dem StaRUG verwehrt werden.

4. Anwendbarkeit des § 20 SchVG

Im Ergebnis bleibt – ansonsten stünden die Teilschuldverschreibungsgläubiger ohne jeglichen Rechtsschutz dar[1214] – erneut nur ein Rückgriff auf die Normen des SchVG,[1215] also den Rechtsschutz gemäß § 20 SchVG. Dieses Ergebnis mag zwar unbefriedigend sein,[1216] ist aber dogmatisch das einzig haltbare. In dem Einklang mit dem in dem Rahmen der Beschlussfassung Festgestellten,[1217] muss auch der Rechtsschutz diesem Ergebnis folgen. Es wäre inkohärent, für die Fassung eines Beschlusses auf das Regime A, für ein Vorgehen gegen diesen Beschluss hingegen auf das Regime B zurückzugreifen. Ein Rosinenpicken dergestalt, dass sich zu der Beschlussfassung des SchVG und zu der Beschlussanfechtung des StaRUG bedient wird, überzeugt nicht.[1218] Vielmehr ist unter Berücksichtigung des *actus contrarius* Gedankens auf eine Kohärenz bei Beschlussfassung und Beschlussrücknahme zu achten. Darüber hinaus überzeugt diese Auslegung, weil nur diese sich in das Gesamtbild der Beschlussfassung und Rechtsschutz kohärent einfügt. In einer ersten, nach Eröffnung eines Insolvenzverfahrens gemäß § 19 Abs. 2 Satz 2 SchVG einberufenen Gläubigerversammlung gilt für die Beschlussfassung und den Rechtsschutz jeweils die InsO.[1219] In einer weiteren, nicht gemäß § 19 Abs. 2 Satz 2 SchVG einberufenen Gläubigerversammlung, erfolgt die Bestellung eines gemeinsamen Vertreters hingegen gemäß dem SchVG.[1220] Nach nahezu einhelliger Meinung ist für den Rechtsschutz gegen in einer solchen Gläubigerversammlung gefasste Beschlüsse § 20 SchVG anzuwenden.[1221]

1213 Im Ergebnis so auch *Deppenkemper* in Seibt/Westpfahl, StaRUG, § 40 Rn. 8; so jedoch *Lürken*, ZIP 2021, 1305 (1310 f.).

1214 Auf die Möglichkeit, den § 78 InsO als letzte Bastion der Teilschuldverschreibungsgläubiger anzuwenden, wird vor dem Hintergrund des vorstehend im Rahmen der Beschlussfassung Ausgeführten nicht eingegangen, dazu *Lürken*, ZIP 2021, 1305 (1310 f.); vor diesem Hintergrund § 78 InsO als Orientierung ansehend *Thole*, ZHR 186 (2022), 213 (245).

1215 So im Ergebnis auch *Cranshaw* in PRS, StaRUG, Teil 3, Rn. 64; a. A. *Knapp* in Hopt/Seibt, SchvR, § 19 Rn. 154; *Lürken*, ZIP 2021, 1305 (1311); wohl auch *Skauradszun* in BeckOK StaRUG, § 2 Rn.112; *Thole*, ZHR 186 (2022), 213 (245).

1216 Dies für den Rechtsschutz in einer weiteren schuldverschreibungsrechtlichen Gläubigerversammlung bei einem Insolvenzverfahren konstatierend *Bliesener/Schneider* in LBS, BankR-Komm., 17. Kap., § 19 Rn. 36; *Knapp* in Hopt/Seibt, SchvR, § 19 Rn. 66, der ein Verzögerungspotenzial erkennt; *Westpfahl/Seibt* in Schmidt, SanR, Anh. zu § 39 InsO Rn. 58.

1217 Zu Einzelheiten vorstehend Kap. IV § 11 A. II. 1. c).

1218 A. A. wohl *Lürken*, ZIP 2021, 1305 (1311).

1219 Zu Einzelheiten vorstehend Kap. IV § 11 A. II. 1. a).

1220 Zu Einzelheiten vorstehend Kap. IV § 11 A. II. 1. a).

1221 *Bliesener/Schneider* in LBS, BankR-Komm., 17. Kap., § 19 Rn. 36; *Knapp* in Hopt/Seibt, SchvR, § 19 Rn. 66; *Knof* in HK-InsR, Anh. III Rn. 72; *Westpfahl/Seibt* in Schmidt, SanR, Anh. zu § 39 InsO Rn. 58; a. A. *Rüberg,* Anleihe in der Insolvenz, S. 186, die bei weiteren Gläubigerversammlungen der Teilschuldverschreibungsgläubiger in einem Insolvenzverfahren § 78 InsO analog anzuwenden gedenkt.

Insofern folgt bei schuldverschreibungsrechtlichen Beschlussfassungen während eines Insolvenzverfahrens der Rechtsschutz den Vorschriften der Beschlussfassung, sodass dies auch für die entsprechenden Sachverhalte während einer Restrukturierungssache gelten sollte. Ferner ist nicht erklärbar, weshalb bei nach identischen Vorschriften gefassten Beschlüssen (in einer weiteren Versammlung während eines Insolvenzverfahren und bei der gemäß § 19 Abs. 6 SchVG i. V. m. § 19 Abs. 2 Satz 2 StaRUG während einer Restrukturierungssache einberufenen Gläubigerversammlung) der Rechtsschutz gegen diese Beschlüsse divergieren sollte. Ein solches Verständnis dürfte einzig von Opportunitätsgedanken getragen sein. Schließlich ist auch zu konstatieren, dass der sich aus § 19 Abs. 6 SchVG i. V. m. § 19 Abs. 1 Satz 1 SchVG ergebende Vorrang des StaRUG nur dann auswirkt, wenn das StaRUG speziellere Vorschriften als das SchVG vorsieht. Ist dies – wie für den Rechtsschutz[1222] – nicht der Fall, greift der Vorrang des StaRUG nicht.[1223] Sodann gelten die allgemeinen Normen des SchVG. Identisches gilt dann kohärenter Weise auch für sonstige gefasste Weisungsbeschlüsse.[1224]

IV. Zwischenergebnis

Soll eine Anleihe in einem Restrukturierungsplan restrukturiert werden, hat das Restrukturierungsgericht zunächst gemäß § 19 Abs. 6 SchVG i. V. m. § 19 Abs. 2 Satz 2 SchVG eine Gläubigerversammlung der Teilschuldverschreibungsgläubiger nach den §§ 10 ff. SchVG einzuberufen. In dieser können die Teilschuldverschreibungsgläubiger einen gemeinsamen Vertreter unter Berücksichtigung der Beschlusserfordernisse des SchVG bestellen. Voraussetzung hierfür ist, dass die Gläubigerversammlung beschlussfähig ist und eine einfache Mehrheit für die Bestellung eines gemeinsamen Vertreters votiert. Gegen die Bestellung des gemeinsamen Vertreters steht den Teilschuldverschreibungsgläubigern die schuldverschreibungsrechtliche Anfechtungsklage zu. Die undurchsichtige Rechtslage der *lex lata* führt indes dazu, dass insbesondere risikoaverse Emittenten von einer Verknüpfung von SchVG und StaRUG absehen, um nicht die komplette Restrukturierung zu gefährden. Vor diesem Hintergrund ist der Gesetzgeber angehalten, den § 19 SchVG entsprechend anzupassen.

1222 Konstatierend, dass es dem StaRUG an einer dem § 78 InsO gleichenden Norm mangelt *Lürken*, ZIP 2021, 1305 (1310); *Skauradszun* in BeckOK StaRUG, § 2 Rn. 1008; siehe dazu auch *Thole*, ZHR 186 (2022), 213 (243).

1223 Siehe dazu *Bliesener/Schneider* in LBS, BankR-Komm., 17. Kap., § 19 Rn. 1; das SchVG für anwendbar haltend, wenn die InsO keine Regelung dazu vorsieht *Knapp* in Hopt/Seibt, SchvR, § 19 Rn. 5 m. w. N.; so ausdrücklich *Westpfahl/Seibt* in Schmidt, SanR, Anh. zu § 39 InsO Rn. 11, 54.

1224 Siehe für die Beschlussfassung in einer weiteren Gläubigerversammlung bei einem insolvenzrechtlich geprägten Sachverhalt, *Knapp* in Hopt/Seibt, SchvR, § 19 Rn. 66. Wenn dies aber in einem Insolvenzverfahren gilt, in dessen Rahmen eine Beschlusskontrolle gemäß § 78 InsO angedacht werden könnte, was in dem StaRUG mangels § 78 InsO gleichender Norm hingegen nicht in Betracht kommt, muss dies in dem StaRUG erst recht gelten.

B. Umfang der Befugnisse und Dauer der Bestellung des gemeinsamen Vertreters

Nachdem der gemeinsame Vertreter der Teilschuldverschreibungsgläubiger wirksam bestellt worden ist, treten in der Folge mehrere Fragen betreffend die Befugnisse und die Dauer der Bestellung des gemeinsamen Vertreters auf.

I. Umfang der Befugnisse

Betreffend den Umfang der Befugnisse des gemeinsamen Vertreters in einer Restrukturierungssache ist strikt zwischen dem Außenverhältnis, also dem rechtlichen Können, und dem Innenverhältnis, dem rechtlichen Dürfen, zu unterscheiden.[1225] Vor dem Hintergrund der entsprechenden Anwendung des § 19 Abs. 3 Hs. 1 SchVG ab dem den Tatbestand des § 19 Abs. 6 SchVG erfüllenden Ereignisses ist für die Beantwortung der aufgeworfenen Fragen zunächst ebenjener isoliert – also hinsichtlich seiner Auswirkungen in einem Insolvenzverfahren – zu betrachten.

1. Unbeschränkbarkeit der Vertretungsmacht in dem Außenverhältnis

a) Auswirkungen bei Insolvenzverfahren des Emittenten

Gemäß § 19 Abs. 3 Hs. 1 SchVG ist ausschließlich der gemeinsame Vertreter berechtigt und verpflichtet, die Rechte der Gläubiger in dem Insolvenzverfahren geltend zu machen. Den einzelnen Teilschuldverschreibungsgläubigern ist dann nicht mehr gestattet, ihre Rechte eigenständig durchzusetzen. Eine Ausnahme davon – so wie es gemäß § 7 Abs. 2 Satz 3 Hs. 2 SchVG außerhalb eines Insolvenzverfahrens oder einer Restrukturierungssache möglich wäre – ist dabei nicht vorgesehen.[1226] Betreffend das Außenverhältnis folgt daraus ein »verdrängendes Mandat«[1227] zugunsten des gemeinsamen Vertreters, welches diesem sämtliche insolvenzspezifischen Rechte, insbesondere auch die Abstimmung über einen Insolvenzplan,[1228] überträgt.[1229] Der wirksam bestellte (§ 21 Abs. 3 SchVG) gemeinsame Vertreter der Teilschuldverschreibungsgläubiger kann daher in dem Außenverhältnis mit Wirkung für und gegen alle Teilschuldverschreibungsgläubiger auch ohne Weisungsbeschluss der Teilschuldver-

1225 Siehe die Darstellung bei *Bliesener/Schneider* in LBS, BankR-Komm., 17. Kap., § 19 Rn. 26 ff.; *Knapp* in Hopt/Seibt, SchvR, § 19 Rn. 72 ff.

1226 Begr. RegE SchVG, BT-Drs. 16/12814, S. 25; *Bliesener/Schneider* in LBS, BankR-Komm., 17. Kap., § 19 Rn. 26.

1227 *Knof* in HK-InsR, Anh. III Rn. 81.

1228 *Cranshaw* in PRS, StaRUG, Teil 3, Rn. 80; so *Knapp* in Hopt/Seibt, SchvR, § 19 Rn. 75; *Knof* in HK-InsR, Anh. III Rn. 83; *Rattunde* in Veranneman, SchVG, § 19 Rn. 79; *Rubner/Leuering*, NJW-Spezial 2014, 15 (16).

1229 BGHZ 218, 183 Rn. 25 = NZI 2018, 482; *Knapp* in Hopt/Seibt, SchvR, § 19 Rn. 73.

schreibungsgläubiger nach seinem Ermessen handeln.[1230] Nur so kann das Telos des § 19 Abs. 3 SchVG, die Gewährleistung einer rechtssicheren und schleunigen Restrukturierung der Anleihe und somit des Emittenten,[1231] erreicht werden.[1232] Ferner wäre § 19 Abs. 3 SchVG obsolet, wenn die daraus entspringende Rechtsmacht stets mit einem Weisungsbeschluss konkretisiert werden müsste.

b) Übertragbarkeit auf die Restrukturierungssache

Unter Berücksichtigung der Unterschiede bei der Bestellung des gemeinsamen Vertreters in einem Insolvenzverfahren und in dem Rahmen einer Restrukturierungssache gemäß § 19 Abs. 2 SchVG bzw. § 19 Abs. 6 SchVG i. V. m. § 19 Abs. 2 SchVG könnte ein zu den Befugnissen in einem Insolvenzverfahren divergierendes Ergebnis angezeigt sein. In dem Rahmen eines Insolvenzverfahrens sind gemäß § 19 Abs. 2 SchVG für die Bestellung des gemeinsamen Vertreters die §§ 74, 76 InsO heranzuziehen.[1233] In dem Rahmen einer Restrukturierungssache wird der gemeinsame Vertreter gemäß § 19 Abs. 6 SchVG i. V. m. § 19 Abs. 2 SchVG nach den Vorschriften des SchVG und nicht nach denen des StaRUG – was das Parallelgesetz zu der InsO in dem hier behandelten Sachverhalt wäre – bestellt. Vor diesem Hintergrund könnte gegen eine unbeschränkbare Vertretungsmacht des gemeinsamen Vertreters gemäß § 19 Abs. 6 SchVG i. V. m. § 19 Abs. 3 SchVG eingewandt werden, dass für die Rechtfertigung einer solchen unbeschränkten Vertretungsmacht die Bestellung des gemeinsamen Vertreters mit einer höheren, dem Schutzniveau der §§ 24 ff. StaRUG entsprechenden Mehrheit notwendig wäre,[1234] weshalb dem gemeinsamen Vertreter der Teilschuldverschreibungsgläubiger in dem Rahmen einer Restrukturierungssache keine unbeschränkbare Vertretungsmacht *ex lege* zukommen dürfe. Einem solchen Verständnis kann aus mehreren Gründen nicht beigepflichtet werden. Obschon der gemeinsame Vertreter durch eine potentiell niedrigere Mehrheit der Teilschuldverschreibungsgläubiger bestellt worden ist, folgt daraus keine Beschneidung seiner Allzuständigkeit im Außenverhältnis. Ab dem die Voraussetzung des § 19 Abs. 6 SchVG erfüllenden Ereignis nimmt der gemeinsame Vertreter die Rechte und Pflichten der Teilschuldverschreibungsgläubiger in einem präventiven Restrukturierungs-

1230 *Knapp* in Hopt/Seibt, SchvR, § 19 Rn. 79 ff.; *Rattunde* in Veranneman, SchVG, § 19 Rn. 80; *Rüberg*, Anleihe in der Insolvenz, S. 172 f.; siehe auch *Thole*, ZIP 2014, 293 (298); a. A. wohl *Kuder/Obermüller*, ZInsO 2009, 2025 (2027).

1231 Begr. RegE SchVG, BT-Drs. 16/12814, S. 25; so *Knapp* in Hopt/Seibt, SchvR, § 19 Rn. 74; *Rattunde* in Veranneman, SchVG, § 19 Rn. 78.

1232 Siehe *Kuder/Obermüller*, ZInsO 2009, 2025 (2027 f.), die von einer Verdopplung der Versammlung und einer unnötigen Verkomplizierung sprechen.

1233 Zu Einzelheiten vorstehend Kap. IV § 11 A. II. 1. a).

1234 Aus diesem Grunde die §§ 24 ff. StaRUG für die Bestellung des gemeinsamen Vertreters heranziehend *Knof* in HK-InsR, Anh. III Rn. 129; diesen Gedanken vorbringend *Naujoks/Schönen*, ZRI 2021, 437 (441).

rahmen gemäß § 19 Abs. 6 SchVG i. V. m. § 19 Abs. 3 Hs. 1 SchVG uneingeschränkt wahr.[1235]

(1) Bestellung des gemeinsamen Vertreters entspricht Bestellung in weiterer Gläubigerversammlung während des Insolvenzverfahrens

Zunächst gleicht die gemäß § 19 Abs. 6 SchVG i. V. m. § 19 Abs. 2 Satz 2 SchVG vorgenommene Bestellung des gemeinsamen Vertreters in einem präventiven Restrukturierungsrahmen dogmatisch der Bestellung eines gemeinsamen Vertreters in einer weiteren – und nicht in der gemäß § 19 Abs. 2 Satz 2 SchVG einberufenen – Gläubigerversammlung in einem insolvenzrechtlichen Sachverhalt. Sollte nach Eröffnung des Insolvenzverfahrens in der gemäß § 19 Abs. 2 Satz 2 SchVG einberufenden Gläubigerversammlung kein gemeinsamer Vertreter gewählt werden, kann dies in einer weiteren Gläubigerversammlung geschehen, dann jedoch nach den Vorschriften des SchVG.[1236] Auch für einen in einer solchen Gläubigerversammlung gewählten gemeinsamen Vertreters bemisst dessen Befugnis sich in dem Außenverhältnis nach § 19 Abs. 3 Hs. 1 SchVG.[1237] Dies lässt sich auch anhand der Materialien nachweisen. Obschon außerinsolvenzlich und vor einer Gläubigerversammlung gemäß § 19 Abs. 2 Satz 2 SchVG ein gemeinsamer Vertreter ohne die gesetzlichen Aufgaben und Befugnisse gemäß § 7 Abs. 2 Satz 1 SchVG überschießende Befugnisse bestellt worden ist, erfährt ein auf diesem Wege bestellter gemeinsamer Vertreter einen Kompetenzzuwachs entsprechend des § 19 Abs. 3 Hs. 1 SchVG.[1238] Ferner erwähnen die Materialien nur einen »nach der Eröffnung des Insolvenzverfahrens bestellten gemeinsamen Vertreter«[1239]; die Art und Weise der Beschlussfassung weist keine Auswirkungen auf die Befugnisse auf. Es kann also für die Annahme eines verdrängenden Mandats gemäß § 19 Abs. 3 Hs. 1 SchVG nicht darauf ankommen, in der wievielten Gläubigerversammlung der gemeinsame Vertreter bestellt worden ist. Somit kann aus den verschiedenen Mehrheitserfordernissen der jeweiligen Bestellungen des gemeinsamen Vertreters keine abweichende Schlussfolgerung für das verdrängende Mandat des § 19 Abs. 6 SchVG i. V. m. § 19 Abs. 3 Hs. 1 SchVG folgen.

1235 So AG Köln, NZI 2025, 333 (334); siehe dazu auch AG München, NZI 2022, 31, welches in der Restrukturierungssache eterna Mode Holding GmbH zwar nicht explizit auf die Befugnisse des gemeinsamen Vertreters eingeht, aber feststellt, dass dieser die Teilschuldverschreibungsgläubiger in der außergerichtlichen Planabstimmung vertrat. Einen Weisungsbeschluss haben die Teilschuldverschreibungsgläubiger hierbei nicht gefasst, siehe dazu Bekanntmachung des Beschlusses betreffend die Inhaberschuldverschreibungen 2017/2024 DE000A2E4XE4 vom 30. Juli 2021, abrufbar unter: www.bundesanzeiger.de (zuletzt abgerufen am 31. Oktober 2025). Deshalb muss die Vertretungsmacht des gemeinsamen Vertreters aus § 19 Abs. 6 SchVG i. V. m. § 19 Abs. 3 SchVG entspringen; im Ergebnis auch *Knapp* in Hopt/Seibt, SchvR, § 19 Rn. 160.

1236 Statt vieler *Knapp* in Hopt/Seibt, SchvR, § 19 Rn. 64.

1237 So wohl auch *Knapp* in Hopt/Seibt, SchvR, § 19 Rn. 70, der dort den Ausführungen hinsichtlich der Befugnisse des gemeinsamen Vertreters in Rn. 77 ff. voranstellt, dass dieser auch in einer weiteren Gläubigerversammlung bestellt werden kann und in der Folge keine Differenzierung vornimmt.

1238 Begr. RegE SchVG, BT-Drs. 16/12814, S. 25.

1239 Begr. RegE SchVG, BT-Drs. 16/12814, S. 25.

(2) Telos der Bestellung eines gemeinsamen Vertreters

Die dem § 19 Abs. 3 Hs. 1 SchVG zugrunde liegenden Motive für das Insolvenzverfahren sind bei der Restrukturierung in einem Restrukturierungsplan nicht minder relevant. Die einer Publikumsanleihe inhärenten Schwierigkeiten – eine Vielzahl von Gläubigern und damit Problemen bei Einberufung, Erreichen von Quoren und Mehrheiten[1240] – sowie die Notwendigkeit einer rechtssicheren und zügigen Restrukturierung entfallen nicht bloß aufgrund des Umstands, dass die Restrukturierung in einem vorinsolvenzlichen Stadium durchgeführt wird. Vielmehr ist in dem Rahmen einer Restrukturierungssache eine noch schnellere Restrukturierung geboten, um das Eintreten von obligatorischen Insolvenzgründen zu vermeiden. Daher kommt dem verdrängenden Mandat des § 19 Abs. 3 Hs. 1 SchVG bei Einbeziehung der Teilschuldverschreibungsgläubiger in einen Restrukturierungsplan gemäß § 19 Abs. 6 SchVG eine umso höhere Bedeutung zu.

(3) Keine Schutzbedürftigkeit

Die Teilschuldverschreibungsgläubiger sind auch nicht in einem Maße schutzbedürftig, welches das Erfordernis der Notwendigkeit eines Weisungsbeschlusses rechtfertigte. Sofern eine einfache Mehrheit der Teilschuldverschreibungsgläubiger mit der Rechtslage und der Befugnis des gemeinsamen Vertreters nicht einverstanden ist, kann diese Mehrheit den gemeinsamen Vertreter gemäß § 7 Abs. 4 SchVG jederzeit abberufen.

c) Zeitpunkt der Erstarkung eines bereits bestellten gemeinsamen Vertreters in einer Restrukturierungssache

Unter Berücksichtigung des zu § 19 Abs. 6 SchVG Ausgeführten[1241] ist zu erläutern, in welchem Zeitpunkt ein bereits vor der Restrukturierungssache bestellter gemeinsamer Vertreter der Teilschuldverschreibungsgläubiger den Kompetenzzuwachs des § 19 Abs. 6 SchVG i. V. m. § 19 Abs. 3 SchVG erfährt.[1242] Diese Frage offenbart eine weitere Schwäche der gesetzgeberischen Konzeption des § 19 Abs. 6 SchVG. Innerhalb der Restrukturierungssache ist § 19 Abs. 3 SchVG erst dann anwendbar, wenn das die Voraussetzung des § 19 Abs. 6 SchVG erfüllende Ereignis eingetreten ist. In Anbetracht dieser Tatsache wachsen die Befugnisse des gemeinsamen Vertreters entsprechend § 19 Abs. 3 SchVG erst bei der Beantragung einer Vorprüfung, einer gerichtlichen Planabstimmung oder der Beantragung der Planbestätigung.[1243] Der Fall einer außergerichtlichen Planabstimmung gemäß den §§ 17, 20 StaRUG ohne eine dieser vorgehenden gerichtlichen Vorprüfung ist somit nicht umfasst. In diesen Fällen wäre der gemeinsame Vertreter in dem Außenverhältnis nicht *ex lege* vertretungsbefugt, obschon die Notwendigkeit der Einbeziehung der Teilschuldverschreibungsgläubiger mithilfe eines gemeinsamen Vertreters in nicht minderer Art und Weise besteht, weil

1240 Die große Anzahl von Schuldverschreibungen erwähnend *Knapp* in Hopt/Seibt, SchvR, § 19 Rn. 74.
1241 Zu Einzelheiten vorstehend Kap. IV § 10 A. II. 3.
1242 Ähnlich *Becker/Pospiech* in BBF, Unternehmenssanierung, Teil 2, A., IV., Rn. 43.
1243 Zu Einzelheiten vorstehend Kap. IV § 10 A. II 3.

auch in dieser Abstimmungsmöglichkeit eine Zustimmung der Teilschuldverschreibungsgläubiger regelmäßig nur unter Einbeziehung eines gemeinsamen Vertreters erreicht werden kann.[1244] Die Planbestätigung als die Erstarkung auslösendes Ereignis entpuppt sich bereits *a priori* als zu spät für eine sinnvolle Einbeziehung des gemeinsamen Vertreters. In einer das Telos der Norm fördernden Weise erstarkt der gemeinsame Vertreter daher nur in den Fällen einer gerichtlichen Abstimmung über den Restrukturierungsplan. In Anbetracht dieser Tatsache hat der gemeinsame Vertreter bei den übrigen Abstimmungsvarianten einen Weisungsbeschluss einzuholen, um die Teilschuldverschreibungsgläubiger in dem Außenverhältnis überhaupt wirksam vertreten zu können.[1245] Hieran wird deutlich, dass § 19 Abs. 6 SchVG den praktischen Bedürfnissen nicht entspricht und einer praxisgerechten Änderung bedarf.[1246]

2. Bindung an Weisungen der Teilschuldverschreibungsgläubiger in dem Innenverhältnis

Ungeachtet der in dem Außenverhältnis gemäß § 19 Abs. 6 SchVG i. V. m. § 19 Abs. 3 SchVG bestehenden Vollmacht des gemeinsamen Vertreters der Teilschuldverschreibungsgläubiger hat dieser in dem Verhältnis zu ebenjenen dennoch dem Willen dieser zu folgen.[1247] Dies resultiert daraus, dass das Innenverhältnis zwischen den Teilschuldverschreibungsgläubigern und dem gemeinsamen Vertreter nicht durch das StaRUG, sondern weiterhin von § 7 SchVG determiniert wird.[1248] Deshalb hat der gemeinsame Vertreter gemäß § 7 Abs. 3 Satz 1 Hs. 2 SchVG die Sorgfalt eines ordentlichen und gewissenhaften Geschäftsleiters anzuwenden. Darüber hinaus hat er insbesondere gemäß § 7 Abs. 2 Satz 2 SchVG die Weisungen der Teilschuldverschreibungsgläubiger zu befolgen.

a) Anforderungen an einen wirksamen Weisungsbeschluss

Um dem gemeinsamen Vertreter in einem insolvenzrechtlichen Sachverhalt Weisungen betreffend dessen Handeln im Insolvenzverfahren aufzuerlegen, kommen für die Fassung eines Weisungsbeschlusses zwei Möglichkeiten in Betracht. Einerseits ist denkbar, – entsprechend der Bestellung in einer ersten Gläubigerversammlung gemäß § 19 Abs. 2 Satz 2 SchVG[1249] – die §§ 74 ff. InsO anzuwenden.[1250] Andererseits könnten die Normen des SchVG maßgebend sein.[1251] Ungeachtet der Rechtslage für einen

1244 Zu Einzelheiten vorstehend Kap. II § 5 E. II.
1245 Siehe *Veranneman* in Veranneman, SchVG, §§ 7, 8 Rn. 60.
1246 Zu Einzelheiten nachstehend Kap. IV § 11 C.
1247 So *Bliesener/Schneider* in LBS, BankR-Komm., 17. Kap., § 19 Rn. 31; *Borowski*, SchVG, § 19 Rn. 25; siehe dazu auch *Kuder/Obermüller*, ZInsO 2009, 2025 (2027); *Knapp* in Hopt/Seibt, SchvR, § 19 Rn. 78; *Thole*, ZIP 2014, 293 (298) m. w. N.; *Rattunde* in Veranneman, SchVG, § 19 Rn. 80.
1248 Siehe *Bliesener/Schneider* in LBS, BankR-Komm., 17. Kap., § 19 Rn. 30.
1249 Zu Einzelheiten vorstehend Kap. IV § 11 A. II. 1. a).
1250 So *Rüberg*, Anleihe in der Insolvenz, S. 187.
1251 So *Knapp* in Hopt/Seibt, SchvR, § 19 Rn. 64; *Rattunde* in Veranneman, SchVG, § 19 Rn. 69 f.

insolvenzrechtlich geprägten Sachverhalt fügen ausschließlich die Normen des SchVG sich in kohärenter Weise in die Systematik des § 19 Abs. 6 SchVG i. V. m. § 19 Abs. 1 Satz 1 SchVG ein.[1252] In Anbetracht der Tatsache, dass der gemeinsame Vertreter in jeder Konstellation gemäß den Vorschriften des SchVG bestellt wird, ist unter keinem Gesichtspunkt angezeigt, dass die Weisungsbeschlusse einem anderen Regime unterliegen. Vielmehr ermöglicht dieses Verständnis in einem restrukturierungsrechtlichen Sachverhalt ein geschlossenes System, welches für die Organisation der Teilschuldverschreibungsgläubiger ausschließlich auf die dafür angepassten Normen des SchVG zurückgreift.

b) Wirkungen eines Weisungsbeschlusses

(1) Wirksamer Weisungsbeschluss

Grundsätzlich wirkt das Innenverhältnis des Vertretungsverhältnisses sich nicht auf das Außenverhältnis aus,[1253] was auch im SchVG gilt.[1254] Allerdings geht dieser Grundsatz nicht so weit, dass der gemeinsame Vertreter trotz bindenden Weisungsbeschlusses betreffend die Abstimmung über den Restrukturierungsplan entgegen dem Weisungsbeschluss abstimmen kann. In einem solchen Fall ist ein Missbrauch der Vertretungsmacht anzunehmen,[1255] weil der Verstoß gegen den Weisungsbeschluss vor dem Hintergrund der öffentlichen Bekanntmachung eines Weisungsbeschlusses gemäß § 17 Abs. 1 SchVG auch dem Schuldner bekannt ist, sodass hier eine objektive Evidenz des Missbrauchs vorliegt.[1256]

(2) Unwirksamer Weisungsbeschluss

Sollte ein Weisungsbeschluss der Teilschuldverschreibungsgläubiger mit einer Anfechtungsklage gemäß § 20 SchVG angefochten werden, dürfte keine schwerwiegende Verzögerung der Restrukturierung eintreten. Ein Weisungsbeschluss ist im Rahmen des § 19 Abs. 6 SchVG i. V. m § 19 Abs. 3 SchVG nämlich nicht konstitutiv für das darauf basierende Handeln des gemeinsamen Vertreters,[1257] sondern vielmehr in dem Rahmen dessen etwaiger Haftung gemäß § 7 Abs. 3 SchVG zu berücksichtigen. Wenn jedoch aus dem Abstimmungsverhalten der Teilschuldverschreibungsgläubiger ob des angefochtenen Weisungsbeschlusses bereits ein eindeutiges Meinungsbild folgt, überzeugt es nicht, dem gemeinsamen Vertreter bei einem auf diesem Meinungsbild

1252 Zu Einzelheiten vorstehend Kap. IV § 11 A. II., III.
1253 Statt vieler *Schubert* in MüKoBGB, § 164 Rn. 223.
1254 Für die Anwendbarkeit der §§ 164 ff. BGB im SchVG *Veranneman* in Veranneman, SchVG, §§ 7,8 Rn. 67.
1255 Siehe auch für die gemäß § 37 Abs. 2 GmbHG insoweit vergleichbare im Außenverhältnis »unbeschränkbare« Rechtsmacht des GmbH-Geschäftsführers BGH, NZG 2018, 221 Rn. 22.
1256 Dazu grundsätzlich BGH, BKR 2016, 383 Rn. 22; a. A. wohl *Knapp* in Hopt/Seibt, SchvR, § 19 Rn. 78; wohl *Knof* in HK-InsR, Anh. III Rn. 84; wohl *Rüberg,* Anleihe in der Insolvenz, S. 175.
1257 Zu Einzelheiten vorstehend Kap. IV § 11 B. I. 1. a).

fußendem Handeln eine Pflichtverletzung vorzuwerfen.[1258] Etwas anderes folgt auch nicht aus § 21 Abs. 3 SchVG, wonach der gemeinsame Vertreter von einer ihm durch Beschluss erteilten Vollmacht oder Ermächtigung keinen Gebrauch machen darf, solange der zugrunde liegende Beschluss noch nicht vollzogen werden darf. Unter Berücksichtigung des Wortlauts (»durch Beschluss«) kann die Wirkung des § 21 Abs. 3 SchVG nur für solche Vollmachtserteilungen oder Ermächtigungen gelten, aus denen die Rechtsmacht des gemeinsamen Vertreters herrührt. Während der Restrukturierungssache resultiert die Bevollmächtigung des gemeinsamen Vertreters indes schon aus § 19 Abs. 6 SchVG i. V. m. § 19 Abs. 3 SchVG und deshalb – und das auch nur mittelbar – aus dem Bestellungsbeschluss der Gläubiger, nicht jedoch aus einem Weisungsbeschluss. Insofern ist eine Auslegung des § 21 Abs. 3 SchVG über dessen Wortlaut auch für Weisungsbeschlüsse während einer Restrukturierungssache nicht möglich.[1259]

Eine Rechtsfortbildung des § 21 Abs. 3 SchVG durch analoge Anwendung auch in den Fällen eines angefochtenen Weisungsbeschlusses oder der informellen Zustimmung einer Mehrheit der Gläubigergruppe scheidet mangels vergleichbarer Interessenlage aus.[1260] Die in § 21 Abs. 1 Satz 3 SchVG angeordnete Vollzugssperre eines die Anleihebedingungen ändernden Beschlusses greift bei der Bestellung eines gemeinsamen Vertreters mangels Vollziehung des Bestellungsbeschlusses des gemeinsamen Vertreters durch Änderung in den Anleihebedingungen nicht.[1261] Insofern ist die Ratio des § 21 Abs. 3 SchVG, einen korrespondieren Schutz für die überstimmten Teilschuldverschreibungsgläubiger zu schaffen, weil die Bestellung eines gemeinsamen Vertreters mit entsprechenden Bevollmächtigungen ebenfalls zu einer Änderung der Anleihebedingungen führen kann. Einem Weisungsbeschluss während einer Restrukturierungssache kommt diese Wirkung indes nicht zu. Während der Restrukturierungssache ist der gemeinsame Vertreter schon gemäß § 19 Abs. 6 SchVG i. V. m. § 19 Abs. 3 SchVG zu Maßnahmen bevollmächtigt, die die Anleihebedingungen ändern (die Abstimmung über den Restrukturierungsplan). Die suspendierende Wirkung des § 21 Abs. 3 SchVG kann deshalb nur für den Bestellungsbeschluss betreffend den gemeinsamen Vertreter, nicht aber für spätere Weisungen gegenüber diesem gelten. In diesem Lichte dürfte eine Pflichtverletzung gemäß § 7 Abs. 3 SchVG ebenfalls zu verneinen sein, wenn durch die Abstimmung des gemeinsamen Vertreters keine Schlechterstellung i. S. d. § 64 Abs. 1 Satz 1 StaRUG eintritt.

Gegen eine Pflichtverletzung in dem Fall einer Abstimmung durch den gemeinsamen Vertreter trotz eines angefochtenen Weisungsbeschlusses streitet auch ein Vergleich des § 7 SchVG, der die Aufgaben und Befugnisse des gemeinsamen Vertreters normiert, mit § 93 AktG, an den insbesondere § 7 Abs. 3 SchVG ausweislich der Materialien angelehnt ist.[1262] Dem SchVG mangelt es nämlich an einer § 93 Abs. 4 Satz 1 AktG

1258 *Knapp* in Hopt/Seibt, SchvR, § 19 Rn. 66, 80.

1259 Siehe zu dem Wortlaut als Grenze der zulässigen Auslegung *Larenz/Canaris*, Methodenlehre, S. 143; *Möllers*, Methodenlehre, § 4 Rn. 66; *Wank*, Methodenlehre, § 7 Rn. 58.

1260 Zu Einzelheiten der Voraussetzungen einer Rechtsfortbildung durch Analogie statt vieler *Möllers*, Methodenlehre, § 6 Rn. 94.

1261 Begr. RegE SchVG, BT-Drs. 16/12814, S. 26.

1262 Siehe Begr. RegE SchVG, BT-Drs. 16/12814, S. 20; *Veranneman* in Veranneman, SchVG, §§ 7, 8 Rn. 69.

entsprechenden Norm, die den Ausschluss der Ersatzpflicht an einen gesetzmäßigen Beschluss knüpft und eine Meinungsäußerung oder konkludente Einwilligung einer Mehrheit nicht ausreichen lässt.[1263] Das Fehlen einer solchen Norm impliziert, dass bereits eine informelle Zustimmung einer Mehrheit der Gläubiger eine Pflichtverletzung im Verhältnis zwischen gemeinsamen Vertreter und vertretenen Teilschuldverschreibungsgläubigern ausschließen kann und es dafür, anders als im Aktienrecht gemäß § 93 Abs. 4 Satz 1 AktG, keines förmlichen Beschlusses bedarf.

3. Zwischenergebnis

Der gemeinsame Vertreter kann gemäß § 19 Abs. 6 SchVG i. V. m. § 19 Abs. 3 Hs. 1 SchVG in dem Außenverhältnis ohne jegliche Weisung der Teilschuldverschreibungsgläubiger für und gegen Letztere rechtskräftig handeln. Etwaige Pflichtverletzungen des gemeinsamen Vertreters im Rahmen der Abstimmung über den Restrukturierungsplan gemäß § 7 Abs. 3 SchVG gehen nicht zulasten einer rechtssicheren Restrukturierung der Anleihe und des Emittenten und betreffen ausschließlich das Innenverhältnis der Teilschuldverschreibungsgläubiger und des gemeinsamen Vertreters. Diesbezügliche Streitigkeiten sind in einem separaten Prozess auszufechten und können die Restrukturierung nicht hemmen. Handelt der gemeinsame Vertreter entgegen einer wirksam beschlossenen Weisung der Teilschuldverschreibungsgläubiger, liegt ein Fall des Missbrauchs der Vertretungsmacht vor, welcher auch das Außenverhältnis betrifft, sodass eine entsprechende Stimmabgabe des gemeinsamen Vertreters unwirksam ist. Insgesamt resultiert aus der gesetzlichen Konzeption des § 19 Abs. 6 SchVG i. V. m. § 19 Abs. 3 SchVG ein immenser Vorteil für die Restrukturierung, da die Bestellung eines gemeinsamen Vertreters bereits mit einfacher Mehrheit gemäß § 5 Abs. 4 Satz 1 SchVG bestellt werden kann. Änderungen der Anleihebedingungen könnten somit faktisch bereits mit der Zustimmung einer einfachen Abstimmungsmehrheit erreicht werden.

II. Dauer der Bestellung

Anders als bei einem Insolvenzverfahren, steht an dem Ende des präventiven Restrukturierungsrahmens grundsätzlich eine Sanierung des Emittenten der Anleihe.[1264] Deshalb ist unklar, ob die Bestellung des gemeinsamen Vertreters als *ad hoc*-Vertreter nur für die Dauer der Restrukturierungssache gilt oder auch für den dieser folgenden Zeitraum.[1265] Diesbezüglich existiert keine gesetzliche Regelung. Im Ergebnis ist entscheidend, auf welche Art und Weise der gemeinsame Vertreter bestellt wurde.

1263 Siehe BGHZ 219, 193 Rn. 26, 30, der jedoch auch Ausnahmefälle von dem Beschlusserfordernis erwähnt.
1264 Zumindest wird keine Liquidation des Emittenten aufgrund des StaRUG durchgeführt.
1265 Diese Frage ebenfalls stellend *Becker/Pospiech*, BondGuide 17/23, S. 30.

1. Restrukturierungsbedingt bestellter gemeinsamer Vertreter

Insbesondere in den Fällen, in denen ein gemeinsamer Vertreter *bis dato* nicht bestellt worden ist, ist klärungsbedürftig, weshalb es eines gemeinsamen Vertreters für den Zeitraum *post* Restrukturierung bedarf. Augenscheinlich präferierten die Teilschuldverschreibungsgläubiger oder der Emittent bisweilen, ohne gemeinsamen Vertreter zu agieren. Dahin gehend ist auch der Wortlaut des § 19 Abs. 2 Satz 1 SchVG – »zur Wahrnehmung ihrer Rechte in einem Insolvenzverfahren« – zu interpretieren.[1266] Ohne weitere Anhaltspunkte – die Teilschuldverschreibungsgläubiger dürften freilich anderes bei der Bestellung bestimmen – ist unter Berücksichtigung des wahrscheinlichen Willens der Beteiligten im Wege einer zweckorientierten Auslegung anzunehmen, dass in diesem Szenario eine Bestellung nur für den Zeitraum der und für die Ausübung ihrer Rechte in der Restrukturierungssache gewollt ist und das Auftragsverhältnis mit der Zweckerreichung erlischt.[1267] Diese tritt entweder durch eine Aufhebung der Restrukturierungssache gemäß § 33 StaRUG oder die Planbestätigung einschließlich der rechtskräftigen Entscheidung über eine etwaige sofortige Beschwerde gemäß § 66 StaRUG und weitere Rechtsbehelfe der Teilschuldverschreibungsgläubiger gegen den Restrukturierungsplan ein.

2. *Ex ante* bestellter gemeinsamer Vertreter

Anders ist die Rechtslage zu beurteilen, wenn bereits *ante* Restrukturierung mittels StaRUG ein gemeinsamer Vertreter bestellt worden ist, z. B. in den Anleihebedingungen. Ein solcher wurde nämlich ohne Ansehen der konkreten Restrukturierungssituation bestellt, sodass in dieser Situation nicht angenommen werden kann, dass er mit der Aufhebung der Restrukturierungssache aus dem Amt scheiden soll. In Anbetracht der Tatsache, dass ein bereits bestehender gemeinsamer Vertreter durch eine Einbeziehung in die Restrukturierungssache einen Zuwachs an Aufgaben und Befugnissen erfährt,[1268] verursacht der faktische Abschluss der Restrukturierungssache ein Stutzen der Befugnisse auf die gesetzlichen Befugnisse gemäß § 7 Abs. 2 Satz 1 SchVG, wenn und soweit die Teilschuldverschreibungsgläubiger keine weitergehenden Bevollmächtigungen beschlossen haben. Indizien für ein Erlöschen des Auftragsverhältnisses bestehen indes nicht.[1269] Freilich kann die Bestellung von vornherein befristet werden[1270] und darüber hinaus ein trotz Beendigung der Restrukturierungssache wirksam bestellter gemeinsamer Vertreter von den Teilschuldverschreibungsgläubigern gemäß § 7 Abs. 4 SchVG jederzeit abberufen werden. Darüber hinaus dürfte aus Sicht des Emittenten mit Blick auf die Kostentragungspflicht gemäß § 7 Abs. 6 SchVG von Interesse sein, den gemeinsamen Vertreter nur so lange wie wirklich nötig in dem Amt zu lassen.

1266 Aus diesem Grunde eine Zulässigkeit nur einer befristeten Bestellung andenkend *Becker/Pospiech*, BondGuide 17/23, S. 30, abrufbar unter: https://www.bondguide.de/wp-content/uploads/2023/08/bondguide-17-2023.pdf (zuletzt abgerufen am 31. Oktober 2025).

1267 Dazu statt vieler *F. Schäfer* in MüKoBGB, § 662 Rn. 98; a. A. im Ergebnis *Becker/Pospiech*, BondGuide 17/23, S. 30, abrufbar unter: https://www.bondguide.de/wp-content/uploads/2023/08/bondguide-17-2023.pdf (zuletzt abgerufen am 31. Oktober 2025).

1268 Begr. RegE SchVG, BT-Drs. 16/12814, S. 25.

1269 Ein Auftragsverhältnis affirmierend *Veranneman* in Veranneman, SchVG, 2010, §§ 7, 8 Rn. 46.

1270 Dazu *Riesenhuber* in BeckOGK BGB, § 662 Rn. 128.

C. Ausblick *de lege ferenda*

De lege lata weist § 19 Abs. 6 SchVG eine Vielzahl konzeptioneller und praktischer Misslichkeiten auf. Daraus folgt eine Rechtsunsicherheit und ein damit einhergehendes Störpotential der Gestaltung der Forderungen der Teilschuldverschreibungsgläubiger in einem Restrukturierungsplan. In Anbetracht dieser Tatsache sollte der Gesetzgeber nicht nur Klarheit schaffen, sondern auch die Unterschiede zwischen InsO und StaRUG gebührend berücksichtigen und nicht lediglich das während eines Insolvenzverfahrens Geltende für entsprechend anwendbar erklären. Einer Sperrwirkung des StaRUG gegenüber dem SchVG bedarf es nicht.[1271] Für die determinierten Wirkungen des § 19 Abs. 6 SchVG sollte die Anzeige des Restrukturierungsvorhabens der maßgebliche Zeitpunkt sein. Durch eine solche Ausgestaltung würden die aus der Formulierung des § 19 Abs. 6 SchVG resultierenden Rechtsunsicherheiten eliminiert. Zeigt der Schuldner eine Restrukturierungssache an, hat das Restrukturierungsgericht eine Gläubigerversammlung zu dem Zwecke der Bestellung eines gemeinsamen Vertreters einzuberufen, in der ein gemeinsamer Vertreter nach den Vorschriften des SchVG bestellt werden kann. Vor dem Hintergrund der Praktikabilitätserwägungen hinsichtlich der Anwendung von § 74 InsO für die Bestellung eines gemeinsamen Vertreters in einem insolvenzrechtlich geprägten Sachverhalt[1272] und der *de lega lata* zwangsläufigen Anwendung der §§ 5 ff. SchVG für die Bestellung eines gemeinsamen Vertreters in einem restrukturierungsrechtlich geprägten Sachverhalt[1273] ist es umso dringender angezeigt, das Quorum des SchVG herabzusetzen,[1274] und den Rechtsschutz des SchVG anzupassen.[1275] Ansonsten wäre die Wahl des gemeinsamen Vertreters in einer Restrukturierungssache bedeutend schwieriger als in einem Insolvenzverfahren, obschon dies Bestellung in ersterem umso wichtiger ist. Ein bereits existierender gemeinsamer Vertreter erstarkt entsprechend § 19 Abs. 3 SchVG. Ein Vorschlag eines geänderten § 19 Abs. 6 SchVG, der all dies berücksichtigt, könnte lauten:[1276]

§ 19 SchVG-E: Insolvenzverfahren und Restrukturierungssachen

(6) [1]<u>Zeigt ein Schuldner ein Restrukturierungsvorhaben gemäß § 31 Absatz 1 des Unternehmensstabilisierungs- und -restrukturierungsgesetzes an, ist ein gemeinsamer Vertreter für alle Gläubiger allein berechtigt und verpflichtet, die Rechte der Gläubiger in der Restrukturierungssache geltend zu machen; dabei braucht er die Schuldurkunde nicht vorzulegen. [2]Wenn ein gemeinsamer Vertreter für alle Gläubiger in dem Zeitpunkt der Anzeige des Restrukturierungsvorhabens gemäß § 31 Absatz 1 des Unternehmensstabilisierungs- und -restrukturierungsgesetzes noch nicht bestellt worden ist, hat das Restrukturierungsgericht zu diesem Zweck eine Gläubigerversammlung nach den Vorschriften dieses Gesetzes einzuberufen und durchzuführen. [3]Absatz 4 und 5 gelten entsprechend.</u>

1271 Zu Einzelheiten vorstehend Kap. IV § 10 A. II. 2. b).
1272 Zu Einzelheiten vorstehend Kap. IV § 11 A. II. 1. a).
1273 Zu Einzelheiten vorstehend Kap. IV § 11 A. II. 1. c).
1274 Zu Einzelheiten vorstehend Kap. I § 2 D. III.
1275 Zu Einzelheiten vorstehend Kap. I § 2 F. VII.
1276 Die für notwendig erachteten Änderungen sind durch Hervorhebungen kenntlich gemacht.

§ 12 Ergebnisse

1. Die mit § 19 Abs. 6 SchVG bezweckte Verzahnung von Schuldverschreibungs- und Restrukturierungsrecht gelingt nur teilweise. Der Gesetzgeber berücksichtigt die Unterschiede zwischen den praktischen Gegebenheiten der Restrukturierung gemäß dem StaRUG und einem Insolvenzverfahren nicht gebührend.

2. Die Voraussetzung des § 19 Abs. 6 SchVG ist nur in den Fällen der Beantragung einer Vorprüfung gemäß § 47 Satz 1 StaRUG, einer gerichtlichen Planabstimmung gemäß § 45 Abs. 1 Satz 1 StaRUG oder einer Planbestätigung gemäß § 60 Abs. 1 StaRUG erfüllt. Hinsichtlich einer gemäß § 50 Abs. 1 StaRUG beantragten Stabilisierungsanordnung ist § 19 Abs. 6 SchVG teleologisch zu reduzieren. Die Anzeige des Restrukturierungsvorhabens gemäß § 31 Abs. 1 StaRUG erfüllt die Voraussetzung des § 19 Abs. 6 SchVG ebenfalls nicht.

3. *De lege lata* existiert ein gesetzliches Konkurrenzverhältnis zwischen SchVG und StaRUG ab dem den § 19 Abs. 6 SchVG auslösenden Ereignis. Eine Notwendigkeit besteht dafür nicht.

4. In den Anleihebedingungen existierende Kündigungsrechte, die eine Verhinderung der Gestaltung der Anleihebedingungen nach dem StaRUG bezwecken, scheitern regelmäßig an § 44 Abs. 1 Satz 1 Nr. 2, Abs. 2 StaRUG. Vor dem Hintergrund der einerseits gemäß § 4 Satz 1 SchVG fortbestehenden kollektiven Bindung an die Anleihebedingungen und der andererseits bestehenden Möglichkeit, etwaige gekündigte Teilschuldverschreibungen in einem Restrukturierungsplan gemäß § 2 Abs. 1 Nr. 1 StaRUG zu gestalten, ist eine Kündigung der Teilschuldverschreibungen ohnehin nicht zielführend.

5. Ein *negative pledge*, die Anleihebedingungen nicht durch einen Restrukturierungsplan zu gestalten, ist zulässig und wirksam, wenn und solange eine Restrukturierung der Anleihe gemäß dem SchVG angestrebt und erfolgversprechend ist.

7. Eine Gläubigerversammlung zu dem Zwecke der Bestellung des gemeinsamen Vertreters gemäß § 19 Abs. 6 SchVG i. V. m. § 19 Abs. 2 Satz 2 SchVG wird regelmäßig zu spät erfolgen und den ihr zugedachten gesetzgeberischen Zweck nicht erfüllen können. Sollte dennoch eine solche Versammlung einberufen werden, gelten für die Einberufung, die Beschlussfassung und den Rechtsschutz gegen in dieser gefasste Beschlüsse gemäß § 19 Abs. 6 SchVG i. V. m. § 19 Abs. 2 Satz 2 SchVG die Regelungen des SchVG.

8. Ab dem den § 19 Abs. 6 SchVG auslösenden Ereignis greift im Außenverhältnis § 19 Abs. 3 SchVG und ein gemeinsamer Vertreter wird zu einem starken gemeinsamen Vertreter, der ohne vorherige Weisung der Teilschuldverschreibungsgläubiger über den Restrukturierungsplan abstimmen kann. Dieses Ereignis fand jedoch nicht immer vor der Abstimmung über den Restrukturierungsplan statt, weshalb teilweise trotz Abstimmung über einen Restrukturierungsplan § 7 Abs. 2 SchVG für die Befugnisse des gemeinsamen Vertreters maßgeblich ist.

9. Ob der gemeinsame Vertreter nach dem Abschluss der Restrukturierung gemäß dem StaRUG noch als gemeinsamer Vertreter fungiert, hängt entscheidend davon ab, ob dieser als *ad-hoc* Vertreter gemäß § 19 Abs. 6 SchVG i. V. m. § 19 Abs. 2 Satz 1 SchVG für die Restrukturierungssache oder bereits vorher bestellt wurde.

Ergebnisübersicht

I. Das SchVG de lege lata und de lege ferenda

1. Das SchVG weist mehrere Schwächen auf. Insbesondere das notwendige Quorum gemäß § 15 Abs. 3 Satz 1 SchVG sowie der impraktikable Rechtsschutz gemäß § 20 SchVG weisen das Potential auf, eine effektive Restrukturierung zu hemmen. Dieser Umstand ist umso misslicher, da das Insolvenzverfahren zu diesem Zeitpunkt noch vermieden werden kann. Verzögerungen müssen daher auf das Mindeste beschränkt werden.

2. *De lege lata* behindert das in § 15 Abs. 3 Satz 1 SchVG vorausgesetzte Quorum i. H. v. 50 % der ausstehenden Schuldverschreibungen für die erste Gläubigerversammlung eine effektive Restrukturierung in nicht gerechtfertigter Weise. Praktisch kommen die Gläubigerbeschlüsse nahezu ausschließlich in der zweiten Gläubigerversammlung gemäß § 15 Abs. 3 Satz 3 SchVG zustande. In Anbetracht dieser Tatsache reicht es *de lege ferenda* aus, das Quorum der zweiten Gläubigerversammlung i. H. v. 25 % gemäß § 15 Abs. 3 Satz 3 Hs. 2 SchVG für die erste Gläubigerversammlung als maßgeblich zu normieren.

3. *De lege lata* berücksichtigt der schuldverschreibungsrechtliche Rechtsschutz die vorherrschenden Interessen der Stakeholder nicht angemessen. Hinsichtlich eines Fremdkapitalinstruments ist ein Rechtsschutz, der einen Suspensiveffekt aufweist und primär auf Kassation ausgerichtet ist, der Restrukturierungssituation nicht angemessen.

4. Betreffend Gläubigerbeschlüsse sind in § 5 Abs. 1 Satz 3 SchVG sowie in § 5 Abs. 2 Satz 2 Hs. 2 SchVG ausdrückliche Nichtigkeitsgründe normiert. *De lege lata* kann die Nichtigkeit eines Beschlusses der Teilschuldverschreibungsgläubiger nur dann wegen eines anderen, ungeschriebenen Nichtigkeitsgrundes angenommen werden, wenn der entsprechende Beschluss den geschriebenen Nichtigkeitsgründen vergleichbare Auswirkungen aufweist. Dies ist dann zu bejahen, wenn die Fungibilität der Anleihe beeinträchtigt oder den Teilschuldverschreibungsgläubigern eine Leistungspflicht auferlegt wird.

5. *De lege lata* ist ein nichtiger Gläubigerbeschluss *ipso iure* nichtig und bedarf zu seiner Geltendmachung keiner Anfechtungsklage. Die Nichtigkeit gemäß § 5 Abs. 2 Satz 2 SchVG kann nicht geheilt werden. Wird ein aus einem anderen Grund als § 5 Abs. 2 Satz 2 SchVG nichtiger Beschluss vollzogen, werden die Mängel geheilt und eine Geltendmachung der Nichtigkeit kommt nicht mehr in Betracht.

6. *De lege lata* kann die Nichtigkeit eines Gläubigerbeschlusses mittels der Anfechtungsklage gemäß § 20 SchVG geltend gemacht werden. Eine allgemeine Feststellungsklage gemäß § 256 Abs. 1 ZPO ist unzulässig. Darüber hinaus kann die Nichtigkeit, soweit diese nicht geheilt ist, auch auf andere Weise geltend gemacht werden.

7. *De lege ferenda* sollte der schuldverschreibungsrechtliche Rechtsschutz weniger an das AktG und mehr an das StaRUG angelehnt sein. Es bedarf weder eines Suspensiveffekts noch einer Kassationswirkung. Ausreichend – aber auch erforderlich – ist ein monetärer Ersatzanspruch für einen eingetretenen Wertverlust der Teilschuldverschreibung. Dieser Anspruch sollte nicht kollektiviert werden, sondern nur Teilschuldverschreibungsgläubigern zustehen, die gerichtlich gegen den Beschluss vorgehen.

8. *De lege ferenda* sollte das SchVG normierte Nichtigkeitsgründe sowie eine Nichtigkeitsklage vorsehen. Auf Antrag des Schuldners sollte in bestimmten Fällen die Möglichkeit gegeben sein, die Nichtigkeitsklage unverzüglich zu verwerfen und trotz Begründetheit der Nichtigkeitsklage einen monetären Ausgleichsanspruch ausreichen zu lassen.

II. Die Anleiherestrukturierung gemäß dem StaRUG de lege lata

1. Das StaRUG ermöglicht gemäß § 2 Abs. 1, 2 Satz 2 StaRUG eine vollumfängliche Einbeziehung von emittieren Anleihen, ungeachtet deren Jurisdiktion.

2. Für die Anzeige eines Restrukturierungsvorhabens gemäß § 31 Abs. 1 StaRUG bedarf es ungeachtet der Rechtsform keiner Zustimmung der Anteilsinhaber im Innenverhältnis. Der Geschäftsleiter kann dieses eigenmächtig anzeigen. Gegenteilige Weisungen gegenüber dem Geschäftsführer oder Klauseln des Gesellschaftsvertrags innerhalb der GmbH binden den Geschäftsführer nicht. Selbst wenn eine Zustimmung notwendig wäre, würde das Fehlen keine Auswirkung im Außenverhältnis aufweisen.

3. Die Inanspruchnahme der Instrumente des StaRUG gemäß § 29 Abs. 2 StaRUG ab der drohenden Zahlungsunfähigkeit bietet genügend Zeit, um eine Anleihe effektiv zu restrukturieren.

4. Vor dem Hintergrund des hohen Volumens einer Anleihe ist das unterlassene Einbeziehen der Forderungen aus den Anleiheschuldverhältnis in einen Restrukturierungsplan regelmäßig nur dann sachgerecht i. S. d. § 8 StaRUG, wenn parallel eine Restrukturierung nach dem SchVG durchgeführt wird.

5. Für die Teilschuldverschreibungsgläubiger einer emittierten Anleihe ist eine gemeinsame Gruppe i. S. d. § 9 StaRUG zu bilden. Soweit die Anleihe (dritt-)besichert ist, sind entsprechend der Werthaltigkeit der Sicherheit(en) weitere Pflichtgruppen gemäß § 9 Abs. 1 Satz 2 StaRUG für die Teilschuldverschreibungsgläubiger zu bilden. Eine weitere Fraktionierung der Schuldverschreibungsgläubiger ist nicht sachgerecht i. S. d. § 9 Abs. 2 Satz 2 StaRUG. Für etwaige *retail investors* unter den Teilschuldverschreibungsgläubigern ist keine Gruppe für Kleingläubiger gemäß § 9 Abs. 2 Satz 4 StaRUG zu bilden.

6. Dem Schuldner kommt bei der Gruppeneinteilung gemäß § 9 StaRUG ein weites Ermessen zu. Die Bildung einer Abstimmungsgruppe nur zu dem Zwecke der Erreichung der Voraussetzung des gemäß § 26 Abs. 1 Nr. 3 StaRUG ist indes nicht sachgerecht i. S. d. § 9 Abs. 2 Satz 2 StaRUG und somit unzulässig.

7. In materieller Hinsicht ermöglicht das StaRUG gemäß §§ 2, 7 StaRUG eine Vielzahl an Restrukturierungsmöglichkeiten, die eine vollumfängliche Gestaltung der Anleihebedingungen einschließlich Nebenbestimmungen ermöglicht. Versäumnisse des Gesetzgebers sind dabei nicht zu erkennen. Das dem StaRUG immanente Schlechterstellungsverbot resultiert darin, dass den Planbetroffenen stets der Wert allokiert werden muss, den diese in dem nächstbesten Alternativszenario, regelmäßig das Insolvenzverfahren, erhielten.

8. Werden die Forderungen der Teilschuldverschreibungsgläubiger in einem Restrukturierungsplan gestaltet, findet keine Prüfung der Erforderlichkeit der allokierten Restrukturierungsbeiträge statt.

9. Ein in einem Restrukturierungsplan betreffend die Forderungen aus den Schuldverschreibungen durchgeführter *debt-equity-swap* weist gemäß § 7 Abs. 4 Satz 2 StaRUG keine Zwangswirkung zulasten dissentierender Teilschuldverschreibungsgläubiger auf. Die gemäß § 7 Abs. 4 Satz 2 StaRUG erforderliche Zustimmung aller Teilschuldverschreibungsgläubiger kann indes über eine Beschlussfassung gemäß § 5 Abs. 3 Satz 1 Nr. 5 Var. 1 SchVG erreicht werden.

10. Sieht der Restrukturierungsplan betreffend die Forderungen aus den Schuldverschreibungen einen *debt-equity-swap* gemäß § 7 Abs. 4 Satz 1 StaRUG vor und stimmen die Teilschuldverschreibungsgläubiger individuell über den Restrukturierungsplan ab, müssen wandlungsunwillige Teilschuldverschreibungsgläubiger in dem Rahmen eines Erwerbsrechtemodells mit einer eine Schlechterstellung vermeidenden Barzahlung abgefunden werden. Stimmt hingegen ein gemeinsamer Vertreter für die Teilschuldverschreibungsgläubiger dem Restrukturierungsplan zu, wird gegenüber wandlungsunwilligen Teilschuldverschreibungsgläubigern mangels Rechtsschutzbedürfnisses keine Schlechterstellung geprüft, sodass eine Barabfindung aus den Veräußerungserlösen der Erwerbsrechte bewerkstelligt werden kann.

11. Das StaRUG sieht für die Einberufung zu einer Abstimmung über einen Restrukturierungsplan ausweislich der §§ 17 Abs. 4 Satz 1, 20 Abs. 1 Satz 2 StaRUG und § 45 Abs. 3 Satz 1 StaRUG eine individuelle und grundsätzlich schriftliche Ansprache der Planbetroffenen vor. Mit der Gläubigerstruktur einer publikumsplatzierten Anleihe ist dies nicht zu vereinbaren. Diesem Umstand kann gemäß den §§ 17 Abs. 4 Satz 1, 20 Abs. 1 Satz 2 StaRUG durch eine in den Anleihebedingungen vereinbarte Formerleichterung, insbesondere eine öffentliche Bekanntmachung, begegnet werden. Betreffend einen gerichtlichen Erörterungs- und Abstimmungstermin ist eine öffentliche Bekanntmachung nach der Beantragung einer öffentlichen Restrukturierungssache gemäß §§ 84 Abs. 1, 85 Abs. 4 Satz 1 StaRUG möglich.

12. Das StaRUG sieht für die Abstimmung über den Restrukturierungsplan zwar kein Quorum vor. Ohne die Bestellung eines gemeinsamen Vertreters der Teilschuldverschreibungsgläubiger ist die Erreichung der gemäß § 25 Abs. 1 StaRUG notwendigen Mehrheit in der Gruppe der Teilschuldverschreibungsgläubiger von mindestens drei Viertel der Stimmrechte der Mitglieder der Gruppe aber regelmäßig nicht zu erwarten. Insofern bedarf es für die Zustimmung der Gruppe der Schuldverschreibungsgläubiger der Einbeziehung eines gemeinsamen Vertreters oder eines *cross-class cram-down* gemäß den §§ 26 ff. StaRUG.

13. Das StaRUG sieht kein Ruhen von Stimmrechten bei der Abstimmung über den Restrukturierungsplan vor. Dies ermöglicht die Einflussnahme auf das Stimmergebnis durch dem Schuldner nahestehende Planbetroffene.

14. Durch einen *cross-class cram-down* gemäß den §§ 26 ff. StaRUG kann den Teilschuldverschreibungsgläubigern ein Restrukturierungsbeitrag oktroyiert werden. Dadurch wird eine Aggregation von Anleihen möglich.

15. Ist die Gruppe der Teilschuldverschreibungsgläubiger mittels *cross-class cram-down* gemäß den §§ 26 ff. StaRUG zu majorisieren, kann ein Anteilsinhaber vor dem Hintergrund der *absolute priority rule* die von ihm gehaltenen Anteile nur unter besonderen Umständen behalten.

16. Die Rechtsbehelfe des StaRUG weisen keinen angeordneten Suspensiveffekt auf. Dennoch kommt dem Minderheitenschutzantrag gemäß § 64 Abs. 1 Satz 1 StaRUG mitunter ein Verzögerungspotential durch die notwendige Prüfung einer Schlechterstellung zu.

17. Eine eingelegte sofortige Beschwerde gemäß § 66 Abs. 1 Satz 1 StaRUG hemmt den Eintritt der Wirkungen des Restrukturierungplans nicht. Allerdings weist die Abhilfe einer sofortigen Beschwerde eine Kassationswirkung auf, die zu komplizierten Restitutionen führen kann. Der Schuldner sollte daher regelmäßig die Beantragung der unverzüglichen Zurückweisung der sofortigen Beschwerde gemäß § 66 Abs. 5 Satz 1 StaRUG erwägen.

18. Für die Vollziehung der Änderung der Anleihebedingungen hat der Schuldner entsprechend § 21 Abs. 1 Satz 2, 3 SchVG den Restrukturierungsplan einschließlich Bestätigungsbeschluss bei der Wertpapiersammelbank einzureichen, sodass die Anleihebedingungen gemäß dem gestaltenden Teil geändert oder ergänzt werden. Unter Berücksichtigung des § 21 Abs. 1 Satz 3 SchVG und der grundsätzlich bestehenden Kassationswirkung der sofortigen Beschwerde sollte der Schuldner die Vollziehung der Änderung der Anleihebedingungen durch den Restrukturierungsplan nur anstoßen, wenn entweder die Frist für die sofortige Beschwerde gemäß § 38 Satz 1 StaRUG i. V. m. § 569 Abs. 1 Satz 1 ZPO abgelaufen ist und keine sofortige Beschwerde eingelegt worden ist oder wenn das Gericht eine sofortige Beschwerde gemäß § 66 Abs. 5 StaRUG unverzüglich zurückgewiesen hat.

19. Das StaRUG verhindert eine Kettenrestrukturierung. Wenn innerhalb von drei Jahren nach einer Planbestätigung erneut ein Restrukturierungsvorhaben angezeigt wird, ist die Restrukturierungssache regelmäßig gemäß § 33 Abs. 2 Satz 1 Nr. 4 StaRUG aufzuheben.

III. Die Anleiherestrukturierung gemäß dem StaRUG de lege lata und de lege ferenda in einem Vergleich mit dem SchVG

1. Im Unterschied zum SchVG können in einem Restrukturierungsplan auch Anleihebedingungen ausländischer Anleihen geändert werden.

2. Aus dem Umstand, dass die Inanspruchnahme der Instrumente des StaRUG erst ab der drohenden Zahlungsunfähigkeit möglich ist, resultieren keine Nachteile gegenüber

dem SchVG. Eine Ausgestaltung des StaRUG ohne materielle Einstiegsschwelle ist wäre ohnehin richtlinienwidrig.

3. In materieller Hinsicht ermöglicht das StaRUG gemäß den §§ 2, 7 StaRUG nahezu die identischen Restrukturierungsmöglichkeiten, die auch unter Nutzung des SchVG zulässig sind. Durch das dem StaRUG immanente Schlechterstellungsverbot bestehen hinsichtlich der Durchführung der Maßnahmen allerdings Unterschiede. Ferner können den Anteilsinhabern in einem Restrukturierungsplan durch den *cross-class cramdown* gemäß den §§ 26 ff. StaRUG Restrukturierungsbeiträge oktroyiert werden und darüber hinaus gemäß § 7 Abs. 4 Satz 3, 5 StaRUG auch sonstige gesellschaftsrechtlich zulässige Maßnahmen durchgeführt werden. Das SchVG kann dafür nicht genutzt werden.

4. Ein in einem Restrukturierungsplan durchgeführter *debt-equity-swap* weist gemäß § 7 Abs. 4 Satz 2 StaRUG keine Zwangswirkung zulasten dissentierender Planbetroffener auf. Die gemäß § 7 Abs. 4 Satz 2 StaRUG erforderliche Zustimmung aller Teilschuldverschreibungsgläubiger kann indes über eine Beschlussfassung der Teilschuldverschreibungsgläubiger gemäß § 5 Abs. 3 Satz 1 Nr. 5 Var. 1 SchVG erreicht werden. Um nicht auf eine Beschlussfassung gemäß dem SchVG angewiesen sein zu müssen, sollte § 7 Abs. 4 Satz 2 StaRUG *de lege ferenda* eine Ausnahme des dort postulierten Grundsatzes zulasten der innerhalb der Gruppe der Teilschuldverschreibungsgläubiger einer Anleihe majorisierten Minderheit vorsehen.

5. Die im StaRUG ausweislich der §§ 17 Abs. 4 Satz 1, 20 Abs. 1 Satz 2 StaRUG und § 45 Abs. 3 Satz 1 StaRUG bestehende individuelle und grundsätzlich schriftliche Ansprache der Planbetroffenen ist mit der Gläubigerstruktur einer publikumsplatzierten Anleihe nicht zu vereinbaren. Obschon das StaRUG unter Umständen eine öffentliche Bekanntmachung ermöglicht, weist das SchVG durch die grundsätzliche Möglichkeit einer öffentlichen Bekanntmachung in dem Bundesanzeiger gemäß § 12 Abs. 2 Satz 1 SchVG die einfachere Ansprache der Teilschuldverschreibungsgläubiger auf. Vor diesen Hintergrund und der ausweislich § 2 Abs. 2 Satz 2 StaRUG von ihm erkannten und gewollten Einbeziehung von Schuldtiteln gemäß § 2 Abs. 1 Nr. 3 des WpHG in einen Restrukturierungsplan sollte der Gesetzgeber *de lege ferenda* für die Inhaber von Schuldtiteln gemäß § 2 Abs. 1 Nr. 3 des WpHG die Einberufungsnormen auch außerhalb einer öffentlichen Restrukturierungssache an die Praxis anpassen und die Möglichkeit der öffentlichen Bekanntmachung für solche ausdrücklich und bedingungslos normieren.

6. Die in § 25 Abs. 1 StaRUG normierten Anforderungen der *lex lata* an eine Zustimmung einer Gruppe zu dem Restrukturierungsplan postulieren ein faktisches Quorum in Höhe von 75 %. Dadurch ist dieses Zustimmungserfordernis untauglicher als die sich aus den §§ 5 Abs. 4, 15 Abs. 3 SchVG ergebenen Anforderungen an eine Beschlussfassung der Teilschuldverschreibungsgläubiger gemäß dem SchVG. Vor dem Hintergrund, dass die Anforderungen an die Berechnung der notwendigen Mehrheit durch Art. 9 Abs. 6 UA 1 Satz 1 Restrukturierungs-RL determiniert und für den nationalen Gesetzgeber indisponibel sind, resultierte selbst aus der restrukturierungsfreundlichsten Umsetzung der Restrukturierungs-RL ein faktisches Quorum von mindestens 50 %. Dass so viele Teilschuldverschreibungsgläubiger zustimmen, ist in Anbetracht der schuldverschreibungsrechtlichen Praxis regelmäßig nicht zu erwarten.

7. Anders als das SchVG in § 6 Abs. 1 Satz 2 SchVG ein Ruhen des Stimmrechts postuliert, sieht das StaRUG kein Ruhen von Stimmrechten bei der Abstimmung über den Restrukturierungsplan vor. Dies ermöglicht die Einflussnahme auf das Stimmergebnis durch dem Schuldner nahestehende Planbetroffene, was unter Umständen ausgenutzt werden kann, um die Voraussetzungen für die Bestätigung des Restrukturierungsplans zu erfüllen.

8. Durch einen *cross-class cram-down* gemäß den §§ 26 ff. StaRUG kann den Teilschuldverschreibungsgläubigern ein Restrukturierungsbeitrag oktroyiert werden. Dies macht eine Aggregation von Anleihen möglich. Allerdings besteht Raum für eine schuldnerfreundlichere Ausgestaltung der Voraussetzungen der §§ 26 ff. StaRUG. *De lege ferenda* sollte entgegen § 26 Abs. 1 Nr. 3 StaRUG bereits die Annahme des Restrukturierungsplans durch eine Gruppe, die *in the money* ist, ausreichen. Ferner sollte, wenn die *absolute priority rule* eine restrukturierungshemmende Wirkung aufweisen sollte, die *relative priority rule* implementiert werden.

9. Stimmen die Teilschuldverschreibungsgläubiger gemäß § 5 Abs. 3 Satz 1 Nr. 5 SchVG einem *debt-equity-swap* zu, sind diese nicht vor einer eventuellen Differenzhaftung gemäß § 9 Abs. 1 Satz 1 GmbHG geschützt. Deshalb sollte das SchVG entsprechend § 67 Abs. 5 StaRUG einen Ausschluss der Differenzhaftung für in dem Rahmen eines *debt-equity-swap* eingebrachte Forderungen vorsehen. Eine Differenzierung zwischen den Rechtsregimen ist vor dem Hintergrund der kongruenten Bewertungsmethode der Forderungen nicht angezeigt.

10. Einen angeordneten Suspensiveffekt weisen die Rechtsbehelfe des StaRUG nicht auf, weshalb ein immenser Vorteil gegenüber dem SchVG besteht. Auch ohne postulierten Suspensiveffekt kommt dem Minderheitenschutzantrag gemäß § 64 StaRUG mitunter ein erhebliches Verzögerungspotential durch die notwendige Prüfung einer Schlechterstellung zu. Der Minderheitenschutzantrag ist allerdings europarechtlich determiniert und nicht dispositiv.

11. Der nach der unverzüglichen Zurückweisung einer sofortigen Beschwerde gemäß § 66 Abs. 5 StaRUG bestehende Rechtsschutz stellt den Goldstandard der Restrukturierung dar. Deshalb sollte der Gesetzgeber dieses primär auf Wertersatz ausgerichtete Rechtsschutzsystem als den Standard implementieren und nur in Ausnahmefällen die Kassation eines bestätigten Restrukturierungsplans zulassen.

12. Die gemäß § 33 Abs. 2 Satz 1 Nr. 4 StaRUG regelmäßig eintretende Verhinderung einer Kettenrestrukturierung durch Nutzung des StaRUG stellt einen Nachteil gegenüber dem SchVG dar. Diese Regelung ist weder europarechtlich determiniert noch aus Gesichtspunkten des Gläubigerschutzes erforderlich und sollte *de lege ferenda* gestrichen werden.

13. In Anbetracht dieser Tatsachen wird das StaRUG das SchVG nicht in die Bedeutungslosigkeit verdrängen. Für eine effektive Umgehung der dem SchVG *de lege lata* immanenten Probleme weist das StaRUG seinerseits andere Hindernisse auf. Um diese zu beherrschen, bedarf es vielmehr einer Verzahnung von SchVG und StaRUG. Dabei offenbaren die Hemmnisse des SchVG sich erneut. Damit ein solches Vorgehen reüssieren kann, ist eine Reformierung des SchVG zweckmäßig.

IV. Die Verzahnung von Schuldverschreibungs- und Restrukturierungsrecht

1. Die mit § 19 Abs. 6 SchVG bezweckte Verzahnung von Schuldverschreibungs- und Restrukturierungsrecht gelingt nur teilweise. Der Gesetzgeber berücksichtigt die Unterschiede zwischen den praktischen Gegebenheiten der Restrukturierung gemäß dem StaRUG und einem Insolvenzverfahren nicht gebührend.

2. Die Voraussetzung des § 19 Abs. 6 SchVG ist nur in den Fällen der Beantragung einer Vorprüfung gemäß § 47 Satz 1 StaRUG, einer gerichtlichen Planabstimmung gemäß § 45 Abs. 1 Satz 1 StaRUG oder einer Planbestätigung gemäß § 60 Abs. 1 StaRUG erfüllt. Hinsichtlich einer gemäß § 50 Abs. 1 StaRUG beantragten Stabilisierungsanordnung ist § 19 Abs. 6 SchVG teleologisch zu reduzieren. Die Anzeige des Restrukturierungsvorhabens gemäß § 31 Abs. 1 StaRUG erfüllt die Voraussetzung des § 19 Abs. 6 SchVG ebenfalls nicht.

3. *De lege lata* existiert ein gesetzliches Konkurrenzverhältnis zwischen SchVG und StaRUG ab dem den § 19 Abs. 6 SchVG auslösenden Ereignis. Eine Notwendigkeit besteht dafür nicht.

4. In den Anleihebedingungen existierende Kündigungsrechte, die eine Verhinderung der Gestaltung der Anleihebedingungen nach dem StaRUG bezwecken, scheitern regelmäßig an § 44 Abs. 1 Satz 1 Nr. 2, Abs. 2 StaRUG. Vor dem Hintergrund der einerseits gemäß § 4 Satz 1 SchVG fortbestehenden kollektiven Bindung an die Anleihebedingungen und der andererseits bestehenden Möglichkeit, etwaige gekündigte Teilschuldverschreibungen in einem Restrukturierungsplan gemäß § 2 Abs. 1 Nr. 1 StaRUG zu gestalten, ist eine Kündigung der Teilschuldverschreibungen ohnehin nicht zielführend.

5. Ein *negative pledge*, die Anleihebedingungen nicht durch einen Restrukturierungsplan zu gestalten, ist zulässig und wirksam, wenn und solange eine Restrukturierung der Anleihe gemäß dem SchVG angestrebt und erfolgversprechend ist.

7. Eine Gläubigerversammlung zu dem Zwecke der Bestellung des gemeinsamen Vertreters gemäß § 19 Abs. 6 SchVG i. V. m. § 19 Abs. 2 Satz 2 SchVG wird regelmäßig zu spät erfolgen und den ihr zugedachten gesetzgeberischen Zweck nicht erfüllen können. Sollte dennoch eine solche Versammlung einberufen werden, gelten für die Einberufung, die Beschlussfassung und den Rechtsschutz gegen in dieser gefasste Beschlüsse gemäß § 19 Abs. 6 SchVG i. V. m. § 19 Abs. 2 Satz 2 SchVG die Regelungen des SchVG.

8. Ab dem den § 19 Abs. 6 SchVG auslösenden Ereignis greift im Außenverhältnis § 19 Abs. 3 SchVG und ein gemeinsamer Vertreter wird zu einem starken gemeinsamen Vertreter, der ohne vorherige Weisung der Teilschuldverschreibungsgläubiger über den Restrukturierungsplan abstimmen kann. Dieses Ereignis fand jedoch nicht immer vor der Abstimmung über den Restrukturierungsplan statt, weshalb teilweise trotz Abstimmung über einen Restrukturierungsplan § 7 Abs. 2 SchVG für die Befugnisse des gemeinsamen Vertreters maßgeblich ist.

9. Ob der gemeinsame Vertreter nach dem Abschluss der Restrukturierung gemäß dem StaRUG noch als gemeinsamer Vertreter fungiert, hängt entscheidend davon ab, ob dieser als *ad-hoc* Vertreter gemäß § 19 Abs. 6 SchVG i. V. m. § 19 Abs. 2 Satz 1 SchVG für die Restrukturierungssache oder bereits vorher bestellt wurde.

Abkürzungen

a. A.	andere Ansicht
a. F.	alte Fassung
Abl. (EU)	Amtsblatt der Europäischen Union
Abs.	Absatz/Absätze
AG	Amtsgericht
AGB	Allgemeine Geschäftsbedingungen
AktG	Aktiengesetz
Am.	*American*
Anh.	Anhang
Anm.	Anmerkung
AR	Der Aufsichtsrat (Zeitschrift)
Art.	Artikel
Bankr.	*Bankruptcy*
Bankr. D. Del.	*United States Bankruptcy Court For The District of Delaware*
BB	Betriebs-Berater
BeckOK	Beck'scher Online Kommentar
BeckRS	Beck-Rechtsprechung
Begr.	Begründer/Begründung
Beschl.	Beschluss
BGB	Bürgerliches Gesetzbuch
BGBl.	Bundesgesetzblatt
BGH	Bundesgerichtshof
BGHZ	Sammlung der Entscheidungen des Bundesgerichtshofes in Zivilsachen
BKR	Zeitschrift für Bank- und Kapitalmarktrecht
BörsZulV	Börsenzulassungs-Verordnung
BT-Drs.	Drucksache des Deutschen Bundestages
CF biz	Corporate Finance Biz (Zeitschrift)
CF law	Corporate Finance Law (Zeitschrift)
Cir.	*Circuit*
Co.	*Company*
CODIRE-Report	*Best Practices in European Restructuring – Contractualised Distress Resolution in the Shadow of the Law*
COMI	*Centre of Main Interest*
d. h.	das heißt
DB	Der Betrieb (Zeitschrift)
dpa	Deutsche Presse-Agentur
DStR	Deutsches Steuerrecht
DZWIR	Deutsche Zeitschrift für Wirtschafts- und Insolvenzrecht
ECF	*Electronic Case Filing*
EL	Ergänzungslieferung
ESUG	Gesetz zur Erleichterung der Sanierung von Unternehmen
EU	Europäische Union

EuGVVO	Verordnung (EU) Nr. 1215/2012 des europäischen Parlaments und des Rates vom 12. Dezember 2012 über die gerichtliche Zuständigkeit und die Anerkennung und Vollstreckung von Entscheidungen in Zivil- und Handelssachen
EuInsVO	Verordnung (EU) 2015/848 des europäischen Parlaments und des Rates vom 20. Mai 2015 über Insolvenzverfahren
EWHC	*England and Wales High Court*
EWiR	Entscheidungen zum Wirtschaftsrecht
F.	*Federal Reporter*
f./ff.	folgend(e)
F.2d	*Federal Reporter, Second Series*
F.3d	*Federal Reporter, Third Series*
FAZ	Frankfurter Allgemeine Zeitung
FD-InsR	Fachdienst Insolvenzrecht
Fn.	Fußnote
FS	Festschrift
Fw.	*Faillissementstwet*
Gesamthrsg.	Gesamtherausgeberschaft
GG	Grundgesetz für die Bundesrepublik Deutschland
GmbH	Gesellschaft mit beschränkter Haftung
GmbHG	Gesetz betreffend die Gesellschaften mit beschränkter Haftung
GmbHR	GmbH-Rundschau
GrEStG	Grunderwerbsteuergesetz
GWR	Gesellschafts- und Wirtschaftsrecht
HGB	Handelsgesetzbuch
Hrsg.	Herausgeber
Hs.	Halbsatz
i. V. m.	in Verbindung mit
IDW	Institut der Wirtschaftsprüfer in Deutschland e. V.
INDat Report	Verlag Indat – Ihre Fachmedien für Insolvenz und Restrukturierung
InsO	Insolvenzordnung
InVo	Insolvenz und Vollstreckung
i. S. d.	im Sinne des/der
JusWeDigG	Gesetz zur weiteren Digitalisierung der Justiz
JZ	JuristenZeitung
Kap.	Kapitel
KMU	Kleine und mittlere Unternehmen
krit.	kritisierend
KSI	Krisen-, Sanierungs- und Insolvenzberatung
KSzW	Kölner Schriften zum Wirtschaftsrecht
KSzW	Kölner Schrift zum Wirtschaftsrecht
KTS	Zeitschrift für Insolvenzrecht
L.J.	*Law Journal*
LG	Landgericht

lit.	Litera
MFW	*Mary F. Walrath*
m. w. N.	mit weiteren Nachweisen
n. F.	neue Fassung
NJW	Neue Juristische Wochenschrift
NZG	Neue Zeitschrift für Gesellschaftsrecht
NZI	Neue Zeitschrift für Insolvenz- und Sanierungsrecht
OLG	Oberlandesgericht
Prospekt-VO	Prospektverordnung
RdF	Recht der Finanzinstrumente
RegE	Regierungsentwurf
RETT	*Real Estate Transfer Tax*
RIW	Recht der Internationalen Wirtschaft
Rn.	Randnummer
Restrukturierungs-RL	Restrukturierungsrichtlinie
Rz.	Randziffer
S.	Seite
S. A.	*Société Anonyme*
S.D.FL.	*United States District Court for the Southern District of Florida*
SanB	Der Sanierungsberater
SanInsFoG	Gesetz zur Fortentwicklung des Sanierungs- und Insolvenzrechts (Sanierungs- und Insolvenzrechtsfortentwicklungsgesetz)
SchVG	Gesetz über Schuldverschreibungen aus Gesamtemissionen (Schuldverschreibungsgesetz)
SchVG 1899	Gesetz betreffend die gemeinsamen Rechte der Besitzer von Schuldverschreibungen vom 4. Dezember 1899
SoA	*Scheme of Arrangement*
sog.	sogenannt(e)(s)
StaRUG	Gesetz über den Stabilisierungs- und Restrukturierungsrahmen für Unternehmen (Unternehmensstabilisierungs- und -restrukturierungsgesetz)
u. a.	unter anderem
UAbs.	Unterabsatz
Urt.	Urteil
v.	vom/*versus*
Vorb.	Vorbemerkungen
vs.	*versus*
WiVerw	Wirtschaft und Verwaltung
WiWo	WirtschaftsWoche
WM	Wertpapier-Mitteilungen
WPg	Die Wirtschaftsprüfung
WUB	Entscheidungsanmerkungen zum Wirtschafts- und Bankrecht

z. B.	zum Beispiel
ZBB	Zeitschrift für Bankrecht und Bankwirtschaft
ZBB	Zeitschrift für Bankrecht und Bankwirtschaft
ZfPW	Zeitschrift für die gesamte Privatrechtswissenschaft
ZGR	Zeitschrift für Unternehmens- und Gesellschaftsrecht
ZHR	Zeitschrift für das gesamte Handels- und Wirtschaftsrecht
ZInsO	Zeitschrift für das gesamte Insolvenzrecht
ZIP	Zeitschrift für Wirtschaftsrecht
ZRI	Zeitschrift für Restrukturierung und Insolvenz
zust.	zustimmend

Literatur

Ahrens, Martin/ Gehrlein, Markus/ Ringstmeier, Andreas (Hrsg.)	Insolvenzrecht Kommentar, 5. Auflage, Hürth 2025 (zit.: *Bearbeiter* in AGR InsO)
Altmeppen, Holger (Hrsg.)/ Roth, Günther (Begr.)	Gesetz betreffend die Gesellschaften mit beschränkter Haftung, Kommentar, 11. Auflage, München 2023 (zit.: *Altmeppen*, GmbHG)
Ampferl, Hubert	Das Stimmrecht des gemeinsamen Vertreters der Anleihegläubiger im Insolvenzverfahren, in Bork, Reinhard/Kayser, Godehard/Kebekus, Frank (Hrsg.), Festschrift für Bruno M. Kübler zum 70. Geburtstag, München 2015, S. 11–22 (zit.: *Ampferl* in FS Kübler, 2015)
Antoniadis, Nikolaos	Anmerkung zu BGH, Urteil vom 16.11.2017 – IX ZR 260/15, NZI 2018, S. 136
Arbeitskreis Reform des Schuldverschreibungsrechts	Reform des Schuldverschreibungsrechts, ZIP 2014, S. 845–857
Arlt, Roland/ Brägelmann, Tom Hinrich/ Ludwig, Jan	Kurzanmerkung zu AG Köln, ZInsO 2021, 868, ZInsO 2021, S. 1485–1487
Assmann, Heinz-Dieter	Anleihebedingungen und AGB-Recht, WM 2005, S. 1053–168
Balthasar, Helmut	Allgemeine Zugangsvoraussetzungen zu den Restrukturierungsinstrumenten, NZI-Beilage 2021, S. 18–22
Balthasar, Stephan	Unternehmenssanierungen nach dem Schuldverschreibungsgesetz und der Restrukturierungsrichtlinie: eine kritische Analyse, ZHR 183 (2019), S. 662–694
Baschnagel, Markus	Restructuring Support Agreements, Ein taugliches Mittel, das StaRUG-Verfahren zu organisieren?, Berlin 2023 (zit.: *Baschnagel*, Restructuring Support Agreements)
Bauer, Joachim	Die GmbH in der Krise, 7. Auflage, München 2022 (zit.: *Bauer*, Krise)
Baumert, Andreas	Anmerkung zu AG Hamburg, Beschluss vom 17.03.2023 – 61c RES 1/23, FD-InsR 2023, 458448
Baums, Theodor	Weitere Reform des Schuldverschreibungsrechts, ZHR 177 (2013), S. 807–818
Baums, Theodor	Recht der Unternehmensfinanzierung, München 2017 (zit.: *Baums*, Unternehmensfinanzierung)
Bayer, Walter	Kommentar zu AG Hamburg, Beschluss vom 17.3.2023 – 61c RES 1/23, GmbHR 2023, S. 918–921

Bayer, Walter/ Habersack, Mathias (Hrsg.)	Aktienrecht im Wandel, Band II, Grundsatzfragen des Aktienrechts, Tübingen 2007 (zit.: *Bearbeiter* in Bayer/ Habersack, AktR im Wandel, Bd. II)
Beck, Siegfried/ Depré, Peter/ Ampferl, Hubert (Hrsg.)	Praxis der Sanierung und Insolvenz, 4. Auflage, München 2023 (zit.: *Bearbeiter* in BDA, Sanierung)
Becker, Bernhard/ Böttger, Peter/ Müller, Stefan	Aktuelle Entwicklungen bei der Fremdkapitalfinanzierung mittelständischer Unternehmen, Deutsches Steuerrecht 2014, S. 1247–1251
Becker, Bernhard/ Böttger, Peter/ Ergün, Ismail/ Müller, Stefan	Basel III und die möglichen Auswirkungen auf die Unternehmensfinanzierung, DStR 2011, S. 375–380
Berger, Michael	Materielle Schranken der Stimmrechtsmacht im Recht der Unternehmensanleihe, Berlin 2022 (zit.: *Berger*, Stimmrechtsmacht)
Bernsau, Georg/ Beyer, Hans	Sanieren mit dem StaRUG: von der Regelung einer finanziellen Schieflage bis zur Durchsetzung eines Gesellschafterwechsels – ein Praxisbericht, BB 2022, S. 1090–1096
Bernsau, Georg/ Beyer, Hans	Die praktische Anwendung der Regelungen des StaRUG in einem größeren Restrukturierungsverfahren, ZInsO 2021, S. 2533–2540
Bialluch, Stephanie Madeleine	Das sogenannte Anleiheschuldverhältnis, Tübingen 2019 (zit.: *Bialluch*, Anleiheschuldverhältnis)
Bieg, Thorsten/ Borchardt, Peter-Alexander/ Frind, Frank (Hrsg.)	Unternehmenssanierung und Betriebsfortführung, München 2021 (zit.: *Bearbeiter* in BBF, Unternehmenssanierung)
Birnbreier, Friedrich	Sorgfaltspflichten der Geschäftsführung während der Vornahme von Restrukturierungsmaßnahmen, NZI-Beilage 2021, S. 25–27
Blankenburg, Daniel	Umsetzungsbedarf aufgrund des Entwurfs der Restrukturierungsrichtlinie, ZInsO 2017, S. 241–255
Bönold, Kira/ Kaul, Maximilian	Zulässigkeit und Begründetheit eines Minderheitenschutzantrags und Planbestätigungsantrag im Restrukturierungsverfahren, zugleich Besprechung von AG Hannover 20.10.2023 – 951 RES 1/23, NZI 2024, S. 159–163
Bork, Reinhard	Neue Grundfragen des Restrukturierungsrechts, ZRI 2021, S. 345–361
Bork, Reinhard	Instrumente des Stabilisierungs- und Restrukturierungsrahmens nach § 29 StaRUG, NZI-Beilage 2021, S. 38–40
Bork, Reinhard	Präventive Restrukturierungsrahmen: »Komödie der Irrungen« oder »Ende gut, alles gut«?, ZIP 2017, S. 1441–1450
Bork, Reinhard	Grundsatzfragen des Restrukturierungsrechts; Prolegomena zu einer Reform des deutschen Insolvenzrechts, ZIP 2010, S. 397–413

Bork, Reinhard/ Hölzle, Gerrit (Hrsg.) — Handbuch Insolvenzrecht, 3. Auflage, Köln 2024 (zit.: *Bearbeiter* in Bork/Hölzle, HB InsR)

Borowski, Sascha — Schuldverschreibungsgesetz, Rechtsstand 1.6.2019 (zit.: *Borowski*, SchVG)

Braegelmann, Tom/ Bernsau, Georg — Restrukturierung als Chance, ohne Stigma der Insolvenz, ZInsO 2019, S. 374–377

Brandes, Stephan/ Ela, Rabenau — Früherkennung und Bewältigung bestandsgefährdender Risiken im Unternehmen, ZIP 2021, S. 2566–2572

Braun, Eberhard (Hrsg.) — Unternehmensstabilisierungs- und -restrukturierungsgesetz (StaRUG), Kommentar, München 2021 (zit.: *Bearbeiter* in Braun, StaRUG)

Braun, Eberhard (Hrsg.) — Insolvenzordnung (InsO), InsO mit EuInsVO (2015), Kommentar, 10. Auflage, München 2024 (zit.: *Bearbeiter* in Braun, InsO)

Brenner, Petra — Die Vergütung des gemeinsamen Vertreters nach § 7 VI SchVG außerhalb und in der Insolvenz des Emittenten, NZI 2014, S. 789–794

Brenner, Petra/ Moser, Tobias — Anmerkung zu BGH, Urteil vom 31.05.2016 – XI ZR 370/15, NZI 2016, S. 711–712

Brenner, Petra/ Moser, Tobias — Anmerkung zu OLG Dresden, Urteil vom 09.12.2015 – 13 U 223/15, NZI 2016, S. 151–152

Brinkmann, Moritz — Erforderlichkeit eines Gesellschafterbeschlusses für Einleitung von Restrukturierungsverfahren, zugleich Besprechung LG Berlin, Beschluss vom 31.5.2023 – 100 O 18/23, EWiR 2023, S. 597–598

Brinkmann, Moritz — Die Solvenzsicherungspflicht der Geschäftsleiter, ZInsO 2021, S. 303–325

Brömmekamp, Utz — Vorinsolvenzliches Sanierungsverfahren »ante portas«, ZInsO 2016, S. 500–505

Brünkmans, Christian — Geschäftsleiterpflichten und Geschäftsleiterhaftung nach dem StaRUG und SanInsFoG – Nachtrag zu ZInsO 2021, 1 ff., ZInsO 2021, S. 125–131

Brünkmans, Christian — Die Koordinierung von Insolvenzverfahren konzernverbundener Unternehmen nach deutschem und europäischem Insolvenzrecht, Berlin 2009 (zit.: *Brünkmans*, Koordinierung von Insolvenzverfahren)

Brünkmans, Christian/ Thole, Christoph (Hrsg.) — Handbuch Insolvenzplan, 2. Auflage, Köln 2020 (zit.: *Bearbeiter* in Brünkmans/Thole, HB InsPl)

Burkert, Michael — Der Debt-to-Equity Swap im Spannungsverhältnis von Gesellschafts- und Insolvenzrecht, Baden-Baden 2014 (zit.: *Burkert*, Debt-to-Equity Swap)

Cagalj, Kathrin — Restrukturierung von Anleihen nach dem neuen Schuldverschreibungsgesetz, Baden-Baden 2013 (zit.: *Cagalj*, Restrukturierung von Anleihen)

Cahn, Andreas/ Simon, Stefan/ Theiselmann, Rüdiger — Debt Equity Swap zum Nennwert!, DB 2010, S. 1629–1632

Cahn, Andreas/ Hutter, Stephan/ Kaulamo, Katja/ Meyer, Andreas/ Weiß, Daniel — Regelungsvorschläge zu ausgewählten Rechtsfragen bei Debt-to-Equity Swaps von Anleihen, WM 2014, S. 1309–1316

Cranshaw, Friedrich — Anmerkung zu AG Neuruppin, Beschluss v. 8.12.2016 – 15 IN 20/16, juris-PR-InsR 14/2017, Anm. 4

Cranshaw, Friedrich — Internationalisierung und Modernisierung – Bemerkungen zum geltenden und zum Referentenentwurf eines neuen Schuldverschreibungsgesetzes (SchVG), BKR 2008, S. 504–511

Cranshaw, Friedrich/ Portisch, Wolfgang — Paradigmen des Unternehmensstabilisierungs- und -restrukturierungsgesetzes (StaRUG) nach dem Regierungsentwurf aus Gläubigersicht – Teil 2, ZInsO 2020, S. 2617–2630

Cranshaw, Friedrich/ Portisch, Wolfgang — Paradigmen des Unternehmensstabilisierungs- und -restrukturierungsgesetzes (StaRUG) nach dem Regierungsentwurf aus Gläubigersicht – Teil 1, ZInsO 2020, S. 2561–2579

Cranshaw, Friedrich/ Portisch, Wolfgang — Präventiver Restrukturierungsrahmen in Konkurrenz zu bisherigen »Verfahrensweisen« der Sanierung, ZInsO 2020, S. 226–244

Dahl, Michael/ Linnenbrink, Frank — Die Europäische Restrukturierungs-RL – ein Überblick, NJW-Spezial 2020, S. 21–22

Dahl, Michael/ Linnenbrink, Frank — Die Umsetzung der EU-Richtlinie durch den deutschen Gesetzgeber; Zur Richtlinie (EU) 2019/1023 des Europäischen Parlaments und des Rates v. 20.6.2019, NZI-Beilage 2019, S. 45–47

Dahl, Michael/ Taras, Raul — Bestätigung eines Restrukturierungsplans trotz Zahlungsunfähigkeit, zugleich Besprechung von AG Dresden, Beschl. v. 7.6.2021 – 574 RES 2/21, NJW-Spezial 2021, S. 599

Dammann, Reinhard — Umsetzung des EU-Richtlinienvorschlags vom 22.11.2016: Vorschläge zur Einführung eines präventiven Restrukturierungsverfahrens, in Paulus/Christoph, Wimmer-Amend/ Angelika (Hrsg.), Festschrift für Dr. Klaus Wimmer, Baden-Baden 2017, S. 162–186 (zit.: *Dammann* in FS Wimmer, 2017)

de Bruyn, Benedikt/ Ehmke, David — StaRUG & InsO: Sanierungswerkzeuge des Restrukturierungs- und Insolvenzverfahrens, NZG 2021, S. 661–672

Dellit, Kai/ Hamann, Hanjo — Forderungserlass und Insolvenzplan, ZIP 2015, S. 308–316

Deppenkemper, Gunter — Der präventive Restrukturierungsrahmen: Schweizer Taschenmesser oder zahnloser Tiger?, ZIP 2020, S. 595–606

Desch, Wolfram (Hrsg.) Das neue Restrukturierungsrecht, Praxisfragen des StaRUG, München 2021 (zit.: *Bearbeiter* in Desch, RestrukturierungsR)

Desch, Wolfram (Hrsg.) Der neue Stabilisierungs- und Restrukturierungsrahmen nach dem Regierungsentwurf StaRUG in der Praxis, BB 2020, S. 2498–2512

Distler, Wolfram Das Schlechterstellungsverbot gem. § 26 Abs. 1 Nr. 1 StaRUG in Theorie und Praxis, ZIP 2021, S. 1033–1040

Doebert, Arno/ Krüger, Helge Die strategische Gestaltung von Restrukturierungsplänen, NZI 2021, S. 614–619

Drescher, Ingo/ Fleischer, Holger/ Schmidt, Karsten (Hrsg.) Münchener Kommentar zum Handelsgesetzbuch, Band 2, Zweites Buch. Handelsgesellschaften und Stille Gesellschaft, 5. Auflage, München 2022, Band 6 Bankvertragsrecht, Recht des Zahlungsverkehrs, Kapitalmarkt- und Wertpapiergeschäft, Ottawa Übereinkommen über Internationales Factoring, 5. Auflage, München 2024 (zit.: *Bearbeiter* in MüKoHGB)

Ebke, Werner/ Seagon, Christopher/ Blatz, Michael (Hrsg.) Solvenz – Insolvenz – Resolvenz, Baden-Baden 2013 (zit.: *Bearbeiter* in ESB, SIR)

Eckelt, Florian Der präventive Restrukturierungsrahmen – Europäische Vorgaben und Umsetzungsspielräume für die EU-Mitgliedstaaten, Baden-Baden 2020 (zit.: *Eckelt*, Restrukturierungsrahmen)

Eckert, Rainer/ Holze, Alina/ Ippen, Gerrit StaRUG aus dem Gleichgewicht? Verfehlung des Ziels der rechtzeitigen Einleitung von Sanierungsmaßnahmen, NZI 2021, S. 153–157

Eidenmüller, Horst What is an Insolvency Proceeding, 92 American Bankruptcy Law Journal 2018, S. 53–71 (zit.: *Eidenmüller*, 92 *Am. Bankr. L.J.*)

Eidenmüller, Horst Die Restrukturierungsempfehlung der EU-Kommission und das deutsche Restrukturierungsrecht, KTS 2014, S. 401–422

Eilers, Stephan/ Koffka, Nils Matthias/ Mackensen, Marcus/ Paul, Markus/ Josenhans, Michael (Hrsg.) Private Equity, Unternehmenskauf – Finanzierung – Restrukturierung – Exitstrategien, 4. Auflage, München 2022 (zit.: *Bearbeiter* in EKMPJ, PE)

Fest, Timo Anleihebedingungen, Rechtssicherheit trotz Inhaltskontrolle, Tübingen 2022 (zit.: *Fest*, Anleihebedingungen)

Fest, Timo Überlegungen zur Fortentwicklung des Debt-Equity-Swap, in Pannen, Klaus/Riedemann, Susanne/Zeuner, Mark (Hrsg.), Prozess als Wirklichkeit des Rechts, Festschrift für Stefan Smid zum 65. Geburtstag, S. 107–119, München 2022 (zit.: *Fest* in FS Smid, 2022)

Fiebig, Sylvia StaRUG – eine Auswertung der ersten praktischen Fälle, ZRI 2021, S. 561–569

Fischer, Gero	Die Rechtsstellung der Anleihegläubiger in Krise und Insolvenz des Emittenten, WM 2018, S. 1529–1535
Fischer, Reinfried/ Schulte-Mattler, Hermann (Hrsg.)	KWG, CRR, Kommentar zu Kreditwesengesetz, VO (EU) Nr. 575/2013 (CRR) und Ausführungsvorschriften, Band 1, 6. Auflage, München 2023 (zit.: *Bearbeiter* in Fischer/ Schulte-Mattler, KWG)
Fleischer, Holger	Grundfragen der ökonomische Theorie im Gesellschafts- und Kapitalmarktrecht, ZGR 2001, S. 1–32
Fleischer, Holger/ Goette, Wulf (Hrsg.)	Münchener Kommentar zum GmbHG, Band 2, 4. Auflage, München 2023 (zit.: *Bearbeiter* in MüKoGmbHG)
Florstedt, Tim	Sanierung durch Konsens heute, KTS 2023, S. 51–103
Florstedt, Tim	Reformbedarf und Reformperspektiven im Schuldverschreibungsrecht, WiVerw 2014, S. 155–164
Florstedt, Tim	Die Schranken der Majorisierung von Gläubigern, RIW 2013, S. 583–592
Flöther, Lucas (Hrsg.)	Unternehmensstabilisierungs- und -restrukturierungsgesetz (StaRUG), Kommentar, München 2021 (zit.: *Bearbeiter* in Flöther, StaRUG)
Flöther, Lucas (Hrsg.)	Sanierungsrecht, Einführung zur Richtlinie der Europäischen Kommission über präventive Restrukturierungsrahmen, München 2019 (zit.: *Bearbeiter* in Flöther, SanR)
Flöther, Lucas	Anregungen zur Umsetzung der EU-Richtlinie über präventive Restrukturierungsrahmen, ZInsO 2019, S. 1582–1586
Flöther, Lucas	Die weitere prozessuale Umsetzung der Richtlinie in Deutschland und Europa, NZI-Beilage 2017, S. 4–5
Flöther, Lucas	Die Ziele des präventiven Restrukturierungsrahmens – Kontinuität und Wandel –, in Bork, Reinhard/Grupp, Dietmar/ Kübler, Bruno (Hrsg.), Festschrift zu Ehren von Godehard Kayser, Köln 2019, S. 215–230 (zit.: *Flöther* in FS Kayser, 2019)
Flöther, Lucas / Wilke, Anna	Neue Zugangshürde zum StaRUG – Der Gesellschafter als Sanierungsbremse?, ZRI 2023, S. 1029–1044
Flöther, Lucas / Wilke, Anna	Auswirkungen des präventiven Restrukturierungsrahmens auf die Insolvenzantragstellung, NZI-Beilage 2019, S. 80–82
Freitag, Robert	Grundfragen der Richtlinie über präventive Restrukturierungsrahmen und ihrer Umsetzung in das deutsche Recht, ZIP 2019, S. 541–552
Freudenberger, Christina	Das Schuldverschreibungsgesetz und die kollektive Bindung von Anleihebedingungen, Berlin 2017 (zit.: *Freudenberger*, Kollektive Bindung)
Friedl, Markus	Anmerkung zu OLG Dresden v. 09.12.2015 – 13 U 223/15, BB 2016, S. 275
Friedl, Markus	Anmerkung zu BGH, Urt. v. 1.7.2014 – II ZR 381/13, BKR 2014, S. 514–515

Friedl, Markus	Der Tausch von Anleihen in Aktien, BB 2012, S. 1102–1108
Friedl, Markus/ Hartwig-Jacob, Mauricio (Hrsg.)	Frankfurter Kommentar zum Schuldverschreibungsgesetz, Frankfurt am Main 2013 (zit.: *Bearbeiter* in FK-SchVG)
Frind, Frank	Nutzen und Grenzen der Stabilisierungsanordnung im StaRUG-Verfahren aus gerichtlicher Sicht, ZRI 2021, S. 697–705
Frind, Frank	Überreguliert statt saniert?, ZInsO 2020, S. 2241–2248
Frind, Frank/ Pollmächer, Frank	Anmerkungen zu den »Thesen des Gravenbrucher Kreises zum vorinsolvenzlichen Sanierungsverfahren in Deutschland« – think twice, before it's all right, ZInsO 2016, S. 1290–1297
Fritz, Daniel Friedemann	Die Ergebnisse von Evaluation und Folgenabschätzung – Grundlegende Überlegungen zum vorbeugenden Sanierungsverfahren, NZI-Beilage 2017, S. 9–12
Fröhlich, Andreas	Vergleichswertermittlung in Restrukturierungs-Planverfahren: Alternativen zum Dual-Track-Investorenprozess, ZInsO 2022, S. 186–192
Fuhrmann, Lambertus/ Heinen, Alexander/ Schilz, Lukas	Die gesellschaftsrechtlichen Aspekte des StaRUG, Drei Fragen an die Restrukturierungsanzeige nach § 31 I StaRUG, NZG 2021, S. 684–692
Gehrlein, Markus	Einleitung eines StaRUG-Verfahrens aus eigener Machtvollkommenheit der Geschäftsführer?, ZRI 2024, S. 737–745
Gehrlein, Markus	Rechte der Gesellschafter im Restrukturierungsverfahren, BB 2022, S. 1096–1101
Gehrlein, Markus	Das Gesetz über den Stabilisierungs- und Restrukturierungsrahmen für Unternehmen (StaRUG) – ein Überblick, BB 2021, S. 66–81
Geldmacher, Christoph	Das präventive Sanierungsverfahren: Ein detaillierter Vorschlag, ZInsO 2011, S. 353–372
Gloeckner, Christian/ Bankel, Hans	Etablierung und Aufgaben des Gemeinsamen Vertreters nach dem Schuldverschreibungsgesetz, ZIP 2015, S. 2393–2401
Goetker, Uwe/ Schulz, Benedikt	Vorinsolvenzliches Sanierungsverfahren – Warum braucht die Praxis ein solches und wie könnte es aussehen?, ZIP 2016, S. 2095–2107
Goette, Wulf/ Habersack, Mathias/ Kalls, Susanne (Hrsg.)	Münchener Kommentar zum Aktiengesetz – Band 1 §§ 1–75, 6. Auflage 2024, Band 3 §§ 118–178, 6. Auflage, München 2024, Band 4 §§ 179–277, 6. Auflage, München 2025 (zit.: *Bearbeiter* in MüKoAktG)
Gottwald, Peter/ Haas, Ulrich (Hrsg.)	Insolvenzrechts-Handbuch, 6. Auflage, München 2020 (zit.: *Bearbeiter* in Gottwald/Haas, InsR-HB)
Grau, Jörg/ Pohlmann, Ulrich/ Radunz, Isabell	Erste Praxiserfahrungen mit dem StaRUG, zugleich Besprechung von AG Hamburg, NZI 2021, 544, NZI 2021, S. 522–527

Grauer, Philipp/ Münzel, Stephan	Anmerkung zu AG Dresden, Beschl. v. 7.6.2021 – 574 RES 2/21, NZI 2021, S. 895–897
Grell, Frank/ Klockenbrink, Ulrich	Auswirkungen der Richtlinie über präventive Restrukturierungsrahmen auf Fremdkapitalgeber, DB 2019, S. 1489–1494
Grell, Frank/ Splittgerber, Daniel/ Schneider, Stephan	BGH ebnet den Weg für die Restrukturierung von Anleihen – alle Fragen geklärt?, DB 2015, S. 111–115
Gsell, Beate/ Krüger, Wolfgang/ Lorenz, Stefan/ Reymann, Christoph (Gesamthrsg.)	beck-online.Großkommentar BGB, Stand: 01.09.2025, München 2025 (*Bearbeiter* in BeckOGK BGB)
Gummert, Hans/ Schäfer, Carsten (Hrsg.)	Münchener Handbuch des Gesellschaftsrechts, Band 2, Kommanditgesellschaft – GmbH & Co. KG – Publikums-KG – Stille Gesellschaft, 6. Auflage, München 2024 (zit.: *Bearbeiter* in MHdB GesR II)
Gumpp, Tobias	Stellenwert der Erwägungsgründe in der Methodenlehre des Unionsrechts, ZfPW 2022, S. 446–476
Guntermann, Lisa Marleen	StaRUG: Neuausrichtung der Geschäftsleiterpflichten bei drohender Zahlungsunfähigkeit?, WM 2021, S. 214–220
Haase, Florian/ Jachmann-Michel, Monika (Hrsg.)	Beck'sches Handbuch Immobiliensteuerrecht, Erwerb, Nutzung, Veräußerung, 3. Auflage, München 2024 (zit.: *Bearbeiter* in Haase/Jachmann, Hdb ImmobiliensteuerR)
Habersack, Mathias/ Casper, Matthias/ Löbbe, Marc (Hrsg.)	Gesetz betreffend die Gesellschaften mit beschränkter Haftung (GmbHG), Band 2, §§ 29 bis 52, 3. Auflage, Tübingen 2020 (zit.: *Bearbeiter* in HCL, GmbHG)
Habersack, Mathias/ Mülbert, Peter/ Schlitt, Michael (Hrsg.)	Unternehmensfinanzierung am Kapitalmarkt, 5. Auflage, Köln 2025 (zit.: *Bearbeiter* in HMS, Unternehmensfinanzierung)
Hau, Wolfgang/ Poseck, Roman (Hrsg.)	Beck'scher Online-Kommentar BGB, 75. Edition, Stand: 01.08.2025, München 2025 (zit.: *Bearbeiter* in BeckOK BGB)
Harder, Phillip-Boie/ Kindler, Peter/ Kluth, David (Hrsg.)	Sanierungsrecht, StaRUG, InsO, IDW Standards, Baden-Baden 2024 (zit.: *Bearbeiter* in HKK, SanR)
Harig, Florian	Aufhebung einer Restrukturierungssache bei fehlender Vertretungsmacht des anzeigenden Geschäftsführers der Schuldnerin, zugleich Besprechung AG Hamburg, Beschluss v. 17.3.2023 – 61c RES 1/23, EWiR 2023, S. 406–408
Harig, Florian/ Stamme, Moritz	Aktiengesetz und COVMG als Vorbild für die elektronische Abstimmung über den Restrukturierungsplan, ZIP 2021, S. 2105–2110
Heckschen, Heribert/ Weitbrecht, Jannik	Kurzer Zwischenruf zu § 44 StaRUG-E: Zur vorsorglichen Rettung restrukturierungsbedingter Einziehungsklauseln und Rückforderungsrechte, NZI 2020, S. 976–977

Heidel, Thomas (Hrsg.) Aktienrecht und Kapitalmarktrecht, 6. Auflage, Baden-Baden 2024 (zit.: *Bearbeiter* in Heidel, AktR)

Heidrich, Martin/ Gabriel, Rebecca Ein Überblick über die gesetzlichen Änderungen und Neuerungen nach dem SanInsFoG und dem StaRUG, SanB 2020, S. 164–168

Henssler, Martin/ Strohn, Lutz (Hrsg.) Gesellschaftsrecht, 6. Auflage, München 2024 (zit.: *Bearbeiter* in Henssler/Strohn, GesR)

Herding, Franz Bernhard/ Krafczyk, Jonah Die Einbeziehung der Anteilseigner bei der Anzeige des Restrukturierungsvorhabens im »kritischen« und »idealen« Restrukturierungsfenster, ZRI 2023, S. 750–759

Herrmanns, Michael Frühwarnsysteme nach dem Richtlinienvorschlag der EU-Kommission zur präventiven Restrukturierung, ZInsO 2018, S. 2273–2280

Heß, Henrik Die Restrukturierung des Insolvenzrechts, Eine Analyse des Richtlinienentwurfs COM(2016) 723 final, Baden-Baden 2019 (zit.: *Heß*, Restrukturierung des Insolvenzrechts)

Hingerl, Josef Gruppenbildung im Insolvenzplanverfahren, ZInsO 2007, S. 1337–1341

Hirte, Heribert/ Vallender, Heinz (Hrsg.) Insolvenzordnung, Kommentar, Band 2, 16. Auflage, München 2023 (zit.: *Bearbeiter* in Uhlenbruck, InsO)

Hoegen, Peter/ Kranz, Christopher Neue Möglichkeiten der Konzernsanierung durch SanInsFoG und StaRUG, NZI 2021, S. 105–109

Hoegen, Peter/ Kranz, Christopher Die Auswirkungen des präventiven Restrukturierungsrahmens auf die außergerichtliche Unternehmenssanierung – droht die Bedeutungslosigkeit?, NZI-Beilage 2019, S. 53–56

Hoffmann, Guido Unternehmerische Leitungsentscheidungen in der (Corona-)Krise, WM 2021, S. 429–441

Hoffmann, Thomas/ Giancristofano, Isabel Das englische Scheme of Arrangement als taugliches Sanierungsinstrument für deutsche Unternehmen – Zweifel bleiben, ZIP 2016, S. 1945–1951

Hofmann, Matthias Der Restrukturierungsplan nach der EU-Restrukturierungs-RL – Grundlagen und Einsatzberichte, SanB 2020, S. 98–103

Hofmann, Matthias Der Restrukturierungsplan im künftigen deutschen Restrukturierungsverfahren – Restrukturierungs- vs. Insolvenzplan, NZI-Beilage 2019, S. 22–26

Hölters, Wolfgang/ Weber, Markus (Hrsg.) Aktiengesetz, Kommentar, 5. Auflage, München 2025 (zit.: *Bearbeiter* in Hölters/Weber, AktG)

Hölzle, Gerrit Zur Umsetzung des präventiven Restrukturierungsrahmens in Deutschland, ZIP 2020, S. 585–595

Hölzle, Gerrit Präventiver Restrukturierungsrahmen – Beitrag zu einer Verbesserung der Restrukturierungskultur in Europa und ergänzende Sanierungsoption oder »Schlachtbank« für die Motive des ESUG?, ZIP 2017, S. 1307–1313

Hölzle, Gerrit Der Insolvenzantrag als Sanierungsoption – auch gegen den Willen von Gesellschaftern?, ZIP 2013, S. 1846–1851

Hopt, Klaus 50 Jahre Anlegerschutz und Kapitalmarktrecht: Rückblick und Ausblick, WM 2009, S. 1873–1881

Hopt, Klaus/ Seibt, Christoph (Hrsg.) Schuldverschreibungsrecht, 2. Auflage, Köln 2023 (zit.: *Bearbeiter* in Hopt/Seibt, SchvR)

Hopt, Klaus Seibt, Christoph (Hrsg.) Schuldverschreibungsrecht, Köln 2017 (zit.: *Bearbeiter* in Hopt/Seibt, SchvR, 2017)

Horn, Norbert Der gemeinsamen Vertreter der Anleihegläubiger in der Insolvenz, BKR 2014, S. 449–453

Horn, Norbert Das neue Schuldverschreibungsgesetz und der Anleihemarkt, BKR 2009, 446–453

Horn, Norbert Die Stellung der Anleihegläubiger nach dem neuen Schuldverschreibungsgesetz und allgemeinem Privatrecht im Licht aktueller Marktentwicklung, ZHR 173 (2009), S. 12–66

Huber, Herwart Der restrukturierungswillige Unternehmenskunde und das StaRUG-Verfahren: Mögliche Fallstricke für ein finanzierendes Kreditinstitut, NZI 2025, S. 353–361

Institut der Wirtschaftsprüfer in Deutschland e. V. Präventiver Restrukturierungsrahmen, Umsetzung der Europäischen Restrukturierungs-RL in nationales Recht, ZInsO 2020, S. 46–58

Jacobi, Christoph Alexander Das präventive Restrukturierungsverfahren, Richtlinienvorschlag der EU-Kommission v. 22.11.2016 COM(2016) 723 final, ZInsO 2017, S. 1–13

Jacoby, Florian Insolvenzabhängige Lösungsklauseln, ZIP 2023, S. 2273–2282

Jacoby, Florian/ Thole, Christoph (Hrsg.) Unternehmensstabilisierungs- und – restrukturierungsgesetz, München 2023 (zit.: *Bearbeiter* in Jacoby/Thole)

Jesch, Thomas/ Striegel, Andreas/ Boxberger, Lutz (Hrsg.) Rechtshandbuch Private Equity, 2. Auflage, München 2020 (zit.: *Bearbeiter* in JSB, HdB PE)

Jungmann, Carsten Die antragsabhängige Prüfung der Voraussetzungen eines Cross-Class Cram Down bei Notwendigkeit einer Unternehmensbewertung, ZRI 2022, S. 721–729

Jungmann, Carsten Das verkürzte Beschwerdeverfahren im Restrukturierungsrecht – Sinn, Anwendungsbereich und Handhabung von § 66 V StaRUG, NZI 2022, S. 353–360

Jungmann, Carsten Die Konsequenzen einer erfolgreichen sofortigen Beschwerde gegen die Planbestätigungsentscheidung des Restrukturierungsgerichts, ZIP 2022, S. 253–258

Jungmann, Carsten/ Zündorf, Stephan Die voraussichtliche Schlechterstellung überstimmter Minderheiten durch einen Restrukturierungsplan. Konzeptionelle Wege zur Prüfung der »Begründetheit« eines Versagungsantrags i. S. v. § 64 StaRUG, ZRI 2022, S. 89–107

Kaiser, Max — Die Instrumente des § 29 StaRUG – Welche Lehren können aus den Gemeinsamkeiten und Unterschieden zum englischen Restructuring Plan (»Super Scheme«) gezogen werden?, ZInsO 2024, S. 1461–1472

Kayser, Godehard — Vorinsolvenzliche Sanierung als Pflichtaufgabe des Gesetzgebers? Ein Plädoyer für die Schaffung eines neuen Rechtsrahmens, in Kayser, Godehard/Smid, Stefan/Riedemann, Susanne (Hrsg.), Nichts ist beständiger als der Wandel, Festschrift für Klaus Pannen zum 65. Geburtstag, München 2017, S. 273–287 (zit.: *Kayser* in FS Pannen, 2017)

Kayser, Godehard — Rechtzeitige Insolvenzantragstellung vor dem Hintergrund des Brüsseler Aktionsplans für ein vorinsolvenzliches Restrukturierungsverfahren, ZIP 2016, Beilage, S. 40–43

Kern, Christoph — Ein Wettbewerb der Rechtsordnungen? Vergleich des niederländischen und des deutschen Umsetzungsgesetzes zur Restrukturierungsrichtlinie, NZI-Beilage 2021, S. 74–76

Kern, Christoph — Die Eintrittsvoraussetzungen in das Verfahren, NZI-Beilage 2019, S. 18–20

Kessler, Alexander — Kein Opt-In gemäß § 24 II SchVG 2009 nach Insolvenzeröffnung, GWR 2016, S. 148

Kessler, Alexander — Anmerkung zu BGH, Urt. v. 1.7.2014 – II ZR 381/13, BB 2014, S. 2576

Kessler, Alexander/Rühle, Thomas — Die Restrukturierung von Anleihen in Zeiten des SchVG 2009, BB 2014, S. 907–914

Kinateder, Harald — Mittelstandsanleihe – Eine kritische Betrachtung aus der Sicht von KMU und Investoren, CF biz 2013, S. 190–194

Klerx, Oliver/Penzlin, Dietmar — Schuldverschreibungsgesetz von 1899 – ein Jahrhundertfund?, BB 2004, S. 791–794

Kluth, David/Harder, Philipp-Boye/Harig, Florian/Kunz, Daniel (Hrsg.) — Das neue Restrukturierungsrecht, Unternehmensrestrukturierung durch StaRUG und Eigenverwaltung, Baden-Baden 2022 (zit.: *Bearbeiter* in KHHK, RestrR)

Knauthe, Karola — Kein Opt-In der Altanleihegläubiger nach Eröffnung des Insolvenzverfahrens, zugleich Besprechung OLG Dresden, Urteil v. 9.12.2015 – 13 U 223/15, EWiR 2016, S. 117–118

Koch, Jens — Aktiengesetz, 19. Auflage, München 2025 (zit.: *Koch*, AktG)

Köndgen, Johannes (Hrsg.) — beck-online.Großkommentar SchVG, Stand 1.10.2025, München 2025 (zit.: *Bearbeiter* in BeckOGK SchVG)

Korch, Stefan — Restrukturierungsgesellschaftsrecht – Zur Überformung des Gesellschaftsrechts durch den StaRUG-Regierungsentwurf, NZG 2020, S. 1299–1303

Korch, Stefan — Die Rolle der Gesellschafter im künftigen Restrukturierungsverfahren, ZIP 2020, S. 446–453

Korch, Stefan	Sanierungsverantwortung von Geschäftsleitern, Krisenpflichten im Lichte des Art. 19 der Restrukturierungsrichtlinie, ZGR 2019, S. 1050–1081
Korch, Stefan	Insolvenzrecht und Marktgesetze, Eine Standortbestimmung im Angesicht des EU-Kommissionsvorschlags für einen präventiven Restrukturierungsrahmen, ZHR 182 (2018), S. 440–481
Krauß, Hans-Frieder/ Weise, Stefan (Hrsg.)	Beck'sche Online-Formulare Vertrag, 74. Edition, Stand: 01.09.2025, München 2025 (zit.: *Bearbeiter* in Beck'sche OF Vertr.)
Krüger, Wolfgang/ Rauscher, Thomas (Hrsg.)	Münchener Kommentar zur Zivilprozessordnung mit Gerichtsverfassungsgesetz und Nebengesetzen, Band 1, 7. Auflage, München 2025 (zit.: *Bearbeiter* in MüKoZPO)
Krystek, Ulrich/ Evertz, Derik	Betriebswirtschaftliche Aspekte der präventiven Restrukturierung, DB 2020, S. 2361–2368
Kübler, Bruno	Schuldverschreibungen in der Insolvenz – Verfahrensrechtliche Streitfragen, Münch, Joachim (Hrsg.), Prozessrecht und materielles Recht, Liber Amicorum für Wolfram Henckel aus Anlass seines 90. Geburtstages, S. 183–199, Tübingen 2015 (zit.: *Kübler* in FS Henckel, 2015)
Kübler, Bruno/ Bork, Reinhard/ Prütting, Hanns (Hrsg.)	HRI I, Handbuch Restrukturierung vor der Insolvenz, Restrukturierung nach dem Stabilisierungs- und Restrukturierungsrahmen, Köln 2023 (*Bearbeiter* in KBP, HRI I)
Kuder, Karen/ Obermüller, Manfred	Insolvenzrechtliche Aspekte des neuen Schuldverschreibungsgesetzes, ZInsO 2009, S. 2025–2029
Kuhn, Tomas	Argumentation bei Analogie und teleologischer Reduktion in der zivilrechtlichen Klausurpraxis, JuS 2016, S. 104–109
Kümpel, Siegfried/ Mülbert, Peter/ Früh, Andreas/ Seyfried, Thorsten (Hrsg.)	Bankrecht und Kapitalmarktrecht, 7. Auflage, Köln 2025 (zit.: *Bearbeiter* in KMFS, BankR)
Kuntz, Thilo	Geschäftsleiterhaftung bei drohender Zahlungsunfähigkeit nach StaRUG, ZIP 2021, S. 597–611
Kusserow, Berthold	Zu der Frage der Anwendbarkeit des SchVG auf Namensschuldverschreibungen, RdF 2012, S. 4–13
Lange, Christian/ Swierczok, Artur	Neues aus Brüssel: Der finale Text der Restrukturierungs-RL lässt grüßen!, BB 2019, S. 514–520
Langenbucher, Katja/ Bliesener, Dirk/ Spindler, Gerald (Hrsg.)	Bankrechts-Kommentar, 3. Auflage, München 2020 (zit.: *Bearbeiter* in LBS, BankR-Kom.)
Langheid, Theo/ Wandt, Manfred (Hrsg.)	Münchener Kommentar zum Versicherungsvertragsgesetz, Band 3, 3. Auflage, München 2024 (zit.: *Bearbeiter* in MüKoVVG)
Larenz, Karl	Methodenlehre der Rechtswissenschaft, 6. Auflage, Berlin Heidelberg New York 1991 (zit.: *Larenz*, Methodenlehre)

Larenz, Karl (Begr.)/ Canaris, Claus-Wilhelm — Methodenlehre der Rechtswissenschaft, 3. Auflage, Berlin Heidelberg 1995 (zit.: *Larenz/Canaris*, Methodenlehre)

Leuering, Dieter — Das neue Schuldverschreibungsgesetz, NZI 2009, S. 638–640

Leuering, Dieter/ Rubner, Daniel — StaRUG – Zustimmung zur Einleitung von Restrukturierungsverfahren, NJW-Spezial 2023, S. 625

Liebenow, Philip — Das Schuldverschreibungsgesetz als Anleiheorganisationsrecht und Gesellschaftsrecht, Tübingen 2015 (zit.: *Liebenow*, Anleiheorganisationsrecht)

Lieder, Jan — Kapitalmaßnahmen im Restrukturierungsplan nach dem StaRUG, in Pannen, Klaus/Riedemann, Susanne/Zeuner, Mark (Hrsg.), Prozess als Wirklichkeit des Rechts, Festschrift für Stefan Smid zum 65. Geburtstag, S. 543–560, München 2022 (zit.: *Lieder* in FS Smid, 2022)

Liedl, Florian — Absoluter oder relativer Vorrang von Gläubigerklasse im Restrukturierungsrecht, Berlin 2022 (zit.: *Liedl*, Gläubigerklassen)

Lürken, Sacha — Das StaRUG aus schuldverschreibungsrechtlicher Sicht, ZIP 2021, S. 1305–1313

Lürken, Sacha — Opt-In Beschluss der Anleihegläubiger auch noch nach Insolvenzeröffnung möglich, zugleich Besprechung BGH, Urteil v. 16.11.2017 – IX ZR 260/15, EWiR 2017, S. 757–758

Lürken, Sacha — Bindung von Anleihegläubigern an Mehrheitsbeschlüsse auch nach Anleihekündigung, zugleich Besprechung von BGH, Urt. v. 8.12.2015 – IX ZR 488/14, GWR 2016, S. 78

Lürken, Sacha — Einberufung einer weiteren Anleihegläubigerversammlung im Insolvenzverfahren zur Bestellung eines gemeinsamen Vertreters, GWR 2013, S. 499

Lutter, Marcus — Aktionärs-Klagerechte, JZ 2000, S. 837–842

Madaus, Stephan — Der Funken des StaRUG zündet – die Restrukturierung ausländischer Forderungen in Deutschland bei Spark Networks, zugleich Besprechung von AG Berlin-Charlottenburg NZI 2024, 225, NZI 2024, S. 193–195

Madaus, Stephan — Anmerkung zu LG Berlin, Beschluss v. 31.5.2023 – 100 O 18/23, NZI 2023, S. 930–932

Madaus, Stephan — Vertrauliche Restrukturierungspläne für ausländische Schuldner, ZIP 2022, S. 1233–1244

Madaus, Stephan — Die Vorgaben der EU-Richtlinie über präventive Restrukturierungsrahmen an den deutschen Gesetzgeber – Handlungsspielräume und Grenzen, DB 2019, S. 592–598

Madaus, Stephan — Vorinsolvenzliche Sanierungsverfahren – Perspektiven einer europäisch geprägten Rechtsentwicklung, KSzW 2015, S. 183–190

Maier-Reimer, Georg — Fehlerhafte Gläubigerbeschlüsse nach dem Schuldverschreibungsgesetz, NJW 2010, S. 1317–1322

Mann, Maximilian/ Wansleben, Till — Vollziehung von Beschlüssen der Gläubigerversammlung nach dem SchVG, BB 2017, S. 963–968

Marotzke, Wolfgang — Die Justiziabilität von Restrukturierungsplänen, dargestellt am Beispiel planbasierter Übergriffe auf nicht plangestaltbare Rechtspositionen, ZInsO 2021, S. 2540–2568

Matjuschkin, Galina — Bondholder Governance nach dem Schuldverschreibungsgesetz, Berlin 2021 (zit.: *Matjuschkin*, Bondholder Governance)

Michalski, Lutz (Begr.)/ Heidinger, Andreas/ Leible, Stefan/ Schmidt, Jessica (Hrsg.) — Kommentar zum Gesetz betreffend die Gesellschaften mit beschränkter Haftung (GmbH-Gesetz), Band 2, §§ 35–88 GmbHG, EGGmbhG, 4. Auflage, München 2023 (zit.: *Bearbeiter* in MHLS, GmbHG)

Mock, Sebastian — Das Finanzierungsrecht der Gesellschafter und die drohende Zahlungsunfähigkeit (§ 18 InsO), ZRI 2024, S. 1026–1031

Mock, Sebastian — Anm. zu AG Hamburg, Beschl. v. 17.3.2023 – 61c RES 1/23, NZI 2023, S. 585–586

Mock, Sebastian — Das künftige (harmonisierte) Insolvenzrecht – Entwurf einer Richtlinie zum Unternehmensinsolvenzrecht, NZI 2016, S. 977–982

Möllers, Thomas — Juristische Methodenlehre, 6. Auflage, München 2025 (zit. *Möllers*, Methodenlehre)

Morgen, Christoph (Hrsg.) — StaRUG, Kommentar zum Gesetz über den Stabilisierungs- und -restrukturierungsrahmen für Unternehmen, 2. Auflage, Köln 2022 (zit. *Bearbeiter* in Morgen, StaRUG)

Morgen, Christoph (Hrsg.) — Präventive Restrukturierung, Kommentar und Handbuch zur Richtlinie über präventive Restrukturierungsrahmen, Köln 2019 (zit.: *Bearbeiter* in Morgen, Präventive Restrukturierung)

Morgen, Christoph/ Arends, Daniel/ Schierhorn, Robin — Sanierungsmittel der Wahl – Insolvenzplan nach InsO n. F. oder Restrukturierungsplan nach StaRUG?, ZRI 2021, S. 305–313

Moser, Tobias — Anmerkung zu BGH, Urt. v. 8.12.2015 – IX ZR 488/14, NZI 2016, S. 470–471

Moser, Tobias — OLG Zweibrücken, Voraussetzungen der Einberufung einer Gläubigerversammlung nach § 9 Abs. 2 S. 1 SchVG, BB 2014, S. 84

Moser, Tobias — Anmerkung zu BGH, Urteil vom 16.11.2017 – IX ZR 260/15, WuB 2018, S. 241–243

Moser, Tobias — Missbrauchsgefahren durch opponierende Anleihegläubiger nach dem neuen Schuldverschreibungsgesetz, 2015, Baden-Baden (zit.: *Moser*, Opponierende Anleihegläubiger)

Mulert, Martin/ Steiner, Jan-Mark — Gesellschaftsrechtlich zulässige Regelungen im Insolvenz- und Restrukturierungsplan, NZG 2021, S. 673–683

Müller, Hans-Friedrich — Die Umsetzung der EU-Richtlinie über präventive Restrukturierungsrahmen, ZIP 2020, S. 2253–2259

Müller, Hans-Friedrich	Sanierung nach der geplanten EU-Restrukturierungs-Richtlinie – Eine Analyse aus gesellschaftsrechtlicher Perspektive –, ZGR 2018, S. 56–87
Musielak, Hans-Joachim/ Voit, Wolfgang (Hrsg.)	Zivilprozessordnung mit Gerichtsverfassungsgesetz, 22. Auflage, München 2025 (zit.: *Bearbeiter* in Musielak/ Voit)
Naujoks, Andreas/ Schönen, Simone	Die Anpassung von Einzelbestimmungen in Finanzierungsverträgen nach dem StaRUG, ZRI 2021, S. 437–446
Neuberger, Jürgen	Antragsgrund und Frühwarnsysteme im Sinne des Richtlinien-Vorschlags der EU-Kommission über einen präventiven Restrukturierungsrahmen, ZInsO 2018, S. 2053–2063
Noack, Ulrich/ Servatius, Wolfgang/ Haas, Ulrich (Hrsg.)	Gesetz betreffend die Gesellschaften mit beschränkter Haftung, 24. Auflage, München 2025 (zit. *Bearbeiter* in NSH, GmbHG)
Nowotny, Christian	Verlust des halben Stammkapitals, Ein kleiner Unterschied zwischen deutschem und österreichischem GmbH-Recht, in Bierich, Marcus/Hommelhoff, Peter/Kropff, Bruno (Hrsg.), Festschrift für Johannes Semler zum 70. Geburtstag am 28. April 1993, S. 231–260 (zit.: *Nowotny* in FS Semler, 1993)
Ostermann, Ansgar	Kündigung von Inhaberschuldverschreibungen im Restrukturierungsfalls, Unkalkulierbares Risiko für Emittenten? DZWIR 2015, S. 313–317
Pannen, Klaus/ Riedemann, Susanne/ Smid, Stefan (Hrsg.)	Unternehmensstabilisierungs- und -restrukturierungsgesetz (StaRUG), München 2021 (zit.: *Bearbeiter* in PRS, StaRUG)
Paulus, Christoph	Schuldverschreibungen, Restrukturierungen, Gefährdungen, WM 2012, S. 1109–1113
Paulus, Christoph	Berufskläger als Sanierungshindernis, BB 2012, S. 1556–1558
Paulus, Christoph/ Bähr, Biner/ Hackländer, Philipp	Konzernweite Restrukturierungen – Hilft das StaRUG?, ZIP 2021, S. 1085–1090
Pehl, Dirk	Mehrheitsbeschlüsse der Gläubiger auch bei vorheriger außerordentlicher Kündigung der Anleihe bindend, zugleich Besprechung von BGH, Urt. v. 8.12.2015 – IX ZR 488/14, FD-InsR 2016, 376292
Philipp, Sebastian/ Andersch, Tammo/ Henn, Ralf-Thorsten	Geeignete Einstiegsvoraussetzungen aus Beratersicht, INDat Report 2019, S. 30–34
Pleister, Christian	Behandlung von Drittsicherheiten in der finanziellen Restrukturierung von Konzernen, ZIP 2015, S. 1097–1106
Pleister, Christian/ Tholen, Laurenz	Zum Siegeszug des insolvenzrechtlichen Freigabeverfahrens, ZIP 2015, S. 414–419
Pluta, Michael	Insolvenzgründe im Kontext von StaRUG und InsO, NZI-Beilage 2021, S. 22–25

Pluta, Michael – Die Eigenverwaltung – Eintritt in präventive Restrukturierungsverfahren ohne Beteiligung von Gerichten und Verwaltern, NZI-Beilage 2017, S. 20–21

Podewils, Felix – Neuerungen im Schuldverschreibungs- und Anlegerschutzrecht, Das Gesetz zur Neuregelung der Rechtsverhältnisse bei Schuldverschreibungen aus Gesamtemissionen und zur verbesserten Durchsetzbarkeit von Ansprüchen von Anlegern aus Falschberatung, DStR 2009, S. 1914–1920

Preuße, Thomas/ Vogel, Hans-Gert (Hrsg.) – Gesetz über Schuldverschreibungen aus Gesamtemissionen, Kommentar, 2. Auflage, Berlin 2023 (zit.: *Bearbeiter* in Preuße/Vogel, SchVG)

Prinz, Ulrich/ Winkeljohann, Norbert (Hrsg.) – Beck'sches Handbuch der GmbH, Gesellschaftsrecht – Steuerrecht, 6. Auflage, München 2021 (zit.: *Bearbeiter* in Prinz/ Winkeljohann, BHdB GmbH)

Proske, Stefan/ Streit, Georg – Rettende Restrukturierung durch Rechtsrahmen? Lob und Kritik zum Regierungsentwurf des StaRUG, NZI 2020, S. 969–975

Prütting, Hanns/ Bork, Reinhard/ Jacoby, Florian (Hrsg.) – KPB, Kommentar zur Insolvenzordnung, Stand: 105. EL September 2025 (zit.: *Bearbeiter* in PBJ, InsO)

Rauhut, Tilman – Die Gesellschafter unter dem StaRUG, NZI-Beilage 2021, S. 52–54

Rauscher, Markus/ Leichtle, Holger/ Mucha, Martina/ Schäffler, Frank/ Wagner, Martin – Das vorinsolvenzliche Sanierungsverfahren – Eckpunkte für eine gesetzliche Regelung, ZinsO 2016, S. 2420–2424

Rechtmann, Jochen – Eingriffe in Kreditforderungen und Kreditsicherheiten im Rahmen des StaRUG, WM 2021, S. 520–526

Reinhard, Thorsten/ Schall, Alexander (Hrsg.) – Schuldverschreibungsgesetz Kommentar, Berlin 2020 (zit.: *Bearbeiter* in Reinhard/Schall, SchVG)

Risse, Jörg/ Kästle, Florian – M&A und Corporate Finance von A–Z, München 2018, 3. Auflage (zit.: *Risse/Kästle*, M&A von A–Z, »Begriff«)

Ristelhuber, Johannes – Gläubigerinteressen versus Gesellschafterweisung, Das Weisungsrecht der Gesellschafter nach § 37 I GmbHG im Lichte der Regelungen des StaRUG, NZI 2021, S. 417–420

Römermann, Volker (Hrsg.) – Insolvenzordnung (InsO), Kommentar, Stand: Januar 2024, 49. Ergänzungslieferung, München 2024 (zit,; *Bearbeiter* in Römermann, InsO)

Röper, Johanna/ Denkhaus, Stefan – Finanzierungsoptionen im Restrukturierungsverfahren, ZRI 2021, S. 1043–1051

Rowedder, Heinz/ Pentz, Andreas (Hrsg.) – Gesellschaften mit beschränkter Haftung, 7. Auflage, München 2022 (zit.: *Bearbeiter* in Rowedder/Pentz, GmbHG)

Rüberg, Josepha – Die Anleihe in der Insolvenz, Berlin 2019 (zit.: *Rüberg*, Anleihe in der Insolvenz)

Rubner, Daniel/ Leuering, Dieter	Der gemeinsame Vertreter der Anleihegläubiger, NJW-Spezial 2014, S. 15–16
Ruf, Marlene	Der gemeinsame Vertreter der Anleihegläubiger in der Krise des Emittenten, Köln 2018 (zit.: *Ruf*, Gemeinsamer Vertreter)
Säcker, Franz Jürgen/ Rixecker, Roland/ Oetker, Hartmut/ Limperg, Bettina (Hrsg.)	Münchener Kommentar zum Bürgerlichen Gesetzbuch, Band 1, Allgemeiner Teil, 10. Auflage, München 2025; Band 6, Schuldrecht – Besonderer Teil III, 9. Auflage, München 2023 (zit.: *Bearbeiter* in MüKoBGB)
Saenger, Ingo (Hrsg.)	Zivilprozessordnung, Familienverfahren, Gerichtsverfassung, Europäisches Verfahrensrecht – Handkommentar, 10. Auflage, Baden-Baden 2023 (zit.: *Bearbeiter* in Saenger, ZPO)
Sander, Volker	Die Pflichten des GmbH-Geschäftsführers in Krise und Insolvenz nach dem SanInsFoG, ZHR 188 (2024), S. 8–59
Sax, Stefan/ Berkner, Maria/ Saed, Joseph	Immobilienbranche im Krisenmodus – das (Wieder-)Aufleben der Verwaltungs- und Verwertungsvereinbarungen, NZI 2024, S. 872–877
Sax, Stefan/ Berkner, Maria/ Saed, Joseph	The Eagle Has Landed – Die Entscheidung des englischen Court of Appeal in Sachen Adler, NZI 2024, S. 357–361.
Sax, Stefan/ Ponseck, Joachim/ Swierczok, Artur	Ein vorinsolvenzliches Restrukturierungsverfahren für europäische Unternehmen, BB 2017, S. 323–329
Schäfer, Carsten	Zur Einbeziehung der Gesellschafter in ein vorinsolvenzliches Restrukturierungsverfahren nach dem Regierungsentwurf eines »StaRUG«, ZIP 2020, S. 2164–2168
Schaumann, Michael/ Zenker, Michael	Beschwerde gegen Wahl eines gemeinsamen Vertreters für Schuldverschreibungsgläubiger, zugleich Besprechung LG Leipzig, Urteil v. 16.1.2015 – 02 HK O 2542/14; EWiR 2015, S. 225
Schelo, Sven	Internationale Restrukturierungen unter dem StaRUG, WM 2022, S. 556–561
Schlöder, Christopher/ Parzinger, Josef/ Knebel, Leonhard	Der Restrukturierungsplan nach dem StaRUG im Lichte grenzüberschreitender Restrukturierungen – praxistaugliches Anerkennungsregime oder ein Fall für die obersten Gerichte?, ZIP 2021, S. 1041–1051
Schluck-Amend, Alexandra	Die fehlende praktische Relevanz des StaRUG: Empfehlungen an den Gesetzgeber, NZI-Beilage 2023, S. 7–11
Schluck-Amend, Alexandra/ Hacker, Maximilian	Revolution der vorinsolvenzlichen Unternehmenssanierung?, WPg 2019, S. 737–743
Schmidt, Andreas (Hrsg.)	Hamburger Kommentar zum Restrukturierungsrecht, 4. Auflage, Hürth 2025 (zit.: *Bearbeiter* in HK-RestrR)
Schmidt, Andreas (Hrsg.)	Hamburger Kommentar zum Insolvenzrecht, 10. Auflage, Köln 2024 (zit.: *Bearbeiter* in HK-InsR)

Schmidt, Andreas (Hrsg.)	Sanierungsrecht, Außergerichtliche Sanierung – Präventive Restrukturierung – InsO, Kommentar, 2. Auflage, Köln 2019 (zit.: *Bearbeiter* in Schmidt, SanR)
Schmidt, Jessica	Präventiver Restrukturierungsrahmen: Internationale Zuständigkeit, Anerkennung und anwendbares Recht, ZInsO 2021, S. 654–661
Schmidt, Karsten	»Räuberische Aktionäre«, ZIP 2020, S. 2494–2496
Schneider, Hannes	Ist das SchVG noch zu retten?, in Baums (Hrsg.), Das neue Schuldverschreibungsrecht, Berlin 2013, S. 1–24 (zit.: *Schneider* in Baums, 2013)
Schneider, Steffen/ Linkert, Florian/ von Buchwaldt, Justus	Handbuch zum neuen Sanierungsrecht, Sanierung in der Bank- und Unternehmenspraxis seit Innkrafttreten des StaRUG, Heidelberg 2021 (zit.: *Bearbeiter* in SLvB, HdB SanR)
Scholz, Franz (Begr.)	GmbH-Gesetz, Kommentar, II. Band §§ 35–52, 13. Auflage, Köln 2024 (zit.: *Bearbeiter* in Scholz, GmbHG)
Scholz, Philipp	Die Krisenpflichten von Geschäftsleitern nach Inkrafttreten des StaRUG, ZIP 2021, S. 219–231
Schönfelder, Matthias	Kreditvertragliche Kündigungsrechte im StaRUG-Verfahren Viel Lärm um nichts? WM 2022, S. 361–366
Schüppen, Matthias/ Schaub, Bernhard (Hrsg.)	Münchener Anwaltshandbuch Aktienrecht, 4. Auflage, München 2024 (zit.: *Bearbeiter* in Schüppen/Schaub, MAHdB AktR)
Seagon, Christopher	Die Regelungen der Richtlinie im Überblick, Zu Nr. 5 des Richtlinienvorschlags der Europäischen Kommission vom 22.11.2016, COM(2016) 723 final, NZI-Beilage 2017, S. 12–15
Seibt, Christoph	Praxisfragen der außerinsolvenzlichen Anleihenrestrukturierung nach dem SchVG, ZIP 2016, S. 997–1009
Seibt, Christoph/ Bulgrin, Gerrit	Entwurf zum Unternehmensstabilisierungs- und Restrukturierungsgesetz (StaRUG) – Kritische Analyse aus gesellschaftsrechtlicher Sicht, DB 2020, S. 2226–2238
Seibt, Christoph/ Harf, Alexandra	StaRUG-Verfahrenseingang: Gesellschafterbeschluss und Treuepflichten, ZIP 2024, S. 2309–2317
Seibt, Christoph/ Schwarz, Simon	Anleihekündigung in Sanierungssituationen, ZIP 2015, S. 401–413
Seibt, Christoph/ von Treuenfeld, Antonia	Gesellschafts- und kapitalmarktrechtliche Aspekte der EU-Restrukturierungsrichtlinie, DB 2019, S. 1190–1199
Seibt, Christoph/ Westpfahl, Lars (Hrsg.)	Unternehmensstabilisierungs- und -restrukturierungsgesetz, Köln 2023 (zit.: *Bearbeiter* in Seibt/Westpfahl, StaRUG)
Servatius, Wolfgang	Gläubigereinfluss durch Covenants, 2008, Tübingen (zit.: *Servatius*, Gläubigereinfluss)
Siebel, Ulf	Rechtsfragen internationaler Anleihen, 1997, Berlin (zit.: *Siebel*, Internationale Anleihen)

Siemon, Klaus	Das Konzept für ein vorinsolvenzliches Sanierungsverfahren, NZI 2016, S. 57–63
Simon, Ulrich	Das neue Schuldverschreibungsgesetz und Treuepflichten im Anleiherecht als Bausteine eines außergerichtlichen Sanierungsverfahrens, Köln 2011 (zit.: *Simon*, Das neue SchVG)
Skauradszun, Dominik	Grundfragen zum StaRUG – Ziele, Rechtsnatur, Rechtfertigung, Schutzinstrumente, KTS 2021, S. 1–74
Skauradszun, Dominik	Ein Umsetzungskonzept für den präventiven Restrukturierungsrahmen, KTS 2019, S. 161–192
Skauradszun, Dominik	Anteilsinhaberrechte im präventiven Restrukturierungsrahmen, NZG 2019, S. 761–765
Skauradszun, Dominik/ Amort, Matthias	Krisenfrüherkennnung und -management, Organkompetenzen und die Frage nach der Restrukturierungsverschleppungshaftung, DB 2021, S. 1317–1327
Skauradszun, Dominik/ Blum, David	Anmerkung zu AG München, Beschl. v. 21.10.2021 – 1542 RES 2180/21, NZI 2022, S. 32–34
Skauradszun, Dominik/ Fridgen, Alexander (Hrsg.)	Beck'scher Online-Kommentar StaRUG, 18. Edition, Stand 01.10.2025 München 2025 (zit.: *Bearbeiter* in BeckOK StaRUG)
Skauradszun, Dominik/ Kümpel, Jeremias	Restrukturierungen von Schuldverschreibungen und weiteren Finanzierungsarrangements nach § 2 Abs. 2 StaRUG, WM 2021, S. 1122–1128
Skauradszun, Dominik/ Harnack, Alana Julia	Prüfungsumfang des Restrukturierungsgerichts bei Anzeigen und Aufhebungen nach §§ 31, 33 StaRUG, DZWIR 2023, S. 511–521
Skauradszun, Dominik/ Schweizer, Selina	Gestaltungen betreffend Kryptowertpapiere mittels Restrukturierungs- und Insolvenzplan, ZRI 2023, S. 881–896
Smid, Stefan	Anforderungen an das außergerichtliche Planangebot und seine Annahme, DZWIR 2021, S. 119–131
Smid, Stefan	Die »cram down power« des Deutschen Insolvenzgerichts, InVo 2000, S. 1–9
Spahlinger, Andreas	Gruppen, Stimmrechte und erforderliche Mehrheiten, NZI-Beilage 2021, S. 32–35
Spahlinger, Andreas	Die Rolle der Gesellschafter im Restrukturierungsverfahren, Gestaltungsspielräume des deutschen Gesetzgebers, Einflussmöglichkeiten, Chancen und Risiken für die Gesellschafter, NZI-Beilage 2019, S. 69–71
Spahlinger, Andreas	Der Restrukturierungsplan – Rechtsmittel und Rechtskraft, NZI-Beilage 2017, S. 27–29
Spahlinger, Andreas/ Philipp, Sebastian/ Zöller, Mike	Der Aufsichtsrat und das neue Restrukturierungsverfahren, AR 2021, S. 88–90
Specovius, Detlef/ von Wilcken, Christoph	Erstellung, Gruppenbildung und Annahme des Restrukturierungsplans, NZI-Beilage 2017, S. 24–27

Ständige Deputation des Deutschen Restrukturierungs- und Insolvenzgerichtstags — Drei Jahre StaRUG – Ladenhüter oder Shooting Star oder fehlt da noch was?, ZInsO 2024, S. 1748–1754

Stanghellini, Lorenzo/ Mokal, Riz/ Paulus, Christoph G./ Tirado, Ignacio — Best Practices in European Restructuring, Mailand 2018 (zit.: *Stanghellini/Mokal/Paulus/Tirado*, CODIRE-Report)

Stohrer, Katrin — Der Gläubigerschutz im präventiven Restrukturierungsrahmen, ZInsO 2018, S. 660–668

Streinz, Rudolf — Europarecht, 12. Auflage, Heidelberg 2023 (zit.: *Streinz*, EuropaR)

Stürner, Rolf/ Eidenmüller, Horst/ Schoppmeyer, Heinrich/ Madaus, Stephan (Hrsg.) — Münchener Kommentar StaRUG, München 2023 (zit.: *Bearbeiter* in MüKoStaRUG)

Stürner, Rolf/ Eidenmüller, Horst/ Schoppmeyer, Heinrich (Hrsg.) — Münchener Kommentar zur Insolvenzordnung, Band 1 §§ 1–79 InsO – Insolvenzrechtliche Vergütungsordnung, 5. Auflage, München 2025; Band 2, §§ 80–216, 5. Auflage, München 2025; Band 3 §§ 217–359 InsO (mit Art. 103a–110 EGInsO), Insolvenzsteuerrecht, 4. Auflage, München 2020 (zit.: *Bearbeiter* in MüKoInsO)

Theiselmann, Rüdiger (Hrsg.) — Praxishandbuch Restrukturierungsrecht, 5. Auflage, Hürth 2024 (zit.: *Bearbeiter* in Theiselmann, PHdB RestrR)

Thole, Christoph — Ausgewählte Fragen aus drei Jahren StaRUG, ZRI 2024, S. 1006–1012

Thole, Christoph — Gesellschafterpläne im StaRUG, ZIP 2023, S. 563–568

Thole, Christoph — Aktuelle Rechtsfragen der Restrukturierung von Anleihen, insbesondere im Insolvenzverfahren und unter dem StaRUG, ZHR 186 (2022), S. 213–249

Thole, Christoph — Die Geschäftsleiterhaftung im StaRUG und nach § 15b InsO n. F., BB 2021, S. 1347–1354

Thole, Christoph — Vertrauliche Restrukturierungsverfahren: Internationale Zuständigkeit, anwendbares Recht und Anerkennung, ZIP 2021, S. 2153–2162

Thole, Christoph — Anmerkung zu AG Köln, Beschluss vom 3.3.2021 – 83 RES 1/21, NZI 2021, S. 436–437

Thole, Christoph — Stabilisierung und vertragsrechtliche Wirkungen des StaRUG, ZRI 2021, S. 231–239

Thole, Christoph — Der Entwurf des Unternehmensstabilisierungs- und -restrukturierungsgesetzes (StaRUG-RefE), ZIP 2020, S. 1985–2000

Thole, Christoph — Anmerkung zu BGH, Urteil vom 16.11.2017 – IX ZR 260/15, ZIP 2017, S. 2315–2317

Thole, Christoph — Grenzen vorinsolvenzlicher Lösungsklausen, ZHR 181 (2017), S. 548–581

Thole, Christoph Der Richtlinienvorschlag zum präventiven Restrukturierungsrahmen, ZIP 2017, S. 101–112

Thole, Christoph Der Debt Equity Swap bei der Restrukturierung von Anleihen, ZIP 2014, S. 2365–2374

Thole, Christoph Die Restrukturierung von Schuldverschreibungen im Insolvenzverfahren, ZIP 2014, S. 293–302

Tilgner, Britta Grundrechtliche Fallstricke im StaRUG, NZI 2022, S. 761–765

Urlaub, Jasmin Fünf Praxisfälle für ein Restrukturierungsverfahren nach dem StaRUG, ZRI 2023, S. 997–1002

Vallender, Heinz Die Amtsermittlungspflicht nach dem StaRUG, ZRI 2021, S. 165–172

Vallender, Heinz Die Zuständigkeit des Restrukturierungsgerichts, NZI-Beilage 2021, S. 30–32

Vallender, Heinz Aufgaben und Befugnisse des Restrukturierungsgerichts nach dem Gesetz über den Stabilisierungs- und Restrukturierungsrahmen für Unternehmen (Teil 1), ZInsO 2020, S. 2579–2587

Vallender, Heinz Ist die Zeit reif für ein vorinsolvenzliches Sanierungsverfahren?, in Kayser, Godehard/Smid, Stefan/Riedemann, Susanne (Hrsg.), Nichts ist beständiger als der Wandel, Festschrift für Klaus Pannen zum 65. Geburtstag, München 2017, S. 303–317 (zit.: *Vallender* in FS Pannen, 2017)

Vallender, Heinz Harmonisierung des Insolvenzrechts in der EU schreitet voran – Zum Kommissionsentwurf einer Richtlinie für ein vorinsolvenzliches Sanierungsverfahren, in Paulus/Christoph, Wimmer-Amend/Angelika (Hrsg.), Festschrift für Dr. Klaus Wimmer, Baden-Baden 2017, S. 537 ff. (zit.: *Vallender* in FS Wimmer, 2017)

Vallender, Heinz Das vorgerichtliche Sanierungsverfahren – muss Deutschland sich bewegen?, ZIP Beilage 2016, S. 82–85

Veranneman, Peter (Hrsg.) Schuldverschreibungsgesetz einschließlich U.S.A. und England, Kommentar, 2. Auflage, München 2016 (zit.: *Bearbeiter* in Veranneman, SchVG)

Veranneman, Peter Anmerkung zu BGH, Urt. v. 8.12.2015 – IX ZR 488/14, NJW 2016, S. 1178

Veranneman, Peter Schuldverschreibungsgesetz einschließlich U.S.A. und England, Kommentar, München 2010 (zit.: *Bearbeiter* in Veranneman, SchVG, 2010)

Vogel, Hans-Gert Anleihekündigung und kollektive Bindung nach dem Schuldverschreibungsgesetz, ZBB 2016, S. 179–190

Vogel, Hans-Gert Buchbesprechung, Die Anleihegläubigermehrheit, ZBB 2011, S. 235–238

Vogel, Hans-Gert Restrukturierung von Anleihen nach dem SchVG – Neues Minderheitenschutzkonzept und offene Fragen, ZBB 2010, S. 211–222

Vogel, Hans-Gert — Der Rechtsschutz des Schuldverschreibungsgläubigers, in Baums (Hrsg.), Das neue Schuldverschreibungsgesetz, Berlin 2013, S. 39–61 (zit.: *Vogel* in Baums, 2013)

Vogel, Hans-Gert — Die Vergemeinschaftung der Anleihegläubiger und ihre Vertretung nach dem Schuldverschreibungsgesetz, Baden-Baden 1999 (zit.: *Vogel*, Vergemeinschaftung)

Vogel, Hans-Gert — Das Schuldverschreibungsgesetz, Entstehung, Inhalt und Bedeutung, Arbeitspapier 2/1996, abrufbar unter: https://publikationen.ub.uni-frankfurt.de/opus4/frontdoor/deliver/index/docId/4675/file/a0296.pdf, zuletzt abgerufen am 31. Oktober 2025 (zit.: *Vogel*, SchVG 1899)

Vogelmann, Axel/ Käppler, Markus — Rechtsfragen der Anwendbarkeit des § 19 SchVG bei fehlendem Opt-In, ZInsO 2018, S. 439–443

von Bismarck, Kolja/ Schulz, Patrick — Grenzüberschreitende Restrukturierungen nach Umsetzung der EU-Richtlinie über präventive Restrukturierungsrahmen, Das Verhältnis der Richtlinie zu EuInsVO, NZI-Beilage 2019, S. 82–84

Wagner, Franz — Anleiherestrukturierung: Unzulässigkeit eines Freigabeantrags nach Vollzug des Beschlusses der Gläubigerversammlung, DB 2016, S. 2953–2954

Wahlers, Alexander — Ausgestaltung und Erforderlichkeit eines vorinsolvenzlichen Sanierungsverfahrens, Köln 2016 (zit.: *Wahlers*, Sanierungsverfahren)

Walker, Rebecca/ Mielke, Sebastian/ Bombe, Bertram — Vorinsolvenzliches Sanierungsverfahren oder SoA, ZIP 2018, S. 815–821

Wank, Rolf — Juristische Methodenlehre, Eine Anleitung für Wissenschaft und Praxis, München 2020 (zit.: *Wank*, Methodenlehre)

Wansleben, Till — Verbindlichkeit von Mehrheitsbeschlüssen nach § 5 SchVG für Gläubiger (außerordentlich) gekündigter Anleihen (»SolarWorld«), zugleich Besprechung von BGH, Urt. v. 8.12.2015 – IX ZR 488/14, WuB 2016, S. 390–394WuB

Wegener, Burghard — Die Mittelstandsanleihe in der Insolvenz, NZI 2017, S. 54–57

Weitbrecht, Jannik — Über Akzessorietätsdurchbrechungen und mittelbare Planeingriffe in Sicherungsrecht, KTS 2021, S. 357–383

Westpfahl, Lars — Die Risiken der Banken im vorinsolvenzlichen Restrukturierungsverfahren, NZI-Beilage 2017, S. 49–52

Westpfahl, Lars — Debt Equity Swap von Schuldverschreibungen, in der Insolvenz, in Bork, Reinhard/Kayser, Godehard/Kebekus, Frank (Hrsg.), Festschrift für Bruno M. Kübler zum 70. Geburtstag, München 2015, S. 773–785 (zit.: *Westpfahl* in FS Kübler, 2015)

Westpfahl, Lars — Vorinsolvenzliches Sanierungsverfahren, ZGR 2010, S. 385–436

Westpfahl, Lars/ Liedl, Florian	Priorität im Restrukturierungsrecht, in Bitter, Georg/ Haarmeyer, Hans/Pape, Gerhard (Hrsg.), Festschrift für Markus Gehrlein, Köln 2022, S. 589–609 (zit.: *Westpfahl/Liedl* in FS Gehrlein, 2022)
Westpfahl, Lars/ Dittmar, Tom	Die Behandlung gruppeninterner Sicherheiten im StaRUG, NZI-Beilage 2021, S. 46–48
Westpfahl, Lars/ Knapp, Marvin	Die Sanierung deutscher Gesellschaften über ein englisches Scheme of Arrangement, ZIP 2011, S. 2033–2047
Wilken, Oliver/ Schaumann, Michael/ Zenker, Michael (Hrsg.)	Anleihen in Restrukturierung und Insolvenz, 2. Auflage, Köln 2017 (zit.: *Wilken/Schaumann/Zenker*, Anleihen)
Wilkens, Jochen	Der präventive Restrukturierungsrahmen, Eine Bestandsaufnahme aus Sicht der Finanzgläubiger, WM 2021, S. 573–585
Wöhrle, Karl	Angloamerikanische Restrukturierungskultur in Österreich und Deutschland, KTS 2023, S. 365–384
Wolgast, Matthias/ Grauer, Philipp (Hrsg.)	StaRUG, Gesetz über den Stabilisierungs- und Restrukturierungsrahmen für Unternehmen, Kommentar, 3. Auflage, Hamburg 2022, abrufbar unter: https://starug.online (zit.: *Bearbeiter* in Wolgast/Grauer, StaRUG)
Wollring, Moritz/ Quitzau, Frederik	Plandispositive Geschäftsführerhaftung? – Die Entlastung von Geschäftsführern im Insolvenz- und Restrukturierungsplan, ZRI 2021, S. 616–628
Zahn, Andreas/ Lemke, Rudolf	Anleihen als Instrument der Finanzierung und Risikosteuerung, Zeitschrift für BKR 2002, S. 527–535
Zehlicke, Philipp	Bestätigung eines Restrukturierungsplans, Anmerkung zu AG Dresden, Entsch. v. 27.11.2023 – 572 RES 1/23, FD-InsR 2024, 801732
Zehlicke, Philipp	Gerichtliche Prüfung eines Minderheitenschutzantrages und Bestätigung eines Restrukturierungsplans, Anmerkung zu AG Hannover, Beschl. v. 20.10.2023 – 951 RES 1/23. FD-InsR, 2023. 820090
Zehlicke, Philipp/ Herding, Franz Bernhard/ Parzinger, Josef	Die Kombination deutscher und englischer Restrukturierungsverfahren, ZIP 2024, S. 164–177
Zehlicke, Philipp/ Krafczyk, Jonah	Anmerkung zu AG Hamburg, Beschl. v. 17.3.2023 – 61c RES 1/23, ZRI 2023, S. 520–524
Ziegenhagen, Andreas	Gesellschaftsrecht versus Restrukturierungsrecht gemäß StaRUG in der Unternehmenskrise, ZInsO 2025, S. 337–343
Ziemons, Hildegard/ Jaeger, Carsten/ Pöschke, Moritz (Hrsg.)	Beck'scher Online-Kommentar GmbHG, 63. Edition, Stand: 01.02.2025, München 2025 (zit.: *Bearbeiter* in BeckOK GmbHG)
Zipperer, Helmut	Der präventive Restrukturierungsrahmen – ein flankierendes Projekt der Kommission zur Effektivierung der EuInsVO, ZInsO 2016, S. 831–840

Sachregister

KTS Schriften zum Insolvenzrecht

Herausgegeben von
Reinhard Bork und Rolf Stürner

Band 1
Insolvenzrecht im Umbruch
Analysen und Alternativen
Würzburger Arbeitstagung der Vereinigung der Zivilprozeßrechtslehrer zum Referentenentwurf einer Insolvenzordnung
Herausgegeben von Professor Dr. Dieter Leipold
1991. VIII, 287 Seiten. Kart. ISBN 3-452-21894-5

Band 2
Vertragliche Mobiliarsicherheiten im internationalen Insolvenzrecht
Von Dr. Daniela Favoccia
1991. XVI, 181 Seiten. Kart. ISBN 3-452-22196-2

Band 3
Betriebsveräußerungen im Konkurs
Von Dr. Rainer Laux
1993. XXII, 114 Seiten. Kart. ISBN 3-452-22510-0

Band 4
Hypothekenpfandbriefe und Beleihung in Frankreich
Von Professor Dr. Rolf Stürner
1994. XII, 80 Seiten. Kart. ISBN 3-452-22840-1

Band 5
Insolvenzanfechtung in Deutschland und Frankreich
Das neue Sach- und Kollisionsrecht (InsO und Loi n° 85-98)
Von Dr. Moritz v. Campe
1995. XXVIII, 468 Seiten. Kart. ISBN 3-452-23323-5

Band 6

Gegenseitige Verträge im internationalen Insolvenzrecht

Von Dr. Eberhard Schollmeyer, LL.M. (Emory Univ., Atlanta)
1997. XII, 249 Seiten. Kart. ISBN 3-452-23736-2

Band 7

Der Verbraucherkonkurs

Von Dr. Peter Krug
1997. X, 220 Seiten. Kart. ISBN 3-452-23927-6

Band 8

Der Ausgleich von Verteilungsfehlern in der Insolvenz

Von Dr. Peter Mohrbutter
1998. XIII, 204 Seiten. Kart. ISBN 3-452-23960-8

Band 9

Gläubigermitwirkung und Stimmverbote im neuen Insolvenzrecht

Von Dr. Carsten Pay Oelrichs
1999. XI, 140 Seiten. Kart. ISBN 3-452-24275-7

Band 10

Auswirkungen des inländischen Insolvenzverfahrens auf Schiedsverfahren und Schiedsabrede

Von Dr. Lucas F. Flöther
2001. X, 146 Seiten. Kart. ISBN 3-452-24861-5

Band 11

Das englische Insolvenzarbeitsrecht

Ein Vorbild für die deutsche Rechtsentwicklung?
Von Dr. Robert Schumacher
2001. XVII, 336 Seiten. Kart. ISBN 3-452-24919-0

Band 12

Die Bedeutung der §§ 92, 93 InsO für den Umfang der Insolvenz- und Sanierungsmasse

Von Dr. iur. Moritz Brinkmann
2002. XII, 213 Seiten. Kart. ISBN 3-452-25174-8

Band 13

Probleme der Nichtteilnahme am und im Insolvenzverfahren

Von Dr. iur. Ulf Birkenhauer

2002. X, 167 Seiten. Kart. ISBN 3-452-25183-7

Band 14

Litispendenz im Europäischen Insolvenzrecht

Von Dr. iur. Dr. phil. Sven Rugullis

2002. XI, 183 Seiten. Kart. ISBN 3-452-25186-1

Band 15

Die Haftung des vorläufigen Insolvenzverwalters

Von Dr. iur. Stefan Meyer

2003. XVI, 258 Seiten. Kart. ISBN 3-452-25479-8

Band 16

Die GmbH-Stammeinlageforderung in der Insolvenz

Unter besonderer Berücksichtigung der Reduzierbarkeit in Insolvenz- und Insolvenzplanverfahren

Von Dr. iur. Thilo Walker

2004. XII, 244 Seiten. Kart. ISBN 3-452-25649-9

Band 17

Die Rechtsnatur des Insolvenzplans

Von Dr. iur. Eike Happe

2004. XVII, 298 Seiten. Kart. ISBN 3-452-25662-6

Band 18

Grundpfandgläubiger und Unternehmensinsolvenz

Deutschland – England – Schottland

Von Dr. iur. Carsten Jungmann, LL.M. (Yale)

2004. XXIV, 464 Seiten. Kart. ISBN 3-452-25712-6

Band 19

Fortgesetzte Vermögensbewirtschaftung in der Insolvenz

Von Dr. iur. Karl Pobuda

2004. XIV, 368 Seiten. Kart. ISBN 3-452-25780-0

Band 20

Die Anordnung der Eigenverwaltung durch das Insolvenzgericht im Eröffnungsbeschluss

Von Dr. Volker Gulde

2005. XIV, 214 Seiten. Kart. ISBN 3-452-25543-3

Band 21

Die internationale Zuständigkeit im europäischen Insolvenzrecht

Von Dr. Nis Carstens

2005. X, 162 Seiten. Kart. ISBN 3-452-25967-6

Band 22

Die Insolvenz des Girokontoinhabers

Von Dr. Norbert Peschke

2005. XVIII, 304 Seiten. Kart. ISBN 3-452-25899-8

Band 23

Die Doppeltreuhand in der Insolvenz und Zwangsvollstreckung

Von Dr. Helge Hirschberger

2005. XII, 222 Seiten. Kart. ISBN 3-452-25987-0

Band 24

Der Insolvenzverwalter und die Überwindung der Massearmut

Von Dr. Dörte Busch

2005. XVIII, 228 Seiten. Kart. ISBN 3-452-25847-5

Band 25

Kollisionsrecht der Insolvenzanfechtung

Eine kritische Betrachtung der internationalprivatrechtlichen Lösungen des deutschen und des EG-Gesetzgebers

Von Dr. Jan Peter Klumb

2005. XVIII, 244 Seiten. Kart. ISBN 3-452-26121-2

Band 26

Europäische Insolvenzverwalter in Deutschland

Von Dr. Oliver Rossbach

2006. XX, 290 Seiten. Kart. ISBN 3-452-26122-O

Band 27

Die Auswahl und Bestellung des Insolvenzverwalters

Von Dr. Claus-Peter Kruth

2006. XVII, 331 Seiten. Kart. ISBN 3-452-26227-8

Band 28

Urheberrechtliche Nutzungsrechte in der Insolvenz

Von Dr. Andreas Klauze

2006. XV, 260 Seiten. Kart. ISBN 3-452-26226-X

Band 29

Aufrechnung durch das Finanzamt in der Insolvenz des Steuerpflichtigen

Von Dr. Enno Kinski

2006. XIV, 212 Seiten. Kart. ISBN 3-452-3-26371-1

Band 30

Die Lebensversicherung in der Insolvenz des Arbeitgebers

Zugleich ein Beitrag zur Erfüllungswahl und Erfüllungsablehnung

Von Dr. Godehard Kayser

2006. XI, 94 Seiten. Kart. ISBN 3-452-3-26409-2

Band 31

Sicherheitenpools der Lieferanten und Banken im Insolvenzverfahren

Von Dr. Susanne Berner

2006. XII, 182 Seiten. Kart. ISBN 3-452-3-26192-1

Band 32

Realisierung von Absonderungsrechten an Forderungen aus nichterfüllten Verträgen

Von Dr. Jörg Grau

2006. IX, 176 Seiten. Kart. ISBN 3-452-26482-3

Band 33

Die Stellung des Vollstreckungsgläubigers bei grenzüberschreitenden Insolvenzen in der EU

Dargestellt am Beispiel England – Deutschland

Von Dr. Stefan Stehle

2006. XVII, 383 Seiten. Kart. ISBN 3-452-26573-0

Band 34

Einwirkung des Insolvenzverfahrens auf schwebende Prozesse

Von Dr. Susann Rückert, LL.M.

2007. XII, 194 Seiten. Kart. ISBN 3-452-26681-1

Band 35

Die Bewältigung von Massenschäden nach U.S.-amerikanischem und deutschem Insolvenzrecht

Von Dr. Stephan Bauer

2007. XIII, 207 Seiten. Kart. ISBN 978-3-452-26685-9

Band 36

Vertragliche und umsatzsteuerliche Neuverbindlichkeiten des Schuldners in der Insolvenz

Von Dr. Ute Wagenknecht-Hose

2008. XVIII, 286 Seiten. Kart. ISBN 978-3-452-26989-8

Band 37

Der Sonderinsolvenzverwalter

Von Marc Schäfer

2009. XIV, 218 Seiten. Kart. ISBN 978-3-452-27059-7

Band 38

Wechselwirkungen bei der Insolvenz von Gesellschaft, Gesellschafter und Organwalter

Von Torsten Göcke

2009. XIV, 338 Seiten. Kart. ISBN 978-3-452-27121-1

Band 39

Die Insolvenzanfechtung im Dreieck

Von Ann-Kathrin Burchard

2009. XX, 364 Seiten. Kart. ISBN 978-3-452-27176-1

Band 40

Das Erbbaurecht in der Insolvenz

Von Kristina Pfennig

2010. XII, 248 Seiten. Kart. ISBN 978-3-452-27320-8

Band 41

Eingriffe in die Rechte von Anteilseignern im Insolvenzverfahren

Ausgliederung als Alternative zum Debt-Equity-Swap

Von Sophie Spetzler

2011. XI, 178 Seiten. Kart. ISBN 978-3-452-27617-9

Band 42

Die Konzerninsolvenz

Eine Lanze für ein modernes Insolvenzrecht

Von Alexander Verhoeven

2011. XI, 348 Seiten. Kart. ISBN 978-3-452-27598-1

Band 43

Das präventive Sanierungsverfahren als Teil eines reformierten Insolvenz- und Sanierungsrechts in Deutschland

Von Christoph Geldmacher

2012. XV, 366 Seiten. Kart. ISBN 978-3-452-27778-7

Band 44

Die Feststellung der Zahlungsunfähigkeit

Von Robert Brahmstaedt

2012. XVI, 242 Seiten. Kart. ISBN 978-3-452-27849-4

Band 45

Informationsansprüche des Insolvenzverwalters gegenüber der Finanzverwaltung

Von Simon Schaake

2014. XVI, 167 Seiten. Kart. ISBN 978-3-452-28177-7

Band 46

Die Anerkennung des Scheme of Arrangement in Deutschland

Von Carolin Kusche

2014. XV, 221 Seiten. Kart. ISBN 978-3-452-28200-2

Band 47

Nationale und internationale Aspekte des Restschuldbefreiungs-Tourismus

Eine Untersuchung der Hintergründe dieses Phänomens und der Rechtsfragen im Zusammenhang mit der Anerkennung einer ausländischen Restschuldbefreiung – Zugleich ein Beitrag zur Bestimmung des Mittelpunktes der hauptsächlichen Interessen natürlicher Personen, zum Umgang mit »forum shopping« im Europäischen Insolvenzrecht und zur ordre-public-Kontrolle im Internationalen Insolvenzrecht

Von Felix Fuchs

2015. XXXIV, 866 Seiten. Kart. ISBN 978-3-452-28220-0

Band 48

Die gesicherte Rechtsposition im Rahmen des § 91 InsO

Von Nicola Haller

2016. XV, 230 Seiten. Kart. ISBN 978-3-452-28688-8

Band 49

Der strategische Einsatz des Insolvenzplanverfahrens durch den Vorstand der Aktiengesellschaft

Von Karl-Friedrich Curtze

2016. XII, 126 Seiten. Kart. ISBN 978-3-452-28707-6

Band 50

Sanktion schuldnerseitiger Insolvenzverursachung durch Vermögensdispositionen

unter besonderer Berücksichtigung der §§ 283 Abs. 2, Abs. 4 Nr. 2, Abs. 5 Nr. 2 StGB, 823 Abs. 2, 826 BGB

Von Friedrich Graf von Spee

2016. XX, 334 Seiten. Kart. ISBN 978-3-452-28708-3

Band 51

Die Haftung der GmbH und ihres Geschäftsführers in der Eigenverwaltung

Von Ferdinand Cadmus

2016. XIII, 183 Seiten. Kart. ISBN 978-3-452-28733-5

Band 52

Die kalte Zwangsverwaltung

Von Johann-Friedrich Fleisch

2017. XIV, 166 Seiten. Kart. ISBN 978-3-452-28849-3

Band 53

Die Rescue Culture in Großbritannien

Eine ökonomische, vergleichende und internationalprivatrechtliche Analyse des Rechts der Unternehmenssanierung in Großbritannien und Deutschland

Von Christopher Kranz

2017. XV, 366 Seiten. Kart. ISBN 978-3-452-28848-6

Band 54

Schutz der Anteilsinhaber im Insolvenz- bzw. Insolvenzplanverfahren

Von Maximilian C. Schmetzer

2017. XIX, 328 Seiten. Kart. ISBN 978-3-452-28870-7

Band 55

Der gemeinsame Vertreter der Anleihegläubiger in der Krise des Emittenten

Von Marlene Ruf

2018. XVI, 234 Seiten. Kart. ISBN 978-3-452-29089-2

Band 56

Interessenkonflikte der Amtswalter im Gesellschafts-insolvenzverfahren

Von Jan-Philipp Praß

2018. XV, 255 Seiten. Kart. ISBN 978-3-452-29087-8

Band 57

Die Haftung des Insolvenzverwalters

Zur Frage der Regelung des § 93 Abs. 1 S. 2 AktG als Grundlage einer Insolvency Judgement Rule

Von Johannes Kirschey

2018. XVII, 234 Seiten. Kart. ISBN 978-3-452-29182-0

Band 58

Sicherungsübertragungen und besitzlose Pfandrechte im europäischen Insolvenzrecht

Unter besonderer Berücksichtigung des deutschen, englischen und französischen Rechts

Von Philipp Hartmann

2019. XIX, 284 Seiten. Kart. ISBN 978-3-452-29268-1

Band 59

Die Attraktivgerichtsstände des europäischen Insolvenzrechts

Eine Untersuchung der Regelungen des Art. 6 EuInsVO

Von Daniela U. J. Bramkamp

2019. XX, 533 Seiten. Kart. ISBN 978-3-452-29300-8

Band 60

Die Überschuldung der Personengesellschaft

Der Insolvenzgrund der Überschuldung und weshalb er für alle Gesellschaften gelten sollte

Von Karl-Thomas Stopp

2019. XIV, 222 Seiten. Kart. ISBN 978-3-452-29303-9

Band 61

Schiffsfonds in der Insolvenz

Unter besonderer Berücksichtigung des Internationalen Privatrechts, des Internationalen Insolvenzrechts und der Europäischen Insolvenzverordnung

Von Melina Agnes Kandziora

2019. XXII, 454 Seiten. Kart. ISBN 978-3-452-29318-3

Band 62

§§ 103 ff. InsO in der Doppelinsolvenz

Von Sebastian Zeyns

2019. XVI, 212 Seiten. Kart. ISBN 978-3-452-29496-8

Band 63

Das Zahlungsverbot und die Ersatzpflicht nach § 64 Satz 1 GmbHG

Von Nicolas Otte

2019. XIV, 218 Seiten. Kart. ISBN 978-3-452-29497-5

Band 64

Die Insolvenz der Arztpraxis

Von Leonie Sievers

2020. XIV, 202 Seiten. Kart. ISBN 978-3-452-29583-5

Band 65

Pre-Packaged Deals

Die Regulierung vorgeplanter, vorzeitiger Unternehmensverkäufe in der Insolvenz in England und Deutschland

Von Jasper Bothe

2020. XVI, 248 Seiten. Kart. ISBN 978-3-452-29687-0

Band 66

Einziehung, Abfindung und Haftung im Rahmen von § 34 GmbHG

Eine Analyse unter Berücksichtigung der insolvenzrechtlichen Perspektive

Von Barbara Quante

2020. XIV, 288 Seiten. Kart. ISBN 978-3-452-29688-7

Band 67

Die Bindung des Insolvenzverwalters an Schiedsvereinbarungen des Insolvenzschuldners im Rahmen nationaler Insolvenzverfahren

Anschluss oder Abkehr vom Dogma einer weitgehenden Bindung?

Von Kathrin Edingloh

2022. XII, 222 Seiten. Kart. ISBN 978-3-452-30117-8

Band 68

Die Suspektperioden des Art. 3 Abs. 1 EuInsVO 2015

Analyse und Bewertung der Neuregelung zur Verhinderung von betrügerischem und missbräuchlichem *forum shopping*

Von Charlotte Gremme

2022. XIV, 244 Seiten. Kart. ISBN 978-3-452-30176-5

Band 69

Insider im Insolvenzanfechtungsrecht

Von Bodo Pfündl

2023. XIV, 188 Seiten. Kart. ISBN 978-3-452-30310-3

Band 70

Grenzüberschreitende Insolvenzanfechtung der Rückgewähr eines Gesellschafterdarlehens

Von Shaya Stender

2024. XV, 198 Seiten. Kart. ISBN 978-3-452-30411-7

Band 71

Die Erfüllung und Sicherung von Altverbindlichkeiten in der Insolvenz

Von Florian Doster, LL.B.

2025. XVI, 228 Seiten. Kart. ISBN 978-3-452-30478-0

Band 72

Die Bargeschäftsausnahme gemäß § 142 InsO und die Vorsatzanfechtung

Von Stephan M. Schubert

2025. XIX, 481 Seiten. Kart. ISBN 978-3-452-30539-8

Band 73

Dauerschuldverhältnisse in der Insolvenz

Von Tobias David Hölzer

2025. XVIII, 317 Seiten. Kart. ISBN 978-3-452-30540-4

Band 74

Beeinträchtigung von Gläubigerforderungen durch Insolvenz- und Restrukturierungspläne

Von Philipp Schade

2025. XIII, 224 Seiten. Kart. ISBN 978-3-452-30618-0

Band 75

Krisenfrüherkennung und Krisenmanagement der GmbH-Geschäftsführung nach dem StaRUG

Von Lena Katharina Schade

2026. XIII, 252 Seiten. Kart. ISBN 978-3-452-30617-3

Band 76

Perspektiven der Anleiherestrukturierung im Lichte eines präventiven Restrukturierungsrahmens

Zu den gegenseitigen Implikationen von SchVG und StaRUG

Von Philipp Maximilian Kriesten

2026. XXI, 306 Seiten. Kart. ISBN 978-3-452-30647-0

Carl Heymanns Verlag